Philippe Aghion, Peter Howitt

Wachstumsökonomie

Philippe Aghion, Peter Howitt

Wachstumsökonomie

Aus dem Amerikanischen übersetzt von
Prof. Dr. Stephan Seiter

DE GRUYTER
OLDENBOURG

ISBN 978-3-486-59821-6

Library of Congress Cataloging-in-Publication Data
A CIP catalog record for this book has been applied for at the Library of Congress.

Bibliografische Information der Deutschen Nationalbibliothek
Die Deutsche Nationalbibliothek verzeichnet diese Publikation in der Deutschen Nationalbibliografie; detaillierte bibliografische Daten sind im Internet über http://dnb.dnb.de abrufbar.

Einbandabbildung: Thinkstock
Druck und Bindung: CPI books GmbH, Leck
♾ Gedruckt auf säurefreiem Papier
Printed in Germany

www.degruyter.com

Inhalt

Vorwort zur deutschen Übersetzung

Nach einer längeren Zeit geringer Aufmerksamkeit erlebte die Wachstumstheorie in Folge der ersten Beiträge von Paul Romer zur endogenen Erklärung von Wachstumsprozessen Mitte der 1980er Jahre eine wahre Renaissance. Es wurde sehr rasch von einer Neuen bzw. Endogenen Wachstumstheorie gesprochen. Als Determinanten langfristigen Wachstums werden dabei u.a. steigende Skalenerträge in der Produktion, eine konstante Grenzproduktivität des Kapitals, Humankapital sowie Forschung und Entwicklung analysiert. Darüber hinaus stehen auch Fragen nach der Rolle von rechtlichen, finanzwirtschaftlichen und politischen Institutionen, kulturellen Traditionen und Religion sowie von außenwirtschaftlichen Beziehungen im Mittelpunkt des Interesses. Bedingt durch die zunehmenden negativen Wirkungen wirtschaftlichen Wachstums auf den Zustand der Umwelt und das damit verbundene Gefährdungspotential haben auch diese Themen wieder mehr Eingang in wachstumstheoretische Ansätze gefunden.

Das Lehrbuch von Philippe Aghion und Peter Howitt bietet eine umfassende und facettenreiche Aufarbeitung der verschiedenen Aspekte wirtschaftlichen Wachstums aus Perspektive der Endogenen Wachstumstheorie. Dies ermöglicht nicht nur Studierenden im fortgeschrittenen Stadium des Bachelorstudiums oder in Masterstudiengängen einen Zugang zu dieser spannenden Materie, sondern auch interessierten Praktikern aus Politik und Wirtschaft. Die deutsche Ausgabe hat dabei zum Ziel, eine möglicherweise vorhandene Sprachbarriere zu überwinden, die u.U. das Verständnis der Ansätze behindert.

Die Übersetzung eines solch umfassenden Lehrbuchs kann nur mit Hilfe eines engagierten Teams erfolgen. Mein Dank geht insbesondere an Frau Dr. Larissa Talmon-Gros, die bei einem großen Teil der Übersetzung mitgewirkt hat und neben ihrem Wissen ihre große, fast unerschöpfliche Motivation eingebracht hat. Auf Seiten des Verlags De Gruyter Oldenbourg möchte ich ganz besonders Herrn Dr. Stefan Giesen und seinem Team danken. Ohne seine großartige Unterstützung, sein immer vorhandenes Verständnis und seine Geduld wäre dieses Projekt nicht gelungen.

Reutlingen, im März 2015 — Stephan Seiter

Einführung

E.1 Warum sollte man Wirtschaftswachstum untersuchen?

Wirtschaftswachstum wird im Allgemeinen durch den jährlichen Anstieg des Bruttoinlandsprodukts eines Landes gemessen. Warum sollte sich irgendjemand über diese trockenen Statistiken Gedanken machen und sich nicht auf mehr spezifische Themen wie Wohlfahrt, Konsum oder Glücksindikatoren konzentrieren? Vielleicht ist der überzeugendste Grund dafür, dass Wirtschaftswachstum am meisten den materiellen Wohlstand von Milliarden von Menschen bestimmt. In wirtschaftlich entwickelten Ländern hat das Wirtschaftswachstum seit der Industriellen Revolution fast der gesamten Bevölkerung erlaubt, in einer Art und Weise zu leben, wie es sich vor 100 Jahren, als das Pro-Kopf-BIP nur einen Bruchteil des heutigen Werts betrug, nur eine Handvoll von Privilegierten leisten konnte. Tatsächlich erlaubt das Wachstum in einigen Sektoren der Ökonomie, insbesondere im medizinischen und pharmazeutischen Bereich, beinahe jedem, länger und gesünder zu leben, als es von irgendjemanden im 19. Jahrhundert hätte erwartet werden können, unabhängig von der Position, die man auf der ökonomischen Leiter einnahm. Im Gegensatz dazu bedeutet der Mangel an Wirtschaftswachstum in den ärmsten Ländern der Welt, dass die Lebensbedingungen von Hunderten von Millionen Menschen gemessen an den Standards der reichen Länder erschreckend sind; das Niveau des Pro-Kopf-Einkommens ist in vielen Ländern des 21. Jahrhunderts geringer als es im Europa des 19. Jahrhunderts war. Um zu verstehen, warum die Menschen so viel wohlhabender geworden sind und weshalb unser Wohlstand so ungleich zwischen den Bewohnern der Erde verteilt ist, müssen wir verstehen, welches die Treiber von Wirtschaftswachstum sind.

E.2 Einige Fakten und Rätsel

Unser erstes Ziel ist es, den Leser mit einigen analytischen Werkzeugen vertraut zu machen, um den Wachstumsprozess zu verstehen. Die grundlegenden theoretischen Paradigmen werden in Teil I erläutert. In Teil II werden dann eine Reihe von Fakten und Rätsel der Wachstumsgeschichte der Welt aufgeworfen. Die folgenden Unterabschnitte präsentieren einige Bespiele für diese Fakten und Rätsel.

E.2.1 Wachstum und die Verringerung von Armut

Eine Reihe von Ökonomen argumentiert, dass Wachstum der beste Weg zu umfangreichen Verringerungen der Armut sei. Tabelle E.1 fasst z. B. eine Studie von Deaton und Dreze

(2002) zusammen und zeigt eine substanzielle Reduktion des Anteils der indischen Bevölkerung, der unter der Armutsgrenze lebt. Die Verringerung ist besonders für die städtischen Gegenden wichtig (von 39,1 % in 1987–1988 auf 12 % in 1999–2000).

Gleichzeitig zeigt Tabelle E.2 von Rodrik und Subramian (2004) eine deutliche Beschleunigung des BIP-Wachstums zwischen den 1970er Jahren und den sich anschließenden 20 Jahren. Was führte zur Wachstumsbeschleunigung in den 1980er Jahren? Waren es besonders günstige Umweltbedingungen, ein fiskalischer Impuls, die Handelsliberalisierung, die interne Liberalisierung, die Grüne Revolution, öffentliche Investitionen oder, wie Rodrik und Subramian argumentieren, eine veränderte Einstellung der nationalen Regierung hin zu einem wirtschaftsfreundlicheren Leitbild? Eine klare Antwort auf diese Frage wäre von unschätzbarem Wert für viele andere Länder, die verzweifelt versuchen, aus der Armut herauszuwachsen.

Tab. E.1: Verringerung der Armut in Indien Headcount Ratios (in %)

	Offizielle Vorgehensweise			Bereinigter Schätzwert		
	1987–88	1993–94	1999–2000	1987–88	1993–94	1999–2000
Ländlich	39,4	37,1	26,9	39	33	26,3
Städtisch	39,1	32,9	24,1	22,5	17,8	12

Offiziell: Daten für den Konsum aus der Planning Commission Sample Survey
Bereinigt: Daten für den Konsum basierend auf verbesserter Vergleichbarkeit und Preisindices

Tab. E.2: Indien im Querschnitt: Durchschnittliche Wachstumsrate des Outputs pro Arbeitskraft, 1970–2000

	1970–80	1980–90	1990–2000
Durchschnittliche Wachstumsrate	0,77	3,91	3,22

E.2.2 Konvergenz

Abbildung E.1 zeigt, wie die durchschnittliche Wachstumsrate von Ländern für den Zeitraum 1960–2000 (auf der vertikalen Achse abgetragen) mit der Nähe des Landes zur weltweiten Produktivitätsgrenze (abgetragen auf der horizontalen Achse) variiert. Maßstab für die Nähe zur Produktivitätsgrenze ist ganz einfach das Verhältnis zwischen der Produktivität des Landes am Anfang des Zeitraums (1960) und der Produktivität der USA im Jahr 1960. Man sieht, dass weiterentwickelte Länder zu langsamerem Wachstum tendieren. Wie kann dieses ‚Konvergenz'-Phänomen erklärt werden? Liegt es daran, dass reiche Länder hohe Human- und Sachkapitalbestände pro Kopf besitzen und somit abnehmende Erträge bei der Akkumulation von mehr Kapital auftreten? Oder können arme Länder gegenüber reichen technologisch aufholen, indem sie Erfindungen anwenden, die im Rest der Welt bereits stattgefunden haben?

Ein weiteres interessantes Faktum im Hinblick auf Konvergenz ist, dass, obwohl es im Allgemeinen eine Tendenz gibt, dass Länder schneller wachsen, je weiter sie sich unterhalb der weltweiten Produktivitätsgrenze befinden, die ärmsten Länder dazu neigen, langsamer als der Rest zu wachsen. Anstelle zu konvergieren scheint die Gruppe der ärmsten Länder zu divergieren. Mit anderen Worten scheint es, dass Wirtschaftswachstum durch ‚Clubkonvergenz' charakterisiert ist. Die reichen und die Länder mit mittleren Einkommen im ‚Club' tendieren dazu, umso schneller zu wachsen, je weiter sie zurückgefallen sind, während die armen Länder, die keine Mitglieder im ‚Club' sind, immer weiter zurückfallen. Quah (1996,

1997) hat gezeigt, dass die weltweite Verteilung der Pro-Kopf-Einkommen mehr und mehr zu einer ‚zweigipfligen' Verteilung wird, bei der die meisten Länder an der Spitze oder bei den unteren Einkommensniveaus liegen. Was erklärt dieses Muster?

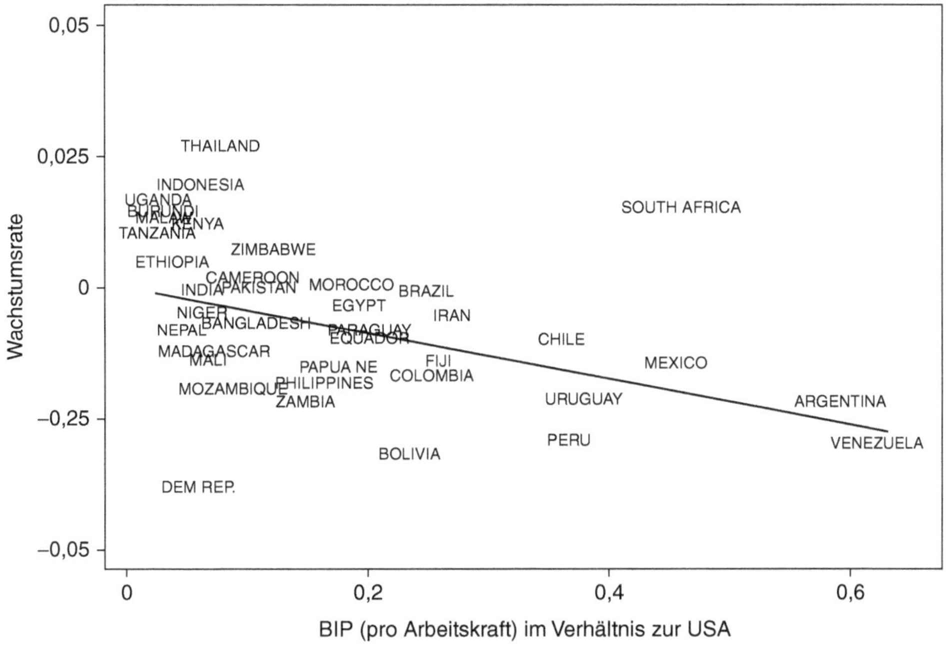

Abb. E.1: Konvergenz zwischen Ländern

Im Besonderen war die Wiederbelebung des Wirtschaftswachstums in vielen ehemals armen asiatischen Ländern, die scheinbar dem Konvergenzclub während der letzten Dekaden des Jahrhunderts beigetreten sind, eine der dramatischsten Veränderungen des 20. Jahrhunderts. Seit den 1960er Jahren bis heute, sind Länder wie Südkorea, China und Indien viel schneller gewachsen als der Rest der Welt und sie schließen die Lücke beim Pro-Kopf-Einkommen weiterhin, die sie von den reichsten Ländern der Welt unterscheidet. Was begründet diesen Erfolg?

Warum sind arme Länder nicht auch dem Konvergenzclub beigetreten? Liegt es an den schlechten geografischen Bedingungen? Oder am Mangel an Institutionen zum Schutz privater Investitionen und des Unternehmertums? Oder an der Unfähigkeit armer Länder Kredite anzuziehen, Risiken zu diversifizieren oder Infrastruktureinrichtungen zu finanzieren? Oder am unzureichenden Humankapital?

E.2.3 Wachstum und Ungleichheit

Wie sieht die Beziehung zwischen Wachstum und Ungleichheit aus? Die Tatsache, dass das Pro-Kopf-Einkommen in sehr reichen Ländern schneller wächst als in sehr armen Ländern, impliziert, dass Ungleichheit auf nationaler Ebene mit dem Wachstum zunimmt. Aber Sala-i-Martin (2006) argumentiert, dass wir in den letzten Jahrzehnten des 20. Jahrhunderts tatsächlich Zeuge einer Reduzierung der weltweiten Ungleichheit beim Einkommen auf individueller Ebene wurden, weil es so viele Individuen in Ländern wie Indien und China gab, deren Einkommen gegenüber dem weltweiten Durchschnitt aufholten. Bedeutet dies, dass Wachstum notwendigerweise Ungleichheit reduziert? Oder senkt eine reduzierte Ungleichheit das Wachstum? Oder verändert sich die Beziehung zwischen Wachstum und Ungleichheit über die Zeit hinweg, wie es die „Kuznets-Kurve" nahelegt? (Kuznets argumentiert, dass in Ländern mit beginnender Industrialisierung, die Ungleichheit tendenziell ansteigt, aber dass während einer späteren Wachstumsphase die Einkommensverteilung beginnt sich zu verdichten.)

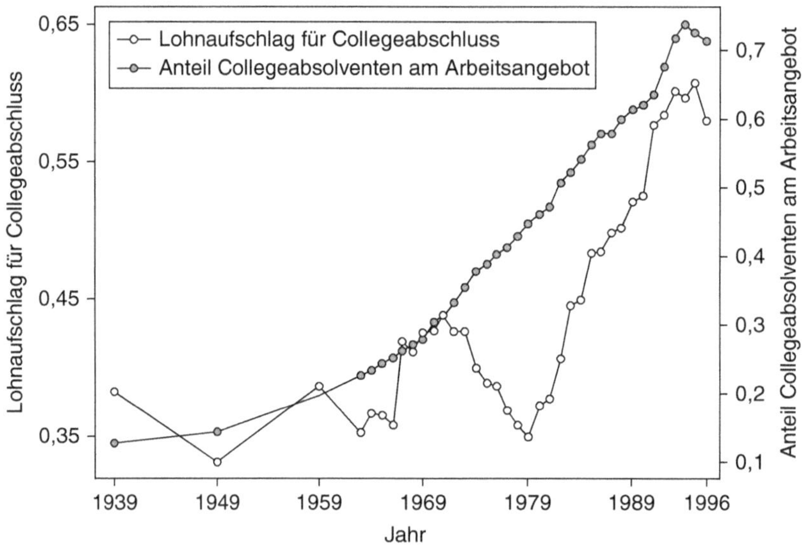

Abb. E.2: Anteil College Absolventen und College und Lohnaufschlag für Collegeabschluss

In der Tat bildete die Kuznets-Kurve bis zu den letzten Jahrzehnten des 20. Jahrhunderts das gesamte Wissen über Wachstum und Ungleichheit. Aber dann besann sich die ökonomische Profession, basierend auf der Tatsache, dass in vielen fortgeschrittenen Ländern – besonders in den Vereinigten Staaten und dem Vereinigten Königreich – die Löhne qualifizierter Arbeitskräfte viel schneller anstiegen als diejenigen von geringer qualifizierten. Im Speziellen zeigt Abbildung E.2, dass der Lohnaufschlag für eine Collegeausbildung, der dem Verhältnis des durchschnittlichen Lohns von College-Absolventen zum Durchschnittslohn von High-School-Absolventen entspricht, und durch die Kurve mit den unausgefüllten Kreisen wiedergegeben wird, seit 1980 extrem angestiegen ist.

Überraschenderweise zeigt Abbildung E.2 auch, dass das relative Angebot an qualifizierter Arbeit, das dem Verhältnis zwischen der Anzahl der College-Absolventen und dem gesamten Erwerbspersonenpotenzial entspricht und durch die Kurve mit den dunklen Punkten wiedergegeben wird, auch anstieg, und dies sogar schneller seit 1970. Was daran überraschend ist, dass auf den ersten Blick ein Anstieg des relativen Angebots an qualifizierter Arbeit zu einer Senkung des Lohnaufschlags führt, da qualifizierte Arbeit relativ gesehen weniger knapp ist. Wie kann man diese beiden Fakten vereinbaren? Wie kann man erklären, dass während dieses Zeitraums auch die Ungleichheit bei den „Residuallöhnen“, das bedeutet die Ungleichheit innerhalb einer Gruppe von Menschen mit denselben messbaren Eigenschaften (Ausbildung, Erfahrung, Geschlecht, Beschäftigung etc.) auch angestiegen ist? War dies eine Begleiterscheinung der Globalisierung, indem die Löhne von niedrigqualifizierten Menschen durch den Wettbewerb aus Niedriglohnländern, die begannen in reiche Länder zu exportieren, gedrückt wurden? War es das Resultat veränderter Arbeitsmarktgesetze und -regulierungen? Oder kam es von einem „skill-biased“ technischen Wandel (einem technischen Wandel, der sich ungleich auf die unterschiedlich qualifizierten Arbeitskräfte auswirkt), der die Produktivität von hoch qualifizierten Arbeitskräften erhöht und gleichzeitig die Arbeitsplätze von geringqualifizierten automatisiert? Und wenn es „skill-biased“ technischer Wandel war, woher kommt diese Verzerrung?

E.2.4 Der Übergang von Stagnation zu Wachstum

Wachstum ist ein neueres Phänomen: Es begann sehr schnell im Vereinigten Königreich und dann in Frankreich bis Mitte des 18. Jahrhunderts. Während des Großteils der Geschichte der Menschheit verlief Wachstum mit der Geschwindigkeit eines Gletschers, der sich ausdehnt. Laut Maddisons Schätzungen (2001) war das weltweite Pro-Kopf-BIP im Jahr 1000 nicht höher als im Jahr 1 und 1820 nur 53 % höher als im Jahr 1000, was eine durchschnittliche jährliche Wachstumsrate von nur $\frac{1}{19}$ Prozent über 820 Jahre impliziert. Aber dann stieg die Wachstumsrate auf 0,5 Prozent von 1820 bis 1870, und sie nahm bis zu einem Höchstwert von beinahe 3 Prozent von 1950 bis 1973 zu. War die frühere Stagnationsphase die Folge des Malthusianischen Bevölkerungsdrucks im Verhältnis zu begrenzten natürlichen Ressourcen, oder war es etwas anderes? Wie können wir, allgemeiner gesprochen, andere Übergänge wie z. B. von der Agrarwirtschaft zur Industrie und dann von der Industrie zu Dienstleistungen, oder von industriellen, Sachkapital akkumulierenden Volkswirtschaften zu Ökonomien, in denen Wachstum primär aus Innovationen resultiert, erklären?

E.2.5 Finanzierung und Wachstum

Abbildung E.3 basiert auf einem Länderquerschnittsvergleich von Rajan und Zingales (1998) und zeigt, dass industrielles Wachstum positiv mit der finanziellen Entwicklung (z. B. gemessen durch das Verhältnis zwischen dem jährlichen gesamten Kreditvolumen des privaten Sektors und dem BIP des Landes) korreliert. Sind die Finanzierungsbedingungen Ursache oder nur ein Symptom des Wachstums? Das heißt, erlaubt die finanzielle Entwicklung eines Landes ein schnelleres Wachstum oder ist es so, dass Länder, die schnell wachsen, auch eine Menge finanzieller Mittel einsetzen? Natürlich spielt diese Frage eine große Rolle, denn wenn das Finanzwesen Wachstum bedingt, dann sollte ein Land, das schneller wachsen möchte, eventuell seine Finanzinstitutionen reformieren, wenn aber das Finanzwesen nur ein Symptom ist, dann verursachen Finanzreformen die Fallstricke des Wachstums, ohne das Wachstum zu realisieren. Gleichzeitig ist die Frage, wie der Zusammenhang zwischen dem Finanzwesen und Wachstum aussieht, falls das Finanzwesen Wachstum verursacht? Ist das Finanzwesen eine wichtige Determinante der Konvergenz oder Divergenz zwischen Ländern? Wie interagiert das Finanzwesen mit anderen Politikmaßnahmen, insbesondere mit makroökonomischen Maßnahmen, die darauf abzielen, den Konjunkturzyklus zu stabilisieren? Wie kann man erklären, dass Kapital nicht von reichen zu armen Ländern fließt, wie es von Lucas (1990) betont wird?

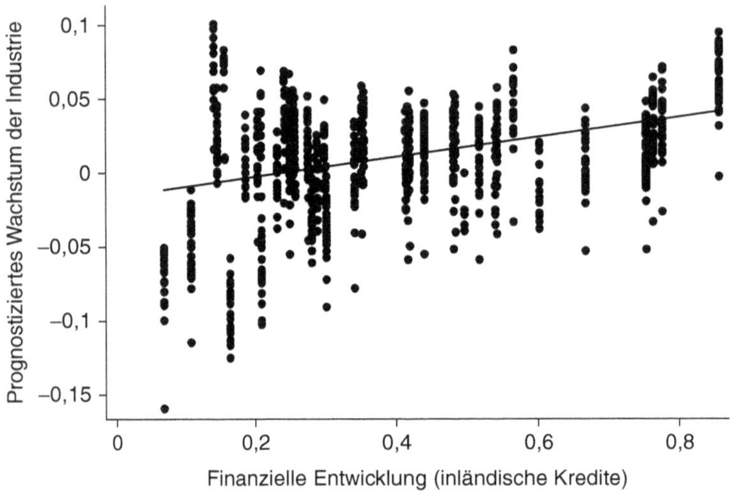

Abb. E.3: Wachstum der Industrie und finanzielle Entwicklung

E.3 Wachstumspolitik

Das zweite Ziel des Buchs ist es, dem Leser Paradigmen und empirische Methoden zu vermitteln, um über die Gestaltung von Wachstumspolitik nachzudenken. Dies geschieht in Teil III. Verschiedene Länder und Regionen haben in jüngster Vergangenheit versucht, eine adäquate Diagnose des Wachstums zu stellen, d. h. mit Analysen der stärksten Wachstumsbeschränkungen und darüber wie ein angemessenes Set und eine Abfolge von wachstumsfördernden Reformen zu definieren ist.

E.3.1 Wettbewerb und Markteintritt

Innovationen stellen eine wesentliche Quelle langfristigen Wachstums dar, und die Belohnung für eine Innovation ist der Monopolgewinn, der daher rührt, dass man zu etwas fähig ist, das die Rivalen bisher nicht leisten konnten. Seit Schumpeter haben Ökonomen argumentiert, dass diese Analyse einen Trade-off zwischen Wettbewerb und Wachstum impliziert. Eine stärkere Wettbewerbspolitik würde die Möglichkeit, Monopolgewinne zu verdienen, reduzieren. Dies würde die Belohnung für Innovationen senken, was den Strom an Innovationen und somit das langfristige Wachstum senken würde.

Es ist jedoch nicht einfach, überzeugende Belege für diesen Schumpeterianischen Trade-off zu finden. Tatsächlich haben Historiker und Ökonometriker Beweise für das Gegenteil geliefert – Belege, dass Gesellschaften und Branchen mit mehr Wettbewerb dazu neigen, stärker zu wachsen als ihre weniger kompetitiven Gegenüber.

Jüngere Belege weisen in die Richtung eines inversen, U-förmigen Zusammenhangs zwischen Wachstum und Wettbewerb (siehe Abbildung E.4). Abbildung E.4 zeigt wie Innovationen (gemessen durch die Zahl der Patente) oder Produktivitätswachstum auf der Ordinate mit dem Grad des Gütermarktwettbewerbs auf der Abszisse variieren, wobei Wettbewerb invers durch das Verhältnis der Firmenrenten zum Umsatz oder Börsenwert der Firmen gemessen wird.

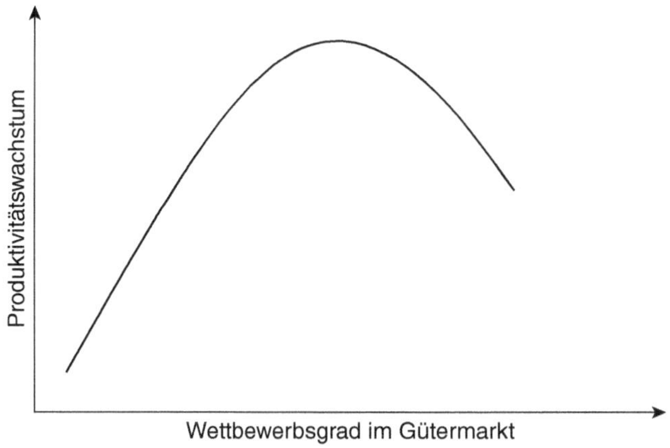

Abb. E.4: Innovation und Wettbewerb im Gütermarkt

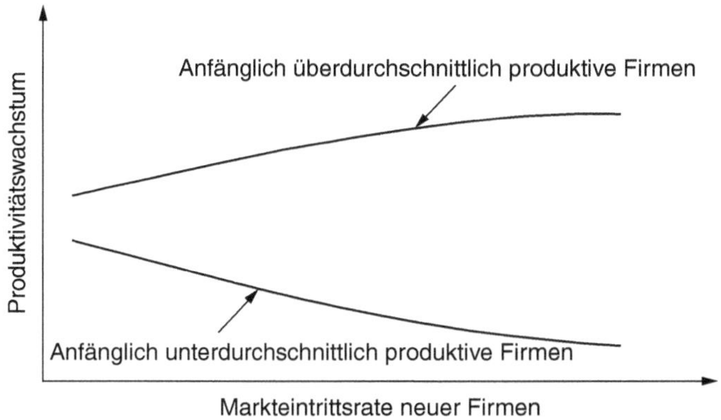

Abb. E.5: Markteintritt und Wachstum der Totalen Faktorproduktivität

Wie kann man dieser umgekehrt U-förmigen Verlauf erklären? Warum taucht der Schumpeterianische Trade-off nur bei einem hohen Wettbewerbsniveau auf?

Abbildung E.5 zeigt wie das Produktivitätswachstum auf Firmenebene (auf der Ordinate) auf einen Anstieg der Rate der Markteintritte neuer Firmen (Abszisse) reagiert. Die obere Linie stellt die durchschnittliche Reaktion der Firmen dar, die anfänglich produktiver als die Medianfirma sind. Die untere Linie zeigt die Reaktionen von Firmen, die weniger produktiv als der Median sind. Wie kann man erklären, dass weiter fortgeschrittene Firmen positiv auf intensiveren Wettbewerb durch Markteintritte reagieren, während weniger fortgeschrittene Firmen negativ reagieren? Welche Politikimplikationen kann man aus diesen Beobachtungen ableiten?

E.3.2 Bildung und die Distanz zur Produktivitätsgrenze

Abbildung E.6 zeigt, wie das Wachstum von der Nähe eines Landes zur globalen Produktivitätsgrenze abhängt – jeweils für Länder, die hauptsächlich in primäre und sekundäre Bildung (obere Grafik) und für Länder, die mehr in die tertiäre Bildung (untere Grafik) investieren. Wenn man diese beiden Grafiken vergleicht, sieht man, dass Länder, die nahe bei der

Produktivitätsgrenze liegen und mehr in tertiäre Bildung investieren (dies sind die Länder in der unteren Grafik auf der rechten Seite), wesentlich stärkeres Wachstum zeigen als Länder, die nahe der Grenze sind und weniger in tertiäre Bildung investieren (dies sind die Länder auf der rechten Seite in der oberen Grafik). Die Investitionen in tertiäre Bildung machen jedoch keinen großen Unterschied bei Ländern, die weiter von der globalen Produktivitätsgrenze entfernt sind (Wachstumsraten sind vergleichbar für Länder auf der linken Seite der oberen Grafik und Länder auf der linken Seite der unteren Grafik).

Warum trägt höhere Bildung mehr zum Wachstum bei in Ländern (oder Regionen), die weniger unterentwickelt sind? Allgemein gefragt: Ist Bildung für Wachstum wichtig, und wie sollten Länder ihr Bildungssystem organisieren, um Wachstum zu maximieren?

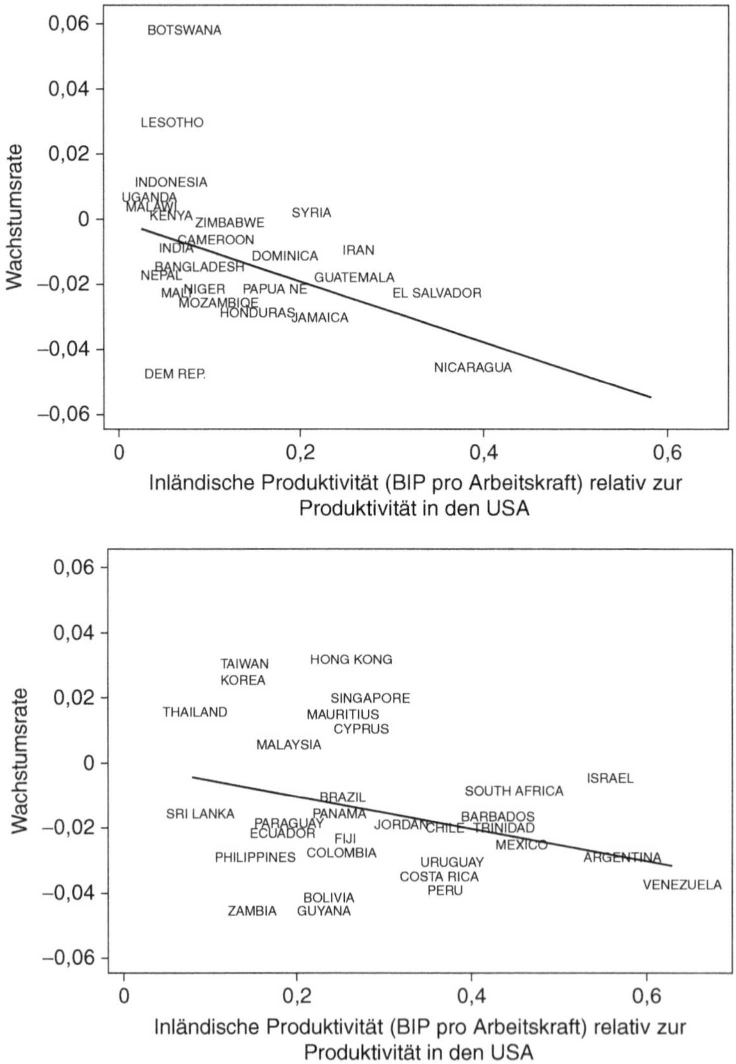

Abb. E.6: Wachstum und Entwicklungsstand für Länder mit niedrigen und hohen Bildungsniveaus. Obere Grafik, Länder mit niedrigem Bildungsniveau. Untere Grafik, Länder mit hohem Bildungsniveau.

E.3.3 Makroökonomische Politik und Wachstum

Abbildung E.7 zeigt, wie die makroökonomische Politik in den Vereinigten Staaten und der Eurozone auf Booms und Rezessionen reagiert. Kurzfristige Zinssätze sind auf der Ordinate abgetragen, während das strukturelle Defizit auf der Abszisse abgetragen wird. Man sieht, dass die USA während Rezessionen ihre Zinssätze senken und ihre Budgetdefizite sehr stark erhöhen, während die Eurozone diese Variablen kaum über den Konjunkturzyklus hinweg verändert. Makroökonomische Lehrbücher trennen gewöhnlich die Analyse der Budget- und Geldpolitik von der Untersuchung von Wachstum. Ist dies gerechtfertigt und wenn nein, warum nicht? Allgemein gefragt: Was unterstützt die Beziehung zwischen makroökonomischer Volatilität und Risiko auf der einen Seite und Wachstum auf der anderen Seite?

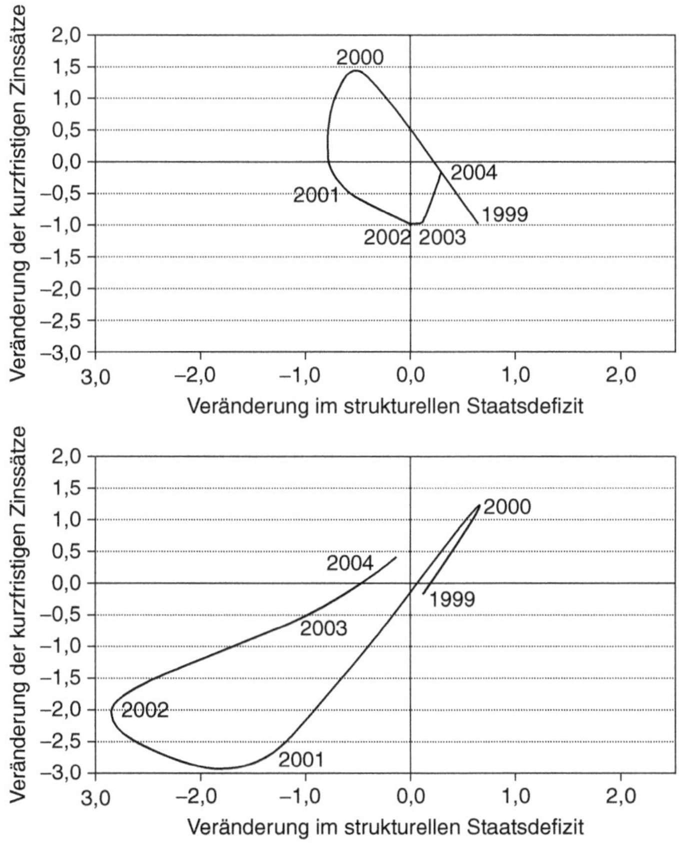

Abb. E.7: Makropolitische Reaktionen auf Booms und Rezessionen in der Eurozone und in den Vereinigten Staaten

E.3.4 Handel und Wachstum

Alle asiatischen Länder, die dem Konvergenzclub beigetreten sind in den letzten Dekaden des 20. Jahrhunderts, haben eine exportorientierte Handelspolitik verfolgt, während viele der lateinamerikanischen Länder, die einen Zusammenbruch des Wirtschaftswachstums in der Mitte des Jahrhunderts erlebten, eine restriktive Handelspolitik mit Förderung von Importsubstitutionen betrieben. Es ist auch das Beispiel von Indien zu nennen, wo sich das Wachstum beschleunigte, als in den 1990er Jahren eine Reform der Handelsliberalisierung verfolgt wurde. Bedeutet dies, dass die Liberalisierung des Handels immer gut für das Wirtschaftswachstum ist?

Jüngere Studien zeigen auch, dass Wachstum in größeren Ländern weniger von der Offenheit der Ökonomie profitiert als in kleineren Ländern. Wie kann man diese Fakten erklären? Andere Studien legen nahe, dass Wachstum in fortgeschrittenen Ländern oder Sektoren eindeutig von mehr Handelsfreiheit, parallel zur Art und Weise wie Markteintritte wirken, profitiert. Kann Handelsliberalisierung jemals nachteilig für das Wachstum in Ländern sein, die nicht so sehr entwickelt sind?

Was sind die Hauptwirkungskanäle, durch die Handel Wachstum und Innovationen verstärkt? Was sagen die Daten über die relative Bedeutung dieser Kanäle aus?

Wie sollten Handelsreformen in Ländern, die sich im Hinblick auf Größe und Stand der Entwicklung unterscheiden, implementiert werden?

E.3.5 Demokratie und Wachstum

Abbildung E.8 betrachtet den Zeitraum 1960–2000 unterteilt in fünfjährige Teilperioden. Sie zeichnet damit für jede Teilperiode das Wachstum der Industrie (gemessen auf der Ordinate durch die durchschnittliche Wachstumsrate für fünf Jahre) als Funktion des Abstands des Landes zur globalen Produktivitätsgrenze (gemessen auf der Abszisse durch das Verhältnis des Niveaus des Pro-Kopf-Einkommens des Landes zum Pro-Kopf-BIP der USA zu Beginn des Fünfjahreszeitraums). Man sieht, dass industrielles Wachstum weniger stark negativ mit dem Abstand zur Grenze korreliert in demokratischen Ländern (durchgezogene Linie) als in undemokratischen Ländern (unterbrochene Linie). Mit anderen Worten gesagt, scheint undemokratisches Verhalten für Wachstum in weiter fortgeschrittenen Ländern schädlicher zu sein. Spiegelt dies eine positive Wirkung der Demokratie auf das Wachstum in fortge-

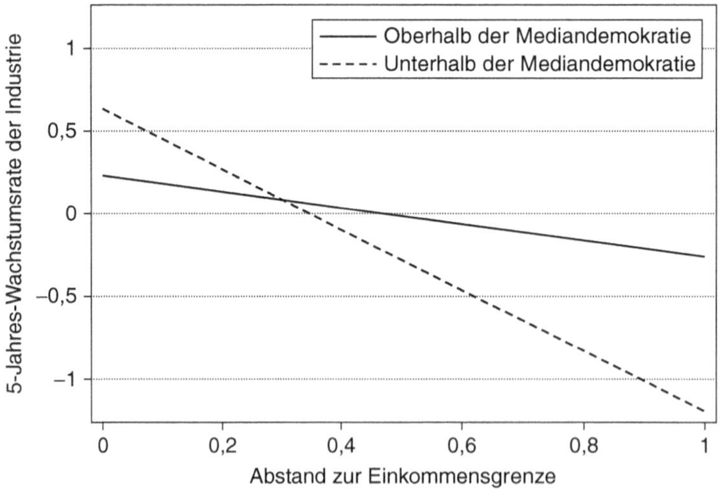

Abb. E.8: Wachstum der Industrie und Abstand zur Einkommensgrenze (Länder unterhalb und oberhalb des Medians für Demokratie)

schrittenen Ländern? Und falls ja, was liegt diesem positiven Effekt zugrunde? Und bedeutet dies, dass Länder immer demokratischer werden, wenn sie einen hohen Stand der Entwicklung erreicht haben?

E.4 Vier Wachstumsparadigmen

Um die Fakten und Rätsel des vorigen Abschnitts zu erklären, wird auf vier führende wachstumstheoretische Paradigmen aufgebaut, die in Teil I des Buchs detaillierter dargestellt werden.

E.4.1 Das neoklassische Wachstumsmodell

Die erste Referenz in der Wachstumstheorie ist das neoklassische Paradigma. Der Erfolg dieses Modells beruht zuerst auf seiner Einfachheit; der Wachstumsprozess wird nur durch zwei Gleichungen beschrieben:

(1) einer Produktionsfunktion, die den aktuellen Strom an Gütern als eine Funktion des aktuellen Bestands an Arbeit und Kapital ausdrückt:

$$Y = AK^{\alpha}L^{1-\alpha},$$

wobei A einen Produktivitätsparameter darstellt und $\alpha < 1$ ist, so dass die Produktion abnehmende Grenzerträge des Kapitals aufweist;

(2) einem Bewegungsgesetz, das zeigt, wie die Kapitalakkumulation von der Investition (die gleich dem Sparen ist) und der Abschreibung auf Kapital abhängt:

$$\dot{K} = sY - \delta K,$$

wobei sY das aggregierte Sparen und δK die aggregierten Abschreibungen bezeichnet.

Was dieses Modell zum Benchmark der Wachstumsanalyse macht, ist paradoxerweise seine Implikation, dass langfristig ökonomisches Wachstum nicht von ökonomischen Bedingungen abhängt. Insbesondere kann Wirtschaftspolitik die langfristige Wachstumsrate eines Landes nicht beeinflussen. Im Speziellen kann das Pro-Kopf-BIP Y/L langfristig nicht wachsen, wenn nicht angenommen wird, dass der Produktivitätsparameter A auch über die Zeit hinweg wächst, was Solow (1957) als „technischen Fortschritt" bezeichnete. Wie in Kapitel 1 zu sehen sein wird, ist das Problem, dass im neoklassischen Modell technischer Fortschritt nicht erklärt oder sogar rational begründet werden kann. Um Wachstumspolitiken diskutieren zu können, benötigt man einen theoretischen Rahmen, in dem Produktivitätswachstum endogen ist, d. h. von Eigenschaften des ökonomischen Systems abhängt. Dieser Rahmen muss langfristigem technischem Fortschritt und Produktivitätswachstum Rechnung tragen, weil sonst die abnehmenden Grenzerträge des Kapitals und der Arbeit irgendwann alles Wachstum abwürgen würden.

E.4.2 Das AK-Modell

Die erste Version der endogenen Wachstumstheorie ist die sogenannte AK-Theorie. AK-Modelle unterscheiden nicht explizit zwischen Kapitalakkumulation und technischem Fortschritt. Tatsächlich werden nur Sach- und Humankapital, deren Akkumulation durch die neoklassische Theorie untersucht wird, mit intellektuellem Kapital, das akkumuliert wird, wenn technologischer Fortschritt entsteht, verbunden. Wenn dieses Aggregat verschiedener Kapitalarten akkumuliert wird, gibt es keinen Grund, zu denken, dass sinkende Erträge seine Grenzproduktivität auf null herunterziehen werden, da ein Teil dieser Akkumulation genau der technologische Fortschritt ist, der notwendig ist, um den abnehmenden Erträgen entgegenzuwirken. Entsprechend des AK-Paradigmas ist der Weg hohe Wachstumsraten aufrechtzuerhalten, einen großen Teil des BIP zu sparen. Teile davon werden ihren Weg in die Finanzierung einer höheren Rate des technologischen Fortschritts finden und werden in schnelleres Wachstum münden.

Formal ausgedrückt, ist das AK-Modell das neoklassische Modell ohne abnehmende Erträge. Die Theorie startet mit einer aggregierten Produktionsfunktion, die bzgl. des Kapitalstocks linear-homogen ist:

$$Y = AK,$$

wobei A eine Konstante ist. Wenn Kapital wie zuvor entsprechend

$$\dot{K} = sY - \delta K$$

akkumuliert wird, dann ist die langfristige (und kurzfristige) Wachstumsrate der Ökonomie ganz einfach

$$g = \frac{\dot{K}}{K} = sA - \delta$$

und steigt mit steigender Sparquote s.

Die AK-Theorie präsentiert einen „One-size-fits-all"-Blick auf den Wachstumsprozess. Sie kann gleichermaßen auf fortgeschrittene Länder, die schon Kapital akkumuliert haben, und auf Länder, die weiter zurückliegen, angewandt werden. Wie das neoklassische Modell postuliert das AK-Modell einen Wachstumsprozess, der unabhängig von den Entwicklungen im Rest der Welt ist, außer insoweit, dass internationaler Handel die Bedingungen für die Kapitalakkumulation verändert. Dennoch ist es für viele Zwecke ein nützliches Instrument, wenn die Unterscheidung zwischen Innovation und Akkumulation von zweitrangiger Bedeutung ist.

Das AK-Modell wird in Kapitel 2 vorgestellt, wo gezeigt wird, wie man es zur Analyse von Terms-of-Trade-Effekten in einer offenen Volkswirtschaft nutzen kann. In späteren Kapiteln wird das Modell gebraucht, um den Übergang von einer Malthusianischen Ökonomie zu einer Ökonomie mit positivem langfristigen Wachstum zu untersuchen, die Beziehung zwischen Finanzinstitutionen, Vermögensungleichheit und Wachstum zu analysieren und um die Beziehung zwischen Volatilität, Risiko und Wachstum sowie das Zusammenspiel von Wachstum und Kultur zu diskutieren.

E.4.3 Das Modell mit Produktvielfalt

Die zweite Welle der endogenen Wachstumstheorie besteht aus „innovationsbasierten" Wachstumsmodellen, die zu zwei parallelen Zweigen gehören. Ein Zweig ist das Modell der Produktvariation von Romer (1990), in welchem Innovationen Produktivitätswachstum durch neue, aber nicht notwendigerweise verbesserte, Varianten von Produkten verursachen. Dieses Paradigma ist aus der Neuen Handelstheorie heraus entstanden und betont die Rolle technologischer Spillover-Effekte.

Es beginnt mit einer Produktionsfunktion nach Dixit und Stiglitz (1977) mit der Form

$$Y_t = \sum_{0}^{N_t} K_{it}^{\alpha}\, di$$

bei der N_t verschiedene Varianten eines Zwischenprodukts jeweils unter Einsatz von K_{it} Einheiten von Kapital hergestellt werden. Aufgrund der Symmetrie wird der aggregierte Kapitalstock K_t gleichmäßig auf die N_t vorhandenen Varianten verteilt, was dazu führt, dass die Produktion ausgedrückt werden kann durch:

$$Y_t = N_t^{1-\alpha} K_t^{\alpha}$$

Entsprechend dieser Funktion ist der Grad der Produktvielfalt N_t der aggregierte Produktivitätsparameter der Ökonomie und seine Wachstumsrate ist die langfristige Wachstumsrate des Pro-Kopf-Outputs der Ökonomie. Eine größere Produktvielfalt erhöht das Produktionspotenzial der Volkswirtschaft, weil es die Aufteilung des Kapitalstocks auf eine größere Zahl von Anwendungen erlaubt, wobei jede abnehmende Erträge aufweist. Somit erhält eine gestiegene Produktvielfalt das Wachstum in diesem Verfahren. Neue Varianten, d. h. neue Innovationen, resultieren aus FuE-Investitionen von forschenden Unternehmern, die durch die Aussicht auf (dauernde) Monopolrenten für den Fall einer erfolgreichen Innovation motiviert werden.

Es ist anzumerken, dass es sich hier um eine Art von Innovation handelt, die immer in der gleichen Art von Produkt mündet.

Auch sagt dieses Modell keine wichtige Rolle für Marktaustritte und Fluktuation voraus. Tatsächlich kann ein Anstieg der Zahl von Marktaustritten nichts tun als das BIP der Volkswirtschaft zu senken, indem die Variationszahl N_t reduziert wird, die alleine die aggregierte Produktivität bestimmt. Somit gibt es keinen Platz für die „schöpferische Zerstörung“, die treibende Kraft im Schumpeterianischen Wachstumsparadigma.

Dennoch kann das in Kapitel 3 vorgestellte Modell der Produktvielfalt in verschiedenen Zusammenhängen verwendet werden, in denen Betrachtungen zu Wettbewerb und Fluktuationen nicht so wichtig sind. Zum Beispiel wird es in Kapitel 8 zur Analyse der Ursachen dauerhafter Produktivitätsunterschiede zwischen Ländern eingesetzt oder wenn der Zusammenhang zwischen Risiko, Diversifikation und Wachstum in Kapitel 14 untersucht wird.

E.4.4 Das Schumpeterianische Modell

Das vierte und letzte Paradigma[1] ist der andere Zweig der innovationsbasierten Theorie und wurde von Aghion und Howitt (1992)[2] entwickelt und im Folgenden in Aghion und Howitt (1998a) weiterentwickelt. Dieses Paradigma entstand aus der modernen Theorie der Industrieorganisation und wird im Allgemeinen als die Schumpeterianische Wachstumstheorie

---

1 Das semiendogene Modell von Jones C. (1995b), in dem langfristiges Wirtschaftswachstum ausschließlich von der Rate des Bevölkerungswachstums abhängt, könnte als viertes Paradigma gesehen werden. Jedoch hat dieses Modell wenig zur Wirtschaftspolitik zu sagen, da es vorhersagt, dass langfristiges Wachstum unabhängig von jeglicher Politik ist, die nicht das Bevölkerungswachstum beeinflusst.

2 Ein früherer Versuch, den Schumpeterianischen Ansatz in die endogene Wachstumstheorie zu integrieren, war der von Segerstrom, Anant und Dinopoulos (1990).

bezeichnet, da es sich auf qualitätsverbessernde Innovationen fokussiert, die alte Produkte obsolet machen und somit die Kraft beinhalten, die Schumpeter als *schöpferische Zerstörung* bezeichnete. Es wird in Kapitel 4 vorgestellt und dann eingesetzt und erweitert in den nachfolgenden Kapiteln des Buchs.

Die Schumpeterianische Theorie beginnt mit einer auf Industrieebene spezifizierten Produktionsfunktion:

$$Y_{it} = A_{it}^{1-\alpha} K_{it}^{\alpha}, 0 < \alpha < 1,$$

wobei A_{it} ein Produktivitätsparameter ist, der mit der jüngsten zur Zeit t in Industrie i eingesetzten Technologie verbunden ist. In dieser Gleichung stellt K_{it} den Strom eines einzigen, in diesem Sektor genutzten Zwischenprodukts dar, das pro Einheit eins zu eins zum Endprodukt oder der vollständigsten Form des Modells durch Kapital hergestellt wird. Der aggregierte Output ist einfach die Summe der industriespezifischen Outputs Y_{it}.

Jedes Zwischenprodukt wird ausschließlich vom jüngsten Innovator hergestellt und verkauft. Ein erfolgreicher Innovator im Sektor i verbessert den Technologieparameter A_{it} und ist damit in der Lage, das vorherige Produkt in diesem Sektor zu ersetzen, bis er wieder durch den nächsten Innovator ersetzt wird. Somit ist eine erste Implikation des Schumpeterianischen Paradigmas, *dass schnelleres Wachstum im Allgemeinen eine höhere Rate der Fluktuation bei den führenden Firmen bedeutet, weil dieser Prozess der schöpferischen Zerstörung den Markteintritt neuer Innovatoren und den Marktaustritt ehemaliger Innovatoren generiert.*

Obwohl die Theorie sich auf individuelle Industrien fokussiert und ausdrücklich die Mikroökonomie des industriellen Wettbewerbs analysiert, ergibt die Annahme, dass alle Industrien identisch sind, eine einfache aggregierte Struktur. Im Besonderen ist es einfach zu zeigen, dass der aggregierte Output vom aggregierten Kapitalstock K_t entsprechend der auf einen Arbeiter bezogenen Cobb-Douglas-Produktionsfunktion abhängt:

$$Y_t = A_t^{1-\alpha} K_t^{\alpha}$$

wobei der arbeitvermehrende Produktivitätsfaktor A_t einfach die ungewichtete Summe der sektorspezifischen A_{it}s ist. Wie in der neoklassischen Theorie ist die langfristige Wachstumsrate durch die Wachstumsrate von A_t gegeben, die hier endogen von der ökonomieweiten Rate der Innovation abhängt.

Es gibt zwei Hauptinputs bei Innovationen, nämlich die privaten Ausgaben des zukünftigen Innovators und den Bestand an Innovationen, die schon von den vergangenen Innovatoren gemacht wurden. Der letztere Input legt den öffentlich verfügbaren Wissensbestand fest, zu dem der gegenwärtige Innovator hofft, etwas hinzufügen zu können. Die Theorie ist flexibel bei der Modellierung des Beitrags vergangener Innovationen. Sie umfasst den Fall einer Innovation, die die beste vor der Innovation verfügbare Technologie überspringt und in einem neuen Technologieparameter A_{it} im innovativen Sektor i resultiert, der das γ-Fache des vorher existierenden Werts ist. Und sie umfasst den Fall einer Innovation gegenüber der globalen Technologiegrenze $\overline{A}_t$, die den Bestand an weltweitem technologischem Wissen darstellt und jedem Innovator in allen Sektoren und Ländern zur Verfügung steht. Im ersten Fall macht das Land eine Innovation an der Spitze, die auf der Spitzeninnovation in der Industrie aufbaut und sie verbessert. Im letzteren Fall implementiert (oder imitiert) die Innovation nur Technologien, die woanders entwickelt wurden.

Betrachtet man z. B. ein Land, in dem in irgendeinem Sektor Spitzeninnovationen mit der Frequenz μ_n stattfinden und Implementierungsinnovationen (oder Imitationen) mit der Frequenz μ_m stattfinden, dann wird die Veränderung des aggregierten Technologieparameters der Volkswirtschaft A_t zu

$$A_{t+1} - A_t = \mu_n(\gamma - 1)A_t + \mu_m(\overline{A}_t - A_t)$$

und damit die Wachstumsrate zu

$$g_t = \frac{A_{t+1}-A_t}{A_t} = \mu_n(\gamma - 1) + \mu_m(a_t^{-1} - 1) \qquad \text{(E.1)}$$

wobei

$$a_t = A_t/\overline{A}_t$$

das inverse Maß der „Distanz zur Grenze" ist.

Wenn man miteinberechnet, dass Innovationen in verschiedenen Ländern auf verschiedene Art und Weise interagieren können, liefert die Schumpeterianische Theorie somit einen Rahmen, in dem die Wachstumseffekte von verschiedenen politischen Maßnahmen vom Zusammenhang abhängen. Im Besonderen ist der Schumpeterianische Apparat gut aufgestellt, um zu analysieren, *wie das erzielte Wachstum eines Landes mit dessen Nähe zur technologischen Grenze a_t variiert, in welchem Umfang das Land dazu tendiert, gegen diese Grenze zu konvergieren, und welche Art von Politik nötig ist, Konvergenz aufrechtzuerhalten, wenn sich das Land der Grenze annähert.*

Man kann die kritischen Innovationsfrequenzen μ_m und μ_n, die den Wachstumspfad eines Landes determinieren, als gegeben annehmen, so wie die neoklassische Theorie die kritische Sparquote s als gegeben annimmt. Jedoch leitet die Schumpeterianische Theorie diese Innovationsfrequenzen endogen aus dem Gewinnmaximierungsproblem ab, dem sich der zukünftige Innovator gegenübersieht genauso wie das Ramsey-Modell die Sparquote s mittels Ableitung aus der Nutzenmaximierung der Haushalte endogenisiert. Dieses Maximierungsproblem und seine Lösung hängen typischerweise von institutionellen Eigenschaften der Ökonomie (wie z. B. dem Schutz von Eigentumsrechten, dem Finanzsystem, ...) und auch von der Regierungspolitik ab. Darüber hinaus werden die gleichgewichtige Intensität und die Mischung von Innovationen oft von Institutionen und Politiken auf eine Art und Weise abhängen, die mit dem Abstand des Landes von der technologischen Grenze a zusammenhängen.

Gleichung (E.1) beinhaltet Gerschenkrons (1962) „advantage of backwardness" in dem Sinne, dass, je weiter das Land gegenüber der globalen Technologiegrenze zurück ist (d. h. je kleiner a_t), umso schneller wird es bei gegebener Implementierungsfrequenz wachsen. Wie in Gerschenkrons Analyse entsteht der Vorteil durch die Tatsache, dass Implementierungsinnovationen dem Land umso größere Qualitätsverbesserungen bringen, je weiter es hinter die Grenze zurückgefallen ist. Wir werden sehen, dass dies nur eine der Möglichkeiten ist, wie der Abstand zur Grenze die Wachstumsleistung eines Landes beeinflussen kann.

Zusätzlich legen es Wachstumsgleichungen wie (E.1) nahe, Gerschenkrons Idee der „angemessenen Institutionen" zu erfassen. Nimmt man an, dass Institutionen, die Implementationsinnovationen bevorzugen (d. h., die Firmen dazu bringen, μ_m auf Kosten von μ_n zu betonen) nicht dieselben sind, die Spitzeninnovationen bevorzugen (d. h., die Firmen ermutigen, sich auf μ_n zu konzentrieren), dann wird ein Land weit von der technologischen Grenze entfernt das Wachstum maximieren, indem Institutionen favorisiert werden, die Implementationen vereinfachen. Jedoch muss es, wenn es gegenüber der technologischen Grenze aufholt, von Institutionen, die Implementationen förderlich sind, zu Institutionen wechseln, die Spitzeninnovationen verstärken, um eine hohe Wachstumsrate aufrechtzuerhalten, da die relative Bedeutung von μ_n für das Wachstum ebenfalls zunimmt. Wie in Kapitel 11 gezeigt wird, kann ein Versagen bei diesem Wechsel ein Land davon abhalten, gegenüber dem Grenzwert des BIP pro Kopf aufzuholen.

Teil I Grundlegende Paradigmen der Wachstumstheorie

1 Neoklassische Wachstumstheorie

1.1 Einleitung

Der Ausgangspunkt für jede Betrachtung von Wachstumstheorie ist das neoklassische Wachstumsmodell, das die Rolle der Kapitalakkumulation betont. Dieses Modell, erstmals von Solow (1956) und Swan (1956) entwickelt, zeigt, wie Wirtschaftspolitik die Wachstumsrate einer Volkswirtschaft erhöhen kann, indem sie Menschen dazu veranlasst, mehr zu sparen. Aber das Modell sagt auch voraus, dass eine solche Wachstumssteigerung nicht dauerhaft sein kann. Langfristig wird die Wachstumsrate des Landes auf die Rate des technischen Fortschritts zurückfallen, die von der neoklassischen Theorie als unabhängig von wirtschaftlichen Kräften und damit als exogen angesehen wird. Basis dieses pessimistischen langfristigen Ergebnisses ist das Prinzip der abnehmenden Grenzproduktivität, das eine obere Grenze festlegt, die angibt, wie viel Output eine Person produzieren kann, indem sie bei gegebenem Stand der Technik einfach mit immer mehr Kapital arbeitet.

Wir haben aber im Hinblick auf den Beitrag der Wirtschaftspolitik zum langfristigen Wachstum eine optimistischere Einstellung, da wir glauben, dass die Rate des technischen Fortschritts von Kräften innerhalb des ökonomischen Systems bestimmt wird.

Genauer gesagt, hängt technologischer Fortschritt vom Innovationsprozess ab. Dieser ist einer der wichtigsten Kanäle durch den Unternehmen in einer Marktwirtschaft im Wettbewerb miteinander stehen, und der Anreiz, Neuerungen einzuführen, hängt in großem Ausmaß von wirtschaftspolitischen Maßnahmen ab, die Einfluss auf Wettbewerb, geistige Eigentumsrechte und vieles andere nehmen. Das neoklassische Modell ist aber dennoch nützlich, weil seine Analyse, wie Kapitalakkumulation bei gegebenem Stand der Technologie das Nationaleinkommen, reale Löhne und reale Zinsen beeinflusst, sowohl für den Fall gültig ist, dass die Technologie endogen ist als auch für den Fall, dass sie exogen ist. In der Tat kann die neoklassische Theorie als ein Spezialfall der Theorie gesehen werden, die wir in diesem Buch entwickeln, der spezielle Grenzfall, in dem die Grenzproduktivität der Anstrengungen, Innovationen zu entwickeln auf null gefallen ist. Eine gute Art, eine Theorie zu erlernen, ist, mit einem einfachen und lehrreichen Spezialfall zu beginnen. Das erste Kapitel widmet sich der Darstellung des neoklassischen Modells.

1.2 Das Solow-Swan-Modell

Man betrachte eine Volkswirtschaft mit einem gegebenen Arbeitsangebot und einem gegebenen Stand des technologischen Wissens – wir nehmen zunächst an, dass beide im Zeitverlauf konstant sind. Man nehme an, Arbeit produziere mithilfe eines aggregierten Kapitalstocks K.[1] Die maximale Outputmenge Y, die produziert werden kann, hängt von K entsprechend einer aggregierten Produktionsfunktion

$$Y = F(K)$$

ab.

Angenommen, Kapital und Arbeit werden vollständig und effizient eingesetzt, so dass $F(K)$ nicht nur dem entspricht, was produziert werden kann, sondern auch dem, was produziert wird.

Eine wichtige Eigenschaft der aggregierten Produktionsfunktion ist, dass die Kapitalakkumulation sinkende Erträge aufweist. Wenn man Menschen immer weiter mit den gleichen Kapitalgütern ausstattet, ohne neue Nutzungsmöglichkeiten für das Kapital zu erfinden, dann wird irgendwann einmal ein Punkt erreicht werden, an dem zusätzliche Kapitalgüter überflüssig werden – außer als Ersatzteile im Fall von mehrfachem Anlagenausfall – und deswegen wird das Grenzprodukt des Kapitals vernachlässigbar werden. Dieser Gedanke wird formalisiert, indem man annimmt, dass das marginale Kapitalprodukt positiv ist, aber mit Zunahme des Kapitalstocks streng abnimmt:

$$F'(K) > 0 \text{ und } F''(K) < 0 \text{ für alle } K \tag{1.1}$$

und durch Einführung der Inada-Bedingungen[2]:

$$\lim_{K\to\infty} F'(K) = 0 \text{ und } \lim_{K\to 0} F'(K) = \infty \tag{1.2}$$

Da von Bevölkerungswachstum und technologischem Fortschritt abstrahiert wird, ist Kapitalakkumulation die einzige übrige Kraft, die Wachstum ermöglicht. Der Output wird wachsen, dann und nur dann, wenn der Kapitalstock größer wird. Man nehme an, die Menschen sparen einen konstanten Anteil s ihres Bruttoeinkommens[3] Y und jedes Jahr sinkt der Kapitalstock aufgrund von Abschreibungen um den konstanten Anteil δ. Da die Rate, mit der neues Kapital akkumuliert wird, dem aggregierten Sparen[4] sY entspricht und die Rate, mit der sich altes Kapital abnützt, δK ist, ergibt sich die Nettorate des Wachstums des Kapitalstocks pro Zeiteinheit (d. h. die Nettoinvestitionen) durch

$$I = sY - \delta K \tag{1.3}$$

Unter der Annahme stetiger Zeit ist die Nettoinvestition die Ableitung von K nach der Zeit, diese schreiben wir nach der Punktschreibweise als $\dot{K}$.

---

1 Natürlich ist K ein aggregierter Index für unterschiedliche Kapitalgüter und sollte so umfassend interpretiert werden, dass er Humankapital und physisches Kapital beinhaltet.

2 Die zweite Bedingung in Gleichung (1.2) ist eine Regularitätsbedingung, die der Bequemlichkeit dient. Im Speziellen, wie wir zeigen werden, stellt sie die Existenz eines nicht-degenerierten stationären Zustands sicher.

3 Wir gehen davon aus, dass es keine Steuern gibt, so dass das Nationaleinkommen und der Output identisch sind.

4 Ohne Steuern, ohne Staatsausgaben und ohne internationalen Handel sind Ersparnis und Investitionen identisch. Das bedeutet, Ersparnis und Investitionen sind nur zwei verschiedene Worte für den Strom von Einkommen, der für Investitionsgüter und nicht für Konsumgüter ausgegeben wird.

Wenn wir also die aggregierte Produktionsfunktion benutzen um Y in Gleichung (1.3) zu ersetzen, erhalten wir

$$\dot{K} = sF(K) - \delta K \tag{1.4}$$

Gleichung (1.4) ist die fundamentale Differenzialgleichung der neoklassischen Wachstumstheorie. Sie zeigt, wie die Steigerung des Kapitalstocks zu jedem Zeitpunkt davon bestimmt wird, wie groß der vorhandene Kapitalstock zu diesem Zeitpunkt bereits ist. Gemeinsam mit dem historisch gegebenen Anfangskapitalstock bestimmt Gleichung (1.4) die gesamte zukünftige Entwicklung des Kapitals im Zeitablauf. Der Entwicklungspfad des Outputs wird dann dadurch bestimmt, dass dieser Entwicklungspfad des Kapitals in die aggregierte Produktionsfunktion eingesetzt wird.

Abbildung 1.1 zeigt die Funktionsweise der fundamentalen Gleichung (1.4). Die Abschreibungsfunktion zeigt, wie die Abschreibungen vom Kapitalstock abhängen. Sie geht durch den Ursprung und hat eine Steigung, die der Abschreibungsrate δ entspricht. Die Sparfunktion zeigt, wie der Strom der neuen Bruttoinvestitionen vom Kapitalstock abhängt. Da das Grenzprodukt $F'(K)$ positiv ist, aber mit zunehmendem K abnimmt, hat die Sparfunktion eine positive, aber abnehmende Steigung.

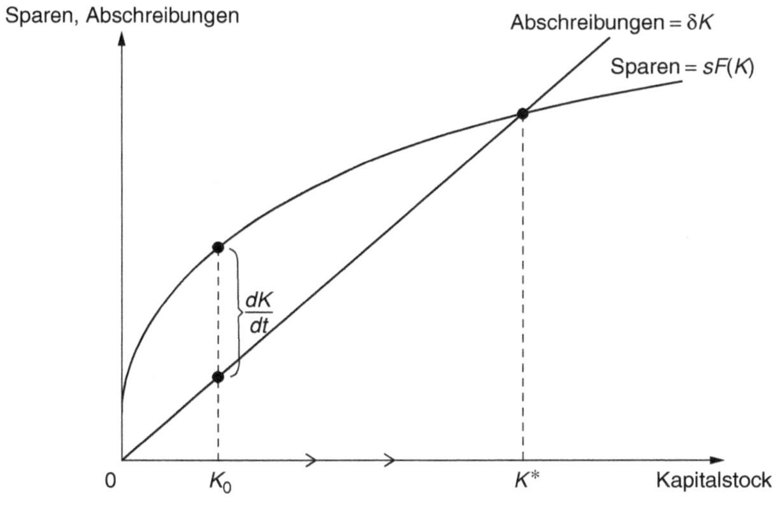

Abb. 1.1

Bei einem gegebenem Kapitalstock wie beispielsweise K_0 in Abbildung 1.1 entspricht die Wachstumsrate des Kapitalstocks dem vertikalen Abstand zwischen der Sparfunktion und der Abschreibungsfunktion. Folglich steigt der Kapitalstock immer dann, wenn die Sparfunktion über der Abschreibungslinie liegt, wie es bei $K = K_0$ in Abbildung 1.1 der Fall ist. Des Weiteren wird er monoton weiter wachsen und langfristig zu K^*, dem Kapitalstock, bei dem die sich die beiden Funktionen schneiden, konvergieren. Also ist K^* ein eindeutiger, stabiler, stationärer Zustand der Wirtschaft.[5]

[5] Technisch gesehen gibt es noch einen anderen Steady-state bei $K = 0$, in dem das Nationaleinkommen null ist und sowohl Ersparnis als auch Abschreibung null sind. Aber dieser degenerierte Steady-state ist

Die wirtschaftliche Logik dieser dynamischen Analyse ist naheliegend. Wenn Kapital knapp ist, ist es sehr produktiv, so dass das Nationaleinkommen im Verhältnis zum Kapitalstock groß ist. Diese Tatsache wird die Menschen dazu veranlassen, mehr zu sparen als notwendig ist, um die Abnutzung des bestehenden Kapitals auszugleichen. Daher wird der Kapitalstock K wachsen und folglich wird das Nationaleinkommen $F(K)$ steigen. Aber aufgrund der *abnehmenden Grenzproduktivität* wird das Nationaleinkommen nicht so schnell wachsen wie der Kapitalstock, mit dem Ergebnis, dass die Ersparnisse nicht so schnell zunehmen wie die Abschreibungen. Letztendlich werden die Abschreibungen die Ersparnisse einholen; zu diesem Zeitpunkt wird der Kapitalstock aufhören zu wachsen und das Wachstum des Nationaleinkommens wird folglich zu einem Ende kommen.

Deswegen wird jeder Versuch, das Wachstum anzukurbeln, indem man Menschen ermutigt, mehr zu sparen, letztendlich scheitern. Eine Zunahme der Sparquote s wird die Rate der Kapitalakkumulation *temporär* erhöhen, indem sie die Sparfunktion in Abbildung 1.1 nach oben verschiebt und damit den Abstand zwischen ihr und der Abschreibungsfunktion vergrößert, aber sie wird keinen *langfristigen* Effekt auf die Wachstumsrate haben, die dazu verurteilt ist, auf null zurückzufallen. Die Zunahme von s wird jedoch als Folge der temporären Wachstumsexplosion von K eine Steigerung der langfristigen Niveaus von Output und Kapital verursachen. Das bedeutet, der neue Schnittpunkt, der K^* definiert, hat sich nach rechts verschoben.

Gleichermaßen bewirkt eine Erhöhung der Abschreibungsrate δ eine temporäre Verringerung des Wachstums, indem sie die Abschreibungsfunktion nach oben verschiebt und dadurch eine negative Lücke zwischen der Sparfunktion und der Abschreibungsfunktion erzeugt. Jedoch wird auch hier die Veränderung der Wachstumsrate des Landes nicht für immer bestehen bleiben. Wenn sich K auf sein neues, niedrigeres Niveau annähert, wird die Wachstumsrate wieder zurück auf null ansteigen. Das Ergebnis der Erhöhung von δ ist ein dauerhaft niedrigeres Niveau von Output und Kapital, was bedeutet, dass sich der neue Schnittpunkt, der K^* definiert, nach links verschoben hat.

1.2.1 Bevölkerungswachstum

Sogar mit einer wachsenden Bevölkerung lässt sich die gleiche pessimistische Schlussfolgerung ziehen. Um dies zu verdeutlichen, definieren wir explizit, dass der Output nicht nur von Kapital sondern auch von Arbeit abhängt, indem wir die Produktionsfunktion wie folgt schreiben:

$$Y = F(K, L)$$

Angenommen die Produktionsfunktion ist konkav[6], bedeutet dies, dass bei konstantem L das Grenzprodukt des Kapitals wieder eine abnehmende Funktion von K ist. Man nehme außer-

instabil; so lange der anfängliche Kapitalstock K_0 positiv ist, wird sich K dem positiven Steady-state K^* annähern.

Man beachte die Anwendung der Inada-Bedingungen (1.2). Die zweite Bedingung garantiert, dass, beginnend am Ursprung, die Sparfunktion zunächst über die Abschreibungsfunktion steigt. Die erste Bedingung stellt sicher, dass die Steigung der Sparfunktion letztendlich unter die der Abschreibungsgeraden sinkt. Zusammen implizieren sie, dass, wenn K wächst, die Sparfunktion die Abschreibungsgerade letzten Endes von oben schneidet, so wie dies in K^* der Fall ist.

6 Konkavität einer Produktionsfunktion ist eine mehrdimensionale Version sinkender Erträge. Formal ist F konkav wenn $\frac{\partial^2 F}{\partial K^2} < 0, \frac{\partial^2 F}{\partial L^2} < 0$ und $\frac{\partial^2 F}{\partial K^2}\frac{\partial^2 F}{\partial L^2} \geq \left(\frac{\partial^2 F}{\partial K \partial L}\right)^2$.

dem an, dass die aggregierte Produktionsfunktion konstante Skalenerträge aufweist, das bedeutet, F ist homogen ersten Grades in beiden Argumenten.

$$F(\lambda K, \lambda L) = \lambda F(K, L) \text{ für alle } \lambda, K, L > 0 \tag{1.5}$$

Diese Formel macht unter der Annahme Sinn, dass der Stand der Technologie gegeben ist. Denn würden Kapital und Arbeit verdoppelt, könnten die zusätzlichen Arbeiter das zusätzliche Kapital nutzen, um zu reproduzieren, was vorher geschaffen wurde und damit den doppelten Output produzieren.

Es wird angenommen, dass jedes Individuum in der Volkswirtschaft immer eine Einheit Arbeit pro Zeiteinheit zur Verfügung stellt und dass dauerhaft Vollbeschäftigung herrscht. Damit entspricht der Arbeitseinsatz pro Zeiteinheit der Bevölkerungszahl und diese wächst laut Annahme pro Jahr mit der konstanten, exponentiellen Rate n. Bei konstanten Skalenerträgen hängt der Output pro Person $y \equiv Y/L$ vom Kapitalstock pro Person $k \equiv K/L$ ab. Das bedeutet, Gleichung (1.5) impliziert im Spezialfall $\lambda = 1/L$, dass

$$Y/L = F(K,L)/L = F(K/L, 1)$$

somit ist

$$y = f(k) \tag{1.6}$$

Wobei f die Pro-Kopf-Produktionsfunktion ist:

$$f(k) = F(k, 1)$$

die angibt, was jede Person unter Verwendung ihres Anteils am aggregierten Kapitalstock produzieren kann.

Im Cobb-Douglas-Fall

$$Y = K^{\alpha} L^{1-\alpha}, 0 < \alpha < 1$$

kann die Pro-Kopf-Produktionsfunktion folgendermaßen geschrieben werden:

$$y = f(k) = k^{\alpha}$$

Die Rate mit der neue Ersparnisse k vergrößern, entspricht dem Sparen pro Person sy. Die Rate mit der die Abschreibungen k verkleinern, entspricht den Abschreibungen pro Person δk. Zusätzlich sorgt Bevölkerungswachstum dafür, dass k mit der jährlichen Rate nk sinkt (jede zusätzliche Person verringert bei einem gegebenen Gesamtkapitalstock K die Kapitalmenge pro Person). Die Nettozuwachsrate von k ist das Ergebnis dieser drei Kräfte, was nach Gleichung (1.6)

$$\dot{k} = sf(k) - (n + \delta)k \tag{1.7}$$

entspricht.[7]

---

[7] Etwas formeller folgt aus grundlegender Differenzialrechnung, dass
$\dot{k} = \dot{K}/L - \dot{L}\,K/L^2$
Da L mit konstanter, exponentieller Rate n wächst, haben wir $\dot{L}/L = n$ und daher
$\dot{k} = \dot{K}/L - nk$
Wie in dem vorhergehenden Abschnitt ist
$\dot{K} = sY - \delta K$
so dass
$\dot{K}/L = sy - \delta k$

Man beachte, dass die Differenzialgleichung (1.7), die das Verhältnis zwischen Kapital und Arbeit bestimmt, und die Fundamentalgleichung (1.4), die den Kapitalstock im vorherigen Abschnitt bestimmt, beinahe identisch sind, außer dass die Abschreibungsrate nun durch die Bevölkerungswachstumsquote erweitert wurde und die Pro-Kopf-Produktionsfunktion f die aggregierte Produktionsfunktion F ersetzt hat. Des Weiteren hat die Pro-Kopf-Produktionsfunktion f die gleiche Form wie die aggregierte Funktion F[8], deshalb sieht die Pro-Kopf-Sparfunktion $sf(k)$ in Abbildung 1.2 genauso aus wie die Sparfunktion in Abbildung 1.1.

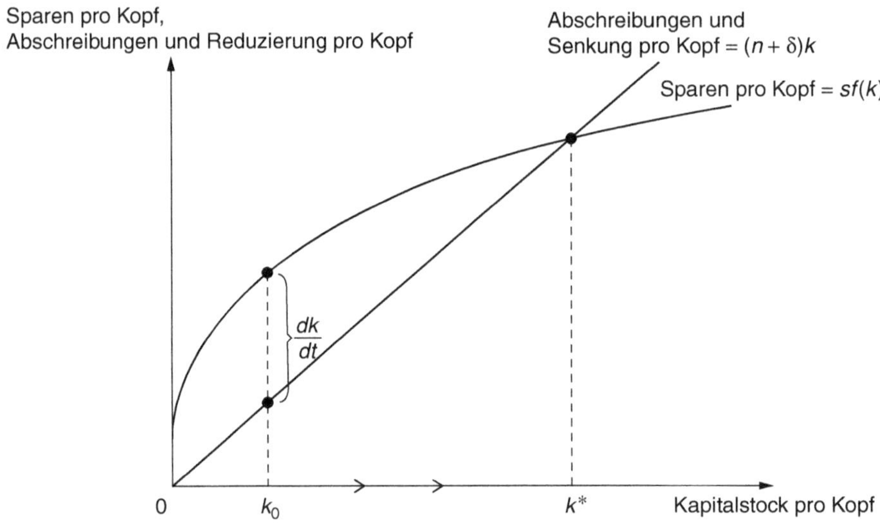

Abb. 1.2

Wie Abbildung 1.2 zeigt, begrenzen sinkende Erträge den Kapitalstock pro Kopf. Dies bedeutet, dass irgendwann ein Punkt erreicht wird, an dem die Ersparnisse aller Individuen benötigt werden, um die Abschreibungen und das Bevölkerungswachstum zu kompensieren. Dieser Punkt ist der *Steady-state-Wert* von k^*, der durch die Bedingung

$$sf(k) = (n + \delta)k$$

definiert ist.

Während der Pro-Kopf-Kapitalstock zu k^* konvergiert, nähert sich das Pro-Kopf-Output-Niveau dem zugehörigen Steady-state-Wert[9] $y^* = f(k^*)$. In diesem Steady-state-Gleichgewicht wachsen Output und Kapitalstock weiter, jedoch nur mit der Rate des Bevölkerungswachstums. Daher wird das Wachstum, gemessen durch die Steigerungsrate des *Pro-Kopf*-Outputs, langfristig enden.

---

und
$\dot{k} = sy - (n + \delta)k$
folgt. Gleichung (1.7) folgt daraus und aus der Pro-Kopf-Produktionsfunktion (1.6).

8 Da $f(k) = F(k, 1)$, gilt $f'(k) = \frac{\partial}{\partial k}F(k, 1)$, die bzgl. k aufgrund der Annahme, dass F konkav ist, abnehmend ist.

9 Der aggregierte Kapitalstock ist nicht stationär, sondern wächst mit derselben, gleichbleibenden Rate wie die Arbeitskräftezahl.

1.2.2 Exogener technologischer Fortschritt

Es folgt, dass die einzige Erklärungsmöglichkeit für dauerhaftes, langfristiges Wachstum des Pro-Kopf-Outputs, wie wir es in den weiterentwickelten Ländern seit der industriellen Revolution beobachtet haben, technischer Fortschritt ist, der fortwährend die dämpfenden Effekte sinkender Erträge kompensiert. Wie dies funktionieren könnte, kann man sehen, indem man annimmt, dass in der aggregierten Produktionsfunktion ein Produktivitätsparameter A existiert, der den momentanen Stand des technischen Wissens reflektiert und dass dieser Parameter mit der konstanten, exponentiellen Rate g wächst. Der exogene Wert von g bildet annahmegemäß den wissenschaftlichen Fortschritt ab.

Damit sei angenommen, dass die aggregierte Produktionsfunktion die Cobb-Douglas-Form besitzt:

$$Y = (AL)^{1-\alpha}K^{\alpha} \tag{1.8}$$

Diese Art, die Produktionsfunktion zu schreiben, setzt technischen Fortschritt gleich mit einer Zunahme des „effektiven" Arbeitsangebots AL, das nicht mit der Rate des Bevölkerungswachstums n, sondern mit der Rate des Bevölkerungswachstums plus der Wachstumsrate der Produktivität $n + g$ wächst.[10]

Formal ist der einzige Unterschied zum Modell des vorherigen Abschnitts, dass der Arbeitseinsatz L überall durch die Zahl der „Effizienzeinheiten" von Arbeit AL ersetzt wurde. Es existiert nun ein Steady-state gemessen in Kapital pro Effizienzeinheit:

$$\kappa = \frac{K}{AL}$$

und in Output pro Effizienzeinheit, was unter Verwendung von Gleichung (1.8) wie folgt geschrieben werden kann:

$$\varphi = \frac{Y}{AL} = \kappa^{\alpha}$$

Die Rate, mit der neue Ersparnisse κ erhöhen, entspricht der Rate der Ersparnisse pro Effizienzeinheit sy. Die Rate, mit der Abschreibungen κ verringern, entspricht den Abschreibungen pro Person δk. Außerdem sorgt das Wachstum der Effizienzeinheiten mit der Rate $n + g$ dafür, dass κ mit der jährlichen Rate $(n + g)\kappa$ fällt. Wie zuvor ist die Nettozuwachsrate von κ das Ergebnis dieser drei Kräfte:

$$\dot{\kappa} = s\kappa^{\alpha} - (n + g + \delta)\kappa \tag{1.9}$$

Gleichung (1.9) ist mit einer Notationsänderung von k zu κ bis auf die Ersetzung der Wachstumsrate n des Arbeitseinsatzes durch die Wachstumsrate $g + n$ der Anzahl der Arbeits-„Effizienzeinheiten" fast identisch mit Gleichung (1.7) des vorherigen Abschnitts. Wie zuvor

---

[10] Dass A durch Multiplikation mit L in die aggregierte Produktionsfunktion eingeführt wird, ist in den meisten Fällen eine sehr spezielle Annahme, die als „Harrod-Neutralität" oder „reiner arbeitsvermehrender technischer Fortschritt" bezeichnet wird. Es gibt keinen guten Grund, warum technischer Fortschritt immer diese Form haben sollte; aber in dieser Form führt er zu leichter handhabbaren Ergebnissen. In dem vorliegenden Cobb-Douglas-Rahmen ist die Annahme von Harrod-Neutralität unverfänglich. Dies ist der Fall, da alle Faktoren multiplikativ in eine Cobb-Douglas-Produktionsfunktion eingehen und es deshalb keinen erkennbaren Unterschied machen würde, ob A mit L oder K oder mit beiden multipliziert würde.

nähert sich κ langfristig einem Steady-state-Wert κ^* an, während φ seinen Steady-state-Wert $\varphi^* = (\kappa^*)^\alpha$ ansteuert.

Dabei wächst der Output pro Effizienzeinheit langfristig nicht mehr, und dies ist auch für den Output pro Person nicht mehr der Fall:

$$Y/L = A\varphi = A\kappa^\alpha$$

Dessen Wachstumsrate kann ausgedrückt werden durch

$$G = \dot{A}/A + \alpha\dot{\kappa}/\kappa = g + \alpha\dot{\kappa}/\kappa$$

Langfristig, wenn sich κ dem Wert κ^* annähert, tendiert die Veränderung pro Zeiteinheit $\dot{\kappa}$ gegen null, so dass sich die Wachstumsrate G der exogenen Rate des technologischen Fortschritts g annähert:

$$G \to g \text{ wenn } t \to \infty.$$

Kurzfristig kann die Wachstumsrate, als ein Ergebnis einer Erhöhung der Sparquote s, zeitweise über g steigen. Dies erhöht die Steigerungsrate des Kapitalstocks pro Effizienzeinheit κ gemäß der fundamentalen Differenzialgleichung (1.9).

Die Intuition zeigt, dass die Wachstumsrate des Pro-Kopf-Outputs nicht auf null sinkt. Da im Prozess der Kapitalakkumulation die Tendenz der Output/Kapital-Quote, aufgrund sinkender Kapitalerträge zu fallen, fortwährend durch technologischen Fortschritt ausgeglichen wird.

Die Volkswirtschaft nähert sich einem Steady-state, in dem sich die beiden entgegenstehenden Kräfte, abnehmende Erträge und technologischer Fortschritt, genau aufwiegen und die Output/Kapital-Quote konstant ist. Obwohl die Höhe des Steady-state-Wachstumspfads von Parametern wie der Sparquote s, der Abschreibungsrate δ und der Rate des Bevölkerungswachstums n abhängt, ist der einzige Parameter, der die *Wachstumsrate* beeinflusst die exogene Rate des technologischen Fortschritts g.

1.2.3 Bedingte Konvergenz

Eine der wichtigsten Fragen, die die Wachstumstheorie behandelt, ist, ob es wahrscheinlich ist, dass arme Länder gegenüber reichen Ländern aufholen (engl. catching-up). Wenn dem so ist, sprechen wir von *länderübergreifender Konvergenz*. Das neoklassische Modell beantwortet diese Frage mit einem grundsätzlichen „Ja". Angenommen Land 1 hat ein niedrigeres BIP pro Kopf als Land 2, sagt die Theorie voraus, dass dieser Einkommensunterschied tendenziell im Laufe der Zeit nur für den Fall verschwinden wird, wenn die beiden Länder die gleiche Technologie (definiert durch die Produktionsfunktion F und den Pfad A_t der Effizienzeinheiten pro Person) und die gleichen grundlegenden Determinanten der Kapitalakkumulation (die Sparquote s, die Abschreibungsrate δ und die Rate des Bevölkerungswachstums n) teilen. Diese Vorhersage ist als *bedingte Konvergenz* bekannt, denn sie besagt, dass Konvergenz im Hinblick auf die Existenz der gleichen Technologie und der gleichen fundamentalen Variablen bedingt ist.

Der Grund, weshalb das Modell bedingte Konvergenz impliziert, ist einfach. Wenn zwei Länder die gleichen Basiseigenschaften aufweisen und die gleiche Technologie besitzen, konvergieren sie zum gleichen Steady-state und deswegen konvergieren sie zueinander. Ansonsten konvergieren sie grundsätzlich zu unterschiedlichen Steady-states und damit nicht zueinander.

Genauer ausgedrückt, wird angenommen, dass das Steady-state-Niveau des BIP pro Arbeitseffizienzeinheit in Land 1 $\varphi_1^* = y_{1t}/A_{1t}$ sei und $\varphi_2^* = y_{2t}/A_{2t}$ in Land 2, wobei y_{it} und A_{it} entsprechend das BIP pro Kopf und die Effizienzeinheiten pro Arbeiter im Land i entlang des langfristigen Wachstumspfads des Landes sind. Wenn sich die beiden Länder durch die gleiche Technologie und die gleichen grundlegenden Determinanten auszeichnen, dann ist $A_{1t} = A_{2t}$ und $\varphi_1^* = \varphi_2^*$, und somit sind ihre langfristigen Niveaus des BIP pro Kopf gleich: $y_{1t} = y_{2t}$. Wenn sie aber unterschiedliche Technologien und Grundeigenschaften haben, gibt es keinen Grund, warum ihre langfristigen BIP-pro-Kopf-Niveaus gleich sein sollten.

Die empirische Literatur zur Konvergenz hat eine etwas stärkere Version bedingter Konvergenz untersucht und zwar, dass es unter der Bedingung, dass die Länder die gleichen grundlegenden Determinanten (s, n, δ) der Kapitalakkumulation besitzen, zur Konvergenz kommen sollte. Diese Version wurde von Befürwortern des neoklassischen Modells vorgeschlagen. Sie glauben, dass man als Arbeitshypothese annehmen sollte, dass allen Ländern die gleiche Technologie zur Verfügung steht, so dass es genügt, wenn Länder das gleiche Steady-state φ^* haben, um Konvergenz sicherzustellen. Diese Volkswirte glauben, dass internationale Unterschiede in der Technologie nicht wichtig sind, weil Wissenschaft und Technologie globale Ressourcen sind, die allen Ländern zur Verfügung stehen; sie behaupten, dass die Kapitalakkumulation, nicht die Technologie, der Faktor ist, der Länder in der Realität wirtschaftlich unterscheidet.

Empirische Untersuchungen bedingter Konvergenz konzentrieren sich darauf, ob arme Länder schneller wachsen als reiche, wenn im Hinblick auf die fundamentalen Determinanten der Kapitalakkumulation kontrolliert wird. In Abbildung 1.2 wird deutlich, dass ein Land, das weiter vom Steady-state Wert k^* entfernt startet, eine höhere Kapitalakkumulationsrate aufweist und deshalb eine höhere Wachstumsrate des Pro-Kopf-Einkommens. Natürlich funktioniert dieser Vergleich nur für zwei Länder mit den gleichen Steady-states; wenn ein reiches Land auch ein höheres k^* aufweist, ist es möglicherweise weiter von seinem Steady-state entfernt als ein armes Land und aus diesem Grund wächst es möglicherweise auch schneller als das arme Land.

Autoren der empirisch ausgerichteten Literatur schätzen häufig Gleichungen der Form

$$\frac{1}{T}\log\frac{y_{t+T}}{y_t} = \beta_0 + \beta_1 \log y_t + \beta_2 X_t + u_t$$

wobei X_t ein Vektor von Variablen (wie beispielsweise s, δ und n) ist, die für die Determinanten des Steady-state-Outputs pro Kopf stehen. Die linke Seite der Gleichung ist die Wachstumsrate der Volkswirtschaft über einen Zeitraum von T Jahren gemessen. Die Gleichung drückt also aus, dass die Wachstumsraten von Land zu Land entweder aufgrund von Unterschieden in den Parametern, welche die Steady-states (erfasst durch Term $\beta_2 X_t$) bestimmen, oder aufgrund von Unterschieden in den anfänglichen Positionen (erfasst durch Term $\beta_1 \log y_t$) unterschiedlich sein können. Ein geschätzter Wert von $\beta_1 < 0$ wird als Evidenz für bedingte Konvergenz angesehen.

Konvergenz der Wachstumsraten

Manchmal sprechen Volkswirte von internationaler Konvergenz im Hinblick auf die Wachstumsraten (anstatt der Niveaus) des Pro-Kopf-Einkommens. Man spricht von Konvergenz der Wachstumsraten, wenn die internationalen Unterschiede bei den Wachstumsraten über die Zeit hinweg tendenziell verschwinden. Diese Form der Konvergenz impliziert nicht, dass arme Länder beim Lebensstandard gegenüber reichen Ländern aufholen, sondern dass die Wachstumsraten in langsam wachsenden Ländern zu denen schneller wachsender Länder aufholen.

Das neoklassische Modell hat eine stärkere Vorhersagekraft hinsichtlich der Konvergenz von Wachstumsraten als hinsichtlich der bedingten Konvergenz, die wir soeben im Hinblick auf die Niveaus gesehen haben. Insbesondere impliziert das Modell, dass es Konvergenz der Wachstumsraten zwischen allen Ländern geben sollte, die die gleiche Technologieausstattung aufweisen. Das bedeutet, dass die langfristige Wachstumsrate in jedem Land der Rate des technologischen Fortschritts entspricht, so dass, wenn Länder immer die gleiche Technologieausstattung aufweisen, sie auch die gleiche Rate des technologischen Fortschritts und demnach auch die gleiche langfristige Wachstumsrate besitzen. In der Tat prognostizieren neoklassische Befürworter, die glauben, dass alle Länder tatsächlich die gleiche Technologie teilen, absolute Konvergenz der Wachstumsraten – das bedeutet, dass alle Länder, ohne Ausnahme, zu der gleichen langfristigen Wachstumsrate konvergieren.

1.3 Erweiterung: Das Cass-Koopmans-Ramsey-Modell[11]

1.3.1 Ohne technologischen Fortschritt

Wie das mit einfachen Hypothesen so ist, ist die Annahme einer fixen Sparquote keine schlechte Annäherung an die Wirklichkeit. Dennoch glauben viele Autoren, dass die Feinheiten der permanenten Einkommenshypothese und die der Lebenszyklus-Hypothese einbezogen werden sollten. Und zwar aus dem Grund, dass Menschen mit dem Ziel sparen, ihren Konsum über ihre Lebenszeit hinweg zu glätten, indem sie ihre Präferenzen für Konsum zu unterschiedlichen Zeitpunkten überdenken und die Rendite, die sie erwarten können, wenn sie gegenwärtigen Konsum aufgeben, um für die Zukunft zu sparen, in Betracht ziehen.

Im Rest dieses Kapitels wird gezeigt, wie das neoklassische Modell entlang dieser Ideen erweitert werden kann, um die Motivation der Menschen zu berücksichtigen, ihren Konsum zu glätten. Das Modell, das wir vorstellen, hat seinen Ursprung in dem wegweisenden Beitrag von Ramsey (1929) sowie den Weiterentwicklungen durch Cass (1965) und Koopman (1965). Dieses Modell sagt auch voraus, dass Wirtschaftspolitik nur kurzfristig auf Wachstum einwirken kann und dass langfristig die Pro-Kopf-Wachstumsrate immer auf die exogen gegebene Rate des technologischen Fortschritts zurückfällt. Und wieder ist der Grund dafür die sinkende Grenzproduktivität des Kapitals.

Folglich wird angenommen, dass Ersparnisse so zu modellieren sind, als ob sie die Entscheidung eines repräsentativen Haushalts seien. Die Zeit ist diskret: $t = 0, 1, \dots, T$. Zu jedem Zeitpunkt zieht der Haushalt Nutzen aus seinem gegenwärtigen Konsum, genauer gesagt, wenn er momentan im Umfang von c konsumiert, wird sein gegenwärtiger Nutzenstrom durch die Nutzenfunktion $u(c)$ gegeben. Unter der Annahme, dass der Grenznutzen positiv und abnehmend ist, folgt:

$$u'(c) > 0 \text{ und } u''(c) < 0 \quad \text{für alle } c > 0$$

---

[11] Dieser Abschnitt enthält etwas mehr fortgeschrittenes Material. Die Details können von fortgeschrittenen Lesern übersprungen werden, sie sollten sich allerdings die Euler-Gleichung (1.19) und die darauf folgende Diskussion anschauen. Diese Gleichung wird gelegentlich in Kapitel 2 und 4 und noch einmal in Kapitel 16 verwendet, aber sonst nicht.

Um das Problem zu vereinfachen, nehmen wir an, dass der Grenznutzen unendlich wird, wenn sich der Konsum null annähert:

$$\lim_{c \to 0} u'(c) = \infty \tag{1.10}$$

Der Haushalt ist in dem Sinne weitsichtig, dass er nicht nur an gegenwärtigem Nutzen interessiert ist, sondern sich auch um den erwarteten zukünftigen Nutzen sorgt. Er ist aber auch ungeduldig in dem Sinne, dass er stärker an den erwarteten Nutzenströmen der nahen Zukunft als an denjenigen interessiert ist, die viel später zu erwarten sind. Im Speziellen bedeutet dies, dass, wenn der Haushalt irgendeinen auf die Lebenszeit ausgelegten Konsumplan $\{c_t\}_0^T$ bewertet, er dafür eine gewichtete Summe der Nutzen verwendet:

$$W = \sum_0^T \beta^t u(c_t)\,, 0 < \beta < 1$$

Die Ungeduld des Haushalts wird durch die Tatsache erfasst, dass das Gewicht β^t, das dem erwarteten Nutzen zum Zeitpunkt t zugeordnet ist, mit t abnimmt. Die geometrische Rate mit der das Gewicht β^t sinkt, ist eine Konstante β, die wir als *Diskontfaktor* des Haushalts bezeichnen.

Wir abstrahieren wieder von Bevölkerungswachstum, indem wir ein konstantes Arbeitskräftepotenzial: $L = 1$ annehmen. Die technologischen Möglichkeiten des Haushalts sind durch eine Produktionsfunktion $F(K)$ gegeben, in der K die Menge des Kapitals ist, die von einem repräsentativen Haushalt besessen wird. Die Produktionsfunktion weist ein positives, aber abnehmendes Grenzprodukt (Bedingung 1.1) auf und erfüllt die Inada-Bedingungen (1.2).

Man nehme der Einfachheit halber an, dass der Haushalt selbst produziert, anstatt seine Arbeitskraft zu verkaufen und sein Kapital an Unternehmen zu vermieten.[12] Der Haushalt muss dann entscheiden, wie viel er zu jedem Zeitpunkt konsumieren möchte und im Vergleich dazu wie viel er für die Kapitalakkumulation zurücklegt, die ihm zukünftigen Konsum ermöglicht. Die grundlegende Einschränkung, mit der der Haushalt zu jedem Zeitpunkt konfrontiert wird, ist, dass der Zuwachs des Kapitalstocks K dem Strom neuen Outputs abzüglich der Menge, die er konsumiert, c, und abzüglich der Menge, die für Abschreibungen δK verbraucht wird, entspricht. Das heißt

$$K_{t+1} = K_t + F(K_t) - c_t - \delta K_t \tag{1.11}$$

Der Haushalt wählt die Abfolge von Konsum und Kapital $\{c_t, K_{t+1}\}_0^T$, die seinen lebenslangen Nutzen W in jeder Periode gemäß Gleichung (1.11) bei gegebenem anfänglichen Kapitalstock K_0 und unter der Bedingung, dass die am Ende des Planungshorizonts verbleibende Kapitalmenge K_{T+1} nicht negativ sein kann, maximiert.[13]

---

12 Ebenso könnte man annehmen, dass auf Märkten für Arbeit und Kapital vollkommene Konkurrenz herrscht, dass sie sich zu jedem Zeitpunkt räumen und dass die Menschen perfekte Voraussicht aller zukünftigen Preise haben. Diese Annahmen können getroffen werden, weil bei konstanten Skalenerträgen (von Kapital und Arbeit) die Größe der Unternehmen unbestimmt ist. Die Volkswirtschaft kann aggregiert genau so viel produzieren, indem jeder Haushalt sein eigenes Kapital und seine eigene Arbeit verwendet, wie in dem Fall, in dem alle für einige wenige große Firmen arbeiten würden, die auch alles Kapital einsetzen, und wenn angenommen wird, dass es verzerrungsfreie Märkte gibt, in denen die Unternehmen Arbeit und Kapital von den Haushalten kaufen können.

13 Man beachte, dass die Nichtnegativitäts-Nebenbedingung für jede Variable außer K_{T+1} ignoriert wurde. Das ist möglich, weil es einen unendlichen marginalen Ertrag gäbe, wenn man jede dieser Variablen über null anheben würde. Das bedeutet, dass die Inada-Bedingungen (1.2) implizieren, dass ohne Kapitaleinsatz ein unendlich hohes Grenzprodukt existieren würde. Und ähnlich impliziert Bedingung (1.10), dass

Wie bei jedem Optimierungsproblem mit Nebenbedingungen wird die Lösung mithilfe der Lagrange-Funktion

$$\mathcal{L} = \sum_0^T \beta^t u(c_t) + \sum_0^T \mu_{t+1}[K_t + F(K_t) - c_t - \delta K_t - K_{t+1}])$$

bestimmt, in der die μs unbestimmte Lagrange-Multiplikatoren sind. Jedes μ_t kann als *Schattenpreis* einer Einheit Kapital in Periode t interpretiert werden. Dies entspricht dem diskontierten Grenznutzen, ein größeres K_t zu besitzen. Die partiellen Ableitungen von $\mathcal{L}$ nach den einzelnen Variablen, außer K_{T+1}, müssen gleich null sein:

$$\frac{\partial \mathcal{L}}{\partial c_t} = \beta^t u'(c_t) - \mu_{t+1} = 0, \text{ für alle} t = 0, 1, \ldots, T$$

$$\frac{\partial \mathcal{L}}{\partial K_t} = \mu_{t+1}[1 + F'(K_t) - \delta] - \mu_t = 0, \text{ für alle} t = 1, 2, \ldots, T$$

Die notwendige Bedingung erster Ordnung bezüglich K_{T+1} muss die Möglichkeit in Betracht ziehen, dass die Ableitung von $\mathcal{L}$ negativ sein könnte, wenn wir in einer Randlösung mit $K_{T+1} = 0$ sind. Das bedeutet, wir haben die notwendigen Kuhn-Tucker-Bedingungen:

$$\frac{\partial \mathcal{L}}{\partial K_{T+1}} = -\mu_{T+1} \leq 0, \qquad K_{T+1} \geq 0, \ \mu_{T+1} K_{T+1} = 0$$

Wenn man die aktuellen Schattenpreise λ_t definiert als

$$\lambda_t = \beta^{-(t-1)} \mu_t$$

dann implizieren die vorhergegangenen Bedingungen erster Ordnung

$$u'(c_t) - \lambda_{t+1} = 0 \text{ für alle } t = 0,1, \ldots, T \tag{1.12}$$

$$\beta[1 + F'(K_t) - \delta] - \lambda_t / \lambda_{t+1} = 0 \text{ für alle } t = 1,2, \ldots, T \tag{1.13}$$

$$\beta^{T+1} \lambda_{T+1} K_{T+1} = 0 \tag{1.14}$$

Bedingung (1.12) besagt, dass der Grenznutzen des Konsums immer dem Schattenpreis einer Einheit Kapital in der nächsten Periode, λ_{t+1}, entsprechen muss. Dieses Verhältnis gilt, weil, entsprechend der Nebenbedingung (1.11), jede Einheit Konsum eine Einheit Kapital in der nächsten Periode kostet und somit die Optimalitätsbedingung verlangt, dass diese Alternativen den gleichen Grenzwert aufweisen.

Bedingung (1.13) ist die Euler-Gleichung. Angenommen wir definierten die Grenzrendite $r(K)$ als den zusätzlichen Nettooutput, den der Haushalt mit einer zusätzlichen Einheit Kapital generieren könnte:

$$r(K) \equiv \frac{\partial}{\partial K}[F(K) - \delta K] = F'(K) - \delta$$

dann könnte die Euler-Gleichung unter Verwendung von Gleichung (1.12) wie folgt umgeschrieben werden

$$1 + r(K_{t+1}) = \frac{u'(c_t)}{\beta u'(c_{t+1})} \text{ für alle } t = 0, 1, \ldots, T - 1 \tag{1.15}$$

---

bei einem Konsum von null ein unendlich hoher Grenznutzen möglich wäre. Da aber K_{T+1} in keine Produktionsfunktion eingeht, wird es überhaupt keinen Ertrag generieren, wenn wir es über null anheben. Wenn wir also die Nichtnegativitäts-Nebenbedingung für K_{T+1} ignorieren würden, würde sich der Haushalt freudig dafür entscheiden, im Falle seines Todes bankrott zu sein, was in diesem Kontext keinen Sinn machen würde, weil das Kapital nicht negativ sein kann.

Dies ist eine bekannte Bedingung für die optimale Glättung des Konsums über die Zeit, nämlich, dass die Grenzrate der Substitution zwischen Konsum in dieser Periode und der nächsten gleich der Grenzrate der Transformation $1 + r(K_{t+1})$ sein muss.

Bedingung (1.14) ist die *Transversalitätsbedingung*, die besagt, dass der Endkapitalstock entweder null oder wertlos, d. h. $\lambda_{T+1} = 0$, sein muss. Das bedeutet, man plant so, dass am Ende des Lebens kein Vermögen hinterlassen wird.

1.3.1.1 Stetige Zeit und unendlicher Planungshorizont[14]

Um zu verstehen, wie sich Konsum und Kapitalstock im Laufe der Zeit entwickeln, ist es hilfreich, den Grenzwert für den Fall zu betrachten, in dem die Zeitspanne auf null schrumpft und der Planungshorizont unendlich lang wird. Zunächst drücken wir den Diskontfaktor β als

$$\beta = \frac{1}{1+\rho}$$

aus, wobei $\rho > 0$ der subjektive Diskontfaktor oder die *Zeitpräferenzrate des Haushalts* ist. Als Nächstes können wir, wenn die Zeitspanne kurz ist, die Differenzen erster Ordnung durch die Ableitungen approximieren.[15]

$$u'(c_{t+1}) - u'(c_t) = u''(c_t)\dot{c}_t$$

wobei

$$\dot{c}_t = dc_t/dt.$$

Indem wir durch $u'(c_t)$ dividieren, können wir die vorherige Gleichung als

$$\frac{u'(c_{t+1})}{u'(c_t)} = \frac{u''(c_t)}{u'(c_t)}\dot{c}_t + 1$$

schreiben.

Die Euler-Gleichung (1.15) wird dann zu

$$\frac{1}{\beta(1+r)} = \frac{1+\rho}{1+r} = \frac{u''(c_t)}{u'(c_t)}\dot{c}_t + 1$$

Wenn aber die Zeitspanne kurz ist, sind die Zeitpräferenzrate ρ und die Rendite r klein, daher ergibt sich[16]

$$\frac{1+\rho}{1+r} = 1 + \rho - r$$

Deshalb entspricht die Approximation der Euler-Gleichung bei stetiger Zeit

$$\frac{u''(c_t)}{u'(c_t)}\dot{c}_t = \rho - r \tag{1.16}$$

---

14 Für eine alternative Lösungsmöglichkeit unter Verwendung der Hamilton-Funktion siehe Anhang 1B.

15 Tatsächlich haben wir $\lim\limits_{dt\to 0} \frac{u'(c_{t+dt})-u'(c_t)}{dt} = u''(c_t)\dot{c}_t$.

16 Das kann als Taylor-Approximation erster Ordnung der Funktion $G(\rho,r) = \frac{1+\rho}{1+r}$ um den Punkt $(\rho,r) = (0,0)$ gesehen werden. Das bedeutet, dass $G(\rho,r) \simeq G(0,0) + \rho G_1(0,0) + rG_2(0,0) = 1 + \rho - r$ ist, wobei G_i die partielle Ableitung von G nach ihrem i-ten Argument ist.

1.3.1.2 Die kanonische Form der Euler-Gleichung

Wann immer wir im nächsten Kapitel diese Euler-Gleichung anwenden, tun wir dies für den speziellen isoelastischen Fall

$$u(c) = \frac{c^{1-\varepsilon}-1}{1-\varepsilon} \tag{1.17}$$

wobei $\varepsilon > 0$.[17] In diesem Fall haben Individuen zwischen heutigem und zukünftigem Konsum unabhängig von ihrem Konsumniveau die gleiche Substitutionselastizität $1/\varepsilon$.[18] Dies ist der wichtigste Parameter, der den Wunsch des Haushalts, seinen Konsum über die Zeit zu glätten, definiert. Bei dieser Klasse von Nutzenfunktionen ist dieser Wunsch unabhängig vom Konsumniveau.

Die Verwendung der Tatsache, dass in unserem Fall

$$u'(c) = c^{-\varepsilon}; u''(c) = -\varepsilon c^{-(\varepsilon+1)}$$

ist, führt dazu, dass die vorhergehende Euler-Gleichung zu

$$-\varepsilon \dot{c}_t / c_t = \rho - r \tag{1.18}$$

wird. Oder entsprechend, wenn c_t mit der Rate g wächst, zu

$$r = \rho + \varepsilon g \tag{1.19}$$

wird.

Dies ist die kanonische Form der Euler-Gleichung, die man in allen Lehrbüchern für Fortgeschrittene finden kann. Die Intuition hinter ihr ist einfach. Wir können r als Zinssatz interpretieren. Das bedeutet, wenn der repräsentative Haushalt heute eine Einheit spart, wird das Kapital in der nächsten Periode um die Menge $1 + r$ größer sein. Genauso könnte der Haushalt sich eine Einheit „leihen", was das Kapital um $1 + r$ in der nächsten Periode verringern würde. Gleichung (1.19) zeigt, wie hoch der Gleichgewichtszinssatz im Steady-state[19], in dem der Konsum und das Kapital des Haushalts mit der Rate g wachsen, sein muss. Betrachten wir zunächst den Fall g gleich null. Dann muss der repräsentative Haushalt im Steady-state einen konstanten Kapitalstock besitzen, er muss also weder sparen noch einen Kredit aufnehmen. Da der Haushalt aber ungeduldig ist ($\beta < 1$), würde er es bevorzugen, einen Kredit aufzunehmen, wenn dafür keine Kosten entstünden. Deshalb muss der Zinssatz, der den Kosten, Geld zu leihen, entspricht, hoch genug sein, um den Haushalt zu überzeugen, keinen Kredit aufzunehmen. Laut Gleichung (1.19) entspricht der Zinssatz im Steady-state der Zeitpräferenzrate ρ.

---

17 Anmerkung: Wenn $\varepsilon \to 1$, gilt $\frac{c^{1-\varepsilon}-1}{1-\varepsilon} \to ln\,(c)$.

18 Die Substitutionselastizität zwischen c_t und c_{t+1} ist ein inverses Maß der Sensitivität der Grenzrate der Substitution $u'(c_{t+1})/u'(c_t)$ auf eine Veränderung im der Konsumquote c_{t+1}/c_t. Je höher die Substitutionselastizität ist, desto mehr müsste man als Antwort auf eine Veränderung der Rendite r die Konsumquote verändern, um die Gleichgewichtsbedingung (1.15) wieder herzustellen. Formal entspricht die Elastizität

$$\eta = -\left\{\frac{c_{t+1}/c_t}{u'(c_{t+1})/u'(c_t)} \frac{d[u'(c_{t+1})/u'(c_t)]}{d(c_{t+1}/c_t)}\right\}^{-1}$$

In diesem Fall haben wir $u'(c) = c^{-\varepsilon}$, daher ist $\eta = 1/\varepsilon$.

19 Anhang 1A zeigt, dass die Volkswirtschaft tatsächlich zu ihrem Steady-state konvergiert.

Angenommen g ist positiv. Dann muss der repräsentative Haushalt im Steady-state in jeder Periode genug sparen, um seinen Kapitalstock mit der Rate g wachsen zu lassen. Der Zinssatz, der den Haushalt davon überzeugt zu sparen, muss höher sein als derjenige, der ihn nur davon überzeugt, keinen Kredit aufzunehmen. Im Speziellen zeigt uns Gleichung (1.19), dass für jeden Prozentpunkt Anstieg der Wachstumsrate g der gleichgewichtige Zinssatz um ε Prozentpunkte steigen muss.

Die Euler-Gleichung dient zwei Zwecken in der Wachstumstheorie. Im neoklassischen Modell zeigt sie uns, wie das Kapitalniveau im Steady-state von der Rate des technologischen Fortschritts g abhängt. Dies zeigen wir im nächsten Abschnitt. Der andere Zweck der Euler-Gleichung ist, zu zeigen, wie die Wachstumsrate in den Theorien endogenen Wachstums von der Zeitpräferenzrate abhängt. Dies zeigen wir in Kapitel 3, in dem wir Romers Modell endogenen technischen Fortschritts analysieren.

1.3.2 Exogener technologischer Fortschritt

Es ist möglich, technischen Fortschritt in das Cass-Koopmans-Ramsey-Modell einzuführen, genauso wie wir es beim Solow-Swan-Modell getan haben, um damit langfristiges Wachstum nachhaltig zu ermöglichen. Technologischer Fortschritt wird üblicherweise eingeführt, indem man wie in Gleichung (1.8) annimmt, dass die aggregierte Produktionsfunktion als $F(K, AL)$ geschrieben werden kann. Wobei F konstante Skalenerträge aufweist und A ein konstanter Produktivitätsparameter ist, der mit der exponentiellen Rate $g > 0$ wächst. Wie zuvor kann der Parameter A als die Anzahl der Effizienzeinheiten pro Arbeitseinheit interpretiert werden. Da wir aus Gründen der Einfachheit annehmen, dass $L = 1$ ist, können wir die aggregierte Produktionsfunktion ökonomischer als $F(K, A)$ schreiben.

Das Modell ist genau das gleiche wie im Fall ohne technologischen Fortschritt, außer dass die konstante Menge des Arbeitseinsatzes durch die wachsende Anzahl von Effizienzeinheiten A ersetzt wurde. Diese Veränderung erlaubt es dem Kapitalstock unendlich zu wachsen, ohne dass das Grenzprodukt unter die Zeitpräferenzrate fällt, weil der Effekt abnehmender Erträge nun durch den fortwährenden Anstieg der Produktivität ausgeglichen wird.

Um den Gleichgewichtspfad zu charakterisieren, nehmen wir an, dass der unmittelbare Nutzen durch die isoelastische Funktion (1.17) gegeben ist. Dann wissen wir von Gleichung (1.18), dass

$$\dot{c}/c = (r - \rho)/\varepsilon$$

wobei

$$r = F_1(K, A) - \delta$$

die gleichgewichtige Nettorendite des Kapitals ist und dabei das Grenzprodukt des Kapitals nun die partielle Ableitung F_1 ist.

Die Annahme, dass F konstante Skalenerträge aufweist, impliziert, dass das Grenzprodukt F_1 nur von der Quote K/A abhängt. [20] Deshalb können K und A beide mit der exogenen

[20] Indem wir $\lambda = 1/A$ in der Definition (1.5) konstanter Skalenerträge setzen, haben wir $F(K, A) = AF\ (K/A, 1)$. Differenzieren wir beide Seiten nach K bekommen wir:
$F_1(K, A) = F_1(K/A, 1)$.
Das zeigt, dass das Grenzprodukt des Kapitals (linke Seite der Gleichung) eine Funktion des Quotienten K/A ist.

Rate g wachsen, ohne das Grenzprodukt unter die Zeitpräferenzrate zu senken. Ein Steady-state mit positiver Wachstumsrate existiert also, wenn die K/A-Quote die folgende Bedingung erfüllt.

$$g = (1/\varepsilon)[F_1(K, A) - \delta - \rho]$$

In diesem Steady-state[21] wachsen Kapital, Konsum und Output alle mit der exogenen Rate g. Der Wachstumspfad ist dann und nur dann optimal, wenn zusätzlich die folgende modifizierte Transversalitätsbedingung gilt:[22]

$$\rho + (\varepsilon - 1)g > 0$$

1.4 Fazit

Die wichtigste Lektion des neoklassischen Modells ist, dass langfristiges Wachstum (Wachstum des BIP pro Kopf) durch technologischen Fortschritt angetrieben wird. Ohne technologischen Fortschritt kann eine Volkswirtschaft möglicherweise eine Weile durch Kapitalakkumulation wachsen, aber letzten Endes wird das Wachstum vom abnehmenden Grenzprodukt des Kapitals abgewürgt. Durch technologischen Fortschritt kann Wachstum jedoch aufrecht erhalten werden, und in der Tat wird die Volkswirtschaft zu einem Steady-state konvergieren, in dem die Rate des Wirtschaftswachstums genau der Rate des (Harrod-neutralen) technischen Fortschritts entspricht.

Die bedeutendste Einschränkung des neoklassischen Modells ist, dass es keine Ursache für die Rate des technologischen Fortschritts anbietet. Diese wird als durch einen unspezifizierten Prozess gegeben angenommen, der wissenschaftliche Entdeckung und technologische Verbreitung generiert. Obwohl das Modell eine präzise Darstellung des Wachstumspfads einer Volkswirtschaft (des Zeitpfads des BIP pro Kopf) bietet und zeigt, wie dieser Pfad von Kräften wie Sparsamkeit und Fertilität angehoben oder gesenkt werden kann, bietet es bis auf die Aussage, dass manche Länder wohl eine höhere Rate des technologischen Fortschritts als andere besitzen, keine ökonomische Erklärung für dauerhafte internationale Unterschiede beim Wachstum. Diese Einschränkungen werden von den unterschiedlichen Modellen endogenen Wachstums, die alle zeigen, dass die Rate des technologischen Fortschritts von wirtschaftlichen Faktoren abhängt, aufgegriffen – wir werden sie in den folgenden Kapiteln präsentieren.

Literatur

Die bahnbrechenden Artikel wurden fast zeitgleich von Solow (1956) und Swan (1956) veröffentlicht und stellen das neoklassische Wachstumsmodell mit exogenen Sparquoten vor.

---

[21] Da im Steady-state $\dot{K} = gK$ gilt, wird der Konsum durch das Bewegungsgesetz $gK = F(K, A) - \delta K - c$ beschrieben.

[22] Diese Bedingung ist notwendig und hinreichend, damit die Transversalitätsbedingung (1.26), wie eben beschrieben wurde, im Steady-state gilt. Obwohl das eine direkte Einschränkung für das Set zulässiger Parameter darstellt, ist es nicht annähernd so willkürlich, wie es vielleicht scheint. Im Gegenteil, es ist eine notwendige Bedingung für die Existenz einer endlichen oberen Begrenzung für den Lebenszeitnutzen.

Das neoklassische Wachstumsmodell mit endogener Konsumoptimierung wurde anschließend in den wegweisenden Aufsätzen von Cass (1965) und Koopmans (1965) entwickelt.

Der neoklassische Rahmen war Bezugspunkt für viele folgende Erweiterungen und Anwendungen, die in den letzten Jahrzehnten entwickelt wurden. Im Besonderen entwickelt 1) Sidrauski (1967) eine Erweiterung der Grundstruktur, die Geld und Inflation beinhaltet; 2) Brock und Mirman (1972) analysieren das neoklassische Modell mit Unsicherheit; 3) Blanchart (1985) präsentiert eine Version des neoklassischen Modells mit einem endlichen Horizont, die den Einfluss von Staatsausgaben, Staatsverschuldung und Staatsdefiziten analysiert; 4) Barro (1990) untersucht allgemeiner die Auswirkungen von Staatsausgaben im Modell; 5) die wahrscheinlich bekannteste Erweiterung des neoklassischen Modells ist der Aufsatz von Mankiw, Romer und Weil (1992), die Humankapital als dritten Produktionsfaktor aufnehmen, um das neoklassische Modell mit den bestehenden Indizien für Konvergenz der Wachstumsraten in Übereinstimmung zu bringen; 6) Caselli und Ventura (2000) ermöglichen verschiedene Formen heterogener Haushalte innerhalb des Cass-Koopmans-Ramsey-Modells (Stiglitz hatte 1969 ein Modell mit heterogenen Agenten, aber ohne optimierende Sparfunktionen entwickelt); und indem er 7) Laibsons (1997) Erkenntnissen über hyperbolische Zeitdiskontierung folgte, analysierte 8) Barro (1999a) das neoklassische Modell mit nicht-konstanten Zeitpräferenzraten. Für eine zusammenfassende Darstellung des neoklassischen Modells verweisen wir unsere Leser auf den exzellenten Überblicksartikel von Jones und Manuelli (2005).

▷ Anhang 1A: Steady-state und Konvergenz im Cass-Koopmans-Ramsey-Modell

Unter Verwendung von Gleichung (1.12) und der Definition von $r(K)$ können wir die Euler Gleichung (1.16) in stetiger Zeit auch als

$$\dot{\lambda} = \lambda(\rho - r) = \lambda[\rho - F'(K) + \delta] \tag{1.20}$$

ausdrücken. Indem wir die gleichen Approximierungsmechanismen wie zuvor verwenden, kann als Nächstes die Nebenbedingung (1.11) in stetiger Zeit als

$$\dot{K} = F(K) - c(\lambda) - \delta K \tag{1.21}$$

geschrieben werden, wobei $c(\lambda)$ das Konsumniveau ist, das einen Grenznutzen von λ aufweist. Das bedeutet, dass λ die Lösung der Bedingung erster Ordnung (1.12) ist.

In dem Grenzfall, in dem der Zeithorizont T gegen unendlich geht, kann die Transversalitätsbedingung schließlich wie folgt geschrieben werden[23]:

$$\lim_{t\to\infty} e^{-\rho t} \lambda K = 0 \tag{1.22}$$

Das bedeutet, dass langfristig der Gegenwartswert des Kapitals λK nicht schneller wachsen kann als die Rate der Zeitpräferenz ρ.

---

23 Man beachte, dass, wenn die Zeitspanne auf null sinkt, der Diskontierungsfaktor $\beta^{T+1} = (1+\rho)^{-(T+1)}$ zu $e^{-\rho(T+1)}$ wird.

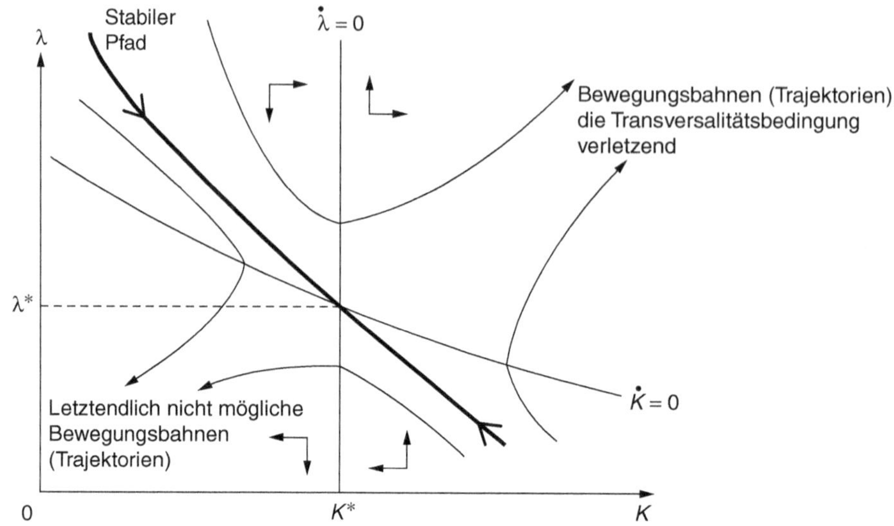

Abb. 1.3

Im stationären Zustand dieses Wachstumsmodells sind sowohl der Kapitalstock K als auch der Schattenpreis λ konstant. Nach der Euler-Gleichung (1.20) ist der Kapitalstock im stationären Zustand K^* die Lösung[24] der modifizierten Goldenen-Regel-Bedingung

$$F'(K^*) = \rho + \delta.$$

Diese besagt, dass die Grenzrendite $r(K^*) = F'(K^*) - \delta$ im stationären Zustand gleich der Zeitpräferenzrate der Haushalte sein sollte, genau wie wir es in Abschnitt 1.3.1.2 gesehen haben.

Wie im Modell mit einer fixen Sparquote wird der Kapitalstock asymptotisch zum stationären Zustand konvergieren. Das wird sichtbar, wenn man erkennt, dass die Gleichungen (1.20) und (1.21) ein zweidimensionales Differenzialgleichungssystem der Variablen K und λ darstellen. Die historische Entwicklung legt eine Anfangsbedingung für eine dieser beiden Variablen fest, nämlich den anfänglichen Kapitalstock, während die Transversalitätsbedingung (1.22) eine Bedingung für den Endzustand bestimmt. Es gibt also gerade genug Randbedingungen, um eine einzige Lösung für das dynamische System zu bestimmen. Der folgende grafische Beweis zeigt, dass diese einzige Lösung asymptotisch zum stationären Zustand K^* konvergiert.

Das dynamische System wird durch das Phasendiagramm in Abbildung 1.3 illustriert. Laut Gleichung (1.20) verläuft der geometrische Ort aller Punkte, bei denen der Schattenwert konstant ist ($\dot{\lambda} = 0$) vertikal zum modifizierten Goldene-Regel-Kapitalstock K^*. Rechts dieses Ortes muss λ steigen, weil die Grenzrendite unter die Rate der Zeitpräferenz gefallen ist. Gleichermaßen gilt $\dot{\lambda} < 0$ links von K^*. Laut Gleichung (1.21) ist der geometrische Ort der

[24] Die Existenz eines einzigen stationären Zustands wird wieder durch die strikte Konkavität von F und die Inada-Bedingungen (1.2) sichergestellt.

Punkte, bei denen der Kapitalstock konstant ist ($\dot{K} = 0$), durch die Bedingung, dass der Konsum gleich dem Nettonationalprodukt ist, definiert:

$$c(\lambda) = F(K) - \delta K$$

Dieser Ort ist in Abbildung 1.3 durch eine Kurve mit negativer Steigung dargestellt[25], weil ein höheres K ein höheres Nettonationalprodukt bedeutet, das den Menschen erlaubt, in einem Steady-state mehr zu konsumieren; das wiederum bedeutet, dass aufgrund des sinkenden Grenznutzens λ niedriger sein muss. Oberhalb dieser Kurve ist der Konsum zu gering, um K vom Wachsen abzuhalten, also ist $\dot{K} > 0$. Darunter ist der Konsum zu hoch, um K davon abzuhalten zu fallen, also ist $\dot{K} < 0$.

Ein optimaler Wachstumspfad kann niemals in den „nordöstlichen" Abschnitt der Abbildung 1.3 – über $\dot{K} = 0$ und rechts von $\dot{\lambda} = 0$ – wandern, weil sonst das Produkt λK zu schnell wachsen würde, um die Transversalitätsbedingung (1.22) zu erfüllen. Die Menschen würden den Konsum immer weiter in die Zukunft verschieben. Der optimale Wachstumspfad kann auch niemals in den „südwestlichen" Abschnitt wandern, in dem der Konsum steigt ($\dot{\lambda} < 0$) und das Kapital fällt, weil dieser Pfad den Kapitalstock in endlicher Zeit abbauen würde. Es gibt nur eine Trajektorie, die beide nicht erlaubten Abschnitte vermeidet. Bei gegebenem anfänglichen K_0 muss das anfängliche λ_0 gerade so gewählt werden, dass es die Wirtschaft auf die Trajektorie – normalerweise als *stabiler Pfad* oder Sattelpfad[26] bezeichnet – führt, die zum stationären Zustand K^* konvergiert.

Wie im Fall der fixen Sparquote zeigt das Modell kein langfristiges Wachstum. Eine zeitweilige Erhöhung der Sparsamkeit, modelliert als ein Sinken der Zeitpräferenzrate ρ, würde das Phasendiagramm durch eine Rechtsverschiebung des stationären Zustands K^* stören. Durch diese Verschiebung würden die Nettoinvestitionen steigen, bis sie den neuen Goldene-Regel-Kapitalstock erreicht haben. Letztendlich würde das Wachstum aber wieder aufgrund des sinkenden marginalen Kapitalprodukts zum Stillstand kommen. Das bedeutet, wenn K jemals über K^* steigen sollte, würde das abnehmende marginale Kapitalprodukt die Grenzrendite unter die Zeitpräferenzrate drücken und der Haushalt wäre nicht mehr bereit, zusätzlich Kapital zu akkumulieren.

▷ Anhang 1B: Dynamische Optimierung unter Verwendung der Hamilton-Funktion

Man betrachte ein repräsentatives, unsterbliches Individuum, dessen Lebenszeit-Nutzenfunktion die folgende ist

$$W = \int_0^\infty e^{-\rho t} u[c(t)]\, dt$$

---

25 Diese Diskussion geht davon aus, dass die Grenzrendite $F'(K) - \delta$ positiv ist. Die Indada-Bedingungen implizieren jedoch, dass dies nicht mehr der Fall sein wird, wenn K ausreichend größer ist als K^*. Sobald das der Fall ist, hat die Volkswirtschaft Kapital in dem Sinne „überakkumuliert", als dass das Opfern von Konsum, das benötigt wurde um K auf dieses Niveau zu heben, einen *negativen* sozialen Ertrag aufweist. Diese Art „dynamischer Ineffizienz" kann in einem optimalen Wachstumsmodell nicht auftreten, im Solow-Swan-Modell ist dies jedoch möglich.

26 Mathematisch ist der stationäre Zustand (λ^*, K^*) ein Sattelpunkt des dynamischen Systems, das bedeutet, dass er zwar nicht lokal stabil ist, jedoch zumindest von einigen Trajektorien erreicht werden kann. Man beachte allerdings, dass der Steady-state-Konsum an diesem Punkt nicht maximiert wird. (siehe Aufgabe 4).

wobei $c(t)$ der Zeitpfad des Pro-Kopf Konsums ist, $u(\,)$ eine periodische Nutzenfunktion, die einen positiven, aber abnehmenden Grenznutzen aufweist und ρ eine positive Zeitpräferenzrate. Um die Analyse zu vereinfachen, abstrahieren wir wieder von Bevölkerungswachstum, indem wir von einem konstanten Arbeitskräfteangebot ausgehen, also $L = 1$ ist. Bei ständiger Markträumung, vollkommenem Wettbewerb, vollkommener Voraussicht und ohne Externalitäten wird die Wirtschaft einen optimalen Wachstumspfad beschreiten. Das bedeutet, W wird maximiert unter der Nebenbedingung, dass Konsum plus Investitionen gleich dem Nettonationalprodukt sein muss

$$\dot{K} = F(K) - \delta K - c \tag{1.23}$$

und abhängig von dem historisch vorbestimmten Wert des Kapitals ist.

Entlang eines optimalen Wachstumspfads sollte Kapital wachsen, wann immer sein Nettogrenzprodukt $F'(K) - \delta$ größer als die Zeitpräferenzrate ρ ist und abnehmen, wann immer es kleiner ist. Das bedeutet, dass die Zeitpräferenzrate als die erforderliche Rendite auf eingesetztes Kapital interpretiert werden kann, unterhalb derer es nicht optimal ist, Arbeiter weiter mit so viel Kapital auszustatten. Das bedeutet zusammen mit der Inada-Bedingung (1.2), dass Wachstum nicht unendlich aufrechterhalten werden kann. Um dies zu ermöglichen, müsste Kapital ohne Begrenzung wachsen, was letztendlich das Nettogrenzprodukt des Kapitals unter die Zeitpräferenzrate bringen würde.

Um dies etwas formeller darzustellen[27], sei an die Theorie der optimalen Steuerung erinnert, so dass das Konsumniveau zu jedem Zeitpunkt die Hamilton-Funktion maximieren muss:

$$H = u(c) + \lambda[F(K) - \delta K - c]$$

wobei λ der Schattenwert der Investitionen ist, gemessen in gegenwärtigen Nutzeneinheiten. Nach Gleichung (1.23) entspricht der Term in den eckigen Klammern den Nettoinvestitionen. Also ist die Hamilton-Funktion analog zum bekannten Konzept des Nettonationalprodukts – Konsum plus Nettoinvestitionen – und der einzige Unterschied ist, dass die Hamilton-Funktion sowohl Konsum als auch Nettoinvestitionen in Nutzeneinheiten und nicht Gütereinheiten misst.

Eine notwendige Bedingung erster Ordnung für die Hamilton-Funktion ist

$$\frac{\partial H}{\partial c} = 0$$

oder entsprechend, dass der Grenznutzen des Konsums dem Schattenwert der Investitionen entspricht:

$$u'(c) = \lambda \tag{1.24}$$

27 Die mathematischen Details optimaler Wachstumstheorie finden sich in Arrow und Kurz (1970). Eine kurze Zusammenfassung der mathematischen Methoden der intertemporalen Optimierung bei stetigen Zeitpfaden bieten Aghion und Howitt (1998) im Anhang zu Kapitel 1.

Der Schattenwert λ ist definiert als der Barwert des Stroms der zusätzlichen Nutzeneinheiten, die durch eine marginale Einheit Kapital geschaffen würden. Entsprechend[28] kann dies auch in der Schreibweise der Euler-Gleichung definiert werden:

$$\dot{\lambda} = \rho\lambda - \frac{\partial H}{\partial K}$$

oder entsprechend

$$\rho\lambda = \lambda(F'(K) - \delta) + \dot{\lambda}. \tag{1.25}$$

Schließlich muss die folgende Transversalitätsbedingung gelten:

$$\lim_{t\to\infty} e^{-\rho t}\,\lambda K = 0 \tag{1.26}$$

Die Euler-Gleichung (1.25) kann als Gleichgewichtsbedingung für Vermögenswerte in einer Welt verstanden werden, in der das Numéraire aktuelle Nutzeneinheiten sind und jeder risikoneutral ist. Die rechte Seite der Gleichung (1.25) zeigt den zunehmenden Einkommensstrom einschließlich des Kapitalertrags, der rational von einem Individuum, das eine zusätzliche Einheit Kapital[29] hält, erwartet werden kann. Das Verhältnis zwischen diesem Einkommensfluss und dem „Vermögenspreis" λ muss dem „wettbewerbsmäßigen Zinssatz" ρ entsprechen. Ineffizienzen, dergestalt, dass unendlich Kapital akkumuliert wird, ohne es zu konsumieren, werden durch die Transversalitätsbedingung (1.26) ausgeschlossen. Einsetzen von $\lambda = u'(c)$ in Gleichung (1.25) liefert die Euler-Gleichung

$$\frac{u''(c)}{u'(c)}\dot{c} = \rho - [F'(K) - \delta]$$

▶ Aufgaben

1. Erläutern Sie die Annahmen des Solow-Swan-Modells. Welche Form der Konvergenz sagt dies Modell voraus? Was sin die langfristigen Konsequenzen von kurzfristigen wachstumsfördernden Politikmaßnahmen, wie z. B. ein Anstieg der Sparquote?

---

28 Wenn wir wie in der standardmäßigen Konsumtheorie auf einem optimalen Pfad starten, dann ist der Grenznutzen, eine zusätzliche Einheit des Nettonationalprodukts zu produzieren, unabhängig von der Aufteilung dieser marginalen Einheit auf Konsum und Investitionen. Aus diesem Grund wird angenommen, dass zusätzliches Nettoinlandsprodukt, das aus einer marginalen Einheit Kapital resultiert, immer vollständig konsumiert wird. Dann ist die Erhöhung des Kapitalstocks dauerhaft und der Grenzwert entspricht

$$\lambda(t) = \int_t^\infty e^{-\rho(\tau-t)}u'[c(\tau)]\{F'[K(\tau) - \delta]\}d\tau$$

Durch einfache Rechnung ist dies äquivalent zu den beiden Bedingungen (1.25) und (1.26), vorausgesetzt, dass die Optimalitätsbedingung (1.24) verwendet werden kann, um den Grenznutzen zu jedem Zeitpunkt in diesem Integral zu ersetzen. Die Transversalitätsbedingung ist notwendig, um sicherzustellen, dass das Integral konvergiert.

29 Das bedeutet, dass das zusätzliche K den Outputstrom um einen Betrag anhebt, der gleich dem Nettogrenzprodukt $F'(K) - \delta$ ist. Jede Einheit davon hat einen Nutzenwert von λ und erlaubt dem Besitzer auch von der Steigerung des Nutzenwerts der Einheit mit der Rate $\dot{\lambda}$ zu profitieren (oder den Verlust zu erleiden, wenn der Nutzenwert sinkt).

2. **Bedingte Konvergenz im Solow-Modell**
   Diese Aufgabe zeigt algebraisch das Konzept der bedingten Konvergenz anhand einer Cobb-Douglas-Funktion. Nehmen Sie an, dass der Pro-Kopf-Output durch $y = Ak^{\alpha}$ bestimmt wird und die Bevölkerung mit der Rate n wächst und die Abschreibungsrate sei δ. Es gibt keinen technologischen Fortschritt.
   a) Stellen Sie die Sparquote unter Verwendung der Steady-state-Bedingung in diesem Kapitel als Funktion des Steady-state-Kapitalstocks pro Kopf, k^*, dar.
   b) Stellen Sie die Wachstumsrate des Kapitalstocks $\dot{k}/k$ unter Verwendung der dynamischen Gleichung der Kapitalakkumulation als eine Funktion von k/k^* dar.
3. **Boden im Solow-Modell**
   Nehmen Sie eine Cobb-Douglas-Produktionsfunktion mit Kapital K, Arbeit L und Boden C an:
   $$Y = Ae^{gt}K^{\alpha}L^{\beta}C^{\lambda}$$
   wobei $A > 0, g > 0$ (Rate des technologischen Fortschritts), $\alpha > 0, \beta > 0, \lambda > 0$ und $\alpha + \beta + \lambda = 1$ gilt. Die Menge an Boden C ist konstant.
   Die Arbeitskräftezahl wächst mit der Rate $n > 0$, die Abschreibungsrate beträgt $\delta > 0$ und die Sparquote s ist exogen vorgegeben.
   Definieren Sie den Kapitalkoeffizient mit $\kappa \equiv K/Y$.
   a) Schreiben Sie die Wachstumsraten des Kapitalstocks und des Outputs als Funktionen von κ.
   b) Verwenden Sie das Ergebnis von 3a) und schreiben Sie die Wachstumsrate des Kapitalkoeffizienten als eine Funktion von κ.
   c) Definieren Sie den Steady-state als eine Situation, in der κ konstant ist, und berechnen Sie den Wert von κ.
   d) Berechnen Sie die Wachstumsrate des Outputs im Steady-state. Ist Sie positiv?
   e) Berechnen Sie die Wachstumsrate des Pro-Kopf-Outputs im Steady-state. Ist Sie positiv? Erklären Sie, wie diese Wachstumsrate von der Rate des technologischen Fortschritts g und der Existenz von Boden abhängt.
4. **Die Goldene Regel der Kapitalakkumulation und dynamische Effizienz im Solow-Modell**
   Betrachten Sie das in diesem Kapitel vorgestellte Solow-Modell.
   a) Nehmen Sie an, die Volkswirtschaft befindet sich im Steady-state (bei einem Pro-Kopf-Kapitalstock von k^* und bei gegebenen Werten der Parameter $A, n, \delta, s,$ und g. Schreiben Sie den Pro-Kopf-Konsum als Funktion von k^*.
   b) Für welchen Wert von k^* wird der Pro-Kopf-Konsum im Steady-state maximiert? Die Bedingung heißt *Goldene Regel der Kapitalakkumulation.*
   c) Schreiben Sie die vorige Bedingung als Funktion der Sparquote anstelle des Pro-Kopf-Kapitalstocks.
   d) Erklären Sie, weshalb eine Volkswirtschaft, die mehr als spart, als die Goldene Regel nahelegt, *dynamisch ineffizient* ist, d. h. zu jedem Zeitpunkt kann der Pro-Kopf-Konsum durch eine Senkung der Sparquote gesteigert werden.
5. **Stone-Geary-Präferenzen (basierend auf Barro und Sala-i-Martin, 1995a)**
   Betrachten Sie das Cass-Koopmans-Ramsey-Modell, das in diesem Kapitel vorgestellt wurde, mit der folgenden periodische Nutzenfunktion (genannt Stone-Geary-Präferenzen):
   $$u(c) = \frac{(c - \overline{c})^{1-\varepsilon} - 1}{1 - \varepsilon}$$
   wobei $\overline{c} \geq 0$ das Existenzminimum des Konsums repräsentiert.

a) Wie lautet die intertemporale Substitutionselastizität dieser neuen Form der Nutzenfunktion? Wie verändert sich diese bei steigendem c, wenn $\overline{c} \geq 0$ gilt.
b) Betrachten Sie die Euler-Gleichung mit der Wachstumsrate des Pro-Kopf-Konsums auf der rechten Seite, wie sie in diesem Kapitel dargestellt wurde. Wie würde sich diese Gleichung bei Stone-Geary-Präferenzen verändern?
c) Wie würde sich die Wachstumsrate des Konsums verändern, falls $\overline{c}$ steigt? Geben Sie eine intuitive Begründung für dieses Ergebnis.

6. **Messung der Konvergenzgeschwindigkeit im Solow-Modell**
Betrachten Sie die Gleichung für das Wachstum des Kapitalstocks bei einer Cobb-Douglas-Produktionsfunktion $\dot{k}/k = sk^{-(1-\alpha)} - (n + g + \delta)$.
a) Berechnen Sie die Geschwindigkeit der Konvergenz $\beta \equiv -\partial\,(\dot{k}/k)/\partial \log(k)$, die angibt, mit welcher Rate sich das Wachstum des Kapitalstocks reduziert, wenn der Kapitalstock proportional wächst.
b) Wie beeinflusst ein Anstieg von α den Wert von β?
c) Wie entwickelt sich β über die Zeit? Berechnen Sie die Geschwindigkeit der Konvergenz im Steady-stateβ^*?
d) Zeigen Sie durch logarithmische Linearisierung der Wachstumsratengleichung des Kapitalstocks, dass in der Umgebung des Steady-state $\dot{k}/k \cong -\beta^*[\log(k/k^*)]$ gilt. Hierbei ist k^* das Steady-state-Niveau des Kapitalstocks pro Kopf.

2 Das AK-Modell

2.1 Einführung

Im neoklassischen Modell, das im vorangegangenen Kapitel vorgestellt wurde, wird angenommen, dass die Rate des technologischen Fortschritts exogen, d. h. durch außerökonomische Kräfte bestimmt wird. Es gibt aber gute Gründe, zu glauben, dass technologischer Fortschritt von den wirtschaftlichen Entscheidungen abhängt, denn er folgt aus industriellen Innovationen, die von profitorientierten Unternehmen gemacht werden, und hängt von der Finanzierung der Wissenschaft, der Akkumulation von Humankapital und anderen ähnlichen ökonomischen Aktivitäten ab. Technologie ist somit eine endogene Variable, die innerhalb des ökonomischen Systems festgelegt wird. Wachstumstheorien sollten diese Endogenität berücksichtigen, insbesondere da es die Rate des technologischen Fortschritts ist, die die langfristige Wachstumsrate bestimmt.

Die Einbeziehung endogener Technologien in die Wachstumstheorie zwingt uns dazu, uns mit dem schwierigen Phänomen steigender Skalenerträge zu befassen. Genauer gesagt, muss den Menschen ein Anreiz zur Verbesserung der Technologie gegeben werden. Aber weil die aggregierte Produktionsfunktion F konstante Erträge bzgl. K und L aufweist, folgt aus dem Eulerschen Theorem, dass der gesamte Output der Wirtschaft dazu verwendet werden muss, Kapital und Arbeit entsprechend ihres Grenzprodukts im Produktionsprozess des finalen Outputs zu bezahlen, und nichts übrig bleibt, um für die Ressourcen zu bezahlen, die für die Verbesserung der Technologie verwendet werden.[1] Damit kann eine Theorie endogener Technologie nicht auf der üblichen Theorie des *Wettbewerbsgleichgewichts* basieren, die voraussetzt, dass alle Faktoren entsprechend ihres Grenzprodukts bezahlt werden.

Arrows (1962) Lösung dieses Problems war die Annahme, dass technologischer Fortschritt eine unbeabsichtigte Folge der Produktion neuer Kapitalgüter ist; ein Phänomen, das als „learning by doing" tituliert wurde. Man nahm an, dass für die verantwortlichen Firmen *learning by doing* ausnahmslos eine Externalität war. Das bedeutet, wenn technologischer Fortschritt von der aggregierten Produktion von Kapital abhängt und alle Unternehmen sehr

---

1 Das Eulersche Theorem sagt aus, dass wenn F homogen ersten Grades in K und L ist (die Definition konstanter *Erträge)*, dann gilt

$$F_1(K,L)K + F_2(K,L)L = F(K,L) \qquad \text{(E)}$$

wobei F_i die partielle Ableitung nach dem i-ten Argument ist. Die Grenzprodukte von K und L sind F_1 bzw. F_2. Wenn K und L also entsprechend ihren Grenzprodukten bezahlt werden, dann entspricht die linke Seite den gesamten Zahlungen an Kapital (Preis F_1 mal Menge K) plus den gesamten Zahlungen an Arbeit und die Gleichung sagt aus, dass diese Zahlungen sich zum gesamten Output addieren. Um das Eulersche Theorem zu verifizieren, nehme man folgende Gleichung

$$F(\lambda K, \lambda L) = \lambda F(K,L) \qquad \text{(C)}$$

die Homogenität ersten Grades definiert, und differenziere beide Seiten nach λ an dem Punkt $\lambda = 1$. Da Gleichung (C) für alle $\lambda > 0$ gelten muss, müssen die beiden Ableitungen gleich sein, was Gleichung (E) impliziert.

klein sind, kann man davon ausgehen, dass sie alle die Rate des technologischen Fortschritts als gegeben und unabhängig von ihrer eigenen Kapitalgüterproduktion annehmen. Jedes Unternehmen maximiert somit seinen Profit, indem es K und L für das jeweilige Grenzprodukt bezahlt, ohne zusätzliche Zahlungen als Beitrag zum technologischen Fortschritt zu leisten.

Learning by doing schaffte die Grundlage des ersten Modells der Endogenen Wachstumstheorie, das als AK-Modell bekannt ist. Das AK-Modell nimmt an, dass, wenn Kapital akkumuliert wird, *learning by doing* technologischen Fortschritt generiert, der dazu geeignet ist, das Grenzprodukt von Kapital zu steigern und somit der Tendenz des fallenden Grenzprodukts bei unveränderter Technologie entgegenwirkt. Das Modell resultiert in einer Produktionsfunktion der Form $Y = AK$, in der das Grenzprodukt des Kapitals gleich der Konstante A ist.

Das AK-Modell sagt voraus, dass die langfristige Wachstumsrate eines Landes von ökonomischen Faktoren wie Sparsamkeit und der Effizienz der Ressourcenallokation abhängen wird. In den folgenden Kapiteln werden wir alternative Modelle endogenen Wachstums entwickeln, die nicht Sparsamkeit und Effizienz betonen, sondern Kreativität und Innovation, die nach unserer Auffassung die wichtigsten Antriebskräfte von Wirtschaftswachstum sind. Aufgrund seiner dogmenhistorischen Bedeutung als erstes Modell endogenen Wachstums ist das AK-Paradigma ein wichtiges Handwerkszeug für jeden Volkswirt. Dementsprechend widmen wir dieses Kapitel der Entwicklung des AK-Modells und der Zusammenfassung der empirischen Debatte, die in den 1990er Jahren zwischen seinen Anhängern und den Anhängern des neoklassischen Solow-Swan-Modells stattgefunden hat.

Das Harrod-Domar-Modell

Ein früher Vorläufer des AK-Modells war das Harrod-Domar-Modell[2], bei dem angenommen wird, dass die aggregierte Produktionsfunktion fixe technologische Koeffizienten hat:

$$Y = F(K, L) = \min\{AK, BL\},$$

wobei A und B fixe Koeffizienten sind. Bei dieser Technologie benötigt man $1/A$ Einheiten Kapital und $1/B$ Einheiten Arbeit, um eine Einheit Output zu produzieren; wenn einer der Inputs diese Minimalanforderung nicht erfüllt, ist es nicht möglich, dies durch die Substitution mittels eines anderen Inputs zu kompensieren.

Bei einer limitationalen Produktionstechnologie wird entweder ein Überschuss an Kapital oder ein Überschuss an Arbeit in der Wirtschaft vorliegen, abhängig davon, ob das historisch gegebene Kapitalangebot größer oder kleiner als (B/A) mal dem exogenen Arbeitsangebot ist. Wenn $AK < BL$ (das ist der Fall den Harrod und Domar betonen), ist Kapital der beschränkende Faktor. Unternehmen produzieren die Menge

$$Y = AK$$

und stellen die Menge Arbeit $(1/B)Y = (1/B)AK < L$ ein.

Bei einer fixen Sparquote ist bekannt, dass der Kapitalstock nun entsprechend der gleichen Gleichung wie im neoklassischen Modell wachsen wird:

$$\dot{K} = sY - \delta K \tag{2.1}$$

2 Siehe Harrod (1939) und Domar (1946).

Diese letzten beiden Gleichungen implizieren

$$\dot{K} = sAK - \delta K,$$

so dass die Wachstumsrate des Kapitals

$$g = \dot{K}/K = sA - \delta$$

entspricht. Da der Output streng proportional zum Kapital ist, ist g auch die Wachstumsrate des Outputs. Es folgt daraus direkt, dass die Wachstumsrate des Outputs mit der Sparquote s zunimmt.

Das Problem des Harrod-Domar-Modells ist, dass es dem anhaltenden Wachstum des Pro-Kopf-Outputs, das in der Weltwirtschaft seit der industriellen Revolution stattgefunden hat, nicht Rechnung tragen kann. Um dies zu verdeutlichen, sei n die Rate des Bevölkerungswachstums. Dann entspricht die Pro-Kopf-Wachstumsrate des Outputs $g - n$. Aber wenn diese positiv ist, ist es die Wachstumsrate des Kapitals pro Kopf K/L auch, da K auch mit der Rate g wächst. Irgendwann wird ein Punkt erreicht, an dem Kapital nicht mehr der beschränkende Faktor in der Produktionsfunktion ist. Das bedeutet, K/L überschreitet irgendwann die Grenze B/A oberhalb derer Arbeit der beschränkende Faktor wird. Ab dann gilt stattdessen $Y = BL$, was impliziert, dass Y mit der gleichen Rate wie L wächst, das bedeutet, dass der Output pro Kopf Y/L aufhören wird zu wachsen.

2.2 Eine neoklassische Version von Harrod-Domar

2.2.1 Grundlegender Aufbau

Das erste AK-Modell, das anhaltendem Wachstum des Pro-Kopf-Outputs Rechnung tragen konnte, war dasjenige von M. Frankel (1962), der von der Herausforderung motiviert war, ein Modell zu konstruieren, das die Vorzüge des Solow-Swan- und des Harrod-Domar-Modells kombiniert. Wie bei Solow-Swan, weist das Modell vollkommenen Wettbewerb, substituierbare Faktoren (mit Cobb-Douglas-Produktionstechnologien) und Vollbeschäftigung auf. Wie bei Harrod-Domar generiert das Modell eine langfristige Wachstumsrate, die von der Sparquote abhängt.

Frankel hat sein Modell auf der Grundlage des „learning by doing" aufgebaut. Da einzelne Unternehmen, wenn sie Kapital akkumulieren[3], zur Akkumulation von technologischem Wissen beitragen, erkannte er, dass die AK-Struktur des Harrod-Domar-Modells keine fixen Koeffizienten benötigt. Stattdessen nahm er an, dass jedes Unternehmen $j \in \{1, 2, \ldots, N\}$ eine Produktionsfunktion der Form

$$y_j = \overline{A} k_j^{\alpha} L_j^{1-\alpha}$$

habe, wobei k_j und L_j der firmenspezifische Einsatz von Kapital und Arbeit sind, und $\overline{A}$ für die (aggregierte) Produktivität steht. Die aggregierte Produktivität wiederum hängt

3 Er nannte es „Entwicklung" und nicht „Wissen".

von der Gesamtmenge des Kapitals ab, das von allen Unternehmen akkumuliert wurde, nämlich

$$\overline{A} = A_0 \cdot \left(\sum_{j=1}^{N} k_j \right)^{\eta}$$

Wobei η ein positiver Exponent ist, der das Ausmaß der Wissensexternalitäten, die durch die Unternehmen generiert werden, wiedergibt.

Der Einfachheit halber sei angenommen, dass

$$L_j = 1$$

für alle j,

$$K = \sum_{j=1}^{N} k_j$$

der aggregierte Kapitalstock sei und

$$Y = \sum_{j=1}^{N} y_j$$

den aggregierten Outputstrom bezeichne.

Da für alle Unternehmen *dieselbe Technologie und identische Faktorpreise gegeben sind,* verwenden sie die Faktoren im gleichen Verhältnis, so dass $k_j = K/N$ für alle j gilt.

Dieser Ausdruck wiederum impliziert, dass im Gleichgewicht

$$\overline{A} = A_0 K^{\eta}.$$

Somit sind die individuellen Outputs alle gleich

$$y_j = A_0 K^{\eta} (K/N)^{\alpha}$$

und deshalb ist der aggregierte Output

$$Y = N A_0 K^{\eta} (K/N)^{\alpha},$$

der auch als

$$Y = A K^{\alpha+\eta} \tag{2.2}$$

geschrieben werden kann, wobei $A = A_0 N^{1-\alpha}$.

Das Modell wird durch die Annahme einer konstanten Sparquote abgerundet, welche die gleiche Kapitalakkumulationsgleichung (2.1) wie bei Solow-Swan und Harrod-Domar generiert.

Unter Verwendung von Outputgleichung (2.2) zur Substitution von Y in dieser Gleichung bekommt man

$$\dot{K} = sAK^{\alpha+\eta} - \delta K,$$

so dass die Wachstumsrate des Kapitalstocks

$$g_K = \dot{K}/K = sAK^{\alpha+\eta-1} - \delta \tag{2.3}$$

entspricht.

2.2.2 Drei Fälle

Wir analysieren nun den durch Gleichung (2.3) definierten, dynamischen Pfad der Volkswirtschaft. Drei Fälle müssen betrachtet werden.

1. $\alpha + \eta < 1$

In diesem Fall ist das Ausmaß des Wissensspillovers η nicht ausreichend stark genug, um dem Effekt $1 - \alpha$ der sinkenden Erträge der individuellen Kapitalakkumulation entgegenzuwirken, und die langfristige Wachstumsrate ist null. In diesem Fall wird die gleiche aggregierte Dynamik erzeugt wie im Solow-Swan-Modell ohne technologischen Fortschritt und ohne Bevölkerungswachstum, das im vorigen Kapitel untersucht wurde. Das bedeutet, dass nach Gleichung (2.3) ein Steady-state-Kapitalstock existiert, bei dem die Wachstumsrate g_K des Kapitals null ist, nämlich

$$K^* = (sA/\delta)^{1/(1-\alpha-\eta)} \tag{2.4}$$

Wenn K über K^* steigen würde, würde die Wachstumsrate negativ werden, da in diesem Fall entsprechend Gleichung (2.3) g_K zu einer abnehmenden Funktion von K wird. Daher würde K auf sein Steady-state-Niveau zurückfallen, in dem die Wachstumsrate des Kapitals null ist und deshalb die Wachstumsrate des Outputs (2.2) ebenfalls null ist.

2. $\alpha + \eta > 1$

In diesem Fall sind die lernbedingten Externalitäten so stark, dass die gesamte Volkswirtschaft eine dauerhaft ansteigende Wachstumsrate aufweist. Dies ist der Fall, da Gleichung (2.4) wiederum einen einzigen Steady-state-Kapitalstock definiert, dieser aber nicht mehr stabil ist, weil g_K nun eine zunehmende Funktion von K ist, so dass, falls K über K^* steigen würde, K mit einer immer weiter zunehmenden Rate wachsen würde. Diese Situation ist als Fall explosiven Wachstums bekannt.

3. $\alpha + \eta = 1$

In diesem als „auf des Messers Schneide" zu bezeichnenden Fall kompensieren lernbedingte Externalitäten genau die abnehmenden Erträge der individuellen Kapitalakkumulation, so dass die aggregierte Produktionsfunktion zu einer AK-Funktion, nämlich

$$Y = AK$$

wird. Die aggregierte Wachstumsrate wird also zu

$$g = \dot{K}/K = sA - \delta,$$

was exakt der Harrod-Domar-Wachstumsrate entspricht, die man nun als die langfristige Wachstumsrate in einem Modell mit substituierbaren Faktoren und vollständig geräumten Märkten erhält. Mit anderen Worten, wenn Kapital sich vermehrt, vermehrt sich der Output proportional dazu, obwohl dauerhaft Vollbeschäftigung herrscht und Substituierbarkeit in der aggregierten Produktionsfunktion angenommen wird, da das Wissen automatisch um die genau richtige Menge zunimmt. Anders als im Harrod-Domar-Modell erhöht hier eine Steigerung der Sparneigung s die Wachstumsrate dauerhaft, obwohl der Pro-Kopf-Output mit einer positiven Rate wächst (nämlich $g - n = g$).

2.3 Ein AK-Modell mit intertemporaler Nutzenmaximierung

Romer (1986)[4] entwickelte eine Ramsey-Version des AK-Modells, in der die konstante Sparquote durch die intertemporale Nutzenmaximierung eines repräsentativen Individuums ersetzt wird, wiederum unter der Annahme, dass Individuen die Externalitäten, die beim Wachstum von Wissen entstehen, nicht internalisieren.

2.3.1 Der Aufbau

Romer nahm eine Produktionsfunktion mit Externalitäten der gleichen Art wie gerade betrachtet an und konzentrierte sich auf den Fall, in dem das Arbeitsangebot pro Unternehmen gleich eins und die Rate der Kapitalabschreibung null ($\delta = 0$) ist. Das Sparen wird vom Eigentümer des repräsentativen Ein-Mann-Unternehmens festgelegt, dessen dynamisches Optimierungsproblem $\max \int_0^\infty u(c_t)e^{-\rho t}\, dt$ mit der Nebenbedingung $\dot{k} = \overline{A}k^\alpha - c$ ist. Wobei k dem Kapitalstock der einzelnen Firma entspricht, $y = \overline{A}k^\alpha$ deren Output, $c = c_t$ der aktuelle Konsum seines Eigentümer-Arbeiter ist und $\overline{A}$ die aggregierte Produktivität bezeichnet, die von der einzelnen Firma als gegeben angenommen wird.[5]

Wie im vorherigen Abschnitt hängt das aggregierte Produktivitätsniveau vom aggregierten Kapitalstock ab, nämlich

$$\overline{A} = A_0 K^\eta,$$

wobei

$$K = \sum_1^N k_j.$$

Nimmt man wie im vorherigen Kapitel eine konstante intertemporale Substitutionselastizität an, nämlich $u(c) = \frac{c^{1-\varepsilon}-1}{1-\varepsilon}$, erhält man die Euler-Bedingung[6]

$$-\varepsilon\dot{c}/c = \rho - \alpha\overline{A}k^{\alpha-1}$$

Haben die Individuen rationale Erwartungen, antizipieren sie korrekterweise, dass im Gleichgewicht alle Unternehmen die gleiche Menge einsetzen (angenommen, dass die Firmen alle identisch sind), so dass

$$K = Nk,$$

---

4 Romer entwickelte eigentlich mehr als ein AK-Modell, da sein Ansatz generelle Produktions- und Nutzenfunktionen erlaubte und dabei angenommen wurde, dass streng wachsende soziale Erträge der Kapitalakkumulation auftreten. Hier wird der eingeschränkte Spezialfall präsentiert, den viele Nachfolger aus Romers Analyse extrahiert haben, in dem konstante gesellschaftliche Erträge der Kapitalakkumulation und eine isoelastische Nutzenfunktion auftreten.

5 Dieses Maximierungsproblem ist dasselbe wie im Cass-Koopmans-Ramsey-Modell, das im vorherigen Kapitel analysiert wurde, aber für den einschränkten Fall, in dem die Länge der Zeitperiode auf null gesunken ist und Zeit somit stetig wurde.

6 Diese Euler-Bedingung folgt aus der Analyse des Ramsey-Modells im vorherigen Kapitel, aber in diesem Fall entspricht das Netto-Privat-Grenzprodukt des Kapitals $F_1(k, A) - \delta = \alpha\overline{A}k^{\alpha-1} - 0 = \alpha\overline{A}k^{\alpha-1}$.

und deshalb kann die vorhergegangene Euler-Gleichung wie folgt geschrieben werden:

$$-\varepsilon\dot{c}/c = \rho - \alpha A_0 N^{\eta} k^{\alpha+\eta-1} \tag{2.5}$$

2.3.2 Langfristiges Wachstum

Der aggregierte Output Y ist durch die gleiche Gleichung (2.2) wie im Frankel-Modell gegeben, weil

$$Y = Ny = NA_0 K^{\eta}(K/N)^{\alpha} = AK^{\alpha+\eta}$$

Es gibt wieder drei Fälle, die abhängig vom Exponenten $\alpha + \eta$ betrachtet werden müssen:

1. $\alpha + \eta < 1$

Im Fall abnehmender Erträge reduziert sich das Wachstum wieder asymptotisch wie im neoklassischen Modell ohne technologischen Fortschritt. Um dies deutlicher zu erkennen, nehme man im Gegensatz dazu an, dass die Wachstumsrate oberhalb von null begrenzt ist. Die folgende Argumentation zeigt, dass diese Annahme zu einem Widerspruch führt. Positives Wachstum impliziert, dass der Kapitalstock k im Laufe der Zeit gegen unendlich konvergiert. Dies impliziert, dass die rechte Seite der Gleichung (2.5) gegen ρ konvergieren muss, da der Exponent $\alpha + \eta - 1$ negativ ist, was wiederum bedeutet, dass die Wachstumsrate $\dot{c}/c$ negativ wird. Dieses Ergebnis widerspricht unserer Annahme positiven Wachstums.

2. $\alpha + \eta > 1$

In dem Fall zunehmender Kapitalerträge resultiert dann wie im Frankel-Modell explosives Wachstum. Das kann man sehen, indem man die Euler-Gleichung (2.5) verwendet. Insbesondere wenn Wachstum langfristig positiv ist, konvergiert der Kapitalstock k mit der Zeit gegen unendlich. Dieses Ergebnis, zusammen mit der Tatsache, dass $\alpha + \eta > 1$, bedeutet, dass die rechte Seite der Gleichung (2.5) gegen minus unendlich konvergiert, was wiederum impliziert, dass die Wachstumsrate $\dot{c}/c$ gegen unendlich konvergieren muss.

3. $\alpha + \eta = 1$

In dem AK-Fall, in dem konstante soziale Erträge auftreten, wird die Volkswirtschaft, wieder wie im Frankel-Modell, eine streng positive, aber endliche Wachstumsrate g aufweisen, bei der abnehmende private Kapitalerträge gerade durch die externen Verbesserungen in der Technologie $\overline{A}$, die sie mit sich bringen, ausgeglichen werden. Genauer gesagt, wachsen in einem Steady-state Konsum und Output mit derselben Rate. Also impliziert (2.5) in diesem Fall

$$g = \frac{\dot{c}}{c} = (\alpha A_0 N^{\eta} - \rho)/\varepsilon$$

Insbesondere kann man erkennen, dass, je höher der Diskontierungsrate ρ (das bedeutet, je niedriger die Sparneigung), oder je niedriger die intertemporale Substitutionselastizität gemessen durch $1/\varepsilon$ ist, desto niedriger ist die Steady-state-Wachstumsrate g.

2.3.3 Wohlfahrt

Bis jetzt wurden nur Ergebnisse dargestellt, die schon durch das Modell mit konstanter Sparquote generiert wurden. Jedoch erlaubt die Betrachtung eines Ramsey-Modells, in dem Sparverhalten ein Ergebnis expliziter intertemporaler Nutzenmaximierung ist, die Durchführung einer Wohlfahrtsanalyse. Insbesondere kann man zeigen, dass, weil Individuen und einzelne Unternehmen bei der Optimierung von c und k den Effekt der individuellen Kapitalakkumulation auf das Wissen $\overline{A}$ nicht internalisieren, die gleichgewichtige Wachstumsrate $g = (\alpha A_0 N^\eta - \rho)/\varepsilon$ geringer ist als die gesellschaftlich optimale Wachstumsrate. Formal ausgedrückt, würde der soziale Planer, der die Wissensexternalitäten internalisiert, die durch die individuelle Kapitalakkumulation induziert werden, das folgende dynamische Programmierungsproblem lösen:

$$max \int_0^\infty e^{-\rho t} u(c_t)dt \text{ unter der Nebenbedingung } \dot{k} = A_0(Nk)^\eta k^\alpha - c$$

Das bedeutet, der Planer würde das Faktum $\overline{A} = A_0(Nk)^\eta$ internalisieren, wenn er k wählt. Mit $u(c\,) = \frac{c^{1-\varepsilon}-1}{1-\varepsilon}$ erhält man die Euler-Gleichung

$$-\varepsilon\dot{c}/c = \rho - (\alpha + \eta)A_0 N^\eta k^{\alpha+\eta-1}$$

Mit konstanten *sozialen Kapitalerträgen* $(\alpha\ + \eta = 1)$ erhält man die gesellschaftlich optimale Wachstumsrate

$$g^* = (N^\eta A_0 - \rho)/\varepsilon > g = (\alpha N^\eta A_0 - \rho)/\varepsilon$$

2.3.4 Schlussbemerkungen

Erstens: Obwohl Wachstum endogenisiert wurde, hängt es vollständig von *externer* (und daher nicht entlohnter) Kapitalakkumulation ab. Führt man eine Entlohnung für technologischen Fortschritt ein, wie es in den folgenden Kapiteln der Fall sein wird, erhöht das den Komplexitätsgrad, da es weg von einer Welt mit vollständigem Wettbewerb hin zu einer Welt mit unvollständigem Wettbewerb zwischen einzelnen, großen Unternehmen führt.

Zweitens: In dem Fall $\alpha\ + \eta = 1$ führen Variationen der Parameter wie α und ρ zwischen den Ländern zu dauerhaften Unterschieden in den Wirtschaftswachstumsraten. Daher sagt der einfache AK-Ansatz keine bedingte Konvergenz des Pro-Kopf Einkommens voraus; die Querschnittsverteilung der Einkommen sollte stattdessen sowohl absolute als auch bedingte Divergenz aufweisen. Dieser Punkt wird in den nächsten Abschnitten dieses Kapitels behandelt.

2.4 Die Debatte zwischen den Verfechtern der Neoklassik und des AK-Modells in aller Kürze

In diesem Abschnitt soll die inzwischen beendete Debatte zwischen den Befürwortern des neoklassischen Ansatzes und denen des AK-Modells beleuchtet werden. Ein erstes Argument für den AK-Ansatz ist, dass er den dauerhaft positiven Wachstumsraten des Pro-Kopf-BIP, die in den meisten Ländern weltweit beobachtet werden, Rechnung tragen kann, wohingegen das neoklassische Modell diese nicht erklären kann.

Die Befürworter der neoklassischen Theorie können jedoch argumentieren, dass das AK-Modell die Konvergenz zwischen Ländern oder Regionen nicht erklären kann. Zwei Arten von Konvergenz tauchen in der Diskussion über Wachstum zwischen Ländern und Regionen auf. *Absolute Konvergenz* findet statt, wenn ärmere Gegenden schneller wachsen als reiche, unabhängig von ihren jeweiligen Eigenschaften. *Bedingte Konvergenz* existiert jedoch, wie schon im vorherigen Kapitel gesehen, wenn ein Land (oder eine Region) schneller wächst, falls es sich weiter weg von seinem Steady-state befindet; oder anders ausgedrückt, wenn man zwei Länder oder Regionen mit identischen Sparquoten, Abschreibungsraten und aggregierten Produktionstechnologien betrachtet, dann wächst das Land, das mit einem niedrigeren Output pro Person startet, schneller als das Land, das mit höherem Pro-Kopf-Output beginnt. Die letztere Form der Konvergenz ist definitiv die schwächere.

Man betrachte nun zwei Regionen innerhalb eines Landes (beispielsweise der USA) oder zwei Länder, die die gleichen grundlegenden Charakteristika aufweisen (insbesondere die gleiche Sparquote und die gleiche Abschreibungsrate auf Kapital). Einerseits wird das Pro-Kopf-BIP eines Landes oder einer Region mit niedrigerem anfänglichem Kapitalstock, unter der Annahme konstanter Erträge der aggregierten Produktionsfunktion wie in den AK-Modellen, niemals zu demjenigen von Ländern mit höherem anfänglichen Kapitalstock konvergieren, nicht mal in der schwachen Version bedingter Konvergenz, ganz einfach weil diese beiden Länder unabhängig von ihrer Menge an akkumuliertem Kapital immer mit der gleichen Geschwindigkeit wachsen. Andererseits, sollte das Niveau des Pro-Kopf-Einkommens unter der Annahme abnehmender Kapitalerträge gegen seinen Steady-state-Wert konvergieren, wobei die Geschwindigkeit der Konvergenz mit der Distanz zum Steady-state zunimmt. Mit anderen Worten sollten niedrigere anfängliche Werte des Pro-Kopf-Einkommens höhere Übergangswachstumsraten generieren. Wenn die Determinanten des Steady-states kontrolliert wurden, zeigt Abbildung 2.1, entnommen aus Barro und Sala-i-Martin (1995b), ein deutliches Muster bedingter Konvergenz zwischen US-Staaten. Das wiederum stellt den AK-Ansatz in Frage.

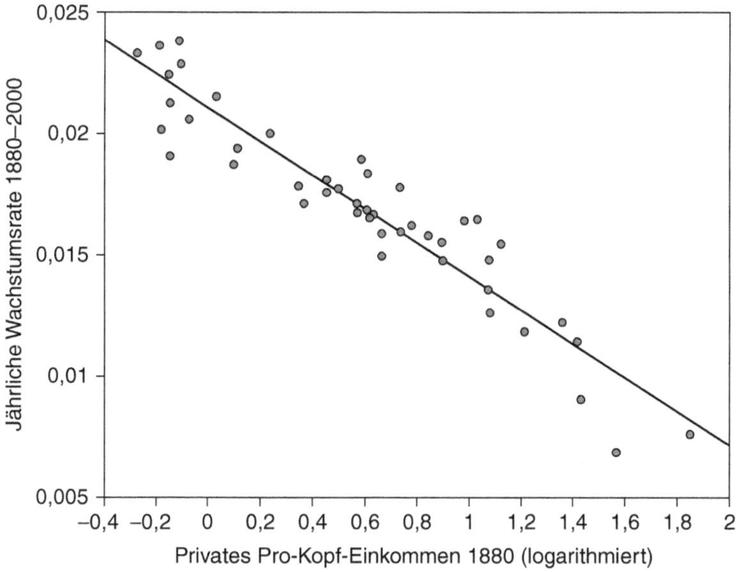

Abb. 2.1: Einkommenskonvergenz bei U.S. Bundesstaaten

Wendet man sich den Anzeichen für Konvergenz zwischen Ländern zu, kann man sehen, dass es in manchen Ländern (insbesondere China und den asiatischen Tigerstaaten und zwar Singapur, Hongkong, Taiwan und Korea) dem Pro-Kopf-BIP gelingt gegen die Pro-Kopf-BIP-Niveaus in industrialisierten Ländern zu konvergieren. Dieses Ergebnis könnte wiederum darauf hindeuten, dass das Solow-Swan-Modell mit seiner Betonung auf abnehmende Grenzerträge des Kapitals und Übergangsdynamiken näher an der Wahrheit ist als das AK-Modell. Was das neoklassische Modell jedoch nicht erklären kann, ist die Tatsache, dass während einige Länder gegen die weltweite Technologiegrenze konvergieren, andere Länder (beispielsweise in Afrika) von ihr weg divergieren. In Kapitel 7 wird gezeigt, wie dieses Phänomen, das üblicherweise als *Clubkonvergenz* bezeichnet wird, erklärt werden kann, indem man ein innovationsbasiertes Modell endogenen Wachstums, das sog. Schumpeterianische Wachstumsmodell verwendet. Aber bevor diese Grundstruktur präsentiert wird und mit dem AK-Modell und neoklassischen Modellen verglichen wird, soll kurz gezeigt werden, wie die Befürworter des AK-Modells versuchten, gegenüber den Befürwortern des neoklassischen Modells zu argumentieren. Ein erstes Gegenargument der AK-Befürworter beinhaltet den Aspekt der Grenzerträge des Kapitals und die Schätzung der Outputelastizität physischen Kapitals. Frühe empirische Studien über Modelle endogenen Wachstums haben sich auf diese Frage konzentriert. Insbesondere Romer (1987) hat das Folgende ausgeführt.

Man nehme zuerst an, dass das Konsumgut entsprechend einer Cobb-Douglas-Produktionsfunktion wie im einfachsten Solow-Swan-Modell produziert wird:

$$Y = K^{\alpha}(AL)^{1-\alpha}, \quad 0 < \alpha < 1$$

Bei vollkommenem Wettbewerb im Markt für das Endprodukt und unter der Annahme konstanter Skalenerträge, die in dieser Cobb-Douglas-Produktionsfunktion impliziert werden, sollten die Koeffizienten α und $(1-\alpha)$ gleich den Anteilen von Kapital und Arbeit am Nationaleinkommen sein, es sei angemerkt, dass bei vollkommenem Wettbewerb für Endprodukte Kapital und Arbeit jeweils nach ihren Grenzprodukten entlohnt werden. Der Anteil der Arbeit am Nationaleinkommen ist also gleich

$$\frac{\partial Y}{\partial L}L = (1-\alpha)K^{\alpha}A^{1-\alpha}L^{-\alpha}, \quad L = (1-\alpha)Y$$

und vergleichbar

$$\frac{\partial Y}{\partial K}K = \alpha K^{\alpha-1}A^{1-\alpha}L^{1-\alpha}, \quad K = \alpha Y$$

Romer hat nun unter Verwendung von sowohl Zeitreihen- als auch Querschnittsdaten die wahre Elastizität der Outputmenge des Endprodukts hinsichtlich physischem Kapital auf zwischen ca. 0,7 und 1,0 (und damit höher als der durch das Solow-Swan-Modell vorhergesagte Wert von einem Drittel) geschätzt. Dieses Ergebnis wiederum schien vereinbar mit der Existenz von Externalitäten der Kapitalakkumulation, wie sie von der Formalisierung $A \approx K^{\eta}$ des AK-Modells erfasst wird. Solche Externalitäten implizieren, dass die Elastizität der Outputmenge des Endprodukts hinsichtlich physischen Kapitals größer ist als der Anteil des Kapitaleinkommens an der Wertschöpfung.

Ein zweites Gegenargument bezieht sich auf die Konvergenzgeschwindigkeit, die vom neoklassischen Modell vorhergesagt wird. Intuitiv ist klar, je geringer α ist (d. h., je stärker die Grenzerträge des Kapitals sinken), desto schneller erfolgt die Konvergenz im Zeitverlauf, da sinkende Grenzerträge die Ursache der Konvergenz sind. Und in der Tat, im Grenzfall, bei dem $\alpha = 1$ (d. h. dem Fall mit konstanten Grenzerträgen), tritt Konvergenz niemals auf! Diese negative Korrelation zwischen α und der Konvergenzgeschwindigkeit kann formal belegt werden (siehe Aufgabe 5 aus Kapitel 1). Indem Mankiw, Romer und Weil (1992) nun eine Querschnittsregression für Länder wie in Abschnitt 1.2.3 dargestellt durchführten, fanden sie heraus, dass die Rate, mit der die Länder gegen ihre Steady-states konvergieren, niedriger ist, als es vom Solow-Swan-Modell mit einem Kapitalanteil von einem Drittel vorhergesagt wird. Die empirisch beobachtete Konvergenzgeschwindigkeit deutet auf einen Anteil des breit interpretierten Kapitals am Output von ungefähr 0,7 bis 0,8 hin. Eine Erklärung könnte wieder die Existenz von Externalitäten bei der Kapitalakkumulation sein, wie sie von den AK-Modellen betont wird. Mankiw, Romer und Weil schlagen jedoch eine alternative Erklärung vor, die auf die Erweiterung des Solow-Swan-Modells durch die Einbeziehung von Humankapital zusätzlich zum Sachkapital hinausläuft. Sie spezifizieren die folgende Produktionsfunktion mit konstanten Erträgen:

$$Y = K^{\alpha} H^{\beta} (AL)^{1-\alpha-\beta}$$

Unter Verwendung eines einfachen Proxys für die Investitionsrate in Humankapital argumentieren sie, dass diese Technologie mit Länderdaten übereinstimmt. Ihre Querschnittsregressionen legen nahe, dass sowohl α als auch β ungefähr 1/3 sind, was darauf hindeutet, dass das AK-Modell falsch ist, wenn konstante Erträge hinsichtlich eines breiten Kapitalbegriffs angenommen werden.

Interessanterweise wird im erweiterten Modell die Outputelastizität bezüglich der Investitionsrate gleich $\frac{\alpha}{1-\alpha-\beta}$ anstatt von $\frac{\alpha}{1-\alpha}$. Mit anderen Worten steigert das Vorhandensein von Humankapitalakkumulation die Wirkung von Investitionen in Sachkapital auf das Steady-state-Outputniveau. Außerdem kann das durch Humankapital erweiterte Solow-Swan-Modell einer sehr niedrigen Konvergenzrate zum Steady-state Rechnung tragen. Es ist auch mit dem Nachweis internationaler Kapitalflüsse vereinbar; siehe z. B. Barro, Mankiw und Sala-i-Martín (1995) und Manzocci und Martin (1996). Dennoch liefert die Spezifikation mit konstanten Grenzerträgen von Mankiw, Romer und Weil die gleichen langfristigen Wachstumsvorhersagen wie das einfache Solow-Swan-Modell.

Alles in allem scheint die empirische Evidenz tendenziell für abnehmende Grenzerträge des Kapitals und daher für das neoklassische Wachstumsmodell zu sprechen. Mankiw, Romer und Weil behaupten, dass das neoklassische Modell nicht nur korrekterweise abnehmende Grenzerträge annimmt, sondern auch nahelegt, dass die Effizienz im internationalen Vergleich mit der gleichen Rate wächst.

Wahr ist, dass ihr erweitertes Modell die gleichen Probleme wie das originale Solow-Modell aufweist, nämlich dass es dauerhaftes langfristiges Wachstum nicht erklären kann. Aber hier ist zur Verteidigung zu sagen, dass das Modell dennoch Wachstum auf dem Anpassungspfad zum Steady-state erklären kann und dass ein solcher Übergang viele Jahre dauern kann, so dass die Daten es nicht erlauben, Wachstum in der Übergangsphase von Steady-state-Wachstum zu unterscheiden.

Dennoch kam eine weitere Kritik an dem erweiterten neoklassischen Modell von Benhabib und Spiegel (1994). Ihr Argument ist, dass die neoklassischen und Mankiw-Romer-Weil-Modelle alle vorhersagen, dass Wachstum nur als Folge einer höheren Faktorakkumulationsrate ansteigen kann. Jedoch argumentieren sie basierend auf internationalen Paneldaten, dass die Länder, die zwischen 1967 und 1989 Humankapital am schnellsten akkumuliert haben, nicht entsprechend gewachsen sind. Und – noch wichtiger – sie zeigen, dass langfristiges Wachstum mit dem anfänglichen *Niveau* des Humankapitals in Verbindung steht. Dieses Ergebnis legt wiederum nahe, dass man sich, wenn man die historische Erfahrung von Entwicklungsländern zu erklären versucht, Modellen zuwenden sollte, in denen sich die Technologie zwischen den Ländern unterscheidet und in denen der Humankapitalbestand, technologisches Aufholen und/oder Innovation gefördert wird. Das Thema wird nochmals in Kapitel 13 behandelt.

Alles in allem muss man, auch wenn das AK-Modell scheinbar vom neoklassischen Modell dominiert wird, immer noch die Tatsache in Betracht ziehen, dass Wachstum über die Zeit hinweg aufrechterhalten werden kann und auch mit Variablen wie Humankapitalbeständen positiv korreliert zu sein scheint. Neue endogene Wachstumsmodelle aufzustellen, die diesen Tatsachen ebenso wie der Konvergenz Rechnung tragen, wird eine der großen Herausforderungen für die Theorien sein, die in den nächsten Kapiteln entwickelt werden.

2.5 Ein AK-Modell mit Konvergenz in einer offenen Volkswirtschaft

In diesem Abschnitt wird ein neuer Versuch präsentiert, das AK-Modell vom Kritikpunkt zu befreien, dass es Konvergenz nicht erklären kann. Dieser Versuch, der von Acemoglu und Ventura (2002), im Weiteren AV genannt, entwickelt wurde, stellt Verbindungen zum internationalen Handel und dem Konzept der Terms of Trade her. Es ist die Idee, zu zeigen, dass auch AK-Modelle Konvergenz der Wachstumsraten aufweisen können, wenn man beachtet, dass Länder durch internationalen Handel miteinander verbunden sind. Das ist möglich, weil der Parameter A in einer offenen Volkswirtschaft von den Terms of Trade des Landes abhängt. Wenn ein Land dauerhaft schneller wächst als der Rest der Welt, wächst das Angebot seiner Waren auf den Weltmärkten im Vergleich zu dem Angebot ausländischer Waren weiter, was ihren relativen Preis senkt. Die Terms of Trade verschlechtern sich, verringern A und verringern dadurch die Wachstumsrate des Landes, bis sie gegen die Wachstumsrate des Rests der Welt konvergiert. In einer solchen Welt sieht jedes Land wie ein AK-Modell für gegebene Terms of Trade aus und dennoch wird es konvergieren, nicht aufgrund von sinkenden physischen Grenzerträgen des Kapitals, sondern aufgrund eines sinkenden Werts der Grenzerträge des Kapitals. Dieses Argument ist clever und logisch schlüssig, obwohl man es aus empirischen Gründen ablehnen mag.

Hier wird stufenweise eine vereinfachte Version des AV-Modells mit konstanten Sparquoten präsentiert. Zunächst wird eine geschlossene Volkswirtschaft mit zwei Sektoren – einem Endprodukt- und einem Zwischenproduktsektor – analysiert. Als Nächstes wird angenommen, dass die Produktion im Endproduktsektor nicht nur das im Inland produzierte Zwischenprodukt als Input, sondern auch ein ausländisches Zwischenprodukt benötigt, unter der Annahme, dass der relative Preis dieses ausländischen Guts (der Kehrwert der Terms of Trade dieses Landes) gegeben ist. Dies erzeugt eine dem AK-Modell ähnliche Version, in der A positiv von den Terms of Trade abhängt. Schließlich wird das Modell geschlossen, indem angenommen wird, dass das fremde Land genau die gleichen Eigenschaften besitzt wie das heimische Land, nur möglicherweise eine andere Sparquote aufweist. In diesem letzten Modell hängen die Terms of Trade invers vom Kapitalstock des Landes relativ zu demjenigen des fremden Landes ab.

2.5.1 Eine geschlossene Volkswirtschaft mit zwei Sektoren

Das Endprodukt Y und das Zwischenprodukt X werden beide unter vollkommenem Wettbewerb produziert. Das Endprodukt wird mit Kapital K und den Zwischenprodukten entsprechend

$$Y = K^{\alpha}X^{1-\alpha} \tag{2.6}$$

produziert und das Zwischenprodukt wird mit dem Endprodukt eins zu eins produziert. Das Endprodukt Y sei das Numéraire. Dann ist der Stückpreis von Gut Y gleich eins und das sind auch die Stückkosten des Zwischenprodukts. Da auf den Märkten vollkommener Wettbewerb herrscht, ist der Preis des Zwischenprodukts X gleich seinen Stückkosten und daher auch gleich eins. Unter diesen Annahmen ist die Nachfrage für das Zwischenprodukt X durch die Gewinnmaximierung im Endproduktsektor bestimmt. Das bedeutet, dass die optimale Menge von X die Gewinne des Endproduktsektors maximiert:

$$\Pi = K^{\alpha}X^{1-\alpha} - X$$

Die Bedingung erster Ordnung für dieses Problem lautet:

$$(1-\alpha)K^{\alpha}X^{-\alpha} = 1$$

oder auch äquivalent dazu:

$$X = (1-\alpha)^{1/\alpha}K$$

Substituiert man wiederum in Gleichung (2.6) erhält man

$$Y = (1-\alpha)^{\frac{1-\alpha}{\alpha}}K$$

Also bekommt man, obwohl die Produktionsfunktion (2.6) abnehmende Grenzerträge des Kapitals aufweist, ein AK-Modell mit $Y = AK$, in dem der Grenzertrag des Kapitals A eine Konstante ist, die durch

$$A = (1-\alpha)^{\frac{1-\alpha}{\alpha}}$$

gegeben ist.

Der Grund dafür ist, dass die Produktionstechnologie für das Endprodukt konstante Erträge bezüglich K und X, die beide mit K produziert werden, aufweist.

Nun sei eine konstante Sparquote angenommen, so dass das Modell mit der gleichen Kapitalakkumulationsgleichung wie in dem Solow-Modell[7], nämlich mit

$$\dot{K} = sY - \delta K$$

geschlossen werden kann.

---

[7] Das ist nicht ganz das gleiche Ergebnis wie im neoklassischen Modell, weil Y nicht das BIP des Landes ist, sondern nur dessen Produktion des Endprodukts, von der ein Teil als Input in dem Zwischenproduktsektor verwendet wird. Dennoch ist Y proportional zum BIP, weil

$$\begin{aligned}\text{BIP} &= \text{Wertschöpfung im Endproduktsektor} + \text{Wertschöpfung im Zwischenproduktesektor}\\ &= (Y-X)+0 = (1-\alpha)^{\frac{1-\alpha}{\alpha}}K - (1-\alpha)^{\frac{1}{\alpha}}K = \alpha(1-\alpha)^{\frac{1-\alpha}{\alpha}}K = \alpha Y\end{aligned}$$

Der Parameter s ist tatsächlich die Sparquote des Landes, wie sie üblicherweise definiert wird, multipliziert mit der Konstante α.

Dann hängt die Wachstumsrate des Landes wie im Frankel-Modell, das in Abschnitt 2.2 analysiert wurde, positiv wie folgt von seiner Sparquote ab:

$$g = \dot{K}/K = sA - \delta = s(1-\alpha)^{\frac{1-\alpha}{\alpha}} - \delta$$

2.5.2 Öffnung der Volkswirtschaft mit festen Terms of Trade

Nun sei angenommen, dass für die Produktion des Guts Y nicht nur X sondern auch ein im Ausland produziertes Zwischenprodukt X_f notwendig ist, gemäß der Produktionsfunktion

$$Y = K^{\alpha} X^{\frac{1-\alpha}{2}} (X_f)^{\frac{1-\alpha}{2}}$$

Sowohl X als auch X_f sind handelbare Güter, Kapital ist jedoch nicht handelbar.

Wie zuvor ist der Preis von X gleich eins, da eine Einheit des Endprodukts notwendig ist, um eine Einheit X zu produzieren und da auf dem Markt für X vollständige Konkurrenz herrscht. Angenommen der Preis p_f des ausländischen Guts sei gegeben. Die inländischen Produzenten von Y wählen dann X und X_f, um das Problem

$$\max_{X, X_f} \{ K^{\alpha} X^{\frac{1-\alpha}{2}} (X_f)^{\frac{1-\alpha}{2}} - X - p_f X_f \}$$

zu lösen. Dies ergibt

$$X = \left(\frac{1-\alpha}{2}\right) Y \tag{2.7}$$

$$p_f X_f = \left(\frac{1-\alpha}{2}\right) Y \tag{2.8}$$

Durch Substitution zurück in die Produktionsfunktion ergibt sich

$$Y = \left(\frac{1-\alpha}{2}\right)^{\frac{1-\alpha}{\alpha}} (p_f)^{\frac{1-\alpha}{2\alpha}} K \tag{2.9}$$

Es ergibt sich wieder ein AK-Modell mit $Y = AK$, in dem nun das konstante Grenzprodukt des Kapitals A negativ von dem relativen Preis der ausländischen Güter (d. h. positiv von den Terms of Trade des Landes, die gerade $1/p_f$ entsprechen) abhängt:

$$A = \left(\frac{1-\alpha}{2}\right)^{\frac{1-\alpha}{\alpha}} (p_f)^{\frac{1-\alpha}{2\alpha}}$$

Der Grund ist, dass das Inland mehr für die importierten Inputs, die mit Kapital kombiniert werden, ausgeben muss, wenn p_f steigt, und sich daher das Einkommen, das es durch eine zusätzliche Einheit Kapital generieren kann, verringert.

Es folgt daraus, dass die Wachstumsrate nicht nur von der Sparquote, sondern auch von den Terms of Trade abhängt:

$$g = \dot{K}/K = sA - \delta = s\left(\frac{1-\alpha}{2}\right)^{\frac{1-\alpha}{\alpha}} (p_f)^{\frac{1-\alpha}{2\alpha}} - \delta \tag{2.10}$$

Man nehme nun an, dass das Inland nur Gut X im Tausch gegen Gut X_f exportieren kann und außerdem, dass „am Anfang“ die inländische Wachstumsrate die Wachstumsrate der Welt übersteigt. Dann wird die ausländische Nachfrage nach dem Exportgut X des Landes nicht so schnell wachsen wie die Nachfrage des Landes nach X_f, was bedeutet, dass der relative Preis des ausländischen Guts p_f steigen muss, um die Handelsbilanz auszugleichen. Dieser Anstieg wird wiederum tendenziell dazu führen, dass die Wachstumsrate des Landes sich auf das Weltniveau absenkt. Um zu sehen, wie dieser Prozess im Detail funktionieren könnte, wird im nächsten Unterabschnitt angenommen, dass der Rest der Welt aus einem einzigen Land besteht, das sich genau wie das Inland verhält.

2.5.3 Abschluss des Modells mit einer Zwei-Länder-Analyse*

Angenommen der Rest der Welt besteht aus einem einzigen Land, das genau dem Inland entspricht, außer dass es möglicherweise eine andere Sparquote s_f aufweist. Das Ausland produziert sein Endprodukt unter Verwendung der gleichen Technologie, wie sie im Inland verwendet wird, so dass die produzierte Menge seines Endprodukts und die Verwendung seines eigenen Zwischenprodukts sowie diejenige des anderen Landes wie vorher bestimmt wird, außer dass aus der Sicht des Auslands der Preis der importierten Zwischenprodukte $1/p_f$ anstatt von p_f ist. Geht man vor wie zuvor, kann man sehen, dass das Ausland die Menge F_x des Zwischenprodukts des Inlands importiert, wobei F_x durch

$$(1/p_f)F_x = \left(\frac{1-\alpha}{2}\right)Y_f$$

gegeben ist, was das gleiche wie in Gleichung (2.8) ist, außer dass Y durch die ausländische Produktion Y_f und p_f durch $1/p_f$ ersetzt wurde.

Analog zu Gleichung (2.9) entsteht

$$Y_f = \left(\frac{1-\alpha}{2}\right)^{\frac{1-\alpha}{\alpha}} (p_f)^{\frac{1-\alpha}{2\alpha}} K_f,$$

wobei K_f den ausländischen Kapitalstock bezeichnet.[8] Aus diesen beiden letzten Gleichungen wird

$$F_x = \left(\frac{1-\alpha}{2}\right)^{\frac{1}{\alpha}} (p_f)^{\frac{1+\alpha}{2\alpha}} K_f$$

Aber F_x stellt nicht nur die Importe des Auslands dar, sondern auch gleichzeitig die Exporte des Inlands. Und das Handelsgleichgewicht verlangt, dass diese Zahl wiederum gleich des Werts (gemessen in einheimischen Gütern) der Importe des Inlands ist, nämlich p_fX_f, weil Exporte dazu verwendet werden Importe zu bezahlen. Also bekommt man aus Gleichung (2.8) und (2.9)

$$F_x = \left(\frac{1-\alpha}{2}\right)^{\frac{1}{\alpha}} (p_f)^{\frac{1-\alpha}{2\alpha}} K$$

---

* Obwohl Abschnitt 2.5.3 keine fortgeschrittene Mathematik voraussetzt, beinhaltet er doch einige längere Ableitungen, die manche Leser möglicherweise vermeiden wollen.

8 Man bemerke, dass der Exponent von p_f in dieser Gleichung der negative Wert des Exponenten von p_f in der analogen inländischen Gleichung (2.9) ist. Das ist der Fall, weil der Preis des Zwischenprodukts des Auslands für das Inland p_f entspricht, aber $1/p_f$ für das Ausland.

Indem man die rechten Seiten dieser letzten beiden Gleichungen gleichsetzt, kann man für den gleichgewichtigen relativen Preis des ausländischen Guts folgende Lösung finden:

$$p_f = k_R^\alpha$$

Wobei k_R dem relativen Kapitastock

$$k_R = \frac{K}{K_f}$$

entspricht.

Wenn der inländische Kapitalstock schneller wächst als der ausländische Kapitalstock, steigt k_R, genauso wie der relative Preis p_f für ausländische Zwischenprodukte, und daher wird die inländische Wachstumsrate sinken. Diese Annahme stabilisiert k_R. Etwas formeller dargestellt, entsteht aus der inländischen Wachstumsgleichung (2.10)

$$\dot{K}/K = s\left(\frac{1-\alpha}{2}\right)^{\frac{1-\alpha}{\alpha}} (p_f)^{-\frac{1-\alpha}{2\alpha}} - \delta = s\left(\frac{1-\alpha}{2}\right)^{\frac{1-\alpha}{\alpha}} k_R^{-\frac{1-\alpha}{2}} - \delta$$

Und aus der analogen ausländischen Wachstumsgleichung[9] ergibt sich

$$\dot{K}_f/K_f = s_f\left(\frac{1-\alpha}{2}\right)^{\frac{1-\alpha}{\alpha}} (p_f)^{\frac{1-\alpha}{2\alpha}} - \delta = s_f\left(\frac{1-\alpha}{2}\right)^{\frac{1-\alpha}{\alpha}} k_R^{\frac{1-\alpha}{2}} - \delta$$

Da die Wachstumsrate des relativen Kapitalstocks k_R einfach die Differenz der Wachstumsraten $\dot{K}/K - \dot{K}_f/K_f$ ist, besagen diese beiden letzten Gleichungen, dass

$$\dot{k}_R/k_R = \left(\frac{1-\alpha}{2}\right)^{\frac{1-\alpha}{\alpha}} \left[s k_R^{-\frac{1-\alpha}{2}} - s_f k_R^{\frac{1-\alpha}{2}}\right]$$

Dies ist eine stabile gewöhnliche Differenzialgleichung mit einem einzigen Steady-state

$$k_R^* = \left(\frac{s}{s_f}\right)^{\frac{1}{1-\alpha}}$$

Das Steady-state ist asymptotisch stabil, da die rechte Seite der Differenzialgleichung in k_R abnehmend ist. Also wird sich die Wachstumsrate von k_R null nähern, was bedeutet, dass sich die Wachstumsraten von K und K_f einander annähern – Konvergenz (entsteht).

2.5.4 Abschließender Kommentar

Es wurde nun gezeigt, wie das AV-Modell Konvergenz durch internationalen Handel und seine Effekte auf die Kapitalakkumulation einbindet. Schnelleres Wachstum im Inland erhöht den Preis des importierten Zwischenprodukts, und resultiert so in einer Verschlechterung der Terms of Trade des Landes, was wiederum die Rate der Kapitalakkumulation verringert. Unglücklicherweise ist das Modell nicht vollständig konsistent mit der empirischen

---

9 Der Koeffizient von p_f in einer Gleichung ist wieder der negative Wert des Koeffizienten in der anderen *Gleichung* weil der Preis des Zwischenprodukts des anderen Landes p_f für das Inland, aber $1/p_f$ für das Ausland ist. Daher ist der Koeffizient von k_R in einer Gleichung auch der negative Wert des Koeffizienten in der anderen.

Evidenz. Insbesondere widerspricht die Voraussage, dass Wachstum die Terms of Trade eines Landes verschlechtert, den Tatsachen. Obwohl das AV-Modell eine lehrreiche Erweiterung des AK-Modells für den Fall einer offenen Volkswirtschaft ist, kann es letztendlich dennoch die Evidenz für internationale Konvergenz auch nicht erklären.

2.6 Fazit

Das vorhergegangene Kapitel hat gezeigt, dass das neoklassische Modell den Standard bildet, um Wachstum und Konvergenz auf einfache Art und Weise zu modellieren. Das Modell lässt jedoch die Rate des technologischen Fortschritts exogen und daher unerklärt, daher kann es dauerhaftes langfristiges Wachstum nicht erklären. In diesem Kapitel wurde gezeigt, dass das AK-Modell langfristiges Wachstum erklären kann, indem die gleichen grundlegenden Annahmen wie im neoklassischen Modell getroffen wurden, jedoch Wissensexternalitäten zwischen Unternehmen, die Sachkapital akkumulieren, eingeführt wurden. Das AK-Modell bietet jedoch keine überzeugende Erklärung für Konvergenz.

Der tiefere Grund für die Schwierigkeiten, mit denen das AK-Modell konfrontiert ist, liegt für uns darin, dass es keine explizite Unterscheidung zwischen Kapitalakkumulation und technologischem Fortschritt macht. Faktisch wirft es Sachkapital und Humankapital, mit dessen Akkumulation sich die neoklassische Theorie befasst, mit dem Wissen, das als Folge von technologischem Fortschritt akkumuliert wird, in einen Topf. Beginnend mit dem nächsten Kapitel wird der Fokus hauptsächlich auf innovationsbasierten Modellen liegen, die explizit zwischen Kapitalakkumulation und technologischen Fortschritt unterscheiden. Innovationsbasierte Modelle sind besser an die Daten für langfristiges Wachstum und Konvergenz angepasst und sie generieren außerdem im Gegensatz zu dem hohen Aggregationsniveau im neoklassischen und im AK-Modell ein ergiebige Reihe von Vorhersagen bezüglich der Determinanten des Wachstums von Unternehmen und Industrien.

Literatur

Die ersten AK-Modelle gehen auf Harrod (1939) und Domar (1946) zurück, die eine aggregierte Produktionsfunktion mit fixen Koeffizienten annehmen. Frankel (1962) entwickelt das erste AK-Modell mit substituierbaren Faktoren und Wissensexternalitäten mit der Absicht, das positive langfristige Wachstumsergebnis von Harrod-Domar mit der Faktorsubstituierbarkeit und den Markträumungscharakteristika des neoklassischen Modells zu vereinen. Das Frankel-Modell weist wie in Solow (1956) eine konstante Sparquote auf, wohingegen Romer (1986) ein AK-Modell mit intertemporaler Konsummaximierung entwickelt. Der Gedanke, dass Produktivitätswachstum als Folge von Externalitäten beim Learning-by-doing auftreten könnte, wurde am konsequentesten von Arrow (1962) vorangetrieben.

Lucas (1988) entwickelte ein AK-Modell, in dem die Schaffung und Übertragung von Wissen durch Humankapitalakkumulation erfolgt. Rebelo (1991) verwendet AK-Modelle, um zu erklären, wie Heterogenität bei den Wachstumspfaden das Ergebnis von internationalen Unterschieden der Regierungspolitik sein kann. King und Rebelo (1990) verwenden das AK-Modell, um die Effekte von Steuerpolitik auf Wachstum zu analysieren. Jones, Manuelli und Stacchetti (2000) wiederum verwenden den AK-Rahmen, um die Effekte makroökonomischer Volatilität auf Wachstum zu analysieren. Und Acemoglu und Ventura (2002) verwenden das AK-Modell, um die Effekte der Terms of Trade auf Wachstum zu analysieren.

Für eine umfassende Darstellung der AK-Wachstumsliteratur wird wiederum auf das Handbuch von Jones und Manuelli (2005) verwiesen.

▶ Aufgaben

1. Leiten Sie die Ausdrücke für das neoklassische und das AK-Modell her und stellen Sie die wichtigsten Ergebnisse im Hinblick auf Konvergenz und langfristiges Wachstum gegenüber. Finden Sie, dass einer der beiden analytischen Rahmen basierend auf den in diesem Kapitel präsentierten Belegen mehr durch die Datenlage gestützt wird als der andere?
2. **Endogenes Wachstum und die Dynamik des Übergangs**
   Man betrachte die folgende Produktionsfunktion: $Y = AK + BK^{a}L^{1-\alpha}$, wobei $A > 0, B > 0$ und $0 < \alpha < 1$ gilt. Es wird angenommen, dass die Abschreibungsrate δ, die Wachstumsrate der Bevölkerung n und die konstante Sparquote s sind.
   a) Erfüllt diese Produktionsfunktion die neoklassischen Eigenschaften aus Abschnitt 2.2?
   b) Zeigen Sie, indem Sie die Wachstumsrate des Kapitalstocks pro Kopf als Funktion des Kapitalstocks pro Kopf schreiben, dass diese Spezifikation eine Dynamik des Übergangs aufweist.
   c) Es sei angenommen, dass $sA > n + \delta$ ist. Wie lautete die Wachstumsrate des Kapitalstocks pro Kopf, wenn $k \to \infty$ gilt?
3. ***Die Rechtfertigung für das AK-Modell: Humankapital**
   Man betrachte ein einfaches Modell mit Humankapital, in dem die Produktionsfunktion lautet: $Y_t = K_t^{1-\alpha}(A_t L_t)^{\alpha}$ und A das Maß für die Effizienz der Arbeit ist, so dass die produktive Kapazität der Arbeit oder das Niveau des Humankapitals $H = AL$ ist. Dann ist $Y_t = K_t^{1-\alpha}H_t^{\alpha}$. Ein Teil des Einkommens s_k wird in Sachkapital, ein Teil s_h wird in Humankapital investiert. Die Abschreibungsraten sind δ_k bzw. δ_h. Die Bevölkerung soll nicht wachsen.
   a) Ermitteln Sie das gleichgewichtige Verhältnis zwischen Sach- und Humankapital unter der Annahme, dass beide Kapitalarten die gleichen Erträge erzielen müssen.
   b) Zeigen Sie, dass die Produktionsfunktion als eine AK-Funktion geschrieben werden kann, und ermitteln Sie die Wachstumsrate.
4. **Rechtfertigung für das AK-Modell: Staatsausgaben (basierend auf Barro 1990)**
   Mit dieser Aufgabe werden zwei Ziele verfolgt. Erstens liefert sie eine Rechtfertigung für die Präsenz konstanter Grenzerträge in der gesamtwirtschaftlichen Produktionsfunktion. Zweitens wird ein zentraler Mechanismus eingeführt, durch den die Regierung das Outputniveau und dessen Wachstumsrate beeinflussen kann. Die entscheidende Annahme ist, dass Staatsausgaben die Produktivität der Produktionsfaktoren im privaten Besitz betreffen. Eine mögliche Interpretation dieser Produktionsfunktion ist, dass γ die durch die Regierung bereitgestellte Infrastruktur darstellt. Je besser die Straßen sind, umso effizienter werden Arbeit und Kapital sein.
   Die Sparquote wird endogen wie bei Cass-Koopmans-Ramsey mit einer CES-Nutzenfunktion bestimmt. Der Output pro Kopf hängt von den öffentlichen Ausgaben für das öffentliche Gut γ sowie vom Kapital ab. Das heißt

   $y_t = Ak_t^{1-\alpha}\gamma_t^{\alpha}$, mit $0 < \alpha < 1$

Öffentliche Ausgaben werden durch eine proportionale Einkommensteuer mit dem Steuersatz τ finanziert. Die Regierung kann kein Geld leihen, so dass sie immer ein ausgeglichenes Budget erreichen muss.

a) Ermitteln Sie die Bewegungsgleichung für den Konsum in einer Wettbewerbsökonomie. Wovon hängt sie ab?
b) Zeigen Sie, dass der Output im Gleichgewicht durch eine AK-Funktion gegeben ist. Das heißt, dass er durch eine proportionale Funktion des Kapitalstocks ausgedrückt werden kann.
c) Wie kann die Regierung das Wachstum in einer Wettbewerbsökonomie maximieren? Was passiert, wenn es keine Steuern gibt? Was passiert, falls $\tau = 1$ gilt?
d) Ist das Wettbewerbsgleichgewicht sozial optimal? Warum?

3 Produktvielfalt

3.1 Einleitung

Die Unfähigkeit des AK-Paradigmas, ein überzeugendes Modell für langfristiges Wachstum und Konvergenz zu produzieren, motivierte eine zweite Welle von Theorien endogenen Wachstums, die innovationsbasierte Wachstumsmodelle umfassen und wiederum zwei parallelen Zweigen angehören. Ein Zweig ist das Produktvielfalt-Modell von Romer (1990), laut dem Innovationen Produktivitätswachstum hervorrufen, indem sie neue, aber nicht notwendigerweise verbesserte, Produktvarianten schaffen.

Der andere Zweig innovationsbasierter Theorien, von Aghion und Howitt (1992) entwickelt, hat sich aus der modernen industriellen Organisationstheorie entwickelt und wird für gewöhnlich als Schumpeterianische Wachstumstheorie bezeichnet, weil er sich auf qualitätsverbessernde Innovationen, die alte Produkte obsolet werden lassen, konzentriert und daher die Kraft einbindet, die Schumpeter schöpferische Zerstörung nannte.

Dieses Kapitel stellt Romers Produktvielfalt-Modell vor. Das nächste Kapitel wird die Schumpeterianische Version der endogenen Wachstumstheorie entwickeln. Abschnitt 3.2.1 präsentierte ein einfaches Produktvielfalt-Modell, in dem Endprodukte als FuE-Input verwendet werden. Abschnitt 3.2.2 stellt eine Variante vor, in der Arbeit als FuE-Input verwendet wird. Abschnitt 3.3 stellt das Modell der empirischen Evidenz gegenüber.

3.2 Die Endogenisierung technologischen Wandels

Das Modell, das in diesem Abschnitt präsentiert wird, basiert auf der Idee, dass Produktivitätswachstum von einer zunehmenden Vielfalt spezialisierter Zwischenprodukte herrührt. Die Produktvielfalt erhöht sich graduell, weil die Erkenntnis, wie man eine größere Auswahl von Produkten produzieren kann, echte Ressourcen einschließlich Zeit benötigt. Das Modell formalisiert eine alte Idee, die auf A.A. Young (1928) zurückgeht, nämlich, dass Wachstum durch zunehmende Spezialisierung induziert und aufrechterhalten wird.

Für jedes neue Produkt existieren versunkene Kosten der Produktinnovation, die nur einmal anfallen, wenn das Produkt erstmalig eingeführt wird, und danach nie wieder. Die versunkenen Kosten können als Kosten der Forschung, d. h. einer Aktivität verstanden werden, die Innovationen hervorbringt, die zum Bestand des technologischen Wissens beitragen. In diesem Fall besteht technologisches Wissen aus einer Liste von Blaupausen, von denen jede einzelne beschreibt, wie ein spezifisches Produkt zu produzieren ist, und jede Innovation fügt dieser Liste eine weitere Blaupause hinzu.

Was diese Vorgehensweise von dem AK-Modell unterscheidet, sind nicht nur die gesunkenen Kosten der Produktentwicklung, sondern auch die Tatsache, dass Fixkosten dazu führen, dass die Produktmärkte durch monopolistische Konkurrenz und nicht durch vollkommenen Wettbewerb gekennzeichnet sind. Unvollständiger Wettbewerb ermöglicht positive Profite und diese Profite dienen als Belohnung für die Erschaffung von neuen Produkten. Dieser Prozess ist wichtig, weil er der Volkswirtschaft ermöglicht, das durch das Euler-Theorem geschaffene Problem, das im vorangegangenen Kapitel diskutiert wurde, zu überwinden; es umfasst das Problem, dass bei vollkommenem Wettbewerb der gesamte Output an jene verteilt würde, die K und L bereitstellen und nichts übrig bliebe, um jene zu kompensieren, die das A zugrundeliegende technologische Wissen erstellen.

3.2.1 Eine einfache Variante des Produktvielfalt-Modells

Es gibt eine fixe Anzahl L von Menschen, von denen jeder ewig lebt und einen konstanten Fluss einer Einheit Arbeit erzeugt, die in der Produktion verwendet werden kann. Aus Gründen der Einfachheit wird angenommen, dass niemand Freizeit nachfragt, so dass jede Person ihre eine Einheit Arbeit vollkommen unelastisch (d. h. unabhängig vom Lohnsatz) anbietet. In jeder Periode hängt der Nutzen für eine Person entsprechend der gleichen isoelastischen Funktion, die in Verbindung mit dem Cass-Koopmans-Ramsey-Modell in Kapitel 1 präsentiert wurde, nur vom Konsum ab:

$$u(c) = \frac{c^{1-\varepsilon}}{1-\varepsilon}, \quad \varepsilon > 0$$

Und der Nutzen wird unter Verwendung einer konstanten Zeitpräferenzrate ρ diskontiert. Wie in Kapitel 1 dargestellt, bedeutet dies, dass im Steady-state die Wachstumsrate g und der Zinssatz r der Euler-Gleichung folgen müssen, die wie folgt geschrieben werden kann

$$g = \frac{r-\rho}{\varepsilon} \tag{3.1}$$

Das Endprodukt wird bei vollkommenem Wettbewerb produziert unter Verwendung von Arbeit und einer Reihe von intermediären Inputs, indiziert durch i in dem Intervall $[0, M_t]$, wobei M_t das Maß für die Produktvielfalt ist. Die Produktionsfunktion der Endprodukte zu jedem Zeitpunkt t entspricht

$$Y_t = L^{1-\alpha} \int_0^{M_t} x_i^{\alpha} di \tag{3.2}$$

Wobei Y_t der Output ist und jedes x_i die Menge des Zwischenprodukts i darstellt, das als Input verwendet wurde. Der Arbeitseinsatz ist immer gleich dem fixen Angebot L. Der Koeffizient α liegt zwischen null und eins.[1]

Jedes Zwischenprodukt wird produziert, indem das Endprodukt als Input im Verhältnis eins zu eins verwendet wird. Das bedeutet, dass jede produzierte Einheit des Zwischenprodukts i den Input einer Einheit des Endprodukts benötigt.

Entsprechend Gleichung (3.2) erhöht Produktvielfalt die gesamtwirtschaftliche Produktivität in der Volkswirtschaft. Um zu sehen wie diese Beziehung funktioniert, sei X_t die gesamte Menge der Endprodukte, die in der Produktion von Zwischenprodukten verwendet wird.

[1] Das Subskript für die Zeit t wird zu M_t und Y_t zugefügt, weil Produktvielfalt und Endproduktproduktion im Laufe der Zeit in einem Steady-state wachsen werden. Bei x_i wird auf das Subskript verzichtet, weil, wie man sehen wird, der Output jedes Zwischenprodukts konstant über die Zeit ist.

Entsprechend der Eins-zu-eins-Technologie muss X_t gleich dem gesamten intermediären Output sein:

$$X_t = \int_0^{M_t} x_i di$$

Nun sei angenommen, dass jedes Zwischenprodukt mit der gleichen Menge x produziert wird. (Das ist im Gleichgewicht tatsächlich der Fall, wie in Kürze zu sehen ist.) Dann ist $x = X_t/M_t$. Substituiert man dies in die Produktionsfunktion (3.2) erhält man

$$Y_t = L^{1-\alpha} \int_0^{M_t} (X_t/M_t)^\alpha di = M_t^{1-\alpha} L^{1-\alpha} X_t^\alpha \tag{3.3}$$

die unter gegebenen Faktorinputs L und X_t in M_t zunehmend ist:

$$\partial Y_t/\partial M_t = \frac{(1-\alpha)Y_t}{M_t} > 0$$

Das Endprodukt wird für den Konsum und als Investition (in der Produktion von Blaupausen) genutzt. Seine einzige andere Verwendung erfolgt in der Produktion der Zwischenprodukte. Also entspricht das Bruttoinlandsprodukt (BIP) der Volkswirtschaft dem endgültigen Output Y_t minus der Menge, die in der Produktion der Zwischenprodukte verwendet wurde:

$$BIP_t = Y_t - X_t \tag{3.4}$$

Jedes Zwischenprodukt wird durch die Person, die es entworfen hat, monopolisiert. Der Monopolist möchte zu jedem Zeitpunkt den Profitstrom, gemessen in Einheiten des Endprodukts, maximieren:

$$\Pi_i = p_i x_i - x_i$$

Wobei p_i der Preis gemessen in Einheiten des Endprodukts ist. Das bedeutet, die Einnahmen entsprechen Preis mal Menge und die Kosten sind unter Annahme der Eins-zu-eins-Technologie gleich dem Output. Da der Preis eines Inputs in einer Industrie mit vollkommener Konkurrenz dem Wert des Grenzprodukts entspricht, erhält man[2]

$$p_i = \partial Y_t/\partial x_i = \alpha L^{1-\alpha} x_i^{\alpha-1} \tag{3.5}$$

Daher hängen die Profite des Monopolisten von seinem Output ab entsprechend der Gleichung

$$\Pi_i = \alpha L^{1-\alpha} x_i^\alpha - x_i$$

Er wird also x_i so wählen, dass dieser Ausdruck maximiert wird, was die folgende Bedingung erster Ordnung impliziert

$$\partial \Pi_i/\partial x_i = \alpha^2 L^{1-\alpha} x_i^{\alpha-1} - 1 = 0$$

---

2 Genau genommen macht die Ableitung $\partial Y_t / \partial x_i$ keinen mathematischen Sinn, weil eine Veränderung bei einem einzigen x_i keinen messbaren Effekt auf das Integral in Gleichung (3.2) hätte. Aber es macht ökonomisch Sinn, weil die Annahme, dass ein Kontinuum an Zwischenprodukten existiert, selbst nur eine Approximation ist. Die eigentliche Aussage ist, dass der Output von der Summe der Beiträge einer großen, diskreten Anzahl M von Zwischenprodukten abhängt, von denen jedes einen kleinen Beitrag leistet:

$$Y_t = L^{1-\alpha} \sum_1^M x_i^\alpha \tag{Y}$$

und diese Produktionsfunktion approximiert wird, indem ein Kontinuum von Produkten angenommen wird. Die Ableitung der Produktionsfunktion (Y) wird tatsächlich durch den Ausdruck (3.5) erfasst.

Es folgt, dass die Gleichgewichtsmenge die gleiche Konstante in jedem Sektor i ist:

$$x = L\alpha^{\frac{2}{1-\alpha}} \tag{3.6}$$

Und genauso der Strom der Profite im Gleichgewicht:[3]

$$\Pi = \frac{1-\alpha}{\alpha} L\alpha^{\frac{2}{1-\alpha}} \tag{3.7}$$

Substituiert man $X_t = M_t x$ in die Produktionsrelation (3.3) und dann in die Definition (3.4), sieht man, dass der Endprodukte-Output und das BIP der Volkswirtschaft beide proportional zu dem Grad der Produktvielfalt sein werden:

$$Y_t = M_t L^{1-\alpha} x^{\alpha}$$

$$BIP_t = M_t (L^{1-\alpha} x^{\alpha} - x)$$

Daher wird die Wachstumsrate des BIP die proportionale Wachstumsrate der Produktvielfalt sein:

$$g = \frac{1}{M_t} \frac{dM_t}{dt}$$

Die Produktvielfalt wächst mit einer Rate, die von der Menge R_i des endgültigen Outputs abhängt, der in der Forschung verwendet wird. Das bedeutet, der Forschungsoutput in jeder Periode entspricht dem Strom von neuen Blaupausen, von denen jede erlaubt, ein neues Produkt zu entwickeln. Es gilt also

$$dM_t/dt = \lambda R_t$$

Wobei λ ein (positiver) Parameter ist, der die Produktivität des Forschungssektors angibt.

Es sei angenommen, im Forschungssektor der Volkswirtschaft herrsche vollkommene Konkurrenz mit freiem Markteintritt. Dann muss der Profitstrom im Forschungssektor null sein. Jede Blaupause hat für seinen Erfinder den Wert Π/r, was dem Barwert des Profitstroms Π diskontiert mit dem Marktzins r entspricht. Somit entspricht der Profitfluss in der Forschung

$$(\Pi/r)\lambda R_t - R_i$$

Was einfach dem Strom der Einnahmen (Output λR_t mal Π/r Preis) minus Kosten R_i entspricht. Damit dieser Term null wird, ist ein Zinssatz notwendig, der die „Forschungsarbitrage-Gleichung" erfüllt:

$$r = \lambda\Pi$$

---

[3] Per Definition gilt:

$$\Pi_i = (p_i - 1)x_i$$

Verwendet man Gleichung (3.5), um p_i zu ersetzen, und dann Gleichung (3.6), um x_i zu ersetzen, erhält man

$$\Pi_i = \left[\alpha L^{1-\alpha}\left(L\alpha^{\frac{2}{1-\alpha}}\right)^{\alpha-1} - 1\right] L\alpha^{\frac{2}{1-\alpha}}$$

Ausdruck (3.7) folgt daraus direkt, weil der Term in den eckigen Klammern gleich $\frac{1-\alpha}{\alpha}$ ist.

Das bedeutet, dass der Zinssatz dem Profitstrom entsprechen muss, den der Unternehmer pro investierte Einheit in die Forschung erhalten kann. Durch Einsetzen der Forschungsarbitrage-Gleichung in die Euler-Gleichung (3.1) erhält man

$$g = \frac{\lambda\Pi - \rho}{\varepsilon}$$

Ersetzt man in dieser Gleichung Π durch den Ausdruck (3.7) erhält man den folgenden Ausdruck für die gleichgewichtige Wachstumsrate als Funktion der primitiven Parameter des Modells:

$$g = \frac{\lambda\frac{1-\alpha}{\alpha}L\alpha^{\frac{2}{1-\alpha}} - \rho}{\varepsilon}$$

Man kann direkt sehen, dass das Wachstum mit der Produktivität der Forschung, gemessen durch den Parameter λ, und mit der Größe der Volkswirtschaft, gemessen durch das Arbeitsangebot L, zunimmt und durch die Rate der Zeitpräferenz ρ abnimmt.

Die Voraussage, dass g mit L zunimmt, wurde zuerst als ein Vorzug des Modells gesehen, weil es darauf hindeutet, dass größere Länder oder größere Freihandelszonen schneller wachsen sollten. C. Jones (1995b) hob jedoch hervor, dass diese Voraussage den Tatsachen insoweit widerspricht, als die Anzahl der Forscher sich seit den 1950er Jahren in den Vereinigten Staaten wesentlich erhöht hat, wohingegen die Wachstumsrate bei durchschnittlich 2 Prozent in dem gleichen Zeitraum verblieben ist. Die Debatte der „Skaleneffekte" wird in Kapitel 4 detaillierter wieder aufgenommen.

3.2.2 Das Romer-Modell mit Arbeit als FuE-Input

Das ursprüngliche Romer-Modell nahm an, dass Arbeit der einzige FuE-Input sei.[4] Um zu sehen, wie das Modell unter alternativen Annahmen funktioniert, sei nun angenommen, dass Arbeit entweder in der Produktion des Endprodukts (L_1) oder alternativ in der Forschung (L_2) eingesetzt werden kann. Die Arbeit, die bei diesen beiden Aktivitäten eingesetzt wird, muss sich zum gesamten Arbeitsangebot L aufsummieren, das wieder als gegebene Konstante angenommen wird. Also ist

$$L = L_1 + L_2$$

Der Fokus liegt auf Steady-states, in denen L_1 und L_2 beide konstant sind. Der endgültige Output wird durch Arbeit und Zwischenprodukte entsprechend der gleichen Produktionsfunktion wie vorher produziert:

$$Y_t = L_1^{1-\alpha} \int_0^{M_t} x_i^{\alpha} di \tag{3.8}$$

4 Tatsächlich interpretierte Romer den FuE-Input als „Humankapital", aber da er dessen gesamtes Angebot als gegeben annahm, ist dieser Unterschied rein terminologisch. Romer nahm auch an, dass Zwischenprodukte mithilfe von Kapital produziert würden, was hier aber aus Gründen der Einfachheit ignoriert wird. Die Integration von endogenem technologischen Wandel und Kapitalakkumulation wird auf Kapitel 5 verschoben, und es sei an dieser Stelle angemerkt, dass nichts Relevantes verloren geht, wenn man Kapitalakkumulation im Romer-Modell ignoriert.

Wobei der Arbeitsinput nun L_1 anstatt des gesamten Arbeitsangebots L ist. Der Preis jedes Zwischenprodukts entspricht wieder seinem Grenzprodukt im Endproduktsektor:

$$p = \alpha L_1^{1-\alpha} x^{\alpha-1}$$

Jedes Zwischenprodukt wird wieder eins zu eins mit endgültigem Output produziert, also ist der Profitstrom jedes Zwischenprodukt-Monopolisten durch

$$\Pi = \max_x\{px - x\} = \max_x\{\alpha L_1^{1-\alpha} x^\alpha - x\}$$

gegeben, was wiederum die profitmaximierende Menge

$$x = L_1 \alpha^{\frac{2}{1-\alpha}} \tag{3.9}$$

und den Profitstrom[5] im Gleichgewicht impliziert

$$\Pi = \frac{1-\alpha}{\alpha} L_1 \alpha^{\frac{2}{1-\alpha}} \tag{3.10}$$

Das Maß der Produktvielfalt M_t wächst nun mit einer Rate, die von der Menge an Arbeit L_2, die der Forschung gewidmet ist, abhängt, entsprechend der Gleichung

$$dM_t/dt = \lambda M_t L_2$$

Diese Gleichung spiegelt die Existenz von Spillovers bei Forschungsaktivitäten wieder, das bedeutet, dass alle Forscher das akkumulierte Wissen M_t nutzen können, das in den bestehenden Designs enthalten ist. Man beachte, dass es *zwei* Hauptquellen für zunehmende Erträge in diesem Modell gibt: Spezialisierung oder Produktdifferenzierung und Forschungsspillovers.

Der Profitstrom in der Forschung entspricht nun

$$(\Pi/r)\lambda M_t L_2 - w_t L_2$$

Dabei ist w_t der Lohnsatz im Gleichgewicht, der den Forschern gezahlt werden muss. Setzt man diesen Strom gleich null, erhält man die Forschungsarbitrage-Gleichung für diese Version des Modells:

$$r = \lambda M_t \Pi / w_t$$

Diese besagt wiederum, dass der Zinssatz gleich den Profitströmen sein muss, die der Unternehmer erreichen kann, wenn er eine Einheit des Endprodukts in die Forschung investiert, resultierend aus der Verwendung der Leistungen von $(1/w_t)$ Einheiten Forschungsarbeitskräften und der daraus folgenden Produktion von $\lambda M_t(1/w_t)$ Blaupausen, die jede Π pro Periode wert ist.

Um die Forschungsarbitrage-Gleichung verwenden zu können, muss sie für den gleichgewichtigen Lohnsatz w_t aufgelöst werden. Da im Endproduktsektor vollkommene Konkurrenz herrscht, ist w_t gleich dem Grenzprodukt der Arbeit, das wie folgt berechnet werden

5 Die Gleichungen (3.9) und (3.10) sind die gleichen wie (3.6) und (3.7), außer mit L_1 anstatt von L. Die erstere kann von der Bedingung erster Ordnung der Profitmaximierung abgeleitet werden, indem man die gleiche Logik wie in dem vorherigen Abschnitt verwendet, und die letztere kann unter Verwendung der Logik von Fußnote 3 abgeleitet werden.

kann. Da jeder Zwischengütersektor den gleichen konstanten Output x produziert, impliziert die Produktionsfunktion

$$Y_t = L_1^{1-\alpha} M_t x^\alpha \tag{3.11}$$

Daher ist

$$w_t = \frac{\partial Y_t}{\partial L_1} = (1-\alpha) L_1^{-\alpha} M_t x^\alpha$$

Was unter Verwendung von Ausdruck (3.9) als

$$w_t = (1-\alpha)\alpha^{\frac{2\alpha}{1-\alpha}} M_t \tag{3.12}$$

geschrieben werden kann.

Also kann die Forschungsarbitrage-Gleichung unter Verwendung von Gleichung (3.10) umgeschrieben werden, so dass Π ersetzt wird, und unter Verwendung von Gleichung (3.12), um w_t zu ersetzen:

$$r = \alpha \lambda L_1$$

Da

$$g = \frac{1}{M_t}\frac{dM_t}{dt} = \lambda L_2 = \lambda(\mathrm{L} - L_1)$$

erhält man

$$r = \alpha\,(\lambda L - g)$$

Ersetzt man r in der Euler-Gleichung (3.1) durch diesen Ausdruck, erhält man

$$g = \frac{\alpha \lambda L - \rho}{\alpha + \varepsilon}$$

Also steigt das Wachstum wieder mit der Produktivität der Forschungsaktivitäten λ und mit der Größe der Volkswirtschaft, die durch das gesamte Arbeitsangebot gemessen wird, an und es sinkt mit der Rate der Zeitpräferenz ρ. Des Weiteren ist die angeführte gleichgewichtige Wachstumsrate immer geringer als die sozial optimale, da sowohl die Unternehmen, die Zwischenprodukte produzieren, ihren Beitrag zur Arbeitsteilung (d. h. zur Produktvielfalt) nicht internalisieren als auch die Forscher die Forschungsspillovers nicht internalisieren.[6]

3.3 Von der Theorie zur Evidenz

3.3.1 Schätzung des Effekts der Produktvielfalt auf die Produktivität

Ein neuer Aufsatz von Broda, Greenfield und Weinstein (2006), im Weiteren BGW genannt, untersucht Handelsdaten, um die Effekte der Produktvielfalt auf die Produktivitätsniveaus

[6] Benassy (1998) zeigt jedoch, dass, mit einer etwas allgemeineren Form des Produktvielfalt-Modells, die gleichgewichtige Wachstumsrate die optimale Rate übersteigen kann.

und das Wachstum zu testen. Wenn man an den zuvor beschriebenen Mechanismus glaubt, sollte Handel die Produktivität erhöhen, weil Produzenten Zugang zu neuen importierten Inputvarianten (sog. Level-Effekt) erhalten. Des Weiteren sollten Handel und der daraus resultierende Anstieg in der Vielfalt der Inputs die Innovationskosten verringern und auf diese Weise in mehr Entstehung von Vielfalt in der Zukunft münden (sog. Wachstums-Effekt). Auch sollte die Auswirkung der erhöhten Produktvielfalt auf die Produktivität von der Substitutionselastizität zwischen unterschiedlichen Varianten eines Guts abhängen und/oder von Verschiebungen der Ausgabenanteile zwischen neuen, bestehenden und verschwindenden Gütern. Insbesondere sollte eine Zunahme der Anzahl der Varianten keine große Auswirkung auf die Produktivität haben, wenn neue Varianten ähnliche Substitute für bestehende Varianten sind, oder wenn der Anteil der neuen Varianten gegenüber den bestehenden relativ klein ist.

BGW analysieren bilaterale Handelsströme zwischen 73 Ländern über den Zeitraum 1994–2003. Sie verwenden Importdaten in den sechsstelligen Produktkategorien des Harmonisierten Systems (HS), um Substitutionselastizitäten und das Angebot für rund 200 Importsektoren in jedem Land zu berechnen. Sie betrachten die Produktionsfunktion

$$Y_t = (A_t L_t)^{1-\alpha} \left(\sum_1^{M_t} x_{it}^{\upsilon} \right)^{\alpha/\upsilon}$$

Wobei $\alpha \in (0,1)$ gleich eins minus dem Anteil der Arbeit am Output und $\upsilon \in (0,1)$ die Substitutionselastizität zwischen Varianten von Inputgütern x_{it} misst, wobei ein höheres υ besser substituierbaren Inputs entspricht.

Fokussiert man sich auf Gleichgewichte, in denen alle Inputgüter mit der gleichen Intensität x_t genutzt werden, wird aus der vorhergehenden Gleichung

$$Y_t = (A_t L_t)^{1-\alpha} M_t^{\alpha/\upsilon} x_t^{\alpha}$$

Wenn jeder Input eins zu eins mit Kapital produziert wird, dann gilt

$$Y_t = (A_t L_t)^{1-\alpha} M_t^{(1-\nu)\alpha/\upsilon} K_t^{\alpha}$$

Wobei $K_t = M_t x_t$ der aggregierte Kapitalstock ist. Logarithmiert man, so erhält man

$$\ln Y_t = (1-\alpha)(\ln A_t + \ln L_t) + \alpha \ln K_t + (1-\nu)\alpha/\upsilon \ln M_t$$

Differenziert man beide Seiten nach der Zeit, erhält man

$$\frac{\dot{Y}_t}{Y_t} = (1-\alpha)\frac{\dot{L}_t}{L_t} + \alpha\frac{\dot{K}_t}{K_t} + \hat{B}_t$$

Wobei

$$\hat{B}_t = (1-\alpha)\frac{\dot{A}_t}{A_t} + (1-\nu)\alpha/\upsilon\frac{\dot{M}_t}{M_t}$$

das Wachstum der Totalen Faktorproduktivität (TFP) ist, auch bekannt als das Solow-Residuum.[7] Dieses Maß des TFP-Wachstums hat zwei Komponenten: eine Produktvielfaltkomponente, ausgedrückt in dem Term $\dot{M}_t/M_t$ und eine Qualitätskomponente, verkörpert durch

[7] TFP und das Solow-Residuum werden in Kapitel 5 detaillierter erklärt.

den Term $\dot{A}_t/A_t$. BGW interessieren sich in erster Linie für den Beitrag der Produktvielfalt zum gesamten Produktivitätswachstum.

Laut der vorhergegangenen Gleichung sollte ein niedrigeres v (d. h. ein niedrigerer Grad der Substituierbarkeit zwischen den Inputs) oder ein höherer Anteil von Zwischengütern α in einem größeren Einfluss der Produktvielfalt auf die TFP resultieren.

BGW schätzen für jedes Gut und jedes importierende Land getrennt Elastizitäten und berechnen dann eine Regression für das BIP pro Kopf und diese Elastizitäten. Sie finden keinen starken Zusammenhang zwischen dem Pro-Kopf-Einkommen und der Substitutionselastizität über die Länder hinweg. Das typische (mediane) Land erlebte im typischen (medianen) Sektor eine Netto-Steigerung der Vielfalt von 7,1 Prozent über 10 Jahre, was circa 0,7 Prozent pro Jahr entspricht. BGW zeigen dann, dass das Wachstum an neuen Varianten im Zeitraum 1994–2003 die Produktivität für das typische Land in der Stichprobe um 0,13 Prozent pro Jahr erhöht hat.

Der Zusammenhang zwischen Produktvielfalt und Produktivität ist für die entwickelten Länder sogar geringer: „Most of the productivity growth in many of the largest countries cannot be accounted for by new imports" (BGW, 21). Insbesondere die USA hatten in der Gruppe der entwickelten Länder den zweitkleinsten Zuwachs durch die Produktvielfalt. BGW fassen ihre Ergebnisse wie folgt zusammen:

> The median developed country's productivity growth was about 2 percent per year, but the median contribution of imported variety growth to productivity was only 0.1 percent per year, suggesting that for the typical developed country, new imported varieties are only a small part of the story behind their productivity growth. The impact of new varieties on developing countries is substantially higher. The typical developing country saw its productivity rise by 0.13 to 0.17 percent per year (depending on the sample) due to new imported varieties. (BGW, 22)

Man kann argumentieren, dass BGW die Effekte von Vielfalt in weiterentwickelten Ländern unterschätzen. Insbesondere berücksichtigt ihre Herangehensweise keine Inputs, die nicht importiert werden, und diese sind vermutlich in entwickelten Ländern zahlreicher. Nichtsdestotrotz scheinen die Effekte der Produktvielfalt auf Produktivität und Wachstum relativ klein zu sein und dies sogar in weniger entwickelten Ländern.

3.3.2 Die Bedeutung von Marktaustritten im Wachstumsprozess

Eine wichtige Einschränkung des Produktvielfalt-Modells ist, dass es die Veralterung von alten intermediären Inputs ausschließt. Tatsächlich würde der Term für die Produktvielfalt im vorher genannten Solow-Residuum kleiner werden, wenn alte Zwischenprodukte im Laufe der Zeit verschwinden würden. Folglich würde auch das Pro-Kopf-Einkommen der Volkswirtschaft sinken.

In einer fortlaufenden Arbeit mit Pol Antras und Susanne Prantl haben Aghion und Howitt Panel-Daten auf Betriebsebene aus Großbritannien mit der Input-Output-Tabelle kombiniert, um die Effekte, die sich aus der Zunahme qualitativ hochwertiger Inputs in vorgelagerten Industrien auf das TFP-Wachstum ergeben, sowie die Effekte von Marktaustritten von veralteten Input-produzierenden Unternehmen in vorgelagerten Industrien zu schätzen. Speziell verwenden sie ein Panel mit 23 886 jährlichen Beobachtungen in mehr als 5000 Fabriken in 180 Industriesektoren der vierstelligen Kategorie zwischen 1987 und 2003 zusammen mit der Input-Output-Tabelle von Großbritannien aus dem Jahr 1984, um eine Gleichung der Form

$$g_{ijt} = \beta_0 + \beta_1 \text{Entry}_{jt-1} + \beta_2 \text{Exit}_{jt-1} + \beta_3 Z_{ijt-1} + \text{Est}_i + \text{Ind}_j + Yr_t + u_{ijt}$$

zu schätzen, wobei g_{ijt} die Wachstumsrate der Produktivität von Unternehmen i in Industrie j ist. Der erste Regressor Entry_{jt-1} ist das Eintrittsmaß und wird als die Zunahme in dem Anteil von Inputs in der Produktion von Gut j, das von ausländischen Unternehmen zur Verfügung gestellt wird, berechnet (ausländische Unternehmen sind wahrscheinlich mehr für Markteintritte an der technologischen Grenze verantwortlich). Der zweite Regressor Exit_{jt-1} ist das Maß für den Marktaustritt veralteter vorgelagerter Input-produzierender Unternehmen: es wird der Anteil der Beschäftigung aus vorgelagerten Input-produzierenden Unternehmen verwendet. Dadurch wird großen bestehenden Unternehmen mehr Gewicht als kleinen beigemessen. Betriebs- (Est_i), Industrie- (Ind_j) und Jahres-Effekte (Yr_t) sind ebenso eingeschlossen wie andere Kontrollvariablen in Z_{ijt-1}, inklusive einem Maß für den Marktanteil der Fabrik.

Das Ergebnis dieser Schätzung ist ein signifikanter positiver Effekt von sowohl Qualitätsverbesserungen als auch Marktaustritten in vorgelagerten Input-produzierenden Unternehmen. Diese Ergebnisse sind robust, auch dann, wenn man mögliche Endogenität in Betrachtung zieht, indem man Instrumentenvariablen – ähnlich jener von Aghion, Blundell und Kollegen (2006) – verwendet. Die Effekte sind besonders stark für Fabriken, die mehr Zwischenprodukte verwenden – d. h. Fabriken mit einem Anteil von Zwischenprodukten, der über dem Median der Stichprobe liegt. Alles in allem sind die Ergebnisse konsistent mit der Sichtweise, dass qualitätsverbessernde Innovationen eine wichtige Quelle von Wachstum sind. Die Ergebnisse sind jedoch nicht konsistent mit dem horizontalen Innovationsmodell, in dem der Eintritt von ausländischen Unternehmen nichts Besonderes sein sollte und laut dem der Austritt von vorgelagerten Unternehmen, wenn überhaupt, Wachstum reduzieren sollte, indem die Vielfalt der Inputs, die in der Industrie verwendet werden, verringert wird.

Comin und Mulani (2007) haben zusätzliche Belege dafür erbracht, dass sowohl Marktaustritte als auch Markteintritte für den Wachstumsprozess wichtig sind. Sie verwenden eine Stichprobe von US-Unternehmen und zeigen, entsprechend zweier von ihnen konstruierter Maße für den Wechsel bei der Industrieführerschaft, dass der Wechsel in der Industrieführerschaft positiv mit vorhergegangener FuE zusammenhängt. Dieses Ergebnis ist wieder ein Beleg für das Element der schöpferischen Zerstörung im Innovationsprozess, das man nicht zu finden erwarten würde, falls das wichtigste Medium, durch welches Innovationen Wirtschaftswachstum beeinflussen, die zunehmende Produktvielfalt wäre. In der Tat hat die Theorie der Produktvielfalt wenig darüber zu sagen, wie sich die Produktivität zwischen den Unternehmen in einer Industrie unterscheidet, geschweige denn, wie sich die Produktivitätsrangfolge in der Zeit verändert.

Zusätzlich zu diesen Ergebnissen haben Fogel, Morck und Yeung (2008) Belege dahingehend beigetragen, dass Innovationen mit dem Wechsel der dominanten Unternehmen verbunden sind. Unter Verwendung von Daten großer Unternehmenssektoren in 44 unterschiedlichen Ländern in dem Zeitraum zwischen 1975–1996 finden sie heraus, dass Volkswirtschaften, bei denen die im Jahr 1975 führenden Unternehmen stärker abgestiegen sind, schneller wachsen als andere Länder mit anfänglich gleichem BIP pro Kopf, gleichem Bildungsniveau und gleichem Kapitalstock. Dieser Beleg für eine Verbindung zwischen Wachstum und Fluktuation von Unternehmen an der Industriespitze hat keine Entsprechung in der Theorie der horizontalen Innovation.

Um den Gedanken der technischen Obsoleszenz oder Produkt-Obsoleszenz zu formalisieren, muss man sich von den *horizontalen* Modellen à la Dixit und Stiglitz (1977) wegbewegen und sich *vertikalen* Modellen der Qualitätsverbesserung zuwenden, wie es in dem nächsten Kapiteln geschehen wird.

3.4 Fazit

In diesem Kapitel wurde das Produktvielfalt-Modell endogenen Wachstums vorgestellt. In diesem Modell wird Wachstum durch Innovationen, die zu der Einführung von neuen (Input-)Varianten führen, gefördert. Produktivitätswachstum wird sowohl durch die zunehmende Spezialisierung von Arbeitskräften, die mit einer zunehmenden Anzahl von Zwischenprodukten arbeiten, als auch durch Forschungsspillover getrieben, wodurch jeder neue Innovator vom gesamten existierenden Bestand an Innovationen profitiert. Ideen rivalisieren nicht, d. h., dass sie von neuen Innovatoren in ihren eigenen Forschungsaktivitäten umsonst verwendet werden können. Und sie sind ausschließbar in dem Sinne, dass jede neue Innovation durch Monopolrenten belohnt wird. Die Aussicht auf diese Renten motiviert zu Forschungsaktivitäten, die auf die Entdeckung neuer Varianten gerichtet sind.

Eine Einschränkung dieses Modells ist, die Nichtberücksichtigung der Rolle von Marktaustritten oder Fluktuationen im Wachstumsprozess, die von Schumpeter als schöpferische Zerstörung bezeichnet wurden. In diesem Modell sind Marktaustritte sogar schädlich für Wachstum, weil sie die Inputspezialisierung verringern. Aktuelle empirische Forschungsarbeiten deuten jedoch auf eine starke Korrelation zwischen Produktivitätswachstum und Marktaustritten oder Fluktuationen von Unternehmen und Inputs hin. Im nächsten Kapitel wird ein alternatives Modell endogenen technischen Wandels vorgestellt, in dem Marktaustritt und schöpferische Zerstörung eine hervorgehobene Rolle spielen.

Literatur

Romer (1987) entwickelte ein erstes Wachstumsmodell mit zunehmender Produktvielfalt, in dem Wachstum langfristig durch die Tatsache aufrechterhalten wird, dass der Output mit einem zunehmenden Set an Inputs produziert wird, was wiederum abnehmende Grenzerträge des aggregierte Kapitals verhindert. Die im Zeitablauf verbesserte Arbeitsteilung wird durch das Outputwachstum ermöglicht, was die Kompensation der fixen Kosten der Produktion eines immer weiter zunehmenden Sets an Inputs erlaubt. Romer verwendet das Modell der monopolistischen Konkurrenz eingeführt von Dixit und Stieglitz (1977) und erweitert von Ethier (1982). Romer (1990) vervollständigt die Beschreibung des Produktvielfalt-Modells, indem er einen FuE-Sektor einführt, der Blaupausen für neue Inputs als ein Ergebnis freiwilliger durch profitgetriebener motivierter horizontaler Innovationen generiert. Technologischer Wandel wurde dadurch endogenisiert.

Das Modell wurde in verschiedene Richtungen erweitert, und der Leser sei auf das exzellente Kapitel von Gancia und Zilibotti im *Handbook of Economic Growth* (Aghion und Durlauf 2005) verwiesen. Grossman und Helpman (1991a, Kapitel 3) liefern eine didaktische Aufbereitung eines Modells mit einer zunehmenden Zahl von Konsumgütern, die in die Nutzenfunktion eingehen (wie in Spence 1976), anstatt von intermediären Produkten, die in die Produktionsfunktion eingehen. Rivera-Batiz und Romer (1991) und Grossman und Helpman (1991b) haben das Modell verwendet, um die Effekte von Marktintegration auf Wachstum zu analysieren. In jüngerer Zeit wurde die Idee des induzierten technologischen Wandels von Acemoglu und Zitti (2001) in ein Wachstumsmodell mit zunehmender Vielfalt integriert, um die Implikationen der Komplementarität zwischen Kenntnissen bzw. Fähigkeiten und der Technologie für die Persistenz von Produktivitätsunterschieden zwischen Ländern zu analysieren.

C. Jones (1995b) zieht das Modell in Zweifel, weil es Skaleneffekte erzeugt, für die er unter Verwendung von US-Zeitreihen keine Belege finden konnte (siehe Kapitel 4). Im Gegensatz dazu argumentiert Kremer (1993b), dass die Hypothese eines positiven Verhältnisses zwischen weltweitem Wachstum pro Kopf und weltweiter Bevölkerung (oder dem weltweiten aggregierten Output) möglicherweise über sehr lange Zeiträume korrekt ist.

▶ Aufgaben

1. Was ist im Modell mit Produktvielfalt der „Motor" des Wachstums? Erklären Sie weshalb. Vergleichen Sie es mit dem Element, das endogenes Wachstum im AK-Rahmen erzeugt. Was bedeutet dieser Vergleich für die Ausgestaltung wachstumspolitischer Maßnahmen in beiden Ansätzen?
2. **Das Modell mit „Arbeit oder Zwischenprodukten"**
   Man betrachte eine Variante des Romer-Modells aus Abschnitt 3.2.2. Es wird angenommen, dass Arbeit nicht für die Herstellung des Endprodukts eingesetzt wird, aber als einziger Input in der Produktion der Zwischenprodukte verwendet wird. Für die Produktionsfunktion für das Endprodukt wird angenommen, dass

   $$Y_t = \int_0^{M_t} x_{i,t}^{\alpha} di$$

   Es sei auch angenommen, dass $1/M_t$ Arbeitseinheiten benötigt werden, um eine Einheit eines Zwischenprodukts zu erzeugen. Wie bei dem im Kapitel vorgestellten Modell, sei angenommen, dass $dM_t/dt = \lambda M_t L_2$ ist, wobei L_2 für die Arbeit in der FuE steht. Es werde $L_x = L - L_2$ als die Menge an Arbeit definiert, die in der Produktion der Zwischengüter eingesetzt wird.
   a) Wie lautet das gleichgewichtige Niveau der Produktion von Zwischengütern?
   b) Wie hoch ist der gleichgewichtige Preis eines Zwischenprodukts?
   c) Man betrachte ein Gleichgewicht mit ausgeglichenem Wachstum, in dem die Löhne und die Technologie mit derselben Rate wachsen. Berechnen Sie den maximalen Gewinn für die Produzenten im Zwischengütersektor.
   d) Schreiben Sie die Arbitragebedingung für die Forschung auf.
   e) Berechnen Sie die gleichgewichtige Wachstumsrate der Ökonomie.
3. ***[8]Wirtschaftliche Integration und Handel (basierend auf Rivera-Batiz und Romer 1991 und Garcia und Zilibotti 2005)**
   Man betrachte das Romer-Modell mit Arbeit als einzigem Input im FuE-Sektor aus Abschnitt 3.2.2. Man sah, dass die gleichgewichtige Wachstumsrate des Outputs durch

   $$g = \frac{\alpha\lambda L - \rho}{\alpha + \varepsilon}$$

   gegeben war.

---

8 Die Sternchen bei den Aufgaben drücken den Schwierigkeitsgrad der Fragen aus: Je mehr Sternchen, umso schwieriger ist die Aufgabe.

Es sollen nun zwei Länder mit identischer Arbeitsausstattung $L = L^*$ angenommen werden. (Der * steht für Werte der ausländischen Volkswirtschaft)

a) Wenn die beiden Länder sich zusammenschließen und eine einzige Ökonomie bilden, was wird ihre Wachstumsrate sein?
   Es wird nun geprüft, was passiert, wenn stattdessen Handel zwischen den beiden Volkswirtschaften etabliert wird. Man nehme an, dass vor dem Handelsstart gelten soll: $M_0 = M_0^*$. (Der Zeitpunkt null steht für den Zeitpunkt, zu dem der Handel beginnt.) Man nehme auch an, dass die beiden Volkswirtschaften vor den Handelsbeziehungen zwei getrennte Sets von Zwischengütern produzieren (Spezialisierung). Wenn Handel eingeführt wird, kann deshalb jeder Monopolist sein Gut in zwei Märkten verkaufen. Schließlich sei angenommen, dass die Produktionsfunktion für die Varianten nur vom Grad der Varianten in der Binnenwirtschaft abhängt.
b) Berechnen Sie die Löhne und Gewinne im Gleichgewicht nachdem Handel eingeführt wurde.
c) Schreiben Sie die Arbitragegleichung für die Forschung auf, nachdem Handel eingeführt wurde. Vergleichen Sie sie mit derjenigen im Falle einer geschlossenen Ökonomie. Diskutieren Sie das Ergebnis.
d) Es werde nun angenommen, dass $M_0 < M_0^*$. Nehmen Sie an, dass Handel eingeführt wurde und dass der Tausch Löhne und Zinsen über die beiden Länder hinweg ausgleicht. Wie sieht der Strom der Innovationen im Gleichgewicht aus?
e) Schreiben Sie die Arbitragegleichung für die Forschung im Ausland auf. Was wird langfristig passieren?
f) Kann man in diesem Fall von einer Spezialisierung der beiden Ökonomien sprechen? Diskutieren Sie diesen Fall.

4. ****Innovation, Imitation und Produktzyklen (basierend auf Helpman 1993 sowie Garcia und Zilibotti 2005)**
   Stellen Sie sich ein Zwei-Regionen-Modell, bei dem die Arbeit nur in der Produktion der Zwischenprodukte eingesetzt wird (wie bei Aufgabe 2), vor. Die aggregierte Produktionsfunktion für das Endprodukt lautet $Y_t = \int_0^{M_t} x_{i,t}^{\alpha} di$ und die Zwischenprodukte werden mit $1/M_t$ Einheiten Arbeit in beiden Regionen produziert. Nehmen Sie an, dass FuE, d. h. die Herstellung neuer Güter, nur im Norden stattfindet, und die kostenlose Imitation findet im Süden mit einer konstanten Rate i statt. Wenn ein Gut im Süden kopiert wurde, wird es von Wettbewerbsfirmen produziert. Somit gibt es zu jedem Zeitpunkt ein Spektrum an M_t^N Gütern, die von Monopolisten im Norden produziert werden und ein Spektrum von M_t^S Gütern, die kopiert wurden und im Süden von Wettbewerbsfirmen produziert werden. Die Rate, mit der neue Güter eingeführt werden, ist $\gamma = \left(\frac{dM_t}{d_t}\right) M_t$ und $M_t = M_t^S + M_t^N$. Da Imitation unmittelbar mit der Rate i erfolgt, ergibt sich, dass $\left(\frac{dM_t^S}{dt}\right)/M_t^S = iM_t^N$. Schließlich werde (wie bei Aufgabe 3) angenommen, dass Innovationen den Einsatz von Arbeit benötigen, d. h. $dM_t/dt = \lambda M_t L_2$, wobei L_2 die Menge an Arbeit ist, die für FuE im Norden eingesetzt wird.
   a) Zeigen Sie, dass im Steady-state, in dem das Verhältnis M_t^S/M_t^N konstant ist, folgende Bedingung erfüllt sein muss:
   $$\frac{M^N}{M} = \frac{\gamma}{\gamma+i} \text{ und } \frac{M^S}{M} = \frac{i}{\gamma+i}$$
   b) Wie hoch ist der Preis (p_t^N), der von Zwischenproduktfirmen im Norden verlangt wird, bevor Imitationen erfolgen? Welchen Preis (p_t^S) verlangen die Firmen, die im Süden die imitierten Produkte herstellen?

c) Zeigen Sie, dass die Bedingung für die Markträumung auf dem Arbeitsmarkt im Norden wie folgt geschrieben werden kann:

$$A_t^N x / A_t + \gamma / \lambda = L$$

d) Zeigen Sie, indem sie die Tatsache verwenden, dass der Gewinn pro Produkt dem Anteil $(1 - \alpha)$ der gesamten Erlöse im Norden $p^N x$ entspricht, dass die Gewinne im Norden wie folgt geschrieben werden können:

$$\pi^N = \frac{1-\alpha}{\alpha} \frac{w_t^N}{A_t^N} \left(L^N - \frac{\gamma}{\lambda} \right)$$

e) Schreiben Sie die Arbitragebedingung für die Forschung der Innovatoren im Norden auf. (Hinweis: Weil es Imitationen geben kann, ist die tatsächliche Diskontrate der Innovatoren nun $r + m$.) Zeigen Sie, dass sie wie folgt geschrieben werden kann:

$$\frac{1-\alpha}{\alpha} (\lambda L^N - \gamma) \frac{\gamma + m}{\gamma} = r + m$$

f) Nehmen Sie an, dass $r > \gamma$ gilt. Was sind die Folgen einer Reduzierung von m (z. B. als Folge einer Stärkung der Rechte am geistigen Eigentum) auf die Profitabilität der Innovationen und das Wachstum? Was passiert, wenn $r < \gamma$ ist? Welches Ergebnis legt die Intuition nahe? (Hinweis: Nehmen Sie eine logarithmierte lineare Näherung für die Bedingung in e.)

g) Schreiben Sie unter Verwendung der unter 4a und 4e gefundenen Bedingungen die Wirkung einer Reduktion von m auf den Anteil der im Norden gefertigten Güter auf.

5. *Das soziale Optimum im Romer-Modell von 1990

Betrachten Sie das Modell aus Abschnitt 3.2.2. Anstelle des Marktgleichgewichts soll nun die sozial optimale Lösung betrachtet werden, die ein sozialer Planer mit einem Horizont von einer Periode erreichen würde. Der Planer ist bestrebt

$$GDP_t = L_1^{1-\alpha} \int_0^{M_t} x_i^\alpha di - \int_0^{M_t} x_i$$

zu maximieren.

a) Lösen Sie das Problem des sozialen Planers für die Allokation der Zwischenprodukte. Vergleichen Sie das Ergebnis mit dem Marktgleichgewicht. Erläutern Sie Ihr Ergebnis.

b) Wie sieht die Allokation der Arbeit auf die FuE-Aktivitäten durch den sozialen Planer aus?

c) Vergleichen Sie die effiziente Wachstumsrate, die sich aus dem Maximierungsproblem des sozialen Planers ergibt, mit derjenigen im Marktgleichgewicht. Interpretieren Sie Ihr Ergebnis.

4 Das Schumpeterianische Modell

4.1 Einleitung

Dieses Kapitel entwickelt ein alternatives Modell endogenen Wachstums, in dem Wachstum durch eine zufällige Folge von qualitätsverbessernden (oder „vertikalen") Innovationen generiert wird. Dieses Modell entsprang aus der modernen Industrieökonomik[1], die Innovationen als eine wichtige Dimension industriellen Wettbewerbs darstellt. Es wird „Schumpeterianisch" genannt, weil es die Kraft beinhaltet, die Schumpeter (1942) „schöpferische Zerstörung" nannte, das bedeutet, dass die Innovationen, die Wachstum fördern, auch die Ergebnisse vorheriger Innovationen zerstören, indem sie diese obsolet machen.

Abschnitt 4.2 stellt ein einfaches Schumpeteriansches Ein-Sektor-Modell vor, in dem es immer das gleiche Produkt ist, das durch eine Innovation verbessert wird. Dieses Ein-Sektor-Modell enthält die essenziellen Ideen des Schumpeterianischen Ansatzes. Für die meisten empirischen Zwecke ist das Ein-Sektor-Modell jedoch zu einfach. Dementsprechend wird in Abschnitt 4.3 ein mehrsektorales Schumpeterianisches Modell entwickelt, in dem viele unterschiedliche Produkte jedes Jahr durch Innovationen verbessert werden. Abschnitt 4.4 zeigt, wie neues Licht auf den „Skaleneffekt", der im vorhergehenden Kapitel diskutiert wurde, geworfen werden kann, indem man eine Mischung aus horizontalen und vertikalen Innovationen zulässt.

4.2 Ein Ein-Sektor-Modell

4.2.1 Die Grundlagen

Es existiert eine Sequenz diskreter Zeitperioden $t = 1, 2, \ldots$. In jeder Periode gibt es eine feste Anzahl L Individuen, von denen jedes nur während dieser Periode lebt und mit einer Einheit Arbeit ausgestattet ist, die es unelastisch anbietet. Sein Nutzen hängt nur von seinem Konsum ab und es ist risikoneutral, sein einziges Ziel ist damit die Maximierung des erwarteten Konsums.

---

[1] Siehe Tirole (1988).

Es wird nur ein Gut konsumiert, das als „Endprodukt" bezeichnet wird und das von Unternehmen bei vollständigem Wettbewerb unter Verwendung von zwei Inputs – Arbeit und einem einzigen Zwischenprodukt – entsprechend einer Cobb-Douglas-Produktionsfunktion[2]

$$Y_t = (A_t L)^{1-\alpha} x_t^{\alpha} \tag{4.1}$$

produziert wird, wobei Y_t der Output des Endprodukts in Periode t ist, A_t ist ein Parameter, der die Produktivität des Zwischenprodukts in dieser Periode widerspiegelt, und x_t ist die verwendete Menge des Zwischenprodukts. Der Koeffizient α liegt zwischen null und eins. Das gesamte Arbeitsangebot L der Volkswirtschaft wird für die Produktion des Endprodukts aufgewendet. Wie im neoklassischen Modell wird das Produkt $A_t L$ als das effektive Arbeitsangebot der Volkswirtschaft bezeichnet.

Das Zwischenprodukt wird in jeder Periode von einem Monopolisten unter Verwendung des Endprodukts als einzigem Input im Verhältnis eins zu eins produziert. Das bedeutet, dass der Monopolist für jede Einheit des Zwischenprodukts eine Einheit des Endprodukts als Input verwenden muss. Die Menge des Endprodukts, die nicht für die Produktion von Zwischengütern verwendet wird, steht für Konsum und Forschung zur Verfügung und bildet das Bruttoinlandsprodukt (BIP) der Volkswirtschaft:[3]

$$BIP_t = Y_t - x_t \tag{4.2}$$

4.2.2 Produktion und Profite

Wachstum ist eine Konsequenz von Innovationen, die den Produktivitätsparameter A_t steigern, indem sie die Qualität des Zwischenprodukts verbessern. Bevor der Prozess, der Innovationen generiert, analysiert wird, bescheibt dieser Abschnitt, was in jeder Periode passiert, sobald A_t festgelegt wurde und zeigt, dass im Gleichgewicht sowohl der Profit des Monopolisten als auch das BIP der Volkswirtschaft proportional zum effektiven Arbeitsangebot $A_t L$ sind.

Der Monopolist maximiert in t den erwarteten Konsum, indem er seinen Profit Π_t, gemessen in Einheiten des Endprodukts, maximiert:

$$\Pi_t = p_t x_t - x_t$$

Wobei p_t der Preis des Zwischenprodukts relativ zum Endprodukt ist. Das bedeutet, sein Umsatz entspricht Preis mal Menge $p_t x_t$ und seine Kosten entsprechen dem Input an Endprodukten, was gleich seinem Output x_t sein muss.

Man erinnere sich, dass der gleichgewichtige Preis eines Produktionsfaktors in einer Industrie mit vollkommenem Wettbewerb dem Wert seines Grenzprodukts entspricht. Also wird

---

2 Wenn der Leser sich durch Aufgabe 2 dieses Kapitels arbeitet, kann er bestätigen, dass die Potenzierung von A_t und L in Gleichung (4.1) mit der gleichen Zahl nichts Substanzielles impliziert.

3 Man erinnere sich an die Identität der Volkswirtschaftlichen Gesamtrechnung:
BIP = Konsum + Investitionen + Konsumausgaben des Staates + Nettoexport
Die Modellvolkswirtschaft hier hat keinen Sektor, der für das Ausland produziert, keine Konsumausgaben des Staates und keine Investitionen in physisches Kapital oder Humankapital. Es existieren jedoch Investitionen in intellektuelles Kapital in Form von Forschung. Also gilt:
BIP = Konsum + Investitionen
Daher Gleichung (4.2).

der Preis des Monopolisten dem Grenzprodukt seines Zwischenprodukts im Endproduktsektor entsprechen, was laut der Produktionsfunktion (4.1)

$$p_t = \partial Y_t / \partial x_t = \alpha (A_t L)^{1-\alpha} x_t^{\alpha-1} \tag{4.3}$$

entspricht. Daher wählt der Monopolist die Menge x_t, die

$$\Pi_t = \alpha (A_t L)^{1-\alpha} x_t^{\alpha} - x_t \tag{4.4}$$

maximiert, was wiederum eine gleichgewichtige Menge[4]

$$x_t = \alpha^{\frac{2}{1-\alpha}} A_t L \tag{4.5}$$

und einen gleichgewichtigen Profit

$$\Pi_t = \pi A_t L, \quad \pi \equiv (1-\alpha)\alpha^{\frac{1+\alpha}{1-\alpha}} \tag{4.6}$$

impliziert, die beide proportional zum effektiven Arbeitsangebot $A_t L$ sind.

Substituiert man Gleichung (4.5) in die Produktionsfunktion (4.1) und die BIP-Gleichung (4.2), sieht man, dass der finale Output und das BIP der Volkswirtschaft auch proportional zu $A_t L$ sind.

$$Y_t = \alpha^{\frac{2\alpha}{1-\alpha}} A_t L$$

$$BIP_t = \alpha^{\frac{2\alpha}{1-\alpha}} (1-\alpha^2) A_t L \tag{4.7}$$

4.2.3 Innovation

In jeder Periode gibt es eine Person (den „Unternehmer"), der eine Möglichkeit hat, eine Innovation zu versuchen. Gelingt es ihm, wird die Innovation eine neue Version des Zwischenprodukts zur Folge haben, die produktiver als vorherige Versionen ist. Im Speziellen wird die Produktivität des Zwischenprodukts, das in Verwendung ist, vom Wert der vorigen Periode A_{t-1} auf $A_t = \gamma A_{t-1}$ steigen, wobei $\gamma > 1$ ist. Gelingt es ihm nicht, gibt es keine Innovation in t und das Zwischenprodukt ist das gleiche wie das in Periode $t-1$ verwendete, also ist $A_t = A_{t-1}$.

Um zu innovieren, muss der Unternehmer Forschung betreiben, d. h. eine kostspielige Aktivität, die das Endprodukt als den einzigen Input verwendet. Wie zuvor schon angedeutet, ist Forschung unsicher, da sie möglicherweise keine Innovation hervorbringt. Je mehr der Unternehmer jedoch für Forschung aufwendet, desto wahrscheinlicher ist es, dass er eine Innovation hervorbringt. Im Speziellen bedeutet das, dass die Wahrscheinlichkeit μ_t, dass sich eine Innovation in einer Periode t einstellt, positiv von der Menge R_t des Endprodukts abhängt, die für die Forschung verwendet wurde, und zwar entsprechend der Innovationsfunktion

$$\mu_t = \phi(R_t / A_t^*)$$

Wobei $A_t^* = \gamma A_{t-1}$ die Produktivität des neuen Zwischenprodukts ist, welches das Ergebnis bei erfolgreicher Forschung ist. Der Grund für inverse Abhängigkeit der Wahrscheinlichkeit

---

4 Die Bedingung erster Ordnung für das Maximierungsproblem lautet:
$\alpha^2 (A_t L)^{1-\alpha} x_t^{\alpha-1} - 1 = 0$
Daraus folgt Gleichung (4.5) direkt. Setzt man Gleichung (4.5) in Gleichung (4.4) ein, erhält man Gleichung (4.6).

einer Innovation von A_t^* ist, dass die Technologie komplexer wird, wenn sie fortschreitet, und es deshalb auch schwieriger wird, sie zu verbessern. Es sind also nicht die absoluten Forschungsausgaben R_t, die für den Erfolg von Bedeutung sind, sondern die produktivitätsbereinigten Ausgaben R_t/A_t^*, die mit n_t bezeichnet werden.

Um konkret zu werden, sei angenommen, dass die Innovationsfunktion die Cobb-Douglas-Form

$$\phi(n) = \lambda n^\sigma \tag{4.8}$$

annimmt, wobei λ ein Parameter ist, der die Produktivität des Forschungssektors widerspiegelt, und σ die Produktionselastizität ist, die zwischen null und eins liegt. Also ist das Grenzprodukt der (produktivitätsbereinigten) Forschung bei der Schaffung von Innovationen positiv, aber abnehmend:

$$\phi'(n) = \sigma\lambda n^{\sigma-1} > 0 \text{ und } \phi''(n) = \sigma(\sigma-1)\lambda n^{\sigma-2} < 0$$

4.2.4 Forschungsarbitrage

Falls der Unternehmer in t erfolgreich innoviert, wird er der Monopolist für Zwischenprodukte in dieser Periode, weil es ihm möglich ist, ein besseres Produkt als irgendjemand anderer zu produzieren. Sonst geht das Monopol an jemand anderen, der durch Zufall bestimmt wird und in der Lage ist, das Produkt der letzten Periode zu produzieren. Die Vergütung für einen erfolgreichen Innovator ist also der Profit Π_t^*, den er als Folge davon verdient. Da er mit der Wahrscheinlichkeit $\phi(n_t)$ Erfolg hat, entspricht seine erwartete Entlohnung

$$\phi(n_t) = \Pi_t^*$$

Aber die Forschung wird ihn R_t kosten, unabhängig davon, ob er erfolgreich ist oder nicht, also entspricht sein Nettoertrag aus Forschung

$$\phi(R_t/A_t^*)\Pi_t^* - R_t$$

Der Unternehmer wählt die Forschungsausgaben R_t, die seinen Nettonutzen maximieren, was wiederum impliziert, dass R_t die Bedingung erster Ordnung

$$\phi'(R_t/A_t^*)\frac{\Pi_t^*}{A_t^*} - 1 = 0$$

erfüllen muss, die unter Verwendung von Gleichung (4.6) als die „Forschungsarbitrage"-Gleichung geschrieben werden kann:

$$\phi'(n_t)\pi L = 1 \tag{R}$$

Die rechte Seite der Gleichung (R) sind die Forschungsgrenzkosten. Die linke Seite entspricht dem Grenzertrag der Forschung – zunehmende Wahrscheinlichkeit einer Innovation mal Wert einer erfolgreichen Innovation. Der Grenznutzen nimmt in n_t ab, weil das Grenzprodukt der Innovationsfunktion ϕ in n_t abnehmend ist. Jede Parameteränderung, die den Grenzertrag erhöht oder die Grenzkosten verringert, wird die Forschungsintensität n_t im Gleichgewicht erhöhen.

Die Forschungsarbitrage-Gleichung impliziert, dass das produktivitätsbereinigte Forschungsniveau n_t eine Konstante n sein wird und daher die Wahrscheinlichkeit für Innovation μ_t auch konstant $\mu = \phi(n)$ sein wird. Mit Hilfe der Cobb-Douglas-Innovationsfunktion (4.8) erhält man

$$n = (\sigma\lambda\pi L)^{\frac{1}{1-\sigma}}$$

und[5]

$$\mu = \lambda^{\frac{1}{1-\sigma}}(\sigma\pi L)^{\frac{\sigma}{1-\sigma}} \tag{4.9}$$

4.2.5 Wachstum

Die Wachstumsrate des Wirtschaftswachstums entspricht der proportionalen Wachstumsrate des Pro-Kopf-BIP (BIP_t/L), die laut Gleichung (4.7) auch die proportionale Wachstumsrate des Produktivitätsparameters A_t ist:

$$g_t = \frac{A_t - A_{t-1}}{A_{t-1}}$$

Es folgt daraus, dass Wachstum zufällig erfolgt. Der Unternehmer wird in jeder Periode mit der Wahrscheinlichkeit μ innovieren, was in $g_t = \frac{\gamma A_{t-1} - A_{t-1}}{A_{t-1}} = \gamma - 1$ resultiert. Mit der Wahrscheinlichkeit $1 - \mu$ wird er scheitern, was in $g_t = \frac{A_{t-1} - A_{t-1}}{A_{t-1}} = 0$ resultiert. Die Wachstumsrate wird in jeder Periode von dieser Wahrscheinlichkeitsverteilung bestimmt. Nach dem Gesetz der großen Zahlen wird der Erwartungswert der Verteilung

$$g = E(g_t) = \mu(\gamma - 1)$$

auch die langfristige durchschnittliche Wachstumsrate der Volkswirtschaft sein.

Um diese Formel zu interpretieren, sei angemerkt, dass μ nicht nur die Wahrscheinlichkeit einer Innovation in jeder Periode ist, sondern auch die langfristige Häufigkeit von Innovationen darstellt - dies entspricht dem Anteil der Perioden, in denen eine Innovation auftritt. Außerdem ist $\gamma - 1$ die proportionale Zunahme der Produktivität, die aus jeder Innovation resultiert. Also drückt die Formel ein einfaches, aber wichtiges Ergebnis der Schumpeterianischen Wachstumstheorie aus:

Langfristig entspricht die durchschnittliche Wachstumsrate der Volkswirtschaft der Häufigkeit von Innovationen mal der Größe der Innovationen.

Verwendet man Gleichung (4.9) um μ in der vorhergegangenen Formel zu ersetzen, kann man sehen, dass die durchschnittliche Wachstumsrate

$$g = \lambda^{\frac{1}{1-\sigma}}(\sigma\pi L)^{\frac{\sigma}{1-\sigma}}(\gamma - 1) \tag{G}$$

entspricht.

---

5 Es wird angenommen, dass λ und π klein genug sind, so dass $\mu < 1$.

4.2.6 Eine Variante mit inkrementellen Innovationen

Bis jetzt wurde angenommen, dass der Monopolist im Zwischenproduktsektor jeden Preis von den Endproduktproduzenten verlangen kann, ohne dass er den Markteintritt eines potenziellen Wettbewerbers fürchten muss. In der Industrieökonomik wird diese Annahme als der Fall einer *drastischen Innovation* bezeichnet (siehe Tirole, 1988).

Nimmt man jedoch an, es gibt einen wettbewerbsfähigen Kreis von Unternehmen, die in der Lage sind, ein Imitat herzustellen, das ein perfektes Substitut für das Zwischenprodukt des Monopolisten ist, aber dessen Produktion $\chi > 1$ Einheiten des Endprodukts kostet. Dann kann der amtierende Monopolist nicht mehr als χ im Gleichgewicht verlangen, da im anderen Fall der wettbewerbsfähige Kreis seinen Preis unterbieten könnte. Man hat also die Grenzpreis-Nebenbedingung:

$$p_t \leq \chi$$

Wenn $\chi > 1/\alpha$, ist diese Grenzpreis-Nebenbedingung nicht bindend, da der Preis, der von dem Monopolisten in Abwesenheit eines wettbewerbsfähigen Kreises[6] gewählt wird, $1/\alpha$ entspricht. Das ist der Fall großer Innovationen, der vorher analysiert wurde.

In diesem Abschnitt wird der Fall inkrementeller Innovationen betrachtet, bei dem $\chi < 1/\alpha$ und die Grenzpreis-Nebenbedingung daher bindend ist. Da der Preis des Monopolisten immer noch dem Grenzprodukt des Zwischenprodukts entspricht, muss er immer noch Gleichung (4.3) erfüllen, also liefert die Substitution von $p_t = \chi$ in Gleichung (4.3) die gleichgewichtige Menge

$$x_t = (\alpha/\chi)^{\frac{1}{1-\alpha}} A_t L$$

Der gleichgewichtige Profit des Monopolisten entspricht also

$$\Pi_t = p_t x_t - x_t = \pi A_t L, \pi = (\chi - 1)(\alpha/\chi)^{\frac{1}{1-\alpha}}$$

Wobei der Profitparameter π nun eine zunehmende Funktion[7] der Kosten des wettbewerbsfähigen Kreises χ ist.

Abgesehen von dieser Änderung funktioniert die Wirtschaft genau wie in dem Fall großer Innovationen. Insbesondere ist die Forschungsintensität n immer noch durch die Forschungsarbitrage-Gleichung (R) gesteuert und die durchschnittliche Wachstumsrate wird immer noch durch Gleichung (G) bestimmt, außer dass der Parameter π in beiden von diesen Gleichungen nun eine zunehmende Funktion des Kostenparameters χ des wettbewerbsfähigen Kreises von Unternehmen ist.

---

6 Setzt man Gleichung (4.5) in Gleichung (4.3) erhält man $p = 1/\alpha$.

7 Das bedeutet, dass

$$\frac{d}{d\chi}\left(\chi - 1)/\chi^{\frac{1}{1-\alpha}}\right)$$
$$= \chi^{-\frac{1}{1-\alpha}} + (\chi - 1)\frac{d}{d\chi}\left(\chi^{-\frac{1}{1-\alpha}}\right)$$
$$= \chi^{-\frac{1}{1-\alpha}}\left(1 - \frac{1 - \chi^{-1}}{1 - \alpha}\right)$$

was in dem Fall kleiner Innovationen größer als null ist, weil $\chi^{-1} > \alpha$.

4.2.7 Komparative Statik

Laut der Wachstumsgleichung (G) ergibt die Analyse der komparativen Statik die folgenden Implikationen für die durchschnittliche Wachstumsrate g:

1. Wachstum steigt mit der Produktivität von Innovationen λ an. Dieses Ergebnis deutet auf die Bedeutung von Bildung und insbesondere weiterführender Bildung als wachstumsverstärkendem Mittel hin. Länder, die mehr in Hochschulbildung investieren, werden eine höhere Produktivität in der Forschung erreichen und werden außerdem die Opportunitätskosten der Forschung reduzieren, indem sie das aggregierte Arbeitsangebot an qualifizierter Arbeit erhöhen.
2. Wachstum steigt mit der Größe der Innovationen, gemessen durch den Produktivitätsverbesserungsfaktor γ. Dieses Ergebnis folgt direkt aus Aussage 1 zusammen mit Ergebnis (4.9), was zeigt, dass die Häufigkeit von Innovationen unabhängig von γ ist. Das Ergebnis wiederum weist auf eine Eigenschaft hin, die in der Diskussion um internationale Konvergenz wichtig wird. Ein Land, das unterhalb der weltweiten Technologiegrenze liegt, besitzt das, was Gerschenkron (1962) „advantage of backwardness" nannte. Das bedeutet: Je weiter ein Land hinter der Technologiegrenze zurückbleibt, desto größer wir die Produktivitätsverbesserung sein, die es erreichen kann, falls es die neueste Technologie implementieren kann, wenn es Innovationen kreiert, und desto schneller kann es folglich wachsen.
3. Wachstum steigt mit dem Grad des Schutzes geistiger Eigentumsrechte, gemessen durch χ. Das bedeutet, dass ein höheres χ stärkeren Patentschutz widerspiegelt, was die Kosten erhöht, die aktuelle Technologie im Zwischenproduktsektor zu imitieren. Also sollte es zu intensiverer Forschung führen, da es die Profite steigert, die ein erfolgreicher Innovator erzielt. Das wiederum sollte in größerem Wachstum resultieren.
4. Wachstum sinkt mit dem Grad an Wettbewerb im Produktmarkt. Das bedeutet, dass ein niedrigeres χ eine gesteigerte Fähigkeit anderer Unternehmen, mit dem amtierenden Monopolisten zu konkurrieren, reflektiert, was den Wert einer erfolgreichen Innovation verringert. Diese Vorhersage steht im Widerspruch mit den aktuellsten empirischen Studien, beginnend mit den Arbeiten von Nickell (1996) und Blundell, Griffith und Van Reenen (1999). Kapitel 12 wird sich der Beziehung zwischen Wettbewerb und Wachstum erneut annehmen.
5. Eine Zunahme der Bevölkerungsgröße sollte auch eine Steigerung des Wachstums mit sich bringen, indem sie das Arbeitsangebot L erhöht. Dieser „Skaleneffekt" war auch im Produktvielfalt-Modell des vorhergehenden Kapitels zu sehen und wurde in der Literatur angezweifelt. In Abschnitt 4.4 wird dieses fragwürdige Ergebnis komparativer Statik eliminiert, indem ein Modell mit sowohl horizontalen als auch vertikalen Innovationen betrachtet wird.

4.3 Ein multisektorales Modell

4.3.1 Produktion und Profit

In diesem Abschnitt werden in der Volkswirtschaft mehrere, Innovationen schaffende Sektoren zugelassen. Es sei angenommen, es gäbe nicht nur ein Zwischenprodukt, sondern ein

Kontinuum, das über das Intervall [0, 1] indexiert ist. Die Endprodukteherstellung entspricht nun

$$Y_t = L^{1-\alpha} \int_0^1 A_{it}^{1-\alpha} x_{it}^{\alpha} di \tag{4.10}$$

Wobei jedes x_{it} der Strom des Zwischenprodukts i, das zum Zeitpunkt t verwendet wird, ist und der Produktivitätsparameter A_{it} die Qualität dieses Produkts reflektiert. Die Produktivitätsparameter verändern sich aufgrund der Zufälligkeit des Innovationsprozesses in jeder Periode über die Zwischenprodukte hinweg.

Entsprechend Gleichung (4.10) wird der finale Output, der mittels jedes Zwischenprodukts produziert wird, durch die Produktionsfunktion

$$Y_{it} = (A_{it}L)^{1-\alpha} x_{it}^{\alpha} \tag{4.11}$$

bestimmt, die identisch mit der Produktionsfunktion (4.1) des Ein-Sektor-Modells ist.

Bei jedem Zwischenprodukt gibt es ein eigenes Monopol und der Preis entspricht dem Grenzprodukt des Zwischenprodukts im Endproduktsektor. Dieser ist entsprechend Gleichung (4.11)

$$p_{it} = \partial Y_{it} / \partial x_{it} = \alpha\,(A_{it}L)^{1-\alpha} x_{it}^{\alpha-1}$$

Daher wählt der Monopolist in Sektor i die Menge x_{it} so, dass sein Profit maximiert wird:

$$\Pi_{it} = p_{it} x_{it} - x_{it} = \alpha (A_{it}L)^{1-\alpha} x_{it}^{\alpha} - x_{it} \tag{4.12}$$

was wiederum eine gleichgewichtige Menge[8] von

$$\mathrm{x}_{it} = \alpha^{\frac{2}{1-\alpha}} A_{it} L \tag{4.13}$$

und einen gleichgewichtigen Profit von

$$\Pi_{it} = \pi A_{it} L \tag{4.14}$$

impliziert, wobei π der gleiche Parameter wie in der analogen Gleichung (4.6) im Ein-Sektor-Modell ist.

Das aggregierte Verhalten der Volkswirtschaft hängt von dem aggregierten Produktivitätsparameter

$$A_t = \int_0^t A_{it} di$$

ab, welcher einfach der ungewichtete numerische Durchschnitt aller individuellen Produktivitätsparameter ist. Insbesondere sind der finale Output und das BIP in dieser multisektoralen Volkswirtschaft durch die selben Gleichungen wie in der Ein-Sektor-Volkswirtschaft im vorherigen Abschnitt bestimmt, aber A_t ist nun der Durchschnitt und nicht der Produktivitätsparameter des einzigen Zwischenproduktsektors der Volkswirtschaft.

---

8 Die Bedingung erster Ordnung für das Maximierungsproblem lautet:
$\alpha^2 (A_{it}L)^{1-\alpha} x_{it}^{\alpha-1} - 1 = 0$
Aus welcher direkt Gleichung (4.13) folgt. Setzt man Gleichung (4.13) in Gleichung (4.12) ein, erhält man Gleichung (4.14).

Im Detail bedeutet dies: Verwendet man Gleichung (4.13), um jedes x_{it} in der Produktionsfunktion (4.10) zu ersetzen, erhält man die gleiche Formel für den finalen Output wie zuvor:

$$Y_t = \alpha^{\frac{2\alpha}{1-\alpha}} A_t L$$

Wie zuvor entspricht das BIP der Volkswirtschaft dem Output des Endprodukts Y_t minus der Menge, die in der Produktion von jedem einzelnen Zwischenprodukt verbraucht wurde. Da jedes Zwischenprodukt unter Verwendung von einem Endprodukt hergestellt wird, also im Verhältnis eins zu eins, gilt:

$$BIP_t = Y_t - \int_0^1 x_{it}\, di$$

Verwendet man Gleichung (4.13), um jedes x_{it} in diesem Integral zu ersetzen, und kombiniert man es mit der vorhergegangenen Formel erhält man:

$$BIP_t = \alpha^{\frac{2\alpha}{1-\alpha}} (1 - \alpha^2) A_t L$$

Was wiederum identisch mit Gleichung (4.7) ist. Also ist das BIP der Volkswirtschaft wieder proportional zum effektiven Arbeitsangebot $A_t L$.

4.3.2 Innovation und Forschungsarbitrage

Innovationen finden in jedem Sektor genau so statt, wie es in dem Ein-Sektor-Modell der Fall war. Genauer gesagt existiert in jedem Sektor ein einziger Unternehmer, der das Endprodukt für die Forschung verbraucht und mit der Wahrscheinlichkeit $\phi(n_{it}) = \lambda n_{it}^{\sigma}$ erfolgreich eine Innovation realisiert, wobei n_{it} nun die Forschungsausgaben in Sektor i relativ zu der Zielproduktivität in Sektor i repräsentiert:

$$n_{it} = R_{it} / A_{it}^*$$

Wobei $A_{it}^* = \gamma A_{i,t-1}$ der Produktivitätsparameter für den Fall ist, dass die Innovation erfolgreich ist. Der Unternehmer wählt seine Forschungsausgaben so, dass er seine Nettoerträge maximiert:

$$\phi(R_{it}/A_{it}^*)\Pi_{it}^* - R_{it}$$

Und Π_{it}^* entspricht seinem Profit, wenn er erfolgreich ist. Daher muss R_{it} die Bedingung erster Ordnung

$$\frac{\phi'(R_{it}/A_t^*)\Pi_t^*}{A_t^*} - 1 = 0$$

erfüllen, die auch unter Verwendung von Gleichung (4.14) als die Forschungsarbitrage-Gleichung

$$\phi'(n_{it})\pi L = 1 \tag{R}$$

geschrieben werden kann.

Dies entspricht exakt der Forschungsarbitrage-Gleichung im Ein-Sektor-Modell und lässt sich also nach dem gleichen konstanten produktivitätsbereinigten Forschungsniveau und der Wahrscheinlichkeit erfolgreicher Innovationen auflösen:

$$n = (\sigma\lambda\pi L)^{\frac{1}{1-\sigma}} \quad \text{und } \mu = \lambda^{\frac{1}{1-\sigma}} (\sigma\pi L)^{\frac{\sigma}{1-\sigma}}$$

Eine wichtige Eigenschaft des Modells ist, dass die Wahrscheinlichkeit einer Innovation μ in allen Sektoren gleich ist, unabhängig vom Anfangsniveau der Produktivität $A_{i,t-1}$. Dies erscheint vielleicht überraschend, weil die Belohnung $\Pi^*_{it} = \pi\gamma A_{i,t-1}L$ für eine erfolgreiche Innovation in fortschrittlicheren Sektoren höher ist. Aber dieser Vorteil wird gerade durch die Tatsache ausgeglichen, dass die Innovationskosten mit jedweder Geschwindigkeit auch entsprechend höher sind, weil die Forschungsausgaben relativ zum Zielproduktivitätsniveau $\gamma A_{i,t-1}$ Ausschlag gebend sind. Es wird ersichtlich werden, dass diese Eigenschaft eine einfache Beschreibung der aggregierten Wachstumsrate in der Volkswirtschaft erlaubt.

4.3.3 Wachstum

Da das BIP pro Kopf wieder proportional zu dem aggregierten Produktivitätsparameter A_t ist, entpricht die Wachstumsrate der Volkswirtschaft wieder der proportionale Wachstumsrate von A_t:

$$g_t = \frac{A_t - A_{t-1}}{A_{t-1}} \tag{4.15}$$

In diesem Fall ist die aggregierte Wachstumsrate jedoch nicht mehr zufällig, weil Pech in einem Sektor durch Glück in einem anderen ausgeglichen wird.

In jedem Sektor i ergibt sich

$$A_{it} = \begin{cases} \gamma A_{i,t-1} & \text{mit der Wahrscheinlichkeit } \mu \\ A_{i,t-1} & \text{mit der Wahrscheinlichkeit } 1-\mu \end{cases} \tag{4.16}$$

Durch das Gesetz der großen Zahlen ist bekannt, dass der Anteil der Sektoren, die in jeder Periode Innovationen schaffen, μ entspricht. Daher kann der volkswirtschaftsweite Durchschnitt A_t dargestellt werden als μ mal dem Durchschnitt A_{1t} der Sektoren, die in t eine Innovation erschaffen haben, plus $(1-\mu)$ mal dem Durchschnitt der Sektoren, die keine Innovation erreicht haben:

$$A_t = \mu A_{1t} + (1-\mu)A_{2t}$$

Der Durchschnitt A_{2t} der Sektoren, die in t keine Innovation erschaffen haben, entspricht einfach dem gesamtwirtschaftlichen Durchschnitt der letzten Periode A_{t-1}, weil diese Sektoren zufällig aus der Gesamtheit der Sektoren der Volkswirtschaft gezogen wurden und jeder von ihnen den gleichen Produktivitätsparameter wie in der letzten Periode aufweist. Mit derselben Logik ergibt sich, dass der Durchschnitt A_{1t} der Sektoren, die eine Innovation aufweisen konnten, einfach γ mal dem Durchschnitt der Produktivitätsparameter der gleichen Unternehmen in der letzten Periode, d. h. γA_{t-1} entspricht. Also gilt:

$$A_t = \mu\gamma A_{t-1} + (1-\mu)A_{t-1}$$

Daraus und aus Gleichung (4.15) folgt, dass die Wachstumsrate in jeder Periode gleich der Konstante

$$g = \mu(\gamma - 1)$$

ist, die wiederum dieselbe wie die langfristige Wachstumsrate des Ein-Sektor-Modells ist. Setzt man Gleichung (4.9) in diese Formel ein, produziert das den gleichen Ausdruck (G) wie zuvor und impliziert dadurch die gleichen Ergebnisse der komparativen Statik wie zuvor.

4.4 Skaleneffekte*

Beide bisher vorgestellten innovationsbasierten Theorien, d. h. sowohl das Produktvielfalt-Modell mit ausschließlich horizontalen Innovationen als auch das Schumpeterianische Modell mit ausschließlich vertikalen Innovationen, prognostizieren, dass eine zunehmende Bevölkerung zu steigendem Wachstum führt. Diese Vorhersage ist implizit, da eine größere Bevölkerung den Markt erweitert, den ein erfolgreicher Unternehmer bedienen kann, und weil er das potenzielle Angebot an Forschern erhöht.

Diese Vorhersage wurde jedoch aus empirischen Gründen in Frage gestellt. Insbesondere C. Jones (1995b) hat hervorgehoben, dass die Anzahl der Forscher und Ingenieure, die in der Forschung tätig sind, sich seit 1953 fast verneunfacht hat, jedoch ohne eine signifikante Trendzunahme im Produktivitätswachstum zur Folge zu haben. Dieser Abschnitt zeigt, wie der kontrafaktische Skaleneffekt aus der Theorie eliminiert werden kann, indem man sowohl horizontale als auch vertikale Innovationen zulässt.

Der Weg mit diesem Problem in der Schumpeterianischen Theorie umzugehen, ist Einbeziehung der Erkenntnis von A. Young (1998), dass eine schnelle Zunahme der Produktvielfalt die Effektivität der auf Qualitätsverbesserungen gerichteten Forschung reduziert, wenn die Bevölkerung wächst, weil Bevölkerungswachstum dazu führt, dass Qualitätsverbesserungen „dünner" über eine große Anzahl unterschiedlicher Sektoren verteilt werden und daher der Effekt auf die gesamte Rate des Produktivitätswachstums verteilt wird.

Als Erstes muss also eine Endprodukt-Produktionsfunktion angenommen werden, die eine variable Anzahl von Zwischenprodukten zulässt:

$$Y_t = (L/M)^{1-\alpha} \int_0^M A_{it}^{1-\alpha} x_{it}^{\alpha} di \tag{4.17}$$

Dies ist die gleiche Produktionsfunktion wie (4.10) zuvor, nur dass die Zwischenprodukte nun für das Intervall $[0, M]$ anstatt von $[0, 1]$ indexiert sind. Also ist M die Maßeinheit für die Produktvielfalt.

Es ist die gleiche Produktionsfunktion, wie sie im Produktvielfalt-Modell im vorherigen Kapitel angenommen wurde, mit den Ausnahmen, dass (1) jedes Produkt seinen eigenen spezifischen Produktivitätsparameter A_{it} (anstatt von $A_{it} = 1$ für alle Produkte) aufweist und (2) angenommen wird, dass nicht der absolute Arbeitsinput L, sondern der Input pro Produkt L/M von Bedeutung ist. Also entspricht der Beitrag jedes Zwischenprodukts zum finalen Output nun

$$Y_{it} = A_{it}^{1-\alpha} x_{it}^{\alpha} (L/M)^{1-\alpha}$$

Dies weist darauf hin, dass weniger Arbeit mit jedem einzelnen Zwischenprodukt verbunden ist, wenn die Anzahl der Zwischenprodukte ansteigt. Daher wird jedes Zwischenprodukt weniger zum finalen Output beitragen, wenn nicht die Qualität A_{it} oder die Menge x_{it} erhöht wird.[9]

---

* Die Analyse in diesem Abschnitt ist eher knapp gehalten und kann beim ersten Lesen übersprungen werden.

[9] Die Produktionsfunktion ist ein Spezialfall derjenigen, die von Benassy (1998) verwendet wird. Er zeigte, dass Produktvielfalt in dieser Funktion nicht notwendigerweise einen positiven Produktivitätseffekt aufweisen muss.

Als Nächstes muss der Prozess modelliert werden, durch den die Produktvielfalt zunimmt. Die einfachste Methode ist die Annahme, dass jede Person mit einer Wahrscheinlichkeit von ψ ein neues Zwischenprodukt erfindet, ohne dass Ausgaben für Forschung entstehen. Außerdem sei angenommen, dass ein exogen vorgegebener Prozentsatz ε von Produkten jedes Jahr untergeht. Wenn die Bevölkerung konstant ist, wird die Länge M_t der Liste an Zwischenprodukten jedes Jahr um die Menge

$$\psi L - \varepsilon M_t$$

verändert und sie wird sich schließlich bei dem Steady-state-Wert

$$M = (\psi/\varepsilon)L$$

stabilisieren[10], der proportional zur Bevölkerung ist. Sollte die Bevölkerung dauerhaft ansteigen, würde die Anzahl der Produkte schließlich proportional wachsen.

Also wird die langfristige Endprodukte-Produktionsfunktion

$$Y_t = (\varepsilon/\psi)^{1-\alpha} \int_0^M A_{it}^{1-\alpha} x_{it}^{\alpha} di$$

entsprechen, und der Beitrag jedes einzelnen Zwischenprodukts zum finalen Output wird

$$Y_{it} = (\varepsilon/\psi)^{1-\alpha} A_{it}^{1-\alpha} x_{it}^{\alpha}$$

sein, was in keiner Weise von der Größe der Volkswirtschaft abhängig ist.

Die gleiche Vorgehensweise wie zuvor zeigt, dass der Preis jedes Zwischenprodukts seinem Grenzprodukt im Endproduktsektor entspricht:

$$p_{it} = \partial Y_{it}/\partial x_{it} = \alpha(\varepsilon/\psi)^{1-\alpha} A_{it}^{1-\alpha} x_{it}^{\alpha-1} \tag{4.18}$$

Daher wählt der Monopolist in Sektor i die Menge x_{it}, die seinen Profit

$$\Pi_{it} = p_{it}x_{it} - x_{it} = \alpha\left(\frac{\varepsilon}{\psi}\right)^{1-\alpha} A_{it}^{1-\alpha} x_{it}^{\alpha} - x_{it}$$

maximiert, was wiederum eine gleichgewichtige Menge

$$\mathrm{x}_{it} = \alpha^{\frac{2}{1-\alpha}}(\varepsilon/\psi)A_{it}$$

und einen gleichgewichtigen Profit

$$\Pi_{it} = \pi(\varepsilon/\psi)A_{it}$$

impliziert, wobei der Parameter π derselbe wie in der analogen Gleichung (4.6) im Ein-Sektor-Modell ist.

Laut diesen Gleichungen sind sowohl die gleichgewichtige Menge als auch der gleichgewichtige Profit des Monopolisten unabhängig von der durch die Bevölkerung L gemessenen Größe der Volkswirtschaft, da die Nachfragefunktion (4.18) unabhängig von L ist. Als Konse-

[10] Das heißt, dass die Differenzialgleichung
$M_{t+1} = M_t + \psi L - \varepsilon M_t$
beginnend bei M_0 die einzige Lösung
$M_t = (\psi/\varepsilon)L + (1-\varepsilon)^t[M_0 - (\psi/\varepsilon)L]$
hat, was für $t \to \infty$ gegen $(\psi/\varepsilon)L$ konvergiert, weil $(1-\varepsilon)$ zwischen null und eins liegt.

quenz hieraus ist der Nettoertrag der Forschung genauso wie die gleichgewichtige Forschungsintensität, die Innovationshäufigkeit und die Wachstumsrate der Volkswirtschaft unabhängig von deren Größe. Genauer gesagt entspricht der Nettoertrag

$$\phi(n_{it})\Pi^*_{it} - R_{it} = [\phi(n_{it})\pi(\varepsilon/\psi) - n_{it}]A^*_{it}$$

und wird durch das n_{it} maximiert, bei dem die Forschungsarbitage-Gleichung

$$\phi'(n_{it})\pi(\varepsilon/\psi) = 1$$

erfüllt ist. Was wiederum für ein konstantes n gelöst werden kann, das positiv von der gleichgewichtigen Menge an Arbeit pro Produkt (ε/ψ) abhängt, aber unabhängig von der Größe der Ökonomie ist. Daher sind auch die Innovationshäufigkeit $\mu = \phi(n)$ und die Wachstumsrate $g = \mu(\gamma - 1)$ unabhängig von der Größe.

4.5 Fazit

Es ist möglicherweise nützlich, das Schumpeterianische Wachstumsmodell noch einmal den beiden anderen Modellen endogenen Wachstums, die zuvor analysiert wurden, gegenüberzustellen. Das erste war das AK-Modell aus Kapitel 2, laut dem Wissensakkumulation ein glückliches Nebenprodukt der Kapitalakkumulation ist. Hier waren Sparsamkeit und Kapitalakkumulation der Schlüssel zum Wachstum und nicht Kreativität und Innovation. Das zweite Modell endogenen Wachstums war das Produktvielfalt-Modell aus Kapitel 3, in dem Innovationen Produktivitätswachstum hervorrufen, indem neue, nicht notwendigerweise verbesserte Produktvarianten geschaffen werden.

Verglichen mit dem AK-Modell haben sowohl das Schumpeterianische als auch das Produktvielfalt-Modell den Vorteil, dass sie eine ausdrückliche Analyse des Innovationsprozesses, der langfristigem Wachstum zugrunde liegt, vorstellen. Verglichen mit dem Produktvielfalt-Modell weist das Schumpeterianische Modell dem Ausstieg und der Fluktuation bei Unternehmen und Arbeitern eine wichtige Rolle zu, was – wie am Ende des vorhergegangene Kapitels dargestellt wurde – mit einer zunehmenden Anzahl aktueller Studien übereinstimmt, die zeigen, dass Mobilität im Arbeits- und Produktmarkt Schlüsselelemente einer wachstumsfördernden Politik nahe der Technologiegrenze darstellen.[11]

Das soll aber nicht bedeuten, dass das Schumpeterianische Modell frei von Problemen ist. Das Problem der Skaleneffekte einer zunehmenden Bevölkerung auf das Wachstum wurde bereits diskutiert, aber es wurde auch argumentiert, dass diese Schwierigkeit innerhalb des Schumpeterianischen Modells gelöst werden kann. Eine andere Schwierigkeit der vorgestellten Modellversion ist die Vernachlässigung von Kapital, welches aber entsprechend der Wachstumszerlegung-Berechnungen (Jorgenson 1995; A.Young 1995) ziemlich wichtig ist. Kapitel 5 wird zeigen, wie Kapital in die Analyse auf eine Art eingeführt werden kann, die konsistent mit solchen Berechnungen ist. Ein weiteres Problem der Theorie ist die Annahme

---

11 Wie in den folgenden Kapiteln gezeigt werden wird, hat das Schumpeterianische Modell auch den Vorteil, dass es den Unternehmern erlaubt, zwischen Implementierungs- und Innovationsprozessen an der Technologiegrenze zu wählen, und dass sich diese Wahl mit dem Abstand zur Technologiegrenze verändert. Dies kann nicht ohne Weiteres in das Produktvielfalt-Modell eingebracht werden. Dies ermöglicht im Schumpeterianischen Modell kontextspezifische Politikimplikationen und Vorhersagen mittels komparativer Statik zu generieren, die insbesondere vom Abstand eines Landes zur Technologiegrenze abhängig sind.

vollkommener Finanzmärkte. In der Realität sind Unternehmen mit Forschungs- und Entwicklungsaktivitäten stark auf Kapitalmärkte angewiesen, die in manchen Ländern besser zu funktionieren scheinen als in anderen. Die Thematik finanzieller Beschränkungen wird in Kapitel 6 behandelt. Ein weiteres Thema ist Konvergenz, die in Kapitel 7 untersucht wird, wo auch gezeigt wird, dass das Modell eine mit der Evidenz von Durlauf und Johnson (1995) und Quah (1993, 1997) übereinstimmende Form von Club-Konvergenz impliziert; der Schlüssel liegt in der Schumpeterianischen Theorie darin, dass Konvergenz durch den Prozess des Technologietransfers sowie durch Kapitalakkumulation bei der Produktivität erfolgt. Schließlich, wie schon vorher angedeutet, steht der Implikation der ersten Generation der Schumpeterianischen Modelle, dass mehr Wettbewerb im Produktmarkt schädlich für Wachstum ist, ein großes Maß empirischer Evidenz entgegen. Diese Thematik wird in Kapitel 12 besprochen, in dem gezeigt wird, dass eine Vielzahl anderer Effekte in komplexeren Versionen der Theorie gefunden werden kann, die eine kompliziertere Beziehung zwischen Wettbewerb und Wachstum implizieren und umfangreichen Rückhalt in den Daten finden.

Literatur

Die frühesten Versuche, einen Schumpeterianischen Ansatz in die Wachstumstheorie einzuführen, wurden von Segerstrom, Anant und Diopoulus (1990) geleistet, die dauerhaftes Wachstum als eine Folge von Produktverbesserungen in eine gegebenen Anzahl von Sektoren ohne Unsicherheit im Innovationsprozess modellierten, und von Corriveau (1991), der ein Modell mit diskreter Zeit und Unsicherheit hinsichtlich kostenreduzierender Prozessinnovationen aufstellte. Was hier präsentiert wird, ist eine vereinfachte Version des Modells, das in Aghion und Howitt (1988, 1992) unter Verwendung von Modellierungstechniken aus der Industrieökonomik (Tirole 1988, Kap. 10 und Reinganum 1989) aufbereitet wurde. Grossman und Helpman (1991a, 1991b) haben auf dieser Grundstruktur aufgebaut, um die Beziehung zwischen Handel und Wachstum sowie zwischen Wachstum und dem Produktzyklus zu analysieren.

Im Zuge der Debatte um den Skaleneffekt hat C. Jones (1995b) ein „semiendogenes" Modell entwickelt, in dem der Skaleneffekt durch die abnehmenden Grenzerträge von Ideen in der Forschung aufgezehrt wird, mit der Folge, dass Bevölkerungswachstum der einzige langfristige Bestimmungsfaktor wirtschaftlichen Wachstums ist. Der Ansatz wurde von Kortum (1997) und Segerstrom (1998) weiter entwickelt. Der hier vorgestellte vollständig endogene Ansatz wurde basierend auf mehreren schumpeterianischen endogenen Modellen ohne Skaleneffekte entwickelt, siehe hierzu im besonderen Howitt (1999), Aghion und Howitt (1998a, Kap. 12), Dinopoulos und Thompson (1998) und Peretto (1998). Man vergleiche auch die aktuellen Beiträge von Dinopoulos und Syropoulos (2006), die argumentieren, dass es die Bemühungen sind, zunehmend Eintrittsbarrieren zu errichten, die den Skaleneffekt aufzehren. Segerstrom (2000) und C. Jones (2005) heben hervor, dass kleine Änderungen in den Annahmen des vollständig endogenen Modells in drastischen Veränderungen ihrer Schlussfolgerungen hinsichtlich Skaleneffekten resultieren können. Ha und Howitt (2006) verwenden jedoch US-Daten, um die zwei bedeutenden Varianten FuE-basierter Wachstumsmodelle ohne Skaleneffekten zu vergleichen, und schlussfolgern, dass das Schumpeterianische Modell ohne Skaleneffekte konsistenter mit den langfristigen Trends in FuE und TFP ist, als es semiendogene Ansätze der Wachstumstheorie sind. Andere Beiträge wie z. B., von Laincz und Peretto (2004) und Ulku (2005) deuten ebenfalls unter Verwendung von US-Daten in dieselbe Richtung.

▶ Aufgaben

1. Sowohl das Modell mit Produktvielfalt als auch das Schumpeterianische Modell sagen Größeneffekte voraus, nämlich dass eine größere Bevölkerung (eine größere Gruppe von Forschern) schnelleres Wachstum bedingt. Wie würden Sie diese Vorhersage empirisch testen?
2. **Eine Variante des Schumpeterianischen Modells**
Man betrachte das grundlegende Ein-Sektor-Modell aus Abschnitt 4.2. Der Unterschied hier ist, dass die Produktionsfunktion für das Endprodukt durch $Y_t = A_t^{\psi} L^{1-\alpha} x_t^{\alpha}$ mit $0 < \psi \leq 1$ gegeben ist. Schreiben Sie die Funktion für die Gewinne der Monopolisten im Zwischengütersektor, die Arbitragebedingung für Forschung und die Wachstumsrate des Outputs der Ökonomie auf.
3. **Wohlfahrtsanalyse im grundlegenden Schumpeterianischen Modell**
Betrachten Sie wieder das Modell aus Abschnitt 4.2. Anstelle des Marktgleichgewichts soll nun die sozial optimale Lösung betrachtet werden, die ein sozialer Planer mit einem Horizont von einer Periode erreichen würde. Der Planer ist bestrebt
$$BIP_t = (AL)^{1-\alpha} x^{\alpha} - x$$
zu maximieren.
   a) Geben Sie die Allokation des Zwischenproduktinputs durch den sozialen Planer an. Vergleichen Sie sie mit dem Wert beim Marktgleichgewicht. Erläutern Sie Ihr Ergebnis.
   b) Wie hoch ist das durch den sozialen Planer korrigierte Niveau der Innovationsausgaben n?
   c) Vergleichen Sie die effiziente Wachstumsrate, die sich aus dem Maximierungsproblem des sozialen Planers ergibt, mit derjenigen im Marktgleichgewicht. Erläutern Sie, warum sie größer und warum sie kleiner als diejenige im Marktgleichgewicht sein kann.
   d) Vergleichen Sie Ihre Ergebnisse mit denjenigen aus Aufgabe 5 von Kapitel 3.
4. **Semiendogenes Wachstum und Größeneffekte (basierend auf Jones 1999b)**
Es wird ein verallgemeinertes Romer-Modell (1990) aus Kapitel 3 mit der folgenden Innovationstechnologie $\dot{A} = \delta L_2 A^{\phi}$ betrachtet, wobei $\phi < 1$ gilt und L_2 die Menge an Arbeit ist, die für FuE-Aktivitäten eingesetzt wird. Nehmen Sie an, dass die gesamte Arbeitsmenge mit der Rate n wächst und $\dot{L}/L = n$ ist, und definieren Sie $g \equiv \dot{A}/A$.
   a) Erklären Sie, warum auf dem gleichgewichtigen Wachstumspfad (balanced growth path; BGP) $L_2 = \lambda L$ konstant ist, mit $\lambda \in (0,1)$.
   b) Betrachten Sie den Steady-state-Zustand, in dem $\dot{g}/g = 0$ ist, und berechnen Sie g.
   c) Gibt es immer noch eine Art von Größeneffekt in dem Modell? Wie würden Sie die Vorhersage des Modells mit Daten testen?
5. **Das Schumpeterianische Modell mit stetiger Zeit – I**
Die nächsten beiden Aufgaben werden den Leser durch die Version des Schumpeterianischen Modells mit stetiger Zeit führen.
Nehmen Sie an, dass die Individuen lineare intertemporale Präferenzen der Form
$$u(y) = \int_0^{\infty} y_{\tau} e^{-rt} d\tau$$
haben, wobei r die Zeitpräferenzrate ist und auch dem Zinssatz entspricht. Es gibt L Individuen in der Ökonomie und jedes Individuum ist mit einer Einheit Arbeit ausgestattet, so dass L auch dem aggregierten Arbeitsangebot entspricht.

Der Output des Konsumguts wird zu jeder Zeit unter Verwendung eines Zwischenprodukts entsprechend

$$y = Ax^{\alpha}$$

produziert, wobei $0 < \alpha < 1$ gilt und x den Strom an Zwischenprodukten angibt, die in der Produktion des Endprodukts eingesetzt werden.
Innovationen bestehen aus der Erfindung einer neuen Variante des Zwischenprodukts, die eine alte Version ersetzt und deren Einsatz den Technologieparameter A um dem konstanten Faktor $\gamma > 1$ erhöht.
Der in der Ökonomie fixierte Bestand an Arbeit hat zwei konkurrierende Verwendungen. Arbeit kann das Zwischenprodukt eins zu eins produzieren oder kann in der Forschung eingesetzt werden.

a) Nehmen Sie an, dass zu jeder Zeit Vollbeschäftigung herrscht. Schreiben Sie die Bedingung für die Räumung des Arbeitsmarkts auf, die in jeder Periode erfüllt sein muss, wobei x für die Arbeitsmenge im verarbeitenden Gewerbe und n für die Arbeitsmenge in der Forschung steht.

Wenn die in der Forschung genutzte Menge n ist, dann werden Innovationen zufällig mit einer Poisson-Eintrittsrate λn auftreten, wobei $\lambda > 0$ ein Parameter ist, der die Produktivität der Forschungstechnologie darstellt. Das Unternehmen, das erfolgreich innoviert, kann den Zwischengütersektor monopolisieren, bis es durch den nächsten Innovator ersetzt wird.
Auch werden Output, Gewinne und Löhne jedes Mal mit γ multipliziert, wenn eine neue Innovation auftritt.

b) Leiten Sie her und erklären Sie, warum die Menge an Arbeit, die in der Forschung eingesetzt wird, durch die folgende Arbitragebedingung (bei der w_t der Lohnsatz vor der Innovation $t + 1$ ist und V_{t+1} der Wert der Innovation $t + 1$ ist) bestimmt wird:

$$w_t = \lambda V_{t+1}$$

Diese Arbitragebedingung bestimmt die Dynamik der Volkswirtschaft aufgrund der Abfolge der Innovationen. Zusammen mit der Arbeitsmarktgleichung stellt sie das Rückgrat des Modells dar.
Der Wert V_{t+1} wird durch folgende Anlagegleichung bestimmt:

$$rV_{t+1} = \pi_{t+1} - \lambda n_{t+1} V_{t+1}$$

c) Interpretieren Sie die verschiedenen Terme der vorigen Anlagegleichung.

6. **Das Schumpeterianische Modell mit stetiger Zeit – II**

Bei dieser Aufgabe wird der Leser das gleichgewichtige Niveau der FuE und die Wachstumsrate im Steady-state im Schumpeterianischen Modell mit stetiger Zeit herleiten.

a) Zeigen Sie unter Verwendung des Optimierungsproblems der Zwischenproduktproduzenten bei der Bestimmung von x, dass die gleichgewichtigen Gewinne der Zwischenproduktproduzenten gleich

$$\pi_t = \frac{1-\alpha}{\alpha} w_t x$$

sind.

b) Zeigen Sie unter Verwendung der Räumungsbedingung auf dem Arbeitsmarkt und Ihrem Ergebnis für a, dass die Arbitragebedingung für die Forschung folgendermaßen geschrieben werden kann:

$$1 = \lambda \frac{\gamma \frac{1-\alpha}{\alpha}(L-n)}{r+\lambda n}$$

Dies erlaubt es, den gleichgewichtigen Wert der FuE, $\hat{n}$, als eine Funktion der Parameter der Ökonomie zu schreiben.
Im Steady-state ist der Strom der Konsumgüter (oder des Endprodukts), die im Intervall zwischen der t-ten und der $(t+1)$-sten Innovation gleich:

$$y_t = A_t \hat{x}^\alpha = A_t(L-\hat{n})^\alpha$$

Also:

$$y_{t+1} = \gamma y_t$$

c) Logarithmieren Sie y_t. Um wie viel steigt dieser Wert mit jeder Innovation?
d) Zeigen Sie, dass die durchschnittliche Wachstumsrate der Ökonomie im Steady-state gleich $g = \lambda \hat{n} \ln \gamma$ ist. (Hinweis: Nehmen Sie ein Einheitszeitintervall, z. B. zwischen τ und $\tau + 1$, und beachten Sie, dass $\ln y(\tau+1) = \ln y(\tau) + (\ln \gamma)\varepsilon(\tau)$ gilt, wobei $\varepsilon(\tau)$ die Zahl der Innovationen zwischen τ und $\tau + 1$ ist. Nehmen Sie die Eigenschaften einer Poisson-Verteilung, um $E[\ln y(\tau+1) - \ln y(\tau)]$ zu berechnen.)
e) Welches sind die Effekte auf die Wachstumsrate der Ökonomie und auf $\hat{n}$ von (i) einem Anstieg der Größe des Arbeitsmarkts L; (ii) einer Senkung des Zinssatzes r; (iii) einem Sinken des Wettbewerbsgrads im Markt α, (iv) einem Anstieg beim Umfang der Innovation γ und/oder der Produktivität im FuE-Bereich λ?

5 Kapital, Innovation und Wachstumszerlegung

5.1 Einleitung

Die neoklassische und die AK-Theorie fokussieren auf die Kapitalakkumulation, wohingegen die Theorien mit Produktvielfalt sowie die Schumpeterianischen Theorien ihren Fokus auf Innovationen, welche die Produktivität erhöhen, legen. Eine Möglichkeit, die konkurrierenden Theorien zu beurteilen, ist, zu fragen, welcher Anteil des Wachstums auf die Akkumulation von Sachkapital und Humankapital zurückzuführen ist, und welcher Anteil das Ergebnis von Produktivitätswachstum ist. Diese Frage kann mithilfe der *Wachstumszerlegung* untersucht werden, einer Methode, die ursprünglich von Solow (1957) erfunden wurde. Dieses Kapitel zeigt, wie die Wachstumszerlegung funktioniert.

Volkswirte, die Berechnungen zur Wachstumszerlegung in vielen Volkswirtschaften durchgeführt haben (zum Beispiel Jorgenson 1995), sind zu dem Schluss gekommen, dass ein großer Teil des Wirtschaftswachstums der Kapitalakkumulation zugerechnet werden kann. Diese Ergebnisse werfen einige Fragen auf, die in diesem Kapitel auch behandelt werden. Zum einen reagieren die Ergebnisse der Wachstumszerlegung sehr sensibel auf die Art und Weise, wie Kapital gemessen wird. Es werden einige Fälle diskutiert werden, in denen es Grund gibt, zu glauben, dass Kapital systematisch falsch gemessen wird. Einer dieser Fälle betrifft die Aussage von Alwyn Young (1995), dass ein Großteil des außergewöhnlichen Wachstumserfolgs von Singapur, Hongkong, Taiwan und Südkorea durch Faktorakkumulation und nicht durch technologischen Fortschritt erklärt werden kann. Hsieh (2002) argumentiert, dass diese Ergebnisse nicht mehr gültig sind, sobald man die Überschätzung der Kapitalakkumulation in den Daten korrigiert.

Eine andere Frage, die durch die Wachstumszerlegung aufgeworfen wurde, hat mit dem Unterschied zwischen buchhalterischen und kausalen Zusammenhängen zu tun. Dieses Kapitel wird zeigen, dass, obwohl es Evidenz dafür gibt, dass in den OECD-Ländern 30 bis 70 Prozent des Wachstums des Outputs pro Arbeitskraft der Kapitalakkumulation zugerechnet werden können, diese Ergebnisse dennoch mit dem neoklassischen Modell übereinstimmen, das impliziert, dass langfristig das gesamte Wachstum des Outputs pro Arbeitskraft von technologischem Fortschritt verursacht wird.

Dieses Kapitel wird außerdem zeigen, wie Kapital in das Schumpeterianische Modell eingeführt werden kann, das als zentrales Arbeitsmodell im ganzen Buch verwendet wird. Das Ergebnis ist ein hybrides Modell, in dem Kapitalakkumulation wie im neoklassischen Modell stattfindet, Produktivitätswachstum aber endogen wie im Schumpeterianischen Modell entsteht. Das Hybridmodell ist, genau wie das neoklassische Modell, mit der empirischen Evidenz in Bezug auf die Wachstumszerlegung konsistent. Die kausalen Erklärungen, die es jedoch für Wirtschaftswachstum bietet, unterscheiden sich ziemlich von denen des neoklassischen Modells.

5.2 Die Messung des Wachstums der Totalen Faktorproduktivität

Wenn von Produktivität gesprochen wird, bezieht man sich häufig auf die *Arbeitsproduktivität*, d. h. den Output pro Arbeitskraft: $y = Y/L$. Aber dieses spezielle Produktivitätsmaß vermengt die Effekte von Kapitalakkumulation und technologischem Fortschritt miteinander, die beide den Output pro Arbeitskraft erhöhen können. Um diesen Punkt zu verdeutlichen, sei angenommen, dass der Output entsprechend der bereits bekannten Cobb-Douglas-Produktionsfunktion von Kapital und Arbeit abhängt:

$$Y = BK^{\alpha}L^{1-\alpha} \tag{5.1}$$

Wobei der Parameter B den Stand der Technologie reflektiert. Dividiert man beide Seiten durch L, sieht man, dass der Output pro Arbeitskraft

$$y = Bk^{\alpha} \tag{5.2}$$

entspricht, wobei $k = K/L$ der Kapitalstock pro Arbeitskraft ist. Entsprechend Gleichung (5.2) hängt die Arbeitsproduktivität y positiv vom Technologieparameter B, aber auch vom Kapitalstock pro Arbeitskraft k ab.

Ein besseres Produktivitätsmaß ist der Parameter B. Dieser Parameter vermittelt nicht nur wie produktiv Arbeit ist, sondern auch wie produktiv die Volkswirtschaft alle Produktionsfaktoren nutzt. Aus diesem Grund wird B als *Totale Faktorproduktivität* oder einfach TFP bezeichnet.

Das Maß für Wirtschaftswachstum ist die Wachstumsrate G des Pro-Kopf-Outputs. Unter der vereinfachenden Annahme, dass die Bevölkerung und die Anzahl der Arbeitskräfte mit der gleichen Rate wachsen, ist G auch die Wachstumsrate des Outputs pro Arbeiter. Nach Gleichung (5.2) kann die Wachstumsrate wie folgt ausgedrückt werden:[1]

$$G = \dot{B}/B + \alpha\,\dot{k}/k \tag{5.3}$$

Entsprechend Gleichung (5.3) ist die Wachstumsrate die Summe zweier Komponenten: der Rate des TFP-Wachstums $\dot{B}/B$ und der „Kapitalvertiefung"-Komponente $(\alpha\dot{k}/k)$. Die erste misst die direkten Effekte von technologischem Fortschritt und die zweite misst die Effekte der Kapitalakkumulation. Das Ziel der Wachstumszerlegung ist es, die relative Größe dieser beiden Komponenten zu bestimmen.

Wenn alle Variablen in Gleichung (5.3) direkt beobachtet werden könnten, wäre die Wachstumszerlegung sehr einfach. Dies ist jedoch nicht der Fall. Für fast alle Länder gibt es Zeitreihendaten für Output, Kapital und Arbeit, die es erlauben, G und $\dot{k}/k$ zu beobachten; aber

---

1 Zieht man natürliche Logarithmen von beiden Seiten der Gleichung (5.2), erhält man
$ln y = ln B + \alpha\, ln k$.
Differenziert man beide Seiten nach der Zeit erhält man
$\dot{y}/y = \dot{B}/B + \alpha\,\dot{k}/k$.
Dies ist identisch mit Gleichung (5.3), weil per Definition $G = \dot{y}/y$.

es existieren keine direkten Maße für B und α. Die Wachstumszerlegung nimmt sich dieses Problems auf zwei Arten an. Der erste Schritt ist, α unter Verwendung von Faktorpreisdaten zu schätzen, und der zweite Schritt ist, das TFP-Wachstum $(\dot{B}/B)$ mithilfe einer *Residualmethode* zu schätzen. Diese zwei Schritte funktionieren wie folgt:

Zunächst muss angenommen werden, dass auf dem Kapitalmarkt vollkommener Wettbewerb herrscht. Unter dieser Annahme sollte der Preis für Kapital R_k dem Grenzprodukt des Kapitals entsprechen. Differenziert man die rechte Seite von Gleichung (5.1), um das Grenzprodukt des Kapitals zu berechnen, erhält man[2]

$$R_k = \alpha Y/K,$$

was auch als

$$\alpha = R_k K/Y$$

geschrieben werden kann. Das bedeutet, dass α dem Anteil des Kapitaleinkommens (Preis R_k mal Menge K) am Volkseinkommen Y entspricht. Dieser Anteil kann direkt aus den beobachteten Daten berechnet werden, sobald der Faktorpreis R_k ermittelt wurde.

Um den zweiten Schritt der Wachstumszerlegung durchzuführen, wird die Wachstumsgleichung (5.3) einfach zu

$$\dot{B}/B = G - \alpha\,\dot{k}/k$$

umgeschrieben. Dies sagt aus, dass die Rate des TFP-Wachstums $(\dot{B}/B)$ der Rest ist, der übrig bleibt, nachdem der Kapitalvertiefung-Term von der beobachteten Wachstumsrate G abgezogen wurde. Sobald α unter Verwendung der Faktorpreise geschätzt wurde, kann alles auf der rechten Seite gemessen werden. Dieses Maß des TFP-Wachstums ist als *Solow-Residuum* bekannt.

Empirische Ergebnisse

Aus der volkswirtschaftlichen Gesamtrechnung ist bekannt, dass Löhne und Gehälter ungefähr 70 Prozent des Nationaleinkommens in den USA ausmachen. In anderen Ländern ist die Zahl ähnlich, so dass eine erste Näherung für die Profitquote ungefähr bei 0,3 liegt. Und um eine grobe Schätzung des TFP Wachstums zu erhalten, wird α gleich 0,3 gesetzt. Verwendet man diesen Wert für α und Werte für den Kapitalstock, die aus den Penn World Tables (Heston et al. 2002) konstruiert wurden, kann man die durchschnittliche Wachstumsrate für alle OECD-Länder von 1960 bis 2000 aufschlüsseln. Die Ergebnisse finden sich in Tabelle 5.1.[3] Die erste Spalte weist die durchschnittliche Wachstumsrate G des Outputs pro Arbeiter in diesem 40-Jahre-Zeitraum aus. Die zweite Spalte zeigt das zugehörige TFP-Wachstum, das für diesen Zeitraum geschätzt wurde und die dritte Spalte die andere Komponente des Wachstums (Kapitalvertiefung). Die vierte und fünfte Spalte weisen jeweils den Prozentsatz des Wachstums aus, der auf TFP-Wachstum bzw. Kapitalvertiefung zurückzuführen ist. Wie diese Tabelle zeigt, macht das TFP-Wachstum ungefähr zwei Drittel des Wirtschaftswachstums in OECD-Ländern aus, wohingegen Kapitalvertiefung etwa ein Drittel ausmacht.

---

2 Das bedeutet, dass $R_k = \partial Y/\partial K = \alpha BK^{\alpha-1}L^{1-\alpha} = \alpha BK^{\alpha}L^{1-\alpha}/K = \alpha Y/K$.

3 Die Autoren danken Professor Diego Comin von der Harvard Business School für seine Hilfe bei der Zusammenstellung der Schätzungen des Kapitalstocks, die dieser Tabelle zugrunde liegen.

Tab. 5.1: Wachstumszerlegung für OECD Länder: 1960–2000

Land	Wachstumsrate	TFP Wachstum	Kapitalvertiefung	Anteil TFP	Anteil Kapital
Australien	1,67	1,26	0,41	0,75	0,25
Belgien	2,58	1,74	0,84	0,67	0,33
Dänemark	1,87	1,32	0,55	0,70	0,30
Deutschland	3,09	1,96	1,12	0,64	0,36
Finnland	2,72	2,03	0,69	0,75	0,25
Frankreich	2,50	1,54	0,95	0,62	0,38
Griechenland	1,93	1,66	0,27	0,86	0,14
Großbritannien	1,90	1,31	0,58	0,69	0,31
Island	4,02	2,33	1,69	0,58	0,42
Irland	2,93	2,26	0,67	0,77	0,23
Italien	4,04	2,10	1,94	0,52	0,48
Japan	3,28	2,73	0,56	0,83	0,17
Kanada	1,57	0,95	0,63	0,60	0,40
Niederlande	1,74	1,25	0,49	0,72	0,28
Neuseeland	0,61	0,45	0,16	0,74	0,26
Norwegen	2,36	1,70	0,66	0,72	0,28
Österreich	2,99	2,03	0,96	0,68	0,32
Portugal	3,42	2,06	1,36	0,60	0,40
Schweden	1,68	1,24	0,44	0,74	0,26
Schweiz	0,98	0,69	0,29	0,70	0,30
Spanien	3,22	1,79	1,44	0,55	0,45
USA	1,89	1,09	0,80	0,58	0,42
Durchschnitt	2,41	1,61	0,80	0,68	0,32

Volkswirte wie Jorgenson (1995) haben detailliertere und disaggregiertere Berechnungen für eine Reihe von OECD-Ländern durchgeführt, in denen sie den Beitrag von sowohl Humankapital als auch physischem Kapital geschätzt haben. Sie identifizieren tendenziell einen geringeren Beitrag des TFP-Wachstums und einen entsprechend größeren Beitrag der Kapitalvertiefung (sowohl durch Sachkapital als auch Humankapital) als in Tabelle 5.1 dargestellt. Für die USA beispielsweise schätzen Jorgenson und Fraumeni (1992) eine TFP-Wachstumsrate von 0,50 Prozent für den Zeitraum von 1948 bis 1986, was in etwa 30 Prozent der durchschnittlichen Wachstumsrate des Outputs pro Arbeitsstunde entspricht anstatt der ungefähr 58 Prozent, die für die USA in Tabelle 5.1 angegeben werden.[4]

Der Hauptgrund, warum diese disaggregierten Schätzungen einen kleineren Beitrag des TFP-Wachstums als in Tabelle 5.1 ausweisen, ist, dass bei dem Residual, das in den disaggregierten Schätzungen konstruiert wird, nicht nur eine Sackkapitalintensivierungskomponente, sondern auch eine Humankapitalintensivierungskomponente subtrahiert wird. Seit der Mitte des 20. Jahrhunderts haben alle OECD-Länder eine starke Zunahme beim Ausbildungsniveau des durchschnittlichen Arbeiters, d. h. eine starke Zunahme des Humankapitals pro Person, erfahren. Wenn der Beitrag dieser Humankapitalintensivierung auch abgezogen

[4] Ihre Tabelle 5 deutet an, dass der Output durchschnittlich um 2,93 Prozent und der Arbeitsinput (Stunden mal Qualität) um 2,20 Prozent wuchs. Die Tabelle gibt außerdem an, dass 58,1 Prozent des Beitrags des Arbeitsinputs auf der Stundenkompenente basiert, was eine durchschnittliche Wachstumsrate der Stunden von $(0{,}581 \cdot 2{,}20 =)$ 1,28 Prozent impliziert und eine durchschnittliche Wachstumsrate des Output pro Arbeitsstunde von $(2{,}93 - 1{,}28 =)$ 1,65 Prozent. Ihre Schätzung des Residuales entsprach 0,50 Prozent, was 30,3 Prozent der Wachstumsrate des Outputs pro Arbeitsstunde entspricht.

wird, bleibt eindeutig ein kleineres Residual übrig, als wenn nur der Beitrag der Sachkapitalintensivierung abgezogen würde. Aber auf welche Art auch immer das TFP-Wachstum berechnet wird, es scheint, dass sowohl Kapitalakkumulation als auch technologischer Fortschritt für einen substanziellen Anteil am Produktivitätswachstums verantwortlich sind – in Abhängigkeit von den Details der Schätzung irgendwo zwischen 30 und 70 Prozent.

5.3 Einige Probleme der Wachstumszerlegung

5.3.1 Probleme mit der Messung von Kapital und die Tyrannei der Zahlen

Ein Problem mit der Wachstumszerlegung ist, dass technologischer Fortschritt häufig in neuen Kapitalgütern gebunden ist – eine Tatsache, die es schwer macht, den Einfluss der Kapitalakkumulation vom Einfluss von Innovation zu unterscheiden. Wenn der Output steigt, liegt es daran, dass mehr Kapitalgüter verwendet wurden, oder wurden bessere Kapitalgüter verwendet? Ökonomen wie Gordon (1990) sowie Cummins und Violante (2002) haben gezeigt, dass der relative Preis von Kapitalgütern seit vielen Jahrzehnten dramatisch gefallen ist. In vielen Fällen hat diese Verringerung nicht stattgefunden, weil mehr Einheiten des gleichen Kapitalguts mit gegebenem Faktoreinsatz produziert werden können, sondern weil qualitativ hochwertigere Kapitalgüter als zuvor produziert werden können, so dass der Preis einer „qualitätsangepassten" Einheit Kapital gefallen ist. Zum Beispiel kostet es heute ungefähr so viel wie vor 10 Jahren, einen Laptop-Computer zu produzieren, aber man bekommt für das Geld „viel mehr Computer" als vor 10 Jahren. Aber um wie viel ist der reale Preis gefallen? Das ist eine schwer zu beantwortende Frage, und Statistiker, die dazu ausgebildet wurden, subjektive Manipulationen der Daten zu vermeiden, nehmen vermutlich zu wenig Anpassungen vor, um Wachstumsforscher zufriedenzustellen.

Zum Teil betrifft dieses Problem weniger die aggregierten Produktivitätszahlen, sondern mehr wie diese Produktivität über Sektoren hinweg aufgeteilt werden kann. Griliches (1994) argumentierte zum Beispiel, dass die Luftfahrtindustrie, die viel Forschung und Entwicklung (FuE) betreibt, ein relativ geringes TFP-Wachstums aufweist, während die Fluglinien, die fast keine FuE machen, viel TFP-Wachstum aufweisen. Würde die verbesserte Qualität moderner Luftfahrzeuge, die sicherer und ruhiger fliegen, weniger Treibstoff benötigen und weniger Verschmutzung verursachen als früher, angemessen berücksichtigt, würde man sehen, dass die Luftfahrtindustrie produktiver war, als es ihre TFP-Zahlen erscheinen lassen. Aber zur gleichen Zeit würde man sehen, dass die Produktivität der Fluglinien, bei denen die Zunahme des qualitätsangepassten Inputs bei Flugzeugen aus der Luftfahrt unterschätzt wurde, nicht wirklich so stark gewachsen ist. Generell würde eine angemessene Korrektur für Qualitätsfortschritte die Schätzungen des TFP-Wachstums in vorgelagerten Industrien erhöhen, sie jedoch in nachgelagerten Industrien verringern. Aggregiert heben sich diese beiden Effekte jedoch tendenziell auf.

Ein größeres Messproblem für die aggregierte TFP tritt jedoch auf, wenn die offiziellen Statistiken eines Landes die jährliche Kapitalzunahme systematisch überschätzen. Prichett (2000) argumentiert, dass eine solche Überschätzung in vielen Ländern aufgrund von staatlicher Ineffizienz und Korruption auftritt. Gelder werden für die angegebene Verwendung von öffentlichen Bauarbeiten bewilligt und der Betrag wird so verbucht, als ob er ganz für Investitionen in (öffentliches) Sachkapital verbraucht worden wäre. Aber tatsächlich wird viel davon in die Taschen der Politiker, Bürokraten und ihrer Freunde umgeleitet, anstatt es für Kapitalbildung zu verwenden. Da es keine verlässlichen Schätzungen gibt, welcher Anteil wirklich für Kapital verwendet wurde und welcher Teil umgeleitet wurde, ist nicht wirklich bekannt, wie viel Kapitalakkumulation stattgefunden hat. Es ist nur bekannt, dass es weniger war, als angegeben wurde. Es ist folglich schwierig, zu entscheiden, was man mit den TFP-Zahlen vieler Länder anfangen soll, insbesondere mit denjenigen aus Ländern mit hohen Korruptionsraten.

Über ein ähnliches Problem wird von Hsieh (2002) berichtet, der Alwyn Youngs (1995) Aussage angezweifelt hat, dass die asiatischen Tigerstaaten (Singapur, Hongkong, Taiwan und Südkorea) einen Großteil ihrer bemerkenswerten Wachstumsentwicklung aufgrund Kapitalakkumulation und verbesserter Ressourcenallokation und nicht durch technologischen Fortschritt erreicht haben. Hsieh argumentiert, dass dieses Ergebnis nicht überzeugt, wenn einige schwerwiegende Überbewertungen des Kapitalwachstums in diesen Ländern in Betracht gezogen werden.

Laut Youngs Schätzungen wuchs das BIP pro Kopf in Hongkong zwischen 1966 und 1992 um 5,7 Prozent pro Jahr. Zwischen 1966 und 1992 wuchs das BIP pro Kopf in Singapur um 6,8 Prozent pro Jahr, in Südkorea auch um 6,8 Prozent und in Taiwan um 6,7 Prozent. Das Wachstum pro Arbeiter war ein bis zwei Prozentpunkte geringer und reflektiert die starke Zunahme der Erwerbsbeteiligungsquote, aber die Wachstumsraten pro Arbeiter sind sehr hoch im Vergleich zu anderen Ländern.

Young korrigiert die Daten um Veränderungen der Menge und der Zusammensetzung des Arbeitskräftepotenzials einschließlich der Verbesserungen des Ausbildungsniveaus der Arbeiter, um das Solow-Residuum zu schätzen. Er findet für den gleichen Zeitraum wie zuvor, dass die TFP-Wachstumsraten 2,3 Prozent für Hongkong, 0,2 Prozent für Singapur, 1,7 Prozent für Südkorea und 2,1 Prozent für Taiwan entsprechen. Er argumentiert, dass diese Zahlen für die Standards der OECD oder einiger großer Entwicklungsländer nicht außergewöhnlich sind.

Hsieh argumentiert jedoch, dass es eine klare Diskrepanz zwischen diesen Zahlen und den beobachteten Faktorpreisen, insbesondere in Singapur, gibt. Seine Schätzungen der Kapitalrendite, die aus der Rendite unterschiedlicher Finanzinstrumente abgeleitet wurden, sind in dem Zeitraum von den frühen 1960er Jahren bis 1990 ungefähr konstant, obwohl der Kapitalstock pro Jahr um 2,8 Prozent schneller wuchs als das BIP. Wie im neoklassischen Modell gezeigt wurde, ist technologischer Fortschritt notwendig, um zu verhindern, dass die sinkende Grenzproduktivität bei einer solchen dramatischen Kapitalintensivierung die Kapitalrendite verringert. Die Tatsache, dass die Rendite nicht gefallen ist, scheint damit dem Ergebnis von Young, dass TFP-Wachstum vernachlässigbar ist, zu widersprechen. Die einleuchtende Erklärung für diesen offensichtlichen Widerspruch ist, so schlägt Hsieh vor, dass die öffentlichen Statistiken, die für die Wachstumszerlegung verwendet wurden, das Wachstum des Kapitalstocks systematisch überbewertet haben. Hsieh argumentiert, dass solche Überbewertungen insbesondere wahrscheinlich sind bei Häusern, die von ihren Eigentümern bewohnt werden, wie z. B. in Singapur.

Hsieh folgert auch, dass man, anstatt das TFP-Wachstum mithilfe der Solow-Residuummethode zu schätzen, die „duale" Methode verwenden sollte, die darin besteht, die Zunahme der TFP durch einen gewichteten Durchschnitt des Anstiegs der Faktorpreise zu schätzen. Das heißt, wenn es kein TFP-Wachstum gäbe, könnten die Grenzprodukte von Arbeit und Kapital nicht beide gleichzeitig steigen. Stattdessen könnte entweder das Grenzprodukt der Arbeit steigen, während das Grenzprodukt des Kapitals fällt; ein Prozess der stattfinden würde, wenn die Kapitalintensität k steigen würde, oder das Gegenteil könnte stattfinden, wenn k sinken würde. Unter Verwendung dieser Tatsache, kann man das TFP-Wachstum als das Wachstum des gesamten Faktoreinkommens schätzen, das entstanden wäre, wenn die Faktorpreise sich so verändert hätten, wie es tatsächlich der Fall war, es aber gleichzeitig keine Veränderung bei K oder L gegeben hätte. Mithilfe dieser Methode findet er heraus, dass in zwei der vier Tigerstaaten, das TFP-Wachstum ungefähr den gleichen Wert annimmt wie bei der Berechnung mit dem Solow-Residuum, aber in den Fällen von Taiwan und Singapur die Duale Methode beachtlich höhere Ergebnisse hervorbringt. Im Fall von Singapur schätzt er mit der Dualen Methode ein jährliches TFP-Wachstum von 2,2 Prozent; dem stehen 0,2 Prozent unter Verwendung des Solow-Residuums entgegen.

5.3.2 Zerlegung versus Kausalität

Wenn man die Ergebnisse der Wachstumszerlegung interpretiert, ist es wichtig, zu bedenken, dass ein buchhalterischer Zusammenhang nicht das gleiche wie eine kausale Beziehung ist. Obwohl die Kapitalintensivierung bis zu 70 Prozent des beobachteten Wachstums pro Arbeiter in einigen OECD-Ländern *ausmachen* kann, ist es vielleicht trotzdem der Fall, dass das gesamte Wachstum durch technologischen Fortschritt *verursacht* wird. Man betrachte zum Beispiel den Fall, in dem die aggregierte Produktionsfunktion wie im neoklassischen Modell

$$Y = A^{1-\alpha} L^{1-\alpha} K^{\alpha}$$

entspricht, wo der technologische Fortschritt exogen ist.[5] Wie in Kapitel 1 gezeigt wurde, ist A die Anzahl der Effizienzeinheiten pro Arbeiter und ihre Wachstumsrate ist die Rate des arbeitsvermehrenden technologischen Fortschritts.

Vergleicht man dies mit Gleichung (5.1), sieht man, dass dies eine totale Faktorproduktivität von

$$B = A^{1-\alpha}$$

impliziert, was wiederum eine TFP-Wachstumsrate von $1 - \alpha$ mal der Rate des arbeitsparenden technologischem Fortschritt bedeutet:

$$\dot{B}/B = (1 - \alpha)\, \dot{A}/A$$

Nun impliziert das neoklassische Modell, wie oben gezeigt wurde, dass die Wachstumsrate des Outputs pro Arbeitskraft langfristig der Rate des arbeitsparenden technologischen Fortschritts $\dot{A}/A$ entspricht:

$$\dot{A}/A = \dot{y}/y$$

In diesem Sinn wird das langfristige Wirtschaftswachstum im neoklassischen Modell vollständig vom technologischen Fortschritt verursacht und dennoch ist das Modell konsistent mit der Zerlegung in Tabelle 5.1, weil es aussagt, dass die Rate des TFP-Wachstums

$$\dot{B}/B = (1 - \alpha)\, \dot{y}/y$$

entspricht.

5 Wie später in diesem Kapitel deutlich wird, gilt dies auch sobald Kapital eingeführt wird im Schumpeterianischen Modell.

Angesichts der Evidenz, dass α ungefähr 0,3 ist, bedeutet die letzte Gleichung, dass das TFP-Wachstum ungefähr 70 Prozent der Rate des Wirtschaftswachstums ausmacht, was mit der Aussage in Tabelle 5.1 konsistent ist.

Natürlich fällt die geschätzte TFP-Wachstumsrate auf ungefähr 30 Prozent des Wirtschaftswachstums, sobald man zusätzlich zum Sachkapital die Akkumulation von Humankapital in Betracht zieht. Aber das wäre auch das Ergebnis des vorhergehenden Modells, wenn K nicht als Sachkapital, sondern als breites Kapitalaggregat, das auch Humankapital umfasst, interpretiert würde. In diesem Fall sollte α nicht als der Anteil des Sachkapitals am Nationaleinkommen, sondern als der Anteil allen Kapitals am Nationaleinkommen betrachtet werden. Einfache Berechnungen wie z. B. von Mankiw, Romer und Weil (1992) weisen darauf hin, dass dieser Anteil ungefähr zwei Drittel des Nationaleinkommens betragen sollte. Hierbei wäre das vorhergehende Modell wieder konsistent mit der Aussage der Wachstumszerlegung, wonach dies eine TFP-Wachstumsrate von ungefähr einem Drittel der Rate des Wirtschaftswachstums implizieren würde, obwohl das Modell eigentlich impliziert, dass langfristig ausschließlich technologischer Fortschritt die Ursache für Wirtschaftswachstum ist.

Um zu durchschauen, was hier vor sich geht, erinnere man sich, dass die Kapitalvertiefung-Komponente der Wachstumszerlegung die Wachstumsrate misst, die beobachtet worden wäre, wenn die Kapitalintensität mit ihrer beobachteten Rate gewachsen wäre, es aber keinen Fortschritt gegeben hätte. Das Problem ist, dass die Kapitalintensität nicht so stark gewachsen wäre, wenn es keinen technologischen Fortschritt gegeben hätte. Zum Beispiel wurde im neoklassischen Modell gezeigt, dass technologischer Fortschritt notwendig ist, um die abnehmenden Erträge daran zu hindern, schließlich das Wachstum der Kapitalintensität komplett abzuwürgen. In diesem Sinne ist technologischer Fortschritt die zugrundeliegende Ursache beider Komponenten von Wirtschaftswachstum – nicht nur von TFP-Wachstum, sondern auch von der Kapitalvertiefung. Was wirklich von Interesse ist, um den Wachstumsprozess zu verstehen und möglicherweise zu kontrollieren, ist nicht, wie viel Wirtschaftswachstum man im unplausiblen Szenario ohne technologischen Fortschritt und mit anhaltendem Kapitalvertiefung erreichen könnte, sondern vielmehr wie viel Wirtschaftswachstum man erreichen könnte, wenn man zum Sparen oder zu mehr FuE oder zu mehr Bildung oder mehr Wettbewerb etc. anregen würde. Diese Fragen nach den Ursachen können nur durch die Konstruktion und das Testen von ökonomischen Theorien beantwortet werden. Wachstumszerlegung kann nur bei der Organisation der Fakten, die von diesen Theorien erklärt werden sollen, helfen.

5.4 Kapitalakkumulation und Innovation

In diesem Abschnitt wird ein hybrides Modell aus neoklassischem Modell und Schumpeterianischem Modell entwickelt, das sowohl endogene Kapitalakkumulation als auch endogenen technologischen Fortschritt in einem Modell beinhaltet. Es wird gezeigt, dass es eine kausale Erklärung für langfristiges Wachstum ermöglicht, die der des einfacheren Schumpeterianischen Modells ohne Kapital entspricht, wobei es aber eine weitere erklärende Variable gibt, welche die Wachstumsrate beeinflussen kann, nämlich die Sparquote. Das Modell bietet eine vollständigere Erklärung für die Ergebnisse der Wachstumszerlegung als das neoklassische Wachstumsmodell, weil es beide dem Wachstum zugrundeliegenden Kräfte endogenisiert, während das neoklassische Modell nur eine davon endogenisiert.

5.4.1 Die Grundlagen

Wie im multisektoralen Modell des vorherigen Kapitels gibt es drei Arten von Gütern: ein Endprodukt, Arbeit und ein Kontinuum spezialisierter Zwischenprodukte. Aber nun wird angenommen, dass das Endprodukt in Form von Kapital lagerfähig sei und dass die Zwischenprodukte mit dem Einsatz von Kapital produziert werden. Mit anderen Worten kann man die Zwischenprodukte als die Dienstleistungen von spezialisierten Kapitalgütern, wie z. B. Computern und Automobilen, interpretieren.

Es existiert eine konstante Bevölkerung von L Individuen, von denen jedes mit einer Einheit qualifizierter Arbeit ausgestattet ist, die es unelastisch anbietet. Das Endprodukt wird unter vollständigem Wettbewerb entsprechend der Produktionsfunktion

$$Y_t = L^{1-\alpha} \int_0^1 A_{it}^{1-\alpha} x_{it}^{\alpha} di, \quad 0 < \alpha < 1 \tag{5.4}$$

produziert, wobei jedes x_{it} dem Strom des Zwischeninputs i entspricht. Aus Gründen der Einfachheit wird $L = 1$ gesetzt.

Jeder Zwischeninput wird entsprechend der Produktionsfunktion

$$x_{it} = K_{it}$$

produziert, wobei K_{it} der Menge des Kapitals entspricht, die als Input verwendet wird. Also entsprechen die Kosten des Monopolisten nun $R_k K_{it} = R_k x_{it}$. Der Preis entspricht wieder dem Grenzprodukt

$$p_{it} = \partial Y_t / \partial x_{it} = \alpha A_{it}^{1-\alpha} x_{it}^{\alpha-1}$$

Er wird x_{it} so wählen, dass sein Profit

$$\Pi_{it} = \alpha A_{it}^{1-\alpha} x_{it}^{\alpha} - R_{kt} x_{it} \tag{5.5}$$

maximiert wird, wobei R_{it} dem Kapitalpreis entspricht, was wiederum die Menge[6]

$$x_{it} = (\alpha^2 / R_{kt})^{\frac{1}{1-\alpha}} A_{it} \tag{5.6}$$

impliziert.

Der Kapitalpreis wird auf dem Markt für Kapital festgelegt, auf dem das Angebot dem historisch vorbestimmten Kapitalstock K_t entspricht und die Nachfrage der Summe der Teilnachfragen von allen Sektoren $\int_0^1 K_{it} di = \int_0^1 x_{it} di$ entspricht. Verwendet man Gleichung (5.6) kann die Gleichgewichtsbedingung als

$$K_t = \int_0^1 (\alpha^2 / R_{kt})^{\frac{1}{1-\alpha}} A_{it} di = (\alpha^2 / R_{kt})^{\frac{1}{1-\alpha}} A_t \tag{5.7}$$

geschrieben werden, wobei $\int_0^1 A_{it} di$ wieder der durchschnittliche Produktivitätsparameter ist.

$$\kappa_t = K_t / A_t$$

---

[6] Gleichung (5.6) folgt direkt aus der Bedingung erster Ordnung $\partial \Pi_{it} / \partial x_{it} = \alpha^2 A_{it}^{1-\alpha} x_{it}^{\alpha-1} - R_{kt} = 0$.

sei der aggregierte Kapitalstock pro effektivem Arbeiter (da $L = 1$). Dann lässt sich Gleichung (5.7) für

$$R_{kt} = \alpha^2 \kappa_t^{\alpha-1} \tag{5.8}$$

lösen, so dass der gleichgewichtige Kapitalpreis eine abnehmende Funktion des Kapitalstocks pro effektivem Arbeiter ist. Vergleicht man Gleichung (5.6) und den mittleren Term von (5.7) sieht man, dass

$$x_{it} = A_{it}(K_t/A_t) = A_{it}\kappa_t \tag{5.9}$$

Setzt man die Gleichungen (5.8) und (5.9) in Gleichung (5.5) ein, sieht man, dass

$$\Pi_{it} = \tilde{\pi}(\kappa_t)A_{it} \tag{5.10}$$

entspricht, wobei die produktivitätsbereinigte Profitfunktion

$$\tilde{\pi}(\kappa_t) = \alpha(1-\alpha)\kappa_t^{\alpha}$$

im Kapitalstock pro effektiven Arbeiter κ_t zunehmend ist, weil eine Zunahme von κ_t die Stückkosten des Monopolisten reduziert, was wiederum R_{kt} entspricht. Diese Abhängigkeit der Profite vom Kapitalstock pro effektivem Arbeiter spielt eine wichtige Rolle bei der Wirkungsweise des Modells.

Verwendet man Gleichung (5.9) um jedes x_{it} zu ersetzen, kann Gleichung (5.4) zu

$$Y_t = \int_0^1 A_{it}\,\kappa_t^{\alpha} di = A_t \kappa_t^{\alpha} \tag{5.11}$$

umgeschrieben werden, was der Produktionsfunktion entspricht, die im neoklassischen Modell verwendet wurde. Insbesondere entspricht der durchschnittliche Produktivitätsparameter A_t der arbeitsvermehrenden Produktivität.[7]

5.4.2 Innovation und Wachstum

In jeder Periode t gibt es in jedem Sektor i einen Unternehmer, der die Möglichkeit hat, eine Innovation zu erschaffen. Wenn er erfolgreich ist, wird er der lokale Monopolist in der nächsten Periode mit einem Produktivitätsparameter $A_{it} = \gamma A_{i,t-1}$ und $\gamma > 1$. Seine Erfolgswahrscheinlichkeit entspricht $\mu_t = \phi(n_t) = \lambda n_t^{\sigma}$, wobei $n_t = R_{it}/A_{it}^*$ und $A_{it}^* = \gamma A_{it}$ das angestrebte Produktivitätsniveau ist. Er wird also seine Forschungsausgaben R_{it} so wählen, dass sein Nettoertrag

$$\phi(R_{it}/A_{it}^*)\Pi_{it}^* - R_{it}$$

maximiert wird, wobei Π_{it}^* sein Profit ist, wenn er erfolgreich ist. Die Bedingung erster Ordnung lautet

$$\phi'(R_{it}/A_{it}^*)\Pi_{it}^*/A_{it}^* - 1 = 0$$

und kann unter Verwendung von Gleichung (5.10) als die Forschungsarbitage-Gleichung

$$\phi'(n_t)\tilde{\pi}(\kappa_t) = 1 \tag{R}$$

geschrieben werden. Demnach ist das produktivitätsbereinigte Forschungsniveau n_t eine zunehmende Funktion des Kapitalstocks pro effektivem Arbeiter κ_t, da – wie bereits ge-

[7] In dieser Analyse ist Y_t nicht nur die aggregierte Produktion des Endprodukts, sondern auch das BIP der Volkswirtschaft, da dieses dem Konsum plus den Investitionen entspricht, wobei letztere die Forschung und die Produktion von neuen Kapitalgütern umfassen.

zeigt – eine Zunahme in κ_t den Monopolprofit erhöht, der die Entlohnung für eine Innovation darstellt. Da wie zuvor die Wachstumsrate der Produktivität g_t der Häufigkeit von Innovationen $\phi(n_t)$ mal deren Größe $(\gamma - 1)$ entspricht, ist das Produktivitätswachstum auch eine zunehmende Funktion des Kapitalstocks pro effektivem Arbeiter:[8]

$$g_t = \tilde{g}(\kappa_t), \tilde{g}' > 0$$

Wie im neoklassischen Modell gibt es eine fixe Sparquote s und eine fixe Abschreibungsrate δ, also entwickelt sich der aggregierte Kapitalstock K_t entsprechend

$$K_{t+1} - K_t = sY_t - \delta K_t \tag{5.12}$$

Das bedeutet, dass die Nettoinvestitionen den Bruttoinvestitionen sY_t minus der Abschreibung δK_t entsprechen.

5.4.3 Steady-state-Kapital und Wachstum

Der Anhang zu diesem Kapitel zeigt, dass die Wachstumsrate g_t und der Kapitalstock pro effektivem Arbeiter κ_t im Laufe der Zeit zu den Steady-state-Werten g und κ konvergieren, die definiert werden durch:

$$g_t = \tilde{g}(\kappa) \tag{5.13}$$

und

$$s\kappa^{\alpha-1} = g + \delta \tag{5.14}$$

Die letzte Gleichung ist identisch mit der Bedingung, die den Steady-state-Kapitalstock pro effektiven Arbeiter im neoklassischen Modell mit einer Cobb-Douglas-Produktionsfunktion definiert und wird gleich interpretiert. Das heißt, dass im Steady-state die Wachstumsrate von K_t der Wachstumsrate g der arbeitvermehrenden Produktivität entsprechen muss. Die tatsächliche Wachstumsrate des Kapitals ist gleich dem Sparen pro Einheit Kapital $sY/K = s\,A^{1-\alpha}K^{\alpha}/K = s\kappa^{\alpha-1}$ minus der Abschreibungsrate δ. Gleichung (5.14) setzt also die tatsächliche und die notwendige Wachstumsrate des Kapitals gleich.

Die beiden Gleichungen (5.13) und (5.14) sind jeweils durch die Kurven *RR* und *KK* in Abbildung 5.1 dargestellt. Die „Forschungsgleichung" *RR* hat eine positive Steigung, weil, wie bereits festgestellt, eine Zunahme des Kapitalstocks pro effektivem Arbeiter die Anreize, innovativ zu sein, erhöht und daher das Produktivitätswachstum antreibt. Die „Kapitalkurve" *KK* hat eine negative Steigung, weil entsprechend Gleichung (5.14) der Kapitalstock pro effektivem Arbeiter eine abnehmende Funktion der Wachstumsrate ist.

Einerseits wird jede Parameterveränderung, die die Forschungsgleichung (5.13) berührt, die *RR*-Kurve verschieben und dafür sorgen, dass sich κ und g in unterschiedliche Richtungen bewegen. Also wird eine Zunahme im Umfang der Innovationen γ oder der Effizienz der Forschung λ dafür sorgen, dass *RR* nach oben verschoben wird. Diese Verschiebung wird das langfristige Wachstum wie im Schumpeterianischen Modell aus Kapitel 4 erhöhen, aber es wird auch den langfristigen Kapitalstock pro effektivem Arbeiter verringern.

---

8 Genauer gesagt kann man die Gleichung (R) für $n_t = [\sigma\lambda\tilde{\pi}(\kappa_t)]^{\frac{1}{1-\sigma}}$ und $\mu_t = \lambda[\sigma\lambda\tilde{\pi}(\kappa_t)]^{\frac{\sigma}{1-\sigma}}$ lösen und erhält so $\tilde{g}(\kappa_t) = (\gamma - 1)\lambda[\sigma\lambda\tilde{\pi}(\kappa_t)]^{\frac{\sigma}{1-\sigma}}$.

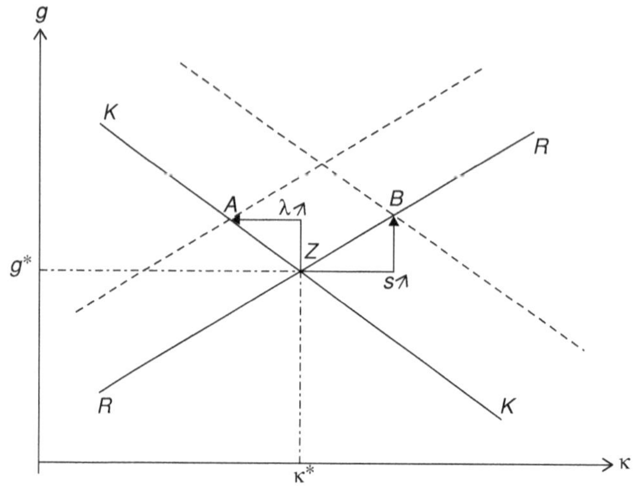

Abb. 5.1

Andererseits wird jede Parameterveränderung, die die Kapitalgleichung (5.14) berührt, die *KK*-Kurve verschieben und dafür sorgen, dass sich κ und g in die gleiche Richtung bewegen. Also werden eine Zunahme der Sparquote s oder eine Abnahme der Abschreibungsrate δ wie im neoklassischen Modell den langfristigen Kapitalstock pro Arbeiter erhöhen, aber sie werden auch die langfristige Wachstumsrate erhöhen, weil, wie bereits betont, die Erhöhung von κ den Anreiz, produktivitätsfördernde Forschung zu betreiben, erhöht.

5.4.4 Folgen für die Wachstumszerlegung

Wie im neoklassischen Modell impliziert das gerade beschriebene Hybridmodell, dass langfristig die Wachstumsrate der Volkswirtschaft der Rate des arbeitvermehrenden technologischen Fortschritts g entspricht. Aber diese Gleichung bedeutet nicht, dass Wirtschaftswachstum von nichts anderem als von technologischem Fortschritt verursacht wird, da g nun endogen ist. Man kann nicht einmal sinnvollerweise davon sprechen, dass er überhaupt etwas verursacht.

Eine Analogie aus der Theorie von Angebot und Nachfrage hilft möglicherweise. Diese Theorie impliziert, dass die Menge, die gehandelt wird, der angebotenen Menge entsprechen muss. Aber diese Gleichung bedeutet nicht, dass das Handelsvolumen durch nichts anderes als das Angebot verursacht wird, da die Angebotsmenge selbst eine endogene Variable ist. Es ist bekannt, dass die gehandelte Menge grundsätzlich von den zugrundeliegenden Bedingungen sowohl des Angebots als auch der Nachfrage abhängt. Wenngleich es eine Ausnahme dieser Regel gibt, nämlich den Fall einer vertikalen Angebotskurve, bei der das Angebot komplett unelastisch ist: In diesem Fall ist die Veränderung des Angebots das einzige, was die Gleichgewichtsmenge, die gehandelt wird, verändern kann.

Ähnlich ist es in der Wachstumstheorie, wo grundsätzlich die langfristige Wachstumsrate durch die Bedingungen beeinflusst wird, die der Forschungsarbitage-Gleichung, die die Innovationen steuert, zugrunde liegen, aber auch durch die Bedingungen, die der Steady-state-Kapitalgleichung zugrunde liegen. Eine Ausnahme wäre der Fall, in dem die *RR*-Kurve genau horizontal wäre, wobei der technologische Fortschritt nicht auf die Kapitalakkumulation reagieren würde. In diesem Fall wäre Innovation die einzige Kraft, die die langfristige Wachstumsrate steuert. Das ist in der neoklassischen Wachstumstheorie der Fall.

Wenn sich z. B. die Anreize, FuE zu betreiben, verändern, wird die Veränderung in einem höheren g resultieren, was sinnvollerweise der Kraft der Innovation zugeschrieben werden kann, da es die Innovationsseite der Volkswirtschaft war, an der etwas verändert wurde. In diesem Fall stimmt das Hybridmodell mit dem Solow-Modell überein. Aber Veränderungen in der Sparquote s werden die KK-Kurve in Abbildung 5.1 nach rechts verlagern und g wieder ansteigen lassen, und in diesem Fall ist die Veränderung auf die Kapitalakkumulation zurückzuführen, da es eine Veränderung der Sparsamkeit und keine Veränderung der Innovationen war, die die Verlagerung verursacht hat.

In beiden Fällen wird der Wachstumsbuchhalter letztendlich schließen, dass der Anteil α der Veränderung des Wachstums durch Kapitalintensivierung begründet ist und $1 - \alpha$ durch TFP-Wachstum, wie es die Cobb-Douglas-Produktionsfunktion (5.11), die in Abschnitt 5.3.2 erklärt wurde, impliziert. Dennoch war es in einem Fall komplett durch Innovationen verursacht und im anderen Fall komplett die Folge der Kapitalakkumulation.

Wie diese Beispiele illustrieren, müssen die grundlegenden Faktoren identifiziert werden, die die beiden Kurven verschieben, um das Ausmaß, in dem Wachstum von einer dieser beiden Kräfte verursacht wird, schätzen zu können. Es muss geschätzt werden, um wie viel sie die Kurve verschieben, es muss die Steigung der Kurve geschätzt werden und dann der Betrag gemessen werden, um den sich die grundlegenden Faktoren im Laufe der fraglichen Zeitperiode verändert haben. Eine der Hauptzielsetzungen im weiteren Verlauf dieses Buches wird es sein, die zugrundeliegenden Faktoren, die die Kurven so verschieben, zu ermitteln und Teile der empirischen Evidenz genauer zu betrachten, die die Bestimmung der Faktoren erlauben könnten, die zu unterschiedlichen Zeitpunkten und in unterschiedlichen Ländern in erster Linie für Wirtschaftswachstum verantwortlich sind.

5.5 Fazit

In diesem Kapitel wurden die Debatten und Kontroversen, die durch die aktuellen Studien zur Wachstumszerlegung aufgeworfen wurden, reflektiert. Insbesondere wurde A. Youngs These, dass ein Großteil des asiatischen Wachstums der Faktorakkumulation und nicht Innovationen geschuldet war, in Frage gestellt. Die Bedeutung von Messproblemen wurde betont, insbesondere jenes, das aus der Tatsache herrührt, dass technologischer Fortschritt auch in neuen Kapitalgütern verkörpert wird. Allgemeiner wurde die Verwendung von buchhalterischen Beziehungen, um kausale Beziehungen zwischen dem Wachstum des BIP und den Beiträgen der Faktorakkumulation sowie technischem Fortschritt zu begründen, in Frage gestellt. Und es wurde argumentiert, dass der Schritt von einer buchhalterischen zu einer kausalen Interpretation im Kontext eines Schumpeterianischen Modells, das um Kapitalakkumulation erweitert wurde und in dem der Kapitalstock und die Innovationsrate gemeinsam bestimmt werden und sich gegeneinander beeinflussen, besonders heikel ist.

Literatur

Die Methode der Wachstumszerlegung wurde erstmalig von Solow (1957) eingeführt und später von Kendrick (1961) und insbesondere von Denison (1962) weiterentwickelt. Jorgenson und Griliches (1967) haben die Analyse ausgeweitet und verfeinert, indem sie Veränderungen in der Qualität von Kapital und Arbeit betrachtet haben und indem sie eine „duale Herangehensweise" an die Wachstumszerlegung aufgebaut haben, in der das Solow-Residuum unter Verwendung der Wachstumsraten der Faktorpreise anstatt der Faktormengen berechnet wird. Diese Idee fand auch Anwendung bei Hsieh (2002), der es für die Untersuchung der ostasiatischen Länder angewendet und die vorherigen Ergebnisse von A. Young (1995) entkräftet hat.

Griliches hat ein Forschungsprogramm entworfen, in dem FuE-Ausgaben als die Hauptdeterminante der TFP-Wachstumsrate herausgestellt werden. Diese Vorgehensweise wurde in einer Reihe von Analysen für Unternehmen und Industrien in den Vereinigten Staaten angewandt (wie z. B. von Griliches und Lichtenberg 1984 sowie Griliches 1988) und wurde von Coe und Helpman (1995) für aggregierte Daten von OECD-Ländern verwendet, um Wissensspillover, die durch Handel induziert werden, zu analysieren.

Arbeiten wie die von Knight, Loayza und Villanueva (1993), Islam (1995) und Caselli, Esquivel und Lefort (1996) haben in der Wachstumszerlegung Paneldatentechniken verwendet und geschlossen, dass ein großer Anteil der länderübergreifenden Einkommensunterschiede unerklärt bleiben. King und Levine (1994), Klenow und Rodriguez-Clare (1997), Prescott (1998) sowie Hall und Jones (1999) haben sich dieser Frage stattdessen mithilfe eines Kalibrierungsansatzes genähert und geschlossen, dass große Effizienzunterschiede zwischen den Ländern angenommen werden müssen, um die Daten zu erklären.

Der Leser sei auf die exzellenten Studien von Caselli (2005) und Jorgenson (2005) über Wachstumszerlegung und länderübergreifende Einkommensunterschiede im *Handbook of Economic Growth* verwiesen.

▷ Anhang: Dynamik von Anpassungsprozessen

Die dynamische Entwicklung des aggregierten Kapitals K_t und der Produktivität A_t werden durch die folgenden Gleichungen bestimmt:

$$K_{t+1} = sA_t^{1-\alpha}K_t^{\alpha} + (1-\delta)K_t$$

$$A_{t+1} = [1 + \tilde{g}(K_{t+1}/A_{t+1})]A_t$$

Die erste Gleichung folgt direkt aus den Gleichungen (5.12) und (5.11), und die zweite Gleichung ist die Wachstumsgleichung der Produktivität.

Wie im neoklassischen Modell kann dies als eine einzige Differenzialgleichung für den Kapitalstock pro effektivem Arbeiter $\kappa_t = K_t/A_t$ geschrieben werden. Dividiert man jede Seite der ersten Gleichung durch die zugehörige Seite der zweiten Gleichung und stellt um, so erhält man:

$$\kappa_{t+1}[1 + \tilde{g}(\kappa_{t+1})] = s\kappa_t^{\alpha} + (1-\delta)\kappa_t \tag{5.15}$$

Die beiden Seiten von Gleichung (5.15) sind durch die Kurven in Abbildung 5.2 repräsentiert. Die linke Seite ist eine zunehmende Funktion von κ, deren Steigung durchgehend zunimmt und größer als eins ist. Die rechte Seite ist auch eine zunehmende Funktion, deren Steigung bei $\kappa = 0$ unendlich ist und dann monoton auf $1 - \delta$ fällt, was kleiner als eins ist. Daher gibt es einen einzigen positiven Wert κ^* des Kapitalstocks pro effektivem Arbeiter, bei dem die beiden Kurven sich schneiden. Dieser Wert legt den Steady-state des Modells fest.

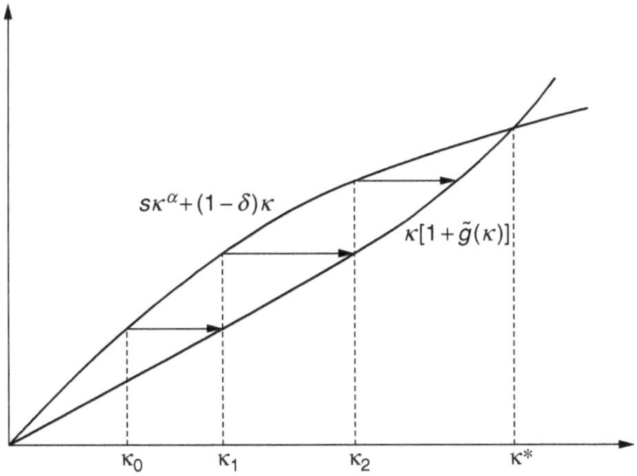

Abb. 5.2

Des Weiteren ist κ^* ein stabiler Steady-state. Angenommen – wie in Abbildung 5.2 illustriert – man beginnt auf einem Niveau $\kappa_0 < \kappa^*$, dann ist laut Gleichung (5.15) κ_1 der Wert, bei dem die Höhe der Kurve, welche die linke Seite der Gleichung repräsentiert, gleich der Höhe der Kurve, welche die rechte Seite repräsentiert, bei κ_0. Gleichermaßen könnte man κ_{t+1} bei gegebenem κ_t für jede Periode t finden. Im Laufe der Zeit würde κ_t, wie Abbildung 5.2 verdeutlicht, genau wie im neoklassischen Modell zu κ^* konvergieren.

▶ Aufgaben

1. Stellen Sie einige Themen der Wachstumszerlegung vor und erklären Sie diese: (a) die Trennung zwischen technologischem Fortschritt und neuen Kapitalgütern, (b) die Messprobleme bei Kapital und Arbeit und (c) das Thema Zerlegung vs. Ursache/Wirkungs-Beziehungen. Denken Sie, dass es empirisch möglich ist, die tatsächliche Wirkung der Kapitalintensivierung auf das Wachstum abzubilden (genauer gesagt, die Trennung von den Wirkungen des technologischen Fortschritts zu erreichen)?
2. **Wachstumszerlegung bei Vorliegen von Steuern**
   Nehmen Sie an, dass die aggregierte Produktionsfunktion gleich $Y = BF(K, L)$ ist. Die Märkte für Kapital und Arbeit sind vollkommene Wettbewerbsmärkte, wo der Lohnsatz w und die Kapitalrendite r bestimmt werden. Es wird versucht, das Wachstum des Outputs $\dot{Y}/Y$ in das Wachstum der TFP $\dot{B}/B$, die Kapitalintensivierung und das Wachstum der arbeitenden Bevölkerung bei verschiedenen Steuersystemen zu zerlegen.
   a) Zeigen Sie, dass das Wachstum des Outputs gleich
   $$\frac{\dot{Y}}{Y} = \frac{\dot{B}}{B} + \frac{BF_K K}{Y}\frac{\dot{K}}{K} + \frac{BF_L L}{Y}\frac{\dot{L}}{L} = \frac{\dot{B}}{B} + s_K\frac{\dot{K}}{K} + s_L\frac{\dot{L}}{L}$$
   ist. Interpretieren Sie s_K und s_L. Wie kann man das Wachstum der TFP empirisch abschätzen?
   b) Nehmen Sie an, dass die Unternehmen zur Finanzierung ihrer Kapitalgüterkäufe Wertpapiere ausgeben und dass r der notwendige Zinssatz auf diese Wertpapiere ist. Die Einkommen ohne Löhne werden mit der Rate t_1 besteuert. Schreiben Sie F_K

und F_L als Funktionen der Faktorpreise und des Steuersatzes und leiten Sie die Zerlegung von $\dot{Y}/Y$ ab. Ist die vorige Prozedur immer noch gültig? Welche empirischen Maße sollten für s_K und s_L bei der genauen Schätzung des Wachstums der TFP verwendet werden?

c) Nehmen Sie an, dass es eine Steuer t_2 auf den gesamten Output der Unternehmen gibt (und $t_2 = 0$ ist). Beantworten Sie dieselben Fragen wie in Teil b.

d) Nehmen Sie an, dass sich die Steuersätze auf die Wertschöpfung durch Kapital und Arbeit unterscheiden: die Unternehmen zahlen einen Steuersatz von t_K auf die Kapitaleinkünfte rK und t_L auf die Lohnsumme wL. Der durchschnittliche Steuersatz, der sich aus Anteilen am gesamten Faktoreinkommen ermittelt, ist: $t = \frac{rK}{(1-t)Y} t_K + \frac{wL}{(1-t)Y} t_L$. Beantworten Sie dieselben Fragen wie in Teil b.

3. Die Wirkungen von Politikwechseln auf die Kapitalbildung und Innovationen

Betrachten Sie das Modell aus Abschnitt 5.4. Es sollen die Wirkungen verschiedener politischer Maßnahmen auf die langfristigen Niveaus des Kapitals pro effektive Arbeitskraft m und die langfristige Wachstumsrate der Produktivität g geschätzt werden. Schreiben Sie für jeden der folgenden Fälle die Arbitragebedingung der Forschung und die Gleichungen der Kurven RR und KK aus Abbildung 5.1 auf und erklären Sie, wie sich die Steady-state-Werte für m und g im Vergleich zum grundlegenden Modell verhalten.

a) FuE werden mit der Rate s subventioniert, d. h. die tatsächlichen Kosten der Investition einer Einheit des Endprodukts in FuE sind $1 - s$.

b) Die Kartellgesetze werden verschärft, so dass es pro Periode eine Wahrscheinlichkeit p gibt, mit der ein Innovator seine Monopolmacht verlieren wird und Profite von null realisieren wird, sogar wenn es keine neue Innovation in seinem Sektor gibt. Die Wahrscheinlichkeit für eine erfolgreiche Innovation beträgt weiterhin λn_{it} pro Periode.

c) Die steuerliche Anrechenbarkeit von Investitionen mit der Rate t wird abgeschafft. Es wird zusätzlich angenommen, dass die Sparquote eine Funktion des Zinssatzes und der Rate t bei der steuerlichen Ansetzbarkeit ist: $s = s(r + t), s' > 0$.

4. Die „Duale Methode" und Schätzungen für das Solow-Residuum (basierend auf A. Young 1995 und Hsieh 2002)

Bei dieser Aufgabe werden die Methoden von Young und Hsieh zur Schätzung der TFP miteinander verglichen. Sie bauen jeweils auf das Wachstum des Kapitalstocks und der Arbeitsmenge und das Wachstum der Faktorpreise. Der Zweck dieser Übung ist die Zerlegung des Wachstums in den ostasiatischen „Tigerstaaten" in der Nachkriegszeit in die Beiträge der TFP und der Kapitalakkumulation. Man betrachtet eine allgemeine aggregierte Produktionsfunktion mit Kapital und Arbeit mit den Erträgen W und R. Es wird angenommen, dass die Faktoreinkommen dem Output entsprechen: $Y = RK + WL$.

a) Zeigen Sie, dass die Wachstumsrate des Outputs durch

$$\frac{\dot{Y}}{Y} = s_K\left(\frac{\dot{K}}{K} + \frac{\dot{R}}{R}\right) + s_L\left(\frac{\dot{L}}{L} + \frac{\dot{W}}{W}\right)$$

gegeben ist, wobei $s_K \equiv \frac{RK}{Y}$ und $s_L \equiv \frac{WL}{Y}$ die Anteile des Kapitals und der Arbeit am Gesamteinkommen sind. (Beachten Sie, dass $\frac{\dot{Y}}{Y} = \frac{d \ln Y}{dt}$ ist). Wie groß ist das Solow-Residuum?

b) A. Young (1995) verwendet die folgenden Daten für das Wachstum der ostasiatischen „Tiger" nach dem Krieg:

	Jährliche Wachstumsrate				
	Zeitraum	Output	Kapital	Arbeit	Lohnquote
Hong Kong	1966–91	7,3	8,0	3,2	0,628
Singapur	1966–90	8,7	11,5	5,7	0,509
Südkorea	1966–90	10,3	13,7	6,4	0,703
Taiwan	1966–90	9,4	12,3	4,9	0,743

Berechnen Sie mit der normalen Methode der Wachstumszerlegung die Beiträge der Sachkapital- und der Humankapitalakkumulation auf die durchschnittliche Wachstumsrate in jedem Land für diesen Zeitraum. Welche durchschnittlichen Raten für das TFP-Wachstum impliziert dies?

c) Für dieselben Länder und denselben Zeitraum stellt Hsieh (2005) folgende Daten für die Faktorpreise bereit:

	Jährliche Wachstumsrate			
	Zeitraum	Zinssatz	Löhne	Lohnquote
Hong Kong	1966–91	−1,1	4,1	0,628
Singapur	1968–90	1,6	2,7	0,511
Südkorea	1966–90	−4,0	4,4	0,703
Taiwan	1966–90	−0,4	5,3	0,739

Berechnen Sie unter Verwendung der Dualen Methode eine alternative Schätzung für das TFP-Wachstum in jedem Land. Bei welchen Ländern gibt es eine signifikante Lücke zwischen dem Ergebnis der Dualen Methode und dem Solow-Residuum? Was könnte die Diskrepanz erklären?

5. **Die Qualität des Kapitals (basierend auf Caselli und Wilson 2004)

Betrachten Sie eine Ökonomie, in der das Endprodukt mit N Zwischenprodukten produziert wird, entsprechend der Technologie

$$Y = B\left[\sum_{i=1}^{N}(x_i)^{\gamma}\right]^{\frac{1}{\gamma}}$$

Wobei B die „unverkörperte" Totale Faktorproduktivität (TFP) darstellt und $\gamma < 1$ ist. Die Zwischenprodukte werden mit Arbeit und Kapital produziert: $x_i = A_i L_i^{1-\alpha} K_i^{\alpha}$, $0 < \alpha < 1$. Die Haupteigenschaft des Modells ist, dass A_t und K_t produktspezifisch sind. Im Speziellen variiert das Effizienzniveau über die Zwischenprodukte hinweg bei identischen Inputs von Kapital und Arbeit. Arbeit ist homogen und mobil innerhalb der Länder. Die Produzenten der Zwischenprodukte sind Preisnehmer in den Faktormärkten und betrachten deshalb den Lohnsatz W und die Rendite des Kapitals R als gegeben. Die aggregierten Ausstattungen mit Kapital und Arbeit sind gegeben durch: $K = \sum_{i=1}^{N} K_i$ und $L = \sum_{i=1}^{N} L_i$.

a) Leiten Sie die Nachfragefunktion für das Zwischenprodukt x_i ab. Schreiben Sie unter Verwendung der Nachfragefunktion die Bedingungen für die optimalen Nachfragemengen des Produzenten eines Zwischenprodukts nach Arbeit L und Kapital K auf.

b) Zeigen Sie, dass die Kapitalintensität in allen Zwischenproduktsektoren identisch ist und dass $\frac{K_i}{K} = \frac{L_i}{L}$ für alle i ist.

c) Es sei ξ_i der Anteil des Sektors i am gesamten Kapitalstock des Landes, $\xi_i \equiv \frac{K_i}{K}$. Zeigen Sie, dass der Anteil der Arbeit in einem Sektor i als

$$\frac{L_i}{L} = \frac{(A_i \xi_i^{\alpha})^{\frac{\gamma}{1-\gamma(1-\alpha)}}}{\sum_{i=1}^{N}\left[(A_i \xi_i^{\alpha})^{\frac{\gamma}{1-\gamma(1-\alpha)}}\right]}$$

geschrieben werden kann.

d) Ermitteln Sie unter Verwendung des Ergebnisses der vorigen Frage den Wert für ξ_i als eine Funktion von A_i. (Hinweis: Nehmen Sie für $\xi_i = \frac{A_i^{\delta}}{\sum_{i=1}^{N}(A_i^{\delta})}$ an und lösen Sie nach δ auf.

e) Ermitteln Sie einen Ausdruck für den Output pro Kopf y mit $k \equiv \frac{K}{L}$, B, A und ξ_i.

f) Caselli und Wilson finden heraus, dass reiche Länder typischerweise höhere Anteil von FuE-intensiven Kapitalgütern aufweisen. Im Modell hier bedeutet dieses Ergebnis, dass ein höherer Anteil ihres Kapitalstocks auf Sektoren mit einer hohen „unverkörperten" Totalen Faktorproduktivität A_i konzentriert ist. Was impliziert dies im Hinblick auf den Beitrag der Qualität des Kapitals zu den Produktivitätsunterschieden zwischen Ländern? Wenn eine Übung zur Wachstumszerlegung mit Länderquerschnittsdaten für den aggregierten Kapitalstock pro Arbeitskraft k hinweg durchgeführt wird, wie könnte die Zusammensetzung des Kapitals die geschätzten Beiträge der TFP zum Wachstum beeinflussen?

6. *Einkommensunterschiede zwischen Ländern in einem Schumpeterianischen Wachstumsmodell (basierend auf Howitt 2000)

Betrachten Sie eine Ökonomie mit der Endprodukt-Produktionsfunktion $Y_t = \int_0^1 A_{it} x_{it}^{\alpha} di$. Zwischenprodukte werden von Monopolisten mit der Technologie $x_{it} = \frac{K_{it}}{A_{it}}$ zu den Kosten $(r_t + \delta) A_{it} x_{it}$ hergestellt. Die Kapitalakkumulation erfolgt entsprechend der neoklassischen Funktion $\dot{K}_t = sY_t - \delta K_t$, wobei $K_t = \int_0^1 K_{it} di$ der gesamtwirtschaftliche Kapitalstock und s die exogene Sparquote sind. Die Welt ist durch eine technologische Grenze $\overline{A}_t$ gekennzeichnet, die mit der Rate g wächst. Zu jedem Zeitpunkt, wenn N_{it} Einheiten des Endprodukts in FuE investiert werden, wird es eine Innovation im Sektor i mit der Wahrscheinlichkeit λn_{it} geben, wobei $n_{it} \equiv \frac{N_{it}}{\overline{A}_t}$ ist. In Folge der Innovation in Sektor i wird A_{it} auf die „führende" Technologie $\overline{A}_t$ angehoben.

a) Wenn die Entscheidungen der Monopolisten symmetrisch sind, welche Werte nehmen der finale Output Y_t, der Monopolgewinn π_t, der Zinssatz r_t bei gegebenen Werten für den Kapitalstock und die aggregierte Produktivität an?

b) Schreiben Sie die Arbitragegleichung für die Forschung auf. Lösen die Gleichung unter der Annahme, dass die Bedingung $n_t > 0$ erfüllt ist, nach dem gleichgewichtigen Wert für die FuE-Investition auf.

c) Definieren Sie den durchschnittlichen Abstand der Ökonomie zur Technologiegrenze als $a_t = \frac{A_t}{\overline{A}_t}$. Wie lauten die Wachstumsraten von a_t und K_t?

d) Leiten Sie die Steady-state-Werte für a und K bei gegebenem n und g ab. Wie beeinflussen Veränderungen der Sparquote, der Wahrscheinlichkeit einer erfolgreichen FuE und der Wachstumsrate der Grenztechnologie die Werte im Steady-state?

e) Unter welchen Bedingungen wird ein Land keine FuE durchführen? Wie sieht in diesem Falle die Wachstumsrate der Produktivität aus? Warum kann man sagen, dass dieses Modell „Clubkonvergenz" aufweist?
f) Zerlegen Sie den logarithmierten langfristigen Output in eine Produktivitätskomponente und eine Kapitalintensivierungskomponente. Wenn eine Regression des logarithmieren Outputs pro Kopf auf den logarithmierten Kapitelstock über die Sektoren hinweg durchgeführt wird, muss welche Annahme gemacht werden, damit die Koeffizienten nicht verzerrt sind? Ist diese Annahme im vorliegenden Modell erfüllt?

Teil II Wachstumsprozesse verstehen

6 Finanzierung und Wachstum

6.1 Einleitung

Alle grundlegenden Modelle, die in Teil I dieses Buchs präsentiert wurden, implizieren, dass Wirtschaftswachstum von Investitionen der einen oder anderen Art abhängt. Entsprechend den neoklassischen und den AK-Theorien sind Investitionen in physisches Kapital und Humankapital die Treiber für Wachstum. Gemäß den Produktvielfalt-Theorien und den Schumpeterianischen Theorien zählen die Investitionen in Technologie, die in Form von Forschungsaktivitäten erfolgen. Im Hybridmodell des vorherigen Kapitels sind sowohl Investitionen in Kapital als auch in Technologie wichtig.

Keine der Theorien hat jedoch die Schwierigkeiten analysiert, die ein Unternehmen möglicherweise mit der Finanzierung der Investitionen hat, die zu Wachstum führen. Keine von ihnen hat in irgendeiner Form die Rolle erwähnt, die Banken und andere Finanzintermediäre möglicherweise bei der Entschärfung solcher Probleme spielen. Diese Stille ist verständlich, weil grundlegende theoretische Modelle auf die fundamentalen Mechanismen des Wachstumsprozesses fokussiert sind, wohingegen Finanzierung nur wie ein Schmiermittel ist, das Reibung verringert und dadurch das Funktionieren der Maschine ermöglicht. Indem jede Theorie ohne den verkomplizierenden Faktor finanzieller Friktionen dargestellt wurde, war es einfacher die grundlegenden Mechanismen zu erkennen.

Um die Rolle, die Finanzierung im Wachstumsprozess spielt, zu erkennen, ist es jedoch notwendig über diese idealisierten Modelle hinauszugehen und Friktionen zu berücksichtigen. Wenn man dies tut, sieht man, dass Finanzmärkte und Finanzintermediäre eine wichtige Rolle spielen, die sich von Land zu Land stark unterscheidet. Zum Beispiel sind die Menschen bereit, mehr zu sparen und damit den Investoren mehr zur Verfügung zu stellen, in einem Land mit effizienten und vertrauenswürdigen Banken als in einem Land, in dem die Banken möglicherweise das Vermögen ihrer Einleger durch faule Kredite oder sogar Betrug in Gefahr bringen. Banken können auch durch die Bündelung von Risiken unterstützend wirken. Das bedeutet, dass die Bank, indem sie Ersparnisse von vielen Menschen sammelt und diese in eine große, diversifizierte Auswahl an Projekten investiert, sogar Kleinsparern ermöglicht vom Gesetz der großen Zahlen zu profitieren und eine akzeptable Rendite zu erhalten; die Verluste von schlechten Projekten werden tendenziell von den Gewinnen der guten Projekte ausgeglichen. Außerdem können gut funktionierende Banken die Ersparnisse ihrer effizientesten Verwendung zuführen. Schließlich, und das ist vielleicht die wichtigste Aufgabe, können Banken auch helfen, das Vertretungsproblem zu mindern, indem sie Investoren überwachen und sicherstellen, dass diese die Kredite einer produktiven Verwendung zuführen, anstatt sie für privaten Konsum zu verwenden oder auf andere Art die Kreditgeber zu betrügen. Viele dieser Rollen werden auch von Börsen, Private-Equity-Unternehmen und Venturekapitalgebern übernommen, die alle dabei mitwirken, gute Investitionsprojekte zu identifizieren, zu finanzieren und zu überwachen.

In seinem Übersichtsartikel über Finanzierung und Wachstum im *Handbook of Economic Growth* fasst Ross Levine (2005, S. 868) wie folgt die bestehende Forschung zum Thema zusammen:

> „Taken as a whole, the bulk of existing research suggests that (1) countries with better functioning banks and markets grow faster; (2) simultaneity bias does not seem to drive these conclusions, and (3) better functioning financial systems ease the external financing constraints that impede firm and industrial expansion, suggesting that this is one mechanism through which financial development matters for growth."

Wenn also ein detaillierteres Verständnis des Wachstumsprozesses gefragt ist, als es in jedem der reibungslosen Modelle, die in den vorherigen fünf Kapiteln dargelegt wurden, der Fall ist, ist einer der ersten verkomplizierenden Faktoren, der eingeführt werden sollte, die Berücksichtigung finanzieller Restriktionen. Entsprechend leitet dieses Kapitel Teil II des Buchs ein, indem es zeigt, wie man diesen Restriktionen Rechnung tragen könnte. Das Kapitel besteht aus drei Hauptteilen. Zunächst werden finanzielle Restriktionen in das Schumpeterianische Wachstumsmodell eingeführt und es wird genau gezeigt, wie Intermediäre, die Innovatoren Fremdkapital bereitstellen, indem sie Ersparnisse weiterleiten und Vertretungsprobleme verringern, Wachstum steigern können. Es werden zwei alternative Modelle vorgestellt: Im ersten bieten Banken eine Untersuchungsdienstleistung an, um gute Projekte zu identifizieren, und im zweiten bieten Banken ex post Kontrollen an, um es dem Kreditnehmer zu erschweren, mit dem geliehenen Geld zu verschwinden. Als Nächstes wird eine Kreditbeschränkung in ein einfaches AK-Modell eingeführt, um die Beziehung zwischen Kreditknappheit, Vermögensungleichheit und Wachstum zu analysieren. Schließlich wird ein Teil der umfangreichen empirischen Evidenz, die Levines zusammenfassender Aussage hinsichtlich der Rolle von Finanzierung im Wachstumsprozess zugrunde liegt, reflektiert.

6.2 Innovation und Wachstum bei finanziellen Restriktionen

In diesem Abschnitt werden finanzielle Restriktionen in das multisektorale Schumpeterianische Wachstumsmodell aus Kapitel 4 eingeführt.

6.2.1 Die Grundlagen

Zunächst wird ein Modell ohne finanzielle Restriktionen aufgestellt. Das Modell ist bis auf einige kleine Veränderungen fast identisch mit dem Modell aus Kapitel 4. Die erste ist, dass die Individuen nun zwei Perioden anstatt einer leben. In der ersten Periode des Lebens arbeitet ein Individuum im Endproduktsektor. In der zweiten Periode wird es möglicherweise ein Unternehmer und/oder ein Monopolist für ein Zwischenprodukt, und falls es ein Unternehmer wird, kann er sein Einkommen, das er in der ersten Periode verdient hat, zur Finanzierung von Forschungsaktivitäten verwenden.

Die Volkswirtschaft hat eine fixe Bevölkerung L, die auf eins normiert wird. Jeder ist mit einer Einheit Arbeit in der ersten Periode und keiner in der zweiten ausgestattet und jeder ist risikoneutral. Es gibt ein Endprodukt, das unter vollkommenem Wettbewerb mithilfe von Arbeit und einem Kontinuum von Zwischeninputs produziert wird:

$$Y_t = L^{1-\alpha} \int_0^1 A_{it}^{1-\alpha} x_{it}^{\alpha} di \,, 0 < \alpha < 1 \quad (6.1)$$

Wobei x_{it} der Input der aktuellsten Version des Zwischenprodukts i und A_{it} der zugehörige Produktivitätsparameter sind. Das Endprodukt wird für den Konsum, als Input für FuE und auch als Input für die Produktion von Zwischenprodukten verwendet. Zu jedem Zeitpunkt t hat eine *alte* Person im Zwischenproduktsektor i eine Möglichkeit, in diesem Sektor eine Innovation zu erschaffen. Wenn sie erfolgreich ist, wird sie der Monopolist in Sektor i für die Periode t werden, wenn nicht, geht das Monopol zufällig an eine andere alte Person über.

Hier wird der zweite Unterschied zu dem Modell aus Kapitel 4 eingeführt. Es wird nun angenommen, dass die anfängliche Technologie in jedem gegebenen Sektor i zum Zeitpunkt t nicht den Produktivitätsparameter $A_{i,t-1}$ dieses Sektors in der letzen Periode besitzt, sondern sie den durchschnittlichen Parameter $A_{t-1} = \int_0^1 A_{i,t-1} \, di$ der letzten Periode über alle Sektoren hinweg aufweist. Also wird ein Unternehmer, dem eine Innovation gelingt, den Produktivitätsparameter $A_{it} = \gamma A_t$ haben, wobei $\gamma > 1$ die Größe der Innovation ist, wohingegen der Monopolist in einem Sektor, in dem nicht innoviert wird, $A_{it} = A_{t-1}$ aufweisen wird.

Es sei μ die Wahrscheinlichkeit, dass eine Innovation in irgendeinem Sektor i zum Zeitpunkt t auftritt (im Gleichgewicht ist - wie gezeigt werden wird - diese Wahrscheinlichkeit im Zeitverlauf konstant und gleich für alle Sektoren). Dann wird also ein Teil μ der Sektoren (jene, die innovativ waren) eine Produktivität von γA_{t-1} aufweisen, während der übrige Anteil $(1 - \mu)$ die Produktivität A_{t-1} aufweisen wird.

Der Durchschnitt über alle Sektoren wird daher

$$A_t = \mu\gamma A_{t-1} + (1-\mu)A_{t-1}$$

entsprechen, was impliziert, dass die Wachstumsrate der durchschnittlichen Produktivität

$$g = \frac{A_t - A_{t-1}}{A_{t-1}} = \mu(\gamma - 1) \quad (6.2)$$

entspricht. In jedem Zwischenproduktsektor, in dem eine Innovation aufgetreten ist, ist der Monopolist in der Lage, jegliche Menge des Zwischenprodukts eins zu eins mit dem Endprodukt zu produzieren. Sein Preis ist das Grenzprodukt des Zwischenprodukts:

$$p_{it} = \alpha A_{it}^{1-\alpha} x_{it}^{\alpha-1}$$

Wie in den vorherigen Kapiteln deutlich wurde, ergibt sich durch die Profitmaximierung des Produzenten des Zwischenprodukts im Sektor i der gleichgewichtige Profit

$$\Pi_{it} = \pi A_{it}$$

wobei $\pi \equiv (1-\alpha)\alpha^{\frac{1+\alpha}{1-\alpha}}$ ist; der Brutto-Output des Endprodukts wird

$$Y_t = \varphi A_t \quad (6.3)$$

entsprechen, wobei $\varphi = \alpha^{\frac{2\alpha}{1-\alpha}}$ ist; und das BIP der Volkswirtschaft auch proportional zum durchschnittlichen Produktivitätsparameter A_t sein wird, so dass die Rate des Wirtschaftswachstums wieder gleich der Wachstumsrate der Produktivität g sein wird.

6.2.2 Innovationstechnologie und Wachstum ohne Kreditbeschränkung

Es wird ein Spezialfall der Innovationstechnologie, die im Modell aus Kapitel 4 spezifiziert wurde, angenommen, in dem der Elastizitätsparameter σ gleich $\frac{1}{2}$ ist:

$$\mu = \phi(R_t/A_t^*) = \lambda(R_t/A_t^*)^{1/2}, \ \lambda > 0 \tag{6.4}$$

Hierbei entspricht R_t der Menge des Endprodukts, das für FuE in einem gegebenen Sektor zum Zeitpunkt t aufgewendet wird und $A_t^* = \gamma A_{t-1}$ ist das angestrebte Produktivitätsniveau. Es folgt, dass die FuE-Kosten einer Innovation mit der Eintrittswahrscheinlichkeit μ gleich

$$R_t = A_t^* \psi \mu^2/2 \tag{6.5}$$

sind, wobei $\psi = 2/\lambda^2$ ein Parameter ist, der die Kosten von Innovation misst.

Der Unternehmer wird seine Forschungsausgaben R_t wieder so wählen, dass sein erwarteter Ertrag maximiert wird. Laut Gleichung (6.5) entspricht die Wahl von R_t der Wahl der Innovationswahrscheinlichkeit μ. Also besteht sein Profitmaximierungsproblem darin, das μ so zu wählen, dass

$$\mu \pi A_t^* - A_t^* \psi \mu^2/2 \tag{6.6}$$

maximiert wird. Folglich ist die gleichgewichtige Innovationswahrscheinlichkeit

$$\mu = \pi/\psi \tag{6.7}$$

Daraus und aus Gleichung (6.2) folgt die gleichgewichtige Wachstumsrate

$$g = (\pi/\psi)(\gamma - 1)$$

Diese ist identisch mit der gleichgewichtigen Wachstumsrate des Modells in Kapitel 4, wenn der Elastizitätsparameter σ in der Innovationsproduktionsfunktion gleich $\frac{1}{2}$ ist.

6.2.3 Kreditbeschränkung: Ein Modell mit Ex-Ante-Überwachung

Jeder Innovator zum Zeitpunkt t ist eine junge Person mit Zugang zu einem Lohneinkommen w_{t-1}. Daher muss er sich, um R_t in ein FuE-Projekt zu investieren, $L = R_t - w_{t-1}$, von dem angenommen wird, dass es streng positiv ist, von einem Kreditgeber leihen. Im vorangegangenen Abschnitt wurde implizit angenommen, dass die Handlung des Leihens keine Ressourcen kostet oder irgendwelche Vertragsprobleme schafft, welche die Investitionen möglicherweise erschweren könnten. Der erwartete Profit (6.6), der maximiert wurde, entsprach dem gesamten erwarteten Ergebnis, das von dem Unternehmer und seinem Kreditgeber geteilt werden sollte.

In diesem Abschnitt werden Kreditkosten eingeführt. Insbesondere wird angenommen (King und Levine 1993b folgend), dass es im Modell zusätzlich zu den Unternehmern andere Menschen gibt, die eine Finanzierung für Projekte suchen, die eigentlich unter keinen Umständen umsetzbar sind. Also muss die Bank Kosten aufwenden, um Kreditanträge zu prüfen, da ein Kredit an jemanden mit einem nicht realisierbaren Projekt nicht zurückgezahlt werden wird.

Es sei θ die Wahrscheinlichkeit, dass ein Kreditnehmer, der zu einer Bank kommt, fähig ist (d. h. ein machbares Projekt hat), wohingegen $1 - \theta$ die Wahrscheinlichkeit ist, dass das Projekt des Kreditnehmers keinen Ertrag abwerfen wird. Eine Bank kann entscheiden, ob ein gegebenes Projekt machbar ist oder nicht, indem sie Kosten in Höhe von fR_t Einheiten des Endprodukts auf sich nimmt. Dann wird sie eine Tilgung von fR_t/θ von jedem machbaren Projekt fordern, um die Kosten zu decken[1] und der gemeinsame Ertrag eines Unternehmers und seiner Bank wird dem erwarteten Profit einer erfolgreichen Innovation minus den FuE-Kosten und den Kreditprüfungskosten entsprechen:

$$\mu\pi A_t^* - R_t - fR_t/\theta$$

(Man beachte, dass aus Gründen der Einfachheit angenommen wird, wie es auch in Kapitel 4 der Fall war, dass das Projekt keine Zeit benötigt, also wird der erwartete Ertrag $\mu\pi A_t^*$ nicht diskontiert.)

Da die FuE-Kosten einer Innovation mit der Wahrscheinlichkeit μ durch Gleichung (6.5) gegeben sind, kann der gemeinsame Ertrag als

$$\mu\pi A_t^* - (1 + f/\theta)A_t^*\psi\,\mu^2/2$$

geschrieben werden, was gleich dem erwarteten Profit (6.6) im Fall ohne Kreditbeschränkung minus den Kreditprüfungskosten ist. Maximiert man diesen gemeinsamen Ertrag, erhält man eine gleichgewichtige Innovationswahrscheinlichkeit von

$$\mu = \frac{\pi}{(1 + f/\theta)\psi}$$

Daraus und aus Gleichung (6.2) folgt die gleichgewichtige Wachstumsrate

$$g = \frac{\pi}{(1 + f/\theta)\psi}(\gamma - 1)$$

Daher gilt, je höher die Kreditprüfungskosten f sind, desto geringer wird die Frequenz der Innovationen sein und desto geringer wird die gleichgewichtige Wachstumsrate sein. Länder mit effizienteren Banken sollten ein niedrigeres f und daher eine höhere Wachstumsrate aufweisen.

6.2.4 Ein Modell mit Ex-Post-Überwachung und Moral Hazard

Banken machen mehr, als nur Kreditanträge zu überprüfen. Sie überwachen auch den Erfolg des Kreditnehmers während der Dauer des Kreditvertrags, um sich gegen die Möglichkeit des Betrugs zu schützen. Das zweite Modell zu Kreditknappheit und Wachstum konzentriert sich auf eine Überwachung ex post und basiert auf Aghion, Banerjee und Piketty (1999). Es führt die wichtige Idee des *Kreditmultiplikators* ein.

---

[1] P sei die Zurückzahlung aus einem durchführbaren Projekt. Dann ist der Profit der Bank, den sie durch die Kreditprüfung eines Projekts erwartet, gleich $\theta P - fR_t$, da ihre erwarteten Einnahmen der Wahrscheinlichkeit θ, dass das Projekt durchführbar ist, mal der Zahlung P entsprechen, wohingegen die Kosten mit Sicherheit fR_t entsprechen. Daher ist der erwartete Profit nur gleich null, wenn $P = fR_t/\theta$ ist.

6.2.4.1 Kreditmultiplikator und FuE-Investitionen

Wieder ist jeder Unternehmer eine junge Person mit Zugang zu dem Lohneinkommen w_{t-1}, der sich $L = R_t - w_{t-1}$ leihen muss. Man nehme nun an, dass die Möglichkeit des Kreditausfalls das Ausleihen von Geld erschwert. Eine Bank wird den Kreditnehmer überwachen, und es wird dadurch für den Kreditnehmer schwerer, aber nicht unmöglich, zu scheitern. Genau gesagt, kann der Unternehmer das Ergebnis einer erfolgreichen Innovation verbergen, indem er Kosten in Höhe von hR_t mit $0 < h < 1$ auf sich nimmt und dadurch die Rückzahlung des Kredits vermeidet. Der Kostenparameter h ist ein Indikator für die Effektivität der Bank bei der Überwachung; eine gut funktionierende Bank macht Betrug sehr schwierig. Die Kosten reflektieren auch die Effektivität des Rechtssystems hinsichtlich des Schutzes der Gläubigerrechte; in einem Land, in dem die Gerichte selten Kreditverträge durchsetzen, ist es relativ einfach, die Rückzahlung zu vermeiden.

Der Unternehmer muss die Kosten für das Verbergen zu Beginn der Periode bezahlen, wenn er entscheidet, ob er unehrlich sein wird oder nicht. Er wird unehrlich sein, wenn es in seinem Eigeninteresse ist, nämlich wenn die folgende anreizkompatible Bedingung verletzt wird:

$$hR_t \geq \mu_t(R_t)\Gamma(R_t - w_{t-1}) \tag{6.8}$$

Wobei Γ der Zinsfaktor des Kredits ist und $\mu_t(R_t)$ die Wahrscheinlichkeit, dass zum Zeitpunkt t bei gegebenen FuE-Investitionen, wie durch Gleichung (6.4) festgelegt, innoviert wird. Die rechte Seite der Gleichung (6.8) ist die erwartete Kosteneinsparung aufgrund der Entscheidung, unehrlich zu sein. Das bedeutet, indem man unehrlich ist, kann man die Rückzahlung vermeiden, was dem Zinsfaktor Γ mal der Kreditsumme entspricht, falls das Projekt mit der Wahrscheinlichkeit μ erfolgreich ist.

Die einzigen potenziellen Kreditgeber sind in diesem Modell sich überlappender Generationen andere junge Menschen, die nur verleihen, wenn die erwartete Rückzahlung gleich der Kreditsumme ist. Also gibt es, obwohl es keine Zeitkosten des Projekts gibt, einen positiven Zinsfaktor des Kredits, der durch die Arbitragebedingung

$$\mu_t(R_t)\Gamma = 1$$

gegeben ist, die besagt, dass für jeden ausgeliehenen Dollar die erwartete Rückzahlung (Γ mit der Wahrscheinlichkeit μ) eins betragen muss. Verwendet man diese Arbitragegleichung um Γ zu ersetzen, sieht man, dass die anreizkompatible Bedingung (6.8) auf ein oberes Limit der Investitionen des Unternehmers hinausläuft:

$$R_t \leq \frac{1}{1-h} w_{t-1} = \nu w_{t-1} = \hat{R}_t \tag{6.9}$$

Der Parameter ν wird gewöhnlich als *Kreditmultiplikator* bezeichnet. Höhere Kosten h, um Innovationserträge zu verbergen, implizieren einen größeren Kreditmultiplikator.

6.2.4.2 Innovation und Wachstum bei einer bindenden Kreditbeschränkung

Die Beschränkung (6.9) ist bindend, wenn $\hat{R}_t$ kleiner als die FuE-Kosten ist, die entstehen würden, um die Innovationswahrscheinlichkeit (6.7) in Abwesenheit von finanziellen Beschränkungen bei der gegebenen Kostenfunktion (6.5) zu erreichen:

$$\nu w_{t-1} < \gamma A_{t-1}\pi^2/(2\psi) \tag{6.10}$$

Der gleichgewichtige Lohn w_{t-1} ist das Grenzprodukt der Arbeit, das unter der Cobb-Douglas-Spezifikation in Gleichung (6.1) gleich $(1-\alpha)$ mal dem finalen Output Y_{t-1} ist, was wiederum zusammen mit Gleichung (6.3) impliziert, dass

$$w_{t-1} = \omega A_{t-1}$$

Wobei $\omega = (1-\alpha)\varphi$ ist.

Also kann man Bedingung (6.10) umschreiben zu

$$\nu < \gamma\pi^2/(2\psi\omega) \tag{6.11}$$

Es folgt, dass Unternehmer weniger wahrscheinlich von Kreditknappheit betroffen sind, wenn entweder das Finanzsystem weiter entwickelt ist, was durch ν gemessen wird, oder wenn das anfängliche Vermögen ω des Unternehmers als Anteil des aggregierten Outputs höher ist. Dieses Ergebnis folgt, weil ein großes ν hohe Kosten für den Betrug eines Gläubigers impliziert, was dazu führt, dass Kreditgeber bereit sind, mehr zu verleihen, und ein großes ω bedeutet für Unternehmer ein größeres Vermögen, was es ihnen eher ermöglicht, sich selbst zu finanzieren, wenn die Kreditgeber nicht dazu bereit sind.

Wann immer Gleichung (6.11) erfüllt ist, erhält man die gleichgewichtige Wachstumsrate, indem man die beschränkten Investitionen $\hat{R}_t = \nu w_{t-1}$ in der Innovationsproduktionsfunktion (6.4) ersetzt und dann Gleichung (6.2) und die Definition von ψ verwendet, um zu

$$g^h = (\gamma - 1)\sqrt{2\nu\omega/(\gamma\psi)}$$

zu gelangen. Diese Wachstumsrate ist bzgl. der Entwicklung des Finanzsystems, gemessen durch ν, und bzgl. des Vermögens des Unternehmers, gemessen durch ω, monoton steigend. Man beachte, dass g^h nicht vom produktivitätsbereinigten Profit π abhängt, da – obwohl eine höhere Profitrate dazu führen würde, dass die Unternehmer mehr Forschung betreiben – die anreizkompatible Beschränkung nicht beeinflusst wird und daher die Kreditgeber nicht dazu veranlasst werden, mehr Forschung zu finanzieren. Also wird eine höhere Profitabilität nur dann zu schnellerem Wachstum führen, wenn die Kreditknappheit nicht bindend ist.

Wenn Gleichung (6.11) nicht erfüllt ist, ist die Wachstumsrate identisch mit dem Fall bei Abwesenheit von Kreditknappheit, nämlich

$$g = \mu^*(\gamma - 1) = (\pi/\psi)(\gamma - 1)$$

In diesem Fall spielt die Profitabilität wieder eine Rolle, aber die Entwicklung des Finanzsystems und das Vermögen der Unternehmer spielt keine Rolle mehr.

6.3 Kreditknappheit, Vermögensungleichheit und Wachstum

Häufig glaubt man, dass Politik, die eine gleichmäßigere Verteilung von Vermögen und Einkommen zum Ziel hat, schädlich für Wachstum ist, weil die Besteuerung der Reichen die Menschen von Investitionen und Innovationen abhält. Es wurde jedoch von Banerjee und Newman (1993) und Galor und Zeira (1993) gezeigt, dass bei Vorliegen von Kreditknappheit eine Reduktion der Vermögensungleichheit tatsächlich einen stimulierenden Effekt auf Wachstum haben kann. Also ist einer der wichtigen Kanäle, über den Finanzierungsfragen eine Rolle für den Wachstumsprozess spielen können, die Veränderung des Verhältnisses zwischen Ungleichheit und Wachstum. Wie deutlich werden wird, kann dieser Effekt abhängig von den genauen Umständen der Volkswirtschaft in beide Richtungen wirken.

6.3.1 Abnehmendes Grenzprodukt des Kapitals

Kreditmärkte erlauben eine Trennung zwischen dem Eigentum des Kapitals und der Verwendung des Kapitals. Wenn es ein abnehmendes Grenzprodukt des Kapitals gibt, kann Wachstum verstärkt werden, indem die Verwendung des Kapitals gleichmäßig über mehrere Unternehmen verteilt wird, was dadurch erreicht werden kann, dass jene, die wenig Kapital besitzen von jenen leihen, die viel besitzen. Kreditbeschränkungen behindern diesen Prozess und sind daher schädlich für Wachstum. Das ist die grundlegende Idee hinter dem Modell dieses Abschnitts, was dem von Benanou (1996) vorgeschlagenen Modell gleicht. In diesem Modell bedingen Kreditbeschränkungen eine negative Beziehung zwischen Vermögensungleichheit und Wachstum.

Die grundlegende Struktur des Modells ist die gleiche wie im AK-Modell von Frankel, das in Kapitel 2 analysiert wurde. Es gibt N einzelne Produzenten. Zu Beginn der Periode t besitzt das Individuum j e_j Einheiten Kapital, also ist der aggregierte Kapitalstock gleich $K_t = \sum_1^N e_j$. Jedes Individuum produziert den finalen Output entsprechend der Produktionsfunktion

$$y_j = \bar{A}k_j^\alpha, 0 < \alpha < 1$$

wobei k_j die Kapitalmenge ist, die das Individuum einsetzt. Ein Individuum kann mehr verwenden als es besitzt und sich die Differenz $k_j - e_j$ leihen oder es kann weniger einsetzen als es besitzt und kann die Differenz verleihen.

Aufgrund von Wissensspillovern hängt der Produktivitätsparameter $\bar{A}$, den jeder Produzent als gegeben annimmt, vom aggregierten Kapitalstock entsprechend[2]

$$\bar{A} = A_0 K_t^{1-\alpha}$$

ab. Das Wachstum des Kapitalstocks ist durch die Akkumulationsgleichung

$$K_{t+1} - K_t = sY_t - \delta K_t$$

gegeben, wobei s die Sparquote, δ die Abschreibungsrate und Y_t der aggregierte Output sind.

Angenommen die Einkommensverteilung ist ungleich; dies bedeutet, dass e_j sich bei den einzelnen Produzenten unterscheidet. Dann gibt es aufgrund des abnehmenden Grenzprodukts des Kapitals einen Anreiz für Individuen mit mehr als der durchschnittlichen Kapitalmenge, einen Teil ihres Kapitals an jene mit weniger zu verleihen. Das bedeutet, dass die Produktionsmenge, die der Kreditgeber aufgibt, wenn er eine kleine Menge Kapital verleiht, anstatt es selbst zu verwenden, geringer ist als das, was der Kreditnehmer mit dem geliehenen Kapital produzieren kann, weil der Kreditnehmer mit einem kleineren Kapitalstock beginnt als der Kreditgeber. Also können sie miteinander als Folge des Kredits eine größere Gesamtmenge produzieren.

---

2 Grundsätzlich spezifiziert das Frankel-Modell $\bar{A} = A_0 K_t^\eta$. Hier wird nur der *Knife-edge*-Fall des AK-Modells betrachtet, bei dem $\eta = 1 - \alpha$.

In der Tat ist es einfach zu sehen, dass der aggregierte Output maximiert wird, wenn jeder Produzent die gleiche Menge Kapital verwendet. Das bedeutet, setzt man $k_j = K_t/N$ für alle j, maximiert man den gesamten Output

$$Y_t = \bar{A}\sum_1^N k_j^\alpha$$

unter der Adding-Up-Nebenbedingung[3]

$$\textstyle\sum_1^N k_j = K_t \tag{6.12}$$

Eine einfache Möglichkeit Kreditbeschränkungen einzuführen ist es, wie zuvor anzunehmen, dass ein Individuum, das e_j besitzt, nicht mehr als $\bar{k}_j = \nu e_j$ einsetzen kann, wobei $\nu > 1$ wieder der Kreditmultiplikator ist. Wenn $\nu = +\infty$ ist, sind die Kapitalmärkte perfekt und die Individuen sehen sich keiner Ausleihbeschränkung ausgesetzt, wohingegen im entgegengesetzten Fall, wenn $\nu = 1$, Kredite einfach nicht verfügbar sind. In diesem Abschnitt liegt der Fokus auf diesen beiden extremen Fällen.

Man betrachte zunächst den Fall perfekter Kapitalmärkte. In diesem Fall gibt es einen einheitlichen Zinssatz r, zu dem die Menschen so viel Kapital, wie sie möchten, leihen oder verleihen. Das Einkommen eines Individuums besteht aus der produzierten Menge minus den Kreditkosten (oder plus dem Zinseinkommen aus der Kreditvergabe):

$$\bar{A}k_j^\alpha - r(k_j - e_j)$$

Das Individuum wählt den Einsatz der Menge, die sein Einkommen maximiert, was die folgende Bedingung erster Ordnung impliziert

$$\alpha\bar{A}k_j^{\alpha-1} - r = 0$$

Also werden alle Produzenten die gleiche Menge Kapital

$$k_j = (\alpha\,\bar{A}/r)^{\frac{1}{1-\alpha}}$$

produzieren, was aufgrund der Adding-Up-Bedingung (6.12) $k_j = K_t/N$ genau wie in dem Frankel-Modell impliziert. Wieder ist der finale Output gleich

$$Y_t = \bar{A}N(K_t/N)^\alpha = AK_t$$

Wobei $A = A_0 N^{1-\alpha}$ ist und die Wachstumsraten des Kapitals und des Outputs beide gleich

$$g = sA - \delta$$

sind.

---

[3] Die Lagrangefunktion für dieses Maximierungsproblem lautet:
$\mathcal{L} = \bar{A}\sum_1^N k_j^\alpha + \lambda(K_t - \sum_1^N k_j)$
und die Bedingungen erster Ordnung sind
$\frac{\partial\mathcal{L}}{\partial k_j} = \alpha\bar{A}k_j^{\alpha-1} - \lambda = 0$ für alle j
Was auch geschrieben werden kann als
$k_j = (\alpha\,\bar{A}/\lambda)^{\frac{1}{1-\alpha}}$ für alle j
Was aussagt, dass alle k_j gleich sein sollten. Unter der Adding-Up-Nebenbedingung (6.12) impliziert diese Gleichung $k_j = K_t/N$ für alle j.

Als Nächstes wird der andere Extremfall betrachtet, in dem es überhaupt keine Kreditaufnahme gibt. Ohne Kreditaufnahme kann es auch keine Kreditvergabe geben, also wird jeder Produzent ausschließlich sein eigenes Kapital einsetzen:

$$k_j = e_j$$

Aber wie bereits gezeigt wurde, resultiert dieser Fall in einem geringeren gesamten Output im Vergleich zu dem Fall, in dem alle die gleiche Menge Kapital einsetzen würden. Daher wird der Output geringer sein als im Fall perfekter Kapitalmärkte:

$$Y_t < AK_t$$

Und die Wachstumsrate des Kapitals wird auch kleiner sein:

$$g = \frac{sY_t - \delta K_t}{K_t} < sA - \delta$$

Wenn jedermanns Kapital mit der gleichen Rate wächst, dann ist g auch die Wachstumsrate des Outputs[4], also wächst der Output auch langsamer als im Fall perfekter Kapitalmärkte.

Es folgt: Wenn Kapitalmärkte perfekt sind, wird eine Politik, die Einkommen umverteilt, keinen direkten Effekt auf das Wachstum haben, weil die Verwendung von Kapital durch den Markt immer gleichverteilt wird, auch wenn es das Eigentum nicht ist. Aber wenn die Kreditknappheit so groß ist, dass sie Kreditaufnahme verhindert, steigert eine Einkommensumverteilung, die die Ungleichheit des Eigentums reduziert, das Wachstum, indem die Ungleichheit des Kapitaleinsatzes verringert wird.[5]

6.3.2 Produktivitätsunterschiede

In dem vorherigen Modell waren alle einzelnen Produzenten gleich produktiv, und aus diesem Grund wurde das Wachstum maximiert, indem sie alle die gleiche Menge Kapital eingesetzt haben. In der Realität gibt es große Produktivitätsunterschiede zwischen den einzelnen Produzenten; diese Tatsache impliziert, dass Wachstum durch einen ungleichen Einsatz von Kapital gesteigert wird, wenn produktive Individuen mehr Kapital einsetzen. Kreditmärkte können daher den Wachstumsprozess erleichtern, indem sie es den produktiveren Individuen erlauben von den weniger produktiven zu leihen. Das ist die Idee hinter dem zweiten Modell, das auf Kunieda (2008) basiert. In diesem Modell kann eine Kreditbeschränkung eine positive Beziehung zwischen Ungleichheit und Wachstum generieren; tatsächlich wird das Wachstum maximiert, wenn alles Kapital von einem einzigen Individuum – dem effizientesten – besessen wird.

Die grundlegende Struktur ist gleich wie im vorherigen Modell, außer dass hier der Extremfall betrachtet wird, in dem es keine abnehmende Grenzproduktivität auf der einzelwirtschaftlichen Ebene gibt, d. h. $\alpha = 1$. Außerdem kann der Kreditmultiplikator jeden Wert $\nu \geq 1$ annehmen anstatt nur die Extreme 1 oder $+\infty$, wie dies im vorherigen Modell der Fall war.

---

4 Der Output der nächsten Periode entspricht
$Y_{t-1} = A_0[(1+g)K_t]^{1-\alpha} \sum_1^N [(1+g)K_j]^\alpha = (1+g)A_0 K_t^{1-\alpha} \sum_1^N k_j^\alpha = (1+g)Y_t$.

5 Tatsächlich folgt aus den Theoremen von Rothschild und Stiglitz (1976), dass jede Reduktion in der Streuung von k_j, die den Mittelwert unverändert lässt, den Output $Y_t = \bar{A} \sum_1^N k_j^\alpha$ erhöht und daher die Wachstumsrate auf $g = s(Y_t/K_t) - \delta$ steigert.

Die Produktionsfunktion jedes Produzenten j ist

$$y_j = \tau_j k_j$$

Wobei der individuelle Produktivitätsparameter τ_j zwischen den Individuen variiert:

$$\tau_1 > \tau_2 > \cdots > \tau_N$$

Der Produzent wählt den Einsatz der Menge k_j, die seinen Profit maximiert

$$\tau_j k_j - r(k_j - e_j) \tag{6.13}$$

unter der Bedingung der Kreditbeschränkung

$$k_j \leq \nu e_j$$

Die Lösung des Maximierungsproblems unter Nebenbedingung hängt davon ab, wie produktiv das Individuum ist.

1. Wenn $\tau_j > r$, wird der Profit (6.13) strikt mit der eingesetzten Kapitalmenge zunehmen, also wird das Individuum die maximale Menge νe_j, die durch die Bedingung der Kreditbeschränkung möglich ist, einsetzen.
2. Wenn $\tau_j < r$, kann das Individuum mehr verdienen, indem es Kapital verleiht anstatt zu produzieren, also wird es kein Kapital einsetzen und die Menge e_j verleihen.
3. Wenn $\tau_j = r$, ist der Profit unabhängig von k_j. Also ist das Individuum gewillt, jede Menge zwischen 0 und der oberen Grenze νe_j einzusetzen.

Ein Gleichgewicht auf den Kapitalmärkten verlangt, dass der gesamte Kapitaleinsatz gleich dem aggregierten Kapitalstock K_t ist. Das wird durch einen gleichgewichtigen Zinssatz erreicht, der gleich dem Produktivitätsparameter τ_m eines Grenzproduzenten m ist. Alle Individuen $j < m$ gehören zu Fall 1 und alle Individuen $j > m$ gehören zu Fall 2. Der aggregierte Kapitaleinsatz entspricht dem Kapitaleinsatz des Grenzproduzenten plus der maximalen Menge, die all jene in Fallgruppe 1 einsetzen können, so dass die Gleichgewichtsbedingung[6] lautet:

$$k_m + \nu \textstyle\sum_0^{m-1} e_j = K_t \tag{6.14}$$

Da der Grenzproduzent zu Fall 3 gehört, muss gelten:

$$0 \leq k_m \leq \nu e_m \tag{6.15}$$

Daher verlangt das Kapitalmarktgleichgewicht[7], dass:

$$\textstyle\sum_0^{m-1} e_j \leq K_t/\nu \leq \sum_0^{m} e_j \tag{6.16}$$

Bedingung (6.16) besagt, dass der Einsatz durch Individuen, die produktiver als m sind, K_t nicht überschreiten kann und dass, wenn m die maximal einsetzbare Menge wäre, die durch die Kreditbeschränkungsbedingung zugelassen ist, die Kapitalmenge mindestens K_t entsprechen würde. Die Bedingung legt die Identität des Grenzproduzenten m fest, weil es fast immer nur einen Wert für m gibt für den sie erfüllt ist. Die Ausnahme ist der Fall, in dem

---

6 Es sei $e_0 = 0$ definiert, so dass die Summe in Gleichung (6.14) Sinn macht, wenn $m = 1$.

7 Um Gleichung (6.16) zu erhalten, verwendet man Gleichung (6.14), um k_m in Gleichung (6.15) zu ersetzen, dann dividiert man alle drei Ausdrücke in den resultierenden zwei Ungleichungen durch ν und addiert $\sum_0^{m-1} e_j$.

$K_t/\nu = \sum_0^n e_j$ für irgendein Individuum n gilt, wobei entweder n oder $n + 1$ als Grenzproduzent bestimmt werden könnte.

Nun wird deutlich, was passiert, wenn die Kreditbeschränkung enger wird, das heißt, wenn der Kreditmultiplikator ν reduziert wird. Zuerst sei angenommen, dass das produktivste Individuum keine zusätzliche Kreditaufnahmekapazität hat, was der Fall ist, wenn $K_t/\nu \geq e_1$ und $m > 1$ ist. In diesem Fall werden alle Produzenten $j < m$, die produktiver sind als der Grenzproduzent, ihren Kapitaleinsatz verringern müssen, wenn ν fällt, während der Grenzproduzent die Lücke ausfüllt. Es sei denn, der Grenzproduzent hat nicht genug Einkommen, um so viel zusätzliches Kapital zu leihen, in dem Fall wird jemand, der sogar noch weniger produktiv ist, der neue Grenzproduzent. Indem Kapital von produktiveren zu weniger produktiven Individuen umverteilt wird, wird die engere Kreditbeschränkung den gesamten Output reduzieren.

Genauer gesagt entspricht der gesamte Output in diesem Fall

$$Y_t = \tau_m k_m + \sum\nolimits_0^{m-1} \tau_j k_j = \tau_m k_m + \nu \sum\nolimits_0^{m-1} \tau_m e_m$$

Dies impliziert zusammen mit der Markträumungsbedingung (6.14), dass

$$Y_t = \tau_m K_t + \nu \sum\nolimits_0^{m-1} \left(\tau_j - \tau_m\right) e_j$$

Also erhält man

$$\frac{\partial Y_t}{\partial \nu} = \sum_0^{m-1} \left(\tau_j - \tau_m\right) e_j > 0,$$

da $\tau_j > \tau_m$ für alle $j < m$.

Als Nächstes wird der Fall $K_t/\nu < e_1$ betrachtet. In diesem Fall ist die Kreditbeschränkung ausreichend schwach, so dass alles Kapital von dem produktivsten Individuum eingesetzt wird und also der Output der größtmöglichen Menge entspricht:

$$Y^{\max} = \tau_1 K_t$$

In beiden Fällen entspricht die Wachstumsrate, wie im vorherigen Modell

$$g = s(Y_t/K_t) - \delta$$

Also wird eine Reduktion des Kreditmultiplikators das Wachstum verringern, indem es Y_t verringert, außer in dem Fall, in dem das produktivste Individuum freie Kreditaufnahmekapazitäten hat. In diesem Fall ist $g = s\tau_1 - \delta$, was wiederum unabhängig vom Kreditmultiplikator ist.

Man beachte, dass dieses Modell eine positive Beziehung zwischen Wachstum und Ungleichheit produzieren kann, dergestalt, dass im Falle einer großen Kreditknappheit die Wirtschaft schneller wachsen wird, wenn Individuum 1 alles Kapital besitzt, als wenn jeder die gleiche Menge K_t/N besitzen würde, da im letzteren Fall die Beschränkungen der Kreditaufnahme dazu führen würden, dass das gesamte Kapital nicht seiner produktivsten Verwendung zugeführt werden würde – wohingegen dies im ersteren Fall nicht so wäre.

Diese Folgerung bedeutet jedoch nicht, dass jede Zunahme der Ungleichheit das Wachstum erhöhen würde, da es nicht nur von Bedeutung ist, dass das Eigentum konzentriert ist, sondern dass es in den Händen der talentiertesten Individuen konzentriert sein muss. Also würde eine Verringerung der Ungleichheit die Vermögen von reichen, aber nicht sehr talentierten Individuen zu armen, aber talentierten Individuen umverteilen und würde in eine Zunahme des Wachstums – genau wie im vorherigen Modell – münden.

6.4 Die empirischen Ergebnisse: Levines Studie kurz und knapp

Ein Großteil der Literatur über Finanzierung und Wachstum hat sich mit internationalen Querschnitts- oder Panelregressionen der Form

$$g_i = \beta_0 + \beta_1 \text{Findev}_i + \beta_2 X_i + u_i$$

befasst, wobei g_i die durchschnittliche Wachstumsrate in Land i während der Periode oder Subperiode ist, Findev_i ist das Niveau der finanziellen Entwicklung des Landes (entweder zu Beginn der Periode oder der Durchschnitt über die Periode hinweg), X_i ist ein Vektor von Kontrollvariablen (Politikvariablen, Bildung, politische Stabilität, anfängliches Pro-Kopf-Einkommen etc.) und u_i ist ein Störterm.

Wie in Levines Studie erklärt wird, unterscheiden sich empirische Artikel über Finanzierung und Wachstum darin: (1) ob sie internationale Querschnittsdaten betrachten (wie King und Levine 1993a und darauf folgende Arbeiten von Levine und Koautoren) oder Querschnittsdaten auf Industrieebene wie Rajan und Zingales (1998) oder Daten auf Unternehmensebene wie Demirgüç-Kunt und Maksimovic (1998); (2) wie Findev_i gemessen wird: durch Verhältnis von Bankkrediten zum BIP oder durch Indikatoren der Aktienmarktentwicklung oder auch wie bei Rajan und Zingales (1998) mit einem Maß, das mit der Abhängigkeit der Industrie von externen Finanzierungsquellen zusammenhängt; (3) ob man Querschnitts- oder Paneldaten betrachtet und (4) ob man Instrumentvariablen für den Entwicklungsstand des Finanzwesens einsetzt oder nicht.

6.4.1 Internationale Querschnittsdaten

King und Levine (1993a)[8] untersuchen eine große Stichprobe von 77 Ländern über den Zeitraum von 1960 bis 1989. Sie führen eine Regression des durchschnittlichen Wachstums des Pro-Kopf-BIP oder des durchschnittlichen TFP-Wachstums mit der finanziellen Entwicklung und einer Reihe von Kontrollvariablen, wie in der vorherigen Gleichung spezifiziert, durch. Die Kontrollvariablen beinhalten das anfängliche Pro-Kopf-Einkommen, Bildungsmaße, Indizes für politische Stabilität und Politikindikatoren. Die finanzielle Entwicklung wird auf drei verschiedene Arten gemessen: (1) der Quotient von liquiden Verbindlichkeiten des Finanzsystems zum BIP; (2) der Quotient von Krediten der Geschäftsbanken zu der Summe

---

8 Levine (2005) schreibt Goldsmith (1969) die erste empirische Analyse zu Finanzierung und Wachstum zu. Goldsmith verwendet länderübergreifende Daten für den Zeitraum von 1960–1963, um das durchschnittliche Wachstum der finanziellen Entwicklung, gemessen durch die Größe des Finanzintermediärsektors (gemessen durch den Wert seiner Anlagegüter) auf das BIP zu regressieren und findet eine positive Korrelation zwischen der finanziellen Entwicklung und dem Outputwachstum. Wie Levine erklärt, hat diese Studie gewisse Grenzen: keine Kontrollvariablen in der Regression, keine Instrumentenvariablen, um mögliche Kausalitätsprobleme zu thematisieren, die linke Variable repräsentiert Outputwachstum anstatt Produktivitätswachstum und die Stichprobe besteht nur aus 35 Ländern. Diese Grenzen thematisieren King und Levine in ihrem wegweisenden Artikel von 1993.

der Bankkredite plus der inländischen Anlagegüter der Zentralbank (dieses Maß ist gemeinhin schlechter als die anderen); (3) der Quotient von Krediten an Privatunternehmen zum BIP. Jedes dieser Maße wird über den Zeitraum 1960–1989 gemittelt. Die internationale Querschnittsregression von King und Levine zeigt eine starke und signifikante Korrelation zwischen dem Produktivitätswachstum und den genannten, vorangegangenen Maßen für die finanzielle Entwicklung.

Um sicherzustellen, dass sie die kausale Beziehung von Finanzierung zu Wachstum und nicht umgekehrt erfassen, wiederholen King und Levine die gleiche Regression, aber verwenden die ursprünglichen 1960er Werte der finanziellen Entwicklung anstatt des Durchschnitts über den gesamten Zeitraum. Diese Regression zeigt auch eine positive und signifikante Korrelation zwischen finanzieller Entwicklung und Wachstum auf, was nun nahelegt, dass *„financial development in 1960 is a good indicator of economic growth over the next 30 years."*

Daran anschließend konzentrieren sich Levine und Zervos (1998) auf die Beschaffenheit des Finanzsektors, und zwar hauptsächlich auf die Bedeutung der Aktienmarktentwicklung und der Aktienmarkt-„Liquidität". Insbesondere untersuchen Levine und Zervos was sie die „turnover ratio" nennen, nämlich den Gesamtwert der aktuell gehandelten Aktien im Verhältnis zum Gesamtwert der gelisteten Aktien; und basierend auf einer internationale Querschnittsregression von 42 Ländern über den Zeitraum 1976–1993 stellen sie fest, dass sowohl das anfängliche Niveau der Bankkredite *als auch* das anfängliche Niveau dieses Turnover-Ratio in 1976 eine positive und signifikante Korrelation mit dem durchschnittlichen Produktivitätswachstum im Zeitraum 1976–1993 aufweist.

Man kann gegen die Maße der finanziellen Entwicklung, die Levine und seine Koautoren verwenden, Einwände erheben, sie sind jedoch das Beste, was getan werden kann, wenn man auf einem länderübergreifenden Niveau bleibt.

Ein schwerwiegender Einwand ist der der Kausalität: Was belegt, dass diese positive Korrelation nicht entweder die Tatsache widerspiegelt, dass die finanzielle Entwicklung aufgrund der Vorhersage von Wirtschaftswachstum auftritt oder auf der Tatsache beruht, dass eine dritte Variable, man kann sie die institutionelle Entwicklung nennen (bspw. gemessen durch den Schutz der Eigentumsrechte), sowohl höheres Wachstum als auch eine fortgeschrittenere finanzielle Entwicklung verursacht. Um diesem Endogenitätsproblem zu begegnen, verwenden Levine (1998, 1999) und Levine, Loayza und Beck (2000) die Indikatoren für die Rechtsordnung von La Porta und Kollegen (1998) als Instrumentenvariablen für die finanzielle Entwicklung. Demnach beinhaltet die Regression nun eine erste Stufe, in der die finanzielle Entwicklung jeweils mit Dummyvariablen für die anglo-amerikanische, die französische und die deutsche Rechtsordnung (entgegen skandinavischer Rechtsordnung) korreliert wird und eine zweite Stufe der Regression, in der das durchschnittliche Produktivitätswachstum auf die vorhergesagte finanzielle Entwicklung, wie sie aus der ersten Stufe der Regression abgeleitet wurde, und die gleichen Kontrollvariablen regressiert wird. Im Besonderen ermitteln Levine, Loayza und Beck (2000) eine stark positive und signifikante Korrelation zwischen der vorhergesagten finanziellen Entwicklung und dem durchschnittlichen Produktivitätswachstum im Zeitraum 1960–1995.

Levine, Loayza und Beck (2000) gehen noch weiter, indem sie internationale Panelregressionen durchführen, in denen die Periode 1960–1995 in Fünfjahresintervalle unterteilt ist und in denen für jedes Fünfjahresintervall das durchschnittliche Produktivitätswachstum der Subperiode auf die aktuelle und die vergangene finanzielle Entwicklung regressiert und für länderspezifische Fixed Effects kontrolliert wird. Und wieder finden sie positive und signifikante Korrelationen zwischen (aktueller und verzögerter) finanzieller Entwicklung und dem durchschnittlichen Produktivitätswachstum während der Subperiode.

Weil Guiso, Sapienza und Zingales (2002) von einer länderübergreifenden zu einer regionenübergreifenden Analyse innerhalb eines Landes (Italien) wechseln, können sie präzisere Maße für die finanzielle Entwicklung konstruieren und zeigen, dass die finanzielle Entwicklung, wie sie sie messen, eine bedeutende Determinante interregionaler Konvergenz ist. Genauer gesagt konstruieren Guiso, Sapienza und Zingales ihr Maß für die regionale finanzielle Entwicklung, indem sie ein lineares Wahrscheinlichkeitsmodell schätzen, in dem sie die Wahrscheinlichkeit, dass Individuen der Zugang zu Krediten verweigert wird (sie erhalten Informationen über den individuellen Zugang zu Krediten aus einer Umfrage, die von der Zentralbank Italiens durchgeführt wurde, die auch Informationen über die Region, zu der jedes Individuum gehört, bereitstellt), auf regionale Dummies und eine Reihe von Kontrollvariablen regressieren. Die Koeffizienten der regionalen Dummies sind das Maß für die regionale finanzielle Entwicklung, wobei Guiso, Sapienza und Zingales die regionale Zusammensetzung der Bankenzweigstellen von 1936 als Instrumentenvariable verwenden.[9]

6.4.2 Querschnittsdaten auf Industrieebene

Ein wegweisender Versuch auf ein mikroökonomischeres Niveau zu gelangen, indem interindustrielle Vergleiche zwischen Ländern betrachtet werden, stammt von Rajan und Zingales (1998). Ihre Erkenntnis ist, dass das Wachstum in Industrien, die stärker von externen Finanzierungsquellen abhängen, mehr von einer höheren finanziellen Entwicklung profitieren sollte als in Industrien, die nicht so sehr von Fremdkapital abhängig sind. Das Problem ist es, Industriezweige zu identifizieren, die eine höhere Wahrscheinlichkeit besitzen auf Fremdfinanzierung angewiesen zu sein als andere Industriezweige.

Rajan und Zingales regressieren das durchschnittliche Wachstum der Wertschöpfung der Industrie k in Land i auf (1) Landes- und Industriedummies; (2) den Anteil der Industrie k an der gesamten verarbeitenden Industrie des Landes i; und (3) die Interaktion zwischen der finanziellen Entwicklung in Land i (gemessen durch Aktienmarktkapitalisierung plus inländische Kredite geteilt durch BIP) und der Abhängigkeit der Industrie k von Fremdfinanzierung (gemessen durch den Anteil der Kapitalkosten, die in der gleichen Industrie in den USA nicht eigenfinanziert sind). Die Idee dahinter ist, dass die Unternehmen in den Vereinigten Staaten keine finanziellen Beschränkungen kennen, so dass dieses Maß für die Abhängigkeit von der Fremdfinanzierung als unabhängig von der finanziellen Entwicklung gesehen werden kann und stattdessen nur von technologischen Faktoren abhängt. Rajan und Zingales beziehen die finanzielle Entwicklung nicht separat ein, da diese Herangehensweise Kollinearität mit den Länderdummies erzeugen würde.

Rajan und Zingales verwenden eine Stichprobe von 36 Industrien in 42 Ländern und finden einen Interaktionskoeffizienten zwischen der Abhängigkeit von der Fremdfinanzierung und ihrem Maß finanzieller Entwicklung, der positiv ist und hoch signifikant auf dem 1 %-Niveau ist. Damit weisen sie eine starke Evidenz nach, dass eine höhere finanzielle Entwicklung Wachstum in den Industrien verstärkt, die stärker von Fremdfinanzierung abhängig sind. Abbildung 6.1 fasst ihre wichtigsten Ergebnisse zusammen.

Aufbauend auf die Methode von Rajan und Zingales verwenden Beck und Kollegen (2004) länderübergreifende/industrieübergreifende Daten, um den Effekt der Interaktion zwischen

---

9 Im Jahr 1936 wurde ein Gesetz erlassen, das den Markteintritt in den Bankensektor einschränkte.

finanzieller Entwicklung und durchschnittlicher Unternehmensgröße in der entsprechenden Industrie in den Vereinigten Staaten (sie stützen sich wieder auf die implizite Annahme, dass nur technologische Faktoren und nicht Finanzmarktfriktionen diese durchschnittliche Größe in den Vereinigten Staaten bestimmen) auf das Produktivitätswachstum zu betrachten. Sie stellen fest, dass höhere finanzielle Entwicklung Wachstum in den Industrien verstärkt, die zu einem größeren Teil aus kleinen Unternehmen bestehen. Dieses Ergebnis ist mit der vorausgegangenen Arbeit von Bernanke, Gertler und Gilchrist (1999) konsistent, die nahelegt, dass kleinere Unternehmen mehr finanziellen Beschränkungen unterworfen sind als große Unternehmen.

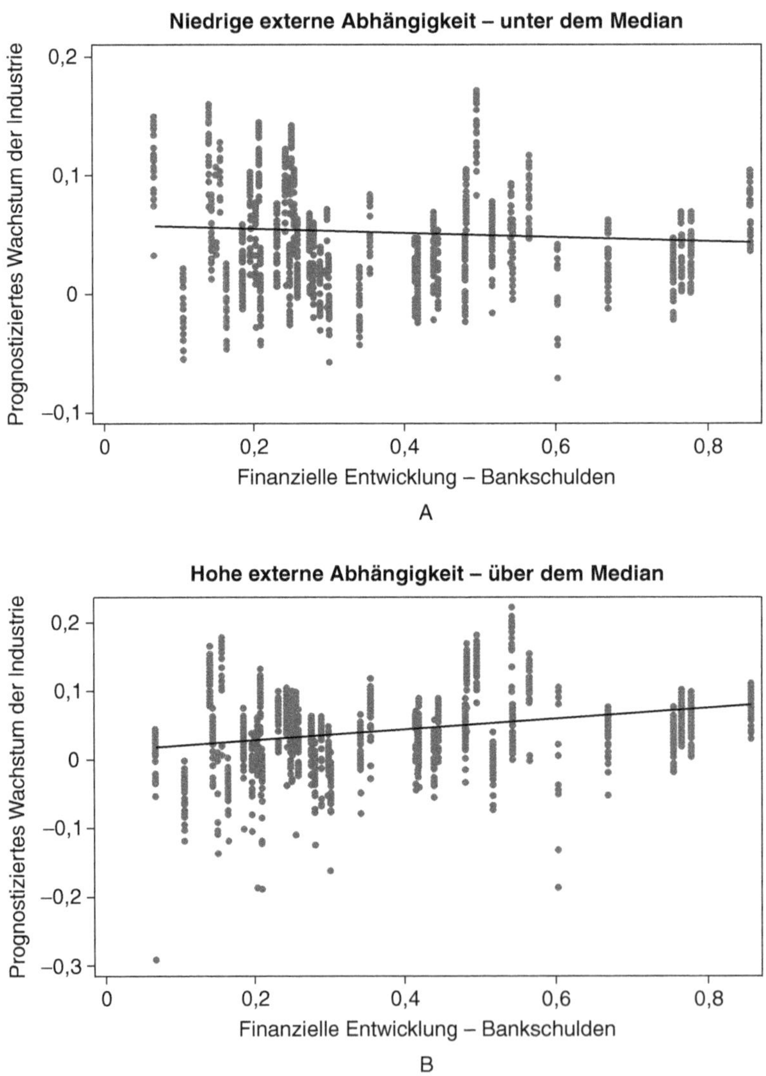

Abb. 6.1: Externe finanzielle Abhängigkeit und Wachstum der Industrie

6.5 Fazit

In diesem Kapitel wurden finanzielle Beschränkungen in das Schumpeterianische Wachstumsmodell eingeführt und es wurde der Vorhersage entgegengetreten, dass Wachstum mit mehr finanzieller Entwicklung zunehmen sollte, indem vorhandene empirische Belege aus länderübergreifenden und industrieübergreifenden Daten verwendet wurden. Es wurde auch die Beziehung zwischen Vermögensungleichheit und Wachstum in einer Volkswirtschaft mit Kreditbeschränkungen diskutiert. Das nächste Kapitel führt einen Schritt weiter und zeigt, dass man, indem man das Niveau der finanziellen Entwicklung eines Landes mit seinem Niveau der technologischen Entwicklung verknüpft, den beobachteten Konvergenz- und Divergenzmustern Rechnung tragen kann. In Kapitel 14 werden finanzielle Beschränkungen noch einmal auftauchen, aber dann um das Zusammenspiel zwischen makroökonomischer Volatilität und Wachstum und der potenziell wachstumsfördernden Rolle kontrazyklischer Fiskalpolitik zu analysieren.

Literatur

Zu den wegweisenden Autoren, die die Bedeutung der Beziehung zwischen Finanzierung und Wachstum hervorgehoben haben, gehören Bagehot (1873), Schumpeter (1912), Gurley und Shaw (1955), Goldsmith (1969) und McKinnon (1973).

Seit damals wurde viel getan, um das Verständnis dieses Thema sowohl theoretisch als auch empirisch zu verbessern. Von Seiten der Theorie wurde betont, dass Finanzintermediäre, Märkte oder Verträge dabei helfen können, (1) Informationen zu produzieren und zu verarbeiten und die Ressourcenallokation zu verbessern (Boyd und Prescott 1986); (2) Kapital effizienter zu allozieren, indem sie bessere Informationen über Unternehmen bereitstellen und vielversprechendere Unternehmen finanzieren (Greenwood und Jovanovic 1990); (3) die Rate der technologischen Innovation zu erhöhen, in dem sie Unternehmer identifizieren, die die besten Chancen haben, erfolgreich neue produktive Prozesse zu beginnen (King und Levine 1993b); (4) Corporate Governance zu fördern und somit Wachstum zu beeinflussen (Bencivenga und Smith 1993); (5) den Handel, das Hedging und das Pooling von Risiken zu erleichtern und damit positive Folgen für Wachstum zu schaffen (Acemoglu und Zilibotti 1997); (6) die Akkumulation von physischem Kapital und Humankapital in Volkswirtschaften mit Vermögensungleichheit und Kreditknappheit zu unterstützen und dadurch Wirtschaftswachstum zu erhöhen (Banerjee und Newman 1993; Galor und Zeira 1993; Aghion und Bolton 1997; Piketty 1997) und (7) Transaktionskosten zu verringern und stärkere Spezialisierung, Innovation und Wachstum zu fördern (Greenwood und Smith 1996).

Die hier verwendete Formulierung des Kreditmultiplikators folgt sehr eng dem Ansatz von Bernanke und Gertler (1989).

Von Seiten der Empirie ist der erste grundlegende Beitrag, nach der wegbereitenden Arbeit von Goldsmith (1969), derjenige von King und Levine (1993a), die länderübergreifende Daten verwendet haben, um zu analysieren, ob die finanzielle Entwicklung langfristiges Wachstum, Kapitalakkumulation und Produktivitätswachstum voraussagt. Der zweite einflussreiche Beitrag ist der Artikel von Rajan und Zingales (1998). Sie untersuchen sektorale Daten aus unterschiedlichen Ländern und das Ausmaß mit dem die entsprechenden Sektoren in den Vereinigten Staaten von Fremdfinanzierung abhängig sind, um Regressionen zu ermitteln, die für länderspezifische Fixed Effekts kontrollieren und die Kausalität von finanzieller Entwicklung zu Wachstum tatsächlich erfassen (d. h. die die Thematik der Endogenität finanzieller Entwicklung adressieren). Demirgüç-Kunt und Maksimovic (1998) haben eine ähnliche Methode verwendet, um die Beziehung zwischen Wachstum und Finanzierung auf Unternehmensebene zu analysieren. Levine und Zervos (1998) fügen Maße für die Aktienmarktentwicklung hinzu und untersuchen die Beziehung zwischen diesen Maßen und Wirtschaftswachstum. Einige ökonometrische Techniken wurden in letzter Zeit verwendet, um präzisere Maße für die Rolle des Finanzsektors für Wirtschaftswachstum zu erhalten, wie z. B. eine Paneldatenanalyse (Levine, Loayza und Beck 2000; Rousseau und Wachtel 2000) und eine Zeitreihenanalyse (Rousseau und Wachtel 1998; Arestis, Demetriades und Luintel 2001). Es wurden auch Fallstudien durchgeführt, wie z. B. von Jayaratne und Strahan (1996), die die einzelnen Staaten der Vereinigten Staaten untersuchten, und von Guiso, Sapienza und Zingales (2002) für einzelne Regionen Italiens.

Eine komplette und umfangreiche Übersicht über das Thema dieses Kapitels kann bei Levine (2005) gefunden werden.

▶ Aufgaben

1. Stellen Sie verschiedene Kanäle dar, über die die Entwicklung des Finanzwesens das Wachstum stärken kann. Levine, Loayza und Beck (2000) verwenden die Indikatoren für die Ursprünge des Rechtssystems von La Porta et al. (1998) als Instrumentvariablen für die Entwicklung des Finanzwesens in einer Länderquerschnittsregression. Erklären Sie intuitiv, wie die Ursprünge des Rechtssystems (z. B. die Art des von einem Land angenommenen Rechtssystems) die nachfolgende Entwicklung des Finanzwesens beeinflussen können.
2. **Ursache-Wirkungs-Effekte des Finanzsystems auf das Wirtschaftswachstum**
   Wie im empirischen Abschnitt diskutiert wurde, ist es sehr schwer eine Ursache-Wirkungskette zwischen der Entwicklung des Finanzwesens und dem Wirtschaftswachstum nachzuweisen, obwohl eine Korrelation zwischen den Maßen für diese beiden Variablen existiert. Um dieses Endogenitätsproblem zu adressieren, verwenden Levine (1998, 1999) sowie Levine, Loayza und Beck (2000) die Indikatoren für die Ursprünge des Rechtssystems von La Porta et al. (1998) als Instrumentvariablen für die Entwicklung des Finanzwesens. Das bedeutet, dass die Regressionsrechnung eine erste Stufe umfasst, bei der die Entwicklung des Finanzsystems über Dummyvariablen für die anglosächsischen, die französischen bzw. die deutschen Ursprünge des Rechtssystems (gegenüber den skandinavischen Ursprüngen) regressiert wird, und eine zweite Stufe der Regression, auf der das durchschnittliche Wachstum der Produktivität auf die vorhergesagte Entwicklung des Finanzwesens, wie sie aus der Regression auf der ersten Stufe abgeleitet wurde, regressiert wird und dieselben Kontrollvariablen wie in den grundlegenden Regressionsrechnungen verwendet werden.
   Glauben Sie, dass die Ursprünge des Rechtssystems ein geeignetes Instrument für die Ursache-Wirkungs-Beziehung zwischen der Entwicklung des Finanzwesens und Wachstum ist? Diskutieren Sie diesen Punkt.
   Können Sie sich irgendeine innovative Vorgehensweise vorstellen, um eine exogene Variation des Entwicklungsstands des Finanzwesens (entweder zwischen Ländern oder innerhalb eines Landes) zu finden, um damit die Hypothese zu testen, dass der Entwicklungsstand des Finanzwesens einen ursächlichen Effekt auf das Wirtschaftswachstum hat?

3. **Liquidationswert und FuE**
Betrachten Sie das Modell mit einem Screening ex ante, wie es zu Anfang des Kapitels vorgestellt wurde. Im grundlegenden Fall, in dem der fähige Innovator nicht erfolgreich ist, erzielt das Projekt eine Auszahlung von null. Betrachten Sie nun dagegen einen Fall, in dem der fähige Innovator nicht erfolgreich ist, das Projekt aber eine erwartete Auszahlung von γN_t für $\gamma < 1$ erzeugt. Diese Auszahlung kann als Liquidationswert des nicht erfolgreichen Projekts interpretiert werden. Nehmen Sie an, dass der Liquidationswert von der Bank vollständig erkannt werden kann, wenn das Projekt scheitert. Der Innovator kann sich deshalb nicht mit ihm davonmachen.
Dann wird die kombinierte Auszahlung eines fähigen Innovators und seiner Bank der erwartete Gewinn aus einer erfolgreichen Innovation plus der erwartete Liquidationswert einer nicht erfolgreichen Innovation minus der FuE-Kosten minus der Screening-Kosten sein:

$$\mu\delta A_{t-1} + (1-\mu)\gamma N_t - f\frac{N_t}{\phi}$$

   a) Lösen Sie diese Gleichung nach der gleichgewichtigen Innovationswahrscheinlichkeit und nach der optimalen Wachstumsrate auf.
   b) Zeigen Sie, dass das Ausleihvolumen der Bank größer ist, wenn der Liquidationswert höher ist.

4. ***Die Einkommensverteilung und Humankapital**
Die Ökonomie besteht für zwei Perioden. In Periode 1 arbeitet ein Individuum für den Lohn w, konsumiert c, spart s und entscheidet über das Investitionsvolumen für die Ausbildung seines Kinds e. Es stirbt am Ende der Periode. Der Nutzen des Haushalts i ist gegeben durch

$$U_i = \alpha \log c_i + (1-\alpha)\log b_i, \text{ mit } 0 < \alpha < 1,$$

wobei b_i der Konsum des Kindes ist. Die angeborenen Fähigkeiten der Kinder variieren über die Haushalte hinweg und damit auch die Kosten der Ausbildung. Nehmen Sie an, dass die Kosten für die Ausbildung für Haushalt i durch $\theta_i e_i$ gegeben sind. In der zweiten Periode erhalten die Individuen einen Lohn $w(e)$. Aufbauend auf der Mincerschen Regression wird angenommen, dass $w'(e) > 0$ und $w''(e) < 0$ gilt. Nehmen Sie an, dass die Haushalte Geld zum Zins r ausleihen und zum Zins R Kredite aufnehmen können. Die Zinsen für die Kreditaufnahme und Kreditvergabe können sich aufgrund Friktionen bei den Verträgen in der Ökonomie unterscheiden.
   a) Betrachten Sie den Fall, in dem es keine Friktionen im Kreditmarkt gibt und deshalb $R = r$ gilt. Charakterisieren Sie das Entscheidungsproblem des Haushalts. Zeigen Sie, dass die Wahl der Ausbildung unabhängig von der Form der Nutzenfunktion ist.
   b) Nehmen Sie nun einen Fall an, in dem, aufgrund von vertraglichen Problemen, niemand bereit ist, den Haushalten Geld zu leihen. Das bedeutet, dass die Haushalte Geld zum Zinssatz r verleihen können, aber keine Kredite aufnehmen können während des Übergangs von Periode 1 nach Periode 2 (oder $R = +\infty$). Zeigen Sie, dass die Entscheidungen über die Ausbildung und den Konsum nicht mehr getrennt werden können.
   c) Diskutieren Sie, wie sich die Resultate aus a und b basierend auf (i) dem relativen Gewicht, den ein Haushalt dem Konsum seiner Kinder gemessen durch α, beimisst; (ii) dem anfänglichen Einkommensniveau, gemessen durch w_i, unterscheiden.

7 Technologietransfer und internationale Konvergenz

7.1 Einleitung

Die Geschichte der Einkommensunterschiede zwischen Ländern weist gemischte Muster von Konvergenz und Divergenz auf. In langfristigen Betrachtungen ist das erstaunlichste Muster das der „großen Divergenz" – Pritchett (1997) schätzt, dass sich die relative Lücke zwischen dem Lebensstandard der reichsten und der ärmsten Länder zwischen 1870 und 1990 mehr als verfünffacht hat. Aktuellere Belege (nach 1960) weisen auf Konvergenz hin – die Ergebnisse von Barro und Sala-i-Martin (1992a), Mankiw, Romer und Weil (1992) und Evans (1996) scheinen zu implizieren, dass die meisten Länder zu parallelen Wachstumspfaden konvergieren. Aber viele arme Länder divergieren weiterhin – die relative Lücke zwischen den Pro-Kopf-Einkommen der reichsten und der ärmsten Konvergenzgruppen bei Mayer-Foulkes (2002) nahm zwischen 1960 und 1995 um den Faktor 2,6 zu und die verhältnismäßige Lücke zwischen den reichsten und ärmsten Gruppen bei Maddison (2001) wuchs um den Faktor 1,75 zwischen 1950 und 1998.

Es scheint also, dass es seit Mitte des 20. Jahrhunderts einen „Konvergenzclub" gegeben hat. Die meisten Länder mit hohen und mittleren Einkommen gehören zu dem Konvergenzclub, der Gruppe mit einer gemeinsamen langfristigen Wachstumsrate, wohingegen viele arme Länder aus diesem Club ausgeschlossen blieben und grundsätzlich niedrigere Wachstumsraten aufweisen.

Clubkonvergenz stellt ein Problem für die neoklassische Theorie dar, die absolute Konvergenz der Wachstumsraten impliziert und daher impliziert, dass alle Länder Mitglied des gleichen Clubs sein sollten. Sie stellt auch ein Problem für die AK-Theorie dar, die unabhängige Wachstumsraten zur Folge hat, was nahelegt, dass es überhaupt keinen Konvergenzclub geben sollte. Für die Schumpeterianische Theorie stellt sie jedoch kein Problem dar. Das Hauptziel dieses Kapitels ist, zu zeigen, wie die Schumpeterianische Theorie Clubkonvergenz erklären kann, indem das wichtige Phänomen „Technologietransfer" und die damit verbundene Vorstellung des „Abstands zur Technologiegrenze" berücksichtigt wird.

Ausgangspunkt ist die Beobachtung von Gerschenkron (1962), dass ein Land, das weit von der weltweiten Technologiegrenze entfernt liegt, einen gewissen „Vorteil der Rückständigkeit" aufweist, weil es schnell wachsen kann, indem es einfach Technologien adoptiert, die in fortgeschrittenen Ländern entwickelt wurden. Dieser Vorteil wird modelliert, in dem angenommen wird, dass in jedem Land die Technologie, die ein erfolgreicher Innovator implementiert hat, Ideen aus der ganzen Welt beinhaltet. Es findet also ein „Technologietransfer" aus anderen Ländern statt, wann immer Innovation erfolgt.

Der Technologietransfer wird die Lücke zwischen reichen und armen Ländern stabilisieren und erlaubt es daher den armen Ländern, so schnell zu wachsen wie die reichen, aber nur dann, wenn die armen Länder Ressourcen für Innovationen bereitstellen, denn Innovationen bilden den Prozess, durch den die Technologie übertragen wird. Wenn es einem Land nicht gelingt zu innovieren, wird es stagnieren, während der Rest der Welt weiter voranschreitet. Der Konvergenzclub wird aus den Ländern bestehen, die ständig innovieren.

Der Grund, weshalb Innovationen für Technologietransfer notwendig sind, liegt darin, dass technologisches Wissen häufig implizit und den jeweiligen Rahmenbedingungen angepasst ist.[1] Es kann nicht einfach kopiert und kostenlos in ein anderes Land übertragen werden. Stattdessen muss das Empfängerland Ressourcen investieren, um die Technologie zu beherrschen und sie an lokale Bedingungen anzupassen. Diese Investition sieht vielleicht nicht aus wie die FuE-Aktivität an der Technologiegrenze, die in den führenden Industrieländern stattfindet, aber analytisch weist sie die gleichen Eigenschaften wie FuE auf – es ist eine kostenintensive Aktivität, die auf den Ideen von anderen aufbaut, um etwas Neues in einem bestimmten Umfeld zu erschaffen.[2] Obwohl die Implementierung einer ausländischen Technologie einfacher sein mag als eine komplett neue zu erfinden, ist dies ein gradueller und kein grundlegender Unterschied.

7.2 Ein Modell zur Clubkonvergenz

7.2.1 Grundlagen

Das Modell entspricht bis auf die Spezifikation der Innovationstechnologie dem multisektoralen Schumpeterianischen Modell aus Kapitel 4. Zeit ist diskret. Individuen leben eine Periode lang und haben lineare Konsumpräferenzen. Es gibt ein Endprodukt, das mithilfe von Arbeit und Zwischenprodukten entsprechend

$$Y_t = L^{1-\alpha} \int_0^1 A_{it}^{1-\alpha} x_{it}^{\alpha} di, 0 < \alpha < 1$$

produziert wird, wobei x_{it} der Input des Zwischenprodukts i und A_{it} dessen Produktivitätsparameter ist. Es wird $L = 1$ gesetzt.

Das Endprodukt wird unter vollständigem Wettbewerb produziert, also entspricht der Preis jedes Zwischenprodukts seinem Grenzprodukt:

$$p_{it} = \alpha A_{it}^{1-\alpha} x_{it}^{\alpha-1}$$

Wie in den vorherigen Kapiteln wird jedes Zwischenprodukt i von einem Monopolisten eins zu eins unter Verwendung des Endprodukts als Input produziert. Der Monopolist wählt x_{it} so, dass sein Profit

$$\Pi_{it} = p_{it} x_{it} - x_{it} = \alpha A_{it}^{1-\alpha} x_{it}^{\alpha} - x_{it}$$

maximiert wird, woraus die gleichgewichtige Menge

$$x_{it} = \alpha^{\frac{2}{1-\alpha}} A_{it}$$

[1] Siehe Arrow (1969) und Evenson und Westphal (1995).

[2] Cohen und Levinthal (1989) und Griffith, Redding und Van Reenan (2004) haben auch argumentiert, dass FuE des Empfängerlandes ein notwendiger Input für Technologietransfer ist.

und der gleichgewichtige Profit

$$\Pi_{it} = \pi A_{it}^*$$

folgen. Wobei $\pi = (1-\alpha)\alpha^{\frac{1+\alpha}{1-\alpha}}$ wieder die gleiche Konstante wie zuvor ist.

Die Erfolgswahrscheinlichkeit μ des potenziellen Innovators in jedem Sektor ist wieder eine zunehmende Funktion $\phi(n)$ seiner produktivitätsbereinigten Forschungsausgaben $n = R_{it}/A_{it}^*$, wobei R_{it} seine FuE-Ausgaben und A_{it}^* sein angestrebtes Produktivitätsniveau sind. Wie in den vorherigen Kapiteln wählt er die Wahrscheinlichkeit μ so, dass sein erwarteter Ertrag

$$\mu\Pi_{it} - R_{it} = [\mu\pi - \tilde{n}(\mu)]A_{it} \tag{7.1}$$

maximiert wird, wobei $\tilde{n}(\mu)$ seine produktivitätsbereinigten FuE-Kosten sind und der Wert von n so gewählt wird, dass $\phi(n) = \mu$.

7.2.2 Innovation

An diesem Punkt gibt es eine kleine, aber wichtige Abweichung vom grundlegenden Schumpeterianischen Modell. Im Ausgangsmodell wurde eine Innovationsproduktionsfunktion angenommen, in der das Grenzprodukt der Forschung $\phi'(n)$ unendlich groß wird, wenn keine Forschung stattfindet.[3] Diese Annahme ist damit gleichbedeutend, anzunehmen, dass die Grenzkosten $\tilde{n}'(\mu)$ null sind, wenn $\mu = 0$. Im vorherigen Kapitel zum Beispiel entsprach die Innovationskostenfunktion $\tilde{n}(\mu) = \psi\mu^2/2$, für sie gilt $\tilde{n}'(0) = 0$. Diese Eigenschaft hilft auf die gleiche Art, die Analyse zu vereinfachen, wie die Inada-Bedingungen helfen, das neoklassische Modell zu vereinfachen, nämlich indem sie Randlösungen ausschließen. Genauer gesagt, bedeutet dies, dass immer ein gewisses Maß an Forschung stattfindet, egal wie gering der produktivitätsbereinigte Profit π ist, da es ansonsten einen positiven Grenzertrag und keine Grenzkosten geben würde.

Um Clubkonvergenz zu verstehen, ist es wichtig, diese vereinfachende Annahme fallenzulassen, um die Möglichkeit zuzulassen, dass manche Länder möglicherweise keine Forschung betreiben. Entsprechend wird nun angenommen, dass

$$\tilde{n}(\mu) = \eta\mu + \psi\mu^2/2 \tag{7.2}$$

wobei beide Parameter η und ψ streng positiv sind.[4] Die Grenzkosten entsprechen nun

$$\tilde{n}'(\mu) = \eta + \psi\mu,$$

was streng positiv ist, auch wenn $\mu = 0$. Zusätzlich wird angenommen, dass

$$\eta + \psi < \pi,$$

was garantiert, dass die gleichgewichtige Innovationswahrscheinlichkeit kleiner als eins ist.

---

3 Das bedeutet, mit $\phi(n) = \lambda n^\sigma$ ergibt sich $\phi'(n) = \sigma\lambda n^{\sigma-1}$, was sich ∞ annähert, wenn $n \to 0$, da $\sigma < 1$.

4 Dies impliziert, dass die Innovationsproduktionsfunktion die Form
$\phi(n) = \lambda\left(\sqrt{n + \mathcal{H}^2} - \mathcal{H}\right)$ (I)
hat, wobei $\lambda = (2/\psi)^{1/2}$ und $\mathcal{H} = \eta(2\psi)^{-1/2}$ Die Funktion λn^σ, die zuvor verwendet wurde, hat auch die Form (I) wenn $\sigma =$ ½ ist, in diesem Fall erhält man $\mathcal{H} = \eta = 0$.

Mit dieser neuen Form der Innovationskostenfunktion gibt es zwei Fälle, die betrachtet werden müssen:

Fall 1:

Wenn

$$\eta < \pi,$$

dann ist die Entlohnung für eine Innovation (im Verhältnis zu den Kosten) groß genug, damit Produzenten mit einer positiven Rate innovieren. Das heißt, die Bedingung erster Ordnung, um Gleichung (7.1) zu maximieren, lautet

$$\tilde{n}'(\mu) = \pi$$

und deren Lösung ist

$$\mu = (\pi - \eta)/\psi > 0$$

Fall 2:

Wenn

$$\pi \leq \eta,$$

dann sind die Bedingungen für Innovation in diesem Land so ungünstig, dass Produzenten nicht innovieren werden. Das heißt, die Bedingung erster Ordnung, um Gleichung (7.1) zu maximieren, hat keine positive Lösung, also wird das Maximierungsproblem gelöst, indem $\mu = 0$ gesetzt wird.

7.2.3 Produktivität und der Abstand zur Technologiegrenze

Angenommen ein erfolgreicher Innovator implementiert eine Technologie mit einem Produktivitätsparameter, der gleich einem Niveau $\bar{A}_t$ ist, was die globale Technologiegrenze repräsentiert und mit der Rate g wächst, die außerhalb des Landes bestimmt wird. Also wird sich jeder Produktivitätsparameter A_{it} entwickeln entsprechend

$$A_{it} = \begin{Bmatrix} \bar{A}_t & \text{mit der Wahrscheinlichkeit } \mu \\ A_{i,t-1} & \text{mit der Wahrscheinlichkeit } 1-\mu \end{Bmatrix}$$

Die Tatsache, dass ein erfolgreicher Innovator $\bar{A}_t$ implementieren kann, ist eine Bestätigung für die Form des Technologietransfers, die Keller (2002) „aktiv" nennt; d. h., dass inländische FuE Ideen verwendet, die anderswo in der Welt entwickelt wurden.[5]

Es folgt, dass der durchschnittliche Produktivitätsparameter des Landes $A_t = \int_0^1 A_{it}\, di$ sich entwickelt entsprechend

$$A_t = \mu\bar{A}_t + (1-\mu)A_{t-1} \tag{7.3}$$

---

[5] Aghion, Howitt und Mayer-Foulkes (2005) untersuchen den allgemeineren Fall:
$$A_{it} = \begin{Bmatrix} b\bar{A}_t + (1-b)A_{i,t-1} & \text{mit der Wahrscheinlichkeit } \mu \\ A_{i,t-1} & \text{mit der Wahrscheinlichkeit } 1-\mu \end{Bmatrix}$$
Wobei b eine reale Zahl zwischen 0 und 1 ist.

Das bedeutet, in dem Anteil μ der Sektoren, die innovieren, entspricht die Produktivität $\bar{A}_t$, wohingegen die Produktivität in dem übrigen Anteil gleich ist wie in der Periode $t - 1$.

Der Abstand des Landes zu der weltweiten Technologiegrenze wird umgekehrt gemessen durch das Verhältnis seines durchschnittlichen Produktivitätsparameters zu dem Parameter der globalen Technologiegrenze:

$$a_t = A_t/\bar{A}_t$$

Die Kennziffer a_t wird die „Nähe" des Landes zur Technologiegrenze genannt. Dividiert man beide Seiten von Gleichung (7.3) durch $\bar{A}_t$, sieht man, dass sich a_t entsprechend

$$a_t = \mu + \frac{1-\mu}{1+g} a_{t-1} \tag{7.4}$$

entwickeln wird.

Es existiert eine eindeutige Steady-state-Nähe a^*, die definiert wird, indem in Gleichung (7.4) $a_t = a_{t+1}$ gesetzt wird:

$$a^* = \frac{(1+g)\mu}{g+\mu} \tag{7.5}$$

Dies ist zudem eine stabile Steady-state-Situation, weil der Koeffizient von a_{t-1} in Gleichung (7.4) zwischen null und eins liegt.[6] Daher ist a^* die langfristige Nähe des Landes zur Technologiegrenze.

7.2.4 Konvergenz und Divergenz

Das erste Ergebnis dieses Modells lautet wie folgt:

Ergebnis 1 *Alle Länder mit $\pi > \eta$ werden langfristig mit derselben Rate wachsen.*

Mit anderen Worten, alle Länder, die mit einer positiven Rate innovieren, werden zu der gleichen Wachstumsrate konvergieren. Der Grund für dieses Konvergenzergebnis ist im Technologietransfer begründet, denn je weiter ein Land anfänglich von der Technologiegrenze entfernt ist, desto größer ist die durchschnittliche Größe seiner Innovationen:

$$\bar{\gamma} - 1 = \bar{A}_t/A_{t-1} - 1 = (1+g)/a_{t-1} - 1$$

Da die Wachstumsrate des Landes einfach die Häufigkeit mal der Größe der Innovationen ist[7], gilt:

$$g_t = \mu(\bar{\gamma} - 1)$$

---

6 Subtrahiert man a^* von beiden Seiten von Gleichung (7.4) und verwendet man die Tatsache, dass $\mu - a^* = -\frac{1-\mu}{1+g} a^*$ ist, erhält man $a_t - a^* = \frac{1-\mu}{1+g}(a_{t-1} - a^*)$
Beginnt man mit einer anfänglichen Nähe a_0, dann zeigt die Iteration dieser Formel, dass
$$a_t - a^* = \left(\frac{1-\mu}{1+g}\right)^t (a_0 - a^*)$$
Was sich 0 nähert, wenn $t \to \infty$.

7 Um dies zu erkennen, sei angemerkt, dass per Definition
$$g_t = \frac{A_t}{A_{t-1}} - 1 = (1+g)\left(\frac{a_t}{a_{t-1}}\right) - 1$$
Verwendet man Gleichung (7.4) um a_t in dieser Formel zu ersetzen, erhält man
$$g_t = (1+g)\left(\frac{\mu}{a_{t-1}} + \frac{1-\mu}{1+g}\right) - 1 = \mu\left(\frac{1+g}{a_{t-1}} - 1\right) = \mu(\bar{\gamma} - 1)$$

Daher wird, je weiter entfernt ein Land von der Technologiegrenze ist, seine Wachstumsrate umso höher sein. Dieser Umstand bestimmt eine Grenze dafür, wie weit ein Land hinter die Technologiegrenze zurückfallen kann, weil es letztendlich so weit zurückfallen wird, dass seine Wachstumsrate gerade so groß ist wie die Wachstumsrate der Technologiegrenze, und ab diesem Punkt wird die Lücke nicht weiter wachsen.

Formal erhält man dieses Ergebnis, da in diesem Fall $\mu > 0$ ist (Fall 1); somit wird die Steady-state-Nähe (7.5) des Landes streng positiv sein. Langfristig wiederum wird A_t proportional zu $\bar{A}_t$ sein:

$$A_t = a^* \bar{A}_t > 0$$

Daher wird die langfristige Wachstumsrate die Wachstumsrate g der globalen Produktivitätsgrenze sein:

$$\frac{A_{t+1}}{A_t} = \frac{a^* \bar{A}_{t+1}}{a^* \bar{A}_t} = \frac{\bar{A}_{t+1}}{\bar{A}_t} = 1 + g$$

Es gibt jedoch auch die folgenden Ergebnisse:

Ergebnis 2 *Alle Länder mit $\pi \leq \eta$ stagnieren langfristig.*

Das bedeutet, dass Länder mit schlechten makroökonomischen Bedingungen, einem schwachen Rechtssystem, einem schlechten Bildungssystem oder schwachen Kreditmärkten im Gleichgewicht nicht innovieren werden und daher nicht vom Technologietransfer profitieren, sondern stattdessen stagnieren. Formal bedeutet für diese Länder der Umstand, dass $\mu = 0$ ist, dass ihre gleichgewichtige Nähe zur Technologiegrenze a^* gleich null ist.

Zusammen helfen diese beiden Ergebnisse, die Fakten über Clubkonvergenz zu erklären, die in der Einleitung diskutiert wurden (Abschnitt 7.1). Das bedeutet, dass es eine Gruppe von Ländern gibt, die zu parallelen Wachstumspfaden konvergieren (d. h. mit identischen langfristigen Wachstumsraten wachsen) und eine andere Gruppe von Ländern, die immer weiter zurückfallen.

Man beachte, dass auch Länder, die zu parallelen Wachstumspfaden konvergieren, nicht notwendigerweise hinsichtlich des Niveaus konvergieren. Das heißt, dass die Steady-state-Nähe eines Landes (7.5) sich von der eines anderen unterscheiden kann, wenn sie unterschiedliche Werte der ausschlaggebenden Parameter π, η und ψ aufweisen.

Ergebnis 3 *In Ländern, in denen $\pi > \eta$ gilt, nimmt a^* mit π zu und mit η und ψ ab.*

Es liegt intuitiv nahe, dass ein Land, das beispielsweise sein Bildungssystem verbessert (und dadurch die Kostenparameter η und ψ reduziert), beginnen wird, eine Zeit lang schneller zu wachsen. Wenn es sich der Technologiegrenze weiter nähert, wird die Tatsache, dass die Größe seiner Innovationen kleiner wird, seine Wachstumsrate zurück auf g bringen. Das Endergebnis wird aber sein, dass es nun dauerhaft näher an der Technologiegrenze liegt. Dieses Ergebnis hilft, die Tatsache zu erklären, dass es systematische und dauerhafte Unterschiede zwischen den Ländern beim Produktivitätsniveau gibt. Das bedeutet, dass Konvergenz hinsichtlich der Niveaus nicht absolut, sondern bedingt ist. In diesem Modell, erreichen zwei Länder langfristig das gleiche Produktivitätsniveau, wenn sie die gleichen Parameterwerte aufweisen, ansonsten aber nicht.

Das letzte Ergebnis zum Abschluss leitet sich aus Gleichung (7.5) ab:

Ergebnis 4 *In Länder, in denen $\pi > \eta$, nimmt a^* mit g ab.*

Das bedeutet, dass eine Beschleunigung bei der Entwicklung der globalen Technologiegrenze in einer Verbreiterung der internationalen Produktivitätsverteilung resultieren wird.

Howitt und Mayer-Foulkes (2005) haben dieses Ergebnis verwendet, um Licht auf die „große Divergenz" zu werfen, die in Abschnitt 7.1 diskutiert wurde. Ihr Argument ist, dass in der Zeit um oder nach der industriellen Revolution es eine Beschleunigung des globalen Technologiewachstums gegeben hat, die in Verbindung mit der Verbreitung von wissenschaftlicher Methodologie und ihrer Anwendung in industrieller FuE stand. Länder, die an dieser Veränderung nicht direkt teilgenommen haben, (deren Parameterwerte gleich blieben) haben letztendlich von Technologietransfers mit einer erhöhten Rate profitiert, aber erst nachdem sie weiter zurückgefallen waren. Langfristig konnten sie mit der neuen, höheren Rate wachsen, aber nur weil der zunehmende Abstand zur Technologiegrenze die Größe der Innovationen in diesen Ländern ansteigen ließ/erhöhte.

An anderer Stelle (Aghion und Howitt 2006) wurde dieses Ergebnis auch verwendet, um erklären zu helfen, warum die Lücke zwischen Europa und den Vereinigten Staaten irgendwann in den 1970er oder 1980er aufhörte sich zu schließen und wieder größer wurde. Das Argument war, dass seit Ende des Zweiten Weltkriegs bis irgendwann in den 1970er oder 1980er Jahren, Europa bis zur Technologiegrenze aufgeholt hatte, aber dass während der 1990er Jahre eine Zunahme des Produktivitätswachstums in den Vereinigten Staaten verbunden mit der Revolution der Informationstechnologie stattgefunden hat, die dazu führte, dass die Wachstumsrate der Technologiegrenze zunahm. Da diese Welle der Grenzinnovationen zum größten Teil nicht in Europa ihren Ursprung hatte, konnte sie keine höhere europäische Wachstumsrate erzeugen, bis Europa weiter zurückgefallen war.

7.3 Kreditbeschränkungen als eine Quelle von Divergenz*

Das vorherige Modell kann weiterentwickelt werden, indem man annimmt, dass während die Größe der Innovationen mit dem Abstand zur Technologiegrenze zunimmt (aufgrund von Technologietransfer), die Frequenz der Innovationen von dem Verhältnis zwischen dem Abstand zur Technologiegrenze und dem aktuellen Bestand an qualifizierten Arbeitern abhängt. Howitt und Mayer-Foulkes (2005) zeigen, dass dieses erweiterte Modell nicht nur erklären kann, warum manche Länder konvergieren, während andere stagnieren, sondern auch warum sogar Länder mit einer positiven langfristigen Wachstumsrate divergieren können. Benhabib und Spiegel (2005) entwickeln eine ähnliche Darstellung von Divergenz und verweisen auf die Bedeutung von Humankapital in diesem Prozess.

In diesem Abschnitt werden stattdessen Kreditbeschränkungen als ein Grund untersucht, warum die Frequenz der Innovationen möglicherweise fällt, wenn ein Land weiter hinter die Grenze zurückfällt. Basierend auf Aghion, Howitt und Mayer-Foulkes (2005) wird ein Modell entwickelt, das die Elemente des Modells des vorherigen Abschnitts und des Schumpeterianischen Modells mit finanziellen Beschränkungen des vorherigen Kapitels kombiniert.

7.3.1 Theorie

Das Modell des vorherigen Abschnitts wird modifiziert, indem angenommen wird, dass Forschung, die Innovation in t zum Ziel hat, in $t-1$ betrieben werden muss. Nimmt man

* Dieser Abschnitt ist schwieriger als der Durchschnitt und kann übersprungen werden.

perfekt funktionierende Finanzmärkte an, dann ändert sich nichts an dem Modell. Aber wie bereits in Kapitel 6 gezeigt wurde, muss der Kreditnehmer bei unvollkommenen Kreditmärkten möglicherweise mit einer Einschränkung der Kreditvergabe rechnen, die seine Investition auf ein festes Vielfaches v seines akkumulierten Nettovermögens beschränkt. Wie in Kapitel 6 ergibt sich dieser Kreditmultiplikator aus der Möglichkeit, dass der Unternehmer seinen Kreditgeber unter Umständen betrügt. Der Multiplikator wird in den Ländern höher sein, in denen es schwerer ist, bei Betrug davonzukommen.

Es wird eine Struktur mit zwei Perioden und überlappenden Generationen angenommen, in der das akkumulierte Nettovermögen eines Unternehmers zum Zeitpunkt t seinem Lohneinkommen w_{t-1} aus der letzten Periode entspricht. Er kann also nicht mehr als vw_{t-1} für Forschung ausgeben. Da die Kosten, um mit einer Rate μ zu innovieren $\tilde{n}(\mu)A_{it}^*$ entsprechen und der angestrebte Produktivitätsparameter A_{it}^* die Grenze $\bar{A}_t$ ist, kann ihre Innovationswahrscheinlichkeit nicht $\bar{\mu}_t$ überschreiten, wobei gilt

$$\tilde{n}(\bar{\mu}_t)\bar{A}_t = vw_{t-1} \tag{7.6}$$

Der Lohnsatz w_{t-1} ist gleich dem Grenzprodukt der Arbeit, das, wie im letzten Kapitel gezeigt wurde, proportional zu A_{t-1} ist:

$$w_{t-1} = \omega A_{t-1}$$

Dividiert man Gleichung (7.6) durch $\bar{A}_t$ und verwendet man die Tatsache, dass $\bar{A}_t$ mit der Rate g wächst, kann man Gleichung (7.6) in Bezug auf die Variable, die die Nähe zur Technologiegrenze ausdrückt, wie folgt umformulieren:

$$\tilde{n}(\bar{\mu}_t) = \bar{\omega}va_{t-1} \tag{7.7}$$

Dabei ist $\bar{\omega} = \omega/(1+g)$. Gleichung (7.7) legt fest, dass μ_t eine zunehmende Funktion des Kreditmultiplikators v und der zeitverzögerten Nähe a_{t-1} ist. Verwendet man Spezifikation (7.2), kann man sie umschreiben zu[8]

$$\bar{\mu}_t = \phi(va_{t-1}) = \frac{\sqrt{2\psi\bar{\omega}va_{t-1} + \eta^2} - \eta}{\psi}$$

Damit ist sie sowohl in v als auch a_{t-1} zunehmend und für $v = 0$ und $a_{t-1} = 0$ gleich null. Es werde angenommen, dass ohne Kreditbeschränkungen die gleichgewichtige Innovationsrate $\mu = (\pi - \eta)/\psi$ streng positiv wäre (Fall 1 des vorherigen Abschnitts). Die Kreditbeschränkung wird für FuE-Investitionen bindend sein, wenn $\phi(va_{t-1})$ kleiner ist als μ. In diesem Fall muss μ durch $\phi(va_{t-1})$ in Gleichung (7.4), die die Entwicklung der Nähe zur Technologiegrenze regelt, ersetzt werden, was die beschränkte Evolutionsgleichung

$$a_t = \phi(va_{t-1}) + \frac{1-\phi(va_{t-1})}{1+g}a_{t-1} \equiv H(a_{t-1}) \tag{7.8}$$

hervorbringt, in der

$$H' > 0\,,\ H'' < 0\,,\ H(0) = 0\ \text{ und} H(1) < 1$$

Abbildung 7.1 zeigt den Fall, in dem der Kreditmultiplikator groß genug ist, dass $H'(0) > 1$ ist. Eine Differenzierung von Gleichung (7.8) zeigt, dass das der Fall ist, wenn

$$v\phi'(0) = g/(1+g) \tag{7.9}$$

---

8 Wie in Fußnote 4 erklärt, ist ϕ die Innovationsproduktionsfunktion, die durch die Kostenfunktion $\tilde{n}$ impliziert wird.

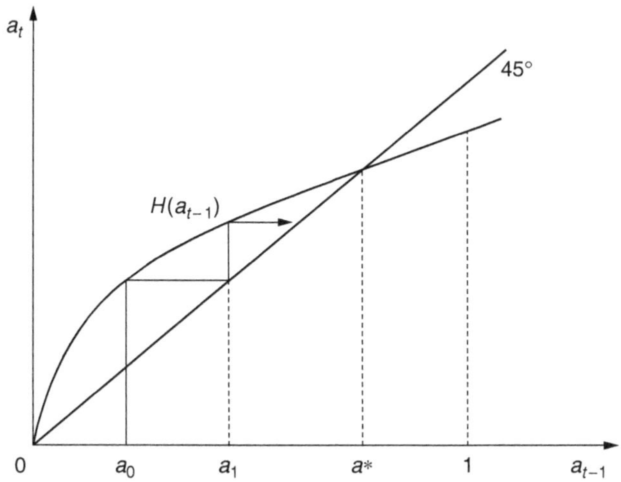

Abb 7.1

In diesem Fall wird das Land zu einem positiven Steady-state a^* konvergieren. Also wird es, wie im vorherigen Abschnitt, Teil des Konvergenzclubs mit einer langfristigen Wachstumsrate von g sein. Darüber hinaus ist seine Nähe zur Technologiegrenze im Steady-state zunehmend bzgl. des Kreditmultiplikators, da eine Zunahme von ν die H-Funktion nach oben verschieben würde.

Aber wenn der Kreditmultiplikator nicht groß genug ist, um Gleichung (7.9) zu erfüllen, dann gilt $H'(0) \leq 0$ und das Land wird, wie in Abbildung 7.2 dargestellt, zu einem degenerierten Steady-state mit $a = 0$ konvergieren. In letzterem Fall wird die Wachstumsrate des Landes nicht auf null fallen aber auf eine Rate g^h, die irgendwo zwischen 0 und g liegt und positiv von dem Kreditmultiplikator ν abhängt.[9]

Je geringer also das Niveau der finanziellen Entwicklung eines Landes ist, desto wahrscheinlicher wird es von der globalen Technologiegrenze divergieren. Dieser Schluss folgt, weil ein niedriges Niveau der finanziellen Entwicklung einen Nachteil der Rückständigkeit erzeugt, der den Vorteil im Sinne von Gerschenkron überwiegen kann. Das bedeutet, dass je weiter ein Land hinter die Technologiegrenze zurückfällt, desto weniger wird ein Unternehmer in der Lage sein, im Verhältnis zu dem, was zur Erhaltung einer gegebenen Frequenz von Innovationen notwendig ist, zu investieren, und desto weiter wird es daher künftig zurückfallen aus Mangel an Innovationen. Das ist ein geringeres Problem in finanziell weiterentwickelten

---

[9] Genauer gesagt, wie in Fußnote 7, ist

$$1 + g^h = (1 + g)\frac{a_t}{a_{t-1}}$$

Eine Taylorreihen-Entwicklung ersten Grades von Gleichung (7.8) zeigt: Wenn a_{t-1}nahe null ist, erhält man

$$a_t \simeq a_{t-1}H'(0)$$

Daher ist

$$1 + g^h \simeq (1 + g)H'(0),$$

was kleiner als $1 + g$ ist, wenn $H'(0) < 1$. Des Weiteren erhält man aus Gleichung (7.8)

$$H'(0) = \nu\phi'(0) + 1/(1 + g),$$

was impliziert, dass $1 + g^h$ im Kreditmultiplikator ν zunehmend ist.

Ländern, in denen Kreditgeber besser gegen betrugsbedingten Zahlungsausfall geschützt sind und daher eher bereit sind, Unternehmer mit einer Finanzierung zu versorgen, die diese benötigen, um mit der Technologiegrenze Schritt zu halten.

7.3.2 Evidenz

Aghion, Howitt und Mayer-Foulkes (2005; AHM) testen diesen Effekt der finanziellen Entwicklung auf Konvergenz, indem sie die folgende länderübergreifende Wachstumsregression für Länder durchführen:

$$g_i - g_1 = \beta_0 + \beta_f F_i + \beta_y \cdot (y_i - y_1) + \beta_{fy} \cdot F_i \cdot (y_i - y_1) + \beta_x X_i + \varepsilon_i \tag{7.10}$$

Wobei g_i die durchschnittliche Wachstumsrate des Pro-Kopf-BIP in Land i im Zeitraum 1960–1995 ist, F_i das durchschnittliche Niveau der finanziellen Entwicklung des Landes, y_i der anfängliche (1960) Log des Pro-Kopf-BIP, X_i ein Set anderer Regressoren und ε_i ist ein Störterm mit einem Mittelwert von null. Land 1 ist der Technologieführer, von dem AHM annehmen, dass dies die USA sind.

Es sei $\hat{y}_i \equiv y_i - y_1$ als das anfängliche relative Pro-Kopf-BIP des Landes i definiert. Unter der Annahme, dass $\beta_y + \beta_{fy} F_i \neq 0$ ist, kann Gleichung (7.10) zu

$$g_i - g_1 = \lambda_i \cdot (\hat{y}_i - \hat{y}_t^*)$$

umgeschrieben werden, wobei der Steady-state-Wert $\hat{y}_i^*$ definiert wird, indem man die rechte Seite von Gleichung (7.10) gleich null setzt:

$$\hat{y}_t^* = -\frac{\beta_0 + \beta_f F_i + \beta_x X_i + \varepsilon_i}{\beta_y + \beta_{fy} F_i}$$

λ_i ist ein länderspezifischer Konvergenzparameter:

$$\lambda_i = \beta_y + \beta_{fy} F_i$$

Er hängt von der finanziellen Entwicklung ab.

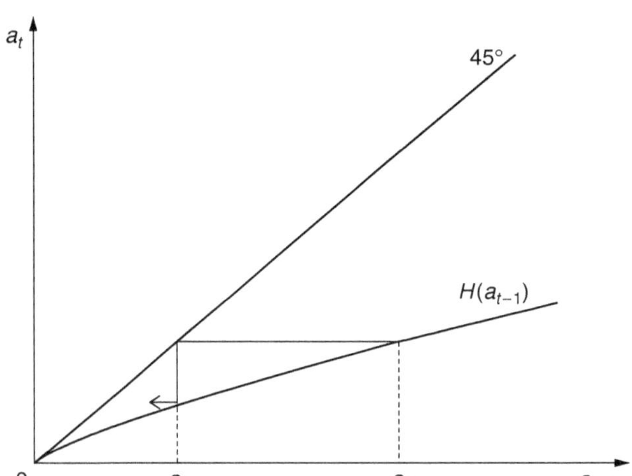

Abb. 7.2

Tab. 7.1: Wachstum, Finanzielle Entwicklung und anfängliche BIP-Lücke

Finanzielle Entwicklung (F)	Privatkredite			Liquide Verbindlichkeiten			Bankvermögen			Geschäftsbanken und Zentralbank		
Kontrollvariablenset (X)	Leer	Politik[a]	Vollständig[b]	Leer	Politik[a]	Vollständig[b]	Leer	Politik[a]	Vollständig[b]	Leer	Politik[a]	Vollständig[b]
Geschätzte Koeffizienten												
β_f	−0,015	−0,013	−0,016	−0,029	−0,030	−0,027	−0,019	−0,020	−0,022	0,000	0,031	0,013
	(−0,93)	(−0,68)	(−0,78)	(−1,04)	(−0,99)	(−0,90)	(−1,07)	(−1,03)	(−1,12)	(0,00)	(0,17)	(0,07)
β_y	1,507***	1,193*	1,131	2,648***	2,388**	2,384**	1,891***	1,335*	1,365	7,166	5,279	5,645
	(3,14)	(1,86)	(1,49)	(3,12)	(2,39)	(2,11)	(3,57)	(1,93)	(1,66)	(1,04)	(0,73)	(0,72)
β_{fy}	—	—	—	—	—	—	—	—	—	—	—	—
	0,061***	0,063***	0,063***	0,076***	0,077***	0,073***	0,081***	0,081***	0,081***	−0,110	−0,100	−0,102
	(−5,35)	(−5,10)	(−4,62)	(−3,68)	(−3,81)	(−3,55)	(−5,07)	(−4,85	(−4,46)	(−1,29)	(−1,18)	(−1,14)
Instrumenten-Test p-Werte												
Erste Stufe F-Test: *F*	0,0000	0,0014	0,0024	0,0044	0,0032	0,0042	0,0000	0,0000	0,0000	0,2654	0,2180	0,1704
Erste Stufe F-Test: $F(y\ y_l)$	0,0000	0,0000	0,0000	0,0690	0,0078	0,0088	0,0010	0,0003	0,0011	0,5160	0,2743	0,2962
Erste Stufe F-Test: $L(y\ y_l)$	0,0000	0,0000	0,0001	0,0003	0,0002	0,0022	0,0000	0,0000	0,0000	0,2329	0,2315	0,4516
Sargan-Test	0,5372	0,7255	0,5573	0,2217	0,3952	0,3627	0,8486	0,8816	0,8279	0,9661	0,8861	0,9223
C-Test for $L(y\ y_l)$	0,3773	0,7013	0,4654	0,2700	0,3549	0,2799	0,9940	0,9642	0,8424	0,9482	0,7680	0,8240
C-Test for $(y\ y_l)$	0,6475	0,7790	0,7781	0,6240	0,6341	0,6226	0,7699	0,9944	0,9784	0,9700	0,9818	0,9320
Stichprobenumfang	71	63	63	71	63	63	71	63	63	71	63	63

Die abhängige Variable $g - g_l$ ist die durchschnittliche Wachstumsrate des realen BIP pro Kopf im Verhältnis zu dem Wert für die Vereinigten Staaten, 1960–1995; F ist die durchschnittliche finanzielle Entwicklung für 1960–1995 unter Verwendung von vier alternativen Maßen; und $y - y_l$ ist the logarithmierte Wert des BIP pro Kopf im Jahr 1960 im Verhältnis zum Wert für die Vereinigten Staaten.

a. Das Kontrollvariablenset für Politik beinhaltet die durchschnittliche Zahl der Schuljahre im Jahr 1960 (school),Größe der Regierung (gov), Inflation (pi), Schwarzmarktprämie (bmp) und Offenheit für Handel (trade).

b. Das vollständige Kontrollvariablenset beinhaltet das Set für Politik plus Indikatoren für Revolutionen und Staatsstreiche (revc), politische Attentate (assass) und ethnische Diversität (avelf).

Die Schätzung von IV erfolgt durch Verwendung von L (gesetzliche Ursprünge) und $L(y - y_l)$ als Instrumente für F und $F(y - y_l)$. Die Zahlen in den Klammern Werte für die t-Statistik. Die Signifikanzniveaus von 1%, 5%, und 10% werden durch ***, ** bzw. * gekennzeichnet.

Ein Land kann zu der Wachstumsrate der Technologiegrenze konvergieren, dann und nur dann, wenn die Wachstumsrate seines relativen Pro-Kopf-BIP negativ von dem anfänglichen Wert $\hat{y}_i$ abhängt, d. h., dann und nur dann, wenn der Konvergenzparameter λ_i negativ ist. Also wird die Wahrscheinlichkeit von Konvergenz, wie von der vorhergegangenen Theorie impliziert, mit finanzieller Entwicklung zunehmen, dann und nur dann, wenn

$$\beta_{fy} < 0$$

Die Ergebnisse dieser Regression für eine Stichprobe von 71 Ländern werden in Tabelle 7.1 dargestellt, die darauf hindeutet, dass der Interaktionskoeffizient β_{fy} tatsächlich für eine Vielzahl unterschiedlicher Maße für die finanzielle Entwicklung und einer Vielzahl verschiedener Kontrollvariablensets X negativ ist. Die Schätzung wird unter Verwendung von Instrumentenvariablen, den rechtlichen Ursprüngen[10] eines Landes sowie seinen mit der anfänglichen BIP-Lücke $(y_i - y_1)$ interagierenden rechtlichen Wurzeln als Instrumente für F_i und $F_i(y_i - y_1)$ ermittelt. Die Daten, Schätzmethoden und die Auswahl der Kontrollvariablensets X sind alle direkt aus Levine, Loayza und Beck (2000) übernommen, die eine starke positive und robuste Wirkung finanzieller Intermediation auf das kurzfristige Wachstum in einer Regression ermittelt haben, die bis auf den wesentlichen Interaktionsterm $F_i(y_i - y_1)$ identisch mit Gleichung (7.10) ist und es erlaubt, dass Konvergenz von dem Niveau der finanziellen Entwicklung abhängt.

AHM zeigen, dass die Ergebnisse aus Tabelle 7.1 erstaunlich robust gegenüber unterschiedlichen Schätzverfahren, Weglassen von Ausreißern und der Einbeziehung möglicher Interaktionseffekte zwischen der anfänglichen BIP-Lücke und anderen Variablen der rechten Seite der Gleichung sind.

7.4 Fazit

Es wurde gezeigt: Sobald man die Möglichkeit zum Technologietransfer berücksichtigt, hängt die Wachstumsrate eines Landes möglicherweise nicht mehr von den Parametern dieses Landes ab, denn solange das Land in dem Konvergenzclub bleibt, wird seine Wachstumsrate die globale Rate des technologischen Fortschritts sein, die von lokalen Bedingungen unbeeinflusst sein kann. Alle inländischen Parameterveränderungen, die die Wachstumsrate ohne Technologietransfer verändert hätten, verändern nun das relative Produktivitätsniveau.

Für Mitglieder der Konvergenzclubs sieht das Schumpeterianische Modell folglich sehr wie das neoklassische Modell mit einer exogenen langfristigen Wachstumsrate aus, in dem Veränderungen in der Politik auch nur Niveaueffekte haben. Der Unterschied ist, dass im Schumpeterianischen Modell Politik das Produktivitätsniveau und nicht nur das Niveau des physischen Kapitals oder des Humankapitals pro Kopf beeinflusst.

Der Schumpeterianische Ansatz hilft auch, zu erfassen, wer zu dem Konvergenzclub gehört und wie hoch die Wachstumsrate für Nichtmitglieder sein wird. Des Weiteren kann man das Modell einfach modifizieren, um die gemeinsame Wachstumsrate der Clubmitglieder zu

---

10 Siehe LaPorta et al. (1998) für eine detaillierte Erklärung rechtlicher Ursprünge und ihrer Relevanz als ein Instrument für finanzielle Entwicklung.

endogenisieren, indem man annimmt, dass die globale Technologiegrenze mit einer Rate wächst, die positiv von den Innovationsraten μ_j in allen Ländern j abhängt. Zum Beispiel:

$$g = \sum_{1}^{n} \beta_j \mu_j$$

Wobei der Koeffizient β_j misst, in welchem Ausmaß, welche Innovation in Land j zu dem globalen Bestand an technologischem Wissen beiträgt. Mit dieser Variante hängt die gemeinsame Wachstumsrate der führenden Länder von Bedingungen hinsichtlich Kosten und Nutzen von Innovationen in allen Ländern ab, die Forschung an der Technologiegrenze durchführen.

Literatur

Konvergenz ist einer der am häufigsten untersuchten Aspekte in der Wachstumsliteratur. Ein erster Ansatz erklärt Konvergenz als Ergebnis von abnehmenden Erträgen bei der physischen oder der Humankapitalakkumulation. Dies ist der neoklassische Ansatz, der mit der Pionierarbeit von Solow (1956) begann und später von Mankiw, Romer und Weil (1992) und Barro und Sala-i-Martin (1991, 1995a) weiterentwickelt wurde.

Insbesondere Barro und Sala-i-Martin (1991) haben die Unterscheidung zwischen absoluter Konvergenz (arme Länder wachsen tendenziell schneller als reiche bei Pro-Kopf-Größen) und bedingter Konvergenz (eine Volkswirtschaft wächst schneller, je weiter sie von ihrem eigenen Steady-state-Wert entfernt ist) betont. Eine andere wichtige Unterscheidung, die von Barro und Sala-i-Martin (1992a) gemacht wurde, ist diejenige zwischen (1) der Tatsache, dass Wachstumsraten von armen Ländern niedriger sind als die ihrer reichen Gegenüber (was sie als β-Divergenz bezeichnen) und (2) der zunehmenden Streuung der Pro-Kopf-Einkommen über die Länder hinweg im Zeitverlauf (was sie als σ-Divergenz bezeichnen).

Aktuellere Studien haben den Effekt von Konvergenz auf die weltweite Einkommensverteilung untersucht. Pritchett (1997) schätzt eine starke Zunahme in der proportionalen Lücke der Lebensstandards zwischen den reichsten und ärmsten Ländern zwischen 1870 und 1990 (er spricht von „divergence, bid time"). Sala-i-Martin (2006) erhält andere Ergebnisse, wenn er eine aktuellere Zeitperiode betrachtet (1970 bis 2000) und behauptet, dass es eine allgemeine Reduzierung der globalen Einkommensungleichheit gegeben hat (er spricht von „convergence, period").

Wiederum auf dem neoklassischen Modell basierend haben einige empirische Studien versucht, die Konvergenzgeschwindigkeit zu schätzen, indem sie basierend auf länderübergreifenden Daten Paneldatentechniken verwendet haben, wie Islam (1995) und Caselli, Esquivel und Lefort (1996), und basierend auf regionalen Daten taten dies Canova und Marcet (1995).

Ein zweiter Ansatz erklärt Konvergenz primär als Ergebnis internationaler Wissensspillover. Die intuitivste Variante dieses Ansatzes verwendet das Schumpeterianische Modell, insbesondere Howitt (2000), der Clubkonvergenz erklärt; Howitt und Mayer-Foulkes (2005), die Konvergenz und Divergenz erklären; Keller (2004), der Spillovereffekte und geografische Nähe verbindet und Eaton und Kortum (2001), die Konvergenz mit Spillovereffekten und Handel verknüpfen. Die Rolle der Kreditbeschränkung als Quelle von Divergenz wird von Aghion, Howitt und Mayer-Foulkes (2005) analysiert.

Evidenz hinsichtlich Clubkonvergenz und der „Twin-Peaks"-Phänomene kann man in den Arbeiten von Quah (1993, 1996, 1997), Durlauf und Johnson (1995) und Mayer-Foulkes (2002) finden.

▶ Aufgaben

1. Stellen Sie die Faktoren, die die Konvergenz im Schumpeterianischen und im AK-Modell treiben, gegenüber. Beschreiben Sie intuitiv, wie im Schumpeterianischen Ansatz „Clubkonvergenz" erklärt werden kann.
2. **Konvergenzkonzepte**
   Nehmen Sie an, dass die Welt aus fünf Ländern besteht, deren Output jeweils durch die folgenden Funktionen gegeben ist:
   $$Y_1 = Ae^{gt}$$
   $$Y_2 = \left(A + \frac{B}{1+t}\right)e^{gt}$$
   $$Y_3 = Be^{\left(k+\frac{1}{1+t^2}\right)t}$$
   $$Y_4 = Ae^{\left(g+\frac{1}{1+t}\right)t}$$
   $$Y_5 = (B + e^{-lt})e^{kt},$$
   wobei A, B, k und g alle positiv sind und $l > g$.
   a) Welche Länder konvergieren zu derselben Wachstumsrate für $t \to \infty$?
   b) Welche Länder konvergieren zu denselben Wachstumspfaden für $t \to \infty$?
   c) Ein Modell weist bedingte Konvergenz auf, wenn Länder mit denselben zugrundeliegenden Parametern unabhängig von den Anfangsbedingungen zum selben Wachstumspfad konvergieren. Weist das Modell in Abschnitt 7.2 bedingte Konvergenz auf?
3. **Alternative Technologien der Diffusion, Teil 1**
   Betrachten Sie das Modell, das identisch mit demjenigen aus Abschnitt 7.2 ist, außer dass die FuE-Investitionsgleichung durch
   $$N_t = c(\mu)\overline{A}_t = \alpha\left(e^{\beta\mu} - 1\right)\overline{A}_t$$
   gegeben ist, wobei $\alpha, \beta > 0$ gilt.
   a) Schreiben Sie das Maximierungsproblem eines Innovators zum Zeitpunkt t auf.
   b) Lösen Sie dieses nach der gleichgewichtigen Innovationswahrscheinlichkeit μ auf.
   c) Ermitteln Sie eine Bedingung für α, β und π, die eine positive Innovationsrate im Gleichgewicht garantiert.
   d) Lösen Sie es für die Nähe zur Technologiegrenze im Steady-state a^*. Wie hängt a^* von α und β ab?
4. *** Alternative Technologien der Diffusion, Teil 2**
   Betrachten Sie das Modell aus Abschnitt 7.2, aber mit der folgenden Innovationstechnologie:
   $$A_{it} = \begin{cases}(1+g)A_{t-1} & \text{mit der Wahrscheinlichkeit } \mu_{it} \\ A_{it-1} & \text{mit der Wahrscheinlichkeit } 1-\mu_{it}\end{cases}$$
   $$N_{it} = c(\mu_{it})a_{t-1} = \left(\eta\mu_{it} + \delta\frac{\mu_{it}^2}{2}\right)a_{t-1}^2\overline{A}_t$$

Wobei $\overline{A}_t = (1 + g)\overline{A}_{t-1}$ wie zuvor gilt.

In dieser Ökonomie hängen der Umfang und die Kosten der Innovation beide von dem gegenwärtigen Technologieniveau der Ökonomie ab.

a) Schreiben Sie das Maximierungsproblem eines Innovators im Sektor i zum Zeitpunkt t auf.
b) Lösen Sie es unter Verwendung der Tatsache aus a, dass die gleichgewichtige Innovationswahrscheinlichkeit über die Sektoren hinweg konstant sein muss, nach der gleichgewichtigen Innovationswahrscheinlichkeit μ_t auf.
c) Zeigen Sie, dass die Nähe zur Technologiegrenze a_t die folgende Differenzengleichung erfüllt:

$$a_t = \frac{1 + \mu_t g}{1 + g} a_{t-1}$$

d) Welches ist die Nähe zur Technologiegrenze a^* im Steady-state in dieser Ökonomie?
e) Zeigen Sie intuitiv, dass die Nähe zur Technologiegrenze zu diesem Steady-state konvergiert.
f) Nehmen Sie an, dass die FuE-Investitionsgleichung durch

$$N_{it} = \left(\eta\mu_{it} + \delta\frac{\mu_{it}^2}{2}\right) a_{t-1}\overline{A}_t$$

gegeben ist. Wie wird sich die Nähe zur Technologiegrenze in diesem Fall entwickeln?

5. Technologietransfer durch qualifizierte Arbeit (basierend auf Howitt und Mayer-Foulkes 2005)

Nehmen Sie an, dass FuE qualifizierte Arbeit erfordert. Insbesondere soll die Wahrscheinlichkeit einer Innovation im Sektor i zum Zeitpunkt t, μ_{it}, gegeben sein durch

$$\mu_{it} = \frac{S_{it}^{\eta} Z_{it}^{1-\eta}}{\overline{A}_t}, 0 < \eta < 1,$$

wobei S_{it} das Ausbildungsniveau des Innovators ist und Z_{it} die Menge des in FuE investierten Endprodukts im Sektor i. Der Rest des Modells entspricht dem Modell in Abschnitt 7.2.

a) Zeigen Sie, dass ein Innovator mit dem Ausbildungsniveau S_{it} seine FuE-Investitionen so wählt, dass

$$\mu_{it} = \frac{S_{it}}{\overline{A}_t}[(1-\eta)\pi]^{\frac{1-\eta}{\eta}}$$

b) Nehmen Sie an, dass das Ausbildungsniveau des Innovators in einem Land proportional zur durchschnittlichen Produktivität der vorigen Periode ist: $S_{it} = \xi A_{t-1}$. Leiten Sie eine Differenzengleichung ab, die a_t bestimmt.
c) Lösen Sie diese für die Wachstumsrate im Steady-state g^* und die Nähe zur Technologiegrenze a^* auf. Wie hängen die Steady-state-Lösungen vom Qualitätsindikator für die Ausbildung ξ ab?

6. *Stochastischer Technologietransfer (basierend auf Eaton und Kortum 2002 und Melitz 2003)

Betrachten Sie die folgende Variante des Modells aus Abschnitt 7.2. Es gibt pro Sektor und Periode einen potenziellen Innovator. Um zu innovieren, muss der Innovator Fixkosten in Höhe von δ aufbringen. Seine Produktivität A_{it} ergibt sich aus einer Gleichverteilung von $[A_{it-1}, \overline{A}_t]$.

a) Zeigen Sie, dass der Innovator sich entscheiden wird, die Fixkosten dann und nur dann zu bezahlen, wenn $\delta \leq \frac{\pi}{2}(\overline{A}_t + A_{it-1})$.

b) Welche Restriktion für δ stellt eine Innovation sicher, wenn A_{it} aus einer Gleichverteilung über $[0, \overline{A}_t]$ entnommen wird?

c) Zeigen Sie für den Fall, dass δ die Bedingung aus Teil b erfüllt, dass

$$Ea_{it} = \frac{1}{2}\left(1 + \frac{a_{it-1}^2}{(1+g)^2}\right)$$

d) Nehmen Sie an, dass δ die Bedingung aus Teil b in jedem Sektor erfüllt. Verwenden Sie das Gesetz der großen Zahlen, um zu argumentieren, dass

$$a_t = \frac{1}{2}\left(1 + \frac{a_{t-1}^2}{(1+g)^2}\right)$$

Ermitteln Sie die Nähe zur Technologiegrenze a^* im Steady-state unter der Annahme, dass der Innovator immer die Fixkosten aufbringt.

e) Nehmen Sie an, dass $\delta = \xi\overline{A}_t$ gilt. Zeigen Sie, dass der Innovator die Fixkosten dann und nur dann bezahlt, wenn $a_{it-1} < \hat{a}$ gilt, wobei

$$\hat{a} = \sqrt{\left(1 - \frac{2\xi}{\pi}\right)(1+g)}$$

f) Beschreiben Sie die Dynamik, die die Nähe zur Technologiegrenze für den Fall bestimmt, dass $\hat{a} > a^*$ ist und für den Fall, dass $\hat{a} < a^*$, mit a^* als Nähe zur Technologiegrenze im Steady-state, wie sie vorher in Teil d abgeleitet wurde. (Hinweis: Es könnte nützlich sein, Ea_{it} als Funktion von a_{it-1} abzutragen.)

8 Marktgröße und die Richtung des technischen Fortschritts

8.1 Einleitung

In allen bis hierhin vorgestellten innovationsbasierten Wachstumsmodellen finden Innovationen in allen Zwischenproduktsektoren mit der gleichen durchschnittlichen Frequenz statt. In der Wirklichkeit sind jedoch manche Sektoren dauerhaft innovativer als andere. Ein Hauptgrund für diesen Unterschied zwischen den Sektoren liegt in ihrer Größe. Ceteris paribus ist es profitabler in einem größeren Sektor zu innovieren, weil ein erfolgreicher Innovator dort einen größeren Markt vorfindet. Demzufolge ist technischer Wandel eher in Richtung größerer als kleinerer Sektoren gerichtet.

Dieses Kapitel untersucht den Effekt der „Marktgröße" auf die Richtung des technischen Fortschritts und zeigt einige ihrer wirtschaftlichen Implikationen auf. Es basiert auf einer Reihe von Artikeln von Acemoglu mit unterschiedlichen Koautoren und ist wie folgt organisiert. Den Anfang macht Abschnitt 8.2 mit einem wichtigen mikroökonomischen Beispiel, nämlich der Pharmaindustrie, in der Innovationen systematisch in Richtung von Medikamenten, die von wohlhabenderen Kunden verwendet werden, gerichtet sind. Abschnitt 8.3 zeigt, wie der Effekt der Marktgröße dabei helfen kann, den jüngsten Anstieg der Lohnungleichheit in Industrieländern zu erklären. Abschnitt 8.4 zeigt, wie dieser Effekt der Marktgröße hilfreich ist, internationale Produktivitätsunterschiede zu erklären, indem eine Erläuterung verwendet wird, die sich von der des vorherigen Kapitels unterscheidet.

8.2 Marktgröße bei Medikamenten

8.2.1 Theorie

Man betrachte eine kleine offene Volkswirtschaft in diskreter Zeit. Die Volkswirtschaft wird von Individuen, die eine Periode lang leben, bevölkert. In jeder Periode gibt es zwei Arten (oder Gruppen) von Individuen, indexiert durch $j \in \{1, 2\}$. In der Volkswirtschaft gibt es drei Güter: ein Basisprodukt, das jeder konsumieren muss, und zwei Arten von Medikamenten, die auch durch $j \in \{1, 2\}$ indexiert sind. Jedes Medikament wird im Verhältnis eins zu eins mithilfe des Basisprodukts hergestellt. Gruppe j interessiert sich nur für das Medikament j. A_{jt} sei die Qualität des Medikaments j zum Zeitpunkt t und x_{jt} die Menge des Medikaments j, das zum Zeitpunkt t produziert wird.

Ein Individuum i, das zur Gruppe j gehört, zieht Nutzen aus dem Konsum des Endprodukts und des Medikaments, entsprechend

$$U_{it} = (c_{it})^{1-\alpha}\left(A_{jt}x_{ijt}\right)^{\alpha},$$

wobei c_{it} der Konsum des Grundprodukts und x_{ijt} der Konsum des Medikaments j des Individuums i zum Zeitpunkt t sind.

Es sei y_{it} das Einkommen des Individuums i zum Zeitpunkt t und p_{it} sei der Preis des Medikaments j zum Zeitpunkt t, beide gemessen in Einheiten des Endprodukts. Nutzenmaximierung unter der Budgetrestriktion

$$c_{it} + p_{jt}x_{ijt} \leq y_{it}$$

impliziert, dass das Individuum immer den Anteil α seines Einkommens für das Medikament ausgibt:[1]

$$x_{ijt} = \alpha\frac{y_{it}}{p_{jt}} \tag{8.1}$$

Summiert man über alle Individuen in Gruppe j erhält man die gesamte Nachfrage für das Medikament j:

$$x_{jt} = \alpha\frac{Y_{jt}}{p_{jt}} \tag{8.2}$$

wobei

$$Y_{jt} = \sum_{i\,\in\,\text{group}\,j} y_{it}$$

Produzenten von Medikamenten investieren in FuE, die auf ein bestimmtes Medikament gerichtet ist, in der Hoffnung den Markt von einem potenziellen Wettbewerber zu erobern. Jede Innovation des Medikaments j erhöht seine Qualität A_j um einen multiplikativen Faktor $\gamma > 1$. Man benötigt

$$R_{jt} = \psi_j\mu_{jt}^2/2$$

Einheiten des Grundprodukts, die in FuE auf das Medikament j zum Zeitpunkt t investiert wurden, um eine Innovation mit der Wahrscheinlichkeit μ_{jt} zu erzeugen, wobei $\psi_j > 0$ ein inverses Maß für die Produktivität der Innovationstechnologie des Medikaments j ist.

Da die Nachfragefunktion (8.2) proportional elastisch ist, wird ein erfolgreicher Innovator den maximalen Preis, der Wettbewerb durch die nächstbeste Version des gleichen Medika-

---

1 Um dies zu deutlich zu machen, sei angemerkt, dass die Maximierung von U_{it} der Maximierung von
$\ln U_{it} = (1-\alpha)\ln c_{it} + \alpha \ln A_{jt}x_{ijt}$
entspricht. Setzt man c_{it} in der Budgetrestriktion ein, erhält man
$\ln U_{it} = (1-\alpha)\ln\left(y_{it} - p_{jt}x_{ijt}\right) + \alpha\left(\ln A_{jt} + \ln x_{ijt}\right)$
Die Bedingung erster Ordnung, um $\ln U_{it}$ zu maximieren, ist daher
$-\frac{1-\alpha}{y_{it}-p_{jt}x_{ijt}}p_{jt} + \frac{\alpha}{x_{ijt}} = 0$
Dies wiederum entspricht Gleichung (8.1).

ments vermeidet, verlangen.[2] Es sei angenommen, dass jede Innovation nach einer Periode kopiert wird. Dann ist der maximale Preis, den ein erfolgreicher Innovator verlangen kann, γ, da dies die Kosten sind, zu denen der wettbewerbsfähige Kreis eine Menge γ der nächstbesten Version produzieren und verkaufen könnte, die den gleichen Ertrag wie eine Einheit der neuen Version des Innovators erbringt. Daher entspricht der Profit aus einer Innovation bei Medikament j zum Zeitpunkt t

$$\Pi_{jt} = (p_{jt} - 1)\frac{\alpha Y_{jt}}{p_{jt}} = \left(\frac{\gamma - 1}{\gamma}\right)\alpha Y_{jt}$$

Der gleichgewichtige Strom von Innovationen bei Medikament j resultiert aus der Maximierung des erwarteten Ertrags durch einen potenziellen Innovator:

$$\max_{\mu_{jt}}\left\{\mu_{jt}\left(\frac{\gamma - 1}{\gamma}\right)\alpha Y_{jt} - \psi_j \mu_{jt}^2/2\right\}$$

Dies führt zu

$$\mu_{jt} = \left(\frac{\gamma - 1}{\gamma}\right)\alpha Y_{jt}/\psi_j$$

Insbesondere gilt: Je größer die relative Marktgröße für das Medikament j, gemessen durch Y_{it}, oder je höher die Produktivität der FuE für Medikament j, invers gemessen durch ψ_j, desto größer ist der Strom an Innovationen bei diesem Medikament zum Zeitpunkt t.

8.2.2 Evidenz

In ihrer empirischen Analyse schätzen Acemoglu und Linn (2004) eine Gleichung der Form

$$E[N_{ct}|Z_c, X_{ct}] = \exp(\beta_1 \ln M_{ct} + \beta_2 X_{ct} + Z_c + u_t),$$

wobei N_{ct} den Strom neuer Medikamentenzulassungen durch die Food and Drug Administration der USA (FDA) erfasst, M_{ct} die potenzielle Marktgröße bezeichnet, X_{ct} ein Kontrollvektor ist und Z_c für Fixed Effects bei den Medikamentenkategorien steht.

Um mögliche Endogenitätsprobleme zu umgehen, untersuchen die Autoren die exogene Komponente Marktgröße in Verbindung mit demografischen Trends. Genauer gesagt, betrachten sie

$$M_{ct} = \sum_a z_{ca} i_{at}$$

Wobei i_{at} das Einkommen der Individuen in der Altersgruppe a zum Zeitpunkt t in den Vereinigten Staaten ist, und z_{ca} der durchschnittliche Ausgabenanteil für Medikamente der Kategorie c am Gesamteinkommen von Individuen des Alters a ist (dieser verändert sich im Laufe der Zeit kaum).

---

2 Das bedeutet, dass der Profit eines erfolgreichen Innovators

$$\Pi_j = p_j x_j - x_j = \alpha Y_j - \alpha \frac{Y_j}{p_j}$$

entsprechen wird, was maximiert wird, indem er den höchstmöglichen Preis p_j wählt.

Tab. 8.1: Wirkungen von Veränderungen der Marktgröße auf die Zahl neuzugelassener Medikamente

	[1]	[2]	[3]	[4]
Panel A: QML für das Poisson-Modell, abhängige Variable ist die Zahl der Medikamentenzulassungen				
Marktgröße	6,15	6,84	-2,22	
	[1,23]	[4,87]	[4,12]	
Lag für Marktgröße		-0,61		
		[3,81]		
Größe des Einführungs-markts			10,16	7,57
			[4,28]	[1,99]
Panel B: QML für das Poisson-Modell, abhängige Variable ist die Zahl der nichtgenerischen Medikamentenzulassungen				
Marktgröße	3,82	6,72	-2,91	
	[1,15]	[7,63]	[5,31]	
Lag für Marktgröße		-2,49		
		[5,97]		
Größe des Einführungs-markts			-1,77	1,73
			[6,94]	[2,02]
Panel C: QML für das Poisson-Modell, abhängige Variable ist die Zahl der neuen molekularen Einheiten				
Marktgröße	3,54	5,79	-1,38	
	[1,19]	[6,66]	[5,16]	
Lag für Marktgröße		-1,99		
		[5,28]		
Größe des Einführungs-markts			7,35	5,75
			[5,11]	[2,37]
Panel D: QML für das Poisson-Modell, abhängige Variable ist die Zahl der generischen Medikamentenzulassungen				
Marktgröße	11,81	8,55	1,28	
	[3,30]	[6,85]	[7,17]	
Lag für Marktgröße		3,12		
		[5,94]		
Größe des Einführungs-markts			13,24	14,65
			[8,66]	[3,71]
Zahl der Beobachtungen	198	198	165	165

Die demografischen Daten stammen aus dem Current Population Survey[3], 1965–2000. Die Variable i_{at} wird für Altersgruppen von fünf Jahren (von 0–5 Jahre bis 90 Jahre und älter) berechnet. Die Medikamentenkategorien entsprechen der FDA-Klassifikation (es gibt 20 Hauptkategorien für Medikamente, die in 159 Unterkategorien unterteilt sind). Daten für den Medikamentengebrauch (z_{ca}) kommen aus dem Medical Expenditure Panel Survey, der US-Haushalte in dem Zeitraum 1996–1998 abdeckt. Diese Umfrage beinhaltet Alters- und Einkommensdaten für jedes Haushaltsmitglied für insgesamt 28 000 Individuen und stellt Informationen bereit hinsichtlich der verschreibungspflichtigen Medikamente, die jede Person einnimmt, und des Betrags, der für jedes Medikament ausgegeben wird. Man kann dann die Medikamentenausgaben und den Medikamentengebrauch für jede Altersgruppe ermitteln und diese Zahl durch das Einkommen oder die Bevölkerung dividieren, um einen einkommens- oder bevölkerungsbasierten Indikator für z_{ca} zu konstruieren.

3 Erhältlich unter www.census.gov/cps/.

Tabelle 8.1 fasst die wichtigsten Ergebnisse zusammen. Es zeigt sich ein positiver und signifikanter Wert für β_0 ($\beta_0 = 6{,}15$; Standardfehler 1,23, daher signifikant auf dem 1 %-Niveau). Dies deutet wiederum auf einen signifikanten Effekt der Marktgröße auf den Innovationsstrom für die jeweilige Medikamentenkategorie hin.

8.3 Lohnungleichheit

Die erste Anwendung des Gedankens der Marktgröße und des gerichteten technischen Fortschritts war Acemoglus (1998) Erklärung des Anstiegs der Lohnungleichheit seit den frühen 1980er Jahren in mehreren Industrieländern. Acemoglu befasste sich insbesondere mit dem folgenden Rätsel, das die Entwicklung der Lohnungleichheit zwischen den Ausbildungsgruppen betrifft: Das Verhältnis zwischen den Löhnen von College- und Highschool-Absolventen wuchs wesentlich zwischen den frühen 1980er und der Mitte der 1990er Jahren in Ländern wie den Vereinigten Staaten und dem Vereinigten Königreich, obwohl sogar das relative Angebot an Arbeitern, die auf dem College ausgebildet wurden, wuchs. In den Vereinigten Staaten beispielsweise zeigen Autor, Krueger und Katz (1998), dass die Quote von „College-Äquivalenten“ (definiert als die Anzahl der Arbeiter mit einem College-Abschluss plus 50 % der Anzahl der Arbeiter mit einer teilweisen College-Ausbildung) zu „Nichtcollege-Äquivalenten“ (definiert als die übrige Gruppe an Arbeitern) zwischen 1970 und 1995 mit einer durchschnittlichen Rate von 3,05 Prozent zugenommen hat, einer Erhöhung im Vergleich zu den durchschnittlichen 2,35 Prozent zwischen 1940 und 1970. Währenddessen nahm das Verhältnis zwischen dem durchschnittlichen Wochengehalt von College- und Highschool-Absolventen um mehr als 25 Prozent im Zeitraum 1970 bis 1985 zu, nachdem es um durchschnittlich 0,11 Prozent pro Jahr in der vorherigen Periode gefallen war.[4]

8.3.1 Die Diskussion

Es wurden verschiedene Versuche unternommen, den beobachteten Anstieg der ausbildungsbezogenen Lohnungleichheit zu erklären – insbesondere die Handelsliberalisierung, Schwächung der Gewerkschaften durch einen geringeren Organisationsgrad und der, je nach Qualifikation, die Arbeiter unterschiedlich betreffende, technische Fortschritt („skill-biased technical change“) (SBTC) wurden untersucht.

Die Erklärung hinsichtlich des Handels ist ziemlich unkompliziert und direkt durch die Standardtheorie des internationalen Handels von Heckscher-Ohlin inspiriert: Kurz gesagt, ein Globalisierungsboom sollte die Nachfrage für qualifizierte Arbeit in den Industrieländern erhöhen, in denen qualifizierte Arbeit im Vergleich zu Entwicklungsländern günstig ist, und

[4] Eine zweites Rätsel ist, dass die Lohnungleichheit auch stark *innerhalb* der Ausbildungs- und Altersgruppen zugenommen hat: Vor allem Machin (1996) stellt fest, dass die Standardabweichung der Residuen der Stundenlöhne zwischen 1979 und 1993 um 23 Prozent im Vereinigten Königreich und um 14 Prozent in den Vereinigten Staaten zugenommen hat. Genauso erstaunlich ist die Tatsache, dass die Zunahme der Ungleichheit innerhalb der Gruppe *vor* dem Anstieg der Ungleichheit zwischen den Gruppen begann und einen erheblichen Anteil der gesamten Zunahme der Einkommensungleichheit erklärt (Katz und Autor 1999). Der letzte Aspekt dieses Rätsels ist, dass die Zunahme der Ungleichheit innerhalb der Gruppen hauptsächlich die *temporäre* Komponente des Einkommens beeinflusst hat, wohingegen die Zunahme der Ungleichheit zwischen den Gruppen hauptsächlich die *permanente* Komponente des Einkommens beeinflusst hat (Blundell und Preston 1999). Diese zweite Besonderheit wird in Kapitel 9 angesprochen.

er sollte die relative Nachfrage für unqualifizierte Arbeit verringern, die in den Industrieländern relativ teuer ist.

Unglücklicherweise wird das Argument der Handelsliberalisierung nicht durch die empirische Evidenz unterstützt. Erstens: Warum sollte Handelsliberalisierung, wie Krugman und andere argumentieren, einen so großen Einfluss auf Lohnungleichheit in einem Land wie den Vereinigten Staaten haben, in dem Handel mit Nicht-OECD-Ländern nicht mehr als 2 Prozent des BIP ausmacht? Zweitens: Diese Erklärung würde ein Fallen der Preise von weniger wissensintensiven Produkten relativ zu wissensintensiveren Produkten in den Industrieländern implizieren. Empirische Studien finden dafür aber in den 1980er Jahren kaum Belege, weder in den Vereinigten Staaten noch in Europa. Eine dritte Folgerung der Erklärung mithilfe des internationalen Handels ist, dass Arbeit von Industrien mit niedrigen Qualifikationserfordernissen hin zu wissensintensiven Industrien, oder von den Sektoren in den Industrieländern, die dem internationalen Wettbewerb am stärksten ausgesetzt sind, zu den anderen Sektoren realloziert werden sollte. Jedoch stellten Berman, Bound und Griliches (1994) für die Vereinigten Staaten und Machin (1996) für das Vereinigte Königreich fest, dass nur ein geringer Teil der Verlagerung weg von manuellen bzw. Fabrikarbeitern zu nichtmanuellen bzw. Büroarbeitern aufgrund von Veränderungen zwischen den Industrien stattgefunden hat, die übrigen 70 bis 80 Prozent waren direkt auf Verlagerungen innerhalb der Industrie zurückzuführen. Abschließend würde die Heckscher-Ohlin-Theorie auch vorhersagen, dass sich das Verhältnis von qualifizierter zu unqualifizierter Beschäftigung in wissensintensiven Industrien in Industrieländern verringert haben sollte – eine Vorhersage, die ebenso nicht erhärtet wurde.

Da der Grad der gewerkschaftlichen Organisation häufig positiv mit einer geringeren Lohnspreizung[5] korreliert, erkannten einige Volkswirte eine geringere gewerkschaftliche Organisation [6] als wichtige Quelle für die beobachtete Zunahme der Lohnungleichheit.[7] Der Versuch, die Zunahme der Lohnungleichheit auf den verringerten gewerkschaftlichen Organisationsgrad zurückzuführen, scheiterte jedoch größtenteils aufgrund der folgenden Überlegungen zum „Timing" der Ereignisse: Einerseits begann die Zunahme der Lohnungleichheit im Vereinigten Königreich Mitte der 1970er Jahre, während die gewerkschaftliche Organisation bis 1980 weiter zunahm; andererseits begann in den Vereinigten Staaten die Verringerung der gewerkschaftlichen Organisation in den 1950er Jahren, zu einem Zeitpunkt, an dem die Lohnungleichheit relativ stabil war.[8]

---

5 Zum Beispiel zeigte R. Freeman (1993), dass die Standardabweichung der logarithmierten unternehmensinternen Gehälter in den Vereinigten Staaten in Unternehmen mit einer gewerkschaftlichen Organisation um 25 Prozent geringer war als in Unternehmen ohne gewerkschaftliche Organisation.

6 Zum Beispiel fiel im Vereinigten Königreich der Anteil an Gewerkschaftszugehörigen unter männlichen Arbeitern von 54 Prozent 1980 auf 38 Prozent 1990; in den Vereinigten Staaten fiel die Prozentzahl der Arbeiter, die gewerkschaftlich organisiert sind, im privaten Sektor von 24 Prozent 1980 auf weniger als 12 Prozent 1990.

7 Zum Beispiel Card (1996) und Fortin und Lemieux (1997).

8 Während ein geringerer gewerkschaftlicher Organisationsgrad (organisatorischer Wandel) und Handelsliberalisierung die aktuelle Entwicklung der Lohnungleichheit nicht vollständig erklären, glauben die Autoren, dass diese Faktoren mehr Relevanz haben können, wenn sie in Verbindung mit qualifikationsverzerrtem technischem Fortschritt analysiert werden (siehe zum Beispiel Acemoglu, Aghion und Violante 2001 zum geringeren gewerkschaftlichen Organisationsgrad und SBTC sowie Garcia-Peñalosa und Koebel 1998 und Acemoglu 1998 zu Handelsliberalisierung und SBTC).

Indessen hat eine Zahl von empirischen Studien auf einen signifikanten Einfluss von qualifikationsverzerrtem technischem Fortschritt auf die Entwicklung von Lohnungleichheit hingewiesen. Zum Beispiel fanden Berman, Bound und Griliches (1994), indem sie FuE-Ausgaben und Computerkäufe als Maß für technischen Fortschritt verwendeten, dass diese beiden Faktoren bis zu 70 Prozent der Verlagerung von Arbeit in der Produktion auf Arbeit außerhalb der Produktion im Zeitraum von 1979–1987 erklären konnte. Murphy und Welch (1992) fanden heraus, dass der Anteil von Arbeitern, die das College besuchten, in allen Sektoren seit Mitte der 1970er erheblich zugenommen hat. Dies ist ein Ergebnis, das zusammen mit der beobachteten Zunahme des Lohnaufschlags für College-Absolventen weitere Evidenz für qualifikationsverzerrten technischen Fortschritt bietet. Etwas aktueller schätzt Acemoglu (2002), auf Basis der Daten von Autor, Krueger und Katz (1998), dass die relative Produktivität von College-Absolventen von 0,157 im Jahr 1980 auf 0,470 im Jahr 1990 zugenommen hat (wohingegen diese relative Produktivität im Zeitraum vor den frühen 1980er Jahren mit einer geringeren Rate gewachsen ist).

Warum konnte man eine starke Zunahme des Lohnaufschlags auf die Collegebildung (Collegeprämie) in Ländern wie den Vereinigten Staaten, kurz nachdem das relative Angebot an qualifizierter Arbeit auch zugenommen hatte, beobachten? Die vorhandene Literatur gibt zwei Antworten für dieses Rätsel: Einerseits argumentieren Katz und Murphy (1992), dass die starke Zunahme der Collegeprämie während der 1980er Jahre das kombinierte Ergebnis von (1) langanhaltendem, konstantem qualifikationsverzerrtem technischem Fortschritt über die vergangenen 50 Jahre und (2) zeitweiser Abnahme der Collegeprämie durch auf den Babyboom in den frühen 1970er Jahren zurückzuführende Zunahme des relativen Angebots an qualifizierten Arbeitskräften war. Bevor sie wieder auf ihren langfristigen Pfad zurückkehrte, musste die Collegeprämie mit einer beschleunigten Rate wachsen. Die alternative Sichtweise ist, dass es eine Beschleunigung des qualifikationsverzerrten technischen Fortschritts seit den 1970er Jahren gegeben hat. Der erste überzeugende Beleg diesbezüglich wurde von Krusell et al. (2000) vorgelegt: Basierend auf einer aggregierten Produktionsfunktion, in der Sachkapital eher für unqualifizierte Arbeit als für qualifizierte Arbeit substituiert werden kann[9], argumentieren sie, dass die beobachtete Beschleunigung in der Abnahme der relativen Preise von Produktionsausstattungen seit der Mitte der 1970er Jahre[10] einen Großteil der Variation der Collegeprämie der letzten 25 Jahre erklären könnte. Mit anderen Worten, die Zunahme der Collegeprämie könnte überwiegend einer Zunahme der Rate des (kapitalgebundenen) qualifikationsverzerrten technischen Fortschritts zugeschrieben werden. Dieses Argument löst jedoch nicht vollständig das erste Rätsel. Insbesondere ist noch offen, was die Beschleunigung des SBTC, wie sie von Krusell et al. (2000) gemessen wurde, verursacht haben könnte. Zweitens müssen diese Hypothese und die Evidenz hinsichtlich des Preises von (qualitätsbereinigten) Ausstattungsgütern mit der Tatsache, dass die jüngste Zunahme des Produktivitätswachstums einer längeren Periode von langsamerem Produktivitätswachstum folgt, in Einklang gebracht werden.

8.3.2 Marktgröße als Erklärungsansatz

Das folgende Modell baut auf Acemoglu (1998, 2002) auf. Der grundlegende Gedanke hat zwei Elemente. Das erste Element entspricht dem Skaleneffekt aus Kapitel 4. Das bedeutet,

9 Siehe auch Stokey (1996), der die Implikationen der Komplementarität von Kapital und Wissen für Handel untersucht und einen ähnlichen Modellierungsansatz wählt.

10 Siehe Gordon (1990).

wenn man eine verbesserte Version eines Zwischenprodukts erfinden kann, das von einer bestimmten Art von Arbeitern verwendet wird (entweder qualifiziert oder unqualifiziert), dann kann ceteris paribus mehr Profit gemacht werden, indem man ein Produkt verbessert, das von der Art von Arbeitern verwendet wird, von der es mehr gibt. Wenn also die Menschen eine höhere Ausbildung erhalten und qualifizierte Arbeiter dadurch reichlicher vorhanden sind, wird technologischer Fortschritt zunehmend in Richtung der Produkte gelenkt, die von qualifizierten Menschen verwendet werden.

Das zweite Element der Erklärung über die Marktgröße ist, dass technologischer Fortschritt in Produkten, die von einer bestimmten Art von Arbeitern verwendet werden, den gleichgewichtigen Lohnsatz für diese Art von Arbeit erhöhen, indem er ihr Grenzprodukt erhöht. Wenn eine verbesserte Ausbildung dazu führt, dass Innovationen stärker in Richtung qualifizierter Arbeit gerichtet sind, erhöht sich daher auch der relative Lohn von qualifizierten Arbeitern.

8.3.2.1 Grundlagen

Der finale Output besteht aus zwei unterschiedlichen Endprodukten: einem wissensintensiven Gut X_s und einem arbeitsintensiven Gut X_u, beide werden unter vollkommenem Wettbewerb produziert. Das wissensintensive Gut wird unter Verwendung von *qualifizierter* Arbeit A_s und einem Kontinuum von spezialisierten Zwischenprodukten (x_{is}) produziert, während das arbeitsintensive Gut unter Verwendung von *unqualifizierter* Arbeit L_u und einem anderen Kontinuum von spezialisierten Zwischeninputs (x_{iu}) entsprechend

$$X_s = \int_0^1 A_{is} x_{is}^{\alpha} di \cdot L_s^{1-\alpha} \qquad X_u = \int_0^1 A_{iu} x_{iu}^{\alpha} di \cdot L_u^{1-\alpha}$$

produziert wird, wobei $0 < \alpha < 1$ und die verschiedenen As für die Produktivitätsparameter stehen.

Es sei angenommen, dass der lokale Monopolist in jedem Zwischenproduktsektor eine Einheit kostenlos produzieren, aber keine weitere Einheit, egal zu welchem Preis, produzieren kann. Also hat man im Gleichgewicht $x_{is} = x_{iu} = 1$, was es erlaubt, die finale Output-Produktionsfunktion zu

$$X_s = A_s L_s^{1-\alpha} \qquad X_u = A_u L_u^{1-\alpha} \tag{8.3}$$

umzuschreiben, wobei $A_s = \int A_{is}\, di$ und $A_u = \int A_{iu}\, di$ die durchschnittlichen Produktivitätsparameter sind.

Ein Gleichgewicht auf den kompetitiven Endproduktmärkten impliziert, dass der Lohnsatz jeder Art von Arbeit gleich dem Wert seines Grenzprodukts sein muss:

$$w_s = P_s(1-\alpha)X_s/L_s \qquad w_u = P_u(1-\alpha)X_u/L_u \tag{8.4}$$

Wobei P_s und P_u die beiden Endproduktpreise sind.

8.3.2.2 Der direkte Effekt des relativem Angebots auf die Wissensprämie

Die Wissensprämie wird definiert als der relative Lohn w_s/w_u von qualifizierter Arbeit, was laut Gleichung (8.4) wie folgt ausgedrückt werden kann:

$$\frac{w_s}{w_u} = \left(\frac{P_s X_s}{P_u X_u}\right)\left(\frac{L_s}{L_u}\right)^{-1} \tag{8.5}$$

Im Gleichgewicht muss der relative Preis P_s/P_u der Grenzrate der Substitution der Nachfrage zwischen den beiden Gütern entsprechen, die, wie angenommen wird, von der relativen Menge X_s/X_u entsprechend

$$\frac{P_s}{P_u} = \left(\frac{X_s}{X_u}\right)^{-\upsilon}, \upsilon > 0$$

abhängt, wobei υ ein inverses Maß der Substituierbarkeit zwischen den beiden Gütern ist.

Daher ist

$$\frac{P_s X_s}{P_u X_u} = \left(\frac{X_s}{X_u}\right)^{1-\upsilon} \tag{8.6}$$

Aus den Gleichungen (8.3), (8.5) und (8.6) kann man die Wissensprämie als

$$\frac{w_s}{w_u} = \left(\frac{A_s}{A_u}\right)^{1-\upsilon} \left(\frac{L_s}{L_u}\right)^{-1+(1-\alpha)(1-\upsilon)} \tag{8.7}$$

ausdrücken.

Laut Gleichung (8.7) wird eine Zunahme des Ausbildungsniveaus, das das relative Angebot an qualifizierter Arbeit erhöht, immer die Wissensprämie verringern, indem sie qualifizierte Arbeit weniger knapp macht.[11]

Im Laufe der Zeit wird es jedoch einen indirekten „Marktgrößen"-Effekt aufgrund der Veränderung des relativen Angebots geben, der die Folge einer möglichen Reallokation von FuE *hin zu* oder *weg von* wissensintensiven Zwischeninputs induziert und auf diese Weise die relativen Produktivitätsparameter A_s/A_u in Gleichung (8.7) beeinflusst.

8.3.2.3 Der Marktgrößen-Effekt auf die relative Produktivität

Um zu sehen wie dieser Marktgrößen-Effekt funktioniert, betrachte man zuerst die Situation des lokalen Monopolisten bei einem der wissensintensiven Zwischeninputs. Da er nur eine Einheit produziert und keine Kosten hat, ist sein Profit gleich seinem Verkaufserlös, der auch gleich dem Preis seines Produkts ist:

$$\Pi_{is} = p_{is} x_{is} = p_{is}$$

Das Gleichgewicht im Markt für das wissensintensive Endprodukt verlangt, dass der Preis p_{is} gleich dem Wert des Grenzprodukts von x_{is} sei, daraus erhält man

$$\Pi_{is} = P_s \frac{\partial Y_s}{\partial x_{is}} = \alpha P_s A_{is} L_s^{1-\alpha}$$

In jeder Periode hat der einzige Unternehmer in einem Sektor die Möglichkeit, der Monopolist zu werden, wenn er innoviert und so die Produktivität um den Faktor $\gamma > 1$ erhöht. Die Innovationswahrscheinlichkeit beträgt $\phi(n_s)$, wobei $n_s = R_{is}/A_{is}^*$ seine produktivitätsbereinigten FuE-Ausgaben und A_{is}^* sein angestrebtes Produktivitätsniveau sind, und es gilt: $\phi' > 0$ und $\phi'' < 0$.

Der Unternehmer wählt n_s so, dass sein erwarteter Ertrag maximiert wird:

$$\phi(n_s)\Pi_{is} - A_i^* n_s = A_i^*[\phi(n_s)\alpha P_s L_s^{1-\alpha} - n_s]$$

---

11 Es ist zu beachten, dass der Koeffizient $-1 + (1-\alpha)(1-\upsilon)$ immer negativ ist, da $0 < \alpha < 1$ und $\upsilon > 0$.

Die Bedingung erster Ordnung für dieses Maximierungsproblem lautet

$$\phi'(n_s)\alpha P_s L_s^{1-\alpha} = 1,$$

was unter Verwendung der Produktionsfunktion (8.3) umgeschrieben werden kann zu:

$$\phi'(n_s)\alpha \frac{P_s X_s}{A_s} = 1 \tag{8.8}$$

Die gleiche Analyse findet für jeden der arbeitsintensiven Zwischenproduktsektoren Anwendung, in denen die produktivitätsbereinigte Forschung n_u die Identitätsgleichung erfüllen muss:

$$\phi'(n_u)\alpha \frac{P_u X_u}{A_u} = 1 \tag{8.9}$$

Die Wachstumsrate eines jeden A_{is} entspricht $(\gamma - 1)$ mit der Wahrscheinlichkeit $\phi(n_s)$ und null mit der Wahrscheinlichkeit $1 - \phi(n_s)$, also wird die erwartete Wachstumsrate eines jedenA_{is}

$$g_s = (\gamma - 1)\phi(n_s)$$

entsprechen, was aufgrund des Gesetzes der großen Zahlen auch die tatsächliche Wachstumsrate des aggregierten Produktivitätsparameters A_s ist. Mit der gleichen Argumentation wird die Wachstumsrate der durchschnittlichen Produktivität A_u in dem arbeitsintensiven Sektor

$$g_u = (\gamma - 1)\phi(n_u)$$

entsprechen.

Langfristig wird sich die Volkswirtschaft einem Steady-state annähern, in dem die relative Produktivität A_s/A_u konstant ist, was verlangt, dass $g_s = g_u$ und daher $n_s = n_u$. Es folgt dann aus den Gleichungen (8.8) und (8.9), dass in einem Steady-state die relative Produktivität gleich den relativen Ausgaben sein muss:

$$\frac{A_s}{A_u} = \frac{P_s X_s}{P_u X_u}$$

Ersetzt man die rechte Seite der Gleichung durch Gleichung (8.6) und substituiert dann die relative Menge X_s/X_u unter Verwendung von Gleichung (8.3), erhält man die Steady-state-Bedingung

$$\frac{A_s}{A_u} = \left[\frac{A_s}{A_u}\frac{L_s^{1-\alpha}}{L_u^{1-\alpha}}\right]^{1-\upsilon}$$

Sie lässt sich für die gleichgewichtige relative Produktivität lösen:

$$\frac{A_s}{A_u} = \left(\frac{L_s^{1-\alpha}}{L_u^{1-\alpha}}\right)^{\frac{1-\upsilon}{\upsilon}} \tag{8.10}$$

Wenn die zwei Endprodukte genügend nahe Substitute sind $(\upsilon < 1)$, dann wird eine Zunahme des relativen Angebots an qualifizierter Arbeit den langfristigen Effekt haben, dass sich die relative Produktivität von wissensintensiven Inputs erhöht. Wenn dieser Effekt dann groß genug ist, wird er entsprechend Gleichung (8.7) den negativen direkten Effekt aufheben, so dass der gesamte Effekt einer Zunahme der Ausbildung der sein wird, dass die langfristige Wissensprämie erhöht wird. Tatsächlich wird er groß genug sein, wenn die zwei

Endprodukte sehr nahe Substitute sind, weil sich der Exponent von L_s/L_u in Gleichung (8.10) unendlich nähert, wenn $\upsilon \to 0$.

8.3.2.4 Die langfristige gleichgewichtige Wissensprämie

Also ist eine mögliche Erklärung für eine steigende Wissensprämie, dass sie durch die Erhöhung des relativen Angebots qualifizierter Arbeit verursacht wurde. Diese Erklärung durch die Marktgröße ist recht reizvoll, insbesondere da sie zur Evidenz einer Lohnprämie, die erst abnimmt (während der frühen 1970er Jahre) und dann stark zunimmt (beginnend in den späten 1970ern), als Folge der Zunahme des relativen qualifizierten Arbeitsangebots in den späten 1960ern passt. Dieses Ergebnis ist genau das, was das vorhergehende Modell vorhersagt, da der negative direkte Effekt kurzfristig beobachtet werden könnte. Diese Erklärung wirft jedoch zwei Aspekte auf, die kurz diskutiert werden sollen.

Aspekt 1 *Historische Perspektive*

Obwohl die vorhergehende Argumentation das dynamische Muster, dem die Wissensprämie in den Vereinigten Staaten nach der durch den „Babyboom" verursachten Zunahme des Angebots an qualifizierter Arbeit in den frühen 1970ern folgt, erklären kann, erklärt sie nicht, warum sich die Zunahme der Lohnungleichheit während dieser Zeit im Gegensatz zu anderen Phasen in der Vergangenheit abspielte, in denen ähnliche Zunahmen des Angebots an qualifizierter Arbeit nicht von einer merklichen Zunahme der Lohnungleichheit begleitet wurden. Zum Beispiel zeigen Goldin und Katz (1999) in dem Artikel „The Returns to Skill across the Twentieth Century in the United States", dass trotz einer substanziellen Zunahme des relativen Angebots qualifizierter Arbeit zwischen 1900 und 1920 als Folge des „high school movements", das Verhältnis zwischen den Löhnen für Fabrik- und Büroarbeiter während der ersten Hälfte des Jahrhunderts und insbesondere während der 1920er und 1940er Jahre kontinuierlich abnahm. Obwohl Goldin und Katz des Weiteren eine „strong association between changes in the use of purchase in electricity and shifts in employment toward more educated labor" (S. 25) erwähnen, berichten sie nicht über eine starke Spreizung der Lohnverteilung vor den 1970ern. Offensichtlich muss jede Erklärung der aktuellen Muster der Lohnungleichheit unbedingt die charakteristischen Eigenschaften der letzten 20 Jahre im Vergleich zu der Zeit davor integrieren, wenn sie als umfassend betrachtet werden soll. Diese Beobachtung entkräftet die Bedeutung von Marktgröße und Arbeitsangebotseffekten nicht, aber deutet darauf hin, dass jede Erklärung, die in erster Linie auf diesen Effekten basiert, möglicherweise von einem historischen Standpunkt gesehen nicht vollständig zufriedenstellend ist. Acemoglu (2002) argumentiert jedoch überzeugend, dass Modelle gerichteten technischen Fortschritts nützlich sein können, um den Aufstieg des Fabriksystems im 19. Jahrhundert in Verbindung mit dem höheren Angebot von unqualifizierter Arbeit, das durch die Migration von Teilen der ländlichen Bevölkerung in die Städte verursacht wurde, zu verstehen.

Aspekt 2 *Der Marktgrößen-Effekt* und *die Verlangsamung des Produktivitätswachstums*

In einem einflussreichen Artikel hebt C. Jones (1995a) hervor, dass, obwohl die OECD-Länder eine erhebliche Zunahme der durchschnittlichen Schuldauer und der FuE-Niveaus während der letzten 50 Jahre erlebt haben, es keine offensichtliche „Belohnung" dafür im Sinne eines schnelleren Wachstums gab: Wenn überhaupt hat sich das gemessene Produktivitätswachstum verlangsamt, insbesondere zwischen Mitte der 1970er Jahre und den frühen 1980er

Jahren.[12] Diese Ergebnisse scheinen den FuE-basierten Wachstumsmodellen zu widersprechen, die vorhersagen, dass die Innovationsrate signifikant zunehmen sollte, wenn das Angebot qualifizierter Arbeit *s* zunimmt. Das Modell mit Marktgrößeneffekten ist tatsächlich etwas nuancierter, in dem Sinn, dass es eine Veränderung der Richtung - nicht der Geschwindigkeit - von technologischem Wandel vorhersagt. Dennoch sollte die Wachstumsrate, wie aus dem vorherigen Modell abgeleitet, als Folge einer (diskontinuierlichen) Zunahme des relativen Angebots an qualifizierter Arbeit zunehmen, was immer noch eine Abweichung von Jones Evidenz, zumindest bis Mitte der 1990er Jahre, ist. Um die Erklärung mit Hilfe der Marktgröße mit dieser Evidenz in Einklang zu bringen, beruft sich Acemoglu (2000) auf die Existenz von abnehmenden Erträgen bei FuE, die auf qualifikationsverzerrten technischen Fortschritt gerichtet ist. Während einzelne Forscher möglicherweise abnehmende Erträge in ihren FuE-Aktivitäten erfahren, ist es nicht klar, warum es in der *gesamten* Volkswirtschaft der Fall sein sollte. Die Ausnahme wäre, wenn es wahrscheinlicher wäre, dass individuelle Innovationen eher sekundäre Entdeckungen wären, die durch einen wirtschaftsweiten fundamentalen Durchbruch bedingt sind, dessen Bedeutung mit der Zeit immer geringer wird.Diese Aspekte werden in Kapitel 9 noch einmal behandelt.

8.4 Die ‚geeignete' Technologie und Produktivitätsunterschiede*

Acemoglu und Zilibotti (2001) haben ein Modell mit gerichtetem technischem Fortschritt verwendet, um die Persistenz von Produktivitätsunterschieden zwischen dem Norden und dem Süden zu erklären, die existieren, obwohl es keine institutionellen Schranken gibt, die die Adoption von im Norden entwickelten Technologien im Süden hemmen. Angenommen eine technologische Innovation findet im Norden statt und der Süden setze keine Eigentumsrechte für Innovationen durch, die aus dem Norden importiert wurden. Dann können die Innovatoren im Norden nur aus dem Verkauf von neuen Technologien im Markt des Nordens Renten generieren. Daraus folgt, dass die Innovation nicht auf die Marktgröße und die Wissensausstattung im Süden reagiert, sondern nur auf die im Norden, was wiederum impliziert, dass die Dynamik der relativen Produktivitäten in den wissensintensiven und den nicht-wissensintensiven Sektoren (die Variable a im vorherigen Abschnitt) nur durch die Wissensausstattung im Norden bestimmt ist. Daher wird die Innovation grundsätzlich ungeeignet für den Süden sein, mit der Folge, dass der Output pro Arbeiter im Norden höher ist als im Süden, obwohl beide Regionen Zugang zu den gleichen technologischen Möglichkeiten haben.

---

[12] Zum Beispiel nahm die jährliche Wachstumsrate der Vereinigten Staaten durchschnittlich um 1,8 Prozent seit den 1970er Jahren ab. Die Abnahme war im Dienstleistungssektor am stärksten und allgemeiner gesprochen, scheint die Produktivitätsverlangsamung hauptsächlich auf eine Abnahme des *ungebundenen* Produktivitätswachstums zurückzuführen zu sein. In der Tat hat sich die Rate des *gebundenen* technischen Fortschritts beschleunigt (siehe McHugh und Lane 1987; Greenwood und Yorukoglu 1997; Hornstein und Krusell 1996 und Comin 2000) und der Großteil dieser Zunahme, z. B. gemessen durch die Abnahme des qualitätsbereinigten Preises für Anlagegüter, scheint Computern und anderen informationsverarbeitenden Produkten zurechenbar zu sein. Dieser Kontrast deutet wieder auf die wichtige Rolle, die die neuen Informationstechnologien und ihre Diffusion während der letzten 20 Jahre gespielt haben.

* Dies ist ein schwieriger Abschnitt, der von Einsteigern übersprungen werden kann.

Mehr formal gesprochen, betrachte man die folgende Variante des Modells mit gerichtetem technischem Fortschritt und horizontalen Innovationen. Dieser Abschnitt lehnt sich eng an Gancia und Zilibotti (2005) an. Man betrachtet eine Welt, die in Norden und Süden unterteilt ist.

8.4.1 Grundlagen

Zeit sei stetig und in jeder Periode produziert der Norden unter vollkommenem Wettbewerb ein Kontinuum vom Umfang eins an Varianten. Die Varianten werden mit $i \in [0,1]$ indiziert und zusammen führen sie zu einem finalen Output

$$Y = \exp\left(\int_0^1 \log y_i di\right),$$

der als Numéraire verwendet wird.

Jede Variante i wird unter Verwendung von qualifizierter Arbeit, unqualifizierter Arbeit und Zwischeninputs, die von jeder Art von Arbeit verwendet werden, produziert. Und zwar werden Zwischeninputs (L, v) mit v in dem Intervall $[0, A_L]$ nur von unqualifizierten Arbeitern verwendet, wohingegen die Zwischeninputs (H, v) mit v in dem Intervall $[0, A_H]$ nur von qualifizierten Arbeitern verwendet werden.

Insgesamt wird die Produktionstechnologie für die Produktion von Variante i als

$$y_i = [(1-i)l_i]^{1-\alpha} \int_0^{A_L} x_{L,v,i}^{\alpha} dv + [ih_i]^{1-\alpha} \int_0^{A_H} x_{H,v,i}^{\alpha} dv \tag{8.11}$$

angenommen, wobei l_i und h_i die eingesetzten Mengen der unqualifizierten und qualifizierten Arbeit in Sektor i sind, und $x_{z,v,i}$ ist die Menge an Zwischeninput v, die in diesem Sektor verwendet wurde. Es sei angemerkt, dass die Sektoren sich bei der Produktivität unterscheiden, mit $(1-i)$ für die wissensextensive Technologie und i für die wissensintensive Technologie, so dass unqualifizierte Arbeit einen komparativen Vorteil in Sektoren mit einem niedrigen Index hat, wohingegen qualifizierte Arbeit einen komparativen Vorteil in Sektoren mit einem hohen Indexwert hat.

Für Produzenten des Guts i sind der Preis ihres Produkts P_i, die Preise der Zwischenprodukte $(p_{L,v}, p_{H,v})$ und die Löhne (w_l, w_H) gegeben. Profitmaximierung führt zu der folgenden Nachfrage für Zwischeninputs:

$$x_{L,v,i} = (1-i)l_i\left[\alpha P_i / p_{L,v}\right]^{1/(1-\alpha)} \text{ und } x_{H,v,i} = ih_i\left[\alpha P_i / p_{H,v}\right]^{1/(1-\alpha)} \tag{8.12}$$

Die Zwischenproduktsektoren sind monopolistisch und die Produktion von einer Einheit irgendeines Zwischeninputs verlangt, dass α^2 Einheiten des Numéraire-Guts eingesetzt werden.

8.4.2 Output und Profite im Gleichgewicht

Die Profitmaximierung durch die Monopolisten in den Zwischenproduktsektoren führt zu einem gleichgewichtigen Preis von $p = \alpha$. Damit und mit den Gleichungen (8.11) und (8.12) erhält man den gleichgewichtigen Output von Variante i:

$$y_i = P_i^{\alpha/(1-\alpha)}[A_L(1-i)l_i + A_H ih_i] \tag{8.13}$$

Im Gleichgewicht werden alle Sektoren, deren Index i unter einer Schwelle J liegt, nur unqualifizierte Arbeit einsetzen, wohingegen die übrigen Sektoren qualifizierte Arbeit einsetzen werden. Die gleichgewichtigen Profite des Monopolisten im Zwischenproduktsektor, der wissensextensive und wissensintensive Inputs produziert, sind gegeben durch

$$\pi_{L,v} \equiv \pi_L = (1-\alpha)\alpha \int_0^1 P_i^{1/(1-\alpha)}(1-i)\, l_i di \text{ und}$$

$$\pi_{H,v} \equiv \pi_H = (1-\alpha)\alpha \int_0^1 P_i^{1/(1-\alpha)}\, i h_i di \tag{8.14}$$

Abschließend ist unter Annahme der Cobb-Douglas-Spezifikation in Gleichung (8.11) die Lohnsumme in jedem Sektor gleich $(1-\alpha)$ mal dem Output des Sektors, nämlich:

$$w_L = (1-\alpha)P_i^{1/(1-\alpha)}A_L(1-i), \quad \text{für } i \leq J \tag{8.15}$$

$$w_H = (1-\alpha)P_i^{1/(1-\alpha)}A_H i, \quad \text{für } i > J \tag{8.16}$$

Definiert man $P_L \equiv P_0$ sowie $P_H \equiv P_1$ und dividiert man die Gleichungen in (8.15) durch ihre Gegenstücke in Sektor 0 und 1, erhält man

$$P_i = P_L(1-i)^{-(1-\alpha)}, \quad \text{für } i \leq J$$

$$P_i = P_H i^{-(1-\alpha)}, \quad \text{für } i > J$$

Um nun Y zu maximieren, müssen die Ausgaben für alle Güter ausgeglichen werden, also

$$P_i y_i = P_H y_1 = P_L y_0$$

Dies impliziert, zusammen mit der Vollbeschäftigung von qualifizierter und unqualifizierter Arbeit, dass Arbeit gleichmäßig über alle Sektoren verteilt ist, das heißt

$$l_i = L/J, h_i = H/(1-J)$$

Und schließlich heißt es auch, dass in dem Grenzsektor $i = J$ die wissensintensiven und die wissensextensiven Technologien gleich profitabel sind:

$$P_L(1-J)^{-(1-\alpha)} = P_H J^{-(1-\alpha)}$$

Zusammen implizieren die vorhergegangenen Gleichungen:

$$\frac{J}{1-J} = \left(\frac{P_H}{P_L}\right)^{1/(1-\alpha)} = \left(\frac{A_H}{A_L}\frac{H}{L}\right)^{-1/2} \tag{8.17}$$

Je größer die relative Ausstattung mit Wissen (H/L) ist und je stärker die Technologie qualifikationsverzerrend wirkt (A_H/A_L), desto größer ist der Anteil der Sektoren, die die wissensintensive Technologie $(1-J)$ verwenden.

Abschließend kann man, indem man $P_i y_i$ über $[0,1]$ unter Verwendung der Gleichungen (8.13) und (8.17) integriert, und aufgrund der Tatsache, dass das Konsumaggregat der Numéraire ist (so dass $\exp\left[\int_0^1 P_i di\right] = 1$), den aggregierten Output auch als

$$Y = exp(-1)\left[(A_L L)^{1/2} + (A_H H)^{1/2}\right]^2 \tag{8.18}$$

ausdrücken.

8.4.3 Qualifikationsverzerrter technischer Fortschritt

Im vorhergegangenen Unterabschnitt wurden die Technologieparameter A_H und A_L als gegeben angenommen. Nun werden sie endogenisiert, indem man Innovationsanreize betrachtet und die daraus resultierende gleichgewichtige Qualifikationsverzerrung der Technologie (A_H/A_L). Angenommen, dass es μ Einheiten des Numéraire kostet, A_H oder A_L um eine Einheit zu erhöhen (das sind die Kosten, um einen zusätzlichen „unqualifizierten" oder einen zusätzlichen „qualifizierten" Zwischeninput zu erfinden), dann erbringt die Erfindung eines neuen „qualifizierten" Inputs sofort Profite in Höhe von

$$\pi_H = \alpha(1-\alpha)P_H^{1/(1-\alpha)}H \tag{8.19}$$

Ähnlich erbringt die Erfindung eines neuen „unqualifizierten" Inputs sofortige Profite in Höhe von

$$\pi_L = \alpha(1-\alpha)P_L^{1/(1-\alpha)}L$$

Ein gleichgewichtiger Wachstumspfad verlangt nun, dass die Innovationsintensität bei beiden Arten von Inputs gleich ist, was wiederum erfordert, dass

$$\pi_L = \pi_H$$

Ausgeglichenes Wachstum wiederum impliziert, dass A_H und A_L mit der gleichen Geschwindigkeit wachsen, so dass das Verhältnis A_H/A_L im Zeitverlauf konstant bleibt, genau wie der trennende Indexwert J und die Preise P_L und P_H.

Setzt man $\pi_L = \pi_H$ in Gleichung (8.19) ein und verwendet Gleichung (8.17), erhält man

$$\frac{A_H}{A_L} = \frac{1-J}{J} = \frac{H}{L} \tag{8.20}$$

8.4.4 Eine Erklärung für internationale Produktivitätsunterschiede

Bis jetzt war die Analyse auf den Fall eines Landes, den Norden, fokussiert. Man betrachte nun ein zweites Land, den Süden. Der Süden ist mit dem Norden identisch, nur dass qualifizierte Arbeit im Süden knapper ist als im Norden, nämlich

$$H^S/L^S < H/L$$

Nun sei angenommen, dass im Süden die geistigen Eigentumsrechte nicht durchgesetzt werden und dass es keinen Handel zwischen dem Norden und dem Süden gibt. Das wiederum impliziert, dass die Zwischenproduktproduzenten im Norden ihre Güter oder Urheberrechte nicht in den Süden verkaufen können, so dass sie vom Süden nur Renten für ihre Innovationen erhalten können. Andererseits können Produzenten im Süden die neuen Technologien, die im Norden erfunden wurden, zu geringen, aber positiven Kosten kopieren, so dass sie einfach entscheiden, die Technologien, die im Norden erfunden wurden, zu kopieren, anstatt in Innovationen zu investieren.

Aber dann werden der Norden und der Süden schlussendlich die gleichen Technologien verwenden mit

$$A_H/A_L = H/L,$$

da die Qualifikationsverzerrung vollständig durch die Faktorausstattung des Nordens bestimmt ist, was wiederum aus der Tatsache folgt, dass der Norden der einzige Markt für Innovationen (aus dem Norden) ist.

Abgesehen davon, ist der gleichgewichtige Output im Süden ähnlich dem vorhergehenden Ausdruck (8.18) für den gleichgewichtigen Output im Norden, außer dass die Ausstattungen mit qualifizierter und unqualifizierter Arbeit (H und L im Norden) durch H^S und L^s für den Süden ersetzt werden müssen:

$$Y^S = \exp(-1)\left[(A_L L^S)^{1/2} + (A_H H^S)^{1/2}\right]^2$$

Nun können die folgenden Fragen beantwortet werden: Sind die Technologien geeignet für die Wissensausstattung der Länder, in denen sie entwickelt werden? Was passiert mit der aggregierten Produktivität, wenn die Technologien in einem anderen wirtschaftlichen Umfeld verwendet werden?

Es ist einfach zu zeigen, dass der Ausdruck Y für $A_H/A_L = H/L$ maximiert wird. Das ist nichts anderes als die vorherige Bedingung (8.20). Mit anderen Worten ist die gleichgewichtige Qualifikationsverzerrung A_H/A_L optimal an die nördliche Qualifikationszusammensetzung H/L angepasst. Die gleichgewichtige Qualifikationsverzerrung ignoriert die relative Faktorausstattung im Süden, so dass Technologien, die im Norden entwickelt wurden, ungeeignet für die Bedürfnisse des Südens sind. Es folgt, dass der Pro-Kopf-Output $Y/(L+H)$ im Norden größer ist als im Süden.

Dieser Produktivitätsunterschied ist das Ergebnis einer Diskrepanz von Technologie und Qualifikation und kann dabei helfen, die Existenz von erheblichen Unterschieden der TFP sogar zwischen Ländern, die Zugang zu der gleichen Technologie haben, zu erklären. Acemoglu und Zilibotti (2001) behaupten, dass diese Diskrepanz ein Drittel bis die Hälfte der Lücke der Totalen Faktorproduktivität zwischen den Vereinigten Staaten und Entwicklungsländern erklären kann. Der Gedanke, dass die Auswahl der geeigneten Technologie von der Faktorausstattung abhängt, findet auch Anwendung in der Analyse von Caselli und Coleman (2000).

8.5 Fazit

In diesem Modell wurde die Idee untersucht, dass innovative Unternehmen möglicherweise darüber entscheiden, wie sie ihren FuE-Aufwand über mehrere Sektoren der Volkswirtschaft hinweg aufteilen, und dass ihre gleichgewichtigen Entscheidungen letztendlich von sowohl der relativen Effizienz der FuE-Investitionen in unterschiedlichen Sektoren als auch der relativen Größe der Renten, die durch Innovationen in jedem Sektor generiert werden können, abhängen. Die letzteren hängen wiederum von den relativen Einkommen der potenziellen Konsumenten der verschiedenen Güter oder von der Größe der erwerbstätigen Bevölkerung, deren Produktivität durch Innovationen in dem jeweiligen Sektor erhöht werden kann, ab. Es wurden Belege dafür gegeben, dass Effekte der Marktgröße in der Pharmaindustrie eine Rolle spielen und es wurden die Folgen des Ansatzes der Marktgröße für Lohnungleichheit und die Nichtkonvergenz zwischen dem Norden und dem Süden analysiert.

Literatur

Die Theorie, die in diesem Kapitel präsentiert wurde, basiert auf einer Reihe von Artikeln von Acemoglu und Koautoren. Dennoch geht die Idee des verzerrten technischen Fortschritts auf eine frühere Literatur zurück. Hicks (1932) hatte bereits vorgeschlagen, dass technologischer Fortschritt zu Einsparungen des teureren Produktionsfaktors führen würde.

Verbunden mit Hicks Idee entstand in den späten 1950er und den frühen 1960er Jahren eine Literatur zu „induzierten Innovationen". Insbesondere Nelson (1959) diskutierte die Zusammensetzung von Forschungsausgaben und der Menge, die für, was er „Basisforschung" nannte, ausgegeben wurde. Arrow (1962) untersuchte die Optimalität der Ressourcenallokation für Innovationen aus der Perspektive der Wohlfahrtsökonomik. Kennedy (1964) führte den Gedanken der „Innovationsmöglichkeitenkurve" ein, der den Ausgleich zwischen verschiedenen Formen von Innovationen berücksichtigt.

Kennedy (1964) diskutierte auch den Aspekt eines relativen Faktoranteils in der Volkswirtschaft und seine Verbindung mit induzierten Innovationen, und er schließt, dass diese die Volkswirtschaft zu einem Gleichgewicht mit einem konstanten relativen Faktoranteil treiben. Solche Punkte wurden unter anderem von Samuelson (1965) und Drandakis und Phelps (1965) behandelt.

Fellner (1961) untersuchte den faktorsparenden Aspekt von Erfindungen und argumentierte, dass wettbewerbsfähige Unternehmen nur zu einer relativ arbeitsparenden Innovation tendieren würden, wenn sie erwarten, dass die Löhne schneller steigen als der Preis für Kapitalgüter. Habakkuk (1962) behauptete, dass Arbeitsknappheit durch zunehmende Löhne Firmen dazu veranlassen würde, nach arbeitsparenden Innovationen zu suchen, und dadurch technischen Fortschritt befeuert.

Atkinson und Stiglitz (1969) analysierten mit ihrem Konzept des „lokalisierten" technischen Fortschritts die Idee, dass technischer Fortschritt eine Produktionstechnik verbessern könnte, aber nicht andere Techniken, mit denen das gleiche Gut produziert wird.

Aufgrund des Mangels an Mikrofundierung, verringerte sich das Interesse an dieser Literatur bis zu den späten 1990er Jahren, als die Modelle, die in diesem Kapitel analysiert wurden, erstmals veröffentlicht wurden. Diese mikrofundierten Modelle über gerichteten technischen Fortschritt sind durch die Existenz von Effekten der Marktgröße gekennzeichnet (der in einem Großteil der früheren Literatur, die eben angeführt wurde, mit Ausnahme von Arbeiten wie Schmookler 1966, nicht vorhanden war) und wurden zum großen Teil von Acemoglu und seinen Koautoren entwickelt.

Die Hauptanwendungen des Modells waren (1) hinsichtlich qualifikationsverzerrtem technischem Fortschritt und Lohnungleichheit (Acemoglu 1998; und Kiley 1999), (2) hinsichtlich internationalem Handel, der qualifikationsverzerrten technischen Fortschritt induziert (Acemogul 2003a), (3) um die Konstanz der Faktoranteile am Gesamtprodukt zu erklären (Acemoglu 2003b) und (4) um die Persistenz von Produktivitätsunterschieden zwischen Ländern, die über den gleichen Zugang zu neuen Technologien verfügen, zu erklären (Acemoglu und Zilbotti 2001). Acemoglu (2002) präsentierte eine theoretische Synthese des Modells, und der Leser sei auch auf den Überblick von Gancia und Zilibotti (2004, Teil 4) im *Handbook of Economic Growth* verwiesen.

▶ Aufgaben

1. Erläutern Sie, wie man unter Einbeziehung von Marktgrößeneffekten und gelenktem technischem Wandel Licht auf die Frage werfen kann, weshalb es weniger Anreize gibt, Impfstoffe für Krankheiten zu entwickeln, die mehr in ärmeren Ländern verbreitet sind.

Erläutern Sie, wie Marktgrößeneffekte den sehr starken Anstieg in der Lohnungleichheit in jüngster Zeit erklären können.

2. **Produktvielfalt und gelenkter technischer Fortschritt**
Betrachten Sie eine Menge 1 von identischen Konsumenten, deren Präferenzen durch die folgende Nutzenfunktion abgebildet werden:

$$U = \int_0^\infty e^{-\delta t} \frac{C^{1-\theta} - 1}{1 - \theta} dt$$

Wobei $C(t) = \left(C_s^\rho + C_u^\rho\right)^{\frac{1}{\rho}}$ der aggregierte Konsum aus zwei Endprodukten ist, entsprechend

$$Y_s = \int_0^{N_s} x_{i,s}^\alpha L_s^{1-\alpha} di$$

$$Y_u = \int_0^{N_u} x_{i,u}^\alpha L_u^{1-\alpha} di$$

Dabei ist $x_{i,v}$ der i-te Zwischenproduktinput des Sektors, der intensiv L_v nutzt, und N_v ist die Anzahl der Varianten in diesem Sektor. Die Märkte für die Endprodukte sind vollkommen, aber die Hersteller der Zwischenprodukte sind Monopolisten. Es kostet eine Einheit des Endprodukts, eine Einheit des Zwischenprodukts zu produzieren. Durch die Ausgabe von Z Einheiten des Endprodukts, sieht sich ein in den Markt eintretendes Unternehmen der Wahrscheinlichkeit $\lambda_v Z$ gegenüber, ein neues Zwischenprodukt im Sektor, der intensiv L_v nutzt, zu entdecken. Es gibt einen freien Zutritt zur Forschung. Die Preise werden normiert, so dass es 1 kostet, um folgenden Konsum zu bekommen:

$$C(t) = 1, \text{ also } \left(p_s^{\frac{\rho}{\rho-1}} + p_u^{\frac{\rho}{\rho-1}}\right)^{\frac{\rho}{\rho-1}} = 1$$

a) Berechnen Sie den Gewinn bei einem Zwischenprodukt als Funktion von p_v, dem Preis von Y_v.
b) Berechnen Sie das Preisverhältnis zwischen den beiden Endprodukten. Leiten Sie den Lohnaufschlag als Funktion von N_s und N_u her. Zeigen Sie, dass die Substitutionselastizität zwischen den beiden Faktoren gegeben ist durch:

$$\sigma = \frac{1 - \alpha\rho}{1 - \rho}$$

c) Nun soll der Steady-state im Fokus stehen. Benennen Sie die Arbitragegleichung für die Forschung. Berechnen Sie den Wert eines Unternehmens als Funktion der Gewinne und des Zinses. Definieren Sie den Preis- und den Marktgrößeneffekt bei gegebenem Verhältnis zwischen den beiden Sektoren. Ermitteln Sie dann das Verhältnis $\frac{N_s}{N_u}$ als eine Funktion von $\frac{L_s}{L_u}$.
d) Wann wird ein Anstieg beim Angebot qualifizierter Arbeit zu einem Anstieg des Lohnaufschlags führen? Vergleichen Sie das Ergebnis mit dem Fall der Qualitätsleitern.
e) Stellen Sie die Euler-Gleichung auf. Berechnen Sie die Wachstumsrate der Ökonomie.

3. ****Endogenes Faktorangebot**
Betrachten Sie das Model, das in Abschnitt 8.3 vorgestellt wurde. In dieser Aufgabe wird die Ausstattung mit qualifizierten und unqualifizierten Arbeitskräften endogenisiert. Die Zeit ist diskret und es gibt ein Kontinuum von Agenten (der Menge 1). Anstatt eine Periode lange zu leben, kann ein Agent mit der Wahrscheinlichkeit $1-\delta$ in jeder Periode sterben. Eine Menge δ von neuen Agenten wird in jeder Periode geboren. Wenn der Agent z geboren wird, ist er nicht qualifiziert. Er kann sich dafür entscheiden, sofort mit der Arbeit zu beginnen oder eine Ausbildung zu erfahren, um sich zu qualifizieren. Wenn er sich für die Ausbildung entscheidet, wird er für $T(z)$ Perioden nicht in der Lage sein zu arbeiten (Es sein angemerkt, dass der Agent weiß, wie lange die Ausbildung dauern wird.), wobei $T(z)$ entsprechend der Verteilung $Q(T)$ verteilt ist, so dass $q(t)>0$ für jedes $t \geq 0$ gilt (Q ist die kumulierte Verteilungsfunktion und q ist die Wahrscheinlichkeitsdichtefunktion.) Man betrachte die Ökonomie im Steady-state, in dem der Lohnaufschlag für Qualifikationen und a konstant bleiben. Es wird angenommen, dass jemand, der indifferent ist, sich für die Ausbildung entscheidet.
Es gibt keine Friktionen im Finanzmarkt und eine Person, die in s geboren wird, hat den folgenden erwarteten Nutzen:

$$E(U)=\sum_{t=0}\delta^t c_z(t+s)$$

Eine Innovation erhöht die Produktivität eines Zwischenprodukts A_i um den Faktor γ und sie erfolgt mit der Wahrscheinlichkeit n^β, wenn jemand n in FuE investiert. Im Gegensatz zum Benchmarkmodell wird angenommen, dass das Monopolrecht bis zum Aufkommen einer neuen Innovation vergeben ist.

a) Zeigen Sie, dass der Zinssatz durch $r=\frac{1}{1+\delta}$ gegeben ist und die Löhne mit der Wachstumsrate g der Ökonomie wachsen.
b) Zeigen Sie, dass es einen stationären Schwellenwert $\overline{T}$ gibt, ab dem Menschen nicht ausgebildet werden.
c) Berechnen Sie den Grenzwert als eine Funktion des Lohnaufschlags aufgrund von Qualifikationen, des Zinssatzes und der Wachstumsrate der Ökonomie. (Die Beschränkung, dass $\overline{T}$ ganzzahlig sein muss, kann vernachlässigt werden.)
d) Zeigen Sie, dass das relative Angebot durch folgendes Verhältnis gegeben ist:

$$\frac{L_s}{L_u}=\frac{Q(\overline{T})}{1-Q(\overline{T})}$$

e) Zeigen Sie, dass der Gegenwartswert des Monopolrechts (der folgenden Periode) für das Zwischenprodukt folgendem Wert entspricht:

$$V_i=\frac{\pi_i}{1+r+\left(\frac{g}{\gamma-1}\right)^\beta}$$

f) Berechnen Sie die Arbitragegleichung für die Forschung und zeigen Sie, dass die folgende Beziehung gilt:

$$\omega=\lambda^{\frac{\rho^2(1-\alpha)^2}{(1-\rho)(1-\alpha\rho)}+\frac{\rho-1}{1-\alpha\rho}}$$

g) Geben Sie eine Gleichung an, die vollständig $\overline{T}$ als eine Funktion der Parameter der Ökonomie abbildet. (Sie können den Ausdruck für die Wachstumsrate aus Aufgabe 2 verwenden.) Erklären Sie, warum es möglich ist, dass es mehrere Gleichgewichte gibt. Was sind intuitive Gründe dafür? Wird das Wachstum in all diesen Gleichgewichten dasselbe sein?

4. ***Wissensspillover-Effekte**

Betrachten Sie die folgende Variation des Modells aus Abschnitt 8.3. Innovationen erfordern nun die Einstellung von Wissenschaftlern, deren Angebot fixiert ist (S). Darüber hinaus gibt es nicht nur einen Unternehmer pro Periode, der die Möglichkeit besitzt, den Monopolisten zu ersetzen, sondern es besteht freier Zutritt in den Innovationssektor. (Es wird die Wahrscheinlichkeit, dass es pro Periode mehr als eine Innovation gibt, mit null beziffert. Der Grund dafür könnte das relativ kurze Zeitintervall sein.) Ein lokaler Unternehmer im Sektor ohne Qualifikationen, der s_{iu} Wissenschaftler einstellt, wird mit der Wahrscheinlichkeit $\eta_u \frac{A_s^{\frac{1-\delta}{2}} A_u^{\frac{1+\delta}{2}}}{A_{iu}} s_{iu}$, mit $0 < \delta \leq 1$, erfolgreich innovieren. Wenn er erfolgreich ist, wird er in der nächsten Periode der Monopolist für das Gut iu sein und die Technologie $A_{iu}(t+1) = \gamma A_{iu}(t)$ einsetzen. (Und in ähnlicher Weise wird ein lokaler Unternehmer im Sektor, in dem Qualifikationen erforderlich sind, der s_{is} Wissenschaftler einstellt, mit der Wahrscheinlichkeit $\eta_s \frac{A_u^{\frac{1-\delta}{2}} A_s^{\frac{1+\delta}{2}}}{A_{is}} s_{is}$ innovativ sein.)

Beachten Sie, dass die Abschnitte 8.3.2.1. bis 8.3.2.3 hier immer noch Gültigkeit haben.

a) Erläutern Sie, was die Funktion $\frac{A_s^{\frac{1-\delta}{2}} A_u^{\frac{1+\delta}{2}}}{A_{iu}}$ bedeutet.

b) Benennen Sie die Bedingung für den freien Zutritt zu FuE und die Bedingung für die Räumung des Marktes für Wissenschaftler.

c) Beweisen Sie, dass die Wachstumsrate von A_u folgendermaßen gegeben ist:

$$\frac{A_u^{t+1} - A_u^t}{A_u^t} = (\gamma - 1)\eta_u \left(\frac{A_s^t}{A_u^t}\right)^{\frac{1-\delta}{2}} S_u$$

d) Berechnen Sie den Lohnaufschlag für Qualifikationen und die Wachstumsrate der Ökonomie im Steady-state.

e) Wann wird der Lohnaufschlag für Qualifikationen steigen, wenn das relative Angebot an qualifizierten Arbeitskräften in der Bevölkerung zunimmt? Vergleichen Sie dies mit dem grundlegenden Modell (schauen Sie, was passiert für $\delta = 0$) und geben Sie eine intuitive Erklärung, die die Abweichung vom grundlegenden Modell erklärt. Normalerweise würden Ökonomen erwarten, dass $\rho > 0$ ist, aber es gibt eine Debatte darum, wie groß es ist. Erklären Sie, warum dieses Modell im Vergleich zum grundlegenden Modell hilfreich sein kann, den historischen Anstieg des Lohnaufschlags besser zu erklären, falls ρ nicht sehr groß ist.

5. ****Qualifizierte Arbeit als Input für FuE**

Es wird ein Modell betrachtet, das ähnlich dem Modell in Abschnitt 8.3 ist, jedoch erfordert dieses Mal FuE den Einsatz von qualifizierter Arbeit anstelle des Endprodukts. Darüber hinaus gibt es anstelle eines Unternehmers in jeder Periode, der die Möglichkeit hat den Monopolisten zu ersetzen, nun freien Zutritt in den Innovationssektor (die Wahrscheinlichkeit, dass es pro Periode mehr als eine Innovation geben kann, sei 0). Ein lokaler Unternehmer, der im Sektor ohne Qualifikationen h_{it} Einheiten der qualifizierten Arbeit einstellt, wird mit der Wahrscheinlichkeit $\eta \frac{A_s^{1/2} A_u^{1/2}}{A_{iu}} h_{iu}$ erfolgreich innovieren ($A_s^{1/2} A_u^{1/2}$ stellt den Wissensspillover dar.) Wenn er erfolgreich ist, wird er in der nächsten Periode der Monopolist für das Gut iu sein und die Technologie $A_{iu}(t+1) = \gamma A_{iu}(t)$

einsetzen. (Und in ähnlicher Weise wird ein lokaler Unternehmer im Sektor, in dem Qualifikationen erforderlich sind, der h_{is} Wissenschaftler einstellt, mit der Wahrscheinlichkeit $\eta \frac{A_s^{1/2} A_u^{1/2}}{A_{is}} h_{is}$ innovativ sein.

a) Benennen Sie die Bedingung für den freien Zutritt in den FuE-Sektor.

b) Beweisen Sie, dass die Wachstumsrate von A_u folgendermaßen gegeben ist:

$$\frac{A_u^{t+1} - A_u^t}{A_u^t} = (\gamma - 1)\eta \left(\frac{A_s^t}{A_u^t}\right)^{1/2} H_u$$

Wobei H_u die gesamte Menge an qualifizierter Arbeit ist, die für FuE im Sektor ohne qualifizierte Arbeit eingesetzt wird.

c) Beweisen Sie, dass im Steady-state, in dem a konstant ist, die folgenden Beziehungen immer noch gelten:

$$\omega = a^{\frac{\rho(1-\alpha)}{1-\alpha\rho}} \lambda^{\frac{\rho-1}{1-\alpha\rho}}$$
$$a = \lambda^{\frac{\rho(1-\alpha)}{1-\rho}},$$

vorausgesetzt, dass λ passend umdefiniert wird.

d) Finden Sie den Wert für λ. (Nehmen Sie an, dass das Angebot an qualifizierter Arbeit groß genug ist, so dass die Berechnungen Sinn machen.) Finden Sie die Wachstumsrate und den Lohnaufschlag heraus. Wie sieht die Wirkung eines Anstiegs des Angebots an qualifizierter Arbeit auf den Lohnaufschlag aus? Und auf die Wachstumsrate? Kommentieren Sie das Ergebnis.

6. ****Angemessene Technologie und Wachstum (basierend auf Basu und Weil 1998)**

An dieser Stelle sind die Technologien spezifisch im Hinblick auf besondere Kombinationen der Inputs.

Nehmen Sie zuerst eine Welt mit einem Land an, dessen Output pro Arbeitskraft durch

$$Y = A(K, t)K^{\alpha}$$

gegeben ist, wobei $A(K, t)$ das Technologieniveau für die Kapitalintensität K zum Zeitpunkt t ist.

Nehmen Sie an, dass ein höchstes Niveau der Technologie für jeden Wert von K bei gegebenem $A^*(K) = BK^{1-\alpha}$ existiert. (Es gibt ein Limit für die Entwicklung neuer Technologien bei jeder Kapitalintensität.) Nehmen Sie also an, dass $A^{*\prime}(K) > 0$ gilt. Schließlich sei $k \equiv \ln(K)$ definiert.

Es werde angenommen, dass für den Fall, dass das Land mit der logarithmierten Kapitalintensität k produziert, Lerneffekte das Niveau aller Technologien mit einer Kapitalintensität, die sich in einer symmetrischen Umgebung von k befindet, verbessert. Insbesondere sei angenommen, dass das Niveau der Technologie mit der Kapitalintensität j sich entsprechend folgender Funktion verbessert:

$$\frac{dA(j,t)}{dt} = \begin{cases} \beta[A^*(j) - A(j,t)] & \text{wenn } k - \gamma < j < k + \gamma \\ 0 & \text{sonst} \end{cases}$$

Wobei $A^*(j)$ das höchste mit der Kapitalintensität j erreichbare Technologieniveau darstellt.

Schließlich sei angenommen, dass ein $x > k_0$ existiert, so dass $A(j, 0) > 0$ für alle $j > x$ und $A(k_0, 0) > 0$ gilt. (Dies bedeutet einfach, dass es zu Beginn der Zeit für genügend hohe Kapitalintensitäten keine Technologie gab.) Definieren Sie $R = A(K,t)/A^*(K)$ als das Verhältnis der eingesetzten Technologie zur maximal möglichen Technologie.

a) Zeigen Sie, dass der Output pro Arbeitskraft umgeschrieben werden kann in $Y = RBK$.

Es wird nun der Steady-state der Ökonomie betrachtet, in dem k mit der konstanten Rate g wächst und $R = R^*$ konstant ist.

b) Zeigen Sie, dass im Steady-state $R^* = \left(1 - e^{-\beta\gamma/g}\right)$ gilt. Wie lautet das Vorzeichen von $\partial R^*/\partial g$? Gibt es irgendeine „Strafe" für schnelles Wachstum in diesem Zusammenhang? Geben Sie intuitive Gründe für Ihr Ergebnis an. (Hinweis: Lösen sie die gewöhnliche Differenzialgleichung für $A(k,t)$, indem sie $e^{\beta x}$ als Integrationsfaktor wählen.)

Nehmen Sie nun eine konstante Sparquote an, so dass $\dot{K} = sY - \delta K$ ist.

c) Zeigen Sie, dass im Steady-state $g = sR^*B - \delta$ gilt. Zeigen Sie graphisch, dass der Steady-state-Wert des Technologieverhältnisses R^* eindeutig ist und nicht von den Startbedingungen abhängt.

Nehmen Sie nun an, dass die Welt aus zwei Ländern besteht und dass die Technologie frei zwischen diesen fließen kann sowie dass es lokale Learning-by-Doing-Effekte gibt:

$$\frac{dA(j,t)}{dt} = \beta[A^*(j) - A(j,t)] \sum_{i=1}^{2} \mathbf{1}\{k_i - \gamma < j < k_i + \gamma\}$$

Wobei $\mathbf{1}\,\{\}$ die Indikatorfunktion ist und i das Land angibt. Dies bedeutet einfach: Wenn Länder sich in derselben Umgebung bei den Kapitalintensitäten befinden, dann kann die Technologie simultan durch Spillover-Effekte von beiden Ländern verbessert werden.

Es werde nun der Fall betrachtet, dass zwei Länder in einem Steady-state enden, in dem sie beide mit derselben Rate g wachsen. Es seien s_1 und s_2 die Sparquoten der beiden Länder und R_1^* und R_2^* die Technologieverhältnisse im Steady-state. Nehmen Sie – ohne Verlust der Allgemeingültigkeit – an, dass $s_1 > s_2$ ist.

d) Zeigen Sie: Falls beide Länder mit der Rate g im Steady-state wachsen und $s_1 > s_2$ gilt, dann gilt $R_1^* < R_2^*$. Erklären Sie, warum dieses Ergebnis impliziert, dass Land 1 eine höhere Kapitalintensität als Land 2 zu allen Zeiten aufweist. Es sei d die Differenz zwischen der Kapitalintensität des führenden Landes k_1 und derjenigen des nachfolgenden Landes k_2 im Steady-state.

e) Leiten Sie unter Anwendung von Begründungen analog zu Punkt b die Verhältnisse im Steady-state $R_1^* = 1 - e^{-\beta(2\gamma-d)/g}$ und $R_2^* = 1 - e^{-\beta(2\gamma+d)/g}$ ab. Erläutern Sie, warum die beiden Länder nur dann mit derselben Rate g im Steady-state wachsen werden, wenn $d < \gamma$ gilt.

9 General Purpose Technologies

9.1 Einleitung

Was verursacht die langfristigen Zu- und Abnahmen im Wirtschaftswachstum und was liegt den langen Zyklen, die manchmal als Kondratieffzyklen beschrieben werden, zugrunde? Und was war der Grund dafür, dass das Wachstum des BIP und der Produktivität in Amerika ab Mitte der 1990er Jahre sich zu beschleunigen begann? Die populärste Erklärung dafür ist das Konzept der General Purpose Technologies (GPTs).

Bresnahan und Trajtenberg (1995) definieren GPT als eine technologische Innovation, die sich auf die Produktion und/oder Innovationen in vielen Sektoren einer Volkswirtschaft auswirkt. Zu den bekanntesten Beispiele der Geschichte gehören die Dampfmaschine, Elektrizität, der Laser, der Turbolader und in jüngerer Vergangenheit die Revolution der Informationstechnologie (IT). Drei grundlegende Charakteristika kennzeichnen die meisten GPTs. Erstens, ihre Verbreitung: GPTs werden in den meisten Sektoren einer Volkswirtschaft genutzt und generieren dadurch spürbare makroökonomische Effekte. Zweitens, das Ausmaß ihrer möglichen Verbesserung: GPT tendieren dazu, bei ihrer Einführung hinter den Erwartungen zurückzubleiben, und können erst später ihr potenzielles Produktivitätswachstum realisieren. Drittens, das Übergreifen von Innovationen: GPTs erleichtern es, neue Produkte und Prozesse zu erfinden, d. h. neue Sekundärinnovationen zu generieren.

Die folgenden Zahlenbeispiele aus Jorgenson (2005) zeigen wie der Beitrag des IT-Inputs zum durchschnittlichen US-Wachstum (Abbildung 9.1) und der Beitrag von IT als Ganzes zum Wachstum der Totalen Faktorproduktivität (Abbildung 9.2) im Vergleich der Zeiträume 1989–1995 und 1995–2005 erheblich zugenommen haben.

Die nächsten Zahlen, aus Jovanovic und Rousseau (2005), illustrieren den Fortschritt und die Durchdringung bei der Verbreitung von GPTs (Abbildung 9.3 und 9.4) und wie technologische Revolutionen, wie die Elektrifizierung und IT, sich in eine darauffolgende Welle von Innovationen, deren Ausmaß sich durch den Patentfluss messen lässt, verwandelt haben (Abbildung 9.5).

Jovanovic und Rousseau betonen außerdem vier relevante gesamtwirtschaftliche Konsequenzen der Einführung und Verbreitung von neuen GPTs: Erstens, eine Verlangsamung des Wachstums der Gesamtproduktivität: Die Verbreitung einer neuen GPT verlangt komplementäre Inputs und Lernen, dies zieht möglicherweise Ressourcen von den normalen Produktionsaktivitäten ab und trägt möglicherweise zur zukünftiger Produktivität auf eine Art und Weise bei, die nicht so einfach von den bestehenden statistischen Indikatoren erfasst werden kann. Zweitens kommt es zu einer Zunahme der Wissensprämie, da mehr qualifizierte Arbeit notwendig ist, damit die neue GPT in alle Sektoren der Volkswirtschaft diffundieren kann. Drittens kommt es zu einer Zunahme bei Marktein- und austritten, da die GPT qualitätsverbessernde Innovationen und dadurch kreative Zerstörung in zahlreichen Sektoren generiert. Viertens kommt es zu einer Abnahme der Börsenkurse, die die anfängliche Produktivitätsverlangsamung, die durch die neue GPT generiert wurde, widerspiegelt.

In den nächsten zwei Abschnitten dieses Kapitels stehen die ersten beiden Aspekte im Fokus, nämlich die Verlangsamung des Produktivitätswachstums und die Zunahme der Lohnungleichheit. Hierbei findet wieder das Schumpeterianische Wachstumsmodell aus Kapitel 4 Anwendung.

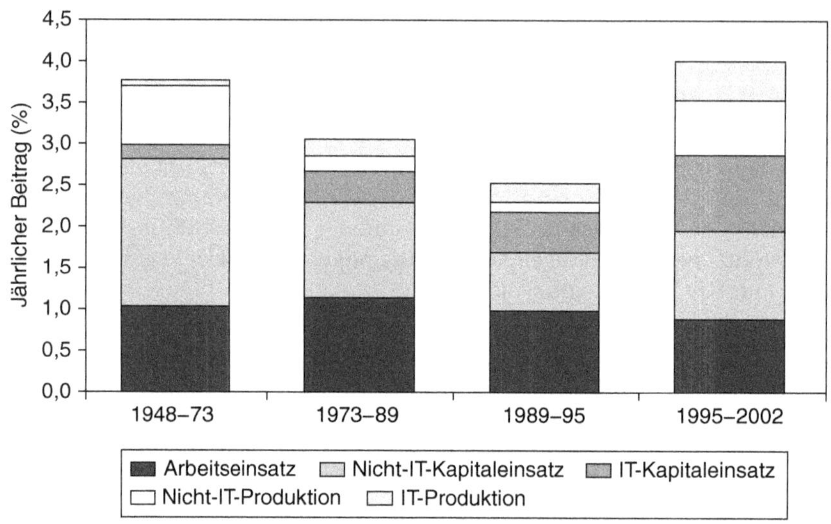

Abb. 9.1: Treiber des BIP Wachstums

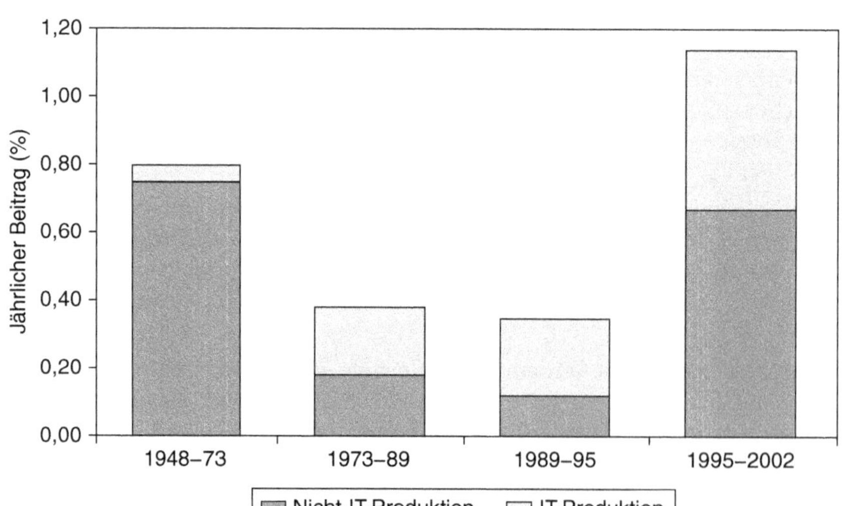

Abb. 9.2: Beitrag von IT zu TFP-Wachstum

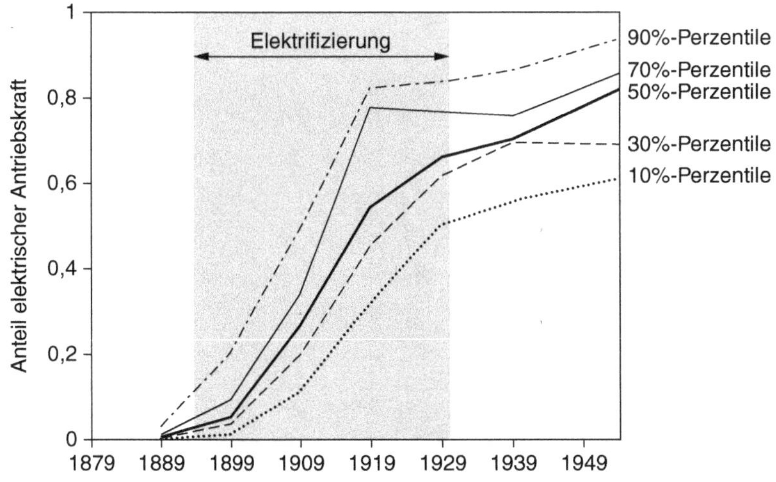

Abb. 9.3: Anteil elektrischer Antriebskraft in verarbeitenden Sektoren,Perzentile, 1890–1954

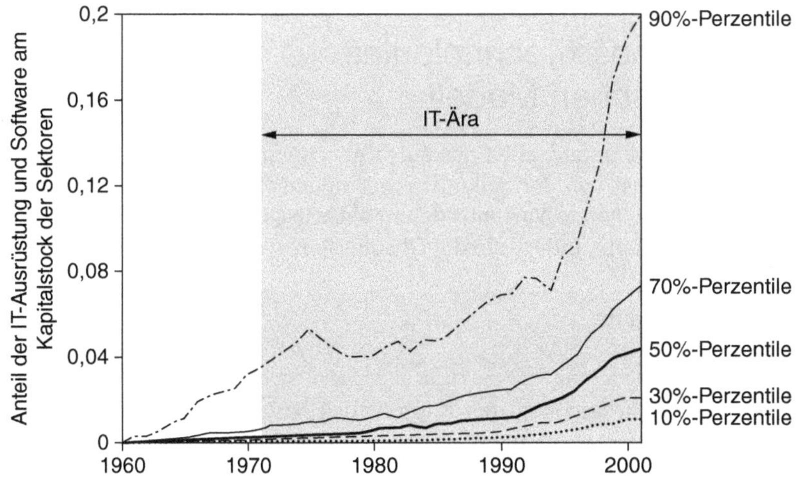

Abb. 9.4: Anteil der IT-Ausrüstung und Software am Kapitalstock der Sektoren, Percentile, 1960–2001

9.2 Erklärungen für die Verlangsamung des Produktivitätswachstums

Obwohl jede GPT Output und Produktivität langfristig steigert, kann sie auch zyklische Fluktuationen während des Anpassungsprozesses verursachen. Wie David (1990) und Lipsey und Bekar (1995) argumentierten, machten GPT wie die Dampfmaschine, der elektrische Dynamo, der Laser und der Computer teure Restrukturierungen und Anpassungen notwendig und es gibt keinen Grund, zu erwarten, dass dieser Prozess im Zeitverlauf glatt verläuft. Daher ist der erste Effekt eines „positiven Technologieschocks“, ganz im Gegensatz zu den Voraussagen der Real-Business-Cycle-Theorie, möglicherweise nicht eine Steigerung von Output, Produktivität und Beschäftigung, sondern eine Reduktion.

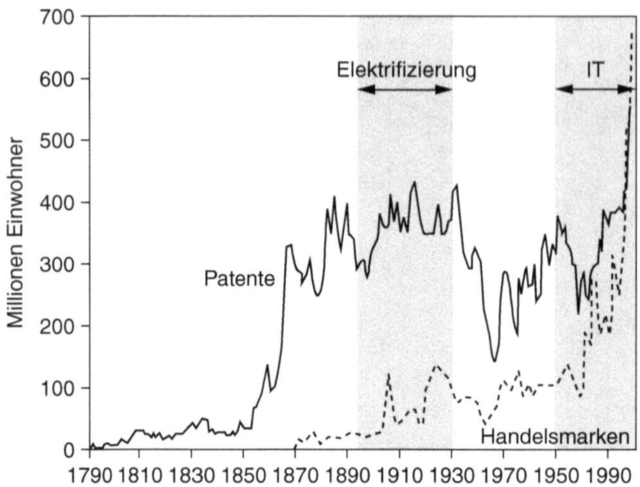

Abb. 9.5: Gewährte Patente für Erfindungen und Handelsmarken, registriert in den USA pro 1 Million Einwohner, 1790–2000

9.2.1 General Purpose Technologies im neoklassischen Modell

Um eine vorläufiges Gefühl für die potenzielle Stärke des Abschwungs oder der Verlangsamung, die möglicherweise zunächst von der Ankunft einer neuen GPT verursacht wird, zu bekommen, betrachtet man die folgende Variante des neoklassischen Modells, in dem die neue GPT Wachstum verringern kann, indem sie die Obsoleszenz von bestehendem Kapital verursacht:

$$\dot{k} = sBk^{\alpha} - (\delta + n + g + \beta)k$$

Wobei

1. $k = \frac{K}{Le^{gt}}$ und $y = \frac{Y}{Le^{gt}} = Bk^{\alpha}$ bezeichnen den Kapitalstock bzw. den aggregierten Output, jeweils pro Effizienzeinheit der Arbeit;
2. s ist die Sparquote;
3. die Parameter δ, n, g und β bezeichnen die Rate der Kapitalakkumulation, die Rate des Bevölkerungswachstums, die (exogene) Rate des arbeitvermehrenden technologischen Fortschritts und die Rate der Kapitalobsoleszenz.

Obsoleszenz reduziert $\dot{k}$, genau wie es die physische Abschreibung macht, weil sie dafür sorgt, dass Kapital ausgemustert wird. Außerdem gilt, je höher die Innovationsrate ist, desto schneller wird das Kapital obsolet. Es wird Kapital ausgemustert, das von Unternehmen genutzt wird, deren Produkte von Innovationen ersetzt werden. Entsprechend wird angenommen, dass sowohl g als auch β proportional zu der Innovationsrate μ sind:

$$\beta = \mu(1 - \eta)$$

und

$$g = \mu\sigma,$$

wobei η dem Verschrottungswert jeder Einheit obsoleten Kapitals entspricht, und σ die Größe der Innovationen bezeichnet (im grundlegenden Schumpeterianischen Modell aus

Kapitel 4 gilt $\sigma = \gamma - 1$). Die Wachstumsrate des Outputs pro Kopf ist daher gegeben durch

$$G = \dot{y}/y + g = \alpha\dot{k}/k + g = \alpha[sBk^{\alpha-1} - \delta - n] + [(1-\alpha)\sigma - \alpha(1-\eta)]\mu \qquad (9.1)$$

Nun führe man das folgende Gedankenexperiment durch. Angenommen, man befindet sich in einem Steady-state mit $G = g$ und die Entdeckung einer neuen GPT erhöht die Innovationsrate μ. Man erhält den unmittelbaren Effekt auf die Wachstumsrate G indem man Gleichung (9.1) differenziert:

$$\frac{\partial G}{\partial \mu} = (1-\alpha)\sigma - \alpha(1-\eta) = \sigma(1 - \alpha - \alpha\beta/g)$$

Verwendet man $\alpha = 2/3$ wie in Mankiw, Romer und Weil (1992), $\beta = 0{,}04$ wie in Caballero und Jaffe (1993) und $g = 0{,}02$ aus US-Daten, erhält man eine Wachstumselastizität in Bezug auf μ von

$$\frac{\mu}{g}\frac{\partial G}{\partial \mu} = \frac{1}{\sigma}\frac{\partial G}{\partial \mu} = 1 - \alpha - \alpha\beta/g = -1$$

Also würde zum Beispiel eine Zunahme von μ um 10 Prozent, die das langfristige Wachstum um 10 Prozent erhöhen würde (von 2 Prozent pro Jahr auf 2,2 Prozent pro Jahr) bei ihrem Auftreten das Wachstum um 10 Prozent *reduzieren* (von 2 Prozent auf 1,8 Prozent). Außerdem kann man zeigen: Wenn man Gleichung (9.1) mit der Kalibrierung ($\alpha = {}^2/_3$, $\beta = 0{,}04$, $g = 0{,}02$, $\delta = 0{,}02$, $n = 0{,}01$) verwendet, dauert es ungefähr 2 Jahrzehnte bis die Wachstumsrate wieder auf 2 Prozent angestiegen ist und mehr als ein halbes Jahrhundert bis der aggregierte Output zu dem Zeitpfad aufholt, dem er gefolgt wäre, wenn die neue GPT (mit dem daraus resultierenden Schock auf μ) nicht eingeführt worden wäre.[1] Dieses Beispiel zeigt für realistische Parameterwerte die potenzielle Stärke der makroökonomischen Auswirkungen eines bedeutenden technologischen Wandels.

9.2.2 Schumpeterianische Wellen

Eine andere Erklärung für die Produktivitätsabschwächung wurde von Helpman und Trajtenberg (1998a) entwickelt. Sie verwenden dazu das Schumpeterianische Modell in dem FuE-Ressourcen alternativ auch in der Produktion verwendet werden können. Die grundlegende Idee des Modells ist es, dass GPT nicht fix und fertig von der Stange kommen. Stattdessen ist für jede GPT, bevor sie implementiert werden kann, ein komplett neues Set an Zwischenprodukten notwendig. Die Entdeckung und Entwicklung von diesen Zwischenprodukten ist eine kostspielige Angelegenheit, und die Volkswirtschaft muss warten, bis eine kritische Masse der Zwischenprodukte angehäuft wurde, bevor es profitabel für die Unternehmen wird, von der vorherigen auf die aktuelle GPT zu wechseln. Während der Zeit zwischen der Entdeckung einer neuen GPT und ihrer finalen Implementierung wird das Nationaleinkommen fallen, weil Ressourcen aus der Produktion herausgenommen werden und für FuE-Aktivitäten eingesetzt werden, mit dem Ziel neue Komponenten des Zwischeninputs zu entdecken.

---

1 Siehe Howitt (1998) für ähnliche Ergebnisse in einem Schumpeterianischen Modell endogenen Wachstums.

9.2.2.1 Das Schumpeterianische Modell mit Arbeit als FuE-Input

Ein erster Schritt in Richtung eines Modells nach Helpman-Trajtenberg ist die Betrachtung des Schumpeterianischen Modells aus Kapitel 4, in dem Arbeit als FuE-Input eingesetzt wird. Das Endprodukt wird mit einem einzigen Zwischenprodukt produziert und zwar entsprechend

$$Y_t = A_t x^{\alpha}, 0 < \alpha < 1$$

Das Zwischenprodukt x wird eins zu eins mit Arbeit produziert, also bezeichnet x die Arbeit, die in der Herstellung des intermediären Inputs verwendet wird.

Arbeit kann auch in der Forschung verwendet werden, um Innovationen zu produzieren. Genauer gesagt, entsteht eine Innovation in jeder Periode mit der Wahrscheinlichkeit λn, wobei n die aggregierte Menge des Arbeitseinsatzes in der Forschung ist. Eine neue Innovation multipliziert den Produktivitätsparameter A_t mit $\gamma > 1$, also entspricht $A_{t+1} = \gamma A_t$, wenn in $t+1$ eine Innovation auftritt. Die Markträumungsbedingung für den Arbeitsmarkt ist

$$L = n + x$$

Dies sagt aus, dass das aggregierte Arbeitsangebot L in jeder Periode gleich der Summe der Arbeitsnachfrage in der Forschung und der Herstellung ist.

Der Unternehmer, der die Möglichkeit hat zu innovieren, maximiert in jeder Periode seinen erwarteten Nettoertrag

$$\lambda n \Pi_{t+1} - w_t n$$

Das bedeutet, dass er den Lohnsatz w_t für jede Einheit Arbeit in der Forschung bezahlen muss und dass er mit der Wahrscheinlichkeit λn Erfolg haben und daher die Möglichkeit haben wird, in der nächsten Periode den Zwischenproduktsektor zu seinem Monopol zu machen, womit er den Profit Π_{t+1} erwirtschaften wird. Die Bedingung erster Ordnung im Bezug auf n, um diesen erwarteten Nettoertrag zu maximieren, ist die Forschungsarbitage-Gleichung

$$w_t = \lambda \Pi_{t+1}$$

Um den gleichgewichtigen Profit Π_{t+1} zu berechnen, muss man wissen, dass der erfolgreiche Innovator den Preis gleich dem Grenzprodukt setzen kann:

$$p_{t+1} = \frac{\partial Y_{t+1}}{\partial x} = \alpha A_{t+1} x^{\alpha-1}.,$$

so dass

$$\Pi_{t+1} = \max_x \{\alpha A_{t+1} x^{\alpha-1} x - w_{t+1} x\}$$

Die Bedingung erster Ordnung für diese Maximierung lautet

$$A_{t+1} \alpha^2 x^{\alpha-1} = w_{t+1}$$

Daraus folgt die Nachfrage nach Arbeit in der Herstellung

$$x = \tilde{x}(\omega_{t+1}) = \alpha^{\frac{2}{1-\alpha}} \omega_{t+1}^{\frac{1}{\alpha-1}}$$

Wobei $\omega_t = W_t / A_t$ dem produktivitätsbereinigten Lohnsatz entspricht. Also ist der gleichgewichtige Profit:

$$\Pi_{t+1} = A_{t+1} \tilde{\pi}(\omega_{t+1})$$

Wobei

$$\tilde{\pi}(\omega) = (1-\alpha)\alpha^{\frac{1+\alpha}{1-\alpha}}\omega^{\frac{\alpha}{\alpha-1}}$$

in ω abnimmt.

Im Steady-state bleibt die Allokation von Arbeit zwischen Forschung und Herstellung über die Zeit hinweg konstant, genau wie der produktivitätsbereinigte Lohnsatz ω. Verwendet man die Tatsache, dass $A_{t+1} = \gamma A_t$, falls der Unternehmer erfolgreich ist, und dividiert dies durch A_t erhält man die Forschungsarbitage-Gleichung

$$\omega = \lambda\gamma\tilde{\pi}(\omega),$$

die den gleichgewichtigen Lohn ω näher bestimmt. Die Bedingung für die Markträumung im Arbeitsmarkt

$$L = n + \tilde{x}(\omega)$$

bestimmt dann die Beschäftigung in der Forschung im Gleichgewicht, und die durchschnittliche Wachstumsrate entspricht dann

$$g = \lambda n(\gamma - 1)$$

Das bedeutet, dass der Output mit der Wahrscheinlichkeit λn um die proportionale Menge $\gamma - 1$ wächst.

Es sei angemerkt, dass hier eine Volkswirtschaft mit nur einem Sektor vorliegt, in dem jede Innovation per Definition einem bedeutenden technologischen Wandel (d. h. der Einführung einer neuen GPT) entspricht und das Wachstum daher ungleichmäßig und der Output eine zufällige Stufenfunktion ist (siehe Abbildung 9.6).

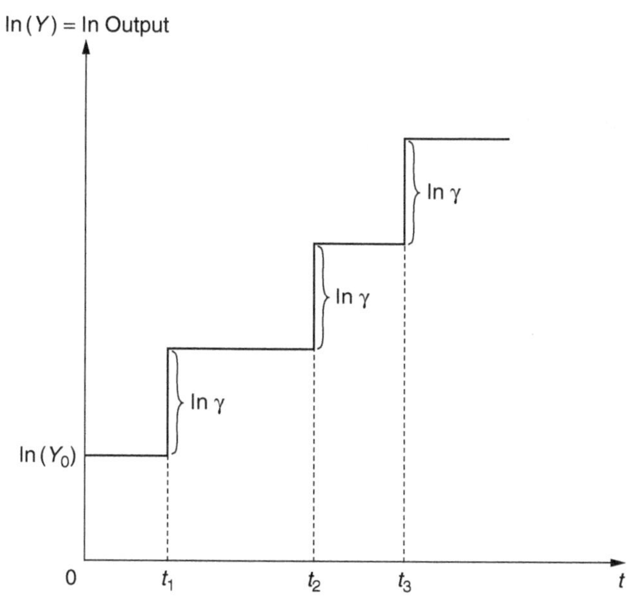

Abb. 9.6

Aber obwohl das Wachstum ungleichmäßig ist, zeigt der Zeitpfad des aggregierten Outputs, wie in der Abbildung gezeigt, keinen Rückgang auf. Will man der Existenz von Rückgängen Rechnung tragen, wird eine Erweiterung des einfachen Schumpeterianischen Modells, wie zum Beispiel im Helpman-Trajtenberg-Modell, notwendig.

9.2.2.2 Das Helpman-Trajtenberg-Modell

Wie zuvor gibt es L Arbeiter, die sich entweder in der Produktion existierender Zwischenprodukte oder in der Forschung, die auf die Entdeckung neuer Zwischenprodukte ausgerichtet ist, einbringen können. Jedes Zwischenprodukt ist wieder mit einer bestimmten GPT verbunden. Helpman und Trajtenberg nehmen an, dass, bevor irgendein Zwischenprodukt, das mit einer GPT assoziiert ist, im Endproduktsektor profitabel genutzt werden kann, eine Mindestanzahl davon verfügbar sein muss. Es geht nichts Relevantes verloren, wenn man annimmt, dass diese Mindestanzahl eins ist. Sobald das Produkt erfunden wurde, profitiert sein Erfinder von einem Patent auf dessen exklusive Nutzung, genau wie in dem einfachen Schumpeterianischen Modell der vorigen Kapitel.

Daher liegt der Unterschied zwischen diesem Modell und dem einfachen Schumpeterianischen Modell darin, dass die Entdeckung einer neuen Generation von Zwischenprodukten in zwei Schritten von sich geht. Zuerst muss eine neue GPT vorhanden sein, und dann muss das Zwischenprodukt, das diese GPT umsetzen kann, erfunden werden. Das eine kann nicht vor dem anderen erfolgen. Man muss die GPT kennen, bevor man wissen kann, welche Art von Zwischenprodukt sie zur Anwendung bringen wird, und die Menschen müssen eine vorige GPT in der Anwendung sehen, bevor jemand sich über eine neue GPT Gedanken machen kann. Der Einfachheit halber wird angenommen, dass FuE nicht aktiv in Richtung der Entdeckung einer neuen GPT gelenkt wird. Stattdessen entsteht die Entdeckung als ein zufälliges Nebenprodukt von *learning-by-doing* mit der vorherigen GPT.

Die Volkswirtschaft wird durch eine Sequenz von Zyklen gehen, von denen jeder, wie in Abbildung 9.7 gezeigt, zwei Phasen hat. GPT_i entsteht zum Zeitpunkt t_i. Zu diesem Zeitpunkt beginnt Phase 1 des i-ten Zyklus für die Volkswirtschaft. Während Phase 1 wird Arbeit in Höhe von n für Forschung eingesetzt. Phase 2 beginnt zum Zeitpunkt $t_i + \Delta_i$, wenn bei dieser Forschung ein Zwischenprodukt entdeckt wird, um die GPT_i zu implementieren. Während Phase 2 wird die gesamte Arbeit in der Herstellung eingesetzt bis zur Ankunft von GPT_{i+1}, dann beginnt der nächste Zyklus. Im Verlauf des Zyklus ist der Output in Phase 1 gleich $A_{t_i} F(L-n)$ und gleich $A_{t_i+\Delta} F(L) = \gamma A_{t_i} F(L)$ in Phase 2. Also verursacht das Umschichten von Arbeit aus der Herstellung in die Forschung einen Rückgang des Outputs jedes Mal, wenn eine GPT entdeckt wird und zwar in Höhe von$A_{t_i} [F(L) - F(L-n)]$.

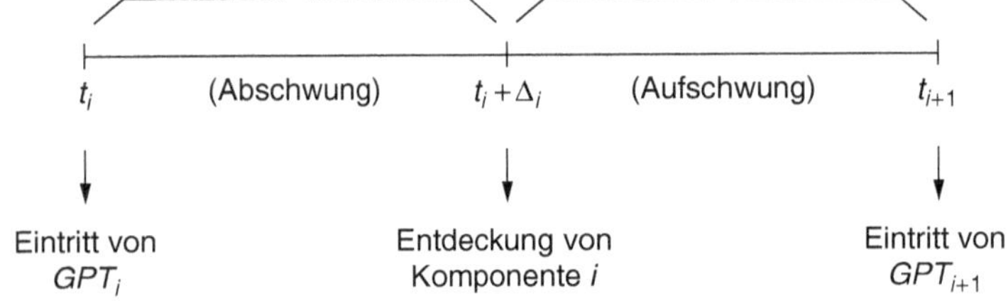

Abb. 9.7

Ein Steady-state-Gleichgewicht ist dadurch charakterisiert, dass jedes Mal, wenn die Volkswirtschaft in Phase 1 ist, die gleiche Menge Forschung betrieben wird. Das bedeutet, dass n von einer GPT zur nächsten konstant ist. Wie zuvor kann man den Gleichgewichtswert von n mithilfe einer Forschungsarbitage-Gleichung und einer Arbeitsmarktgleichgewichtskurve bestimmen. Es sei ω_j der Lohn, wenn die Volkswirtschaft in Phase j ist, dividiert durch den Produktivitätsparameter A der aktuell verwendeten GPT. In einem Steady-state muss dieser produktivitätsbereinigte Lohn unabhängig davon sein, welche GPT im Moment verwendet wird.

Da Forschung in Phase 1 durchgeführt wird, sich aber erst rentiert, wenn die Volkswirtschaft in Phase 2 mit einem durch den Faktor γ erhöhten Produktivitätsparameter eintritt, muss die folgende Forschungsarbitage-Gleichung gelten, damit es ein positives Forschungsniveau in der Volkswirtschaft gibt:

$$\omega_1 = \lambda\gamma\tilde{\pi}(\omega_2)$$

Da in Phase 2 niemand forscht, ist bekannt, dass der Wert von ω_2 unabhängig von der Forschung durch die Markträumungsbedingung $L = \tilde{x}(\omega_2)$ bestimmt wird. Daher kann man diesen Wert als gegeben akzeptieren und so wird ω_1 also durch die vorher genannte Forschungsarbitragebedingung bestimmt. Der Wert von n wird dann, wie in den vorherigen Unterabschnitten, bestimmt durch die Arbeitsmarktgleichung:

$$L = n + \tilde{x}(\omega_1)$$

Die durchschnittliche Wachstumsrate entspricht der Häufigkeit der Innovationen mal deren Umfang $\gamma - 1$ genau aus den gleichen Gründen wie im einfachen Modell. Die Häufigkeit wird jedoch ein wenig anders bestimmt als zuvor, weil die Volkswirtschaft zwei Phasen durchlaufen muss. Eine Innovation wird jedes Mal implementiert, wenn ein ganzer Zyklus beendet ist. Die Häufigkeit, mit der diese Implementierung auftritt, ist der Kehrwert der erwarteten Länge eines vollständigen Zyklus. Was wiederum genau der erwarteten Länge[2] von Phase 1 plus der erwarteten Länge von Phase 2 entspricht:

$$1/\lambda n + 1/\mu = \frac{\mu + \lambda n}{\mu\lambda n}$$

Daher entspricht die Wachstumsrate

$$g = (\gamma - 1)\frac{\mu\lambda n}{\mu + \lambda n}$$

Was wiederum positiv von allem beeinflusst wird, was die Forschung erhöht.

Die Höhe des Rückgangs $\ln[F(L)] - \ln[F(L-n)]$, der eintritt, wenn eine GPT auftritt, ist also eine zunehmende Funktion von n und wird daher tendenziell positiv mit der durchschnittlichen Wachstumsrate korreliert sein.

Eine weitere erwähnenswerte Eigenschaft dieses Zyklus ist es, dass, wie Helpman und Trajtenberg betonen, der Lohnsatz steigt, wenn das Wachstum zurückgeht. Das bedeutet, weil es

---

[2] Die Länge Δ von Phase 1 ist eine zufällige Variable, die geometrisch mit dem Parameter λn verteilt ist; das bedeutet

$\text{Prob}(\Delta = i) = \lambda n(1 - \lambda n)^{i-1}, \qquad i = 1, 2, \cdots$

Da der Erwartungswert einer geometrisch verteilten Zufallsvariablen dem Kehrwert des Parameters entspricht, ist die erwartete Länge der Phase 1 gleich $1/\lambda n$. Gleichermaßen ist die Länge von Phase 2 geometrisch mit dem Parameter μ verteilt, also ist ihre erwartete Länge $1/\mu$.

keine Forschung in Phase 2 gibt, dass der normierte Lohnsatz niedrig genug sein muss, um die Beschäftigung für alle L Arbeiter im produzierenden Sektor sicherzustellen, wohingegen mit der Ankunft einer neuen GPT der Lohn steigen muss, um die Produzenten dazu zu veranlassen, Arbeiter für die Forschung freizugeben. Das leitet direkt über zum nächsten Abschnitt über Lohnungleichheit.

Dieser Abschnitt endet mit einer Schlussbemerkung: In dem Modell dieses Abschnitts führt die Entdeckung einer neuen GPT zunächst zu einer Verringerung des Outputs. In der Realität kann man jedoch eher eine Verlangsamung mit immer noch positivem Wachstum beobachten. Die offensichtlichste Art und Weise, die Theorie mit dieser Beobachtung in Einklang zu bringen, ist es, das Modell zu erweitern, indem man annimmt, dass die Volkswirtschaft nicht aus einem Sektor, sondern aus vielen besteht und dass jeder Sektor mit der neuen GPT experimentiert. Nach der Entdeckung der GPT werden einige Sektoren vor anderen die komplementären Inputs entdecken, die ihnen nützlich sind, und das beschleunigte Wachstum der schnelleren Sektoren wird den Rückgang des Outputs in den langsameren kompensieren. Also fällt die aggregierte Wachstumsrate möglicherweise für eine Weile, bevor sie schließlich schnell wächst, aber sie wird nicht notwendigerweise negativ.[3]

9.3 GPT und Lohnungleichheit

In diesem Abschnitt wird eine Erklärung für die zunehmende Lohnungleichheit zwischen und innerhalb von Ausbildungsgruppen entwickelt, die auf dem Konzept der GPT basiert. Diese Erklärung ist mit den beobachteten dynamischen Mustern der Lohnprämie in den USA und Großbritannien seit 1970 übereinstimmend, und sie kann den folgenden beiden Themen, die in Kapitel 8 aufgeworfen wurden, besser gerecht werden, als es die Theorie der Marktgröße kann.

Aspekt 1 *Geschichte des Arbeitsmarkts*
Anders als in der jüngsten Zeit resultierte die Zunahme des Angebots an ausgebildeter Arbeit in Verbindung mit der High-School-Bewegung der 1920er Jahre nicht in einer vergleichbaren Zunahme der Wissensprämie (siehe Goldin und Katz 1998).

Aspekt 2 *Die Produktivitätsschwäche*
Die Erklärung anhand der Marktgröße kann dem gleichzeitigen Auftreten einer Zunahme der Wissensprämie und einer Produktivitätsabschwächung seit Mitte der 1980er bis in die Mitte der 1990er Jahre in den USA nicht Rechnung tragen.

Außerdem ist die Erklärung anhand der GPT konsistent mit (1) der Zunahme der Ungleichheit innerhalb der Gruppen, die in erster Linie die temporäre Komponente des Einkommens betrifft (Blundell und Preston 1999), und (2) der beobachteten Zunahme der Erfahrungsprämie.

---

[3] In Aghion und Howitt (1998, Kap. 8) wird ein solches Modell entwickelt und argumentiert, dass die Diffusion einer neuen GPT durch die gesamte Volkswirtschaft im Zeitverlauf typischerweise einem logistischem Muster folgt.

9.3.1 Eine Erklärung für die Zunahme der Wissensprämie

Abbildung 9.8 aus Jovanovic und Rousseau (2005) zeigt, dass die Wissensprämie, obwohl sie in den späteren Jahren der Elektrifizierung sank, mit der Informatisierungswelle nach 1978 wieder anstieg.

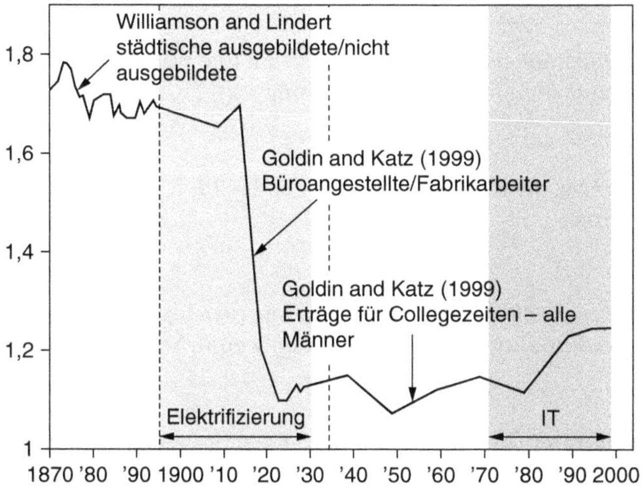

Abb. 9.8: Wissensprämie

In diesem Unterabschnitt wird gezeigt, wie das Helpman-Trajtenberg-Modell aus dem vorigen Abschnitt die Zunahme der Wissensprämie während der IT-Revolution erklären kann.[4] Das Modell wird modifiziert, indem angenommen wird, dass es zwei Arten von Arbeit gibt. Qualifizierte Arbeit kann sowohl in der Forschung als auch in der Produktion arbeiten, wohingegen unqualifizierte Arbeit nur in der Produktion eingesetzt werden kann. Es seien L^s und L^u die Angebote an ausgebildeter (qualifizierter) und unausgebildeter (unqualifizierter) Arbeit; ω_1^s und ω_1^u bezeichnen jeweils ihren produktivitätsbereinigten Lohn in Phase 1 des Zyklus (wenn die Aktivitäten zur Entwicklung komplementären Inputs tatsächlich stattfinden) und ω_2 bezeichne den produktivitätsbereinigten Lohn in Phase 2 (wenn die neuen GPT noch nicht in Erscheinung getreten sind und alle Arbeit daher in der Produktion eingesetzt wird).

Wenn im Gleichgewicht der Arbeitsmarkt in Phase 1 segmentiert ist und die gesamte qualifizierte Arbeit in der Forschung eingesetzt wird und die unqualifizierte Arbeit in der Herstellung beschäftigt ist, erhält man für den Arbeitsmarkt die Markträumungsbedingungen

$$L^s = n$$

$$L^u = \tilde{x}(\omega_1^u)$$

4 In Abschnitt 9.4 wird argumentiert, dass sich der Rückgang der Wissensprämie im frühen 20. Jahrhundert mit der GPT-Theorie erklären lässt.

und

$$L^s + L^u = \tilde{x}(\omega_2)$$

sowie die Forschungsarbitage-Gleichung

$$\omega_1^s = \lambda\gamma\tilde{\pi}(\omega_2)$$

Diese drückt aus, dass der Lohn der qualifizierten Arbeit dem erwarteten Wert des Einsatzes von (qualifizierter) Arbeit in FuE verbunden mit dem Ziel, komplementäre Inputs für die neue GPT zu entwickeln, entspricht.

Der Arbeitsmarkt ist in Phase 1 wirklich nur dann segmentiert, wenn und nur wenn ω_1^s, der durch die Forschungsarbitage-Gleichung definiert ist, die Bedingung

$$\omega_1^s > \omega_1^u$$

erfüllt. Das wiederum verlangt, dass L^s nicht zu groß ist. Ansonsten bleibt der Arbeitsmarkt im Gleichgewicht nicht segmentiert, mit $n < L^s$ gilt:

$$\omega_1^s = \omega_1^u$$

In ersterem Fall erhöht das Aufkommen einer GPT die Wissensprämie (von 0 auf $\omega_1^s/\omega_1^u - 1$) und gleichzeitig verursacht dies eine Produktivitätsabschwächung, weil Arbeit aus der Produktion herausgenommen wird.

9.3.2 Erklärungen für die Zunahme der Ungleichheit innerhalb von Lohngruppen

Das vielleicht Verblüffendste bei der Zunahme der Lohnungleichheit ist, dass sie Großteils innerhalb der Kontrollgruppen stattgefunden hat, egal wie eng diese Gruppen definiert sind (z. B. hinsichtlich Erfahrung, Ausbildung, Geschlecht, Industrie oder Beschäftigung).

Messfehler sind eine erste offensichtliche Erklärung für dieses Rätsel. Zum Beispiel sollte ein Doktortitel von einer führenden Wirtschaftsfakultät mehr Wert sein als ein Doktortitel von einer weniger bedeutenden Fakultät, obwohl für beide Doktortitel die gleiche Anzahl an „Ausbildungsjahren" notwendig war. Ähnliches gilt, wenn unterschiedliche Jobs unterschiedliches Learning-by-doing und/oder unterschiedliche Weiterbildungsmöglichkeiten aufweisen und dadurch zu Lohnunterschieden unter Arbeitern mit einem ähnlichen Karrierelevel führen. Aber selbst wenn man im Hinblick auf Messfehler korrigiert, bleibt ein substanzieller Restanteil an Lohnungleichheit unerklärt.

Eine weitere Erklärung[5] ist, dass qualifikationsverzerrter technischer Wandel nicht nur, wie zuvor beschrieben, die Nachfrage nach beobachtbaren Fähigkeiten erhöht hat, sondern auch die Nachfrage nach nicht beobachtbaren Fähigkeiten. Diese Erklärung steht jedoch, obwohl sie theoretisch attraktiv ist, im Konflikt mit ökonometrischen Arbeiten (Blundell und Preston 1999), die zeigen, dass die gruppeninterne Komponente der Lohnungleichheit in den USA und Großbritannien hauptsächlich vorübergehend wirkt, wohingegen die Komponente bzgl. Unterschieden zwischen den Gruppen einen Großteil der beobachteten Zunahme in der Varianz der permanenten Einkommen erklärt. Die Erklärung auf Basis der unbeobachtbaren

[5] Für weitere Modelle mit Ungleichheit innerhalb von Lohngruppen basierend auf Unterschieden in den angeborenen Fähigkeiten siehe Acemoglu (1998), Heckman, Lochner und Taber (1998), Galor und Moav (2000) und Rubinstein und Tsiddon (1999).

angeborenen Fähigkeiten kann auch nicht erklären, warum die Zunahme der Ungleichheit innerhalb der Gruppen von einer entsprechenden Zunahme der individuellen Lohninstabilität begleitet wurde (siehe Gottschalk und Moffitt 1994). Im verbleibenden Teil dieses Abschnitts wird argumentiert, dass die Diffusion eines neuen technologischen Paradigmas die Evolution der Lohnungleichheit innerhalb der Gruppen auf eine Art und Weise beeinflussen kann, die sich mit diesen Fakten vereinbaren lässt.

9.3.2.1 GPT und die Anpassungsfähigkeitsprämie

Basierend auf der Arbeit von Violante (2002) argumentieren Aghion, Howitt und Violante (2000), dass die Diffusion einer neuen GPT die Lohnungleichheit innerhalb einer Gruppe in erster Linie erhöht, weil die Zunahme der Geschwindigkeit des verkörperten technischen Fortschritts, die mit der Diffusion einer neuen GPT assoziiert wird, die Marktprämie derjenigen Arbeiter erhöht, die sich schnell an die führende Technologie/Spitzentechnologie anpassen.

Bezogen auf das vorangegangene Modell nehme man an, dass alle Arbeiter das gleiche Ausbildungsniveau haben, dass aber, sobald eine neue GPT entdeckt wird, nur ein Anteil α der gesamten Arbeitskräfte sich schnell genug an die neue Technologie anpassen kann, so dass sie daran arbeiten können, nach einer neuen Komponente zu suchen, die die GPT komplementiert. Die anderen Arbeiter, die sich nicht erfolgreich angepasst haben, haben keine andere Wahl als in der Herstellung zu arbeiten. Es sei ω_1^{Adapt} der produktivitätsbereinigte Lohnsatz der anpassungsfähigen Arbeiter in Phase 1 des Zyklus, wohingegen ω_1 den Lohn der nichtangepassten Arbeiter bezeichnet. Die Arbeitsmarkträumung bedingt, dass

$$\alpha L = n$$

$$(1-\alpha)L = \tilde{x}(\omega_1)$$

und

$$L = \tilde{x}(\omega_2)$$

Die Forschungsarbitage-Gleichung für anpassungsfähige Arbeiter in Phase 1 hingegen lautet

$$\omega_1^{\text{Adapt}} = \lambda\gamma\tilde{\pi}(\omega_2)$$

Angenommen α ist klein genug, um eine positive Anpassungsfähigkeitsprämie zu generieren, dann gilt:

$$\omega_1^{\text{Adapt}} > \omega_1$$

Bis zu diesem Punkt der Argumentation wurde die Analyse des vorangegangenen Abschnitts einfach wiederholt und qualifizierte und unqualifizierte Arbeiter wurden durch anpassungsfähige und nicht-anpassungsfähige Arbeiter ersetzt. Eine GPT erhöht die Anpassungsfähigkeitsprämie auf die gleiche Art, wie sie die Wissensprämie erhöht. Aber es gibt zwei bedeutende Unterschiede zwischen Eignung und Anpassungsfähigkeit. Der erste Unterschied ist, dass man die Fähigkeiten eines Arbeiters, wenn auch unvollkommen, messen kann, indem man Schuljahre verwendet, es jedoch keine Möglichkeit gibt, die Anpassungsfähigkeit eines Arbeiters zu messen. Dieses Unvermögen bedeutet, dass, ganz egal, wie man die Arbeiter im Sinne von beobachtbaren Charakteristiken gruppiert, es dennoch eine Variabilität der Löhne innerhalb der Gruppen aufgrund von nicht beobachtbaren Unterschieden in der Anpassungsfähigkeit geben wird.

Der zweite Unterschied zwischen Eignung und Anpassungsfähigkeit ist, dass in dem Maß, in dem Eignung mit Ausbildung verbunden ist, es eine dauerhafte Eigenschaft eines Arbeiters, insbesondere einer Arbeiters im besten Alter, ist. Anpassungsfähigkeit ist nicht notwendigerweise eine ständige Eigenschaft, sondern möglicherweise Großteils eine Frage des Zufalls. Manche Menschen können eine bestimmte Technologie verstehen, eine andere aber nicht. Es ist dieses zufällige Element der Anpassungsfähigkeit, die diese auf GPT basierende Erklärung von Lohnungleichheit innerhalb der Gruppen mit einer zunehmenden Lohninstabilität vereinbar macht.

Um genauer zu werden, betrachte man den extremen Fall, in dem jedes Mal, wenn eine neue Technologie auftritt, jeder Arbeiter die gleiche Wahrscheinlichkeit α hat, dass er sich dieser Technologie anpassen kann, ungeachtet dessen, ob er sich bei irgendeiner früheren Technologie als anpassungsfähig erwiesen hat oder nicht. In diesem Fall ist vor dem Auftreten der neuen GPT die Varianz des zukünftigen Lohns jedes Arbeiters gleich[6]

$$V = \alpha(1-\alpha)(\omega_1^{\text{Adapt}} - \omega_1)^2$$

Diese ist zunehmend in γ und λ.

Daher kann die Herangehensweise, die auf dem Gedanken der GPT basiert, nicht nur die beobachtete Entwicklung der Collegeprämie (siehe vorheriger Unterabschnitt), sondern auch die Zunahme in der verbleibenden Lohnungleichheit beleuchten. Des Weiteren tut sie es auf eine Art und Weise, mit der sie mindestens zwei erstaunlichen Tatsachen Rechnung tragen kann: Erstens sollte in dem Ausmaß, in dem die verbleibende Lohnungleichheit mehr mit der zufälligen Natur der Anpassungsfähigkeit der Arbeiter an den neuesten Jahrgang als mit einer angeborenen Fähigkeit zu tun hat, die Zunahme der Ungleichheit innerhalb der Gruppen, die durch die Diffusion einer neuen GPT induziert ist, in erster Linie die transitorische Komponente des Einkommens entsprechend der empirischen Arbeiten von Blundell und Preston (1999) beeinflussen. Zweitens sollte die Zunahme der verbleibenden Lohnungleichheit von einer Zunahme der individuellen lebenslangen Lohninstabilität widergespiegelt werden, wie sie Gottschalk und Moffitt (1994) dokumentieren.

9.3.2.2 GPT und die Erfahrungsprämie

Ein weiteres Rätsel ist, dass die Rendite der Erfahrung gleichzeitig mit der Wissensprämie zugenommen hat. Aghion, Howitt und Violante (2002) berufen sich wieder auf ein GPT-Argument, um diese Tatsache zu erklären. Ihre Erklärung ist, dass die Verbreitung einer GPT bedeutet, dass vorherige Erfahrungen von einem anpassungsfähigen Arbeiter, der von einem Sektor zum nächsten wechselt, einfacher transferiert werden können. Dieser Faktor erhöht wiederum den Ex-ante-Wert von Erfahrung, das bedeutet, es ergibt eine Erfahrungsprämie.

Etwas formaler zeigt dies die zusammenfassende Darstellung von Hornstein, Krusell und Violante (2005), die ein Modell mit überlappenden Generationen mit Individuen, die zwei Perioden lang leben, betrachten. Jede Kohorte von Individuen vom Umfang eins arbeitet während beider Perioden ihres Lebens. Technologischer Fortschritt produziert Innovationen, die die Produktivität mit dem Faktor $\gamma > 1$ multiplizieren. In jeder Periode gibt es nur zwei Sektoren, einen neuen Sektor und einen alten Sektor. Der neue Sektor wird anhand

---

[6] Zur Erinnerung: Wenn eine Zufallsvariable mit der Wahrscheinlichkeit p gleich x_0 ist und mit der Wahrscheinlichkeit $1-p$ gleich x_1 ist, dann ist ihre Varianz gleich $p(1-p)(x_1-x_0)^2$. In diesem Fall ist $p=\alpha$, $x_0 = \omega_1^{\text{Adapt}}$ und $x_1 = \omega_1$.

seines Alters benannt, nämlich 0, und der alte Sektor wird mit 1 benannt. Der Output in jedem Sektor i entspricht

$$Y_i = A_i h_i^{1-\alpha}$$

Wobei A_i die Produktivität bezeichnet und h_i den effektiven Arbeitsinput in Sektor i. Es gilt

$$A_0/A_1 = \gamma$$

Die Anpassungsfähigkeitsbeschränkung

Alle jungen Arbeiter können sich sofort an die neue Technologie anpassen und daher in Sektor 0 arbeiten, wobei jeder eine Einheit Arbeitsinput zur Verfügung stellt. Es kann sich jedoch nur ein Teil σ der alten Arbeiter auf die neue Technologie verlagern.

Lernparameter

Ein alter Arbeiter, der sich nicht verändert, kann dem Sektor 1 $1 + \eta$ Einheiten Arbeit zur Verfügung stellen. Der Parameter η bildet das Learning-on-the-job in dem ehemals führenden Sektor ab, als der Arbeiter jung war.

Parameter der Transferierbarkeit

Ein Individuum, das in dem technologisch führenden Sektor in der vorherigen Periode gearbeitet hat und das in dieser Periode in den neuen führenden Sektor wechselt, kann einen Teil des Wissens transferieren, das es in dem ehemals führenden Sektor erworben hat. Das bedeutet, dass jeder Arbeiter maximal $1 + \tau\eta$ Einheiten Arbeitsinput in den neuen Sektor einbringen kann, wobei der Transferierbarkeitsparameter τ die Generalität der Technologie misst.

Man erhält daher

$$h_0 = 1 + \sigma(1 + \tau\eta)$$

$$h_1 = (1 - \sigma)(1 + \eta)$$

Das bedeutet, dass der Arbeitsinput, der für den neuen Sektor bereitgestellt wird, die jeweiligen Einheiten aus der Menge der jungen Arbeiter plus den $1 + \tau\eta$ Einheiten umfasst, die von jedem einzelnen der σ anpassungsfähigen alten Arbeiter angeboten wird. Der Arbeitsinput im alten Sektor entspricht dagegen $1 + \eta$ Einheiten, die von jedem der $1 - \sigma$ nichtanpassungsfähigen Arbeiter bereitgestellt wird.

Unter der Annahme vollständigen Wettbewerbs entsprechen alle Löhne ihren Grenzprodukten:

$$\omega_i = \frac{\partial Y_i}{\partial h_i}$$

Wobei ω_i dem Lohn pro Einheit Arbeit im Sektor i entspricht. Daher ist

$$\frac{\omega_1}{\omega_0} = \gamma^{-1}\left(\frac{h_0}{h_1}\right)^{\alpha} = \gamma^{-1}\left(\frac{1 + \sigma(1 + \tau\eta)}{(1 - \sigma)(1 + \eta)}\right)^{\alpha}$$

Der durchschnittliche Lohn eines alten Arbeiters entspricht

$$\sigma(1 + \tau\eta)\omega_0 + (1 - \sigma)(1 + \eta)\omega_1,$$

weil der Anteil σ für jede seiner $1 + \tau\eta$ Einheiten Arbeitsinput, die er dem Sektor 0 zur Verfügung stellt, ω_0 erhält. Der Anteil $1 - \sigma$ verdient ω_1 für jede Einheit Arbeitsinput in Sektor 1. Da alle jungen Arbeiter ω_0 verdienen, ist die gleichgewichtige Erfahrungsprämie, definiert als der durchschnittliche Lohn von alten Arbeitern im Verhältnis zu dem durchschnittlichen Lohn junger Arbeiter, gegeben durch

$$x = \sigma(1 + \tau\eta) + (1 - \sigma)(1 + \eta)\,\omega_1/\omega_0,$$

was wiederum eindeutig in τ zunehmend ist. Also erhöht das Auftreten einer GPT, die den Parameter der Generalität oder Transferierbarkeit τ erhöht, die Erfahrungsprämie von anpassungsfähigen Arbeitern (entsprechend dem ersten Term auf der rechten Seite). Sie hat auch den indirekten Effekt, dass sie die Erfahrungsprämie von nichtanpassungsfähigen Arbeitern erhöht, weil sie, indem sie das ganze Angebot anpassungsfähiger Arbeit erhöht, den Lohn von jungen Arbeitern reduziert.

9.4 Fazit

In diesem Kapitel wurden sehr einfache Modelle entwickelt, um die Idee der General Purpose Technologies abzubilden und um zu analysieren, warum das Auftreten einer GPT eine Produktivitätsabschwächung und gleichzeitig eine Zunahme der Lohnungleichheit sowohl innerhalb als auch zwischen Gruppen sowie auch einen Anstieg der Erfahrungsprämie verursachen kann. Man kann die Analyse der Lohnungleichheit basierend auf der GPT-Theorie mit der alternativen Erklärung basierend auf der Theorie der Marktgröße und des gerichteten technischen Fortschritts aus Kapitel 8 vergleichen. Es gibt vier Vorteile der Erklärung anhand von GPT: Erstens kann die Erklärung mithilfe der Marktgröße das Absinken der Wissensprämie in den 1920er Jahren, als es eine Zunahme im relativen Angebot von Fähigkeiten gab, nicht erklären. Die Erklärung unter Bezug auf GPT stimmt mit dieser Tatsache jedoch überein, da die 1920er Jahre eine Phase waren, in der die Elektrifizierung als GPT in die Reifephase eintrat, in der die Welle an Innovationen abebbte, die Technologie immer benutzerfreundlicher wurde und dadurch eine geringere Prämie für das Wissen generierte, das man zur Nutzung dieser Technologie benötigte. Zweitens ist die GPT-Erklärung, wie gezeigt wurde, im Einklang mit der Produktivitätsabschwächung, die einsetzte, als die Wissensprämie in den 1970er Jahren zu steigen begann. Drittens kann die auf GPT basierende Erklärung auch der Tatsache Rechnung tragen, dass die Zunahme der Ungleichheit innerhalb der Gruppen, die im letzten Viertel des 20. Jahrhunderts begonnen hat, sich hauptsächlich auf das transitorische Einkommen ausgewirkt hat. Und viertens kann die GPT-Theorie die beobachtete Zunahme der Erfahrungsprämie erklären.

Literatur

Obwohl eine formale Analyse von GPT erst 1992 entwickelt wurde, geht die Idee, dass langfristige Zyklen möglicherweise das Ergebnis von technologischem Wandel sind, auf Kondratieff (1925) zurück. Aktuellere Belege für Lange Wellen und Schumpeterianische Wellen kann man in Gordon (1999) finden.

Viele Wirtschaftshistoriker haben Abschnitte bedeutenden technologischen Wandels untersucht. Der Leser sei hier auf besonders aufschlussreiche Studien (von Tunzelmann (1978) über die Dampfmaschine; David (1990) über die Parallele zwischen dem Computer und dem Dynamo; Lipsey und Bekar (1995) über befähigende Technologien) verwiesen. Autoren wie

Freeman, Clark und Soete (1982) sowie Freeman und Perez (1988) haben die Idee eines „techno-ökonomischen Paradigmas" analysiert, das, wie Lipsey, Bekar und Carlaw (1998) betonen, viel umfangreicher ist als eine GPT, da es sich auf eine systematische Beziehung zwischen Produkten, Prozessen und den Organisationen und Institutionen, die wirtschaftliche Aktivitäten koordinieren, bezieht.

Mokyr (1990) unterscheidet zwischen „Mikroerfindungen" (die bestehende Technologien verbessern und auf wirtschaftliche Anreize reagieren) und „Makroerfindungen" (die für gewöhnlich von Anreizen unabhängig sind und aus radikal neuen Ideen resultieren, ohne dass es einen offensichtlichen Vorgänger gibt). Diese Erfindungen ähneln neuen GPT stark: Beide sorgen dafür, dass das Wachstum nicht stagniert, beide gehen mit umfangreicher Komplementarität einher und beide sind die Basis für unterstützende Mikroinnovationen. In Lipsey, Bekar und Carlaw (2005) findet man basierend auf der grundlegenden Idee der GPT eine umfangreiche Geschichte des technologischen Wandels.

Die erste theoretische Analyse von GPT wurde von Bresnahan und Trajtenberg (1995) durchgeführt, sie prägten den Begriff „General Purpose Technology" und definierten, dass diese drei Haupteigenschaften aufweise: weite Verbreitung, technologischen Dynamismus und Komplementaritäten in Hinsicht auf (weitere) Innovationen. Sie argumentierten, dass Technologien eine baumähnliche Struktur haben, bei der einige wenige treibende Kräfte an der Spitze stehen und alle anderen Technologien von diesen ausgehen. Helpman und Trajtenberg (1998a, 1998b) erweiterten das Bresnahan-Trajtenberg-Modell, indem sie es in das erste General-Equilibrium- GPT-Modell verwandelten. Aghion und Howitt (1998b) entwickelten ein Schumpeterianisches GPT-Modell, um die Abschwächungen des Produktivitätswachstums und die Zunahme der Lohnungleichheit zu erklären, die in Folge einer neuen GPT auftreten. Schumpeterianische Innovationswellen spielen auch in den Arbeiten von Jovanovic und Rob (1990) sowie Cheng und Dinopoulos (1992) eine Rolle, in denen jede grundlegende Innovation von einer Sequenz zunehmend inkrementeller Innovationen gefolgt wird.

Eine bedeutende Referenz zum Thema GPT ist das von Helpman (1998) herausgegebene Buch, das die wichtigsten Modelle vorstellt, sowie Anwendungen auf spezielle Fragestellungen, wie den Effekt von GPT auf Faktormärkte (im Kapitel von Harris), die Zunahme der Kapitalobsoleszenz als Folge von schnellerem technologischem Fortschritt (im Kapitel von Howitt) und die Effekte von GPT auf Anreize für vertikale Integration (im Kapitel von Bresnahan und Gambardella), beinhaltet.

Der Leser sei auch auf drei Kapitel im *Handbook of Economic Growth* (Aghion und Durlauf 2005) verwiesen: (1) das Kapitel von Jovanovic und Rousseau über GPT, das die zwei wichtigsten Beispiele der modernen amerikanischen Geschichte, nämlich die Elektrizität und die Informationstechnologie, mit spezieller Betrachtung ihrer dynamischen Effekte auf Produktivität und die Wissensprämie untersucht; (2) das Kapitel von Hornstein, Krusell und Violante, das die Auswirkungen von GPT auf Lohnungleichheit zwischen und innerhalb von Ausbildungsgruppen diskutiert und (3) das Kapitel von Jorgenson, der die IT-Revolution im Licht der Wachstumszerlegung analysiert.

▶ Aufgaben

1. Erläutern Sie intuitiv, wie das Auftreten einer neuen GPT eine Verlangsamung der Produktivitätsentwicklung und gleichzeitig einen Anstieg der Lohnungleichheit in Gruppen und zwischen Gruppen sowie einen starken Anstieg der Erfahrungsprämie erzeugen

kann. Vergleichen und kontrastieren Sie die auf der GPT basierende Erklärung der Lohnungleichheit mit alternativen Erklärungen, die auf der Marktgröße und dem gelenkten technischen Fortschritt basieren und in Kapitel 8 entwickelt wurden.

2. ***Moore's Law und Learning-by-Doing**
Diese Aufgabe wurde von Jovanovic und Rousseau 2002 übernommen. Sie befasst sich mittels eines sehr stilisierten Modells mit den potenziellen Folgen in einem Sektor, in dem die Kosten sehr stark fallen – entsprechend Moore's Law –, wie es im IT-Sektor der Fall ist.)
Ein Endprodukt wird entsprechend $Y = AL^{1-\alpha}K^{\alpha} = ALk^{\alpha}\left(k = \frac{K}{L}\right)$ produziert, wobei L die mit der Rate n wachsende Arbeitsmenge ist und K ein Kapitalgut ist. In diesem stilisierten Modell stellen (unrealistischerweise) IT-Güter das einzige Kapital dar, das keinen Abschreibungen unterliegt und das von Wissensspillovern profitiert, so dass die Produktionskosten Moore's Law folgen. Die Produktion einer weiteren Einheit Kapital benötigt $\frac{1}{q} = \left(\frac{K}{B}\right)^{-\beta}$ Einheiten des Endprodukts. Beide Sektoren sind vollkommene Wettbewerbsmärkte und die Unternehmen internalisieren die Spillover-Effekte nicht (so dass sie q als gegeben annehmen). Das Endprodukt dient auch als Numéraire.
Die Konsumenten haben die folgende Nutzenfunktion:
$$U = \int_0^{\infty} e^{-\rho t} c_t dt$$
   a) Wie hoch ist der Preis des Kapitals? Beweisen Sie, dass
   $$\alpha A k^{\alpha-1} = rp - \frac{dp}{dt},$$
   wobei r der Zinssatz ist.
   b) Zeigen Sie, dass im Steady-state gilt: $g_c = \frac{\alpha\beta}{1-\alpha-\beta} n$
   c) Es soll $z = \frac{K^{1-\alpha-\beta}}{L^{1-\alpha}}$ sein. Zeigen Sie, dass $\dot{z} = -az + b$ gilt, wobei a und b zwei zu bestimmende Konstanten sind. Lösen Sie dies für den Übergangspfad von K. Kommentieren Sie die Effekte von α und β auf die Geschwindigkeit der Konvergenz.
   d) Es wird ein zweites Kapitalgut X eingeführt, so dass $Y = AL^{1-\alpha-\gamma}K^{\alpha}X^{\gamma} = ALk^{\alpha}x^{\gamma}$ gilt. Das Gut X wird eins zu eins aus dem Endprodukt hergestellt und mit der Rate δ abgeschrieben. Zeigen Sie, dass die vorige Analyse immer noch gültig ist, solange A durch $A^* = \left(A\frac{\gamma}{r+\delta}\right)^{\frac{\gamma}{1-\gamma}}$ und α durch $\alpha^* = \frac{\alpha}{1-\gamma}$ ersetzt werden.

3. ****Die Endogenisierung der Wachstumsrate**
(Bei dieser Aufgabe wird das in Abschnitt 9.3.2.2 vorgestellte Modell durch die Endogenisierung der Wachstumsrate und einen Abfall in der Produktion erweitert.)
Es wird eine Struktur, ähnlich der in Abschnitt 9.3.2.2 vorgestellten, betrachtet. Die Zeit ist diskret und es gibt eine Einheitsmasse von risikoneutralen Konsumenten (mit der Diskontrate β). Ein Endprodukt wird entsprechend $Y = A^{1-\alpha}x^{\alpha}L^{1-\alpha}$ hergestellt, wobei x ein Zwischenprodukt ist, das von einem Monopol unter Einsatz von einer Einheit des Endprodukts hergestellt wird. A ist die Qualität des Zwischenproduktinputs und L ist die Menge an Arbeit, die im Endproduktsektor arbeitet. Wenn ein neues Zwischenprodukt erfunden wird, ist seine Qualität $\gamma > 1$-mal die Qualität des vorigen. (Es wird angenommen, dass die Innovation umfangreich ist.)
In der Phase 0 wurde eine GPT gerade erfunden, aber die Ökonomie verwendet immer noch die alte Technologie (und damit das alte Zwischenprodukt), und die Forschung zielt

darauf ab, eine spezifische Technologie zu entdecken, um diese neue GPT im Zwischenproduktsektor durch die FuE-Abteilungen der potenziellen Wettbewerber des gegenwärtigen Monopolisten zu implementieren. Wenn ein Wettbewerber erfolgreich ist, wird er der neue Monopolist und die Ökonomie betritt die Phase n. Er ist mit der Wahrscheinlichkeit $\lambda_0 n_0$ erfolgreich, wobei n_0 die Menge an Arbeit ist, die im Forschungsbereich seines Unternehmens angestellt ist. Der Wert λ_0 ist hinreichend klein, so dass die Wahrscheinlichkeit, dass zwei Wettbewerber gleichzeitig das neue Zwischenprodukt entdecken, vernachlässigt werden kann.
In Phase n wurde der spezifische Input erfunden, so dass die neue Technologie genutzt wird. Eine neue GPT kann mit der Poisson-Rate μ auftreten.
Es wird das Steady-state-Gleichgewicht im Sinne eines konstanten $z_i = \frac{Z_{it}}{A_t}$ betrachtet. (Hierbei kann Z der Konsum, die Löhne, die Gewinne oder der Wert eines Unternehmens sein, $i = 0, n$ gibt an, welches die gegenwärtige Phase ist und A_t steht für die benutzte Technologie.)

a) Beweisen Sie, dass der der normierte Wert eines Unternehmens v_i (ohne die Dividende der gegenwärtigen Periode) folgendermaßen geschrieben werden kann:

$$v_0 = \frac{(1-\alpha)\alpha^{\frac{1+\alpha}{1-\alpha}}(1-n_0)}{r+\lambda_0 n_0}$$

$$v_n = \frac{(1-\alpha)\alpha^{\frac{1+\alpha}{1-\alpha}}}{r+\mu}\left(\frac{\mu(1-n_0)}{r+\lambda_0 n_0}+1\right)$$

mit r als Zinssatz.

b) Geben Sie die Arbitragegleichung für die Forschung an.
c) Ermitteln Sie n_0. Unter welchen Bedingungen für die Parameter machen die Berechnungen Sinn? Was sind die Effekte eines Anstiegs der Eintrittsrate einer GPT auf die Forschung nach einem passenden Zwischenprodukt?
d) Zeigen Sie, dass die erwartete Wachstumsrate folgendermaßen gegeben ist:

$$g_{c0} = \lambda_1 n_1 \left(\gamma \frac{1}{1-n_1} - 1\right)$$

$$g_{c2} = -\mu n_1$$

Wie groß ist die durchschnittliche Wachstumsrate? Kommentieren Sie das Ergebnis.
Es wird nun der Fall betrachtet, dass μ endogen ist. Mit n_n Arbeitskräften in der Forschung in Phase n ist die Wahrscheinlichkeit, dass eine neue GPT entdeckt wird $\lambda_n n_n$. Weil es jedoch unmöglich ist, irgendein Patent auf die Entdeckung der neuen GPT zu erhalten (da es die Kooperation von vielen Menschen erfordert), muss die Regierung die „Grundlagenforschung" übernehmen. Die einzige Steuerpolitik, die eine Regierung (in Phase n) durchführen kann, ist eine Pauschalsteuer für die Arbeiter im Endproduktsektor. Die einzigen Ausgaben stellen die Löhne für die Arbeitskräfte in der Forschung dar.

e) Drücken Sie n_0 als Funktion von n_n aus.
f) Drücken Sie u_n als eine Funktion von n_0, n_n aus. Benennen Sie das Problem, dem sich die Regierung gegenübersieht. Erläutern Sie intuitiv den Trade-off, dem sie sich gegenübersieht. (Sie sollten nicht versuchen, dies explizit für n_0 zu lösen.)

4. *Die Diffusion der GPT in der Ökonomie

Es wird ein Modellaufbau, wie der in Abschnitt 9.2.2.2 beschriebene, betrachtet. Die Bevölkerung hat die Größe L und es gibt monopolistische Konkurrenz bei einem Kontinuum von Zwischenprodukten, die verwendet werden, um das Endprodukt entsprechend der Funktion $Y = \left(\int_0^1 A(i)^\alpha x(i)^\alpha di\right)^{1/\alpha}$ zu produzieren, wobei $x(i)$ die Menge des Zwischenprodukts i darstellt. Die Zeit ist stetig. Es wird der Eintritt einer einzelnen GPT betrachtet: Es ist anfänglich $A(i) = 1$ und es sind zwei weitere Innovationen notwendig, bevor ein Sektor die neue Technologie einsetzen kann und $A(i) = \gamma > 1$ entsteht. Zuerst muss ein Entwurf, anhand dessen experimentiert werden kann, erfunden werden (was die Eigenheit des Modells im Vergleich zu dem in Abschnitt 9.2.2.2 beschriebenen ist), dann wird das Zwischenprodukt für den Sektor spezifiziert. Mit n_1 wird die Zahl der Sektoren in der zweiten Phase (wenn der erste Entwurf, aber noch nicht das spezifische Zwischenprodukt, entwickelt wurde und die Produktivität immer noch 1 ist) und mit n_2 die Zahl der Sektoren in der dritten Phase (wenn das spezifische Produkt erfunden wurde und die Produktivität gleich γ ist) bezeichnet. Wenn ein Sektor in der ersten Phase ist, ist die Entdeckung des Entwurfs ein exogener Prozess mit einer Wahrscheinlichkeit von $\lambda_0 + \varphi(n_2)$ und der Term $\varphi(n_2)$ steigt mit n_2 und illustriert die Tatsache, dass ein Sektor die Entwürfe von Sektoren kopieren kann, die schon den letzten Schritt gemacht haben, was einfacher ist, wenn es mehr solcher Sektoren gibt. Um das spezifische Zwischenprodukt zu erfinden, muss ein Sektor (gegenwärtig in Phase 2) N Einheiten Arbeit in der FuE beschäftigen und das spezifische Zwischenprodukt wird dann mit der Wahrscheinlichkeit λ erfunden. (Beachten Sie, dass N hier fix ist und angenommen wird, dass alle Unternehmen es in Phase 2 als lohnend ansehen, in FuE zu investieren.)

a) Ermitteln Sie die Differenzialgleichungen, die von n_1 und n_2 erfüllt werden:

$$\dot{n}_1 = [\lambda_0 + \varphi(n_2)](1 - n_1 - n_2) - \lambda_1 n_1$$
$$\dot{n}_2 = \lambda_1 n_1$$

b) Zeigen Sie, dass die Produktion eines Gutes in Phase 0 oder 1 durch folgende Funktion gegeben ist:

$$x_i = \left(\frac{\alpha}{w}\right)^{\frac{1}{1-\alpha}} Y$$

Und für Phase 2 durch:

$$x_i = \left(\frac{\alpha\gamma^\alpha}{w}\right)^{\frac{1}{1-\alpha}} Y,$$

wobei w der Reallohn ist.

c) Lösen Sie nach w als eine Funktion von Y, n_1 und n_2 auf.

d) Beweisen Sie, dass der aggregierte Output durch folgende Funktion gegeben ist:

$$Y = (L - n_1 N)\left[1 + \left(\gamma^{\frac{\alpha}{1-\alpha}} - 1\right) n_2\right]^{\frac{1-\alpha}{\alpha}}$$

e) Erklären Sie intuitiv, warum ein verzögerter Abschwung möglich ist und wie φ diesen Abschwung beeinflussen wird. Gibt das Modell zusätzlich zum grundlegenden Modell interessante Einblicke im Hinblick auf die Konsequenzen der Entdeckung des Mikrochips auf die Produktivität in der Ökonomie?

5. ****GPT und Ungleichheit**

(Diese Aufgabe folgt Aghion, Howitt und Violante 2002 und ist eine detailliertere Version des Modells in Abschnitt 9.3.2.2)

Der Aufbau ist ähnlich wie der in Abschnitt 9.3.2.2 beschriebene. Die Menschen leben und arbeiten für zwei Perioden (jede Generation hat die Größe 1) und es gibt ein Endprodukt, das von verschiedenen Sektoren produziert werden kann (die als Technologie verstanden werden können). Ein Sektor existiert nur für zwei Perioden und in jeder Periode gibt es zwei Sektoren: einen neuen Sektor (bezeichnet mit 0) und einen alten (bezeichnet mit 1). Der technologische Fortschritt wirkt arbeitvermehrend: Jedes Mal, wenn ein neuer Sektor aufkommt, verbessert er die Produktivität des alten Sektors um einen Faktor $(1+\gamma)$, so dass die Produktivitäten in Sektor 1 und 0 durch $A_t^0 = (1+\gamma)A_t^1 = A_t = (1+\gamma)^t$ miteinander verbunden sind. Beachten Sie, dass der Sektor, der in dieser Periode mit 0 bezeichnet wird, in der nächsten Periode Sektor 1 wird.
Der Arbeitsmarkt funktioniert so wie in Abschnitt 9.3.2.2 beschrieben. Junge Arbeitskräfte können in jedem Sektor arbeiten und stellen eine Einheit effektiver Arbeit bereit, alte Arbeitskräfte stellen $1+\eta$ effektive Arbeitseinheiten bereit (es gibt Lerneffekte), wenn sie mit derselben Technologie arbeiten. Wenn sie mit der nächsten Technologie arbeiten, stellen sie $1+\tau\eta$ Einheiten bereit, wenn sie sich anpassen können, aber nur eine Einheit effektiver Arbeit, wenn sie es nicht können (ein Arbeiter kann sich mit der Wahrscheinlichkeit σ anpassen). Sie stellen nur eine Einheit Arbeit bereit bei einer von ihnen weiter entfernten Technologie.
Der Unterschied zum Abschnitt 9.3.2.2 ist, dass nun Sachkapital eingeführt wird. Es wird angenommen, dass es sektor- und technologiespezifisch ist, so dass es für zwei Perioden ohne Abschreibungen zwischen den Perioden Bestand hat. Eigentümer von alten Kapitalgütern können diese umrüsten, so dass sie für nur eine Periode im neuen Sektor eingesetzt werden können (die Kosten dafür sind, dass nur ein Teil κ der umgerüsteten Kapitalgüter eingesetzt werden kann). Somit sind die Produktionstechnologien in den beiden Sektoren gegeben durch:

$$Y_t^0 = K_t^\alpha (A_t x_t^0)^{1-\alpha} + (\kappa D_t)^\alpha \left(A_t \overline{x}_t^0\right)^{1-\alpha}$$
$$Y_t^1 = (K_{t-1} - D_t)^\alpha (A_{t-1} x_t^1)^{1-\alpha}$$

Dabei ist K_t das zur Zeit t installierte Kapital, D_t ist die Menge des alten umgerüsteten Kapitals, x_t^0 die Menge der effektiven Arbeitseinheiten, die in Sektor 0 zusammen mit neuem Sachkapital eingesetzt werden, $\overline{x}_t^0$ die Menge an effektiven Arbeitseinheiten, die zusammen mit umgerüstetem Kapital eingesetzt werden und x_t^1 ist die Menge der effektiven Arbeitseinheiten, die in Sektor 1 eingesetzt werden.

a) Erklären Sie, in welchem Sinn eine Innovation mit einem hohen κ und einem hohen τ als GPT bezeichnet werden kann.
b) Rechtfertigen Sie die folgende Tabelle:

	Sektor 0	Sektor 1
Lohn einer jungen Arbeitskraft	w_t^0	w_t^1
Lohn einer alten Arbeitskraft, die aus dem bisherigen Sektor 0 kommt	$(1+\tau\eta)w_t^0$	$(1+\eta)w_t^1$
Lohn einer alten Arbeitskraft, die aus dem bisherigen Sektor 1 kommt	w_t^0	$(1+\tau\eta)w_t^1$

c) Wenn ein Unternehmen etwas Kapital zur Zeit t erwirbt, kann es dieses für zwei Perioden verwenden, im neuen Sektor nur für die erste Periode, aber es kann den Einsatz in beiden Sektoren in der zweiten Periode als lohnend betrachten. Die einzigen Kosten sind die Anschaffungskosten, die Umrüstkosten und die Arbeitskosten. Profite werden mit der Rate $1+r$ diskontiert.
Für den Rest der Aufgabe erfolgt eine Fokussierung auf das Steady-state-Gleichge-

wicht, in dem die normierten Variablen $k = \frac{K_t}{A_t}$, $d = \frac{D_t}{A_t}$, $\omega^0 = \frac{w_t^0}{A_t}$, $\omega^1 = \frac{w_t^1}{A_t}$ und $x_t^0, \overline{x}_{t+1}^0$ und x_{t+1}^1 konstant sind. Lösen Sie die Aufgabe für diesen Fall. Zeigen Sie insbesondere, dass

$$\frac{\omega^0}{\omega^1} = (1+\gamma)\max\left\{\left(\frac{x^0}{x^1}\right)^{-\alpha}, \kappa^{\frac{\alpha}{1-\alpha}}\right\}$$

d) Ermitteln Sie unter der Annahme, dass die Arbeitskräfte den Erwartungswert ihrer Einkommen maximieren möchten (eine alte Arbeitskraft bemerkt, ob sie sich zu Beginn der zweiten Periode anpassen kann) und dass $(1+\tau\eta)\omega^0 > (1+\eta)\omega^1$ gilt, das Angebot an effektiven Arbeitskräften.

e) Beweisen Sie, dass ein Steady-state-Gleichgewicht existiert mit:

$$\frac{\omega^0}{\omega^1} = (1+\gamma)\max\left\{\left(\frac{(1-\sigma)(1+\eta)}{1+\sigma(1+\tau\eta)}\right)^{\alpha}, \kappa^{\frac{\alpha}{1-\alpha}}\right\}$$

f) Definieren Sie Ungleichheit aufgrund von Erfahrung als das Verhältnis des durchschnittlichen Lohns einer alten Arbeitskraft zum durchschnittlichen Lohn junger Arbeitskräfte, Ungleichheit in der Gruppe als das Verhältnis des Lohns der angepassten Arbeitskräfte zu dem Lohn der nichtangepassten Arbeitskräfte und gesamtwirtschaftliche Ungleichheit als das Verhältnis des höchsten Lohns in der Ökonomie zum niedrigsten Lohn. Kommentieren Sie die Wirkung einer GPT-Phase (mit hohem κ und hohem τ) auf diese Verhältnisse. Nennen Sie intuitive ökonomische Gründe dafür.

10 Stadien des Wachstums

10.1 Einleitung

Länder gehen tendenziell durch mehrere Stadien des Wachstums, in denen die Wachstumsrate, die sektorale Zusammensetzung des Wachstums und auch die Hauptantriebsfaktoren des Wachstums variieren. Dieses Kapitel untersucht, wie sich Wachstum von einem Stadium zum nächsten in drei unterschiedlichen Dimensionen entwickelt. Zuerst wird der Übergang von einer Malthusianischen Stagnation zu modernem Wirtschaftswachstum, das mit der industriellen Revolution assoziiert wird, untersucht. Danach wird der Übergang von Wachstum, das auf Kapitalakkumulation basiert, zu Wachstum, das stärker aus Innovationen resultiert, untersucht. Zuletzt wird der Übergang einer Wirtschaft von der Industriegesellschaft zu einer Dienstleistungsgesellschaft analysiert, so wie er in den führenden Volkswirtschaften im letzten Jahrhundert stattgefunden hat.

10.2 Von Stagnation zu Wachstum

Anhaltendes langfristiges Wirtschaftswachstum mit einer positiven Rate ist ein recht junges Phänomen in der Geschichte der Menschheit; ein Großteil davon fand in den letzten 200 Jahren statt. Nach den Schätzungen von Maddison (2001) war das BIP pro Kopf im Jahr 1000 nicht höher als es im Jahr 1 gewesen war und es war im Jahr 1820 nur 53 Mal höher als im Jahr 1000. Das bedeutet eine durchschnittliche jährliche Wachstumsrate von nur 1/19 Prozent im vorhergegangen Zeitraum von 820 Jahren. Irgendwann um 1820 begann die globale Wachstumsrate auf durchschnittlich etwas über ½ Prozent pro Jahr zwischen 1820 und 1870 zu steigen. Sie erreichte ihren Höhepunkt während des von Maddison so genannten „goldenen Zeitalters", dem Zeitraum zwischen 1950 und 1973, in dem sie durchschnittlich 2,93 Prozent p. a. betrug. Bis zum Jahr 2000 war das globale BIP pro Kopf auf den mehr als 8½-fachen Wert seines Werts im Jahr 1820 gestiegen.

Es existiert eine umfangreiche Literatur zum Thema „einheitliche Wachstumstheorie", die versucht ein Modell zu entwickeln, das nicht nur auf die moderne Epoche des andauernden Wachstums anwendbar ist, sondern auch auf den wesentlich längeren Zeitraum vor der industriellen Revolution, als das Wachstum vernachlässigbar war. Ein umfassender Überblick zu dieser Literatur findet sich in Galor (2005). Die folgende Darstellung basiert auf Hansen und Prescott (2002) und Ashraf und Galor (2008).

10.2.1 Malthusianische Stagnation

10.2.1.1 Bevölkerung und Pro-Kopf-Einkommen

Die grundlegenden Gedanken der einheitlichen Wachstumstheorie stammen von Malthus (1798), der argumentierte, dass langfristiges Wachstum des Lebensstandards unmöglich sei. Laut Malthus liege das Problem im Bevölkerungswachstum und in den abnehmenden Grenzerträgen der Arbeit. Stiegen die Pro-Kopf-Einkommen substanziell an, würden die Menschen länger leben und größere Familien haben, was die Bevölkerung vergrößern würde. Würde aber die Bevölkerung wachsen, würde das Pro-Kopf-Einkommen fallen, weil mehr Menschen mit einer gegebenen konstanten Menge Land arbeiten würden. Letztendlich würde das Pro-Kopf-Einkommen wieder auf seinen Anfangswert zurückfallen.

Um genauer zu sehen, wie dieser Zusammenhang funktioniert, betrachtet man eine Volkswirtschaft, die rein agrarisch ist, in der der aggregierte Output Y einfach dem Output Y_a entspricht, der in der Landwirtschaft unter Verwendung von Arbeit L_a und Land X entsprechend der folgenden Produktionsfunktion hergestellt wird

$$Y_a = AX^{\beta}L_a^{1-\beta}, \quad 0 < \beta < 1 \tag{10.1}$$

Für den Augenblick sei der Produktivitätsparameter A als gegeben angenommen. Um die Notation zu vereinfachen, nehme man an, dass $X = 1$. Angenommen, jedes Individuum der Bevölkerung bietet eine Einheit Arbeit an, dann ist L_a gleich der Bevölkerungsgröße. Das Pro-Kopf-Einkommen entspricht dann

$$y = Y/L = AL^{-\beta} \tag{10.2}$$

Dieses steigt, wenn die Produktivität zunimmt, fällt jedoch, wenn die Bevölkerung L zunimmt.

Der Grund, weshalb Bevölkerungswachstum das Pro-Kopf-Einkommen reduziert, liegt in den abnehmenden Erträgen. Das bedeutet: Obwohl die Produktionsfunktion (10.1) konstante Skalenerträge in dem Sinn aufweist, dass eine proportional gleichmäßige Zunahme beider Faktoren, Land und Arbeit, einen proportionalen Effekt auf den Output hätte und das Pro-Kopf-Einkommen nicht verändern würde, hätte eine Bevölkerungszunahme dennoch einen unterproportionalen Effekt auf den Output, weil Land ein begrenzter, fixer Faktor ist, der nicht im gleichen Maß wie die Arbeitsmenge erhöht werden kann.

Es sei angenommen, dass ein höherer Lebensstandard zu einer größeren Rate des Bevölkerungswachstums führt. Genauer gesagt, soll die Wachstumsrate der Bevölkerung vom Pro-Kopf-Einkommen entsprechend der Funktion n abhängen:

$$\dot{L}/L = n(y) \tag{10.3}$$

Wobei

$$n'(y) > 0$$

Also wird angenommen, dass das Bevölkerungswachstum eine fixe obere Grenze $n^{\max} > 0$ hat und dass es, wenn die Menschen arm genug sind, negativ wird:

$$n(y) \to n^{\max} > 0 \quad \text{für} y \to \infty$$

und

$$n(y) \to n^{\min} < 0 \quad \text{für} y \to 0$$

Dann gibt es, wie Abbildung 10.1 zeigt, ein eindeutiges Pro-Kopf-Einkommensniveau y^*, bei dem das Bevölkerungswachstum genau gleich null ist:

$$n(y^*) = 0 \tag{10.4}$$

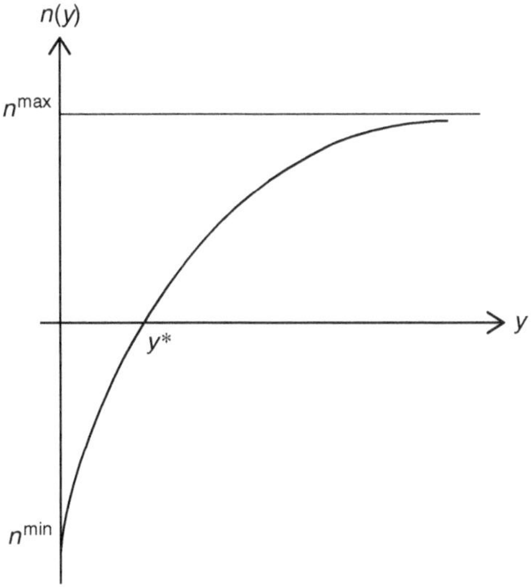

Abb. 10.1: Bevölkerungswachstum als ansteigende Funktion des Pro-Kopf-Einkommens

Verwendet man Gleichung (10.2) um y in der Bevölkerungswachstumsgleichung (10.3) zu ersetzen, erhält man

$$\dot{L}/L = n\left(AL^{-\beta}\right)$$

Bei gegebenem Produktivitätslevel A und einem Startwert L_0 der Bevölkerung, kann diese Gleichung für den gesamten zukünftigen Zeitpfad der Bevölkerung gelöst werden. Sie impliziert, dass ein eindeutiges Steady-state-Niveau der Bevölkerung L^* existiert, so dass die Wachstumsrate der Bevölkerung gleich null sein wird:

$$n\left(A(L^*)^{-\beta}\right) = 0 \tag{10.5}$$

Kombiniert man die Gleichungen (10.4) und (10.5) sieht man dass

$$L^* = (A/y^*)^{1/\beta} \tag{10.6}$$

Die Bevölkerung stabilisiert sich langfristig auf dem Niveau L^*, unabhängig von ihrem Anfangsniveau. Das bedeutet: Ist L anfangs größer als L^*, wäre das Pro-Kopf-Einkommen $y = AL^{-\beta}$ geringer als y^* und deshalb würde L zurück auf L^* sinken. Solange $L > L^*$ ist, würde die gleiche Kraft wirken, so dass L tatsächlich von oben gegen L^* konvergieren würde. Aus den gleichen Gründen würde L, wenn es unterhalb von L^*starten würde, von unten gegen L^* konvergieren.

Die Tatsache, dass die Bevölkerung langfristig gegen L^* konvergiert, impliziert nun, dass das Pro-Kopf-Einkommen, das von der Bevölkerung entsprechend Gleichung (10.2) abhängt, gegen den entsprechenden Wert y^* konvergiert. Mit anderen Worten wird das Pro-Kopf-Einkommen letztendlich stagnieren und nicht über das Niveau y^* hinaus wachsen.

10.2.1.2 Die Effekte eines Produktivitätsanstiegs

Das Ergebnis des vorhergehenden Abschnitts – die Malthusianische Stagnation – wurde auf Basis der Annahme eines gegebenen Niveaus der Totalen Faktorproduktivität gezeigt. Aber könnte Produktivitätswachstum den Menschen die Stagnation ersparen? Wie sich zeigen wird, ist das nicht so einfach.

Zunahme des Niveaus

Man betrachte den Fall eines einmaligen Produktivitätszuwachses auf das neue Niveau $A' > A$. Wenn die Volkswirtschaft anfangs in ihrem Steady-state wäre, mit

$$L = L^* = (A/y^*)^{1/\beta}$$

und

$$Y/L = y^*,$$

würde der Produktivitätszuwachs zunächst das Pro-Kopf-Einkommen erhöhen, von y^* auf

$$A'L^{-\beta} > AL^{-\beta} = y^*$$

Diese kurzfristige Zunahme würde jedoch wieder den Malthusianischen Prozess starten. Weil sich das Pro-Kopf-Einkommen nun oberhalb des Niveaus y^* befindet, würde die Bevölkerung anfangen zu wachsen, und diese Zunahme würde das Pro-Kopf-Einkommen wieder senken. Dieser Prozess würde weitergehen bis das Pro-Kopf-Einkommen auf das Niveau zurückgefallen ist, das ein Bevölkerungswachstum eliminiert – das bedeutet, dies findet statt, bis es wieder auf sein anfängliches Niveau y^* zurückgefallen ist.

Es sei angemerkt, dass der Produktivitätszuwachs einen dauerhaften Effekt auf die Bevölkerungsgröße hat, obwohl er keinen dauerhaften Effekt auf das Pro-Kopf-Einkommen hat. In der Tat ist es dieser dauerhafte Effekt auf die Bevölkerungsgröße, der dafür sorgt, dass es keinen dauerhaften Effekt auf das Pro-Kopf-Einkommen gibt. Etwas formaler zeigt Gleichung (10.6), dass die Bevölkerungsgröße im Steady-state L^* eine zunehmende Funktion der Produktivität ist. Galor (2005) lässt eine große Menge historischer Belege Revue passieren, die diese Voraussage der Malthusianischen Theorie bestätigen. Es ergibt sich eine Evidenz dahingehend, dass technologisch fortschrittlichere Länder und Regionen sowie jene mit qualitativ besserem Land im Vergleich zu jenen mit weniger fortschrittlicher Technologie und geringerer Landqualität keine höheren Lebensstandards jedoch eine wesentlich höhere Bevölkerungsdichte aufweisen.

Ständiges Produktivitätswachstum

Bis zu diesem Zeitpunkt der Analyse wurde der Produktivitätsparameter als exogene Konstante angenommen, die möglicherweise von gelegentlichen Zunahmen, aber nicht von ständigem Wachstum gekennzeichnet war. Es gab jedoch vor der industriellen Revolution ein beachtliches Wachstum des weltweiten Bestands an technologischem Wissen, das nicht das Ergebnis von großangelegter, organisierter FuE war, wie sie heute in den Industrieländern üblich ist, sondern das Ergebnis einer Kombination der kumulativen Ansammlung von Erkenntnissen aus Erfahrungen, kreativen Experimenten von Wissenschaftlern, der Notwendigkeit mit Umweltkrisen umzugehen und der natürlichen menschlichen Neigung, an Dingen herumzubasteln. Es wird allgemein jedoch akzeptiert, dass der technologische Fortschritt in der Malthusianischen Epoche ein langsamer Prozess war. Obwohl es vermutlich Perioden gab, in denen große Entdeckungen gemacht wurden (das Feuer, das Rad, die Windmühle ...), gab es auch lange Perioden relativer technologischer Stagnation.

Angenommen, man zieht diesen Faktor in Betracht, indem man einen konstanten exogenen Anstieg des Produktivitätsparameters A annimmt. Dann wären die Schlussfolgerungen nicht ganz so pessimistische wie bei der Malthusianischen Theorie, aber fast. Angenommen, dass im Speziellen $\dot{A}/A = g$ eine positive Konstante sei.

Dann entspricht die Wachstumsrate des Pro-Kopf-Einkommens[1] entsprechend der Gleichung (10.2)

$$\dot{y}/y = \dot{A}/A - \beta\,\dot{L}/L = g - \beta n(y) \tag{10.7}$$

Das ist eine stabile Differenzialgleichung, die nun nicht gegen y^* konvergiert, sondern gegen das etwas höhere Level $\tilde{y}$, das die Bedingung für Stationarität

$$n(\tilde{y}) = g/\beta \tag{10.8}$$

erfüllt. Wenn g nahe null ist, dann ist $\tilde{y}$ nahe des Niveaus y^* aus der Malthusianischen Theorie. Solange[2] $g < \beta n^{\max}$ gilt, was zweifellos für fast die gesamte menschliche Geschichte stimmt, produziert der technologische Fortschritt immer noch kein anhaltendes Wachstum des Pro-Kopf-Einkommens. Stattdessen wird nur das Niveau, auf dem die Stagnation stattfindet, beeinflusst.

10.2.2 Der Übergang zu Wachstum

10.2.2.1 Landwirtschaft und Produktion

Die lange Periode der Stagnation endete etwa in der Zeit der industriellen Revolution, als manche Länder begannen, ihre Ressourcen anders einzusetzen, weg von der Landwirtschaft in Richtung der Herstellung von Industriegütern. Um zu sehen, wie sich diese Veränderung abgespielt haben könnte, sei angenommen, es gäbe eine bestehende Produktionstechnologie, die bisher noch nicht wirtschaftlich rentabel war, die aber rentabel sein wird, sobald die Technologie sich weit genug entwickelt hat.

Der Output in der Industrie Y_m wird allein durch Arbeit produziert, entsprechend

$$Y_m = AL_m \tag{10.9}$$

Der Einfachheit halber wird angenommen, dass der Produktivitätsparameter A gleich dem in der Landwirtschaft ist. Der gesamte Output entspricht nun

$$Y = Y_a + Y_m$$

und die beiden Sektoren konkurrieren um das gegebene Arbeitsangebot L

$$L_a + L_m = L \tag{10.10}$$

Die beiden Produktionsfunktionen (10.9) und (10.1) entsprechen sich, nur dass in der einen Funktion Land eingesetzt wird und in der anderen nicht. Ob also die industrielle Produktionstechnologie genutzt wird oder nicht, hängt davon ab, wie viel Land es im Verhältnis zur Arbeit gibt. Wenn die Bevölkerung sehr klein ist, gibt es viel Land pro Kopf, mit dem gearbei-

---

1 Es folgt direkt aus Gleichung (10.2) dass $\ln y = \ln A - \beta \ln L$
Leitet man beide Seiten dieser Gleichung nach der Zeit ab, erhält man Gleichung (10.7).

2 Wenn $g > \beta n^{\max}$ gilt, dann kann das Bevölkerungswachstum die Effekte der Produktivitätszunahme nicht ausgleichen, weil Gleichung (10.7) zeigt, dass die Wachstumsrate des Pro-Kopf-Einkommens nicht unter $g - \beta n^{\max} > 0$ fallen kann.

tet werden kann, daher verwendet niemand die industrielle Produktionstechnologie, weil sie den reichlich vorhandenen Faktor Land nicht nutzt. Wenn aber die Bevölkerung über ein kritisches Level steigt, wäre es profitabel, die Produktionstechnologie in Betrieb zu nehmen, um der Knappheit an Land zu entkommen.

10.2.2.2 Löhne und Industrialisierung

Um die Funktionsweise dieses Prozesses zu sehen, nimmt man an, dass sich die Wirtschaft in einem Malthusianischen Gleichgewicht befindet mit einer Rate des technologischen Fortschritts g, von der angenommen werden kann, dass sie nahe null ist, daher stagniert das Pro-Kopf-Einkommen auf dem Niveau $\tilde{y}$. Entsprechend Gleichung (10.8) wächst die Bevölkerung mit der Rate g/β. Der reale Lohnsatz ist gleich dem Grenzprodukt der Arbeit

$$\widetilde{w} = (1-\beta)AL^{-\beta} = (1-\beta)\tilde{y},$$

das im Zeitverlauf konstant ist.

Jemand, der Arbeiter anheuern möchte, um unter Verwendung der industriellen Produktionstechnologie Output zu produzieren, würde einen Profit in Höhe von

$$\Pi_m = Y_m - \widetilde{w}L_m = (A - \widetilde{w})L_m$$

generieren.

Solange der Bestand an Wissen relativ niedrig ist, ist A kleiner als $\widetilde{w}$ und es ist nicht profitabel, die industrielle Produktionstechnologie zu verwenden. Wenn aber A zu wachsen beginnt, wird es irgendwann $\widetilde{w}$ übersteigen, wobei $\widetilde{w}$ im Malthusianischen Gleichgewicht konstant bleibt. An diesem Punkt wird es profitabel, den produzierenden Sektor in Betrieb zu nehmen, und die Industrialisierung beginnt.

Sobald die Produktion von Industriegütern begonnen hat, sorgt der freie Marktzutritt dafür, dass die Profitrate Π_m null ist, und der Lohnsatz ist daher gleich dem Produktivitätsparameter:

$$w = A$$

Der Agrarsektor muss diesen Lohn auch zahlen, also entspricht sein Profit (exklusive der Pacht für den Faktor Land)

$$\Pi_a = AL_a^{1-\beta} - wL_a = A\left(L_a^{1-\beta} - L_a\right)$$

Die Beschäftigung im Agrarsektor L_a wird dann so gewählt, dass sie den Gewinn maximiert und die Bedingung erster Ordnung, die diese Profitmaximierungsentscheidung bestimmt, lautet:

$$\frac{\partial \Pi_a}{\partial L_a} = A\left[(1-\beta)L_a^{-\beta} - 1\right] = 0$$

Diese lässt sich auflösen für den konstanten Wert

$$L_a = (1-\beta)^{1/\beta}$$

Von nun an bleibt die Arbeit in der Landwirtschaft konstant, während die Arbeit in der Industrie gleich

$$L_m = L - L_a$$

ist. Diese steigt im Zeitverlauf an, da L_a konstant ist und das gesamte Arbeitsangebot L weiter wächst, ausgehend von der Malthusianischen Rate $n(\tilde{y})$.

10.2.2.3 Nachhaltiges Wachstum

Das Bevölkerungswachstum wird nicht nur weitergehen, sondern sich auch beschleunigen, und die Rate des Wirtschaftswachstums $\dot{y}/y$ wird von ihrem bisherigen Wert null auf einen neuen Steady-state-Wert, der der Rate des technologischen Fortschritts g entspricht, steigen. Um zu sehen, wie dieser Prozess funktioniert, sei angemerkt, dass das Pro-Kopf-Einkommen dem Wert

$$y = Y/L = A(L - L_a)/L + A\,L_a^{1-\beta}/L$$

entspricht. Im Laufe der Zeit wird der Anteil der Landwirtschaft gegen null gehen, da L_a eine Konstante ist und L unendlich groß wird. Das Pro-Kopf-Einkommen wird also ungefähr gleich A werden und wird daher unbegrenzt wachsen und sich dabei der Wachstumsrate der Produktivität g annähern. Die Wachstumsrate der Bevölkerung nähert sich ihrer oberen Grenze $n^{\max}$.

Dieser Übergang von Stagnation zu Wachstum findet statt, weil die graduelle Zunahme von Wissen den Menschen erlaubt hat, der gegebenen Verfügbarkeit von Land, insbesondere den abnehmenden Grenzerträgen der Arbeit bei fixierter Landmenge zu entkommen, die die Löhne und das Pro-Kopf-Einkommen daran hindern zu steigen. Sobald die Menschen von den Beschränkungen des Faktors Land frei sind, gibt es nichts mehr, was das Wachstum des Pro-Kopf-Einkommens abwürgt.

10.2.3 Kommentar

Die bisherige Analyse fokussierte sich auf die Industrialisierung als Schlüssel für einen Übergang von Stagnation zu Wachstum. Andere Theorien fokussieren auf die Humankapitalakkumulation. Galor und Weil (2000) konstruieren zum Beispiel ein Modell mit sich überlappenden Generationen, in dem die Menschen Nutzen beziehen aus Konsum und der Anzahl und der Qualität von Kindern, wobei „Qualität" für die Menge an Humankapital steht, die in das Kind investiert wurde.

In ihrem Modell nehmen sie an, dass die Rate des technologischen Fortschritts durch einen Skaleneffekt von der Bevölkerungsgröße und vom Humankapital pro Kopf abhängt. Die Skaleneffekte lösen die Abkehr von der Malthusianischen Stagnation aus, indem sie die Rate des technologischen Fortschritts allmählich erhöhen. Zuerst führt die dadurch entstehende Zunahme des Produktivitätswachstums zu einer Bevölkerungsexplosion, aber irgendwann gibt es einen *demografischen Übergang*, der das Bevölkerungswachstum wieder unter Kontrolle bringt, ohne dass das Pro-Kopf-Einkommen fallen muss. Dieser demografische Übergang kommt daher, dass der Trade-Off zwischen Qualität und Quantität kippt, das bedeutet, dass eine schnellere Rate des technologischen Fortschritts die Rendite von Investitionen in Humankapital erhöht, weil Humankapital in Zeiten schnellen technologischen Wandels am wertvollsten ist.[3] Die Menschen reagieren auf die erhöhte Wissensprämie, indem sie mittels höheren Investitionen in Qualität eine höhere Kinderanzahl substituieren.

Die Galor-Weil-Theorie hat den Vorteil, dass sie nicht nur die industrielle Revolution voraussagt, sondern auch die demografische Revolution, die etwa um die gleiche Zeit stattgefunden hat. Mokyr und Voth (2006) haben diese Vorgehensweise jedoch auf der Basis, dass es wenig Belege dafür gibt, dass sich Europa im Jahr 1700 in einer Malthusianischen Falle befunden habe, in Frage gestellt. Bevölkerung und Einkommen waren in vielen Regionen gemeinsam

---

3 Siehe auch die Diskussion der Sichtweise von Nelson und Phelps (1966) bzgl. Humankapital in Kapitel 13.

gewachsen, obwohl die Malthusianische Theorie impliziert, dass eine Bevölkerungszunahme das Pro-Kopf-Einkommen senken sollte. Auch in England blieb die Bevölkerung zwischen 1700 und 1750, lange vor der industriellen Revolution, die ja durch den Skaleneffekt einer großen Bevölkerung ausgelöst worden sein soll, in etwa konstant. Die Historiker können auch keine Hinweise für eine Wissensprämie finden, die laut der Humankapitaltheorie das Kippen des Qualität-Quantität-Trade-Offs induziert haben soll, was wiederum den demografischen Übergang verursacht haben soll.

Mokyr und Voth schlagen andere Faktoren vor, die vor der industriellen Revolution den Output möglicherweise daran gehindert haben, schneller zu steigen. Einer der Faktoren ist die von Howitt und Mayer-Foulkes (2005) betonte Entwicklung einer wissenschaftlichen Kultur innerhalb einer kritischen Masse von Handwerkern und Geschäftsleuten. Ein anderer sind die Institutionen, die die Eigentumsrechte schützen. Nimmt man zum Beispiel an, dass jemand das Kapital einer anderen Person zu den Kosten σ stehlen könnte, dann würde niemand Kapital über das Niveau $K = \sigma$ hinaus akkumulieren, denn wenn man es täte, wäre das Ergebnis, dass man alles an einen Dieb verliert. In einem AK-Modell würde dieses Limit der Kapitalakkumulation das Wachstum beenden, bis eine institutionelle Veränderung die Kosten σ, um das Eigentum anderer zu stehlen, erhöhen würde.

Die reale Evidenz wird den Disput zwischen diesen wettstreitenden Theorien über den Übergang von Stagnation zu Wachstum vermutlich niemals schlichten können. Da es, wie Mokyr und Voth zugeben, nur eine einzige industrielle Revolution gab, und ein Datenpunkt einfach nicht genug ist. Folglich ist die Mokyr-Voth-Kritik an den Malthusianischen Theorien nicht entscheidend, insbesondere wenn man mitberücksichtigt, dass es eine wechselseitige Kausalität zwischen Bevölkerung und Einkommen gibt und dass es bei diesen kausalen Beziehungen möglicherweise lange Verzögerungen gibt. Zum Beispiel könnte die Tatsache, dass die Bevölkerung und das Pro-Kopf-Einkommen vor der industriellen Revolution in vielen Regionen Europas gleichzeitig wuchsen, möglicherweise der gemeinsame Effekt einer sukzessiven Verbesserung der Technologie sein; möglicherweise hätte sich die Zunahme des Pro-Kopf-Einkommens umgekehrt, wenn die industrielle Revolution nicht stattgefunden hätte.

10.3 Von der Kapitalakkumulation zur Innovation

Wenn das Wachstum erstmals beginnt, wird es von der Kapitalakkumulation getrieben, die die schrittweise Zunahme des Wissens beinhaltet, ohne dass sie den abnehmenden Erträgen ausgesetzt ist, die bei Land entstehen. Dann aber werden Innovationen immer wichtiger. Abbildung 10.2 aus Ha und Howitt (2006) zeigt, dass im Verlauf des 20. Jahrhunderts der Beitrag der Kapitalakkumulation (Sachkapital und Humankapital) zum Wachstum des Pro-Kopf-Einkommens von etwa einem Prozentpunkt pro Jahr auf etwa einen halben Prozentpunkt pro Jahr gefallen ist. Diese Erkenntnis hat bedeutende Konsequenzen für die aktuelle Debatte um den Ursprung des Wachstums (siehe Kapitel 5). Es scheint, dass im Laufe der Zeit Wachstum immer mehr wissensbasiert ist und weniger von der Akkumulation von Sachkapital sowie Humankapital, sondern mehr von Innovationen getrieben wird. Dieser Abschnitt, der hauptsächlich auf Ha (2002) basiert, untersucht die Gründe für diese spezielle Veränderung.

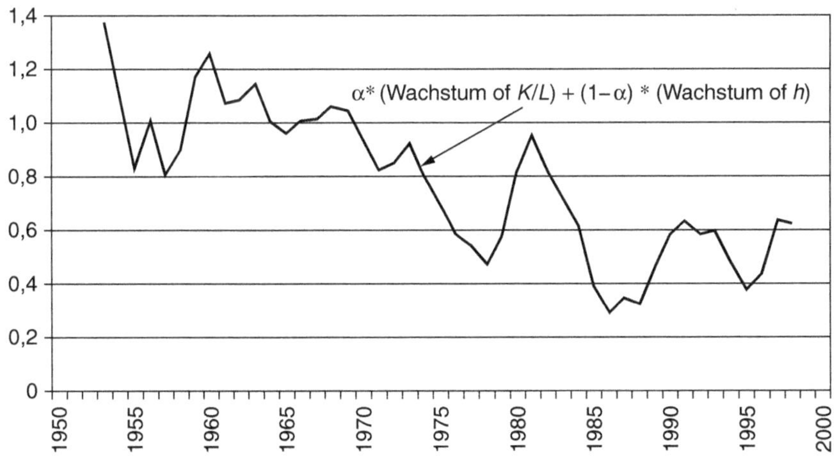

Abb. 10.2: Faktorakkumulationsrate in den USA, 1950–2000, (Ha und Howitt 2006)

10.3.1 Humankapitalakkumulation

Humankapitalakkumulation in der Form von Bildung kann nicht ewig zum Wachstum beitragen, weil es, anders als Sachkapital, mit Menschen verbunden ist und Menschen sterblich sind. Wenn sie sterben, stirbt auch ihr Humankapital. Man betrachte zum Beispiel eine gleichbleibend große Bevölkerung, in der die Menschen den Anteil u ihrer Zeit der Bildung widmen. Im Laufe der Zeit steigt die Anzahl der durchschnittlichen Schuljahre pro Kopf s durch die Ausbildung der jungen Menschen mit der Rate u. Wenn aber ein Anteil δ der Menschen pro Jahr stirbt, und diejenigen, die sterben, durchschnittlich s Schuljahre aufweisen, dann reduzieren diese Todesfälle s mit der Rate δs. Der Nettoeffekt von Bildung und Tod verändert die Anzahl der durchschnittlichen Schuljahre mit der Rate

$$\dot{s} = u - \delta s,$$

was bedeutet, dass die durchschnittliche Anzahl an Schuljahren sich auf einen Steady-state-Wert

$$s^* = u/\delta$$

zubewegt (wobei $\dot{s} = 0$). Laut Mincer (1974) kann das Humankapital pro Kopf h als eine exponentiell steigende Funktion der Schuljahre angesehen werden:

$$h = e^{\theta s}$$

Was bedeutet, dass sich das Humankapital pro Kopf einem Steady-state-Niveau annähert:

$$h^* = e^{\theta u/\delta}$$

Erhöht man den Anteil der Zeit, die für Bildung investiert wird, erhöht dies das Steady-state-Niveau des Humankapitals pro Kopf, es kann jedoch nicht in einer permanenten Zunahme der Wachstumsrate des Humankapitals pro Kopf resultieren. Daher neigt sich irgendwann der direkte Beitrag von Humankapitalakkumulation zu Wirtschaftswachstum dem Ende zu.

Das heißt aber nicht, dass das Humankapital irgendwann aufhört, für Wirtschaftswachstum wichtig zu sein. Ganz im Gegenteil, weil FuE eine humankapital-intensive Aktivität ist, hängt sie auch immer stärker vom Niveau (und der Qualität) des Bildungsstandes pro Kopf ab.

10.3.2 Akkumulation von physischem Kapital

Im Gegensatz zu Humankapital gibt es keine Grenze bis zu der ein Mensch Sachkapital akkumulieren kann. Dennoch wird auch die Akkumulation von Sachkapital immer weniger als Quelle für Wachstum wichtig. Um diesen Trend zu verstehen, wird das hybride neoklassisch-schumpeterianische Modell aus Kapitel 5, das sowohl Kapitalakkumulation als auch Innovationen beinhaltet, aufgegriffen und seine dynamische Entwicklung analysiert.

Der grundlegende Gedanke dieser Analyse ist, dass eine Volkswirtschaft, während sie sich in Folge der Industrialisierung entwickelt, einen Prozess der „Kapitalvertiefung" durchschreitet, in dem die aufstrebende kapitalintensive Produktionstechnologie mit mehr Kapital ausgestattet wird. Wie in Kapitel 5 gezeigt, generiert ein höherer produktivitätsbereinigter Kapitalstock einen Skaleneffekt, der mehr Innovationen fördert, weil ein erfolgreicher Innovator in einer reichen Volkswirtschaft eine höhere Rendite erhält. Jedoch verringert, wie im neoklassischen Modell, der höhere produktivitätsbereinigte Kapitalstock das Grenzprodukt des Kapitals, was wiederum den Einfluss der Kapitalakkumulation auf das Wachstum verringert. Also wird im Laufe der Zeit der Beitrag der Kapitalakkumulation zum Wachstum geringer, wohingegen der Beitrag von Innovationen zunimmt.

Das hybride Modell

In diesem hybriden Modell wird das Endprodukt bei vollständigem Wettbewerb entsprechend der Produktionsfunktion

$$Y_t = L^{1-\alpha} \int_0^1 A_{it}^{1-\alpha} x_{it}^{\alpha} di, 0 < \alpha < 1$$

produziert, wobei jedes x_{it} die Ausbringungsmenge des Inputs des Zwischenprodukts i ist. Aus Gründen der Einfachheit wird $L = 1$ gesetzt. Jedes Zwischenprodukt, das als Input verwendet wird, wird entsprechend

$$x_{it} = K_{it}$$

produziert, wobei K_{it} die Menge an Kapital ist, die als Input verwendet wird. Im Gleichgewicht produziert jeder Sektor auf einem Niveau x_{it} proportional zu dem Produktivitätsparameter A_{it}. Werden diese Gleichgewichtswerte in die Produktionsfunktion eingesetzt, erhält man eine neoklassische aggregierte Produktionsfunktion der Form

$$Y_t = (A_t L)^{1-\alpha} K_t^{\alpha}$$

Wobei K_t der aggregierte Kapitalstock ist, und die arbeitvermehrende Produktivitätsvariable A_t entspricht einfach dem Durchschnitt aller individuellen Produktivitätsparameter über alle Sektoren hinweg: $A_t = \int_0^1 A_{it}\, di$.

Wie in Kapitel 5 gezeigt, gibt es drei grundlegende Gleichungen, die die Wirtschaft treiben. Da ist erstens das neoklassische Bewegungsgesetz für den Kapitalstock:

$$K_{t+1} - K_t = sY_t - \delta K_t \qquad \text{(K)}$$

Wobei s die Sparquote ist, und δ ist die Abschreibungsrate.

Als Nächstes ist da die Gleichung des Produktivitätswachstums:

$$\frac{A_{t+1}-A_t}{A_t} = g_t = (\gamma - 1)\phi(n_t) \tag{G}$$

Wobei γ die Größe der Innovationen ist, n_t steht für die produktivitätsbereinigten Forschungsausgaben in jedem Sektor und $\phi(n_t)$ ist die Rate der Innovation.

Die letzte Gleichung ist die Forschungsarbitragebedingung:

$$\phi'(n_t)\tilde{\pi}(\kappa_t) = 1 \tag{R}$$

Hier ist $\kappa_t = K_t/A_t$ der produktivitätsbereinigte Kapitalstock, und $\tilde{\pi}$ (κ_t) ist der produktivitäts-bereinigte, in κ_t zunehmende Profit jedes Monopolisten. Durch die Forschungsarbitage-Gleichung wird n_t eine in κ_t zunehmende Funktion, also ist die Wachstumsrate der Produktivität, die durch Gleichung (G) bestimmt wird, auch eine in κ_t zunehmende Funktion.

Mit dem historisch vorbestimmten Wert von κ_t bestimmt die Forschungsarbitage-Gleichung (R) die Forschungsintensität n_t in jeder Periode, dann verändern sich K_t und A_t entsprechend der Gleichungen (K) und (G), die dann κ_{t+1} bestimmen, und dieser Prozess wiederholt sich in der Folgeperiode und bis in alle Ewigkeit.

Der Steady-state des Modells ist eine Situation, in der alle drei Variablen g, n und κ im Zeitablauf konstant sind. Die Steady-state-Bedingungen lauten:

$$g = (\gamma - 1)\phi(n)$$

$$\phi'(n)\tilde{\pi}(\kappa) = 1$$

$$s\kappa^{\alpha-1} = \delta + g$$

Die ersten beiden Gleichungen sind einfach Steady-state-Versionen der Gleichungen (G) und (R), wohingegen die letzte Gleichung die altbekannte neoklassische Bedingung ist, die verlangt, dass die Wachstumsrate des Kapitals pro Effizienzeinheit der Arbeit (d. h. die Wachstumsrate von κ) konstant sein muss.

Man betrachte nun eine Volkswirtschaft, die sich in einer frühen Phase des Wachstums befindet und einen angepassten Kapitalstock κ_0 aufweist, der sich weit unter seinem Steady-state-Wert befindet. Ist dieser Volkswirtschaft schreitet Kapitalakkumulation sehr schnell voran, wohingegen das Produktivitätswachstum langsam ist. Wenn κ_t sich aber auf seinen Steady-state-Wert zubewegt, wird sich der Beitrag der Kapitalakkumulation zum Wachstum verringern, während Innovationen und Produktivitätswachstum sich beschleunigen.

Die aggregierte Produktionsfunktion kann als

$$Y_t = A_t\kappa_t^{\alpha}$$

geschrieben werden. Wenn G_t die Wachstumsrate des Outputs ist, kann man den Wachstumsfaktor $1 + G_t$ als das Produkt zweier Faktoren ausdrücken:

$$1 + G_t = \frac{Y_{t+1}}{Y_t} = \left(\frac{A_{t+1}}{A_t}\right)\left(\frac{\kappa_{t+1}}{\kappa_t}\right)^{\alpha}$$

Wobei der erste Faktor den Beitrag von Innovationen und des Produktivitätswachstums und der zweite Faktor den Beitrag von der Kapitalvertiefung ausdrückt. Wenn sich im Zeitablauf κ_t seinem Steady-state nähert, fällt der zweite Faktor, entsprechend dem neoklassischen

Modell, auf den Wert 1 zurück, sodass im Steady-state die Kapitalvertiefung nichts zum Wachstum beiträgt. Und während dies passiert, nimmt der erste Faktor mit der Zeit zu, weil

$$\frac{A_{t+1}}{A_t} = 1 + g_t = 1 + (\gamma - 1)\phi(n_t)$$

und weil, wie gezeigt, n_t zunimmt, wenn κ_t auf seinen Steady-state-Wert steigt. Also tragen im Steady-state Innovationen und Produktivitätswachstum sowohl absolut als auch relativ zur Kapitalakkumulation noch mehr zum Wirtschaftswachstum bei, als sie es in den früheren Stadien des Wachstums taten.

10.4 Von der industriellen Produktion zu Dienstleistungen

Ein weiterer dramatischer Strukturwandel, der in einer entwickelten Volkswirtschaft stattfindet, ist die Verschiebung von industrieller Produktion zu den Dienstleistungen. Dieser Trend zeigte sich bereits vor der Outsourcing-Bewegung, die viele für den Verlust von Jobs in der industriellen Produktion in den USA verantwortlich machen. Dieser Verlust fand in einem ähnlichen Ausmaß in allen entwickelten Volkswirtschaften – nicht nur den USA – statt. Diese Tatsache deutet darauf hin, dass etwas Grundlegenderes als die amerikanische Außenhandelspolitik am Werk ist. In diesem Abschnitt wird gezeigt, wie man dieses Phänomen erklären kann, und verwendet dazu ein Modell mit unausgewogenem Wachstum, das von Acemoglu und Guerrieri (2006) entwickelt wurde.

Die hier betrachtete, zentrale Eigenschaft des Dienstleistungssektors ist, dass er nicht so kapitalintensiv ist wie der Industriesektor. Um die Analyse zu vereinfachen, wird die extreme Annahme gemacht, dass Dienstleistungen nur Arbeit benötigen, wohingegen die Industrie sowohl Arbeit als auch Kapital für die Produktion benötigt. Der Output des Industriesektors entspricht im Speziellen

$$Y_M = AK^{\alpha}L_M^{1-\alpha}$$

und der Output des Service-Sektors[4]

$$Y_S = AL_S$$

Wobei K der gesamte Kapitalstock der Volkswirtschaft ist, und sich die Arbeitsinputs zur Bevölkerung L aufaddieren lassen müssen:

$$L_M + L_S = L$$

Es wird auch angenommen, dass der finale Output unter Verwendung von Dienstleistungen und Industrieprodukten entsprechend einer Produktionsfunktion hergestellt wird, in der sie komplementäre Inputs sind. Tatsächlich wird sogar die extreme Annahme gemacht, dass

4 Es ist anzumerken, dass nicht das Vorliegen unterschiedlichen technologischen Fortschritts in den zwei Sektoren angenommen wird, wie es zum Beispiel Baumol (1967) tat. Obwohl es wahr sein mag, dass das Produktivitätswachstum im Dienstleistungssektor langsamer ist, ist es, in Anbetracht der Schwierigkeit den Output von Dienstleistungen zu messen, sehr schwer zu bestimmen, ob es tatsächlich so ist.

Dienstleistungen und Industrieprodukte in einem festen Verhältnis kombiniert werden müssen:

$$Y = \min\{Y_M, Y_S\}$$

Dann wird bei gegebenem Kapitalstock K, Produktivitätsniveau A und der Größe der Erwerbsbevölkerung L Arbeit so zwischen den beiden Sektoren aufgeteilt, dass dabei in beiden Sektoren derselbe Output entsteht:

$$K^{\alpha} L_M^{1-\alpha} = (L - L_M)$$

Das gesamtwirtschaftliche Verhältnis von Kapital zu Arbeit wird definiert als

$$k = K/L$$

und der Anteil der Beschäftigung in der Industrieproduktion als

$$\lambda = L_M/L$$

Dann erhält man

$$k^{\alpha} \lambda^{1-\alpha} = 1 - \lambda$$

Die Lösung dieser Gleichung sei $\tilde{\lambda}(k)$.

Wenn die Volkswirtschaft mehr Kapital pro Arbeiter akkumuliert, fällt der Anteil der Industrieproduktion an der Beschäftigung:

$$d\tilde{\lambda}/dk < 0$$

Tatsächlich fällt die Beschäftigung in der Industrieproduktion auf null, wenn die Kapitalintensität unendlich wird:

$$\lim_{k \to \infty} \tilde{\lambda}(k) = 0$$

Der aggregierte Output kann dann geschrieben werden als

$$Y = AL\left[1 - \tilde{\lambda}(k)\right]$$

Angenommen, dass das Sparen ein fixer Anteil des Outputs ist, dann gilt

$$\dot{K} = sAL\left[1 - \tilde{\lambda}(k)\right] - \delta K,$$

woraus man

$$\dot{k} = sA\left[1 - \tilde{\lambda}(k)\right] - (\delta + n)k$$

erhält.

Angenommen die langfristige Wachstumsrate g von A ist positiv, dann wird k langfristig tatsächlich unbegrenzt steigen, der Anteil der Beschäftigung in der Industrie wird auf null fallen und das Pro-Kopf-Einkommen wird sich

$$Y/L = AL\left[1 - \tilde{\lambda}(\infty)\right]/L = A$$

annähern, was wiederum mit der Rate g wächst.

10.5 Fazit

In diesem Kapitel wurde das Malthusianische Modell vorgestellt, in dem landwirtschaftlicher Output mit Arbeit und einem fixen Faktor produziert wird und in dem das Arbeitsangebot (die Bevölkerung) wiederum sich im Zeitverlauf mit einer Rate entwickelt, die von dem aktuellen Outputniveau pro Kopf abhängt. Die Bevölkerung wächst, wenn das aktuelle BIP pro Kopf hoch ist, und sie schrumpft, wenn das aktuelle BIP pro Kopf gering ist. Es wurde deutlich, dass dieses Modell langfristig eine Stagnation voraussagt, wobei das BIP pro Kopf gegen das Steady-state-Niveau konvergiert, auf dem die Bevölkerung weder zu- noch abnimmt. Dann wurde in das Modell eine AK-Produktionstechnologie eingefügt und es wurde gezeigt, dass die Menschen sich von der Landwirtschaft abwenden und der industriellen Produktion zuwenden, wenn der Wissensparameter groß genug wird; und zu diesem Zeitpunkt überwindet die Volkswirtschaft die Stagnation.

In den darauffolgenden Abschnitten wurden der Übergang von der Kapitalakkumulation zu Innovationen und dann der Übergang von der industriellen Produktion zur Dienstleistungsökonomie modelliert. Eine bedeutende Einschränkung dieser Modelle, die sie alle etwas mechanisch erscheinen lässt, ist, dass sie nicht den Gedanken beinhalten, dass der Übergang von einer Produktionsweise zur anderen möglicherweise die Einführung neuer Institutionen notwendig macht: neue Wege, Märkte zu regulieren und zu deregulieren; neue Finanzsysteme; neue Wege, Unternehmen zu organisieren. Private Anreize, um von alten zu neuen Institutionen zu wechseln, treffen für gewöhnlich nicht mit den sozial optimalen oder wachstumsmaximierenden Pfaden zusammen. Diese wichtige Thematik des institutionellen Übergangs wird in Kapitel 11 wieder aufgenommen.

Literatur

Die relevantesten Referenzen zu dem Übergangsprozess von Malthusianischer Stagnation zu Wachstum sind die Artikel von Galor und Weil (2000), Hansen und Prescott (2002) und Ashraf und Galor (2008).

Während Galor und Weil den demografischen Übergang als Schlüsselelement der Industrialisierung betonen, heben Mokyr und Voth (2006) die Bedeutung von sowohl der Entwicklung einer wissenschaftlichen Kultur innerhalb einer kritischen Masse von Handwerkern und Geschäftsleuten als auch der Einrichtung von Institutionen zum Schutz von Eigentumsrechten hervor.

Der Übergang von Kapitalakkumulation zu Innovation wurde von Ha (2002) analysiert. Acemoglu und Guerrieri (2006) modellieren den Übergang von industrieller Produktion zur Dienstleistungsökonomie.

Umfangreiche Referenzen und eine ausführliche Darstellung der Literatur und der Debatten zu diesem Thema kann der Leser in den Kapiteln von Galor (2005) und Mokyr (2005) im *Handbook of Economic Growth* finden.

▶ Aufgaben

1. Stellen Sie den Mechanismus vor, der im Malthusianischen Modell das Bevölkerungswachstum mit dem Einkommen pro Kopf verbindet. Kann technologischer Fortschritt nachhaltiges Wachstum des Einkommens pro Kopf in diesem Zusammenhang erzeugen? Erläutern Sie Ihre Antwort.
2. ***Qualifizierte Arbeit und Produzierendes Gewerbe**
   Betrachten Sie die folgende Version der Ökonomie, die in den Abschnitten 10.2.1 und 10.2.2 untersucht wurde.
   Die Zahl der Geburten pro Periode ist $B = b(y)L$, wobei y das Pro-Kopf-Einkommen ist, L die Bevölkerung und $b'(y) > 0$, $b(y) \to \bar{b}$ für $y \to \infty$ und $b(y) \to 0$ für $y \to 0$.
   Jede Person stirbt in der Periode mit der Wahrscheinlichkeit $d > 0$.
   Der Output wird mit der landwirtschaftlichen Technologie
   $$Y^A = A(t)L^{1-\beta}, \beta \in (0,1)$$
   produziert, wobei A ein Produktivitätsparameter mit der exogenen Wachstumsrate g ist.
   a) Ermitteln Sie den Steady-state für die Ökonomie unter der Annahme, dass $g > \beta(\bar{b} - d)$ gilt. Ist er stabil? Warum ist diese Annahme notwendig? Wie beeinflusst schnelleres Wachstum den Steady-state?
   b) Nehmen Sie nun an, dass es auch eine Technologie für das produzierende Gewerbe gibt:
   $$Y^M = A(t)S,$$
   wobei S das Angebot an qualifizierter Arbeit darstellt. Jeder Agent wählt bei seiner Geburt, ob er eine qualifizierte Arbeitskraft wird und im produzierenden Gewerbe arbeiten wird oder eine unqualifizierte Arbeitskraft, die in der Landwirtschaft arbeitet. Um eine qualifizierte Arbeitskraft zu werden, muss ein Agent die Fixkosten F bezahlen. Nehmen Sie an, dass die Ökonomie sich einem exogen vorgegebenen Zinssatz r gegenübersieht.
   Erklären Sie, warum sich kein Agent, der zur Zeit t geboren wird, dafür entscheidet, sich zu qualifizieren, wenn
   $$\int_t^\infty w^M(\tau)e^{-(r+\lambda)(\tau-t)}d\tau - F < \int_t^\infty w^A(\tau)e^{-(r+\lambda)(\tau-t)}d\tau,$$
   wobei w^M der Lohn im produzierenden Gewerbe und w^A der in der Landwirtschaft ist.
   c) Nehmen Sie $g = 0$ an. Ermitteln Sie eine Bedingung für A, bei der alle Agenten sich für die Arbeit in der Landwirtschaft entscheiden.
   d) Gibt es einen Wert für A, bei dem sich alle Agenten entscheiden, sich zu qualifizieren?
3. **Eigentumsrechte**
   Nehmen Sie an, dass jeder Agent Zugang zu einer AK-Produktionstechnologie hat, mit $Y_j = AK_j$, wobei Y für den Output, K für das Kapital, A für den ökonomieweiten Produktivitätsparameter mit der Wachstumsrate λ stehen, und j die Agenten bezeichnet.
   Nehmen Sei an, dass $\dot{K}_j = Y_j - C_j - \delta K_j - G$ ist, wobei C der Konsum und G die Staatsausgaben pro Kopf sind.
   Nehmen Sie an, dass jeder Agent das Kapital eines anderen Agenten zu den Kosten σ enteignen kann.

a) Wie lauten die Gleichgewichtswerte von K_j und C_j sowie deren Wachstumsraten?
b) Nehmen Sie nun an, dass σ von der Höhe der Staatsausgaben abhängt. Es kann z. B. eine Maßnahme sein, die Eigentumsrechte oder die Strafverfolgung auszudehnen. Nehmen Sie an, dass $\sigma = \sqrt{G}$ ist. Welches Niveau von G wird ein wohlwollender Diktator wählen?
c) Welches sind die Wachstumsraten von K_j und C_j im Steady-state, wenn es eine wohlwollende Regierung gibt?

4. Sachkapital und Innovation
Betrachten Sie eine Ökonomie, die derjenigen aus Abschnitt 10.3.2 ähnlich ist, außer dass das Endprodukt zusätzlich zur Arbeit und den Zwischenprodukten mit Sachkapital entsprechend

$$Y_t = \int_0^1 x_{it}^{\alpha} K_t^{\beta} A_{it}^{1-\alpha-\beta} L^{1-\alpha-\beta} di \quad 0 < \alpha, \beta < 1$$

hergestellt wird, wobei x der Einsatz der Zwischenprodukte ist, K der Kapitaleinsatz ist, und A die Qualität der Zwischenprodukte misst. Das Endprodukt wird auf einer Eins-zu-eins-Basis für Konsum, Investitionen in Sachkapital und die Produktion der Zwischenprodukte eingesetzt. Die Zwischenprodukte werden durch Monopolisten produziert. Um ein Zwischenprodukt der Qualität $A_{it} = \gamma A_{it-1}$ mit der Wahrscheinlichkeit μ zu erfinden, muss ein Unternehmer

$$N_{it} = \gamma A_{it-1}\left(\frac{\mu_t^2}{2} + \delta\mu_t\right)$$

ausgeben. Wie immer wird die Arbeit auf eins normiert.
a) Nehmen Sie die Menge des in der Endproduktion eingesetzten Kapitals als gegeben an und lösen Sie nach x_{it} und nach den Monopolgewinnen π_{it} im Gleichgewicht auf.
b) Zeigen Sie, dass die gleichgewichtige Wahrscheinlichkeit einer Innovation im Sektor i gleich

$$\mu_{it} = \lambda\left(\frac{K_t}{A_{it}}\right)^{\frac{\beta}{1-\alpha}} - \delta,$$

wobei λ eine zu bestimmende Konstante ist, die Sie festlegen sollten. Wie beeinflusst der Kapitalstock die Wachstumsrate? Neigt die Dualität der Zwischenprodukte über die Zeit hinweg zur Konvergenz?
c) Nehmen Sie an, dass die Ökonomie sich einer exogen bestimmten Kapitalrendite r gegenübersieht. Zeigen Sie, dass

$$\frac{r}{\beta} = \int_0^1 \alpha^{\frac{2\alpha}{1-\alpha}} \left(\frac{A_{it}}{k_t}\right)^{\frac{1-\alpha-\beta}{1-\alpha}} di$$

d) Lösen Sie das Problem für μ_t in einem symmetrischen Gleichgewicht, in dem $A_{it} = A_t \forall i$ gilt.
e) Schlagen Sie Modellierungstechniken vor, die zur Endogenisierung von r eingesetzt werden könnten.

5. *Landwirtschaftliche Produktivität und Industrialisierung (basierend auf Matsuyama 1992)
Diese Frage betrachtet die Beziehung zwischen der Produktivität in der Landwirtschaft und der Industrialisierung.

Nehmen Sie an, dass es zwei Sektoren gibt, Landwirtschaft und Produzierendes Gewerbe, und einen einzigen Produktionsfaktor, Arbeit. Die Produktion im Produzierenden Gewerbe ist gegeben durch

$$Y^M(t) = A(t)[L^M(t)]^\alpha$$

Während der Output in der Landwirtschaft gegeben ist durch

$$Y^A(t) = B[L^A(t)]^\beta,$$

wobei $\alpha, \beta \in (0,1)$ und die Produktivität im Produzierenden Gewerbe A über die Zeit hinweg schwanken kann. Nehmen Sie an, dass die gesamte Arbeitsmenge konstant und auf eins normiert ist und dass der Arbeitsmarkt ein Wettbewerbsmarkt ist.

a) Lösen Sie das Problem für $L^M(t)$ und $L^A(t)$ als eine Funktion von $A(t)$ und mit dem relativen Preis der Güter des Produzierenden Gewerbes $p(t)$.

b) Nehmen Sie an, dass die intratemporalen Konsumpräferenzen im Hinblick auf das Konsumaggregat wie folgt definiert sind

$$C(t) = \left[C^A(t) - \overline{C}\right]^\eta [C^M(t)]^{1-\eta},$$

wobei $\eta \in (0,1)$ und $\overline{C} > 0$ ist. Zeigen Sie, dass dies impliziert:

$$(1-\eta)\left[C^A(t) - \overline{C}\right] = \eta p(t) C^M(t)$$

c) Verwenden Sie die vorigen Ergebnisse und die Markträumungsbedingung, um zu zeigen, dass

$$\frac{\overline{C}}{B} = [1 - L^M(t)]^\beta - \frac{\eta}{1-\eta}\frac{\beta}{\alpha}[1 - L^M(t)]^{\beta-1} L^M(t)$$

d) Erläutern Sie, warum es für $L^M(t)$ eine eindeutige Lösung geben muss.

e) Wie verändert sich der Anteil der im Produzierenden Gewerbe eingesetzten Arbeit, wenn sich die Produktivität in der Landwirtschaft erhöht?

f) Nehmen Sie an, dass $\dot{A}(t) = Y^M(t)$ gilt. Lösen Sie nach der Wachstumsrate von $C(t)$ auf und diskutieren Sie, wie sie von der landwirtschaftlichen Produktivität abhängt. Nennen Sie intuitive ökonomische Gründe für dieses Ergebnis.

6. ****Unausgeglichenes Wachstum (basierend auf Kongsamut, Rebelo und Xie 2001)**
Betrachten Sie eine Ökonomie mit drei Sektoren – Landwirtschaft (A), Industrie (M) und Dienstleistungen (S). Zur Zeit t ist der Output in den drei Sektoren gegeben durch

$$A_t = B_A L_t^A X_t$$

$$M_t = B_M L_t^M X_t$$

$$S_t = B_S L_t^S X_t$$

Wobei L^J die Arbeit bezeichnet, die im Sektor $J = A, M, S$ zum Einsatz kommt, und X ist ein Produktivitätsparameter mit der exogenen Wachstumsrate g. Die gesamte Arbeitsmenge ist konstant und normiert auf eins. Alle Produkte werden unter vollständigem Wettbewerb produziert.

Eine repräsentative Konsumentin hat solche Präferenzen, dass sie bestrebt ist, folgende Nutzenfunktion zu maximieren:

$$U_t = \left(A_t - \overline{A}\right)^\beta M_t^\gamma \left(S_t + \overline{S}\right)^\theta$$

Wobei $\overline{A} > 0, \overline{S} > 0$ und $\beta + \gamma + \theta = 1$ gilt.

a) Verwenden Sie die Vollbeschäftigungsannahme, um die gleichgewichtigen relativen Preise der landwirtschaftlichen Produkte p_A und der Dienstleistungen p_s gegenüber den Produkten der Industrie zu ermitteln.

b) Verwenden Sie die Bedingungen für den optimalen Konsum, um zu zeigen, dass

$$\frac{p_A(A_t - \overline{A})}{\beta} = \frac{M_t}{\gamma} = \frac{p_S(S_t + \overline{S})}{\theta}$$

c) Definieren Sie einen ausgeglichenen (gleichgewichtigen) Wachstumspfad als ein Gleichgewicht, in dem die Wachstumsraten von A_t, M_t und S_t konstant und gleich sind. Zeigen Sie, dass ein solches Gleichgewicht nicht existiert.

d) Definieren Sie einen allgemeinen ausgeglichenen (gleichgewichtigen) Wachstumspfad als ein Gleichgewicht, in dem die Wachstumsraten von M_t und $p_A A_t + p_S S_t$ konstant sind. Zeigen Sie, dass ein solches Gleichgewicht dann und nur dann existiert, wenn $B_S\overline{A} = B_A\overline{S}$ gilt.

e) Ermitteln Sie $\dot{L}_t^A$, $\dot{L}_t^M$ und $\dot{L}_t^S$ im Gleichgewicht. Diskutieren Sie Ihr Ergebnis.

11 Institutionen und Nicht-Konvergenz-Fallen[1]

11.1 Einleitung

Spielen Institutionen eine Rolle für Wachstum? Eine gemeinsame Aussage der Wachstumsmodelle mit endogenen Innovationen der vorausgegangenen Kapitel ist, dass sie es tun! Zum Beispiel legt die Analyse in Kapitel 3 und 4 nahe, dass langfristiges Wachstum am besten durch eine Kombination von einem guten Schutz der Eigentumsrechte (um die Renten der Innovatoren gegenüber Imitatoren zu schützen) und einem guten Bildungssystem (um die Effizienz der FuE-Aktivitäten und das Angebot an qualifizierter Arbeit zu erhöhen) gefördert wird. Die Diskussion über Konvergenzclubs in Kapitel 7 prognostiziert, dass die gleiche Politik oder gleiche Institutionen auch die Fähigkeit eines Landes erhöhen würden, dem Konvergenzclub beizutreten.

Dass Institutionen wirtschaftliche Entwicklung beeinflussen sollten, haben Wirtschaftshistoriker bereits überzeugend argumentiert, insbesondere Douglas North (siehe North und Thomas 1973; North 1990) und später Engerman und Sokoloff (1997, 2000). North und Thomas erläutern, wie die institutionellen Veränderungen, die durch Handel und Wirtschaftsaktivitäten entstanden, zur Glorreichen Revolution im England des 17. Jahrhunderts führten. Und North (1990) argumentiert, dass die Entwicklung der sesshaften Landwirtschaft der Neolithischen Revolution folgte, die kommunale Eigentumsrechte eingeführt hatte.

North (1990) definiert Institutionen als die „Regeln oder Beschränkungen individuellen Verhaltens", die wiederum entweder formell (politische Verfassungen, die Wahlordnung, formelle Beschränkungen der Exekutive ...) oder informell (Kultur, soziale Normen ...) sein können. Greif (1994, 2006) erweitert den Begriff der Institution dergestalt, dass er nicht nur die Spielregeln wie bei North beinhaltet, sondern allgemeiner alle Formen von wirtschaftlichen Organisationen und schließlich die gemeinsamen Überzeugungen, die die Interaktion zwischen ökonomischen Agenten prägen.

Zwei Forscherteams haben in den letzten 10 Jahren bahnbrechende Beiträge geleistet, die die Wichtigkeit von Institutionen für die wirtschaftliche Entwicklung aufzeigen, indem sie historische Querschnittsdaten für Länder verwendeten. Ein erstes Team (siehe La Porta et al. 1998, 1999; Djankov et al. 2003; Glaeser et al. 2004) betonte die Ursprünge des Rechtssystems als einen bestimmenden Faktor für Institutionen wie beispielsweise die Rechte von Investoren, das System zum Eintreiben von Schulden oder Markteintrittsregulierungen. Ein zweites Team (siehe Acemoglu, Johnson und Robinson 2001, 2002; Acemoglu und John-

1 Dieses Kapitel wurde gemeinsam mit Erik Meyersson verfasst.

son 2005) fokussierte sich auf die koloniale Vergangenheit als bestimmenden Faktor für die Institutionen eines Landes. Diese beiden Forschungsstränge haben erhitzte Debatten ausgelöst, die in Abschnitt 11.2 reflektiert werden.

Sollte man allen Ländern die gleichen Institutionen empfehlen? Die Modelle endogenen Wachstums, die in den vorhergegangenen Kapiteln entwickelt wurden, legen nahe, dass man es tun sollte. Sie verlangen insbesondere einen besseren Schutz von Eigentumsrechten und höhere Investitionen in die Bildung in weltweit allen Ländern. Jedoch argumentiert Gerschenkron (1962) in *Economic Backwardness in Historical Perspective*, dass relativ rückständige Länder schneller zu weiter entwickelten Ländern aufschließen können, indem sie „geeignete Institutionen" installieren, die in einer frühen Phase der Entwicklung wachstumsfördernd sind, in einer späteren Phase jedoch möglicherweise nicht mehr.

So konnten Länder wie Japan und Korea von 1945 bis in die 1990er Jahre hinein mithilfe institutioneller Arrangements sehr hohe Wachstumsraten realisieren. Diese beinhalteten langfristige Beziehungen zwischen Banken und Unternehmen, die Vorherrschaft von großen Konglomeraten, umfassende Interventionen der Regierungen mittels Exportförderung und subventionierte Kredite für den Unternehmenssektor. Diese Politik unterscheidet sich wiederum erheblich von dem stärker marktbasierten, institutionellen Laissez-Faire-Modell, das von den Amerikanern entworfen und gegenwärtig als Teil des sogenannten Washingtoner Konsens für alle Länder empfohlen wird.

In Abschnitt 11.3 werden die neuen Wachstumstheorien mit der Sicht von Gerschenkron in Einklang gebracht. Dadurch wird die Befürchtung thematisiert, dass die Wachstumstheorie nur universelle, einheitliche Politikempfehlungen (wie z. B. Rechtsreformen zur Durchsetzung von Eigentumsrechten, ein unternehmerfreundliches Investitionsklima, Bildung, makroökonomische Stabilität ...) liefern kann, um die Wachstumsaussichten eines Landes oder Sektors zu maximieren, aber die strukturellen Transformationen im Konvergenzprozess nicht erfassen kann. Genauer gesagt werden einige grundsätzliche Implikationen des Konzepts der „entfernungsabhängigen" angemessenen Institutionen analysiert, womit Institutionen gemeint sind, die nur für Länder in einem gewissen Stadium der technologischen Entwicklung wachstumsfördernd sind. Technologische Entwicklung wird wiederum gemessen, indem die aktuelle Produktivität eines Landes durch die aktuelle Produktivität an der technologischen Grenze (die Variable a in Kapitel 7) dividiert wird. Es wird insbesondere gezeigt, wie das Versagen, Institutionen der technologischen Entwicklung anzupassen, möglicherweise *Nicht-Konvergenz-Fallen* schafft, wodurch die durchschnittliche Produktivität eines Landes (oder sein BIP pro Kopf) weit entfernt vom Niveau der technologischen Grenze begrenzt bleibt. Abschnitt 11.3 ist wie folgt aufgebaut: Abschnitt 11.3.1 stellt die empirische Evidenz vor, die zur Entwicklung des Konzepts angemessener Institutionen angeregt hat. Dann wird in Abschnitt 11.3.2 ein einfaches Modell von geeigneten Institutionen und Wachstum entwickelt, um das Konzept der Nicht-Konvergenz-Fallen für Länder, die es versäumen ihre Institutionen und ihre Politik im Laufe ihrer Entwicklung anzupassen, zu veranschaulichen.

11.2 Spielen Institutionen eine Rolle?

In diesem Abschnitt[2] werden kurz die beiden wichtigsten Ansätze diskutiert, die eine kausale Beziehung zwischen ökonomischen Institutionen (wie Schutz der Eigentumsrechte, Investorenschutz ...) und wirtschaftlichem Erfolg, der durch das aggregierte Einkommen oder die durchschnittliche Wachstumsrate eines Landes gemessen wird, aufzeigen. Der erste Ansatz betont die Unterschiede in den Gesetzbüchern der Länder. Der zweite betont die Unterschiede in der kolonialen Geschichte, insbesondere das Maß betreffend, in dem sich europäische Siedler den lokalen Bedingungen anpassen konnten, was anhand ihrer Sterblichkeitsraten in den unterschiedlichen Kolonien gemessen wird.

11.2.1 Ursprünge des Rechtssystems

Der grundlegende Gedanke des Artikels „Law and Finance" von La Porta et al. (1998) und seiner zahlreichen Erweiterungen ist, dass Unterschiede in den Ursprüngen des Rechtssystems und dessen Organisationen die wachstumsfördernden Institutionen, wie die Durchsetzung von Verträgen, den Schutz von Investoren und Markteintrittsregulierungen, beeinflussen sollten. Dieser Ansatz betont insbesondere die Unterschiede zwischen dem französischen Bürgerlichen Gesetzbuch (Code Civil) und dem englischen Common Law. Ersteres ist zentralisierter und stützt sich auf detaillierte, niedergeschriebene Gesetzbücher, die von allen Richtern streng befolgt werden müssen. Letzteres ist dezentralisierter und stützt sich auf allgemeinere rechtliche Prinzipien und juristische Expertise (die sogenannte Jurisprudenz), die von den Richtern etwas freier interpretiert werden können. Die Annahme lautet, dass Systeme des Common Law ein flexibleres Umfeld für Unternehmen und Unternehmer bieten und dass solche Systeme die Finanzierung und Investitionen erleichtern, indem sie ein effizienteres und schnelleres Eintreiben der Schulden ermöglichen.

La Porta et al. (1998) verwenden eine Stichprobe von 49 Ländern, um zu zeigen, dass die Rechte der Investoren und die Durchsetzung von Verträgen in den Ländern mit Common Law am stärksten, in Ländern mit deutschem oder skandinavischem bürgerlichen Recht mittelstark und in Ländern mit französischem Recht am schwächsten sind.

Ebenso zeigen La Porta et al. (1999), dass in Ländern mit einem System des Common Law die Regulierung von Unternehmen und der Schutz von Eigentumsrechten besser sind. In jüngerer Zeit haben Djankov et al. (2003) Daten aus 109 Ländern verwendet, um zu zeigen, dass in Ländern mit dem französischen Rechtssystem die Zeit, bis ein Rechtsstreit gelöst ist, länger ist (die Autoren bezeichnen das als verfahrenstechnischen Formalismus) und als Folge davon die Effizienz geringer ist, wenn es darum geht, säumige Mieter zwangszuräumen oder einen geplatzten Scheck einzutreiben. Es ist daher keine Überraschung, dass Länder mit dem französischen System tendenziell einen geringeren Grad der finanziellen Entwicklung aufweisen als Länder mit dem System des Common Law. Diese Korrelation, die Levine, Loayza und Beck (2000) hervorgehoben haben, hat es möglich gemacht, die Ursprünge des Rechtssystems als ein Maß für die finanzielle Entwicklung zu verwenden, als die Rolle der finanziellen Entwicklung für Wachstum und Konvergenz in Kapitel 7 untersucht wurde.

2 Es wird dem Leser empfohlen, vor der Lektüre dieses Abschnitts, den Anhang am Ende des Buches zu lesen.

Djankov et al. (2002) zeigten, dass Länder mit französischen und deutschen Rechtssystemen mehr Regulierung in Produkt- und Arbeitsmärkten aufweisen als die Länder mit Common Law, wobei Marktzutrittsbeschränkungen mithilfe der Anzahl der Verfahren, die Unternehmer durchlaufen müssen, wenn sie ein neues Unternehmen gründen wollen, gemessen wurden.

Eine bedeutende Einschränkung dieses Ansatzes ist, dass er eine Querschnittsanalyse ist und bleibt und dass er nicht für Fixed Effects auf Länder- bzw. Regionenebene kontrolliert. Ein weiteres Problem dieses Ansatzes ist, dass er nicht erklärt, warum Frankreich, das das System des Bürgerlichen Gesetzbuchs einführte, viel erfolgreicher als seine Kolonien ist. Tatsächlich schneidet Frankreich selber in allen oben genannten Regressionen ziemlich gut ab. Das führt zu dem zweiten Ansatz, der auf den kolonialen Ursprüngen basiert.

11.2.2 Koloniale Ursprünge

Acemoglu, Robinson und Johnson (2001), fortan AJR genannt, fanden in ihrem Artikel „The Colonial Origins of Comparative Development" ein intelligentes Maß für ökonomische Institutionen in kolonialisierten Ländern, nämlich die Sterblichkeitsrate europäischer Siedler in diesen Ländern. Der Gedanke ist, dass (1) europäische Siedler entscheiden konnten, in welchem Umfang sie sich wirklich in der neuen Kolonie niederlassen und Institutionen aufbauen und nicht nur Ressourcen extrahieren wollten; (2) diese Entscheidung davon abhängt, wie gut sich die Siedler an das lokale Klima und die Geografie anpassen konnten, was sich wiederum in den Sterblichkeitsraten europäischer Bischöfe, Seemänner und Soldaten aufgrund lokaler Krankheiten widerspiegelt; und (3) dass Institutionen, die in der Zeit der Kolonialisierung geschaffen wurden, nach der Unabhängigkeit weiter bestehen.

Mit anderen Worten würden die Europäer in den Kolonien, in denen sie sich wirklich niederließen, versuchen, ihre eigenen Institutionen zu kopieren, wohingegen sie Kolonien, in denen sie sich nicht niederlassen wollten, in erster Linie als Rohstofflieferanten benutzten und wenig in Institutionen investierten – wenn, dann nur für den Schutz der Eigentumsrechte. Folglich besiedelten die Europäer üblicherweise Kolonien, in denen das Krankheitsrisiko geringer war. Sterblichkeitsraten, die zwischen dem 17. und 19. Jahrhundert von Soldaten, Bischöfen und Seemännern aufgezeichnet wurden, sollten dieses Risiko widerspiegeln.

Genauer gesagt führen AJR eine Two-Stage-Least-Square-Schätzung[3] durch, in der sie (1) das BIP pro Kopf eines Landes in der Stichprobe auf das Risiko, zwangsenteignet zu werden, regressieren, was als Second-Stage-Regression bezeichnet wird, und (2) das Enteignungsrisiko auf die Sterblichkeitsraten der Siedler regressieren, was als First-Stage-Regression bezeichnet wird. Tabelle 11.1 zeigt die Ergebnisse dieser zweistufigen Regression. Die zweite Stufe der Regression findet sich oben in der Tabelle, die erste Stufe weiter unten. Die ersten beiden Spalten zeigen die OLS-Regression des Pro-Kopf-Einkommens im Jahr 1995 auf das Enteignungsrisiko, das noch nicht durch die Siedlersterblichkeit instrumentalisiert wurde (Spalte 2 enthält nur eine Stichprobe aus ehemaligen Kolonien). Die nächsten Spalten zeigen die Regression, wenn man Siedlersterblichkeit als ein Instrument für das Risiko, enteignet zu werden, verwendet. Diese Zahlen deuten erstens darauf hin, dass das Enteignungsrisiko stark positiv mit der wirtschaftlichen Leistung in 1995 korreliert ist, und zweitens, dass die Siedlersterblichkeit ein gutes Maß für das Enteignungsrisiko ist.[4, 5]

---

3 Siehe Anhang.

4 Siehe Anhang.

5 AJR erhalten ähnliche Ergebnisse, wenn die Variable auf der linken Seite in der Second-Stage-Regression der durchschnittlichen Wachstumsrate des BIP pro Kopf zwischen 1960 und 2000 entspricht.

Tab. 11.1: Institutionen und Pro-Kopf-Einkommen 1960–2000

	(1) OLS	(2) OLS (Stichprobe aus ehemaligen Kolonien)	(3) 2SLS	(4) 2SLS (Kontrolle für Schulbildung)
			Panel A. Regressionen der zweiten Stufe	
Enteignungsrisiko	0,293***	0,375***	0,663**	1,908
	(0,053)	(0,063)	(0,288)	(3,848)
Anzahl der Schuljahre				-0,551
				(1,539)
Beobachtungen	118	63	63	60
Bereinigtes R^2	0,64	0,73		
Variable mit Instrument			Enteignungsrisiko	Enteigungsrisiko
Instrument			Log der Siedler-sterblichkeit	Log der Siedler-sterblichkei
			Panel B. Regressionen der ersten Stufe	
Log der Siedlersterblichkeit			-0,402**	-0,099
			(0,199)	(0,228)
R^2			0,371	0,542
Beobachtungen			63	60

Die abhängige Variable ist das logarithmierte BIP pro Kopf.

Tab. 11.2: Alternative Spezifikationen: Institutionen und Pro-Kopf-Einkommen

	(1) 2SLS (Kontrolle für das anfängliche Einkommen)	(2) 2SLS (Instrumentierung für Schulbildung)	(3a) 2SLS (Instrumentierung für Schulbildung und Institutionen)	(3b)
		Panel A. Regressionen der zweiten Stufe		
Enteignungsrisiko	0,410*	0,083	0,663**	
	(0,212)	(0,102)	(0,288)	
Anzahl der Schuljahre		0,346***		
		(0,111)		
Log des BIP pro Kopf 1960	0,641***			
	(0,237)			
Beobachtungen	57	60	59	
Variable mit Instrument	Enteignungs-risiko	Schulbildung	Enteignungsrisiko, Schulbildung	
Instrument	Log der Siedler-sterblichkeit	Log der Siedler-sterblichkeit	(i) Log der Siedler-sterblichkeit, (ii) Bevölkerungs-dichte 1500	
		Panel B. Regressionen der ersten Stufe		
			(a) Enteignungs-risiko	(b) Schulbildung
Log der Siedlersterblichkeit	-0,309	-0,624***	-0,335	-0,738***
	(0,191)	(0,227)	(0,238)	(0,208)
Log der Bevölkerungs-dichte 1500			-0,274**	-0,395**
			(0,106)	(0,168)
R^2	0,517	0,732	0,447	0,700
F-Test, exkl. Instrumente			6,03	10,79
(p-Wert)			(0,004)	(0,000)
Beobachtungen	57	60	59	59

Die abhängige Variable ist das logarithmierte BIP pro Kopf.

Jedoch verliert, wie in Spalte 4 gezeigt, die Korrelation zwischen Enteignungsrisiko und dem logarithmierten BIP pro Kopf an Signifikanz, wenn man für die Anzahl der Schuljahre kontrolliert. In der Tat kann man betrachten, was passiert, wenn man mit den gleichen Daten wie AJR die gleiche Berechnung durchführt, in der (1) die Siedlersterblichkeit als Instrument für Schulbildung in der ersten Stufe der Regression verwendet wird und (2) das Einkommen auf die Schulbildung, die durch Siedlersterblichkeit instrumentalisiert ist und auf das Enteignungsrisiko ohne Instrument regressiert wird. Tabelle 11.2 fasst die Ergebnisse zusammen. In Spalte 2 kann man sehen, dass die Siedlersterblichkeit ein gutes Instrument für die Schulbildung ist (siehe die Ergebnisse der ersten Stufe der Regression), und Einkommen oder Wachstum signifikant mit der Schulbildung korrelieren, jedoch nicht mehr mit dem Enteignungsrisiko (siehe die Ergebnisse der zweiten Stufe der Regression).

Was ist also das Ergebnis? Eine Interpretation, die von Glaeser et al. (2004) vertreten wird, sagt aus, dass der vorrangige Beitrag von kolonialistischen Siedlern die Bildung von Sach- und Humankapital war und nicht so sehr diejenige von Institutionen. Die andere Interpretation, die von den Autoren präferiert wird, ist, dass Schulbildung eine Institution *ist* genauso wie der Schutz von Eigentumsrechten und Eintrittsbarrieren. Mindestens eine der Lektionen aus dieser Diskussion ist, dass man mehr lernen kann, indem man (1) konkrete Institutionen genauer betrachtet und (2) sich anstatt mit den Querschnittsdaten der Länder mehr mit stärker disaggregierten Daten beschäftigt. Dieser Punkt wird wieder auftauchen, wenn die Beziehung zwischen Wachstum und verschiedenen politischen Determinanten in Teil III untersucht wird.

11.3 Angemessene Institutionen und Nicht-Konvergenz-Fallen

11.3.1 Einige motivierende Fakten

In einer Länderstichprobe mit mehr als 100 Ländern für die Zeit zwischen 1960 und 2000 regressieren Acemoglu, Aghion und Zillibotti (2006), von nun an AAZ genannt, die durchschnittliche Wachstumsrate auf den Abstand des Landes zur US-Technologiegrenze (gemessen durch das Verhältnis des BIP pro Kopf in diesem Land zum BIP pro Kopf in den USA) am Anfang der Periode. Dann wird die Länderstichprobe in zwei Gruppen unterteilt, bestehend zum einen aus Ländern, die offener sind als das Medianland, und zum anderen aus Ländern, die weniger offen sind als das Medianland. AAZ zeigen, dass bei einem geringen Grad der Offenheit sich die durchschnittliche Wachstumsrate schneller verringert, je mehr sich ein Land der weltweiten Technologiegrenze nähert. Um den Grad der Offenheit zu messen, kann ein Verhältnis, gebildet aus der Summe der Importe und Exporte geteilt durch das aggregierte BIP, verwendet werden. Dieses Maß leidet jedoch an offensichtlichen Endogenitätsproblemen: Insbesondere Exporte und Importe sind wahrscheinlich vom inländischen Wachstum beeinflusst. Um dieses Endogenitätsproblem zu umgehen, konstruieren Frankel und Romer (1999) ein mehr exogenes Maß für Offenheit, das auf exogenen Eigenschaften wie der Landfläche, gemeinsamen Grenzen, geografischer Distanz und Bevölkerung basiert. Dieses Maß wird verwendet, um den Grad der Offenheit, wie er in Abbildung 11.1 verwendet wird, zu messen.

Abbildungen 11.1A und 11.1B zeigen die Querschnittsregressionen: Hier wird das durchschnittliche Wachstum der gesamten Periode 1960–2000 auf den Abstand des Landes zur globalen Technologiegrenze im Jahr 1965, jeweils für offene und weniger offene Länder, regressiert. Wie in den vorangegangenen Kapiteln wird der Abstand eines Landes zur Technologiegrenze durch das Verhältnis zwischen dem logarithmierten BIP pro Kopf des Landes und dem Maximum des logarithmierten BIP pro Kopf aller Länder (was in der Tat dem logarithmierten BIP pro Kopf der USA entspricht) gemessen.

Abbildungen 11.1C und 11.1D zeigen die Ergebnisse von Panelregressionen, in denen der Zeitraum 1960–2000 in Subperioden von fünf Jahren unterteilt wurde und dann für jede Subperiode die durchschnittliche Wachstumsrate der Subperiode auf den Abstand zur Technologiegrenze zu Beginn der Subperiode, wieder sowohl für offene als auch für weniger offene Länder, regressiert wurde. Die letzteren Regressionen kontrollieren auf länderspezifische Fixed Effects. Sowohl in den Querschnittsregressionen als auch in den Panelregressionen sieht man, dass ein geringerer Grad der Offenheit in Ländern unterhalb der globalen Technologiegrenze nicht schädlich für Wachstum zu sein scheint, während er zunehmend schädlich für Wachstum wird, je weiter sich das Land der Technologiegrenze annähert.

AAZ wiederholen die Berechnung und verwenden anstatt des Grads der Offenheit Markteintrittskosten, mit denen neue Unternehmen konfrontiert sind. Markteintrittskosten werden gemessen durch die Anzahl an Tagen, die benötigt werden, um ein neues Unternehmen in den verschiedenen Ländern zu gründen (siehe Djankov et al. 2002). Hier wird die Länderstichprobe in Länder mit relativ zum Medianland hohen Eintrittsbarrieren und Länder mit relativ zum Median niedrigen Eintrittsbarrieren aufgeteilt. Die Abbildungen 11.2A und 11.2B zeigen die Querschnittsregressionen jeweils für Länder mit hohen oder mit niedrigen Eintrittsbarrieren, wohingegen die Abbildungen 11.2C und 11.2D die Panelregressionen für die gleichen zwei Ländergruppen abbilden. Beide Regressionstypen zeigen, dass hohe Markteintrittsbarrieren in Ländern weit unterhalb der weltweiten Technologiegrenze nicht schädlich für das Wachstum zu sein scheinen, während sie zunehmend schädlich für das Wachstum werden, je weiter sich das Land der Technologiegrenze nähert.

Diese beiden empirischen Untersuchungen deuten darauf hin, dass es wichtig ist, in Wachstumsregressionen die Institutionen mit dem Entwicklungsniveau zu kombinieren: Offenheit ist insbesondere wachstumsfördernd in Ländern, die sich näher an der Technologiegrenze befinden. Und auch geringe Markteintrittskosten sind wachstumsfördernd in Ländern oder Sektoren, die sich näher an der Technologiegrenze befinden. In Kapitel 13 wird gezeigt, dass eine höhere Ausbildung (insbesondere universitärer Art) in Ländern oder US-Bundesstaaten, die der Technologiegrenze näher sind, tendenziell stärker wachstumsfördernd ist, wohingegen Grund- und Sekundarschulausbildung (möglicherweise bis vor dem ersten Universitätsabschluss) tendenziell in Ländern oder US-Bundesstaaten, die weiter von der Technologiegrenze entfernt sind, stärker wachstumsfördernd wirken.

Im nächsten Abschnitt wird das Konzept der geeigneten Wachstumsinstitutionen modelliert und dann die Möglichkeit untersucht, dass ein Land möglicherweise an Institutionen festhält, die in früheren Entwicklungsphasen vielleicht wachstumsfördernd waren, die aber nun, da das Land sich der Technologiegrenze nähert, schnelleres Wachstum verhindern.

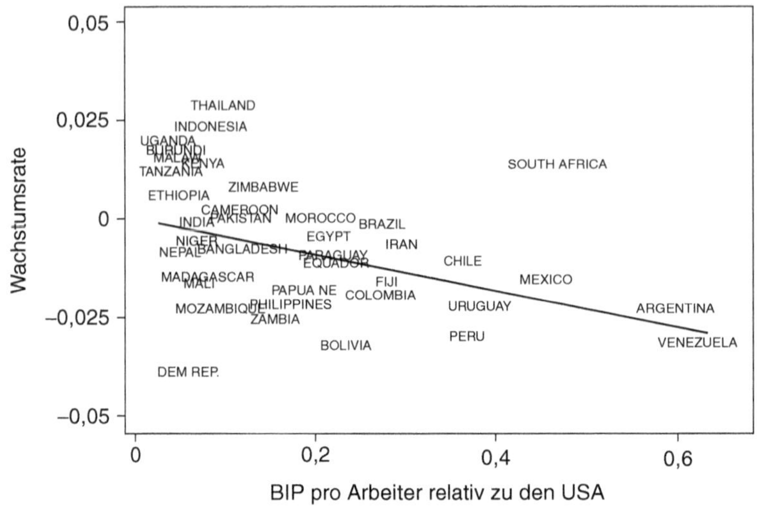
0,05
0,025
0
−0,025
−0,05
Wachstumsrate
THAILAND
INDONESIA
UGANDA
BURUNDI
KENYA
TANZANIA
SOUTH AFRICA
ETHIOPIA
ZIMBABWE
CAMEROON
INDIA
PAKISTAN
MOROCCO
BRAZIL
EGYPT
IRAN
NIGER
NEPAL
BANGLADESH
PARAGUAY
EQUADOR
CHILE
MADAGASCAR
MALI
FIJI
MEXICO
PAPUA NE
COLOMBIA
PHILIPPINES
MOZAMBIQUE
ZAMBIA
URUGUAY
ARGENTINA
PERU
BOLIVIA
VENEZUELA
DEM REP.
0
0,2
0,4
0,6
BIP pro Arbeiter relativ zu den USA

A

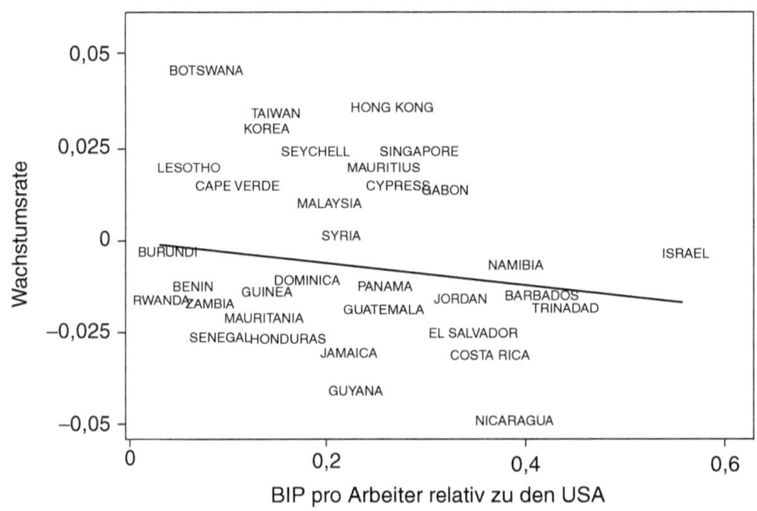
0,05
0,025
0
−0,025
−0,05
Wachstumsrate
BOTSWANA
TAIWAN
HONG KONG
KOREA
SEYCHELL
SINGAPORE
LESOTHO
MAURITIUS
CAPE VERDE
CYPRESS
GABON
MALAYSIA
SYRIA
BURUNDI
ISRAEL
NAMIBIA
BENIN
DOMINICA
GUINEA
PANAMA
RWANDA
ZAMBIA
JORDAN
BARBADOS
GUATEMALA
TRINADAD
MAURITANIA
SENEGAL
HONDURAS
EL SALVADOR
JAMAICA
COSTA RICA
GUYANA
NICARAGUA
0
0,2
0,4
0,6
BIP pro Arbeiter relativ zu den USA

B

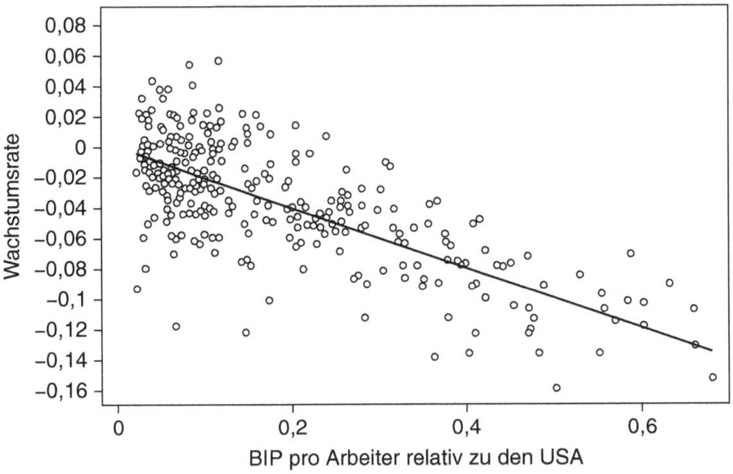

C

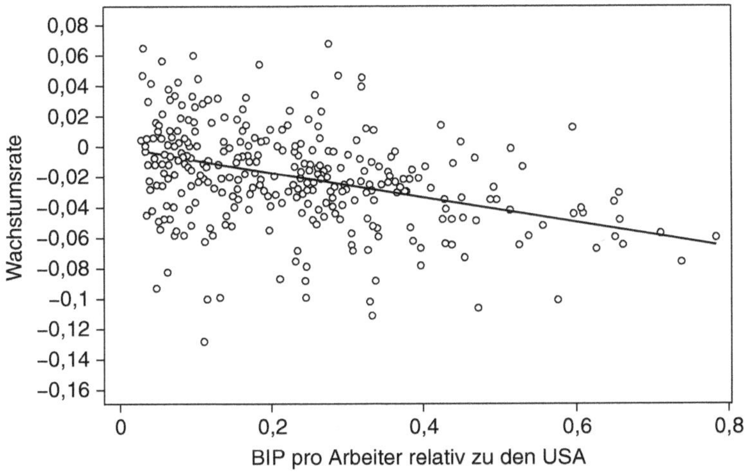

D

Abb. 11.1: Wachstum und Abstand zu den USA für mehr und weniger offene Länder (Volkswirtschaften): A und C, geschlossene Volkswirtschaften: B und C, offene Volkswirtschaften: C und D, Fixed effects

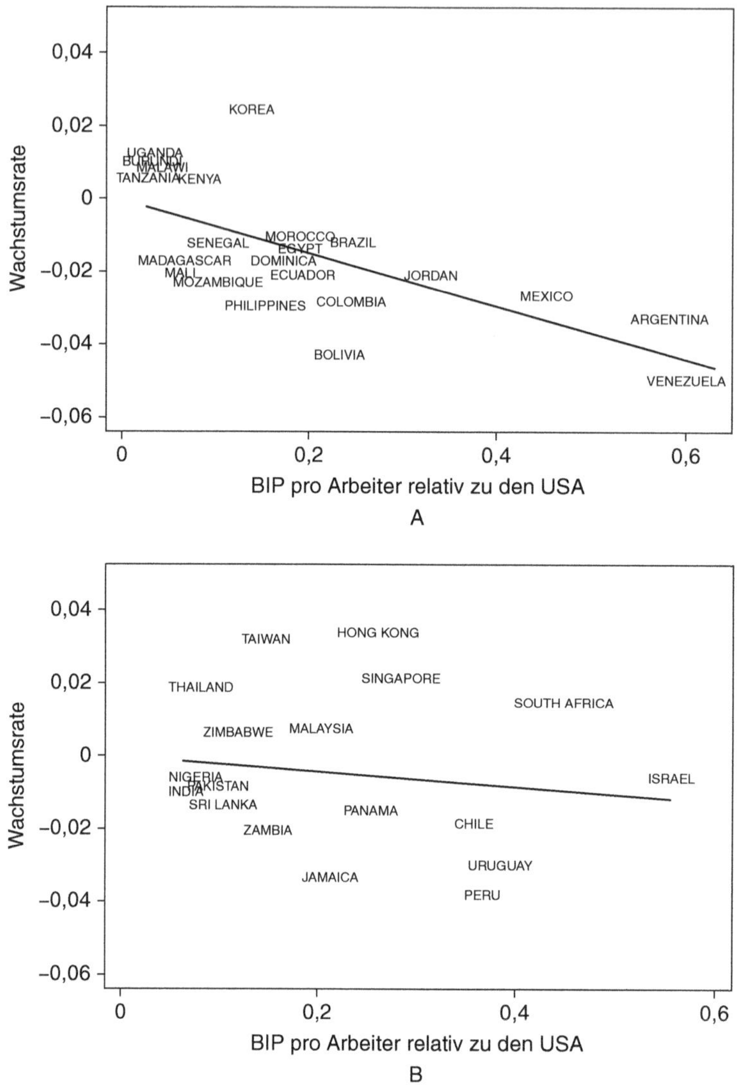
0,04
0,02
0
−0,02
−0,04
−0,06
Wachstumsrate
KOREA
UGANDA
BURUNDI
MALAWI
TANZANIA
KENYA
SENEGAL
MOROCCO
EGYPT
BRAZIL
MADAGASCAR
DOMINICA
MALI
MOZAMBIQUE
ECUADOR
JORDAN
PHILIPPINES
COLOMBIA
MEXICO
ARGENTINA
BOLIVIA
VENEZUELA
0
0,2
0,4
0,6
BIP pro Arbeiter relativ zu den USA
A
0,04
0,02
0
−0,02
−0,04
−0,06
Wachstumsrate
TAIWAN
HONG KONG
THAILAND
SINGAPORE
SOUTH AFRICA
ZIMBABWE
MALAYSIA
NIGERIA
INDIA
PAKISTAN
ISRAEL
SRI LANKA
PANAMA
ZAMBIA
CHILE
URUGUAY
JAMAICA
PERU
0
0,2
0,4
0,6
BIP pro Arbeiter relativ zu den USA
B

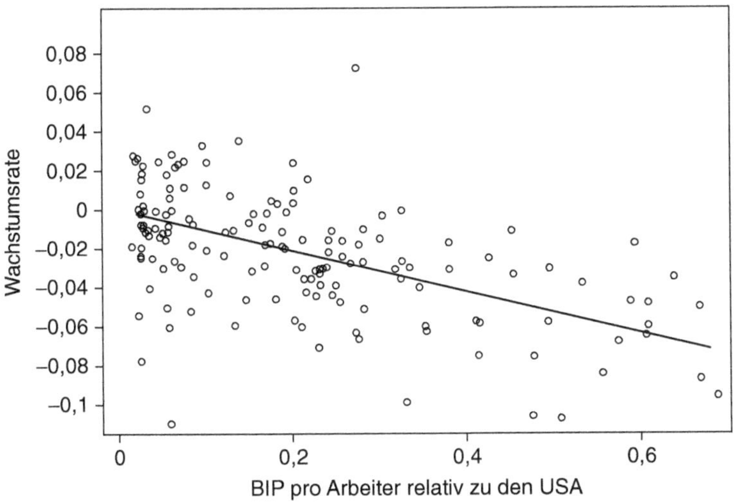

C

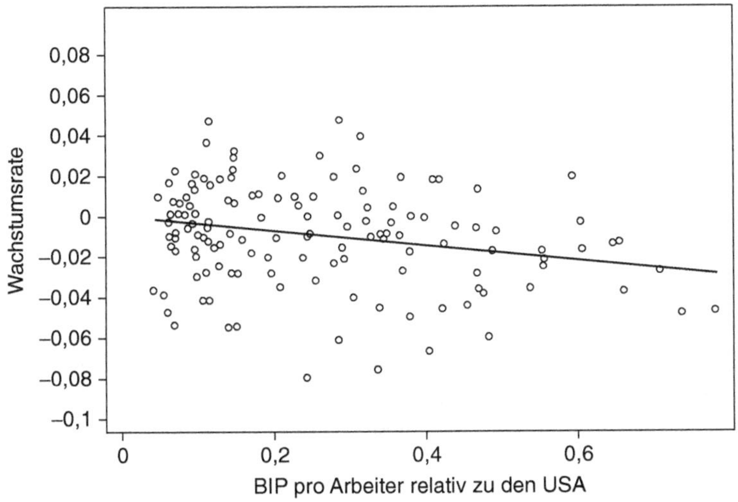

D

Abb. 11.2: Wachstum und Abstand zu den USA für Länder mit hohen und niedrigen Eintrittsschranken: A und C, hohe Eintrittsschranken: B und C, niedrige Eintrittsschranken: C und D, Fixed effects

11.3.2 Ein einfaches Modell des Abstands zur Technologiegrenze und geeigneter Institutionen

11.3.2.1 Die Grundlagen

Das folgende Modell kombiniert das Innovationsmodell aus Kapitel 4 mit dem Konvergenzmodell aus Kapitel 7. In jedem Land wird ein einziges Endprodukt, das auch als Numéraire dient, bei vollständigem Wettbewerb unter Verwendung eines Kontinuums an Zwischenprodukten entsprechend der Produktionsfunktion

$$Y_t = \int_0^1 A_{it}^{1-\alpha} x_{it}^{\alpha} di \tag{11.1}$$

produziert, wobei A_{it} die Produktivität in Sektor i zum Zeitpunkt t ist, x_{it} ist der Strom des Zwischenprodukts i, das in der Produktion des Endprodukts zum Zeitpunkt t verwendet wird, und $\alpha \in [0,1]$.

Wie in Kapitel 4 (im Fall der nichtdrastischen Innovationen) hat ex post jeder Produzent des Zwischenprodukts konstante Grenzkosten von 1 und sieht sich einem wettbewerbsfähigen Kreis von Imitatoren gegenüber, die ihn dazu zwingen, einen Grenzpreis von $p_{it} = \chi > 1$ zu verlangen. Folglich sind die Monopolprofite (brutto mit Fixkosten) im Gleichgewicht in Sektor i zum Zeitpunkt t gegeben durch

$$\pi_{it} = \pi A_{it},$$

wobei $\pi \equiv (\chi - 1)(\alpha/\chi)^{\frac{1}{1-\alpha}}$.

$A_t \equiv \int_0^1 A_{it} di$ bezeichnet wieder die durchschnittliche Produktivität in dem Land zum Zeitpunkt t und $\bar{A}_t$ bezeichnet die Produktivität an der Technologiegrenze. Es wird angenommen, dass die Produktivität an der Technologiegrenze von einer Periode zur nächsten mit der konstanten Rate g wächst, was bedeutet, dass

$$\bar{A}_t = (1 + g)\bar{A}_{t-1}$$

Es bezeichne $a_t = A_t/\bar{A}_t$ die Nähe des Landes zur Technologiegrenze zum Zeitpunkt t, das inverse Maß des Abstands des Landes zur Technologiegrenze.

Eine wichtige Abweichung von dem Konvergenzmodell aus Kapitel 7 liegt in der Gleichung für das Produktivitätswachstum.

11.3.2.2 Zwei Quellen des Produktivitätswachstums

Unternehmen, die Zwischenprodukte produzieren, haben zwei Möglichkeiten Produktivitätswachstum zu generieren: (1) sie können bestehende globale Grenztechnologien imitieren; (2) sie können auf Basis der bisherigen lokalen Technologie innovieren.

Es wird angenommen, dass

$$A_{it} = \eta\bar{A}_{t-1} + \gamma A_{t-1}$$

Wobei $\eta\bar{A}_{t-1}$ und γA_{t-1} sich jeweils auf die Imitations- bzw. Innovationskomponente des Produktivitätswachstums beziehen. Imitationen verwenden die bestehende Grenztechnologie am Ende der Periode $(t-1)$, daher vervielfachen sie $\bar{A}_{t-1}$. Innovationen bauen auf den Wissensbestand des Landes auf und vervielfachen deshalb A_{t-1}. Mit anderen Worten, dieses erweiterte Modell kombiniert das Schumpeterianische Modell von Kapitel 4, in dem ein innovierender Sektor seine vorherige Produktivität mit einem Faktor $\gamma > 1$ multipliziert, mit dem Konvergenzmodell aus Kapitel 7, in dem ein innovierender Sektor zur Technologiegrenze aufholt.

Integriert man über alle Sektoren der Volkswirtschaft so erhält man

$$A_t = \eta \overline{A}_{t-1} + \gamma A_{t-1} \tag{11.2}$$

Dividiert man beide Seiten von Gleichung (11.2) durch $\overline{A}_t$ und verwendet man die Tatsache, dass

$$\overline{A}_t = (1 + g)\overline{A}_{t-1}$$

erhält man direkt die folgende lineare Beziehung zwischen dem Abstand des Landes zur Technologiegrenze a_t zum Zeitpunkt t und der Distanz zur Technologiegrenze a_{t-1} zum Zeitpunkt $t - 1$:[6]

$$a_t = \frac{1}{1+g}(\eta + \gamma a_{t-1}) \tag{11.3}$$

Diese Gleichung zeigt deutlich, dass die relative Bedeutung von Innovation (γ) für das Produktivitätswachstum zunimmt, wenn sich das Land der globalen Technologiegrenze annähert (das heißt, wenn sich a_{t-1} an 1 annähert). Imitation (η) hingegen ist wichtiger, wenn das Land sich weiter von der Technologiegrenze entfernt befindet (das heißt, wenn a_{t-1} näher null ist).

11.3.2.3 Die wachstumsmaximierende Strategie

Gleichung (11.3) bringt sofort eine Theorie von „geeigneten Wachstumsinstitutionen" hervor: Es werde angenommen, dass Imitations- und Innovationsaktivitäten nicht nach den gleichen Institutionen verlangen. Zum Beispiel hängt der Imitationsparameter η von Institutionen ab, die berufliche Weiterbildung und Erfahrungserwerb unterstützen, indem sie Unternehmensmanagern Anstellungsgarantien bieten (oder auch Unternehmer in ihrer Beziehung zu Aktionären unterstützen).[7] Innovationen an der Technologiegrenze γ verlangen jedoch nach einer besseren Selektion von Talenten, die wiederum von Institutionen begünstigt wird, die es Aktionären erlauben, Manager zu entlassen, die im Hinblick auf eine bestimmte Aufgabe zu wenig leisten.[8] Folglich wird ein Land weit unterhalb der Technologiegrenze schneller wachsen, wenn es *imitationsfördernde (oder erfahrungsfördernde)* Institutionen installiert, wohingegen Wachstum nahe der Technologiegrenze maximiert wird, wenn das Land *innovationsfördernde* Institutionen oder Politiken einsetzt.

---

6 Um das zu sehen, sei angemerkt dass

$$\frac{A_t}{\overline{A}_t} = \eta\frac{\overline{A}_{t-1}}{\overline{A}_t} + \gamma\frac{A_{t-1}}{\overline{A}_t}$$
$$= \eta\frac{1}{1+g} + \gamma\frac{A_{t-1}}{\overline{A}_{t-1}}\frac{\overline{A}_{t-1}}{\overline{A}_t}$$
$$= \eta\frac{1}{1+g} + \gamma a_{t-1}\frac{1}{1+g}$$

7 Allgemeiner gesagt, wird Imitation tendenziell von langfristigen Investitionen innerhalb (großer) bestehender Unternehmen gefördert, die wiederum von einer langfristigen Finanzierung durch die Banken und/oder subventionierten Krediten profitieren, wie z. B. in Japan oder Korea seit dem Ende des Zweiten Weltkriegs.

8 Generell verlangen Innovationen häufig Initiative, Risikobereitschaft, die Auswahl von guten Projekten (und Talenten) und das Aussortieren von jenen, die sich als nicht profitabel oder nicht durchführbar erwiesen haben.

Etwas formaler dargestellt, sei $\eta \in \{\underline{\eta}, \overline{\eta}\}$ und $\gamma \in \{\underline{\gamma}, \overline{\gamma}\}$, wobei $\underline{\eta} < \overline{\eta}$ und $\underline{\gamma} < \gamma < \overline{\gamma}$. Des Weiteren sei angenommen, dass eine *erfahrungsfördernde* Politik ($R = 1$) $\{\overline{\eta}, \underline{\gamma}\}$ generiert, mit anderen Worten, besser für Imitationen und schlechter für Innovationen an der Technologiegrenze ist. Eine *innovationsfördernde* Politik ($R = 0$) jedoch generiert $\{\underline{\eta}, \overline{\gamma}\}$, mit anderen Worten, sie ist besser darin, Innovationen an der Technologiegrenze zu produzieren, und relativ schlechter darin, Imitationen zu erleichtern.

Aus Gründen der Einfachheit wird angenommen, dass

$$1 + g = \underline{\eta} + \overline{\gamma},$$

so dass, aufgrund Gleichung (11.3) ein Land, das eine innovationsbasierte Strategie verfolgt und genau auf der technologischen Grenze liegt, genau mit der Rate g wachsen wird. Anders gesagt, endogenisiert diese Annahme die Wachstumsrate der Technologiegrenze, indem sie annimmt, dass diese aus innovationsbasiertem Wachstum resultiert.

Die Gleichung für das Produktivitätswachstum (11.3) wird dann zu

$$a_t = \frac{1}{1+g}\left(\overline{\eta} + \underline{\gamma} a_{t-1}\right) \tag{11.4}$$

im Fall von erfahrungsfördernden Institutionen und zu

$$a_t = \frac{1}{1+g}\left(\underline{\eta} + \overline{\gamma} a_{t-1}\right) \tag{11.5}$$

im Fall von innovationsfördernden Institutionen. Die beiden Beziehungen werden durch die zwei Linien $R = 1$ und $R = 0$ in Abbildung 11.3 dargestellt. Die Abbildung zeigt deutlich, dass erfahrungsfördernde Institutionen für niedrige Werte von a_{t-1} höheres Wachstum erreichen (das bedeutet ein höheres Niveau von a_t bei gegebenem a_{t-1})[9] aber geringeres Wachstum für hohe Werte von a_{t-1}.

Der Schnittpunkt $\hat{a}$, an dem die beiden Linien sich schneiden, wird einfach berechnet, indem man die rechten Seiten beider Gleichungen gleichsetzt, woraus man wiederum

$$\hat{a} = \frac{\overline{\eta} - \underline{\eta}}{\overline{\gamma} - \underline{\gamma}}$$

erhält.

Also ist es wachstumsmaximierend, dass Länder mit $a_{t-1} < \hat{a}$ eine erfahrungsfördernde Strategie wählen, Länder mit $a_{t-1} > \hat{a}$ dagegen zu einer innovationsfördernden Strategie wechseln. Außerdem wird ein Land, das diese wachstumsmaximierende Strategie verfolgt, immer eine höhere Wachstumsrate als g realisieren, und es wird letztendlich auch zur globalen Technologiegrenze, d. h. $a_t = 1$ konvergieren.

Hier stellen sich zwei wichtige Fragen. Erstens: Werden sich die Institutionen tatsächlich verändern, wenn sie es tun sollten? Anders gefragt: Wie stellen sich die gleichgewichtigen Institutionen in den verschiedenen Entwicklungsstadien im Vergleich zu den wachstumsmaximierenden Institutionen dar? Zweitens: Was passiert, wenn die Institutionen sich im Verlauf der Entwicklung eines Landes nicht früh genug verändern? Diese beiden Fragen werden im Rest des Kapitels behandelt.

---

[9] Die inländische Wachstumsrate zum Zeitpunkt t entspricht
$$\frac{A_t}{A_{t-1}} = \frac{a_t \overline{A}_t}{a_{t-1}\overline{A}_{t-1}} = \frac{a_t}{a_{t-1}}(1+g)$$
Diese Rate ist also immer maximiert, wenn a_t für ein gegebenes a_{t-1} maximiert ist.

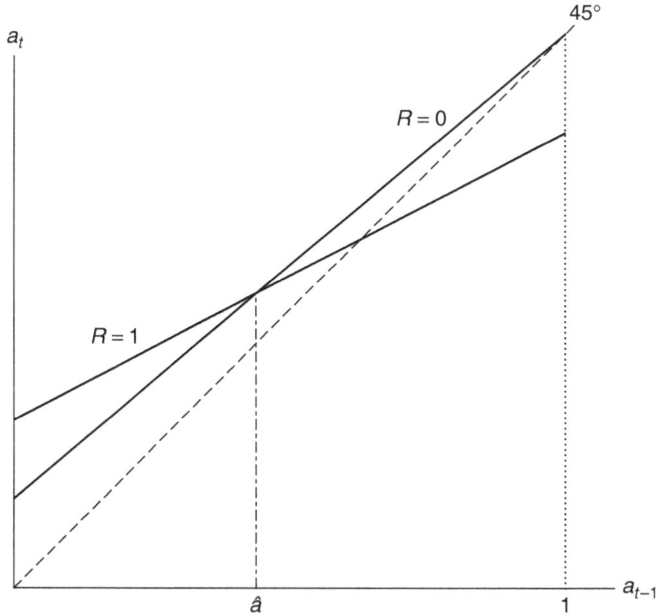

Abb. 11.3

11.3.2.4 Das dezentrale Gleichgewicht

Bis jetzt wurden (η, γ) direkt als (aggregierte) institutionelle Variablen betrachtet. In der Wirklichkeit sind die durchschnittlichen Niveaus von η und γ jedoch das Ergebnis von dezentralen Entscheidungen, die von ökonomischen Agenten gemacht wurden, die in einem bestimmten institutionellen Umfeld agieren.

In diesem Abschnitt werden die dezentralen Interaktionen zwischen Unternehmenseignern und Unternehmensmanagern betrachtet. Unternehmenseigner können entscheiden, ob sie alte Manager, die sich als „untalentiert" herausgestellt haben, für eine weitere Periode beschäftigen möchten. Die Weiterbeschäftigung vorhandener Manager steigert die Erfahrung, ist aber nachteilig für Innovationen: Das heißt, diese Entscheidung erhöht η, aber verringert γ auf Unternehmensebene. Letztendlich, wie später deutlich wird, hängt die Entscheidung der Unternehmenseigner, alte, untalentierte Manager zu behalten vom bestehenden institutionellen Umfeld ab (insbesondere von den Parametern ε und π). Mit anderen Worten gesprochen, korrespondiert ein gegebenes Set an institutionellen Parametern mit gleichgewichtigen durchschnittlichen Niveaus von η und γ der Unternehmen in der Volkswirtschaft. Diese Niveaus unterscheiden sich üblicherweise von der wachstumsmaximierenden Politik, die eben analysiert wurde.

Angenommen, dass die Zwischenproduktfirmen von Managern geführt werden, die zwei Perioden lang leben und von Unternehmenseignern angestellt sind, die auch zwei Perioden lang leben und Profite maximieren. In jeder Periode wird dem aktuellen Manager ein fixer Anteil μ der Unternehmensprofite ausbezahlt. Und zu Beginn jeder Periode kann der Manager die Produktivität des Unternehmens sowohl durch Imitation der Grenztechnologie als auch durch eine Innovation auf Basis der lokalen Technologie verbessern:

$$A_{it} = \eta(i,t)\overline{A}_{t-1} + \gamma(i,t)A_{t-1}$$

Wobei $\eta(i,t)$ und $\gamma(i,t)$ die Intensitäten der Imitation und Innovation des Managers in Firma i zum Zeitpunkt t bezeichnen.

Es gibt zwei Arten von Managern: talentierte und untalentierte. Alle jungen Manager imitieren mit der gleichen Intensität $\eta(i,t) = \eta$ und alle alten Manager können mit der Intensität $\eta(i,t) = \eta + \varepsilon$ imitieren, wobei ε die *Erfahrung* des alten Managers misst, die er in seinem Job gemacht hat. Es können jedoch nur die talentierten Manager innovieren, und zwar mit der Intensität $\gamma(i,t) = \gamma$, wohingegen $\gamma(i,t) = 0$ für untalentierte Manager gilt. Es gibt einen Anteil λ an talentierten Managern in der Wirtschaft und das Talent eines Managers zeigt sich erst nach einer Arbeitsperiode.

Der institutionelle Aspekt, der hier betrachtet wird, ist das Ausmaß, in dem erfolglose Manager durch den Unternehmenseigner entlassen oder ersetzt werden, wenn es nach einer Periode offenkundig wird, dass sie untalentiert sind. Alte Manager wieder zu bezahlen, erlaubt es dem Unternehmenseigner von der Erfahrung und auch dem einbehaltenen Gehalt dieser Manager zu profitieren. Das Festhalten an alten (untalentierten) Managern hindert den Unternehmenseigner möglicherweise daran, potenziell talentiertere, junge Manager auszuwählen, und diese Unfähigkeit, Talente zu rekrutieren, hält Innovationen zurück. Also bedeutet hier eine erfahrungsfördernde Strategie, dass das Unternehmen seine Manager behält, während eine innovationsfördernde Strategie bedeutet, dass alte, untalentierte Manager durch neue Manager ersetzt werden.

Formaler ausgedrückt: Unter der Annahme, dass die Manager bereit sind, all ihre einbehaltenen Einkommen dafür zu benutzen, ihren Job zu behalten, ersetzt der Unternehmenseigner einen alten, untalentierten Manager, wenn

$$(1-\mu)(\eta+\varepsilon)\pi\overline{A}_{t-1} + \mu\pi\overline{A}_{t-2} \geq (1-\mu)(\eta+\lambda\gamma a_{t-1})\pi\overline{A}_{t-1} - \kappa\overline{A}_{t-1}$$

Wobei (1) $(1-\mu)$ der restliche Teil der Profite ist, der für den Unternehmenseigner übrig bleibt, da ja der Anteil μ der Profite dem Manager zufließt; (2) $(\eta+\varepsilon)\pi\overline{A}_{t-1}$ ist der Profit, der durch einen alten, untalentierten Manager generiert wird, wohingegen $\pi(\eta+\lambda\gamma a_{t-1})\overline{A}_{t-1}$ der durch einen neuen Manager generierte, erwartete Profit ist und der Term $\lambda\gamma a_{t-1}$ ist der erwartete Innovationszuwachs (produktivitätsbereinigt gerechnet) der Anstellung eines neuen Managers; (3) $\mu\pi\overline{A}_{t-2}$ ist das einbehaltene Einkommen des alten Managers, das er verwenden kann, um den Unternehmeneigner zu bestechen, dass er ihn weiterbeschäftigt; und (4) $\kappa\overline{A}_{t-1}$ sind die Kosten der Einstellung eines neuen Managers.

Verwendet man die Tatsache, dass

$$\overline{A}_{t-1} - \overline{A}_{t-2}(1+g)$$

und dividiert durch $\overline{A}_{t-1}$ wird aus der vorangegangenen Bedingung

$$a_{t-1} \leq a_r = \frac{(1-\mu)\varepsilon + \dfrac{\mu}{1+g} + \dfrac{\kappa}{\pi}}{(1-\mu)\lambda\gamma}$$

Also überwiegen die privaten Nutzen daraus, alte, erfolglose Unternehmer zu ersetzen, die Kosten immer wenn $a_{t-1} < a_t$, das heißt, immer wenn das Land weit genug von der Technologiegrenze entfernt ist, dass der entsprechende Nutzen im Sinne eines größeren Umfangs an Investitionen und Imitationen die Kosten im Sinne des Verzichts auf die Auswahl neuer, talentierter Unternehmer überwiegt.

11.3.2.5 Dynamik im Gleichgewicht und Nicht-Konvergenz-Fallen

Zunächst sei angemerkt, dass die erfahrungsfördernde Strategie, die daraus besteht, alte, untalentierte Manager zu ersetzen, durchschnittliche Imitations- und Innovationsintensitäten hervorbringt:

$$\overline{\eta} = \eta + \frac{1}{2}\varepsilon \,; \underline{\gamma} = \frac{1}{2}\lambda\gamma$$

Die erste Gleichung resultiert aus der Tatsache, dass nur die Hälfte der Unternehmen alte Manager haben (die hier immer weiterbeschäftigt werden); die zweite Gleichung resultiert aus der Tatsache, dass nur junge Unternehmen einen neuen Manager anstellen, der wiederum mit der Wahrscheinlichkeit λ talentiert und daher innovativ ist.

Die innovationsfördernde Strategie bringt durchschnittliche Imitations- und Innovationsintensitäten entsprechend

$$\underline{\eta} = \eta + \frac{1}{2}\lambda\varepsilon \,; \overline{\gamma} = \lambda\gamma\left[1 + \frac{1}{2}(1-\lambda)\right]$$

hervor.

Die erste Gleichung folgt aus der Tatsache, dass die Hälfte der Unternehmen alte, erfahrene Manager haben und diese mit der Wahrscheinlichkeit λ behalten. Die zweite Gleichung resultiert aus der Tatsache, dass in jungen Unternehmen die Manager mit der Wahrscheinlichkeit λ talentiert sind. In einem Teil λ der alten Unternehmen ist der aktuelle Manager talentiert und wird daher behalten, in einem Teil $(1-\lambda)$ der alten Unternehmen wird der aktuelle Manager durch einen neuen Manager ersetzt, der mit der Wahrscheinlichkeit λ talentiert ist.[10]

Man kann sofort verifizieren, dass in der Tat $\underline{\eta} < \overline{\eta}$ und $\underline{\gamma} < \overline{\gamma}$, und es wird wieder angenommen, dass

$$1 + g = \underline{\eta} + \overline{\gamma}$$

Der wachstumsmaximierende Punkt $\hat{a}$, an dem von der imitationsbasierten zu der innovationsbasierten Strategie gewechselt wird, entspricht immer noch

$$\hat{a} = \frac{\overline{\eta} - \underline{\eta}}{\overline{\gamma} - \underline{\gamma}}$$

Nun führt der Vergleich von $\hat{a}$ und a_t zu vier Gleichgewichtstypen:

1. Wachstumsmaximierendes Gleichgewicht

Angenommen, dass die Märkte und die Manager ihr Prinzipal-Agent-Problem lösen und die pekuniären und nichtpekuniären Externalitäten und dynamische Wissensexternalitäten internalisieren können. Dann fällt das Gleichgewicht mit dem vorher beschriebenen wachstumsmaximierenden Plan zusammen und wird durch die obere Hüllenkurve der beiden Linien in Abbildung 11.3 dargestellt. Das heißt, dass

$$\hat{a} = a_r$$

In diesem Fall konvergiert die Volkswirtschaft immer zur Technologiegrenze, und wenn sie bei $a_0 < \hat{a}$ gestartet ist, wird sie eine strukturelle Transformation von ihrer anfänglichen

---

10 Daher ist $\overline{\gamma} = \frac{1}{2}\lambda\gamma + \frac{1}{2}[\lambda\gamma + (1-\lambda)\lambda\gamma]$
Daraus erhält man $\overline{\gamma} = \lambda\gamma\left[1 + \frac{1}{2}(1-\lambda)\right]$

erfahrungsfördernden Strategie zur darauffolgenden innovationsfördernden Strategie erfahren, wenn a_{t-1} den Schnittpunkt $\hat{a}$ passiert.

2. Unterinvestitionsgleichgewicht und das Infant-Industry-Argument

Ein Unterinvestitionsgleichgewicht korrespondiert mit einer gleichgewichtigen Politik der Form

$$R_t = \begin{cases} 1 & \text{wenn } a_{t-1} < a_r \\ 0 & \text{wenn } a_{t-1} \geq a_r \end{cases},$$

wobei $a_r < \hat{a}$. Abbildung 11.4 bildet diese Art von Gleichgewicht ab, das als Unterinvestitionsgleichgewicht bezeichnet wird, weil für $a \in (a_r, \hat{a})$ die Volkswirtschaft höhere Wachstumsraten erreichen könnte, indem sie in Managererfahrung investiert, das heißt, indem sie $R = 1$ anstatt $R = 0$ wählt. Das ist insbesondere der Fall, wenn der Anteil der talentierten Manager λ hoch ist und der Anteil der Profite μ, den Manager sich aneignen können, niedrig ist. Wenn μ klein ist, können die Unternehmer/Manager nur eine begrenzte Menge liquide Mittel aus ihren aktuellen Produktionsaktivitäten erhalten, was wiederum die Menge der Sicherheiten verringert, die sie aufbringen könnten, um Anteilseigner zu überzeugen, sie auch in der nächsten Periode zu beschäftigen. In diesem Fall existieren die ungeeigneten Institutionen jedoch nur temporär, weil solche Volkswirtschaften immer die Schwelle $\hat{a}$ überschreiten, oberhalb dessen $R = 0$ die wachstumsmaximierende Strategie wird. Außerdem konvergieren sie immer noch zur Grenzproduktivität $a_t = 1$.

Um sich auf das wachstumsmaximierende, gleichgewichtige Ergebnis hinzubewegen, subventioniert die Regierung möglicherweise Investitionen in die Erfahrung von Managern oder sie erhöht die Einstellungskosten π.

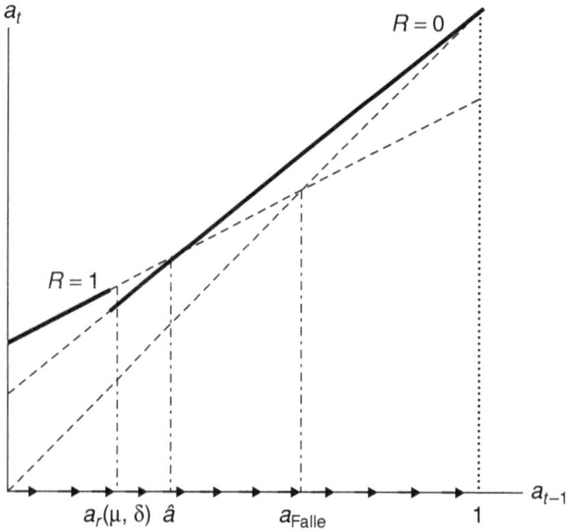

Abb. 11.4

3. Sklerotisches Gleichgewicht

Ein sklerotisches Gleichgewicht tritt in dem Fall ein, wenn

$$R_t = \begin{cases} 1 & \text{wenn } a_{t-1} < a_r \\ 0 & \text{wenn } a_{t-1} \geq a_r \end{cases},$$

mit $a_r > \hat{a}$. Abbildung 11.5 verbildlicht ein Gleichgewicht dieser Art, in dem die Volkswirtschaft eine erfahrungsfördernde Strategie $R = 1$ beibehält, die für $a_{t-1} \in (\hat{a}, a_r)$ unpassend geworden ist. In der Konstellation, die in Abbildung 11.5 gezeigt wird, hindert das ein Land nicht daran, schließlich auf die innovationsbasierte Strategie umzuschwenken, wenn a_{t-1} zunimmt, oder daran, letztendlich zu dem Grenzproduktivitätsniveau aufzuholen. Ein sklerotisches Gleichgewicht ist wahrscheinlicher wenn μ hoch ist, so dass die Unternehmer-Manager aus den aktuellen Produktionsaktivitäten genug Bargeld erhalten, um über ihre Beschäftigung in der nächsten Periode zu verhandeln.

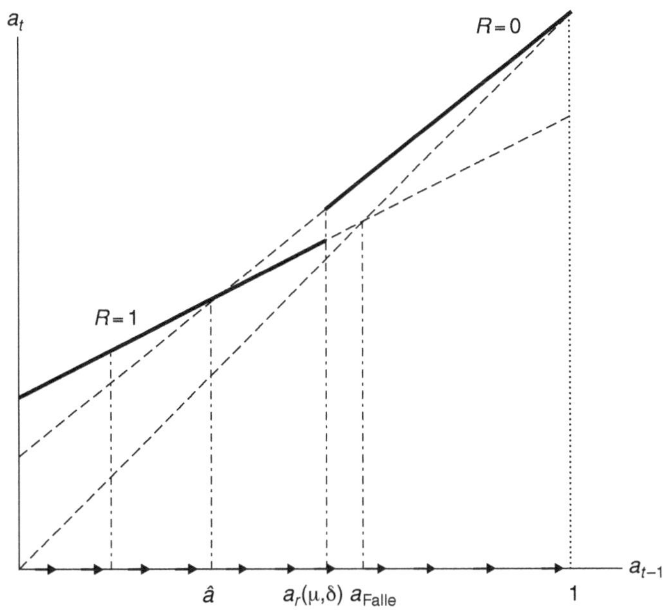

Abb. 11.5

4. Nicht-Konvergenz-Falle-Gleichgewicht

Dieses Gleichgewicht ist einfach ein Extrem des sklerotischen Gleichgewichts, in dem der gleichgewichtige Wechselpunkt a_r nicht nur größer als $\hat{a}$ ist, sondern auch größer als der Schnittpunkt a_{Trap}, nämlich zwischen der Linie $R = 1$ und der 45°-Linie.

$$a_{\text{Trap}} = \frac{\overline{\eta}}{1 + g - \underline{\gamma}}$$

Abbildung 11.6 bildet ein solches Gleichgewicht ab. In diesem Fall ist der Übergang zu der innovationfördernden Strategie so weit verzögert, dass er niemals stattfindet. Wachstum ist nicht nur für $a_{t-1} > \hat{a}$ reduziert, sondern – viel wichtiger – die Volkswirtschaft wird in eine Falle der Nicht-Konvergenz gedrängt: Die Volkswirtschaft kann nicht zu der Produktivitätsgrenze konvergieren, da ihre Nähe zur Technologiegrenze a_{t-1} niemals über $a_{\text{Trap}} < 1$ hinausgeht. Und es besteht hier die Gefahr, dass im Entwicklungsprozess des Landes der Wettbewerb zu lange verhindert oder aktuelle Manager zu lange subventioniert werden: Politik dieser Art können die Volkswirtschaften zu Nicht-Konvergenz verurteilen.

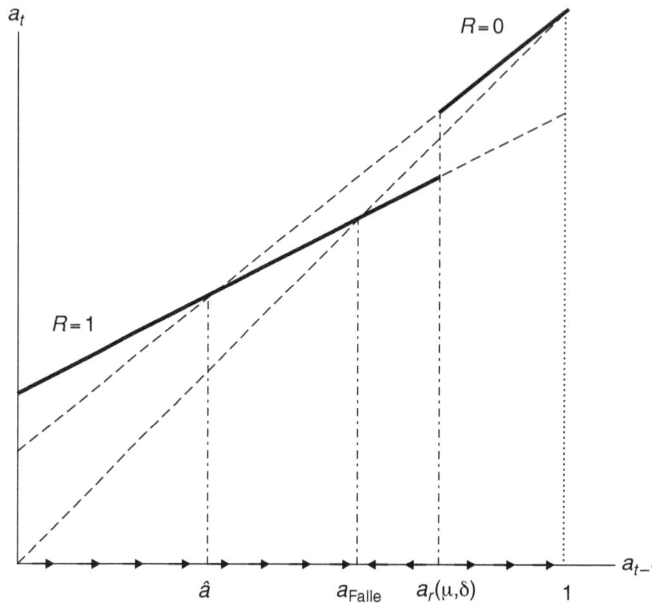

Abb. 11.6

11.4 Fazit

In diesem Kapitel wurden Ansätze behandelt, die versuchen, einen kausalen Effekt zwischen Institutionen und dem Niveau oder dem Wachstum des BIP pro Kopf eines Landes herzustellen. Diese Ansätze bestehen darin, Institutionen in Querschnittsregressionen zu instrumentieren, indem man die Ursprünge des Rechtssystems oder die kolonialen Ursprünge als Instrumente verwendet. Beide Ansätze bringen interessante Ergebnisse hervor, dennoch verlangt kritische Würdigung der Ergebnisse nach einer detaillierteren Analyse von Institutionen und Wachstum, in der (1) Institutionen in konkretere Komponenten unterteilt werden sollten und (2) Regressionen auf einem stärker disaggregierten Niveau durchgeführt werden sollten, insbesondere unter Verwendung von industrie- und/oder unternehmensübergreifenden Daten.

Im zweiten Teil des Kapitels wurde argumentiert, dass unterschiedliche institutionelle Ausgestaltungen in unterschiedlichen Stadien der technologischen Entwicklung wachstumsmaximierend wirken können. Es wurden unterschiedliche Möglichkeiten aufgezeigt, wie die Gleichgewichtsstrategie von der wachstumsmaximierenden Strategie abweichen kann, und es wurde erklärt, warum das zu lange Beibehalten von imitationsfördernden Strategien Nicht-Konvergenz-Fallen generieren kann.

Eben diese Ergebnisse werfen wiederum eine interessante Frage auf: Warum sollte man nicht Institutionen haben, die abhängig von der Distanz zur Technologiegrenze sind? Zum Beispiel könnten die Regierungen entscheiden, Investitionen in Erfahrung zu subventionieren oder die Einstellungskosten für $a_{t-1} < \hat{a}$ zu erhöhen, so dass im Gleichgewicht $R = 1$ von den privaten Unternehmern gewählt würde, wenn $a_{t-1} < \hat{a}$, aber gleichzeitig auch für $a_{t-1} > \hat{a}$ Subventionen zu streichen und den Wettbewerb zu stärken, so dass im Gleichgewicht $R = 0$ von den privaten Unternehmern gewählt würde, wenn $a_{t-1} > \hat{a}$. Das Hauptproblem mit einer solchen abhängigen Strategie ist, dass sie nicht sicher vor einer Wiederverhandlung ist. Insbesondere sei angenommen, dass die vorhandenen Unternehmen Lobbyarbeit betreiben können, um die Auswahl der Institutionen durch die Regierungen zu beeinflussen. Dann könnte daraus die folgende Art von ineffizientem, gleichgewichtigem Ablauf aus dieser Art von distanzabhängiger Strategie resultieren: (1) Zunächst entscheidet sich die Regierung für eine investitionsbasierte Strategie (Subventionierung von Investitionen oder eine Steigerung der Einstellungskosten), weil sich das Land weit unterhalb der Technologiegrenze befindet mit ($a_0 > \hat{a}$); (2) als Folge dessen können die bestehenden Unternehmen hohe Profite realisieren; (3) die bestehenden Unternehmen nutzen diese Profite, um die Regierung zu bestechen, die investitionsbasierte Strategie auch nach $a_{t-1} > \hat{a}$ beizubehalten und (4) als Folge dessen ist $a_r \gg \hat{a}$ und die Volkswirtschaft gerät in eine Nicht-Konvergenz-Falle wenn $a_r > a_{\text{Trap}}$.

Die Nicht-Konvergenz-Falle und ihre Interaktionen mit der politischen Ökonomie und persönlichen Interessen spiegeln sich möglicherweise in den Erfahrungen der lateinamerikanischen Länder wie Brasilien, Mexiko und Peru im letzten halben Jahrhundert wider. Importsubstitution und Protektionismus haben diesen Ländern geholfen bis in die Mitte der 1970er Jahre schnell zu wachsen. Dieselbe Politik hat jedoch danach Stagnation generiert und so wurden diese lateinamerikanischen Länder von flexibleren Volkswirtschaften in Südostasien, zum Beispiel Hongkong, überholt.

Abbildung 11.7 zeigt Panel-Wachstumsregressionen des Produktivitätswachstums von Brasilien, Argentinien, Mexiko und Kolumbien auf die Nähe zur US-Grenzproduktivität (gemessen durch das BIP pro Kopf des jeweiligen Landes im Vergleich zum US-amerikanischen BIP pro Kopf), wobei die Periode 1960–2000 in Fünfjahres-Subperioden unterteilt ist. Die durchgezogene Linie gibt das Wachstum aller Nicht-OECD-Länder für unterschiedliche Nähe zur US-Grenze an. Man sieht insbesondere, dass, wenn das relative BIP pro Kopf der Länder unter 40 Prozent des US-amerikanischen BIP lag, diese vier lateinamerikanischen Länder sich besser als der weltweite Durchschnitt auf den korrespondierenden Niveaus der Nähe zur US-Grenztechnologie entwickelten. Oberhalb der 40 Prozent des relativen BIP der USA entwickeln sie sich schlechter als der weltweite Durchschnitt. Dieses Ergebnis deutet wiederum auf die Persistenz von ungeeigneten Institutionen hin. Abbildung 11.8 zeigt, dass sich das gleiche Ergebnis auf die gesamte lateinamerikanische Stichprobe übertragen lässt.

Schließlich ist das Modell dieses Kapitels auch für Korea und Japan relevant. In Japan regulierte das Ministerium für Internationalen Handel und Industrie den Wettbewerb, indem es die Allokation von ausländischen Währungen und Importlizenzen kontrollierte und indem es Industriepolitik machte; außerdem subventionierte es Investitionen von großen Konsortien aus Unternehmen und Banken, den sogenannten *Keiretsu*. In Korea stellte die Regierung subventionierte Kredite bereit, machte Antigewerkschafts-Gesetze und ließ großen Familienkonglomeraten, den sogenannten *Chaebols*, eine bevorzugte Behandlung zu Teil werden. Diese investitionsbasierten Strategien halfen bis in die Mitte der 1980er Jahre in Japan und bis zur Finanzkrise 1998 in Korea Wachstum zu fördern. In Korea ebneten die Finanzkrise und die daraus folgende Schwächung der *Chaebols* (von denen einige Insolvenz anmeldeten) den Weg für strukturelle Reformen, die Korea wieder auf einen Pfad des hohen Wachstums brachten. In Japan dauerte es länger bis strukturelle Reformen stattfanden, aber sie scheinen nun schließlich zu erfolgen.

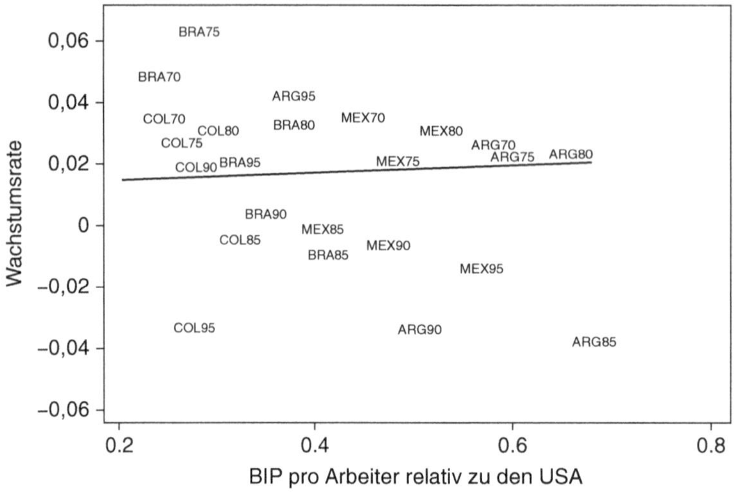

Abb. 11.7

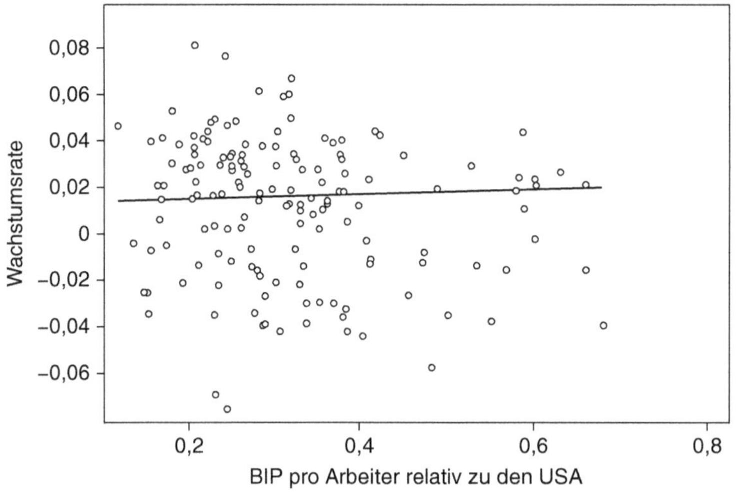

Abb. 11.8

Literatur

Die Pionierarbeit, die den Einfluss von Institutionen auf wirtschaftliche Entwicklung im Laufe der Geschichte erklärt, kommt von North (z. B. siehe North und Thomas 1973; North 1990). Norths (1990) Konzept von Institutionen als „Spielregeln einer Gesellschaft" wurde später von Greif (z. B. Greif 2006) erweitert, so dass es sowohl Formen ökonomischer Organisationen als auch Glaubenssätze, die die menschliche Interaktion formen, beinhaltet.

Zwei Stränge der empirischen Analyse hatten besonders viel Einfluss. Der erste Strang betont die Rolle der Ursprünge des Rechtssystems („legal origins"), nämlich wie Unterschiede in den Gesetzbüchern und der Organisation des Rechtssystems, die die Entwicklung der Länder beeinflusst haben und zwar durch ihren Einfluss auf die Effizienz von Institutionen wie der Vertragsdurchsetzung oder dem Schutz von Eigentumsrechten. Die bedeutendsten Artikel hierzu stammen von La Porta et al. (1998, 1999), Djankov et al. (2002) und Glaeser et al. (2004).

Ein anderer Ansatz betrachtete stattdessen die Rolle der kolonialen Ursprünge („colonial origins"). Der bahnbrechende Pionierartikel von Engerman und Sokoloff (1997) betonte die Bedeutung der Faktorausstattung (insbesondere die Eignung der Nutzpflanzen für den Plantagenanbau und die Dichte der einheimischen Bevölkerung), um die beobachtete Einkommensdivergenz innerhalb des Kontinents Amerika zu erklären. Der einflussreichste Artikel in diesem Forschungsstrang stammt jedoch von Acemoglu, Robinson und Johnson (AJR 2001, 2002) und verwendet die Siedlersterblichkeit als Instrument für das Risiko, enteignet zu werden. Der zugrundeliegende Gedanke ist, dass die anfänglichen Bedingungen, die die Siedler antrafen, die Ziele beeinflussen, die sie in den neuen Kolonien verfolgen (zum Beispiel Ressourcenentnahme versus Besiedlung). Diese Ziele sollten wiederum die aktuellen Institutionen in den entsprechenden Ländern beeinflussen.

Später betonten AJR (2005) die Interaktion zwischen dem Zugang europäischer Länder zum atlantischen Handel und ihren prämodernen Institutionen, um die Divergenz innerhalb Europas vor der industriellen Revolution zu erklären. Nunn (2008) untersuchte die langfristigen wirtschaftlichen Auswirkungen von Afrikas Sklavenhandel innerhalb des Kontinents. Banerjee und Iyer (2005) fokussierten sich auf ein einziges Land, Indien, und untersuchen die langfristigen Effekte von unterschiedlichen Systemen des Grundbesitzes, die die Briten dort installiert hatten.

Das Kapitel im *Handbook of Economic Growth* von AJR (2005) bietet einen vollständigen Überblick über das Modell, das sie verwendet haben, um den Einfluss von Institutionen zu untersuchen, sowie die empirische Evidenz, die sie zu dem Thema gesammelt haben.

Die vorrangige Referenz zum Thema der geeigneten Institutionen ist Gerschenkrons Artikel von 1962. In seinem gefeierten Artikel argumentiert der Autor, dass relativ rückständige Volkswirtschaften wie Deutschland, Frankreich und Russland während des 19. Jahrhunderts politische Strategien und Maßnahmen umsetzten, die in einer frühen Phase der Entwicklung wachstumsfördernd waren, es aber in einer späteren Phase der Entwicklung nicht mehr waren. Der Autor hebt hervor, dass manche „nicht-wettbewerbliche" Arrangements, inklusive langfristiger Beziehungen zwischen Unternehmen und Banken, große Unternehmen und staatliche Markteingriffe es für Länder mit mittleren Einkommen einfacher machen könnten, zu weiterentwickelten Volkswirtschaften aufzuholen.

Jüngere empirische Arbeiten haben getestet, in welchem Ausmaß wachstumsfördernde Politik oder Institutionen innerhalb des länder- oder sektorenspezifischen Entwicklungsniveaus differieren können. Wobei das Entwicklungsniveau durch den Abstand zwischen der eigenen Produktivität und der entsprechenden Produktivität an der Technologiegrenze gemessen wird. Griffith, Redding und Van Reenen (2003) haben mithilfe von Daten aus der sektoralen Datenbank der OECD für jede Industrie in jedem Land ein Distanzmaß zur Technologiegrenze konstruiert und haben Belege gefunden, die konsistent mit der Beobachtung sind, dass FuE und Innovation immer wichtiger werden, je weiter sich eine Volkswirtschaft der Technologiegrenze nähert: Sie haben eine statistisch hoch signifikante negative Beziehung zwischen dem Abstand zur Technologiegrenze und der FuE-Intensität gefunden.

Acemoglu, Johnson und Mitton (2003) haben Belege dafür gefunden, dass die Konzentration sowohl auf Industrieebene als auch aggregierter Ebene in ärmeren (also in weiter von der

Technologiegrenze entfernten) Ländern höher ist. Diese Ergebnisse sind konsistent mit dem Gedanken, dass Selektion durch den Markt dort weniger bedeutsam ist, da Unternehmen in Ländern weiter unterhalb der Technologiegrenze tendenziell größer sind.

Zu den ähnlichen Arbeiten, die auch auf Gerschenkrons Erkenntnis basieren, gehören Stiglitz (1995) und Hausmann und Rodrik (2003), die beide stärkere Interventionen der Regierungen in weniger entwickelten Ländern fordern, in denen Marktversagen häufig relevanter als in fortgeschrittenen Marktwirtschaften ist. Shleifer und Vishny (1999) haben jedoch das größere Ausmaß an Staatsversagen in weniger entwickelten Ländern, in denen die Kontrolle der Regierungen generell geringer ist, betont.

Der erste systematische Versuch, den Gedanken der geeigneten Institutionen zu modellieren, und der Gedanke einer institutionellen Falle finden sich in dem Artikel von Acemoglu, Aghion und Zilibotti (2006). Dieser Ansatz wurde im Folgenden ausgeweitet oder verwendet, um verschiedene Aspekte der Gestaltung von Wachstumspolitik zu analysieren. Der Leser sei hier auf den Überblicksartikel von Aghion und Howitt (2006) zu „geeigneter Wachstumspolitik" verwiesen.

▶ Aufgaben

1. Es ist lange bekannt, dass Länder mit schwachem Wirtschaftswachstum auch schlechte „Institutionen" haben. Eine wesentliche Herausforderung für die empirische Forschung ist die Identifikation eines ursächlichen Zusammenhangs zwischen Institutionen und Wirtschaftswachstum gewesen. Um dieses Identifikationsproblem zu lösen, muss man exogene Variationen bei Institutionen finden. Die folgenden exogenen Variationen bei Institutionen wurden vorgeschlagen, um die Hypothese zu unterstützen, dass „schlechte Institutionen" schwaches Wirtschaftswachstum verursachen: (1) die Entfernung zum Äquator als eine Näherung für den europäischen Einfluss (von Hall und Jones 1999), (2) Unterschiede bei den gesetzlichen Regelungen und Organisationen (wie sie von La Porta et al. 1998, 1999 bestimmt wurden), (3) Sterberaten, denen sich potenzielle Siedler in Kolonien gegenübersahen als Näherung für die institutionelle Entwicklung während der Ära der Kolonisation in der Zeit nach 1500 (von AJR 2005). Diskutieren Sie die Plausibilität von jeder dieser Variablen im Hinblick auf ihre Eignung als Instrumentvariable für Institutionen. Können Sie sich irgendeinen innovativen Weg vorstellen, exogene Variationen von Institutionen zu finden, um die Hypothese zu testen, dass Institutionen einen ursächlichen Effekt auf Wirtschaftswachstum haben?
2. **Mechanismen institutioneller Persistenz**
   Das Modell und die empirischen Belege, die in diesem Kapitel vorgestellt wurden, werfen eine wichtige Frage auf: Warum wählen Regierungen nicht die Institutionen und die politischen Maßnahmen, die die investitionsbasierte Strategie fördern, wenn das Land in seiner frühen Phase der Entwicklung steckt und wechseln dann zu politischen Maßnahmen zur Unterstützung von Innovationen und Selektionsprozessen, wenn sich das Land an die Technologiegrenze annähert? Acemoglu, Aghion und Zilibotti (2006) argumentieren, dass die Antwort in der politischen Ökonomie der Regierungsinterventionen liegt. Politische Maßnahmen, die die investitionsbasierte Strategie fördern, kreieren und bereichern ihre eigenen Unterstützer. Wenn sich ökonomische Macht politische Macht kauft, wird es schwierig, politische Maßnahmen rückgängig zu machen, die eine wirtschaftlich und politisch mächtige Wählerschaft besitzen. Konsequenterweise können Ge-

sellschaften in einer Situation mit „unangemessenen Institutionen“ und relativ rückständigen Technologien gefangen bleiben.

Wie kann man diese Behauptung mit Hilfe mikroökonomischer Belege testen? Acemoglu, Aghion und Zilibotti (2006) diskutieren das Beispiel Südkorea: Sie schlagen vor, dass enge Verbindungen zwischen der Regierung und den Chaebols sich zu wichtigen Hindernissen für den Fortschritt entwickelt hätten und dass Konvergenz und Wachstum während der Asienkrise zu einem Ende gekommen wären. Wenn die Asienkrise als negativer Schock für die politische Macht der ökonomisch mächtigen Wählerschaft in Südkorea dienen soll, welche Belege würden Sie suchen, um diese hier vorgestellte Hypothese zu verifizieren? Wenn Sie Zugang zu allen möglichen Datenquellen hätten, wie würde Ihre empirische Untersuchungsstrategie aussehen, um die ursächlichen Effekte eines Wandels der „Angemessenheit von Institutionen“ auf das Wirtschaftswachstum zu identifizieren?

3. **Die Debatte über Institutionen versus Geografie**

   Die meisten armen Länder befinden sich in den Tropen. Sachs (2001) interpretiert diese Erkenntnis als Beleg dafür, dass die geografische Lage einer der Hauptgründe für Unterentwicklung ist. Die geografische Lage spielt eine Rolle, da Krankheiten, die Umwelt und die landwirtschaftliche Produktivität direkt von den geografischen Bedingungen abhängen. So liegen z. B. die Länder, die am meisten der Verbreitung von Malaria ausgesetzt sind, in den Tropen.

   AJR (2001) argumentieren jedoch, dass die Unterentwicklung von tropischen Ländern auf historische Institutionen der Kolonialzeit zurückverfolgt werden kann. Sie argumentieren, dass in Ländern, in denen europäische Siedler sich einer größeren Sterblichkeit gegenübersahen, diese sich nicht niederließen und stattdessen „ausbeuterische Institutionen“ anwandten. In Ländern aber, in denen die Sterblichkeit geringer war, siedelten sie und führten gute Rechtsgrundsätze ein.

   Diskutieren Sie die Plausibilität der beiden Hypothesen. Welche Belege würden Sie anführen, um die beiden Hypothesen zu stützen oder abzulehnen?

Teil III Wachstumspolitik

12 Die Förderung von Wettbewerb und Markteintritten

12.1 Einführung

Ist Wettbewerb im Gütermarkt gut oder schlecht für Wachstum? Innovationsbasierte Modelle (siehe Kapitel 3 und 4) scheinen eine unstrittige Antwort auf diese Frage anzubieten, nämlich dass Wettbewerb in einem Markt für Wachstum aus dem Grund schlecht ist, weil Wettbewerb die Monopolrenten reduziert, die Firmen dazu anregen, innovativ zu sein. Aufgrund derselben Wirkungskette, entmutigen intensivere Imitationsaktivitäten technologische Innovationen und Wachstum. Somit ist es wichtig, die geistigen Eigentumsrechte durch ein adäquates System nationalen und internationalen Patentschutzes zu bewahren.

Unglücklicherweise stellt sich heraus, dass die Vorhersage, dass Wettbewerb schlecht für das Wachstum sei, gegen die Fakten spricht. Tatsächlich deuten empirische Arbeiten (z. B. Nickell 1996; Blundell, Griffith und Van Reenen 1995) auf eine positive Korrelation zwischen *Gütermarktwettbewerb* (gemessen entweder durch die Zahl der Wettbewerber in derselben Industrie oder durch den umgekehrten Wert eines Marktanteil- oder Profitabilitätsindex) und *Produktivitätswachstum* innerhalb eines Unternehmens oder der Industrie. Diese Belege wiederum scheinen sich mehr mit der Sichtweise (z. B. von Porter 1990) zu decken, dass Gütermarktwettbewerb gut für Wachstum ist, da er Unternehmen zwingt, innovativ zu sein, um zu überleben.

Wie kann man diese Belege mit der Theorie vereinen? Wann fördert oder entmutigt Wettbewerb Innovationen? Abschnitt 12.2 konzentriert sich auf die Beziehung von Wettbewerb zwischen etablierten Unternehmen und Innovationen. Dabei wird die früher getroffene Annahme, dass etablierte Unternehmen automatisch von ihren Rivalen übersprungen werden, durch die Annahme gradualistischen (Schritt-für-Schritt) technologischen Fortschritts ersetzt. Dies wird wiederum eine umgekehrte U-förmige Beziehung zwischen Wettbewerb und Produktivitätswachstum erzeugen.

In Abschnitt 12.3 wird die Beziehung zwischen Markteintritten und Innovationen untersucht, indem gezeigt wird, dass etablierte Unternehmen unterschiedlich auf eine gestiegene Bedrohung durch Markteintritte in Abhängigkeit von der Technologiegrenze in der entsprechenden Industrie reagieren. Es wird auch betrachtet, wie Markteintritte mit Arbeitsmarktregulierungen zusammenwirken. Es wird gezeigt, wie die positiven Wirkungen steigender Markteintritte auf das Produktivitätswachstum durch arbeitnehmerfreundliche Regulierungen reduziert werden.

12.2 Vom technologischen Fortschritt in Sprüngen zum schrittweisen technologischen Fortschritt

Basierend auf Aghion, Howitt und Vickers (1997) und Aghion et al. (2001) wird in diesem Kapitel die Annahme der Innovationssprünge im Schumpeterianischen Modell (wo die etablierten Innovatoren systematisch von externen Forschern überholt werden) durch die Annahme der weniger radikalen schrittweisen Innovationen ersetzt. Dies bedeutet, dass ein Unternehmen, das gegenwärtig m Schritte hinter dem technologischen Anführer liegt, erst zu diesem aufholen muss, bevor es selbst Anführer werden kann. Die Annahme schrittweiser Innovationen kann durch die Annahme gerechtfertigt werden, dass ein Innovator Wissen erwirbt, das nicht frei verfügbar ist und nicht von den Rivalen, ohne dass sich diese selbst in FuE engagieren, dupliziert werden kann, um aufzuholen. Wenn der Innovator erst einmal aufgeholt hat, wird unterstellt, dass kein Patent den ehemaligen Anführer vor Bertrand-Wettbewerb schützt.

Diese Veränderung führt zu einer anspruchsvolleren Analyse des Zusammenspiels zwischen Gütermarktwettbewerb, Innovationen und Wachstum, indem erlaubt wird, dass Unternehmen in einer Industrie Kopf-an-Kopf stehen können. Ein höherer Grad an Gütermarktwettbewerb macht das Leben für Unternehmen in der Kopf-an-Kopf-Situation schwerer und wird diese ermutigen, zu innovieren, um einen signifikanten Vorsprung gegenüber ihren Rivalen zu erzielen.

12.2.1 Grundlegende Rahmenbedingungen

Es wird angenommen, dass die Zeit diskret sei und dass es eine einheitliche Menge an identischen Konsumenten gibt. Jeder von ihnen lebt für eine Periode und bietet eine Arbeitseinheit unelastisch an. Darüber hinaus hängt ihr Nutzen von konsumierten Mengen eines Guts eines Kontinuums von Sektoren ab:

$$u_t = \int_0^1 \ln x_{jt} dj$$

Dabei ist jedes x_j die Summe zweier Güter, die von Duopolisten im Sektor j produziert werden:

$$x_j = x_{Aj} + x_{Bj}$$

Die logarithmierte Struktur der Nutzenfunktion impliziert, dass im Gleichgewicht die Individuen dieselbe Summe für jeden Warenkorb x_j ausgeben.[1] Diese Summe wird auf eins normalisiert, indem die gegenwärtigen Ausgaben als Numéraire für die Preise p_{Aj} und p_{Bj} zu jedem Zeitpunkt dienen. Damit wählt der repräsentative Haushalt jedes x_{Aj} und x_{Bj}, um $x_{Aj} + x_{Bj}$

---

[1] Das heißt, der repräsentative Konsument wählt x_js, um $\int_o^t \ln x_j \, dj$ unter der Budgetbeschränkung $\int_0^t p_j \, x_j dj = E$ zu maximieren. Die Bedingung erster Ordnung lautet:
$\partial u/\partial x_j = 1/x_j = \lambda p_j$,
wobei λ ein Lagrange-Multiplikator ist. Zusammen mit der Budgetbeschränkung impliziert diese Bedingung erster Ordnung
$p_j x_j = 1/\lambda = E$ für alle j.

bei der Budgetbeschränkung $p_{Aj} + p_{Bj} = 1$ zu maximieren. Dies bedeutet, dass der Haushalt die ganze Ausgabeneinheit für das weniger teure Gut ausgibt.

12.2.2 Vom sprunghaften zum schrittweisen technologischen Fortschritt

Jedes Unternehmen produziert mit Arbeit als einzigem Input entsprechend einer Produktionsfunktion mit konstanten Skalenerträgen und einem für sie exogen gegebenen Lohnsatz. Damit sind die Stückkosten c_A und c_B der Produktion in einer Industrie von der produzierten Stückzahl unabhängig. Es sei nun k_i das Technologieniveau einer Duopolfirma i in einer beliebigen Industrie j; d. h. eine Einheit Arbeit, die gegenwärtig in der Firma i angestellt ist, generiert einen Output von

$$A_i = \gamma^{k_i}, i = A, B$$

Wobei $\gamma > 1$ ein Parameter zur Messung des Umfangs der Spitzeninnovation ist. Man benötigt äquivalent dazu γ^{k_i} Einheiten Arbeit im Unternehmen j, um eine Outputeinheit zu produzieren.

Für die Einfachheit der Darstellung wird angenommen, dass Wissensspillover-Effekte zwischen zwei Firmen in einer Zwischenproduktindustrie dergestalt ablaufen, dass keine Firma mehr als eine Einheit beim Technologieniveau vor der anderen liegt. Das heißt, wenn ein Unternehmen, das schon einen Schritt weiter ist, innovativ ist, wird die zurückliegende Firma automatisch lernen, die vorige Technologie des Anführers zu kopieren und dadurch nur einen Schritt zurückbleiben. Somit wird es zu jedem Zeitpunkt zwei Arten von Zwischengutsektoren in der Ökonomie geben: (1) *ausgeglichene oder Kopf-an-Kopf-Sektoren*, wo beide Unternehmen technologisch auf gleichem Niveau sind und (2) *unausgeglichene Sektoren*, in denen eine Firma (der Anführer) einen Schritt vor seinen Mitbewerbern in derselben Industrie liegt.[2] Indem der Anführer die FuE-Kosten $\psi(n) = n^2/2$, gemessen in Ausgabeneinheiten, ausgibt, schreitet er (bzw. die Technologiegrenze) einen Schritt mit der Wahrscheinlichkeit n voran. Man bezeichnet n als „Innovationsrate“ oder „FuE-Intensität“ einer Firma. Es wird angenommen, dass ein nachfolgendes Unternehmen mit der Wahrscheinlichkeit h einen Schritt nach vorne gehen kann, falls es nichts für FuE ausgibt, indem es die Technologie des Anführers kopiert. Somit entspricht $n^2/2$ den FuE-Kosten des Verfolgers, um mit der Wahrscheinlichkeit $n + h$ nach vorne zu kommen. Es sei n_0 die FuE-Intensität jedes Unternehmens in einer Kopf-an-Kopf-Industrie und n_{-1} die FuE-Intensität einer verfolgenden Firma in einer unausgeglichenen Industrie. Wenn n_1 die FuE-Intensität eines Anführers in einer unausgeglichenen Industrie ist, dann ist $n_1 = 0$, da die Annahme eines automatischen Aufholens bedeutet, dass der Anführer keine weiteren Vorteile durch Innovationen erzielen kann.

12.2.3 Gleichgewichtige Gewinne und Wettbewerb in ausgeglichenen und unausgeglichenen Sektoren

Man kann nun die gleichgewichtigen Gewinne in jeder Art von Sektor bestimmen und sie mit dem Gütermarktwettbewerb verbinden. Man betrachte zuerst einen unausgeglichenen Sek-

---

2 Aghion et al. (2001) analysieren den allgemeinen Fall, in dem es keine Grenze für den Vorsprung des Anführers gibt. Jedoch beinhaltet dieses Papier, im Gegensatz zu diesem Kapitel, keine geschlossene Lösung für das FuE-Niveau im Gleichgewicht und die Steady-state-Struktur der Industrie.

tor, in dem die Stückkosten des Anführers c sind. Er ist darauf beschränkt, einen Preis $p_1 \leq \gamma c$ zu setzen, da γc die Stückkosten des Rivalen sind, d. h. bei jedem höheren Preis könnte der Rivale gewinnbringend seinen Preis unterbieten und sein Geschäftsfeld übernehmen. Somit wird der Gewinn des Anführers gleich

$$\pi_1 = p_1 x_1 - c x_1$$

sein. Da der Anführer den ganzen Markt besetzen kann, wird sein Ertrag den gesamten Konsumausgaben im Sektor entsprechen, die auf eins normiert sind:

$$p_1 x_1 = 1$$

Er wird deshalb x_1 so wählen, dass

$$\max \{1 - c x_1\}$$

unter der Bedingung

$$p_1 = \frac{1}{x_1} \leq \gamma c$$

maximiert wird.

Mit anderen Worten, wird er den maximal möglichen Preis $p_1 = \gamma c$ fordern, weil bei jedem niedrigeren Preis sein Umsatz $p_1 x_1$ derselbe wäre, aber seine Kosten $c x_1 = c/p_1$ höher wären. Damit ist sein gleichgewichtiger Profit:

$$\pi_1 = 1 - c x_1 = 1 - c/p_1 = 1 - \gamma^{-1}$$

Die zurückgebliebene Firma wird im unausgeglichenen Sektor über den Preis aus dem Markt gedrängt und wird somit einen Gewinn von null machen:

$$\pi_{-1} = 0$$

Es wird nun der Fall eines ausgeglichenen Sektors betrachtet. Falls sich zwei Firmen in einem offenen Preiswettbewerb ohne Kollusion befinden, würde der gleichgewichtige Preis auf die Stückkosten c jeder Firma fallen und in einem Gewinn von null resultieren. Im anderen Extremfall, in dem die beiden Unternehmen wirkungsvoll Kollusion betreiben, um ihren gemeinsamen Profit zu maximieren und ihre Erlöse zu teilen, würden sie sich zusammen wie der Anführer in einem unausgeglichenen Sektor verhalten und beide ihren Preis so setzen, dass $p = \gamma c$ (es wird angenommen, dass jede dritte Firma Wettbewerb betreiben kann, indem es die vorherige, beste Technologie einsetzt, genau wie es ein Verfolger im unausgeglichenen Sektor machen würde) und jeder einen Profit gleich $\pi_1/2$ erhält.

Damit haben in einem ausgeglichenen Sektor beide Firmen einen Anreiz zur Kollusion. Entsprechend wird der Grad des Gütermarktwettbewerbs invers durch den Grad, mit dem zwei Firmen in einer Kopf-an-Kopf-Industrie zur Kollusion fähig sind, modelliert. (Sie konspirieren nicht in einem unausgeglichenen Sektor, weil der Anführer kein Interesse hat, seinen Gewinn zu teilen.) Im speziellen Fall wird angenommen, dass der Gewinn einer Firma im Kopf-an-Kopf-Sektor gegeben ist durch

$$\pi_0 = (1 - \Delta)\pi_1, \frac{1}{2} \leq \Delta \leq 1$$

und der Parameter für den Gütermarktwettbewerb Δ ist, d. h. eins minus des Anteils an den Gewinnen des Anführers, den eine Firma im ausgeglichenen Fall durch Kollusion erreichen kann. Es ist zu beachten, dass Δ auch dem inkrementellen Gewinn eines Innovators in einer Kopf-an-Kopf-Industrie normiert mit dem Gewinn des Anführers entspricht.

Als Nächstes werden die Forschungsintensitäten n_0 und n_{-1} von Kopf-an-Kopf-Firmen und rückständigen Firmen untersucht und konsequenterweise wird die aggregierte Innovationsrate mit dem Wettbewerbsmaß Δ variieren.

12.2.4 Der Schumpeterianische Effekt und der „Flucht-aus-dem-Wettbewerb"-Effekt

In jedem ausgeglichenen Sektor wählt jedes Unternehmen seine Forschungsintensität n_0 so, dass der erwartete Gewinn maximiert wird. Es sei der Einfachheit halber angenommen, dass das Unternehmen nur eine Periode im Voraus plant. Es sei des Weiteren angenommen, dass nur eine der beiden Kopf-an-Kopf-Firmen die Möglichkeit zur Innovation hat. Dann wird der erwartete Gewinn des potenziellen Innovators ohne die FuE-Kosten (mit der Wahrscheinlichkeit n_0) π_1 sein und (mit der Wahrscheinlichkeit $1 - n_0$) π_0 sein. Somit wird n_0 so gewählt, dass der erwartete Gewinn abzgl. der FuE-Kosten

$$n_0\pi_1 + (1 - n_0)\pi_0 - n_0^2/2$$

maximiert wird und dies ergibt

$$n_0 = \pi_1 - \pi_0$$

oder mit dem Wettbewerbsmaß Δ ausgedrückt:

$$n_0 = \Delta\pi_1 \tag{12.1}$$

In jedem unausgeglichenen Sektor wählt der Nachzügler seine Innovationsintensität n_{-1} so, dass der erwartete Gewinn abzgl. der FuE-Kosten maximiert wird:

$$(n_{-1} + h)\pi_0 - n_{-1}^2/2$$

Dies ergibt

$$n_{-1} = \pi_0 = (1 - \Delta)\pi_1 \tag{12.2}$$

Es zeigt sich, dass die Wirkung des Wettbewerbs auf Innovationen von der jeweiligen Situation abhängt. In unausgeglichenen Sektoren zeigt Gleichung (12.2) den normalen Schumpeterianischen Effekt, der dadurch entsteht, dass die Renten sinken, die ein Verfolger erzielen kann, der mittels Innovationen erfolgreich gegenüber seinem Rivalen aufholt. In einem solchen Sektor wird eine Zunahme des Wettbewerbs, gemessen durch Δ, Innovationen entmutigen.

Aber in ausgeglichenen Sektoren zeigt Gleichung (12.1) einen positiven Effekt des Wettbewerbs auf Innovationen an. Dies geschieht aufgrund des sog. *„Flucht-aus-dem-Wettbewerb"*-Effekts, d. h. mehr Wettbewerb regt Firmen in einer Kopf-an-Kopf-Situation zu mehr Innovationen an, um damit einer Situation zu entkommen, in der Wettbewerb die Gewinne beschränken wird.

Im Durchschnitt wird eine Zunahme des Gütermarktwettbewerbs einen widersprüchlichen Effekt auf Wachstum haben. Sie wird schnelleres Produktivitätswachstum in den Kopf-an-Kopf-Sektoren induzieren und ein langsameres Wachstum in den gegenwärtig unausgeglichenen Sektoren. Der gesamte Effekt auf das Wachstum wird damit vom (Steady-state-) Anteil der ausgeglichenen gegenüber den unausgeglichenen Sektoren abhängen. Dieser Anteil im Steady-state ist aber selbst endogen, da er von gleichgewichtigen FuE-Intensitäten in beiden Arten von Sektoren abhängt. Im Folgenden wird gezeigt unter welchen Bedingungen dieser Gesamteffekt einem umgekehrten U entspricht, und es werden gleichzeitig auch Vorhersagen für weitere empirische Tests abgeleitet.

12.2.5 Struktureffekte und das umgekehrte U

In einem Steady-state ist der Anteil der unausgeglichenen Sektoren μ_1 wie der Anteil der ausgeglichenen Sektoren $\mu_0 = 1 - \mu_1$ konstant. Der Anteil der unausgeglichenen Sektoren, die jede Periode zu einem ausgeglichenen Sektor werden, beträgt $n_{-1} + h$, so dass der Anteil der Sektoren, die sich von einem unausgeglichenen zu einem unausgeglichenen Sektor bewegen, an allen Sektoren gleich $(n_{-1} + h)\mu_1$ ist. Genauso ist der Anteil aller Sektoren, die sich in die entgegengesetzte Richtung entwickeln $n_0\mu_0$, da eine der beiden Firmen mit der Wahrscheinlichkeit n_0 innovativ sein wird. Im Steady-state muss der Anteil der Firmen, die sich in die eine Richtung bewegen, dem Anteil derjenigen, die sich in die andere Richtung bewegen, entsprechen:

$$(n_{-1} + h)\mu_1 = n_0(1 - \mu_1)$$

Was im Steady-state für den Anteil der unausgeglichenen Sektoren gelöst werden kann:

$$\mu_1 = \frac{n_0}{n_{-1}+h+n_0} \tag{12.3}$$

Dies impliziert, dass der Strom an Innovationen in allen Sektoren

$$I = \frac{2(n_{-1} + h)n_0}{n_{-1} + h + n_0}$$

ist.[3]

Ersetzt man in dieser Gleichung die FuE-Intensitäten n_0 und n_{-1} mit Hilfe der Gleichungen (12.1) und (12.2) ergibt sich

$$I = \frac{2[(1 - \Delta)\pi_1 + h]\Delta\pi_1}{\pi_1 + h}$$

Dadurch wird die Wirkung des Wettbewerbs auf Innovationen durch die Ableitung

$$\frac{dI}{d\Delta} = \frac{2\pi_1}{\pi_1 + h}[(1 - 2\Delta)\pi_1 + h]$$

gemessen, die positiv ist, wenn es ein Mindestmaß an Wettbewerb gibt (bei $\Delta = \frac{1}{2}$) und sinkt, wenn Wettbewerb zunimmt (da $\frac{d^2I}{d\Delta^2} < 0$). Ob dieser Effekt nun negativ ist oder nicht, hängt von der Größe des Hilfsfaktors h ab. Im Speziellen wird die Wirkung negativ, wenn es das größte Ausmaß an Wettbewerb gibt (bei $\Delta = 1$) und dann und nur dann wenn $h < \pi_1$. Zusammenfassend ergibt sich folgende Aussage:

Aussage 1

Falls $h < \pi_1$, dann folgen die aggregierten Innovationen einem umgekehrten U-Muster. Sie nehmen zu mit dem Wettbewerb Δ für ausreichend geringe Werte von Δ und fallen für ausreichend große Werte von Δ. Falls $h \geq \pi_1$, dann nehmen die Innovationen bei mehr Wettbewerb zu, aber mit einer abnehmenden Rate.

---

[3] I ist die Summe der beiden Ströme $(n_{-1} + h)\mu_1 + n_0(1 - \mu_1)$. Aber da beide Ströme gleich sind, ist $I = 2(n_{-1} + h)\mu_1$. Ersetzt man μ_1 mit Hilfe von Gleichung (12.3), dann ergibt sich $I = \frac{2(n_{-1}+h)n_0}{n_{-1}+h+n_0}$.

Die umgekehrte U-Form resultiert aus einem „Struktur-Effekt", da eine Veränderung beim Wettbewerb den Anteil der ausgeglichenen Sektoren im Steady-state verändert, in dem der „Flucht-aus-dem Wettbewerb-Effekt" dominiert, gegenüber dem unausgeglichenen Zustand, wo der Schumpeterianische Effekt dominiert. In einem Extremfall, in dem es nicht sehr viel Gütermarktwettbewerb gibt, bestehen keine großen Anreize zur Innovation für die Unternehmen in der Kopf-an-Kopf-Situation und deshalb wird die Gesamtinnovationsrate am höchsten sein, wenn der Sektor unausgeglichen ist. Somit wird die Industrie schnell den unausgeglichenen Zustand verlassen wollen (was sie tut, wenn der Nachzügler innoviert) und sich zurückhalten beim Verlassen des ausgeglichenen Zustands (was nicht passieren wird, bis eine Firma in der Kopf-an-Kopf-Situation innoviert). Als Folge davon wird die Industrie die meiste Zeit im ausgeglichenen Zustand verbringen, in dem der „Flucht-aus-dem-Wettbewerb-Effekt" dominiert (h_0 wächst mit Δ). Mit anderen Worten gesagt, wenn der Wettbewerbsgrad zu Beginn sehr gering ist, sollte ein Anstieg beim Wettbewerb in eine höhere durchschnittliche Innovationsrate münden.

Im anderen Extremfall, wenn der Wettbewerb anfänglich groß ist, gibt es nur einen kleinen Anreiz für den Nachzügler in einer unausgeglichenen Situation zu innovieren. Damit wird die Industrie langsam den unausgeglichenen Zustand verlassen wollen. Währenddessen führt der große inkrementelle Gewinn $\pi_1 - \pi_0$ für Firmen im ausgeglichenen Zustand zu einem großen Anreiz zur Innovation, so dass die Industrie relativ schnell wieder den ausgeglichenen Zustand verlassen wird. Als Folge davon wird die Industrie die meiste Zeit im unausgeglichenen Zustand verbringen, in dem der Schumpeterianische Effekt dominierend ist. Mit anderen Worten gesagt, falls der Wettbewerbsgrad zu Beginn sehr hoch ist, sollte ein Anstieg beim Wettbewerb in einer größeren Innovationsrate resultieren.

12.2.6 Empirische Belege

Aghion, Bloom et al. (2005) haben die Vorhersage mit Hilfe von Paneldaten auf Firmenlevel für britische Unternehmen, die an der Londoner Börse zwischen 1970 und 1994 gelistet wurden, getestet. Wettbewerbsmaße wurden mittels Finanzdaten und mittels Daten für den Innovationsoutput, der durch die mit den Referenzen gewichteten Patente der Patentdatenbank des National Bureau of Economic Research (NBER) gemessen wurde, berechnet.[4]

Wettbewerb wird durch den Lerner-Index (LI) oder den Preisaufschlag auf die Kosten gemessen. Der LI ist durch den operativen Gewinn nach Abschreibungen minus den Finanzierungskosten des Kapitals geteilt durch die Umsätze gemittelt über die Firmen einer Industrie hinweg definiert:[5]

$$LI = \frac{\text{Operating profit} - \text{Financial cost}}{\text{Sales}}$$

Aghion, Bloom et al. (2005) schätzen im Folgenden die Gleichung

$$E\left[p_{jt} \middle| c_{jt}, x_{jt}\right] = e^{\left\{g(c_{jt}) + x'_{jt}\beta\right\}}$$

---

4 Vgl. hierzu Hall, Jaffe und Trajtenberg (2000). Die Datenbank des NBER enthält die Patente, die beim US-Patentamt gemeldet werden, wo die Innovationen tatsächlich international entsprechend dem Datum ihrer Anwendung patentiert werden.

5 Der Kapitalstock wird mit Hilfe der Perpetual-Inventory-Methode ermittelt. Die umgekehrte U-Form ist robust genug, um die Finanzierungskosten beim Lerner Index auszulassen, da sie relativ klein und über die Zeit hinweg konstant sind.

Wobei p_{jt} das Patentmaß und c_{jt} das Wettbewerbsmaß der Branche j zum Zeitpunkt t sind, während x_{jt} das komplette Set an Dummyvariablen für Zeit und Industrie repräsentiert. Abbildung 12.1 fasst die Erkenntnisse zusammen.

Die Abbildung zeigt: Wenn die Gruppe der Industrien auf diejenigen mit einem Wert für den Kopf-an-Kopf-Wettbewerb oberhalb des Median beschränkt wird, ist der ansteigende Teil der umgekehrten U-förmigen Beziehung zwischen Wettbewerb und Innovation steiler, als wenn die gesamte Stichprobe von Industrien betrachtet wird.

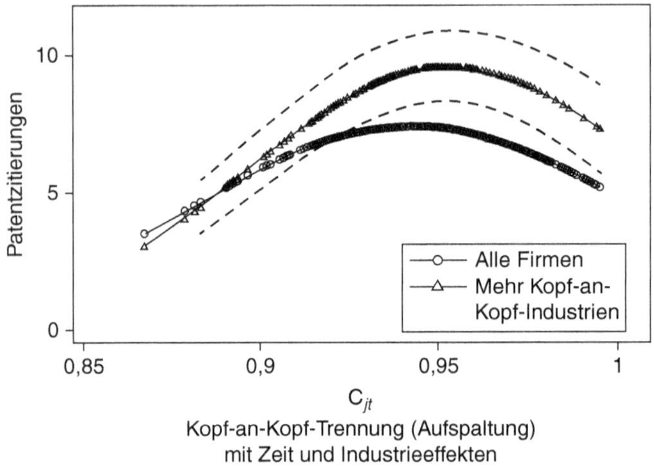

Abb. 12.1: Innovation und Wettbewerb im Gütermarkt: Kopf-an-Kopf Trennung

12.3 Markteintritt

Bisher hat die europäische Wettbewerbspolitik sich auf den Wettbewerb zwischen etablierten Unternehmen fokussiert, während der Rolle von Markteintritten wenig Beachtung geschenkt wurde. Markteintritte genauso wie Marktaustritte sowie der Umschlag bei Unternehmen sind in den Vereinigten Staaten wichtiger als in Europa. So wurden z. B. in den USA 50 % der neuen pharmazeutischen Produkte von Unternehmen eingeführt, die jünger als 10 Jahre waren, gegenüber einem Anteil von nur 10 % in Europa. Von den, nach dem Wert der Marktkapitalisierung betrachtet, größten US-Unternehmen Ende der 1990er Jahre wurden 12 % weniger als 20 Jahre zuvor gegründet, gegenüber 4 % in Europa. Und der Unterschied in den Umschlagshäufigkeiten zwischen den USA und Europa ist noch viel größer, wenn man die 500 Topfirmen betrachtet.

Dass die Markteintrittskosten und die niedrige Umschlagsquote in Europa, im Vergleich zu den USA, ein wichtiger Teil der Erklärung für das relativ enttäuschende Wachstum in Europa während der vorausgegangenen Dekade war, wurde durch die empirische Arbeit von Nicoletti und Scarpetta (2003) gezeigt. In diesem Abschnitt wird das Schumpeterianische Modell aus Kapitel 4 erweitert, um die Wirkungen von Markteintritten auf Innovation und Wachstum zu analysieren. Es werden dann mit den Vorhersagen des erweiterten Modells konsistente Belege präsentiert.

Im Gegensatz zu den Vorhersagen der anderen endogenen Wachstumsmodelle haben dabei Markteintritte und -austritte und der Umschlag von Unternehmen positive Wirkungen auf Innovation und Produktivitätswachstum, und dies nicht nur auf gesamtwirtschaftlicher Ebene, sondern auch bei etablierten Unternehmen. Die Idee ist, dass steigende Markteintritte zusammen mit drohenden Markteintritten Innovationen und Produktivitätswachstum erhöhen, und zwar nicht nur weil diese das direkte Ergebnis von gleichheitsfördernden Innovationen durch neue Unternehmen sind, sondern auch weil die Bedrohung, durch potenzielle Markteintritte aus dem Markt gedrängt zu werden, etablierten Unternehmen einen Anreiz zu innovieren gibt, um den Markteintritt durch einen ähnlich wirkenden Effekt wie dem „Flucht-aus-dem-Wettbewerb-Effekt" zu entkommen. Dieser „Entfliehe-dem-Markteintritt-Effekt" ist besonders stark bei Unternehmen, die nahe an der globalen Technologiegrenze sind. Für Unternehmen, die weiter weg von dieser Grenze sind, ist der dominierende Effekt drohender Markteintritte ein „Entmutigungs-Effekt", der ähnlich wie der zuvor beschriebene Schumpeterianische Angemessenheitseffekt wirkt.

12.3.1 Rahmenbedingungen

Es wird wieder die Arbeitspferd-Version des multisektoralen Modells mit diskreter Zeit eingesetzt. Alle Agenten leben nur eine Periode lang. In jedem Zeitraum t wird das Endprodukt (im Weiteren das Numéraire) in jeder Situation durch einen Sektor mit Wettbewerb unter Einsatz eines Kontinuums von Zwischenprodukten entsprechend der Technologie

$$Y_t = \int_0^1 A_{it}^{1-\alpha} x_{it}^{\alpha} di$$

produziert, wobei x_{it} die Menge des im Sektor i im Zeitraum t produzierten Zwischenprodukts angibt, A_{it} der Produktivitätsparameter mit der aktuellsten Version des Zwischenprodukts i ist und $\alpha \in (0, 1)$ gilt. Das Endprodukt, das das Numéraire sein soll, kann wiederum für Konsumzwecke, als Input für FuE und als Input für das Zwischenprodukt verwendet werden.

In jedem Zwischenproduktsektor i ist in jedem Zeitraum nur ein Unternehmen (ein Monopolist) aktiv. Somit bezieht sich die Variable i sowohl auf einen Zwischenproduktsektor (Industrie) als auch auf das Unternehmen, das in diesem Zwischenproduktsektor aktiv ist. Wie alle anderen Agenten in der Ökonomie leben die Produzenten der Zwischenprodukte nur für eine Periode, und die Eigentumsrechte an Zwischenproduktunternehmen werden in Dynastien vererbt. Im Zwischenproduktsektor wählen Firmen aus, wie viel sie produzieren werden, um den Gewinn zu maximieren, indem sie den Preis bestimmen, zu dem sie ihr Zwischenprodukt an den Endproduktsektor verkaufen, der dem Grenzprodukt dieses Gutes entspricht. Wie in Kapitel 4 gezeigt wurde, nimmt der gleichgewichtige Gewinn für jede Firma im Zwischenproduktsektor die Form

$$\pi_{it} = \pi A_{it} \tag{12.4}$$

an, wobei

$$\pi = \left(\frac{1-\alpha}{\alpha}\right) \alpha^{\frac{2}{1-\alpha}}$$

12.3.2 Technologie und Markteintritt

Es sei $\overline{A}_t$ die Produktivität an der neuen Technologiegrenze zum Zeitpunkt i, und es werde angenommen, dass

$$\overline{A}_t = (1+g)\overline{A}_{t-1},$$

mit $1 + g = \gamma > 1$. Es wird wieder, wie im vorigen Abschnitt, zwischen Sektoren, in denen etablierte Produzenten Kopf-an-Kopf mit der Technologiegrenze sind, und Sektoren, in denen die etablierten Firmen weit von der Grenze entfernt sind, unterschieden.

Zum Zeitpunkt t kann ein Unternehmen im Zwischenproduktsektor sich entweder nahe an der Grenze mit dem Produktivitätsniveau $A_{it-1} = \overline{A}_{t-1}$ (Typ 1; Sektor i) oder sich weit unterhalb der Grenze mit dem Produktivitätsniveau $A_{it-1} = \overline{A}_{t-2}$ (Typ 2; Sektor i) befinden.

Bevor ein Unternehmen im Zwischenproduktsektor produzieren und Gewinne machen kann, kann es innovativ sein, um die Produktivität zu steigern. Jede Innovation erhöht die Produktivität des Unternehmens um den Faktor γ. Für eine Innovation, die mit der Wahrscheinlichkeit z erfolgreich ist, muss eine Typ-j-Firma im Zwischenproduktsektor mit $j \in \{1, 2\}$ zum Zeitpunkt t

$$c_{it} = cz^2 A_{it-j}/2$$

investieren. Unternehmen im Zwischenproduktsektor unterliegen der Bedrohung durch den Markteintritt eines ausländischen Produzenten. Es sei p die Wahrscheinlichkeit, dass ein neues Unternehmen auftaucht. Marktliberalisierung geht mit einem Anstieg von p einher. Fremde Neueinsteiger zum Zeitpunkt t sollen annahmegemäß mit der Produktivität der Technologiegrenze $\overline{A}_t$, die am Ende der Periode erreicht wird, produzieren.

Wenn ein ausländisches Unternehmen in den Markt eintreten kann und mit einer lokalen Firma, die eine geringere Produktivität besitzt, konkurriert, wird es den Markt übernehmen und die neue etablierte Firma des Sektors werden. Wenn es mit einer Firma konkurriert, die dasselbe Produktivitätsniveau besitzt, wird Bertrand-Wettbewerb die Profite sowohl der lokalen als auch der fremden Firma auf null treiben. Es werde nun unterstellt, dass potenzielle neue Unternehmen die Technologie der etablierten Firma, die sich nach der Innovation einstellt, erkennen können, bevor sie sich entscheiden, ob sie in den Markt eintreten oder nicht. In diesem Fall wird die ausländische Firma den Markteintritt nur als lohnend betrachten, wenn die lokale Firma nach der Innovation ein Produktivitätsniveau besitzt, das niedriger als das an der Technologiegrenze ist. Jedoch wird die fremde Firma nicht in der Periode t eintreten, wenn die lokale Firma das Produktivitätsniveau der Technologiegrenze $\overline{A}_t$ erreicht hat. Deshalb wird die Wahrscheinlichkeit eines tatsächlichen Markteintritts in jedem Zwischenproduktsektor i gleich null sein, wenn das lokale Unternehmen i anfänglich nahe an der Technologiegrenze war und erfolgreich innoviert hat, und sie wird in allen anderen Fällen gleich p sein.

12.3.3 Investitionen in Innovationen im Gleichgewicht

Wenn man Gleichung (12.4) zusammen mit der vorhergehenden Innovationstechnologie verwendet, kann man die Innovationsentscheidungen von Firmen im Zwischenproduktsektor, die nahe oder weiter weg von der Technologiegrenze sind, untersuchen. Zuerst werden Unternehmen betrachtet, die sich anfänglich zum Zeitpunkt t weit unterhalb der Technologiegrenze befinden. Wenn sie sich mit der Wahrscheinlichkeit z entscheiden, zu innovieren, wird ihr Gewinn (ohne die Kosten für die Innovation) $\pi\overline{A}_{t-1}$ betragen, mit einer Wahrscheinlichkeit $(1-p)z$. Dies ist die Wahrscheinlichkeit, dass sie innovativ sind und es zu keinem Markteintritt kommt. Der Gewinn wird mit der Wahrscheinlichkeit $(1-p)(1-z)$, d. h. dass sie nicht innovativ sind und es zu keinem Markteintritt kommt, $\pi\overline{A}_{t-2}$ sein. Wenn es zu einem Markteintritt kommt, werden sie keinen Gewinn machen. Deshalb wird ihr erwarteter Gewinn (einschließlich der Kosten für die Innovation)

$$(1-p)z\pi\overline{A}_{t-1} + (1-p)(1-z)\pi\overline{A}_{t-2} - cz^2\,\overline{A}_{t-2}/2$$

betragen. Sie werden die Wahrscheinlichkeit z so wählen, dass dieser Ausdruck maximiert wird: Die Bedingung erster Ordnung des Maximierungsproblems ergibt die Wahrscheinlichkeit

$$z_2 = (1-p)(\gamma-1)(\pi/c) \tag{12.5}$$

Als Nächstes werden Unternehmen betrachtet, die anfänglich nahe an der Technologiegrenze sind. Ihr erwarteter Gewinn wird $\pi\overline{A}_t$ sein, falls sie innovativ sind (mit der Wahrscheinlichkeit z) und $\pi\overline{A}_{t-1}$, falls sie nicht erfolgreich innovieren und kein Markteintritt erfolgt [mit der Wahrscheinlichkeit $(1-p)(1-z)$], so dass sie ihre Wahrscheinlichkeit einer Innovation so wählen, dass

$$z\pi\overline{A}_t + (1-p)(1-z)\pi\overline{A}_{t-1} - cz^2\,\overline{A}_{t-1}/2$$

maximiert wird, so dass

$$z_1 = (\gamma - 1 + p)(\pi/c) \tag{12.6}$$

gilt.

Die Erhöhung der Wahrscheinlichkeit eines drohenden Markteintritts p kann als Liberalisierungsreform verstanden werden. Die direkte Ableitung nach den gleichgewichtigen Forschungsintensitäten bzgl. p ergibt

$$\frac{\partial z_1}{\partial p} = \pi/c > 0\,; \frac{\partial z_2}{\partial p} = -\pi\,(\gamma-1)/c < 0$$

Mit anderen Worten gesagt, die Erhöhung der Wahrscheinlichkeit eines drohenden Markteintritts (z. B. durch Handelsliberalisierung) ermutigt Innovationen in weiter fortgeschrittenen Unternehmen und entmutigt sie in zurückgebliebenen Unternehmen. Die Intuition legt diese komparative Statistik nahe. Je höher die Bedrohung durch Markteintritte ist, umso mehr werden instrumentelle Innovationen etablierten Unternehmen an der Technologiegrenze helfen, den lokalen Markt zu halten. Firmen jedoch, die schon sehr weit unterhalb der Grenze liegen, haben keine Chance gegen potenzielle Konkurrenten zu gewinnen. In diesem Fall wird somit eine stärkere Bedrohung nur den erwarteten Nettogewinn aus Innovationen senken und damit ex ante die Anreize, in Innovationen zu investieren, reduzieren.

12.3.4 Die Wirkungen von Arbeitsmarktregulierungen

Als Nächstes werden die Wirkungen von Änderungen der Arbeitsmarktregulierungen betrachtet. Eine Veränderung von Regulierungen zugunsten der Arbeitgeber wir den Gewinnparameter π verändern, so dass der qualitative Effekt auf die Investitionen durch die Ableitungen

$$\partial z_1/\partial\pi = (\gamma - 1 + p)/c > 0\,; \partial z_2/\partial\pi = (1-p)g/c > 0$$

gegeben ist. Somit ermutigen arbeitgeberfreundliche Regulierungen Innovationen in allen Unternehmen.

Wenn man jedoch die Kreuzableitungen im Hinblick auf Reformen p und Arbeitsmarktregulierungen π betrachtet, erhält man

$$\frac{\partial^2 z_1}{\partial\pi\partial p} = 1/c > 0; \frac{\partial^2 z_2}{\partial\pi\partial p} = -g/c < 0$$

Somit erhöht eine arbeitgeberfreundliche Arbeitsmarktreform – d. h. ein höheres π – den positiven Impuls von Markteintritten auf die Investitionen in Innovationen in Typ-1-Industrien.

12.3.5 Die wesentlichen theoretischen Vorhersagen

Zusammenfassend lässt sich festhalten:

1. Liberalisierung (gemessen durch eine Erhöhung der Bedrohung durch Markteintritte) ermutigt Innovationen in Industrien, die nahe an der Technologiegrenze sind, und entmutigt Innovationen in Industrien, die weit weg von ihr sind. Produktivität, Output und Gewinne sollten sich somit stärker in Industrien und Unternehmen erhöhen, die weiter fortgeschritten sind.
2. Arbeitnehmerfreundliche Arbeitsmarktregulierungen entmutigen Innovationen und Wachstum in alle Industrien, wobei der negative Effekt mit der Liberalisierung steigt.

12.3.6 Belege für die Wachstumseffekte von Markteintritten

Diese theoretischen Vorhersagen wurden durch eine Vielzahl von empirischen Ergebnissen gestützt. Erstens untersuchten Aghion, Blundell, Griffith, Howitt und Prantl (2006, im Weiteren ABGHP genannt), die Wirkungen der Bedrohung durch Markteintritte auf das TFP-Wachstum in Betrieben des Verarbeitenden Gewerbes, indem sie Paneldaten mit mehr als 32000 Beobachtungen auf Jahresbasis von Firmen in 116 verschiedenen vierstelligen Industrien für die Zeit von 1980–1993 anwandten. Sie schätzen die Gleichung

$$Y_{ijt} = \alpha + \beta E_{jt} + \gamma d_{it} + \delta E_{jt} * d_{it} + \eta_i + \tau_t + \varepsilon_{ijt} \qquad (12.7)$$

Wobei Y_{ijt} das TFP-Wachstum im Unternehmen i in der Industrie j und im Jahr t angibt; η und τ sind Fix-Effekte für den Betrieb und das Jahr; E_{jt} ist die Markteintrittsrate der Industrie, gemessen durch die Veränderung des Anteils der britischen Industriebeschäftigung an Fabriken in ausländischem Besitz; und d_{it} ist der Abstand des Unternehmens zur globalen Technologiegrenze in der jeweiligen Industrie, gemessen durch den Logarithmus des Verhältnisses zwischen der Arbeitsproduktivität des Unternehmens und dem Niveau der Technologiegrenze.

Abbildung 12.2 fasst die Ergebnisse zusammen. Die obere Linie trägt ab, wie das Produktivitätswachstum auf vermehrte Markeintritte von Unternehmen reagiert, die näher als der Median an der Technologiegrenze des jeweiligen Sektors sind. Die untere Linie zeigt die Reaktion des Produktivitätswachstums auf Markteintritte von Unternehmen, die weiter als der Median von der Technologiegrenze ihres Sektors entfernt sind. Wie man sehen kann, reagiert die erste Gruppe positiv, während die letztere Gruppe negativ auf mehr Markteintritte reagiert.

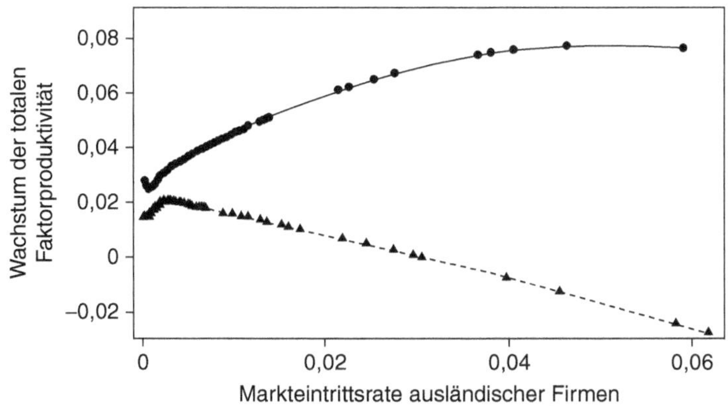

Abb. 12.2: Markteintritt, TFP Wachstum und Abstand zur Technologiegrenze

12.3.7 Belege für die Wirkungen der (De)Regulierung von Markteintritten

Belege dafür, dass die Wirkung von Regulierungen von den Umständen in einem Land abhängt, werden von Aghion, Burgess, Redding und Zilibotti (2006, im folgenden ABRZ genannt) geliefert, die die Wirkungen der Deregulierung bei der Genehmigung von Markteintritten in Indien für den Zeitraum von 1980 bis 1997 untersuchten. Es gab in der Zeit zwei Wellen der Deregulierung bei den Genehmigungsverfahren, die zeitlich unterschiedlich über die Industrien hinweg verteilt waren. Indem sie jährliche Paneldaten mit ungefähr 24000 Beobachtungen für 85 Industrien, 16 Staaten und 18 Jahre untersuchten, zeigten sie, dass die Deregulierung doch die Streuung der Outputniveaus auf Betriebsebene in den deregulierten nationalen Industrien erhöhte, obwohl sie keinen nachweisbaren Effekt auf die Markteintritte insgesamt hatte. Somit scheint es, dass die Wirkung einer regulatorischen Liberalisierung von den industriespezifischen Eigenschaften abhängt. ABRZ fokussieren sich auf eine spezifische Eigenschaft, nämlich die Einschränkungen durch Arbeitsmarktregulierungen. Sie schätzen eine Gleichung der Form

$$\ln(y_{ist}) = \alpha + \beta \cdot \text{Delicense}_{ist} + \gamma \cdot \text{Lreg}_{st} + \delta \cdot \text{Delicense}_{sit} \cdot \text{Lreg}_{st} + \eta_{is} + \tau_t + \varepsilon_{ijt} \quad (12.8)$$

Wobei y_{ist} der reale Output ist, Delicense ist ein Dummy, der sich ändert, wenn die nationale Industrie dereguliert wird, und Lreg_{st} ist ein Maß für den Grad arbeitnehmerfreundlicher Regulierungen. Obwohl der Koeffizient β statistisch nicht signifikant war, war der Interaktionskoeffizient δ hoch signifikant mit einer negativen Wirkung. Dies weist darauf hin, dass die Absenz von restriktiven Arbeitsmarktregulierungen eine Eigenschaft ist, die das Wachstum einer Industrie in Folge der Deregulierung erhöht. Dieses Ergebnis legt die Komplementarität zwischen verschiedenen Arten der Regulierungspolitik nahe, die bei der Gestaltung wachstumsförderlicher Politik beachtet werden muss. Die Reduzierung von Markteintrittsbarrieren wird das Wachstum nicht fördern, wenn sie nicht von Veränderungen begleitet wird, die der Entwicklung von Unternehmen zuträglich sind.

Das Ergebnis, dass die totale Wirkung der Deregulierung β vernachlässigbar sein sollte, ist mit dem vorhergehenden theoretischen Modell konsistent. Tatsächlich sagt das Modell, dass der geringe Effekt drohender Markteintritte auf die durchschnittliche Innovation oder das Produktivitätswachstum führender Unternehmen nur dann positiv sein wird, wenn die Bedrohung schon einen Schwellenwert überschritten hat. In der Tat finden Aghion, Blundell et al. (2004) heraus, dass die Wirkung eines (ausländischen) Markteintritts auf die durchschnittliche Produktivität der etablierten Unternehmen in Großbritannien positiv ist. Die Tatsache, dass der Effekt im Vereinigten Königreich größer als in Indien ist, ist in diesem Modell einfach durch das Faktum zu erklären, dass Märkte im Vereinigten Königreich offener für Markteintritte sind als Märkte in Indien, in Verbindung mit der Tatsache, dass ein größerer Teil der britischen Sektoren näher an der globalen Technologiegrenze ist.

Allgemein gesagt ist die Botschaft wieder, dass die Reaktion auf drohende Markteintritte, die durch Liberalisierung ermöglicht werden, für „fortgeschrittene" oder „zurückgebliebene" nationale Industrien im selben Sektor unterschiedlich ist. Der Abbau von Marktzutrittsschranken schafft für fortgeschrittene nationale Unternehmen einen Anreiz, in neue Produktions- und Managementpraktiken zu investieren, aber er sorgt bei „zurückgebliebenen" nationalen Industrien, die keine Chance haben, erfolgreich in der neuen Umgebung zu konkurrieren, für einen entgegen gerichteten Effekt.

12.4 Fazit

Was kann aus diesem Kapitel gelernt werden? Erstens hat sich gezeigt, dass empirische Belege die Vorhersage einer umgekehrten U-förmigen Beziehung zwischen Wettbewerb und Innovation stützen. Zweitens stützen die Belege auch die Vorhersage, dass Markteintritte und Deregulierung einen größeren positiven Effekt für das Wachstum in Sektoren oder Ländern haben, die näher an der Technologiegrenze sind, aber einen geringeren positiven Effekt auf Sektoren und Länder, die weit von der Technologiegrenze weg sind. Diese Ergebnisse können durch passende Erweiterungen des Schumpeterianischen Modells erklärt werden. Gleichzeitig stellen sie die anderen Modelle endogenen Wachstums in Frage: AK-Modelle machen keine Vorhersage über das Verhältnis zwischen Wettbewerb und Wachstum, da sie von Beginn an vollkommenen Wettbewerb annehmen. Das Produktvielfalts-Modell sagt einen negativen Effekt von Wettbewerb (der in diesem Modell mit einem höheren Substitutionsgrad α bei den Zwischenprodukten korrespondiert) auf Innovation und Wachstum voraus, da ein höheres α in niedrigeren Renten als Belohnung für Innovatoren neuer Produkte resultiert. Es legt auch nahe, dass Markteintritte immer zu mehr Wachstum führen sollten, da sie eine größere Produktvielfalt zur Folge haben.

Die Erkenntnisse dieses Kapitels haben wichtige politische Implikationen. Erstens richten sie sich gegen den Glauben, dass die existierenden nationalen oder europäischen „Champions" am besten dafür platziert sind, an der Technologiegrenze innovativ zu sein, oder dass diese Unternehmen im Rahmen der öffentlichen Förderung von Forschungsprojekten ausgewählt werden sollten. Die Nichtbeachtung von Markteintritten war keine große Sache in den 30 Jahren nach dem Zweiten Weltkrieg, da die europäischen Industrien noch weit hinter ihren Gegenübern in den Vereinigten Staaten lagen. Jetzt jedoch, nachdem Europa der globalen Technologiegrenze nähergekommen ist, muss es seine Märkte öffnen, um Wachstum zu fördern. Eine andere Implikation ist, dass Politikmaßnahmen zur Förderung des Binnenwettbewerbs und von Markteintritten von einer ergänzenden Politik begleitet werden sollten, die darauf abzielt, die Reallokation von Arbeit und Kapital von zurückgebliebenen Sektoren, die unter solch einer Politik leiden, hin zu weiter fortgeschrittenen Sektoren, die von einer solchen Politik profitieren, zu erleichtern. Eine letzte Implikation betrifft das Verhältnis zwischen Wachstum und Demokratie: Wie in Kapitel 17 argumentiert werden wird, erleichtert Demokratie den Markteintritt. Dies wiederum kann die Erkenntnis erklären, dass Demokratie mehr in weiter fortgeschrittenen Sektoren und Ländern positiv korreliert.

Literatur

Die Beziehung zwischen Wettbewerb und Innovationen/Markteintritten wurde zuerst intensiv von der normalen Theorie der Industrieökonomik untersucht. Hier sei auf Tirole (1988) verwiesen. Die Vorstellung, dass Innovationen mit dem Wettbewerb abnehmen sollten, wenn mehr Wettbewerb die Monopolrenten, die erfolgreiche Innovatoren entlohnen, senkt, wurde am eindrücklichsten von Dasgupta und Stiglitz (1980) formuliert. Diese Vorstellung liegt auch dem Modell von Salop (1977) über räumliche Aspekte des Wettbewerbs und dem Modell symmetrischer Produktdifferenzierung von Dixit und Stiglitz (1977) zugrunde. Denselben Effekt weist die erste Generation Schumpeterianischer Wachstumsmodelle auf, insbesondere diejenigen von Aghion und Howitt (1992), Grossman und Helpman (1991a) und Cabellero und Jaffe (1993).

Einige empirische Studien haben eine positive Korrelation zwischen der Monopolmacht und Innovationen gefunden (z. B. Crépon, Duguet und Mairesse 1998); jedoch weisen jüngste Studien, insbesondere Geroski (1995), Nickell (1996) und Blundell, Griffith und Van Reenen (1999) auf eine positive Korrelation zwischen Gütermarktwettbewerb und dem Output an Innovationen hin.

Einige frühere Untersuchungen deuten hingegen auf die Existenz einer umgekehrten U-förmigen Beziehung zwischen Gütermarktwettbewerb und Innovationen hin. Ausgangspunkt ist hier Scherer (1967), jedoch wird dabei nicht erklärt, warum dies so ist, und es wird auch nicht die Robustheit der empirischen Erkenntnisse getestet.

Ein erster Versuch in der Theorie, das Schumpeterianische Modell zu erweitern, um die Möglichkeit einer positiven Korrelation zwischen Wettbewerb und Innovationen zu erzeugen, kam von Aghion, Dewatripont und Rey (1999), die auf den vorhergegangenen Arbeiten von Hart (1983) und Schmidt (1997) aufbauen und zeigen, dass Wettbewerb als ein Anreizschema für Firmen mit anspruchsvollen Managern dienen kann.

Aghion, Harris und Vickers (1997) und dann Aghion, Harris et al. (2001) führten schrittweise Innovationen in den Schumpeterianischen Rahmen ein und erzeugten damit eine umgekehrte U-förmige Beziehung zwischen Wettbewerb und Innovationen. Die umgekehrte U-förmige Beziehung wurde anschließend mit Paneldaten auf Firmenebene für das Vereinigte Königreich getestet (2005).

Die erste empirische Untersuchung der Beziehung zwischen Markteintritten, Innovation und Wachstum erfolgte durch Nicoletti und Scarpetta (2003) mittels Länderquerschnittsdaten der OECD. Im Anschluss führten Aghion et al. (2004; 2006) Markteintritte in den Schumpeterianischen Rahmen ein und machten Vorhersagen über das Zusammenspiel zwischen der Distanz zur Technologiegrenze, Markteintritten und Innovationen, die sie an den Paneldaten für britische Firmen reflektierten.

Für eine ausführliche Analyse der Beziehung zwischen Wettbewerb, Innovation und Wachstum sei auf Aghion und Griffith (2005) verwiesen.

▶ Aufgaben

1. Präsentieren Sie ein Argument dafür, dass Wettbewerb im Gütermarkt Wachstum fördert, und ein Argument, das den gegenteiligen Effekt vorhersagt. Erklären Sie unter Verwendung der im Kapitel vorgestellten Vorhersage, dass eine Beziehung zwischen Wettbewerb und Wachstum einen umgekehrten U-förmigen Verlauf hat, intuitiv den „Flucht-aus-dem Wettbewerb-Effekt" und den „Schumpeterianischen Effekt". Was impliziert dies für eine Politik zur Förderung des Wachstums?
2. **Mehr zum umgekehrten U-förmigen Verlauf (basierend auf Aghion, Bloom et al. 2005)**
   Diese Übung erweitert ein wenig das in Abschnitt 12.2 vorgestellte Modell. Es wird der Aufbau aus Abschnitt 12.2 betrachtet.
   a) Erklären Sie, warum die erwartete Technologielücke durch μ_1 gegeben ist. Zeigen Sie, dass sie mit mehr Wettbewerb steigt.
   b) Berechnen Sie den optimalen Wettbewerbsgrad und kommentieren Sie die Effekte auf γ und h.
   c) Bei ihrer empirischen Studie verwenden Aghion, Bloom et al. das folgende Maß für den Wettbewerb:
   $c = 1 -$ Durchschnittlicher-Lerner-Index
   Berechnen Sie dieses empirische Maß für die vorliegende theoretische Struktur und kommentieren Sie dies.
3. ***Cournot- versus Bertrand-Wettbewerb I (basierend auf Aghion, Harris und Vickers 1997)**
   Diese Aufgabe verwendet einen Aufbau ähnlich dem in Abschnitt 12.2 vorgestellten und vergleicht die Wirkungen von Cournot- und Bertrand-Wettbewerb.
   Es gibt einen repräsentativen Konsumenten mit den folgendermaßen definierten Präferenzen:

$$U = \int_0^\infty \{\ln[C(t)] - L(t)\} e^{-rt} dt$$

   Dabei ist L das vollständig elastische Arbeitsangebot, und $C(t)$ stellt einen Konsumindex dar, der durch $\ln[C(t)] = \int_0^1 \ln[q_i(t)]\, di$ definiert ist, wobei q_i die Zahl der aus der Industrie $i \in [0,1]$ konsumierten Güter ist. In jeder Industrie i gibt es ein Duopol. Ein Unternehmen x in Industrie i kann eine Einheit des Konsumguts i durch Einsatz von $\gamma^{-k_i^x}$ ($\gamma > 1$) herstellen, wobei k_i^x das von Unternehmen x in der Industrie i erreichte technologische Niveau ist. Wie im Kapitel wird angenommen, dass die technologische Lücke zwischen zwei Unternehmen nicht größer als ein Schritt sein kann und dass ein Unternehmen mit der Poissonrate z bei Beschäftigung von $\frac{z^2}{2}$ Einheiten Arbeit innovieren wird. Darüber hinaus wird angenommen: Wenn ein Unternehmen einen Schritt zurückliegt, gibt es eine Poissonrate h, bei der es nur aufgrund von Spillover-Effekten innovieren wird. Wenn die Lücke größer ist, dann wird die Poissonrate für eine Innovation durch Spillover unendlich sein. Das führende Unternehmen in einem Sektor wird mit 1 indiziert, wenn es ein unausgeglichener Sektor ist (und das zurückliegende durch -1) und beide Firmen mit 0 in einem ausgeglichenen Sektor.
   Der Lohn wird auf 1 normiert und es erfolgt die Konzentration auf den Steady-state. Es sei auch angemerkt, dass hier, im Gegensatz zum im Kapitel vorgestellten Modell, nicht

angenommen wird, dass im ausgeglichenen Fall nur ein Unternehmen innovieren kann (aber die Wahrscheinlichkeit, dass beide innovativ sind, sei vernachlässigbar).

a) Zeigen Sie, dass die Konsumenten $p_i q_i = 1$ ausgeben.

b) Nehmen Sie an, dass die Gewinne nur von der technologischen Lücke im Sektor abhängen. Zeigen Sie dann, dass

$$z_1 = 0$$
$$z_{-1} = \sqrt{(r+h)^2 + (z_0)^2 + 2(a+b)} - \sqrt{(r+h)^2 + 2a}$$
$$z_0 = -s + \sqrt{(r+h)^2 + 2a}$$

gilt, wobei z_i die Investition des Unternehmens in Position l angibt sowie $a = \pi_1 - \pi_0$ und $b = \pi_0 - \pi$ ist.

Falls $a \geq b$ ist, wann wird dann ein Unternehmen mehr investieren?

c) Berechnen Sie den Anteil der ausgeglichenen Sektoren λ.

4. *Cournot- versus Bertrand-Wettbewerb II

Diese Aufgabe ist eine Fortsetzung der vorherigen.

a) Zeigen Sie, dass die Wachstumsrate des Konsums durch $g = 2\lambda z_0 \ln(\gamma)$ bestimmt ist. Tun Sie dies, indem

i. Sie mit γ_0 den proportionalen Anstieg des Konsumindex angeben, wenn ein Unternehmen in einem ausgeglichenen Sektor innoviert, und mit γ_1 den proportionalen Anstieg des aggregierten Outputs angeben, wenn ein Unternehmen in einem unausgeglichenen Sektor innoviert. Beweisen Sie (mathematisch oder heuristisch), dass

$$g = \frac{d \ln[C(t)]}{dt} = 2\lambda z_0 \ln(\gamma_0) + (1-\lambda)(z_{-1} + h) \ln(\gamma_1)$$

ii. Erklären Sie, warum $\gamma_0 \gamma_1 = \gamma$ ist.

iii. Ziehen Sie Schlussfolgerungen.

b) Es werden nun die Fälle von Bertrand-Wettbewerb (indiziert durch B) und Cournot-Wettbewerb (indiziert durch C) betrachtet. Beweisen Sie, dass in diesem Fall die Gewinne in einem Sektor tatsächlich unabhängig vom technologischen Niveau sind. Zeigen Sie, dass

$$a_B = \frac{\gamma - 1}{\gamma}$$
$$b_B = 0$$
$$a_C = \frac{(\gamma-1)(3\gamma+1)}{4(1+\gamma)^2}$$
$$b_C = \frac{(\gamma-1)(3+\gamma)}{4(1+\gamma)^2}$$

Beachten Sie, dass$a_B > a_C + b_C$

c) Zeigen Sie dann, dass für $h = r = 0$ gilt:

$$\frac{g_B}{g_C} = \left(\frac{1 + \sqrt{\frac{7\gamma+1}{3\gamma+1}}}{1+\sqrt{2}} \right)^2 \sqrt{\frac{3\gamma+1}{4\gamma}}$$

Ist Cournot-Wettbewerb oder Bertrand-Wettbewerb besser für Wachstum? Erklären Sie Ihre Antwort.

5. **Patentrennen und Stackelberg-Wettbewerb (basierend auf Etro 2004)**
Diese Aufgabe vergleicht den Effekt von Stackelberg-Wettbewerb gegenüber Cournot-Wettbewerb auf die Frage, wer wird Forschung betreiben.
Es wird ein Markt betrachtet, in dem ein Monopolist einen Gewinnstrom π erhält. Der Monopolist und n Wettbewerber können sich in der Forschung engagieren, um ein neues Patent mit dem Wert $V > \pi$ zu entdecken. (Innovationen erfolgen in größeren Sprüngen (radikal), so dass die Entdeckung eines neuen Patents den Markt für die alte Version zerstört.) Die Zeit sei stetig, und falls ein Unternehmen Ressourcen in Höhe von z in der Forschung einsetzt, wird es mit der Poissonrate z_i^ε $(0 < \varepsilon < 1)$ erfolgreich sein. Die Fixkosten für den Eintritt ins Patentrennen sind $F < V$.
a) Zeigen Sie, dass das etablierte Unternehmen das folgende Maximierungsproblem löst:
$$\max_{\tilde{z}} \left\{ \frac{\tilde{z}^\varepsilon V + \pi - \tilde{z}}{r + \sum_{j=1}^n z_j^\varepsilon + \tilde{z}} - F \text{ für } \tilde{z} > 0, \qquad \frac{\tilde{z}^\varepsilon V + \pi}{r + \sum_{j=1}^n z_j^\varepsilon} \text{ für } \tilde{z} = 0 \right\}$$
Und der neue Marktteilnehmer i löst folgendes:
$$\max_{z_i} \left\{ \frac{z_i^\varepsilon V - z_i}{r + \sum_{j=1}^n z_j^\varepsilon + \tilde{z}} - F \text{ für } z_i > 0, \qquad 0 \text{ für } z_i = 0 \right\}$$
b) Es wird der Fall eines Cournot-Nash-Gleichgewichts betrachtet.
   i. Zeigen Sie für ein fixes n, dass das etablierte Unternehmen weniger Forschung betreiben wird als ein Unternehmen, das in den Markt eintritt, und dass – falls n groß genug ist – das etablierte Unternehmen überhaupt keine Forschung betreibt.
   ii. Was ist bei freiem Marktzutritt der Effekt eines Anstiegs der Fixkosten F? (Es wird angenommen, dass V groß genug ist, so dass es eine große Zahl von neuen Marktteilnehmern gibt, und Sie können es als ein Faktum bei der Aufstellung der Markträumungsbedingung annehmen.) Kommentieren Sie das Ergebnis.
c) Es wird nun der Fall des Stackelberg-Wettbewerbs betrachtet, d. h. ein Monopolist kann die Höhe seiner Investitionen vor den anderen Unternehmen wählen (und kann dann deren Reaktionen berücksichtigen).
   i. Erklären Sie, warum Stackelberg-Wettbewerb in diesem Zusammenhang nahe liegt.
   ii. Zeigen Sie für ein fixes n, dass ein neuer Marktteilnehmer sich entscheidet mehr zu investieren, wenn das etablierte Unternehmen mehr investiert, und dass das etablierte Unternehmen weniger als der neue Marktteilnehmer investiert. Vergleichen Sie die gesamtwirtschaftliche Innovationsrate bei Cournot- und bei Stackelberg-Wettbewerb.
d) Es wird weiterhin Stackelberg-Wettbewerb angenommen, aber mit freiem Marktzutritt.
   i. Beweisen Sie, dass der neue Marktteilnehmer $z = [\varepsilon(V - F)]^{\frac{1}{1-\varepsilon}}$ investiert. Kommentieren Sie das Ergebnis.
   ii. Beweisen Sie, dass der aggregierte Umfang an Forschung der neuen Marktteilnehmer mit dem Umfang an Forschung des etablierten Unternehmens sinkt.
   iii. Beweisen Sie, dass das etablierte Unternehmen $\tilde{z} = (\varepsilon V)^{\frac{1}{1-\varepsilon}}$ investieren wird. Vergleichen Sie dies mit der Investition eines neuen Marktteilnehmers und vergleichen Sie es mit dem Fall des Nash-Gleichgewichts.
   iv. Was ist die Wirkung eines Rückgangs der Fixkosten auf die gesamtwirtschaftlichen FuE-Ausgaben?

13 Bildungsinvestitionen

13.1 Einführung

Spielt Bildung für Wachstum eine Rolle? Welche Bildungsinvestitionen spielen die größte Rolle? Wie verteilt man am besten öffentliche Gelder auf primäre, sekundäre und tertiäre Bildung? Das sind Fragen, die Regierungen beschäftigen. Zum Beispiel werden sie besonders in der sogenannten Lissabon-Agenda hervorgehoben, als Teil der Anstrengungen der Länder der Europäischen Union, um die Lücke zwischen der Europäischen Union und den USA zu reduzieren. Ein erster Blick auf die Unterschiede zwischen den Vereinigten Staaten und der Europäischen Union in den Jahren 1999–2000 zeigt, dass 37,3 % der US-Bevölkerung im Alter von 25 bis 64 Jahren einen höheren Bildungsabschluss erreicht hatten, während es nur 23,8 % der EU-Bevölkerung taten. Dieser Vergleich bei den erreichten Bildungsabschlüssen spiegelt sich bei den Ausgaben für tertiäre Bildung, wobei die Vereinigten Staaten 3 Prozent ihres Bruttoinlandprodukts für Bildungsausgaben vorsahen, gegenüber nur 1,4 Prozent in der Europäischen Union. Ist dieses europäische Defizit bei den Investitionen in die tertiäre Bildung ein wichtiger Faktor für das Wachstum?

In diesem Kapitel wird betrachtet, was die existierenden Wachstumsmodelle zu dieser Art von Fragen zu sagen haben. Eine erste Klasse von Modellen betont die Kapitalakkumulation. Innerhalb dieser Klasse ist der neoklassische Referenzpunkt Mankiw, Romer und Weil (1992), im Weiteren MRW, und im Hinblick auf den AK-Ansatz ist es der gefeierte Artikel von Lucas (1998). Beide Papiere betonen die *Humankapitalakkumulation* als Wachstumsquelle. MRW beinhaltet eine erweiterte Version des Solow-Modells, mit Humankapital als einem zusätzlichen akkumulierbaren Produktionsfaktor, wobei insbesondere das Humankapital den Konvergenzprozess hin zum Steady-state verlangsamt, indem es den abnehmenden Grenzerträgen der Sachkapitalbildung entgegenwirkt. Bei Lucas erfolgt die Geschwindigkeit der Humankapitalakkumulation proportional zum vorhandenen Bestand des Humankapitals, was wiederum zu einer positiven langfristigen Wachstumsrate führt. Ob auf dem Pfad zum Steady-state (bei MRW) oder im Steady-state (in Lucas), die Wachstumsrate hängt von der Rate der Humankapitalbildung und nicht vom Bestand des Humankapitals ab.

Ein zweiter Ansatz, der auf den grundlegenden Beitrag von Nelson und Phelps (1966) und die anschließende empirische Arbeit von Benhabib und Spiegel (1994) zurückgeht, sieht Wachstum als durch den Bestand an Humankapital getrieben an, was wiederum die Fähigkeit eines Landes zur Innovation oder zu einem Aufholprozess gegenüber weiter fortgeschrittenen Länder beeinflusst.[1] Indem der Bestand des Humankapitals (entweder gemes-

[1] Barro und Sala-i-Martin (1995a, Kap. 13) benutzten auch eine große Stichprobe von Ländern für den Zeitraum 1965–1985, um die durchschnittliche Wachstumsrate auf einige makroökonomische Variablen, einschließlich Bildungsniveaus und öffentliche Ausgaben für Bildung als Teil des BIP, zu regressieren. Ihre wichtigsten Ergebnisse sind, (1) dass das Bildungsniveau (gemessen durch die durchschnittlich auf der Schule verbrachten Jahre) signifikant mit dem anschließenden Wachstum korreliert (mit einem Korrela-

sen durch den Strom der Bildungsausgaben oder durch die Schulabschlüsse) mit dem Prozess des technologischen Wandels verknüpft wird, hilft dieser Ansatz bei der Beantwortung von Fragen, wie z. B. danach, wie eine geeignete Ausgestaltung der Bildungsausgabenpolitik das Wachstum maximieren kann.

Der zweite Ansatz wirft jedoch eine Reihe von empirischen Problemen auf. Erstens bleibt die Korrelation zwischen Wachstum und Bildung nicht mehr signifikant, wenn die Analyse auf OECD-Länder beschränkt wird oder wenn die Korrelation für länderspezifische Fix-Effekte kontrolliert. Zweitens kann es sein, dass die positive Korrelation zwischen Bildung – gemessen in Bestandsgrößen – und Wachstum in einer alle Länder umfassenden Stichprobe die umgekehrte Kausalität von Wachstum auf Bildung reflektiert. In diesem Kapitel werden mögliche Lösungen für diese Probleme vorgestellt. Im Besonderen wird argumentiert werden, dass die signifikante Korrelation zwischen Wachstum und Bildungsausgaben auch wiederhergestellt werden kann, wenn man die Untersuchung auf OECD-Länder beschränkt, indem man (1) die Gesamtausgaben für Bildung oder das Bildungsniveau in verschiedene Arten von Bildung (z. B. primäre/sekundäre und tertiäre) Bildung oder nichtgraduierte und postgraduierte Bildung) zerlegt und (2) die Wechselwirkungen zwischen den verschiedenen Arten der Bildung oder Bildungsabschlüsse mit dem Abstand eines Landes oder einer Region zur technologischen Grenze betrachtet, um die in Kapitel 11 eingeführte Idee geeigneter Institutionen anzuwenden.

Das Kapitel ist wie folgt aufgebaut: Abschnitt 13.2 fasst die Wachstumsmodelle mit Humankapitalbildung zusammen. Abschnitt 13.3 stellt den Ansatz von Nelson-Phelps vor und diskutiert dessen Grenzen. Abschnitt 13.4 erweitert den Rahmen des Nelson-Phelps-Ansatzes, indem er in ein Modell mit angemessenen Bildungssystemen eingebettet wird und dann die empirischen Fragen angesprochen werden, die von vorangegangenen Regressionsberechnungen aufgeworfen wurden.

13.2 Der Ansatz mit Kapitalakkumulation

13.2.1 Zurück zu Mankiw, Romer und Weil

13.2.1.1 Das Modell

Um die Erinnerung aufzufrischen, kann es sinnvoll sein, zu Beginn des Kapitels an das Modell von Mankiw, Romer und Weil (1992) zu erinnern. Das Modell erweitert einfach das Solow-Modell durch die Einführung von Humankapital als weiteren Produktionsfaktor in Ergänzung zum Sachkapital und einfacher Arbeit:

$$Y = AK^{\alpha}H^{\beta}L^{1-\alpha-\beta}$$

Wobei das Humankapital H auch über die Zeit hinweg akkumuliert werden kann.

tionskoeffizienten von ungefähr 0,05), obwohl aber, wenn man das aggregierte Maß für das Bildungsniveau aufteilt, die Wirkung der primären Bildung in großem Maße nicht signifikant ist, und (2) dass öffentliche Bildungsausgaben ebenfalls signifikant positive Wirkungen auf das Wachstum haben, wobei ein Anstieg von 1,5 Prozent des Anteils der öffentlichen Bildungsausgaben am BIP während des Zeitraums 1965–1975 die durchschnittliche Wachstumsrate um 0,3 Prozent pro Jahr gesteigert hätte.

Sogar wenn kein H akkumuliert wird, sind Unterschiede beim Schulwesen zwischen Ländern nun teilweise für die Unterschiede beim BIP pro Kopf verantwortlich. Es wird $L = \overline{L} = 1$ angenommen, so dass das BIP gleich dem BIP pro Kopf ist, und es sollen zwei Länder, i und j, betrachtet werden, die denselben Kapitalkoeffizienten im Steady-state haben: $K_i^{ss}/Y_i^{ss} = K_j^{ss}/Y_j^{ss}$. Das Verhältnis des Outputs von Land i im Steady-state zu demjenigen von Land j ist gegeben durch:

$$\frac{Y_i^{SS}}{Y_j^{SS}} = \left(\frac{AH_i^{\beta}}{AH_j^{\beta}}\right)^{\frac{1}{1-\alpha}}$$

So dass der Unterschied beim BIP pro Kopf zwischen zwei Ländern in diesem Fall komplett durch den Unterschied im Schulsystem erklärt wird.

Nun sei angenommen, dass Humankapital so wie Sachkapital akkumuliert wird. Dann kann das ganze Modell mit Sach- und Humankapitalakkumulation auf die folgenden drei Gleichungen eingekocht werden:

$$Y_t = AK_t^{\alpha} H_t^{\beta}$$

$$\frac{dK_t}{dt} = s_k Y_t - \delta K_t$$

$$\frac{dH_t}{dt} = s_h Y_t - \delta H_t$$

Wenn man die beiden letzten Gleichungen durch K_i bzw. H_i teilt, erhält man die Steady-state-Werte:

$$K^* = \left(\frac{s_k^{1-\beta} s_h^{\beta}}{\delta}\right)^{\frac{1}{1-\alpha-\beta}}$$

$$H^* = \left(\frac{s_k^{\beta} s_h^{1-\beta}}{\delta}\right)^{\frac{1}{1-\alpha-\beta}}$$

und

$$Y^* = \left(\frac{s_k^{\alpha} s_h^{\beta}}{\delta^{\alpha+\beta}}\right)^{\frac{1}{1-\alpha-\beta}}$$

Somit wird wie im Solow-Modell kein langfristiges Wachstum des Pro-Kopf-BIP durch das MRW-Modell vorhergesagt. Dies folgt wiederum aus den abnehmenden Grenzerträgen, und zwar hier bei der Sachkapitalakkumulation *und der Humankapitalakkumulation.* Jedoch impliziert das MRW-Modell auch, dass eine Regierungspolitik, die eine positive Wachstumsrate der Humankapitalakkumulation aufrechterhalten würde, auch eine positive langfristige Wachstumsrate garantieren würde. Man nehme z. B. an, dass

$$H_t = e^{mt},$$

wobei $m > 0$. Dann wird die Ökonomie mit einer langfristigen Rate von $m\beta$ wachsen.

Bei MRW verlangsamt die Humankapitalakkumulation den Konvergenzprozess hin zum Steady-state, indem sie den abnehmenden Grenzerträgen der Sachkapitalakkumulation entgegenwirkt. Im Modell von Lucas, das im nächsten Unterabschnitt vorgestellt wird, führt die Annahme, dass Humankapital mit einer Rate proportional zum existierenden Bestand an Humankapital akkumuliert wird, zu einer positiven langfristigen Wachstumsrate, sogar für den Fall, dass es keine Humankapitalbildung durch die Regierung gibt.

13.2.1.2 Development Accounting

Das MRW-Modell sagt eine positive Beziehung zwischen dem Pro-Kopf-BIP und den Sachkapital- und Humankapitalintensitäten voraus. Es kann damit dazu benutzt werden, die Determinanten der Unterschiede beim Pro-Kopf-BIP zwischen Ländern zu untersuchen; mit anderen Worten, kann ein „Development Accounting" durchgeführt werden. Somit wird z. B. angenommen, dass die aggregierte Produktionsfunktion die folgende Form wie annimmt:

$$Y = K^{\alpha} H^{\beta} (AL)^{1-\alpha-\beta}$$

Wobei L mit der Rate n und A mit der Rate g wachsen, und Sach- und Humankapital mit derselben Rate δ abgeschrieben werden. Es entsteht dann:

$$Y/L = A(K/Y)^{\frac{\alpha}{1-\alpha-\beta}}(H/Y)^{\frac{\beta}{1-\alpha-\beta}} = AX$$

Die Sachkapitalintensität wird für den Steady-state berechnet, unter Einbeziehung des Faktums, dass im Steady-state gilt:

$$K/Y = \frac{I_K/Y}{\delta + n + g}$$

Wobei I_K/Y die Sachkapitalinvestitionsintensität ist und

$$H/Y = \frac{I_H/Y}{\delta + n + g}$$

Dabei ist I_H/Y die Humankapitalinvestitionsintensität.

MRW benutzen das Verhältnis

$$\frac{cov[\log Y/L, \log X]}{var[\log Y/L]}$$

Dabei stehen $cov[\log Y/L, \log X]$ für die Kovarianz zwischen $\log Y/L$ und $\log X$ zwischen Ländern und $var[\log Y/L]$ für die Varianz des $log\ Y/L$ zwischen Ländern, um den Anteil der Einkommensunterschiede zu messen, die durch die Unterschiede bei Investitionsintensitäten bei Sach- und Humankapital erklärt werden können. Sie finden einen Anteil von 78 %.

Im Anschluss haben Studien von Klenow und Rodriguez-Clare (1997) und von Caselli (2005) das Development Accounting insbesondere durch die Bereitstellung verfeinerter Maße für Human- und Sachkapitalinvestitionen und -bestände erweitert.

13.2.1.3 Diskussion

Eine Hauptherausforderung für das MRW-Modell kommt von Benhabib und Spiegel (1994), die einfach die Rolle der Humankapitalakkumulation als Treiber des Wachstums entkräften. Indem sie für Länderstichproben Schätzungen für Human- und Sachkapitalinvestitionen für den Zeitraum 1965–1985 verwenden, berechnen sie Wachstumszerlegung-Regressionen, die durch die neoklassische Produktionsfunktion à la MRW, naheliegen, nämlich

$$\ln y_t - \ln y_0 = \ln A_t - \ln A_0 + \alpha(\ln K_t - \ln K_0) + \beta(\ln L_t - \ln L_0) + \gamma(\ln H_t - \ln H_0) + \ln \varepsilon_t - \ln \varepsilon_0,$$

wobei ε_t der Fehlerterm ist. Sie finden heraus, dass γ nicht signifikant ist. Dieses Ergebnis wiederum impliziert, dass die logarithmierten Unterschiede zwischen dem Humankapital über die Zeit hinweg keine Wirkung auf die logarithmierten Einkommensunterschiede haben. Mit anderen Worten gesagt, bedeutet dies, dass Humankapitalakkumulation für Wachstum nicht relevant ist (vgl. Abbildung 13.1).

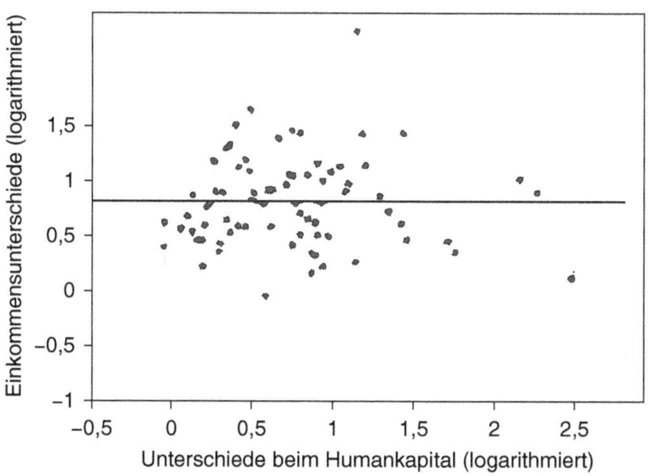

Abb. 13.1: Einkommen und Humankapital (Benhabib und Spiegel 1994)

Warum fanden dann MRW signifikante Effekte der Schulausbildung auf die Pro-Kopf-Niveaus des BIP (was impliziert, dass die Wachstumsrate der Schulausbildung eine signifikante Wirkung auf die Wachstumsrate des Pro-Kopf-BIP haben sollte)? Benhabib und Spiegels Antwort ist, dass MRW Schülerzahlen als Näherung für das durchschnittliche Humankapital verwenden, was wiederum annimmt, dass die Ökonomie schon im Steady-state ist!

Krueger und Lindahl (2001) jedoch sind anderer Meinung als Benhabib und Spiegel: Indem sie Paneldaten für 110 Länder zwischen 1960 und 1990 betrachten und die Zahl der Jahre in der Ausbildung anstelle des Logarithmus dieser Zahlen als Maß für das Humankapital verwenden[2] und diese im Hinblick auf Messfehler korrigieren, finden sie signifikante Korrela-

---

[2] Dieser Wechsel war wiederum durch den sog. Mincerschen Ansatz für das Humankapital motiviert, bei dem der Wert eines weiteren Schuljahres durch den Lohnanstieg gemessen wird, der dem Individuum entgeht, das sich entschieden hat, zu studieren anstatt dieses Jahr zu arbeiten. Dies läuft daraus hinaus, den Wert des Humankapitalstocks durch den Logarithmus des durch das Individuum aktuell verdienten Lohnes zu messen. Und es wurde von Mincer gezeigt, dass dieser Lohn positiv mit der Zahl der in der Ausbildung verbrachten Jahre korreliert, nachdem eine Gleichung der Form

$$\ln w = a_0 + a_t n$$

geschätzt wurde. Der Mincersche Ansatz kann selbst kritisiert werden: (1) Es werden vollkommene Arbeitsmärkte angenommen, (2) wird die Rolle von Schulen als Selektionsmechanismen ignoriert und (3) werden interpersonelle und intertemporale Wissensexternalitäten vernachlässigt.

tionen zwischen Wachstum und sowohl den Beständen als auch den Akkumulationsraten des Humankapitals. Jedoch sind diese Korrelationen nicht signifikant, sobald die Länderstichprobe auf die OECD-Länder beschränkt wird.

13.2.2 Das Modell von Lucas

Inspiriert durch Beckers Theory of Human Capital (1964) betrachtet Lucas (1988) eine Volkswirtschaft, die von (unsterblichen) Individuen bevölkert wird, die zu jedem Zeitpunkt wählen, wie sie ihre Zeit auf die aktuelle Produktion und den Erwerb von Qualifikationen (oder Schulausbildung) aufteilen, wobei der Erwerb von Qualifikationen die Produktivität in zukünftigen Perioden steigert. Wenn somit h den gegenwärtigen *Humankapitalbestand* eines repräsentativen Agenten bezeichnet und u den Anteil seiner oder ihrer Zeit angibt, der momentan für die Produktion eingesetzt wird, dann sind die zwei grundlegenden Gleichungen im Modell von Lucas:

$$y = k^{\beta}(uH)^{1-\beta} \tag{13.1}$$

Diese Gleichung beschreibt, wie Humankapital die aktuelle Produktion beeinflusst (k steht für den Sachkapitalstock, der sich über die Zeit hinweg entsprechend derselben Differenzialgleichung wie im Solow- oder Ramsey-Modell entwickelt, nämlich $\dot{k} = y - c$ mit c für den aktuellen Konsum)

$$\dot{H} = \delta H(1-u), \quad \delta > 0 \tag{13.2}$$

Diese Gleichung bildet ab, wie die aktuelle Schulzeit $(1-u)$ die Humankapitalbildung berührt.[3] Der Leser wird sicherlich die Ähnlichkeit feststellen zwischen Gleichung (13.2) und der Differenzialgleichung, die das Wachstum des Parameters A für die Technologiegrenze in Kapitel 4 beschreibt, oder der Gleichung, die die Bildung der horizontalen Innovationen im Modell mit Produktvielfalt in Kapitel 3 beschreibt. Jedoch bedingt der Erwerb von Humankapital im Gegensatz zu nichtrivalisierendem technologischem Wissen, das in Innovationen verkörpert wird, notwendigerweise Externalitäten (oder „Spillover-Effekte") über Individuen derselben Generation hinweg. Dennoch generiert die Annahme konstanter Skalenerträge der Humankapitalbildung bzgl. des existierenden Humankapitalstocks eine konstante Wachstumsrate im Steady-state, die gleich

$$g = \delta(1-u^*)$$

ist, wobei u^* die optimale Allokation der Zeit eines Individuums auf Produktion und Bildung ist.[4] Die Bildungsanstrengung $(1-u^*)$ hängt, wie gezeigt werden kann, negativ von der Zeitpräferenz ρ und dem Koeffizienten für die relative Risikoaversion σ und positiv von der Produktivität der Schulbildung gemessen durch δ ab und zeigt deshalb komparativ-statische Eigenschaften ähnlich zu denjenigen der FuE-Investitionen in den Kapiteln 3 und 4.

---

3 Wenn Learning-by-doing eher als Bildung die primäre Ursache der Humankapitalakkumulation wäre, dann würde Gleichung (13.2) durch etwas wie

$$\dot{h} = \delta h u$$

ersetzt werden.

4 Das heißt, u^* maximiert den intertemporalen Nutzen eines repräsentativen Individuums

$$\int_0^{\infty} \frac{c_t^{1-\sigma}}{1-\sigma} e^{-\rho t} dt$$

unter den Nebenbedingungen (13.1) und (13.2) und $\dot{k} = y - c$.

Das Lucas-Modell ist elegant, aber ist gleichzeitig im Hinblick auf die Beschreibung der Erträge von Bildung stilisiert. Zum Bespiel bleiben die Erträge der Bildung für ein Individuum über dessen gesamtes Leben hinweg konstant und dies steht im Widerspruch zu dem, was empirische Erkenntnisse im Hinblick auf Bildung zeigen, und zu Beckers Humankapitaltheorie. Becker (1964) legt in der Tat nahe, dass die Bildungserträge dazu tendieren, über die Lebenszeit eines Individuums hinweg zu sinken. Ein einfacher Weg, um mit diesem Einwurf umzugehen, ist die Umformulierung des Modells von Lucas in ein Modell sich überlappender Generationen (Overlapping-Generations-models) in dem Individuen das von ihren Eltern akkumulierte Humankapital erben.[5]

Man betrachte z. B. die folgende vereinfachte Version des Lucas-Modells mit diskreter Zeit und aufeinanderfolgenden Generationen von Individuen, die zwei Perioden leben. In der ersten Periode seines Lebens entscheidet ein Individuum, wie es seine Zeit zwischen der Produktion und der Humankapitalakkumulation aufteilt. Das Humankapital bildet sich entsprechend:

$$H_2 - H_1 = \delta(1-u)H_1 \tag{13.3}$$

Wobei H_1 (bzw. H_2) der Humankapitalstock des Individuums in Periode 1 (bzw. in Periode 2) ist, und u immer noch den Teil der Zeit bezeichnet, der in Periode 1 für die Produktion verwendet wird.

Das Individuum wählt u so, dass

$$\max_u \left\{ \frac{(H_1 u)^{1-\sigma}}{1-\sigma} + \beta \frac{(H_2)^{1-\sigma}}{1-\sigma} \right\}$$

unter Einhaltung von (13.3) mit β als Diskontfaktor.

Die Maximierungsbedingung erster Ordnung ist einfach

$$u^{-\sigma} - \beta\delta[1 + \delta(1-u)]^{-\sigma} = 0$$

oder äquivalent

$$u = u^* = \frac{1}{\delta + (\beta\delta)^{\frac{1}{\sigma}}}$$

und sinkt bzgl. δ und β.

Damit wächst die gleichgewichtige Wachstumsrate

$$g = \delta(1-u^*)$$

mit der Produktivität der Schulbildung δ und fällt mit der Zeitpräferenzrate, die invers durch β gemessen wird.

13.2.3 Schwellenwerte und Unterentwicklungsfallen

Man betrachte das folgende extrem einfache Modell sich überlappender Generationen mit Humankapitalbildung: Es gibt eine kontinuierliche Abfolge von Familien mit überlappenden Generationen, bei denen jedes Individuum zwei Perioden leben soll. Alle Individuen, die

---

5 Vergleiche d'Autume und Michel (1994) für eine systematische Analyse einer sich überlappenden Generation-Version des Modells von Lucas.

zum Zeitpunkt t geboren werden, erben das aggregierte Humankapital, das von der vorhergehenden Generation von im Zeitpunkt $t-1$ geborenen Individuen gebildet wurde, das heißt

$$h_{1,t}^{i} \equiv h_{1,t} = H_{2,t-1} \quad (13.4)$$

Wobei

$$H_{2,t-1} = \int h_{2,t-1}^{i} \, di$$

Es ergibt sich somit, wenn man der Einfachheit halber annimmt, dass Individuen einer Generation identisch sind und in der Summe gleich eins sind (so dass die gesamte Bevölkerung konstant und gleich zwei ist):

$$h_{1,t} = h_{2,t-1}$$

Wobei $h_{2,t-1}$ für das von einem zum Zeitpunkt $t-1$ geborenen Individuum akkumulierte Humankapital steht.

Als Nächstes muss spezifiziert werden, wie sich das Humankapital während der Lebenszeit eines Individuums anhäuft. Es wird angenommen für alle t, dass

$$h_{2,t} = [1 + \gamma(v_{t-1}) \cdot v^{\theta}]h_{1,t} \quad (13.5)$$

Wobei v der Teil der Zeit ist, der von einem jungen, zum Zeitpunkt t geborenen Individuum für Bildung verwendet wird, $\gamma(v_{t-1})$ ist eine positive Zahl, die nicht mit der von der vorigen Generation für Bildung verwendeten Zeit v_{1-t} sinkt und $\theta < 1$.[6]

Die komplementäre Zeit $1 - v$ wird für Produktionsaktivitäten eingesetzt, und um die Sache noch extremer zu vereinfachen, wird angenommen, dass ein Individuum mit der gegenwärtigen Ausstattung an Humankapital h ein Grenzprodukt in Höhe von h beiträgt und damit einen Lohn von h erhält.[7] Deshalb wird ein zum Zeitpunkt t geborenes Individuum (mit den anfänglichen Fähigkeiten $h_{1,t}$) wählen, wie viel Zeit v für Bildung verwendet wird, um seinen intertemporalen Nutzen aus dem Konsum zu maximieren. Wenn man lineare Präferenzen annimmt und ρ den Diskontfaktor bezeichnet, dann löst die optimale Ausbildungszeit v^* das Maximierungsproblem

$$\max_{v}(1 - v)\, h_{1,t} + \rho h_{2,t}$$

unter der Nebenbedingung

$$h_{2,t} = \left(1 + \gamma v^{\theta}\right)h_{1,t} \quad (13.6)$$

Ein spezieller Fall tritt auf, wenn γ konstant ist. Dann erhält man die eindeutige Lösung

$$v^* = (\rho\theta\gamma)^{\frac{1}{1-\theta}},$$

6 Vgl. Abschnitt 13.3.2 für ein alternatives Modell, das multiple Entwicklungspfade besitzt, aber nicht intertemporale Schwellenwert-Externalitäten benötigt, d. h. bei dem $\gamma(v) \equiv \gamma =$ konstant ist.

7 Äquivalent hierzu kann angenommen werden, dass alle Individuen selbständig sind und die Technologie linear ist, wobei s Arbeitszeiteinheiten sind, die $h \cdot s$ Outputeinheiten erzeugen und h für die gegenwärtige Humankapitalausstattung des Individuums steht.

die wiederum mit einem eindeutigen Steady-state-Wachstumspfad mit der Rate

$$g^* = \frac{h_{2,t}}{h_{2,t-1}} = 1 + v^{*\theta} = 1 + \gamma(\delta\theta\gamma)^{\frac{\theta}{1-\theta}}$$

korrespondiert.

Wie im Lucas-Modell sieht man, dass g^* eine zunehmende Funktion der Produktivität der Schulbildung, gemessen durch γ, und eine abnehmende Funktion der Rate der Zeitpräferenz r (wobei $\rho = \frac{1}{1+r}$) ist.

Jedoch tritt der interessantere, von Azariadis und Drazen (1990) betrachtete Fall auf, wenn die Bildungstechnologie in Gleichung (13.6) positive Schwellenwert-Externalitäten aufzeigt. Insbesondere sei angenommen, dass

$$\gamma(v_{t-1}) = \begin{cases} \underline{\gamma} & \text{wenn } v_{t-1} \leq v_0 \\ \overline{\gamma} & \text{wenn } v_{t-1} > v_0 \end{cases}$$

wobei $0 < v_0 < 1$ und $\underline{\gamma} \ll \overline{\gamma}$. Wenn die vorige Generation nicht ausreichend in Bildung investiert hat, und damit $\gamma\left(v_{t-1} = \underline{\gamma}\right)$ ist, dann entsteht die Tendenz, dass die Investition in Bildung auch für die gegenwärtige Generation unattraktiver wird; somit besteht die Möglichkeit eines Niedrig-Wachstumspfads, auf dem alle nachfolgenden Generationen zu wenig in Bildung investieren. Dieser Niedrig-Wachstumspfad, oder die „Falle niedriger Entwicklung", kann natürlich parallel mit einem Hoch-Wachstums-Pfad existieren, auf dem alle Generationen mindestens v_0 in Bildung investieren und damit $\gamma(v_{t-1}) \equiv \overline{\gamma}$ für alle t ist.

Genauer gesagt, wird ein Niedrig-Wachstum-Steady-state-Gleichgewicht das stationäre erreichte Bildungsniveau $\underline{v}$ beinhalten, wobei

$$\underline{v} = \arg\max\,(1-v)h_{1,t} + \rho\left(1 + \underline{\gamma}v^{\theta}\right)h_{1,t}$$

Das heißt $\underline{v} = \left(\rho\theta\underline{\gamma}\right)^{\frac{\theta}{1-\theta}}$ mit der korrespondierenden Wachstumsrate

$$\underline{g} = 1 + \underline{\gamma} \cdot \underline{v}^{\theta} = 1 + \underline{\gamma}\left(\rho\theta\underline{\gamma}\right)^{\frac{\theta}{1-\theta}}$$

Ähnlich wird das Hochwachstums-Gleichgewicht das erreichte Bildungsniveau $\overline{v}$ beinhalten, wobei

$$\overline{v} = \arg\max\,(1-v)h_{1,t} + \rho\left(1 + \overline{\gamma}v^{\theta}\right)h_{1,t}$$

Das bedeutet $\overline{v} = \left(\rho\theta\underline{\gamma}\right)^{\frac{\theta}{1-\theta}}$, mit der korrespondierenden Wachstumsrate

$$\overline{g} = 1 + \overline{\gamma} \cdot \overline{v}^{\theta} = 1 + \overline{\gamma}(\rho\theta\overline{\gamma})^{\frac{\theta}{1-\theta}}$$

Damit diese beiden Gleichgewichte tatsächlich gleichzeitig existieren können, ist es notwendig und hinreichend, dass $\underline{v} < v_0 < \overline{v}$, eine Erfordernis, die wiederum Beschränkungen für die Parameter $v_0, \rho, \theta, \underline{\gamma}$ und $\overline{\gamma}$ festlegt.

Kurz gesagt, die Existenz von Schwellenwert-Externalitäten bei der Bildungstechnologie führt normalerweise zu einer Vielzahl von Steady-state-Wachstumspfaden einschließlich einer Unterentwicklungs-Falle, wo unzureichende Investitionen in die Bildung in der Vergangenheit den Erwerb weiterer Fähigkeiten und damit zukünftiges Wachstum entmutigen. Somit stellen Azariadis und Drazen (1990) möglicherweise eine realistischere Erklärung als Lucas (1988) dafür bereit, dass Länder mit ungleichen Ausstattungen an Humankapital für immer mit verschiedenen Raten wachsen können. Aber sie legen auch eine Rolle für die Regierung nahe, nämlich Fallen einer niedrigen Entwicklung zu vermeiden und damit hohes anhaltendes Wachstum zu unterstützen.[8]

13.3 Nelson und Phelps und der Schumpeterianische Ansatz

13.3.1 Der Ansatz von Nelson und Phelps

Nelson und Phelps (1966) hatten noch ein Modell endogenen Wachstums mit endogener FuE bzw. Innovationen entwickelt, aber sie stellten sich Wachstum als Ergebnis von produktivitätssteigernden Übernahmen von Innovationen vor, deren Eintrittsrate vom Bestand des Humankapitals abhängt. Mehr formal gesprochen, würden Nelson und Phelps die Weltwirtschaft dergestalt darstellen, dass in jedem gegebenen Land die Produktivität entsprechend

$$\dot{A} = f(H)(\bar{A} - A)$$

wachsen würde. Hierbei erfasst $\bar{A}$ die Technologiegrenze (die über die Zeit hinweg mit einer exogen gegebenen Rate wächst) und H bildet den gegenwärtigen Bestand an Humankapital im Land ab. Ein höherer Humankapitalstock würde damit Wachstum fördern, da es für ein Land einfacher wird, gegenüber der Technologiegrenze aufzuholen. Benhabib und Spiegel (1994) überprüften eine leicht erweiterte Version des Nelson-Phelps-Modells, in dem Humankapital nicht nur die Übernahme weiter fortgeschrittener Technologien vereinfacht, sondern es auch erleichtert an der Technologiegrenze innovativ zu sein und zwar anhand einer Bewegungsgleichung in Form von

$$\dot{A} = f(H)(\bar{A} - A) + g(H)\gamma A,$$

bei der der zweite Term die Innovationskomponente des Wachstums erfasst.

Indem sie für Länderdaten den Anstieg des logarithmierten Pro-Kopf-BIP für den Zeitraum 1965–1985 als lineare Regression der Summe der logarithmierten Humankapitalbestände für die Jahre 1965 bis 1985 abbildeten, fanden Benhabib und Spiegel eine signifikante posi-

---

8 Becker, Murphy und Tamura (1990) entwickeln ein ähnliches Modell, aber eines, in dem Individuen auch über die „Fruchtbarkeit" entscheiden, das heißt darüber, wie viele Kinder sie haben möchten. Unter der Annahme, dass die Erträge von Humankapitalinvestitionen mit dem Humankapitalstock zunehmen, zeigen die Autoren die Existenz multipler Gleichgewichte. Ein Gleichgewicht korrespondiert mit einer „Entwicklungsfalle" mit einer hohen Bevölkerungswachstumsrate aber niedrigen Niveaus und Wachstumsraten des individuellen Humankapitals. Das andere Gleichgewicht dagegen korrespondiert mit einer niedrigen Bevölkerungswachstumsrate aber hohen Niveaus und schnellem Wachstum des Humankapitals pro Kopf. Der Kontrast zum Solow-Swan-Modell ist interessant: Hier ist die Rate des Bevölkerungswachstums negativ mit der Wachstumsrate der Produktivität korreliert.

tive Korrelation zwischen h und g. Genauer gesagt, berechneten Benhabib und Spiegel die Regressionsgleichung

$$\begin{aligned}\ln y_\tau - \ln y_0 = &\ln A_\tau - \ln A_0\\ &+ \alpha(\ln K_\tau - \ln K_0)\\ &+ \beta(\ln L_\tau - \ln L_0)\\ &+ \gamma\left(\frac{1}{\tau}\sum_{t=0}^{\tau} \ln H_\tau\right)\\ &+ \ln \varepsilon_\tau - \ln \varepsilon_0\end{aligned}$$

und fanden ein positives und signifikantes γ. Dies wiederum impliziert, dass der Humankapitalstock positiv mit dem Outputwachstum korreliert. Darüber hinaus fanden Benhabib und Spiegel eine engere Korrelation für Länder, die weiter weg von der globalen Technologiegrenze waren, was impliziert, dass die Aufholkomponente die dominierende ist. Hilft uns dieser Ansatz den Vergleich zwischen Europa und den USA zu verstehen?

Unglücklicherweise fanden Krueger und Lindahl (2001) heraus, dass die Signifikanz der Korrelation zwischen Wachstum und Humankapital verschwindet, wenn man die Regression auf OECD-Länder beschränkt. Eine Interpretation dieses Ergebnisses ist, dass Humankapital nur für den Aufholprozess eine Rolle spielt, aber nicht für die Innovationen an der Technologiegrenze. Eine andere Interpretation wäre, dass die Regression auf zu hohem Aggregatsniveau erfolgt oder nur eine unvollständige Geschichte erzählt.

Ein erster Versuch über die Regression von Benhabib und Spiegel hinauszugehen, wurde von Hanushek und Woessmann (2007) verfolgt. Hier ist es nicht so sehr die Höhe der Ausgaben für Bildung, die eine Rolle für Wachstum spielt, sondern eher die Qualität der Bildung. Indem sie Testergebnisse verwenden, um ein aggregiertes Maß für die Bildungsqualität zu konstruieren, finden Hanushek und Woessmann, wie in Abbildung 13.2 zu sehen ist, eine signifikant positive Korrelation zwischen der durchschnittlichen Wachstumsrate im Zeitraum 1960–2000 und der durchschnittlichen Qualität der Bildung in dieser Periode.

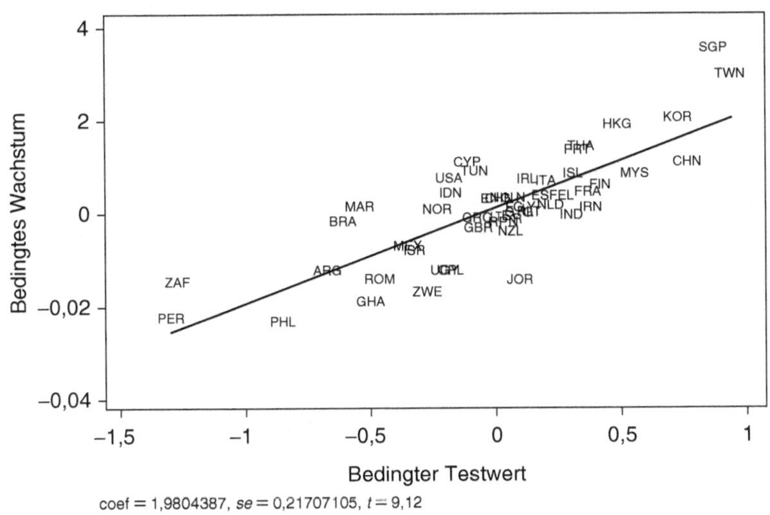

Abb. 13.2: Ausbildungsqualität und Wirtschaftswachstum

Ein zweiter Ansatz, der genauer im folgenden Abschnitt dargestellt wird, versucht, auf die Zusammensetzung der Bildungsausgaben zu schauen und sie mit der technologischen Entwicklung eines Landes oder einer Region zu verbinden.

13.3.2 Fallen niedriger Entwicklung als Folge der Komplementaritäten zwischen FuE- und Bildungsinvestitionen

Das folgende, durch Acemoglu (1997) und Redding (1996) inspirierte Modell liefert multiple Entwicklungspfade wie im Falle des Modells von Azariadis und Drazen trotz realistischerer Annahmen über die Akkumulation von Humankapital. Insbesondere basiert die folgende Geschichte nicht auf der Annahme intertemporaler Schwellenwert-Externalitäten der Humankapitalakkumulation.

Es gibt wiederum eine Abfolge von überlappenden Generationen individueller Arbeitskräfte, die jede für zwei Perioden lebt und die Präferenzen aufweist:

$$u(c_1, c_2) = c_1 + \delta c_2,$$

wobei δ der Diskontfaktor ist. Alle Individuen werden mit einer Einheit Humankapital geboren ($h_{1,t} \equiv 1$ für alle t), und durch die Investitionen vom Anteil v ihrer Arbeitszeit für Bildung in ihrer Jugend können Individuen $h_{2,t} = 1 + \gamma v^{\theta}$ Einheiten Humankapital erreichen, wobei γ nun konstant sein soll und $0 < \theta < 1$ gelten soll.

Es gibt auch eine Abfolge von überlappenden Generationen von Unternehmern, die, wenn sie alt sind, nur anhand der linearen Technologie

$$y^i_{j,t+1} = A^i_{t+1} \cdot h_{j,t+1}$$

produzieren können, wobei (a) A^i_{t+1} für die Produktivität des Unternehmers i zum Zeitpunkt $t+1$ steht. Diese hängt wiederum davon ab, ob der Unternehmer die existierende führende Technologie $A_t = \max A^i_t$ entwickelt hat oder nicht und ob sie ihm bei seiner Geburt zum Zeitpunkt t zur Verfügung steht; (b) $h_{j,t+1}$ ist das Humankapital der Arbeitskraft j, die vom Unternehmer zum Zeitpunkt $t+1$ beschäftigt wird.

Der zeitliche Entwicklungspfad des Produktivitätsparameters A^i_t wird durch die folgende Innovationstechnologie bestimmt: Indem nicht-monetäre Kosten, ausgedrückt durch $\alpha\mu A$, investiert werden, können Unternehmer die Produktivität von A (die gegenwärtig führende Technologie) auf λA mit der Wahrscheinlichkeit μ erhöhen, mit $\lambda > 1$ und $0 < \mu < 1$.

Es werde nun angenommen, dass die Arbeitskräfte selbständig bleiben in der Jugend und den Output $(1-v)A$ produzieren, wobei $(1-v)$ die Produktionszeit ist und A die aktuell führende Technologie erfasst[9], und im Alter werden sie zufällig mit Firmen zusammengebracht, bei denen sie den Anteil β der Outputsteigerung als Lohn erhalten.[10] Dann wird die optimale Allokation der Arbeitszeit auf die aktuelle Produktion und die Bildung das folgende Maximierungsproblem lösen:

$$\max_{v}\{(1-v)A + \beta\rho[\mu\lambda + 1 - \mu](1+\gamma v^{\theta})A\}$$

---

[9] Die Analyse würde im Wesentlichen unverändert sein, wenn A die durchschnittliche Technologie wäre.

[10] Es wird ein Eins-zu-eins-Matching-Prozess basierend auf der impliziten Annahme, dass Firmen eine Kapazitätsbeschränkung aufweisen und nur eine Arbeitskraft beschäftigen können, angenommen.

Dies führt zum optimalen Zeiteinsatz für Bildung

$$v^* = \min\left(1, [\beta\rho\theta\gamma(\mu\lambda + 1 - \mu)]^{\frac{1}{1-\theta}}\right),$$

was eine steigende Funktion der Innovationswahrscheinlichkeit μ ist.

Die Unternehmer wiederum werden ihre FuE-Anstrengungen (d. h. μ) so wählen, dass

$$\max_{\mu} V(\mu) = \left\{-\mu\alpha A + \rho(1-\beta)(\mu\lambda + 1 - \mu) \cdot \left(1 + \gamma v^{\theta}\right)A\right\}$$

Somit

$$\mu^* = \begin{cases} 1 & \text{wenn } \alpha < \rho(\lambda - 1)\left(1 + \gamma v^{\theta}\right)(1-\beta) \\ 0 & \text{sonst} \end{cases}$$

Das heißt, je mehr die Arbeitskräfte in Bildung investieren (d. h. je höher v ist), desto mehr werden die Unternehmer in FuE investieren.

Diese strategische Komplementarität zwischen der Bildungsentscheidung der Arbeitskräfte und der FuE-Entscheidung der Firmen wird die Möglichkeit multipler Steady-state-Wachstumspfade, einschließlich von Fallen einer niedrigen Entwicklung, eröffnen. Solch eine Falle beinhaltet $\mu^* = 0$ und deshalb $v^* = \underline{v} = (\beta\rho\theta\gamma)^{\frac{1}{1-\theta}}$. Damit diese existiert, benötigt man einfach

$$\alpha > \delta(1-\beta)(\lambda - 1)\left(1 + \gamma(\beta\rho\theta\gamma)^{\frac{1}{1-\theta}}\right)$$

Umgekehrt wird ein Gleichgewicht mit hohem Wachstum beinhalten, dass $\mu^* = 1$ und damit $v^* = \overline{v} = (\lambda\beta\rho\theta\gamma)^{\frac{1}{1-\theta}}$. Damit ein Steady-state-Wachstumspfad mit hohem Wachstum existiert, benötigt man

$$\alpha < \delta(1-\beta)(\lambda - 1)\left(1 + \gamma(\lambda\beta\rho\theta\gamma)^{\frac{1}{1-\theta}}\right)$$

Die dazugehörigen Wachstumsraten sind $g = \overline{g} = \ln\lambda$ im Gleichgewicht mit hohem Wachstum und $g = \underline{g} = 0$ in der Falle mit niedriger Entwicklung.[11]

Zwei schnelle Anmerkungen beschließen die Untersuchung in diesem Abschnitt. Erstens, wegen der strategischen Komplementarität zwischen FuE und Bildung mussten keine Schwellenwert-Externalitäten bei der Humankapitalakkumulation eingeführt werden, um multiple Gleichgewichte und Fallen mit niedriger Entwicklung zu erhalten. Zweitens, gezielte Bildungspolitik und FuE-Subventionen scheinen angemessene Instrumente zu sein, um die Volkswirtschaft aus einer Falle niedriger Entwicklung zu holen. In der Praxis kann es sein, dass man Bildungsausgaben leichter kontrollieren kann als FuE-Subventionen an Industrien. Das Ausmaß an missbräuchlicher Verwendung und Manipulation wird erwartungsgemäß im letzteren Fall höher sein.

---

11 Hätte man eine intertemporale Externalität des Humankapitals eingeführt, wie sie im vorigen Abschnitt angenommen wurde, nämlich $y_{1t} = (1-d)H_{t-1}$, mit $H_{t-1} = \int_i h^i_{2,t-1} di$, dann wäre die Analyse gleich geblieben bis auf $\overline{g} = \ln\lambda + \ln(1-d)(1 + \gamma\overline{v}^{\theta})$ und $\underline{g} = \ln(1-d)(1 + \gamma\underline{v}^{\theta}) \neq 0$. Interessanterweise wird in diesem Fall die Wachstumsdifferenz $\overline{g} - \underline{g}$ durch die Tatsache vergrößert, dass das Gleichgewicht mit hohem Wachstum auch eine höhere Rate der Humankapitalakkumulation aufweist.

13.4 Schumpeter trifft Gerschenkron

Es sei angenommen, dass – wie in Benhabib und Spiegel (1994) – Produktivitätswachstum entweder durch die Einführung der Grenztechnologie oder durch Innovationen bei alten Technologien entstehen kann. Wie in Benhabib und Spiegel soll die relative Bedeutung von Innovationen zunehmen, wenn ein Land (oder eine Region) der Technologiegrenze näher kommt. Jedoch verbergen sich, im Unterschied zu Benhabib und Spiegel, verschiedene Arten von Bildungsausgaben hinter Implementierungs- und Innovationsaktivitäten. Insbesondere sollten Investitionen in den tertiären Bildungsbereich größere Effekte auf die Fähigkeit eines Landes, führende Innovationen zu erzeugen, haben, wohingegen der primäre und sekundäre Bildungsbereich mit größerer Wahrscheinlichkeit die Fähigkeit zur Implementierung der existierenden (Grenz-)Technologien beeinflussen. Dann werden Investitionen in tertiäre Bildung das Wachstum umso mehr fördern, je näher das Land der globalen Technologiegrenze ist. Im Gegensatz dazu, wird es für das Wachstum umso besser sein, in primäre und sekundäre Bildung zu investieren, je weiter weg das Land von dieser Grenze ist. Interessanterweise entdeckt man, wenn man das Produktivitätswachstum eines Landes auf die verschiedenen Arten der Bildung und deren Zusammenspiel mit dem Abstand des Landes zur Technologiegrenze regressiert, eine signifikante Korrelation, sogar wenn man die Regression auf OECD-Länder beschränkt. Mit anderen Worten, hilft dieser Ansatz, das Rätsel der Irrelevanz bei Krueger-Lindahl zu adressieren.

13.4.1 Ein Modell unter Berücksichtigung des Abstands zur Technologiegrenze und der Struktur der Bildungsausgaben[12]

13.4.1.1 Ein Spielzeug-Modell

Wie in den vorigen Kapiteln wird das Endprodukt entsprechend

$$y_t = \int_0^1 A_{it}^{1-\alpha} x_{it}^{\alpha} di$$

produziert, wobei das Zwischenprodukt x_{it} durch Eins-zu-Eins-Einsatz des Endprodukts hergestellt wird. Man weiß nun, dass der gleichgewichtige Gewinn der Firma i gleich

$$\pi_{it} = \pi A_{it}$$

ist, wobei π konstant ist.

Folgt man dem Modell mit angemessenen Institutionen, wie es in Kapitel 11 entwickelt wurde, dann entwickelt sich die Produktivität der Firma i entsprechend

$$A_{it} - A_{t-1} = f(u)\overline{A}_{t-1} + g(s)\gamma A_{t-1} \tag{13.7}$$

Dabei stehen $\overline{A}_{t-1}$ für die Technologiegrenze der vergangenen Periode, A_{t-1} für die durchschnittliche Produktivität des Landes in der vergangenen Periode, u für die Zahl der Arbeitskräfte mit primärer/sekundärer Ausbildung (unqualifizierte Arbeitskräfte), die bei der

12 Die Untersuchung in diesem Abschnitt bezieht sich auf Vandenbussche, Aghion und Meghir (2006), im Weiteren VAM genannt.

Imitation eingesetzt werden, s für die Zahl der Arbeitskräfte mit höherer Bildung (qualifizierte Arbeitskräfte), die bei Innovationsprozessen eingesetzt werden. f und g sind von den jeweiligen Variablen positiv abhängige Funktionen.

Es sei $a_t = A_t/\overline{A}_t$ die Nähe des Landes zur Technologiegrenze zum Zeitpunkt t, und die Produktivität an der Grenze soll mit der konstanten Rate $\overline{g}$ wachsen; das bedeutet, dass

$$\overline{A}_t = (1+\overline{g})\overline{A}_{t-1}$$

Der Produzent im Zwischengutsektor wird u und s so wählen, dass der Gewinn maximiert wird. Indem man durch $\overline{A}_{t-1}$ teilt und die Zeitindices vernachlässigt, wird das Problem des Produzenten einfach zu

$$\max_{u,s}\{\delta[f(u)+\gamma g(s)a] - w_u u - w_s s\}$$

Wobei w_u und w_s für die Lohnsätze der unqualifizierten bzw. der qualifizierten Arbeitskräfte stehen.

Unter Verwendung der Tatsache, dass alle Firmen im Zwischenproduktsektor demselben Maximierungsproblem gegenüberstehen und dass es eine Einheitsmenge an solchen Firmen gibt, bekommt man im Gleichgewicht

$$u = U\ ;s = S$$

Wobei U das gesamte Angebot an niedrig gebildeten Arbeitskräften ist und S das totale Angebot an höher gebildeten Arbeitskräften.

Unter Verwendung von Gleichung (13.7) kann die gleichgewichtige Wachstumsrate einfach ausgedrückt werden durch

$$g = \frac{A_{it} - A_{t-1}}{A_{t-1}} = f(U)\frac{1}{a_{t-1}} + g(S)\gamma$$

Im Besonderen findet man, wenn man die Kreuzableitungen von g^*bzgl. U und a betrachtet, dass

$$\frac{\partial^2 g^*}{\partial a \partial U} = -f'(U)\frac{1}{a^2} < 0$$

Mit anderen Worten gesagt, ein kleiner Anstieg des Anteils der Arbeitskräfte mit niedriger Qualifikation erhöht das Produktivitätswachstum umso weniger, je näher das Land an der globalen Technologiegrenze ist.

Jedoch ist zu beachten, dass

$$\frac{\partial^2 g^*}{\partial a \partial S}$$

gleich null ist. Somit ist das Modell zu einfach, um die symmetrische Vorhersage zu liefern, dass, je näher ein Land der Technologiegrenze ist, es umso förderlich für das Wachstum ist, je mehr man in die tertiäre Bildung des Landes investiert.

13.4.1.2 Cobb-Douglas-Wachstumstechnologie

Wie im vorigen Teilabschnitt sollen Firmen im Zwischenproduktbereich die Produktivität entweder durch die Imitation der Grenztechnologie oder durch Innovationen bei im Land existierenden Technologien steigern. Jedoch können Imitationen und Innovationen durch beide Arten von Arbeitskräften erfolgen, sogar dann, wenn die Elastizität der höher gebildeten (qualifizierten) Arbeit bei Innovationen höher ist und die Elastizität der niedrig gebildeten (unqualifizierten) Arbeit höher bei der Imitation ist.

Formaler gesprochen, konzentriert man sich auf die Produktivitätsfunktionen

$$A_{it} = A_{it-1} = u_{m,i,t}^{\alpha} s_{m,i,t}^{1-\sigma} \overline{A}_{t-1} + \gamma u_{n,i,t}^{\phi} s_{n,i,t}^{1-\phi} A_{t-1} \tag{13.8}$$

Dabei stehen $u_{m,i,t}$ (bzw. $s_{m,i,t}$) für die Menge an unqualifizierter (bzw. qualifizierter) Arbeit für Imitationen im Sektor i zum Zeitpunkt t, $u_{n,i,t}$ (bzw. $s_{n,i,t}$) für die Menge an unqualifizierter (bzw. qualifizierter) Arbeit für Innovationen im Sektor i zum Zeitpunkt t, σ (bzw. ϕ) für die Elastizität unqualifizierter Arbeit bei Imitationen (bzw. Innovationen), und $\gamma > 0$ misst die relative Effizienz der Innovationen im Vergleich zu den Imitationen bei der Generierung von Produktivitätswachstum.

Im Folgenden sei angenommen:

Annahme 1: Die Elastizität qualifizierter Arbeit ist bei Innovationen höher als bei Imitationen, und es gelte das Umgekehrte für unqualifizierte Arbeit, d. h. $\phi < \sigma$.

Es sei $w_{u,t}\overline{A}_{t-1}$ (bzw. $w_{s,t}\overline{A}_{t-1}$) der aktuelle Preis der unqualifizierten (bzw. qualifizierten) Arbeit. Dann sind die gesamten Arbeitskosten für die Verbesserung der Produktivität durch eine Zwischenproduktfirma i zum Zeitpunkt t gleich

$$W_{i,t} = \left[w_{u,t}\left(u_{m,i,t} + u_{n,i,t}\right) + w_{s,t}\left(s_{m,i,t} + s_{n,i,t}\right)\right]\overline{A}_{t-1}$$

Es soll $a_t = A_t/\overline{A}_t$ wiederum die Nähe des Landes zur technologischen Grenze zum Zeitpunkt t messen und die Grenztechnologie soll mit der konstanten Rate g wachsen, dann wird der Produzent eines Zwischenprodukts

$$\max_{u_{m,i,t}, s_{m,i,t}, s_{n,i,t}} \left\{\pi\left[u_{m,i,t}^{\sigma} s_{m,i,t}^{1-\sigma}(1 - a_{t-1}) + \gamma u_{n,i,t}^{\phi} s_{n,i,t}^{1-\phi} a_{t-1}\right]\overline{A}_{t-1} - W_{i,t}\right\} \tag{13.9}$$

lösen.

Unter Verwendung der Tatsache, dass alle Firmen im Zwischenproduktsektor dasselbe Maximierungsproblem haben und dass es eine Einheitsmenge an solchen Firmen gibt, erhält man notwendigerweise

$$u_{j,i,t} \equiv u_{j,t}\,; \quad s_{j,i,t} \equiv s_{j,t} \quad \text{für alle } i \text{ und für } j = m, n \tag{13.10}$$

und

$$S = s_{m,t} + s_{n,t}\,; \quad U = u_{m,t} + u_{n,t} \tag{13.11}$$

Nimmt man die Bedingungen erster Ordnung für das Maximierungsproblem (13.9) und wendet Gleichungen (13.10) und (13.11) an, dann berechnet sich die gleichgewichtige Wachstumsrate der Produktivität nach

$$g_t = \int_0^1 \frac{A_t(i) - A_{t-1}}{A_{t-1}} di$$

Man kann dann das Folgende begründen:

Lemma 1: Es sei $\Psi = \frac{\sigma(1-\phi)}{(1-\sigma)\phi}$. Falls die Parameterwerte so sind, dass die Lösung von Gleichung (13.9) beinhaltet ist, dann kommt man zu

$$\frac{\partial g_t}{\partial a} = \phi(1-\phi)h'(a)h(a)^{-1-\phi}[h(a)U - S],$$

wobei

$$h(a) = \left(\frac{(1-\sigma)\Psi^{\sigma}(1-a)}{(1-\phi)\gamma a}\right)^{\frac{1}{\sigma-\phi}}$$

Dieses Lemma impliziert, zusammen mit der Tatsache, dass $h(a)$ offensichtlich bei Gültigkeit von Annahme 1 mit a abnimmt, das Folgende:

Lehrsatz 1: Gegeben Annahme 1, wird ein kleiner Anstieg bei den Investitionen in höhere Bildung S das Produktivitätswachstum umso mehr fördern, je näher das Land an der globalen Technologiegrenze ist, das heißt, dass

$$\frac{\partial^2 g_t}{\partial a \partial S} > 0$$

Und ein kleiner Anstieg bei den Investitionen in niedriger Bildung U erhöht das Produktivitätswachstum umso weniger, je näher das Land an der globalen Technologiegrenze ist, d. h.

$$\frac{\partial^2 g_t}{\partial a \partial U} < 0$$

Die diesem Lehrsatz zugrundeliegende Intuition folgt direkt aus dem Rybczynski-Theorem im internationalen Handel. Aufgestellt im Kontext eines Zwei-Sektoren-Zwei-Input-Modells, sagt dieses Theorem, dass ein Anstieg beim Angebot des Inputfaktors in dem Sektor, der diesen Faktor intensiver nutzt, einen überproportionalen Anstieg des „Outputs" in diesem Sektor zur Folge haben sollte. Um dieses Ergebnis in den Kontext des vorliegenden Modells zu übertragen, wird die Wirkung eines Anstiegs beim Angebot an qualifizierter Arbeit bei Konstanz des Angebots an unqualifizierter Arbeit und einem gegebenen a betrachtet. Nimmt man als gegeben an, dass qualifizierte Arbeitskräfte relativ mehr zum Produktivitätswachstum und den Gewinnen beitragen, wenn sie eher für Innovationen als für Imitationen eingesetzt werden (Annahme 1), wird die Nachfrage nach qualifizierter Arbeit tendenziell höher bei Innovationen sein. Aber dann sollte das Grenzprodukt der unqualifizierten Arbeitskräfte bei Innovationen ebenfalls mehr steigen als bei Imitationen; somit sollte ein positiver Nettosaldo an unqualifizierten Arbeitskräften von Imitationen zu Innovationen wandern. Dies wiederum erhöht noch mehr die Grenzproduktivität der qualifizierten Arbeit bei Innovationen und bewegt einen größeren Anteil an qualifizierter Arbeit zur Innovation zu kommen. Je näher nun das Land der Technologiegrenze ist (d. h. je höher a ist), desto stärker wirkt der Rybczynski-Effekt, da ein höheres a die Effizienz sowohl der qualifizierten als auch der unqualifizierten Arbeit bei Innovationen relativ zu Imitationen erhöht. Ein zweiter, verstärkender Grund ist, dass ein Anstieg des Anteils der qualifizierten Arbeit die Menge an unqualifizierter Arbeit in der Ökonomie reduziert und damit die Grenzproduktivität der qualifizierten Arbeit bei Imitationen senkt, und das umso mehr, je näher das Land an der Technologiegrenze ist.

13.4.1.3 Zurück zu Krueger-Lindahl

Bevor diese Vorhersage mit Belegen für höhere Bildung, Entfernung zur Technologiegrenze und Produktivitätswachstum konfrontiert wird, wird zu Krueger und Lindahls Ergebnis der Irrelevanz des Humankapitals zurückgegangen, d. h. dass Humankapitalbestände und Wachstum nicht mehr signifikant korrelieren, wenn man die Regressionen für Länderstichproben auf OECD-Länder beschränkt. Es werden zwei Länder, 1 und 2, betrachtet, die denselben Humankapitalstock besitzen und gleich weit von der globalen Technologiegrenze entfernt sein sollen. Der einzige Unterschied ist, dass Land 1 besser mit höher ausgebildeten Arbeitskräften ausgestattet ist, während es Land 2 besser mit unqualifizierter Arbeit ist.

Somit ist

$$H_1 = H_2 = H,$$

aber

$$H = S_1 + U_1 = U_2 + S_2,$$

wobei

$$S_1 > S_2$$

Welches dieser Länder wächst schneller? Die Antwort hängt von der Entfernung dieser Länder von der globalen Technologiegrenze ab. Land 1 wird schneller wachsen, wenn beide Länder ausreichend nahe an der Grenze liegen, da Land 1 besser mit dem ausgestattet ist, was für das Wachstum nahe der Grenze wichtiger ist. Und Land 2 wird schneller wachsen, wenn beide Länder weit von der Technologiegrenze entfernt sind, da Land 2 besser mit dem ausgestattet ist, was für Wachstum wichtiger ist, wenn man weit von der Grenze entfernt ist. Dennoch haben beide Länder dieselbe Ausstattung mit Humankapital.

Diese Argumentationsweise zeigt einfach, dass der gesamte Humankapitalstock keine hinreichende Zahl ist, um das Wachstum eines Landes vorauszusagen. Zusätzlich muss man etwas über die Zusammensetzung des Humankapitals im Land und die Entfernung der Landes zur globalen Technologiegrenze wissen, um Vorhersagen über das Wachstum in diesem Land machen zu können.

13.4.2 Länderübergreifende und die US-Bundesstaaten übergreifende Belege

13.4.2.1 Länderübergreifende Belege

Vandenbussche, Aghion und Mehgir (2006), im folgenden VAM, konfrontieren die vorigen Vorhersagen mit Belegen aus Länderstichproben für höhere Bildung, Abstand zur Technologiegrenze und Produktivitätswachstum. Aghion, Buston, Huxby und Vandenbussche (2005), im folgenden ABHV, testen die Theorie anhand von Daten für die US-Bundesstaaten. Jeder Ansatz hat seine Vor- und seine Nachteile. Die Analyse der US-Bundesstaaten benutzt eine wesentlich umfangreichere Datenbasis und auch gute Instrumentalvariablen für die Ausgaben für höhere und niedrigere Bildung. Jedoch muss eine seriöse Analyse des Wachstumsimpulses von Bildungsausgaben über die US-Bundesstaaten hinweg ein weiteres im vorigen Modell nicht berücksichtigtes Element aufgreifen, nämlich die Wirkungen von Migrationsbewegungen qualifizierter Arbeit über Staaten mit unterschiedlichen technologischen Entwicklungsständen hinweg. Im Gegensatz hierzu können Länderanalysen sicherlich die Migration vernachlässigen; jedoch sind die Daten spärlich vorhanden und die Instrumentalvariablen für Bildungsausgaben sind schwach (sie bestehen zumeist nur aus verzögerten Zahlungen). Im verbleibenden Teil dieses Abschnitts werden diese beiden empirischen Arbeiten abwechselnd betrachtet.

VAM betrachten eine Stichprobe von 22 OCED-Ländern für den Zeitraum von 1960 bis 2000, den sie in Subperioden von 5 Jahren aufteilen. Die Daten für Output und Investitionen stammen von den Penn World Tables (2002) und die Daten für Humankapitalbestände wurden Barro und Lee (2000) entnommen. Die Daten von Barro und Lee zeigen die Anteile der Bevölkerung eines Landes, die ein bestimmtes Niveau an Schulbildung haben, in Intervallen von fünf Jahren. Sie verwenden den Anteil, der eine höhere Bildung erreicht hat, zusammen mit ihrem Maß für die TFP (der unter Annahme eines konstanten Anteils der Arbeit am Output von 0,65 konstruiert wurde), um folgende Regression zu berechnen:

$$g_{j,t} = \alpha_0 + \alpha_1 \text{Prox}_{j,t-1} + \alpha_2 \text{Fraction}_{j,t} + \alpha_3 (\text{Prox}_{j,t-1} * \text{Fraction}_{j,t}) + v_j + u_{j,t}$$

Wobei $g_{j,t}$ die Wachstumsrate des Landes j über einen Zeitraum von fünf Jahren ist; $\text{Prox}_{j,t-1}$ ist die Nähe des Landes j zur Technologiegrenze zum Zeitpunkt $t-1$, d. h. fünf Jahre früher; $\text{Fraction}_{j,t}$ entspricht dem Anteil der Bevölkerung im erwerbsfähigen Alter mit einer höheren Bildung; und v_j ist der Fix-Effekt für das Land j. Die Entfernung und das Humankapital sind Instrumentalvariablen mit entsprechenden Werten für $t-2$. Die Gleichung wird anhand von Differenzen geschätzt, um den Fix-Effekt zu eliminieren. Die Ergebnisse sind in Tabelle 13.1 aufgelistet.

Tab. 13.1: TFP Wachstumsgleichungen (Auszüge aus Barro and Lee 2000)

	[1]	[2]	[3]	[4]	[5]
Nähe	-0,071	-0,222	-0,16	-0,05	-0,35
	[0,05]	[0,161]	[0,045]***	[1,06]	[0,057]***
Anteil	-0,048	0,49	0,125	1,54	0,386
	[0,084]	[1,9]	[0,058]**	[4,1]	[0,13]***
Nähe*Anteil			0,78	-1,88	1,46
			[0,2]***	[11,2]	[0,35]***
Länderdummies	No	Yes	No	Yes	Groups
p-Wert Länderdummies				0	
Schwellenwert für Nähe			-0,16		
			[0,062]		
Rang-Test (p Wert)					7%
Zahl der Beobachtungen	122	122	122	122	122

Anmerkungen: Standardfehler in eckigen Klammern. Dummies für die Zeit werden nicht aufgeführt. In Spalte [5], warden die Länder folgendermaßen gruppiert: Gruppe 1: Belgien, Frankreich, Italien, Niederlande; Gruppe 2: die vier skandinavischen Länder, Österreich, Vereinigtes Königreich, Schweiz; Gruppe 3: Kanada, Vereinigte Staaten; Gruppe 4: Australien, Neuseeland; Gruppe 5: Portugal, Spanien; Gruppe 6: Griechenland; Gruppe 7: Irland. Die Nähe wird durch den logarithmierten Wert des Verhältnisses der TFP des Landes zur Technologiegrenze TFP gemessen (und ist somit negativ). Der Schwellenwert für die Nähe gibt den Wert der Nähe an, oberhalb dessen der Wert für die Anteile der Arbeitsbevölkerung mit höherer Bildung wachstumsförderlich ist. ein, zwei und drei Sterne stehen für das Signifikanzniveau von 10, 5, bzw. 1%.

Bevor sie für länderspezifische Fix-Effekte kontrollieren, erhalten VAM einen statistisch signifikanten Koeffizienten von -1,87 für die Humankapitalvariable und einen statistisch signifikanten Koeffizienten von 2,37 für die Interaktionsvariable, was darauf hindeutet, dass höhere Bildung tatsächlich umso wichtiger ist, je näher ein Land der Grenze kommt. Kontrolliert man für länderspezifische Fix-Effekte, verschwindet die Signifikanz der Koeffizienten; jedoch wird diese Signifikanz wieder hergestellt, sobald man die Länder in Teilregionen einteilt und anstelle von länderspezifischen Fix-Effekten, gruppenspezifische Fix-Effekte annimmt. Dieses Ergebnis wiederum legt nahe, dass Länderdaten für nur 22 Länder zu knapp für das Vorliegen von signifikanten Regressionsergebnissen sind, wenn man für länderspezifische Fix-Effekte kontrolliert.

Um zu sehen, wie sich dieses Ergebnis in die Wirkungen eines weiteren Jahres schulischer Bildung übersetzen lässt, führen sie die folgende, auf logarithmierten Werten basierende, Regression durch:

$$g_{j,t} = \alpha_0' + \alpha_1' \mathrm{Prox}_{j,t-1}' + \alpha_2' N_{j,t} + \alpha_3' (\mathrm{Prox}_{j,t-1} * N_{j,t}) + v_j' + u_{j,t}'$$

Wobei dieses Mal $\mathrm{Prox}_{j,t-1}'$ der Logarithmus der Nähe zur Technologiegrenze ist und $N_{j,t}$ für die durchschnittliche Zahl an Jahren höherer Bildung der Bevölkerung steht. Die ökonometrische Technik ist dieselbe wie zuvor. Bevor sie für länderspezifische Fix-Effekte kontrollieren, finden VAM einen Koeffizienten von 0,105 für die Zahl der Jahre, der nur wenig signifikant ist, aber der Koeffizient der Interaktionsvariablen ist gleich 0,368 und signifikant. Dieses Resultat zeigt wieder, dass es wichtiger ist, die Zahl der Jahre in höherer Bildung zu erhöhen, wenn man nahe der Technologiegrenze ist.

13.4.2.2 Belege für US-Bundesstaaten

ABHV testen dieselbe Theorie anhand der Daten von US-Bundesstaaten, anstelle von Länderdaten. Wie schon erwähnt, gibt es ein potenzielles Problem, wenn man von Länderdaten zu Regionaldaten wechselt, nämlich, dass die Bildungspolitik die Migrationsströme über Regionen hinweg mehr beeinflussen sollte als über Länder hinweg. Somit sollte ein passendes Modell von Bildung und Wachstum über Regionen eines Landes hinweg eine weitere Gleichung beinhalten, die beschreibt, wie Migrationsströme variieren, z. B. anhand des Lohnunterschieds zwischen einem gegebenen Bundesstaat und dem Bundesstaat an der Technologiegrenze. Die Einführung der Möglichkeit zur Migration verstärkt den positiven Zusammenhang zwischen der Nähe zur Grenze und der höheren Bildung. In Ergänzung zum oben beschriebenen Rybczynski-Effekt würden die Investitionen in höhere Bildung in einem Staat, der weit von der Technologiegrenze entfernt ist, umso weniger zum Wachstum in diesem Staat beitragen, weil die frisch qualifizierten Arbeitskräfte in einen Staat abwandern würden, der näher an der Technologiegrenze ist und damit eine höhere Produktivität und höhere Löhne aufweist.

Jede Regression mit Wachstum auf der linken Seite und Bildung auf der rechten Seite führt zu einem offensichtlichen Endogenitätsproblem, das am besten von Bils und Klenow (2000) abgeschätzt wurde. Wie in den vorangegangenen länderübergreifenden Regressionen kann hier das Endogenitätsproblem wie folgt erklärt werden: Falls Bundesstaaten oder Länder entsprechend des Modells die Zusammensetzung ihrer Bildungsausgaben auswählen, dann sollte die Zusammensetzung der Bildungsinvestitionen hoch mit der Technologie und der Produktivität korreliert sein, und damit würde die Regression nichts über die Kausalität des Zusammenhangs aussagen.

Jedoch ist der große Vorteil des Übergangs von Länderdaten zu Daten für Bundesstaaten, dass man Zugang zu einer natürlichen Quelle exogener Unterschiede bei Bildungsinvestitionen erhält: Polit-ökonomische Betrachtungen können den Kongress oder andere Bundesbehörden zu einer Fehlallokation der Finanzierung der Bundesstaaten bringen. Zum Beispiel kann ein Bundesstaat, der weit von der Technologiegrenze entfernt ist und einen

Repräsentanten in einer Kongresskommission für höhere Bildung hat, fälschlicherweise sehr große Mittel für forschungsbezogene Bildung erhalten. Umgekehrt kann es wegen lokaler polit-ökonomischer Überlegungen vorkommen, dass ein Bundesstaat nahe der Technologiegrenze sich auf Investitionen in die primäre Bildung fokussiert und die höhere Bildung vernachlässigt.

Mit anderen Worten gesagt, liefern polit-ökonomische Überlegungen und die Fähigkeit eines Politikers sowie seine Motivation, ‚Fleischtöpfe' für seine Wählerschaft bereitzustellen, eine natürliche Quelle von Instrumentvariablen, die die Neigung von Bundesstaaten vorhersagen, exogene „Fehler" zu machen, wenn sie in Bildung investieren.

Die tatsächlichen Instrumentvariablen in ABHV sind die folgenden:

1. Für Forschungsuniversitäten: Ob ein Bundesstaat einen Kongressabgeordneten in der Kommission hat, die über Fördermittel für Forschungsuniversitäten, aber nicht für andere Bildungseinrichtungen, entscheidet.
2. Für schwächere postsekundäre Bildung (öffentliche Colleges, Berufsschulen): Ob der Vorsitzende der Kommission für Bildung im Bundesstaat Wähler vertritt, deren Kinder ein- oder zweijährige postsekundäre Bildungseinrichtungen besuchen.
3. Für primäre und sekundäre Bildung: Ob das politische Gleichgewicht im Verfassungsgericht des Bundesstaats mit dem Finanzierungssystem für Schulen zusammenpasst.

Indem sie Stichprobendaten auf Jahresbasis für den Zeitraum 1970–2000 einsetzen, führen ABHV eine zweistufige Prozedur durch, wobei (1) mit einer Regression auf der ersten Stufe, die verschiedenen Arten der Bildungsausgaben auf ihre einschlägigen Instrumentvariablen regressiert werden und (2) die Wachstumsrate in jedem Bundesstaat und Jahr auf die Instrumentvariablen für die verschiedenen Arten von Bildungsausgaben, die Nähe des Bundesstaats zur Technologiegrenze und das Zusammenspiel der beiden regressiert werden und für länder- und jahresspezifische Fix-Effekt kontrolliert wird. Der Leser sei auf ABHV für die detaillierten Regressionsergebnisse verwiesen, die in Abbildung 13.3 zusammengefasst sind.

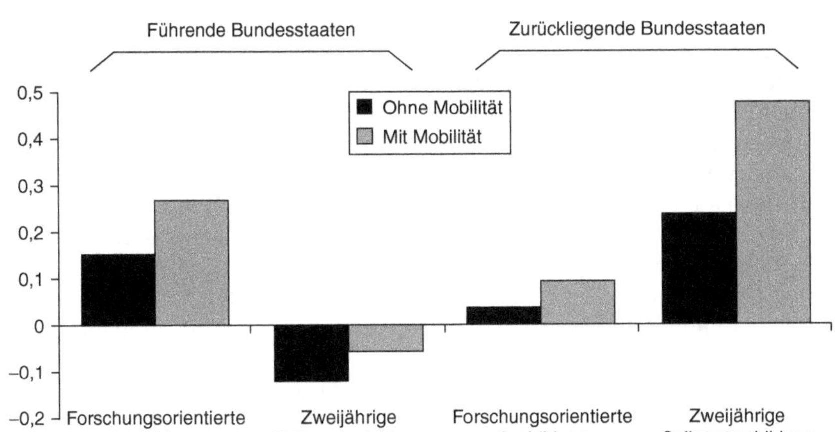

Abb. 13.3: Langfristige Wachstumseffekte von 1000 $ Ausgaben pro Person für Ausbildung, U.S. Bundesstaaten

Es zeigt sich: Erstens, im Gegensatz zur vorigen Länderstudie, bleibt die Korrelation signifikant, auch wenn man für bundesstaatspezifische Fix-Effekte kontrolliert, ohne die Länderdummies umgruppieren zu müssen. Zweitens, diese Instrumentvariablen sind sehr stark, mit einer F-Statistik von mehr als 10 für die gemeinsame Signifikanz der beiden Dummies für Senats- und Repräsentantenhaus-Vertreter in den entsprechenden für Fördermittel zuständigen Kommissionen als Determinanten für die Ausgaben in der Forschungsausbildung. Zum Beispiel erhöht jeder weitere Vertreter im Fördermittelausschuss des Repräsentantenhauses die Ausgaben für jedes Kohortenmitglied um 597 $, was beachtlich ist. Wenn man sich nun der zweiten Stufe der Regression zuwendet, finden ABHV heraus, dass eine Ausdehnung der Ausgaben in der Forschungsausbildung um 1000 $ pro Person die Wachstumsrate des Outputs pro Beschäftigten um 0,27 Prozent erhöht, wenn der Bundesstaat an der Technologiegrenze ist (mit einem a nahe 1), während es die Rate um nur 0,09 Prozent erhöht, wenn der Bundesstaat weit von der Grenze (mit einem a nahe 0,3) entfernt ist. Allgemeiner gesagt, je näher ein Bundesstaat an die Technologiegrenze kommt, umso wachstumsfördernder ist die Investition in höhere Bildung und desto weniger wachstumsförderlich ist es, sich auf die niedrigeren Ausbildungsstufen zu konzentrieren.

13.5 Fazit

Was lernt man aus der Analyse in diesem Kapitel? Erstens: Modelle mit Kapitalakkumulation sagen voraus, dass Unterschiede bei den Wachstumsraten zwischen Ländern etwas mit den Unterschieden bei den Raten der Humankapitalakkumulation zu tun haben. Und diese Modelle können für die Durchführung von Berechnungen im Hinblick auf die Entwicklung verwendet werden oder um Fallen niedriger Entwicklung abzubilden. Zweitens: Schumpeterianische Modelle, die das Zusammenspiel zwischen Humankapitalbeständen und Innovationsprozessen betonen, haben das Potenzial, Politikempfehlungen abzuleiten. Dennoch kann bei einem Blick auf das Aggregat der Bildungsausgaben nicht viel gesagt werden, wenn man sich auf OECD-Vergleiche bezieht. Wenn man jedoch zwischen Imitationen und Innovationen an der Technologiegrenze unterscheidet und diese beiden Quellen des Produktivitätswachstums verschiedenen Segmenten des Bildungssystems zuweist, dann kann man mit relevanten Politikempfehlungen sogar für OECD-Länder oder Regionen aufwarten. Insbesondere legen die theoretischen und empirischen Untersuchungen des vorigen Abschnitts nahe, dass Länder mit Produktivitätsniveaus, die weit von der technologischen Grenze entfernt sind, mehr Augenmerk auf primäre und sekundäre Bildung legen sollten, während Länder, die dieser Grenze nahe sind, mehr Wert auf die tertiäre Bildung legen sollten. Somit war es für europäische Länder sinnvoll, die primäre und sekundäre Bildung zu betonen, solange Europa technologisch weit von den USA entfernt waren; in diesem Stadium verließ sich Europa mehr auf Imitationen als Hauptquelle des Wachstums. Aber nun, da Europa sich näher der Technologiegrenze angenähert hat, verringert sich das Potenzial der Imitation und es wird dringlicher, in höhere Bildung zu investieren, um Innovationen voranzutreiben. Ähnlich ist es bei US-Bundesstaaten. Je näher sie der Produktivitätsgrenze sind, desto mehr wird das Wachstum durch Investitionen in die Ausbildung in der Forschung anstelle von zweijährigen Colleges gesteigert. Jüngere Arbeiten haben die Analyse erweitert, indem auf das Wachstum und die Leitung von Universitäten geschaut wurde. Somit verwenden Aghion, Dewatripont et al. (2007) dieselben Daten wie ABHV, um zu zeigen, dass das Wachstum in weiter fortgeschrittenen Staaten mehr von autonomen Universitäten profitiert, wobei Autonomie entweder durch den Anteil privater Universitäten im Staat oder durch einen Index, der misst, in welchem Ausmaß staatliche Universitäten selbständig Entscheidungen ohne staatliche Einflussnahme treffen können (Einstellungen, Rekrutierung von Studenten, Löhne und Gehälter ...), abgebildet werden kann. Sie zeigen auch, dass die Finanzierung der Bildung im Forschungsbereich und die Autonomie strategische Komplemente sind, d. h., mehr Geld in der Forschungsausbildung bringt mehr für das Wachstum in Ländern mit autonomeren Universitäten.

Literatur

Ein erster Ansatz zum Zusammenhang zwischen Bildung und Wachstum betont die Wichtigkeit der Humankapitalakkumulation als Quelle wirtschaftlichen Wachstums. Innerhalb des neoklassischen Rahmens ist die Hauptreferenz Mankiw, Romer und Weil (1992). Innerhalb des AK-Rahmens ist die Hauptquelle Lucas (1988), der selbst direkt durch Beckers Theorie des Humankapitals (1964) inspiriert wurde. Dieser paradigmatische Rahmen baut auf einem Modell von Uzawa (1965) auf, in welchem Humankapital der einzige Inputfaktor im Bildungssektor ist.

Einige Erweiterungen dieses Ansatzes wurden vorgeschlagen, wie z. B. von Rebelo (1991), der Sachkapital in die Gleichung der Humankapitalakkumulation einführte und dann auf die Wirkungen der Steuerpolitik auf das Steady-state-Wachstum schaute. Ein Mangel des Lucas-Modells war die Annahme, dass die Erträge aus der Bildung für ein Individuum über dessen Lebenszeit hinweg konstant bleiben. Azariadis und Drazen (1990) gehen mit diesem Einwurf um, indem sie die Theorie mittels eines Modells sich überlappender Generationen (OLG), in dem Individuen das durch ihre Eltern akkumulierte Humankapital erben, umformulieren. Azariadis und Drazen weisen auf die Existenz multipler Steady-state-Wachstumspfade hin, einschließlich von Fallen niedriger Entwicklung, in denen unzureichende Investitionen in Bildung in der Vergangenheit, den weiteren Erwerb von Qualifikationen und damit zukünftiges Wachstum entmutigen. Glomm und Ravikumar (1992) adressieren das Thema heterogener Zugangsmöglichkeiten zu Humankapital bei Individuen derselben Generation und bewerten die Wirkung auf die Entwicklung der Ungleichheit und des Wachstums als Folge des eingeführten Bildungssystems (staatlich oder privat). Dieses Thema wird auch von Benabou (1996) untersucht. Für eine systematische OLG-Version des Lucas-Modells siehe d'Autume und Michel (1994).

Ein früher Test der Implikationen des Lucas-Modells wurde von Romer (1990) bereitgestellt, der Belege dafür fand, dass das anfängliche Niveau der Lese- und Schreibfähigkeiten (aber nicht die Veränderung davon) Outputwachstum vorhersagt. Barro und Sala-i-Martin (1995) sprechen ebenfalls den Zusammenhang zwischen Bildung und Wachstum basierend auf einer großen Stichprobe von Ländern zwischen 1965 und 1985 an. Sie finden signifikante positive Effekte der Bildungserfolge und öffentlicher Bildungsausgaben für das folgende Wachstum. Barro (1997) sowie Caselli, Esquivel und Lefor (1996) untersuchen die unterschiedliche Wirkung der Bildung von Männern und Frauen auf Wachstum.

Ein zweiter Ansatz im Hinblick auf den Zusammenhang zwischen Bildung und Wachstum geht auf den wegweisenden Beitrag von Nelson und Phelps zurück, in dem der Humankapitalstock eines Landes dessen Fähigkeit zur Innovation oder zum Aufholen gegenüber weiter fortgeschrittenen Ländern beeinflusst. Dieser Ansatz wurde von Benhabib und Spiegel (1994) erweitert, wo Humankapital nicht nur die Übernahme fortgeschrittener Technologien erleichtert, sondern es einfacher macht zu innovieren. Benhabib und Spiegel konfrontieren dabei die Vorhersagen eines positiven Zusammenhangs zwischen Wachstum und dem Bestand an Humankapital mit Länderpaneldaten. Arbeiten von Krueger und Lindahl (2001) schlussfolgern jedoch, dass die Signifikanz der Korrelation zwischen Wachstum und Humankapitalbeständen sich auflöst, wenn man die Regression auf OECD-Länder beschränkt, was einen verführt zu glauben, dass Bildung nur für den Aufholprozess und nicht für Innovationen an der Technologiegrenze eine Rolle spielt.

Vandenbussche, Aghion und Meghir (2006) und Aghion, Boustan et al. (2005) bauen auf der Idee angemessener Institutionen (siehe Kapitel 11) auf, um die Beziehung zwischen Wachstum und der Zusammensetzung des Humankapitals unter der Annahme, dass Humankapital Innovationen und Implementierung nicht einheitlich beeinflusst, zu untersuchen: Primäre und sekundäre Bildung tendiert dazu, Imitatoren zu fördern, während tertiäre Bildung (vor allem Graduiertenbildung) eher Innovatoren erzeugt. Das erste dieser Papiere stellt diese Vorhersage OECD-Länderpaneldaten gegenüber, während das zweite Papier dieselbe Vorhersage mit Daten für US-Bundesstaaten konfrontiert. Für einen umfangreichen Überblick über die Themen dieses Kapitel sei auf Krueger und Lindahl (2001) verwiesen.

▶ Aufgaben

1. Erklären Sie, wie die Akkumulation von Bildung das Wachstum im neoklassischen und AK-Modell fördert. Beschreiben Sie, wie das Ausbildungsniveau hingegen eine Rolle spielt. Geben Sie ein paar intuitive Gründe, warum die Struktur der Ausbildung sich mit dem Abstand eines Landes zur globalen Technologiegrenze verändern sollte.
2. **Die Akkumulation von Humankapital im neoklassischen Modell (basierend auf Mankiw, Romer und Weil 1992)**
   Bei dieser Aufgabe wird eine erweiterte Version des Solow-Modells von Mankiw, Romer und Weil benutzt. Der Output wird unter Einsatz von Sachkapital, Humankapital und reiner Arbeit anhand einer Cobb-Douglas-Produktionsfunktion $Y = AK^{\alpha}H^{\beta}L^{1-\alpha-\beta}$ hergestellt, wobei das technologische Niveau A als gegeben angenommen wird. Das Human- und das Sachkapital werden mit derselben exogenen Rate δ abgeschrieben. Die Arbeitsmenge wächst mit der Rate n. Es werden konstante Anteile des Outputs, s_h und s_k in das Human- bzw. das Sachkapital investiert.
   Es wird auch angenommen, dass $\alpha + \beta < 1$ ist, d. h., es gibt abnehmende Grenzerträge bei der Akkumulation beider Kapitalarten.
   a) Es sollen y, h und k die Niveaus des Outputs, des Humankapitals und des Sachkapitals pro Kopf sein: $y \equiv \frac{Y}{L}$, $h \equiv \frac{H}{L}$ und $k \equiv \frac{K}{L}$. Wie hoch sind die Wachstumsraten von k und h?
   b) Ermitteln Sie die Steady-state-Werte von h, k und y. Zeigen Sie, dass
   $$y^* = \left(\frac{As_h^{\beta}s_k^{\alpha}}{(n+\delta)^{\alpha+\beta}}\right)^{\frac{1}{1-\alpha-\beta}}$$
   Wie lauten die Wachstumsraten für das BIP pro Kopf und das BIP im Steady-state?
   c) Nehmen Sie an, dass $\alpha + \beta = 1$ gilt. Wie lauten die Wachstumsraten von k und h? Kann es langfristig positives Wachstum des BIP pro Kopf geben?
   d) Zeigen Sie, dass der logarithmierte Wert des Pro-Kopf-Einkommens im Steady-state gleich
   $$\ln(y_t) = \ln(A_t) + \frac{\alpha}{1-\alpha-\beta}\ln(s_k) + \frac{\beta}{1-\alpha-\beta}\ln(s_h) - \frac{\alpha+\beta}{1-\alpha-\beta}\ln(n+\delta)$$
   ist, während das neoklassische Modell den Ausdruck

$$\ln(y_t) = \ln(A_t) + \frac{\alpha}{1-\alpha}\ln(s_k) - \frac{\alpha}{1-\alpha}\ln(n+\delta)$$

erzeugt.

e) Wie beeinflusst die Existenz der Humankapitalbildung die Wirkung der Sparquote s_k auf das BIP pro Kopf? Und diejenige des Bevölkerungswachstums?

3. ****Die Aneignung von Fähigkeiten und Externalitäten des Humankapitals (basierend auf Lucas 1988)**

Es wird eine Version des Modells von Lucas betrachtet, die Externalitäten der Humankapitalbildung erlaubt. Agenten leben unendlich lang und maximieren ihren Nutzen über ihre Lebenszeit. Der Nutzen pro Periode ist gegeben durch $u(c) = \frac{c_t^{1-\sigma}}{1-\sigma}$ und die Diskontrate ist ρ.

In jeder Periode verwenden sie einen Teil ihrer Zeit u für die Produktion und einen Teil $(1-u)$ für die Aneignung von Humankapital. Die laufende Produktion ist gegeben durch

$$y = k^{\beta}(uh)^{1-\beta}\overline{h}^{\gamma},$$

wobei $\overline{h}$ das durchschnittliche Humankapital in der Ökonomie ist und die Spillover-Effekte des Humankapitals erfasst. Das Wachstum des Humankapitals nimmt folgende Form an:

$$\dot{h}_t = \delta h_t^{\xi}(1-u_t), \delta > 0, \xi > 0$$

a) Kann Humankapital das Wachstum der Ökonomie langfristig aufrechterhalten, wenn $\xi < 1$ gilt?

b) Nehmen Sie für den Rest der Aufgaben an, dass der Erwerb von Fähigkeiten konstante Grenzerträge $\xi = 1$ aufweist. Stellen Sie den Lagrange-Ansatz für das Maximierungsproblem eines repräsentativen Haushalts auf. Beachten Sie dabei, dass es zwei Beschränkungen gibt, nämlich die Entwicklung des Sachkapitals und des Humankapitals. Leiten Sie die Bedingungen erster Ordnung für die Wahl von c und u sowie die Gleichung für die Veränderungen der Schattenpreise des Humankapitals und des Sachkapitals her.

c) Stellen Sie unter Verwendung der Bedingungen erster Ordnung die Wachstumsrate des Konsums als Funktion von k, h und u dar. Beachten Sie, dass im Gleichgewicht gilt: $\overline{h} = h$.

d) Auf einem ausgeglichenen Wachstumspfad müssen das Humankapital, das Sachkapital und der Konsum mit den konstanten Raten g_h, g_k bzw. g_c wachsen und der Anteil der für die Produktion eingesetzten Zeit u muss konstant sein. Zeigen Sie, dass diese Wachstumsraten verbunden sind durch $g_k = g_c = \left(\frac{1-\beta+\gamma}{1-\beta}\right)g_h$ und $g_h = \delta(1-u)$.

e) Ermitteln Sie unter Verwendung der Bedingung erster Ordnung und der Entwicklung der Schattenpreise für Human- und Sachkapital die Wachstumsrate des Humankapitals (beachten Sie, dass die Agenten den durchschnittlichen Humankapitalbestand $\overline{h}$ als gegeben annehmen.) Zeigen Sie, dass

$$g_c = \frac{1-\beta+\gamma}{\sigma(1-\beta+\gamma)-\gamma}(\delta-\rho)$$

f) Ein sozialer Planer wird den Effekt von $\overline{h}$ auf den Output internalisieren. Wird die Allokation der Zeit auf die Produktion und den Erwerb von Fähigkeiten sich vom privaten Gleichgewicht unterscheiden? Ermitteln Sie unter Anwendung eines ähnlichen

Ansatzes wie unter e die Wachstumsrate des Konsums, die sich aus der Wahl des soziale Planers von u ergibt. Wie hängt die Lücke zwischen der sozial optimalen und der gleichgewichtigen Wachstumsrate von γ ab?

4. ***Wachstum und die Struktur der Ausbildung (basierend auf Aghion, Boustan et al. 2005)**

An dieser Stelle wird die Beschäftigung beider Arten von Arbeitskräften bei der Herstellung des Endprodukts sowie bei der Imitation und Innovation zugelassen. Das Endprodukt wird mit folgender Technologie hergestellt:

$$y_t = \int_0^1 \left(A_t u_{f,t}^{\beta} s_{f,t}^{1-\beta}\right)^{1-\alpha} x_{i,t}^{\alpha} di$$

Wobei u_f und s_f für die unqualifizierte und qualifizierte Arbeit im Endproduktsektor stehen. Monopolisten stellen das Zwischenprodukt $x_{i,t}$ eins zu eins aus dem Endprodukt her. Ihr Output ist $x_{i,t} = \frac{\alpha}{1-\alpha} \delta A_t u_{f,t}^{\beta} s_{f,t}^{1-\beta}$ und ihre Gewinne sind $\pi_{i,t} = \delta A_t u_{f,t}^{\beta} s_{f,t}^{1-\beta}$. Die Entwicklung der Produktivität ist gegeben durch

$$A_{t+1} - A_t = u_{m,t}^{\sigma} s_{m,t}^{1-\sigma}\left(\overline{A}_t - A_t\right) + \gamma u_{n,t}^{1-\sigma} s_{n,t}^{\sigma} A_t$$

Die erste Komponente ist die durch Imitation erzeugte Verbesserung der Technologie, die zweite Komponente wird durch die Innovation getrieben. Es wird angenommen, dass $\sigma > \frac{1}{2}$ ist. Das Gleichgewicht im Arbeitsmarkt erfordert, dass $s_{f,t} + s_{m,t} + s_{n,t} = S$ und $u_{f,t} + u_{m,t} + u_{n,t} = U$.

a) Wie ergeben sich die Löhne für die qualifizierten und die unqualifizierten Arbeitskräfte als Funktion von u_f und s_f bei gegebenem Endproduktsektor?

b) Der repräsentative Produzent eines Zwischenprodukts wählt $u_{m,t}$, $u_{n,t}$, $s_{m,t}$ und $s_{n,t}$ so, dass die Gewinne in der Periode $t+1$ maximiert werden. Leiten Sie die Bedingungen erster Ordnung für die Nachfrage nach diesen Arten von Arbeit ab. Zeigen Sie unter Vernachlässigung der Indizes, dass die Qualifikationsintensitäten bei der Imitation und der Innovation gegeben sind durch

$$\frac{s_m}{u_m} = \frac{1-\sigma}{\sigma}\left(\frac{1-a}{\gamma a}\right)^{\frac{1}{2\sigma-1}}$$

$$\frac{s_n}{u_n} = \frac{\sigma}{1-\sigma}\left(\frac{1-a}{\gamma a}\right)^{\frac{1}{2\sigma-1}}$$

Wobei $a \equiv \frac{A}{\overline{A}}$ die Nähe des Landes zur Technologiegrenze angibt. Wie hängen diese Elastizitäten von a und σ ab?

c) Wie wirkt sich eine Erhöhung der Menge qualifizierter Arbeit $S - s_f$ bei Verbesserung der Technologie auf die Allokation aller Arten von Arbeitskräften auf Imitations- und Innovationszwecke aus? Werden beide Aktivitäten ausgedehnt? Geben Sie eine intuitive Erklärung.

d) Ermitteln Sie den relativen Lohn der qualifizierten Arbeitskräfte und die Qualifikationsintensität im Endproduktsektor. Wie hängen diese von dem Parameter a ab?

e) Ermitteln Sie die gleichgewichtige Wachstumsrate der Technologie als eine Funktion von $S - s_f$ und $U - u_f$. Wie entwickeln sich die relativen Beiträge der qualifizierten und der unqualifizierten Arbeit zum Wachstum, wenn sich die Nähe zur Technologiegrenze vergrößert?

5. ****Humankapital und Technologiediffusion (basierend auf Benhabib und Spiegel 2005)**
Dies ist eine Variation des Modells von Nelson und Phelps, bei dem die Aufhol-Parameter von der Distanz zur Technologiegrenze abhängen und somit z. B. die Schwierigkeit für weniger entwickelte Länder widerspiegeln, entfernte, weniger angemessene Technologien zu übernehmen.
a) Betrachten Sie zuerst das ursprüngliche Modell zur Technologiediffusion:

$$\dot{A}_t = f(h)(\overline{A}_t - A_t) + g(h)A_t$$

Zur Vereinfachung wird ein konstanter Bestand des Humankapitals angenommen. Die Technologiegrenze wächst mit der Rate $\overline{g} > g(h)$, so dass $\overline{A}_t = \overline{A}_0 e^{\overline{g}t}$. Zeigen Sie, dass

$$A_t = \left(A_0 - \frac{f}{f - g + \overline{g}}\right) e^{(g-f)t} + \left(\frac{f}{f - g + \overline{g}}\right) \overline{A}_0 e^{\overline{g}t}$$

Wobei $f = f(h)$ und $g = g(h)$.
Wie hoch ist $\lim_{t\to\infty} \frac{A_t}{\overline{A}_t}$? Wird die Produktivität eines Landes eventuell mit derselben Rate wie die Technologiegrenze wachsen?

b) Es wird nun zugelassen, dass für jeden Wert des Humankapitalbestands die Rate der Technologiediffusion von der Entfernung zur Technologiegrenze abhängt. Wenn der Abstand zur Technologiegrenze steigt, kann die Aufholrate gedrückt werden. Dies kann insbesondere bei großen Unterschieden bei den Faktorverhältnissen zwischen dem führenden Land und dem Verfolger der Fall sein, die die Übernahme von Grenzinnovationen schwieriger machen können. Die Produktivität wächst entsprechend der folgenden Gleichung:

$$\dot{A}_t = f(h)\left(\frac{A_t}{\overline{A}_t}\right)(\overline{A}_t - A_t) + g(h)A_t$$

Die anderen Annahmen sollen nicht verändert werden. Zeigen Sie, dass

$$A_t = \overline{A}_0 e^{\overline{g}t} \left[e^{-(f+g-\overline{g})t} \left(\frac{\overline{A}_0}{A_0} - \frac{f}{f + g - \overline{g}}\right) + \frac{f}{f + g - \overline{g}} \right]^{-1}$$

Wie hoch ist $\lim_{t\to\infty} \frac{A_t}{\overline{A}_t}$ falls $f > \overline{g} - g$ und falls $f < \overline{g} - g$? Interpretieren Sie das Ergebnis.

6. ***Fallen niedriger Entwicklung aufgrund niedriger Qualifikationen (based on Redding 1996)**
Bei dieser Aufgabe wird die Möglichkeit multipler Gleichgewichte, bedingt durch strategische Komplementaritäten zwischen den Bildungsinvestitionen und FuE, betrachtet. Es gibt ein Kontinuum an überlappenden Generationen von Individuen, die für zwei Perioden leben. Die Arbeitskräfte maximieren ihren Lebenszeitkonsum der linearen Form $u(c_1, c_2) = c_1 + c_2$. Sie werden zu Beginn der Periode t mit einer Ausstattung an Humankapital $h_{1,t} \equiv 1$ geboren. Wenn sie jung sind, verwenden sie einen Teil u_t ihrer Zeit auf die Produktion und verdienen $u_t A_t$. Die restliche Zeit wird für die Ausbildung eingesetzt. Wenn sie alt sind, beträgt ihr Humankapital $h_{2,t} = 1 + \gamma(1 - u_t)^\theta$, wobei $0 < \theta < 1$ gilt.
Die Unternehmer wählen die FuE-Ausgaben für die Zeit t und stellen alte Arbeitskräfte für die Zeit $t + 1$ ein, um $y_{t+1} = A_{t+1}h_{t+1}$ zu produzieren. Der Preis des Guts ist auf 1 normiert. Ein Teil des Umsatzes α geht an die Arbeitskräfte und $1 - \alpha$ an den Unterneh-

mer. Die FuE-Technologie sieht wie folgt aus: Durch die Übernahme von Kosten in Höhe von $\delta\mu A_t$, wird eine Innovation des Umfangs λ (so dass $A_{t+1} = \lambda A_t$) mit der Wahrscheinlichkeit μ auftreten.

a) Stellen Sie das Maximierungsproblem der Arbeitskräfte auf. Wie hoch ist der optimale Anteil der Zeit, der in der ersten Periode für die Bildung verwendet werden sollte?

b) Leiten Sie bei gegebenem u die Entscheidung des Unternehmers über die FuE-Ausgaben ab. Zeigen Sie, dass es eine Grenzwertentscheidung ist, d. h. $\mu^* = 1$ oder $\mu^* = 0$. Warum wird gesagt, dass das Modell strategische Komplementaritäten zwischen Bildungsinvestitionen und FuE-Ausgaben ausweist?

c) Unter welcher Bedingung existiert eine Falle niedriger Entwicklung ohne Produktivitätswachstum? Wie groß ist dann die Investition in das Humankapital u?

d) Unter welcher Bedingung existiert ein Steady-state-Pfad mit positivem Produktivitätswachstum? Wie groß ist dann die Investition in das Humankapital u? Wie sieht die Wachstumsrate der Technologie aus?

e) Nehmen Sie an, die Ökonomie befindet sich anfänglich in einer Nullwachstumsfalle. Die Regierung entscheidet sich, eine Subvention s pro Zeiteinheit, die für Bildung verwendet wird, zu bezahlen, so dass junge Arbeitskräfte $u_t A_t + (1 - u_t)s$ verdienen. Wie hoch muss die Subvention mindestens sein, um die Ökonomie auf einen Steady-state mit hohem Wachstum zu bringen? Wie hängt dies von δ und γ ab?

14 Die Reduzierung von Volatilität und Risiko

14.1 Einführung

Makroökonomische Lehrbücher präsentieren im Allgemeinen die Ansicht, dass es eine vollständige Dichotomie zwischen (1) makroökonomischer Politik (Budgetdefizite, Besteuerung, Geldangebot), deren Ziel die Stabilisierung der Ökonomie und (2) langfristigem Wachstum gibt, welches entweder als exogen oder als ausschließlich von strukturellen Eigenschaften der Ökonomie (Durchsetzung von Eigentumsrechten, Marktstruktur, Marktmobilität usw.) abhängig angesehen wird. Obwohl es also Allgemeinwissen ist, dass Wachstum makroökonomische Stabilität (oder Preisstabilität) erfordert, enthält die konventionelle makroökonomische Theorie keine explizite Verbindung zwischen Makropolitik und langfristigem Wachstum.

Die Vorstellung, dass Wachstum und Konjunkturzyklen getrennt untersucht werden sollten, ist tief in der Geschichte der ökonomischen Theorie verwurzelt. Das Keynesianische Multiplikator/Akzelerator-Modell (oder Oszillator-Modell) analysiert Fluktuationen des aggregierten Outputs um einen exogen gegebenen Trend. Währenddessen untersuchten das Harrod-Domar-Modell und die neoklassischen Wachstumsmodelle langfristige, deterministische Wachstumspfade des aggregierten Outputs und ignorierten konjunkturelle Schwankungen. Kaldor betonte Mitte der 1950er Jahre: „As a pure cyclical model, the oscillator model had little resemblance to cyclical fluctuations in the real world, where successive booms carry production to successively higher levels."[1]

Die Literatur zu Real Business Cycle (RBC) der 1980er Jahre (z. B. Kydland und Prescott 1982; Long und Plosser 1983) mit der Betonung von Produktivitätsschocks als Hauptursache andauernder Fluktuationen kann als erster Schritt in Richtung der Überwindung der traditionellen Trennung der makroökonomischen Theorie zwischen Trend und Zyklen verstanden werden. Da die RBC-Modelle auf der gleichen Art von Produktionstechnologien wie die neoklassische Wachstumsliteratur basieren, konnten die RBC-Modelle jedoch einen Trend, der in einer Ursache-Wirkungs-Beziehung zum Konjunkturzyklus steht, nicht berücksichtigen.

Ein Versuch, die Dichotomie zwischen kurzfristigen Schwankungen und langfristigem Wachstum zu überwinden, kam mit der „AK-Welle" endogener Wachstumsmodelle. Dieser Ansatz führte Produktivitätsschocks in einem AK-Modell à la Romer (1986) ein. Der Leser sei auf die Pionierbeiträge von King und Rebelo (1986) und Stadler (1990) aus den 1980er

---

1 Dieselbe Kritik kann auch auf andere Versionen des Oszillator-Modells (z. B. Hicks 1950) angewandt werden, in denen ein exogener linearer Trend auf das ursprüngliche Zyklenmodell aufgesetzt wird.

Jahren verwiesen. Ein jüngerer Beitrag zu dieser Forschungsrichtung kam von Jones, Manuelli und Stachetti (2000), im Weiteren JMS, die die Pionierarbeit von Phelps (1962) modernisierten.

Eine andere Welle von Modellen mit Volatilität und Wachstum benutzt das Schumpeterianische Paradigma. In diesem Ansatz wird die Verbindung zwischen Schwankungen und Wachstum durch Forschungsarbitrage-Gleichungen bestimmt. Ein erster Versuch, die Schwankungen von FuE-Investitionen im konjunkturellen Verlauf zu erklären, baut auf der Vorstellung auf, dass neue Ideen schnell imitiert werden (siehe Barlevy 2007), so dass es lohnender ist, in einem Aufschwung zu innovieren, wenn die Ideen am meisten Gewinn erbringen. Ein zweiter Versuch berücksichtigt Kreditbeschränkungen. Die Vorstellung ist, dass ohne Kreditbeschränkungen Rezessionen Unternehmen ermutigen sollten, sich zu reorganisieren, zu innovieren oder sich neuen Märkten zuzuwenden. Schumpeter fasste diese Ansicht wie folgt zusammen: „[Recessions] are but temporary. They are means to reconstruct each time the economic system on a more efficient plan." Jedoch werden Kreditbeschränkungen in Krisen die Innovationsfähigkeit von Unternehmen beeinflussen; typischerweise werden die laufenden Einnahmen in einer Rezession gesenkt und damit bestimmt die Fähigkeit der Unternehmen, Kapital zu leihen, die Innovationsfähigkeit. Dieser „Schumpeterianische" Ansatz ergibt die Vorhersage: Je niedriger der Entwicklungsstand des Finanzwesens ist, desto stärker wird die negative Korrelation zwischen makroökonomischer Volatilität und Wachstum. Dies wiederum legt nahe, dass makroökonomische Politik direkt das langfristige Wachstum beeinflussen kann. Insbesondere indem sie entweder den Wirkungen von Kreditbeschränkungen auf die zyklische Zusammensetzung der Investitionen der Unternehmen entgegenwirkt oder im Gegensatz diese Wirkungen sogar noch verstärken kann.

Ein anderer Versuch, Volatilität und Wachstum zu verbinden, ist das stochastische Modell von Acemoglu und Zilibotti (1997), im Weiteren AZ genannt. In diesem Modell gibt es die Vorstellung, dass jede neue Aktivität zu Fixkosten führt und dass deswegen weniger entwickelte Volkswirtschaften nur eine begrenzte Anzahl an Aktivitäten finanzieren können. Damit treibt in diesen Volkswirtschaften der begrenzte Umfang an Risikodiversifikation die Entscheider dazu, unterlegene, aber dafür sichere Technologien zu wählen. Gleichzeitig führt die Tatsache, dass weniger entwickelte Ökonomien spezifische Risiken nicht diversifizieren können, dazu, dass diese Volkswirtschaften volatiler und damit anfälliger gegenüber Schocks sind.

Dieses Kapitel ist wie folgt aufgebaut: Abschnitt 14.2 stellt den AK-Ansatz von JMS vor und diskutiert dessen Implikationen. Abschnitt 14.3 benutzt den Schumpeterianischen Ansatz, um die zyklischen Schwankungen von FuE-Investitionen und die Vorhersage, dass Volatilität in Volkswirtschaften mit einem weniger entwickelten Finanzwesen schädlicher für Wachstum ist, zu analysieren. Dieser Abschnitt diskutiert auch die Schumpeterianischen Modelle zyklischer Schwankungen bei FuE-Investitionen, die nicht auf Beschränkungen im Kreditmarkt beruhen. Abschnitt 14.4 präsentiert das Modell von Acemoglu und Zilibotti zu Risikostreuung und Wachstum. Abschnitt 14.5 zieht Schlussfolgerungen, indem die wichtigsten Ergebnisse dieses Kapitels zusammengefasst werden.

14.2 Der AK-Ansatz

Die Vorstellung ist, dass makroökonomische Volatilität langfristiges Wachstum aufgrund ihrer Wirkungen auf die gesamtwirtschaftlichen Ersparnisse und Investitionen beeinflussen kann. Man erinnere sich daran, dass unter den Bedingungen des AK-Modells Wachstum nur durch Kapitalakkumulation entsteht. Damit wird eine höhere Volatilität das Angebot an Ersparnissen erhöhen, wenn Individuen aufgrund des Vorsichtsmotivs mehr sparen möchten. Aber eine höhere Volatilität tendiert dazu, die risikobereinigte Ertragsrate und damit die Investitionsnachfrage zu senken. Phelps (1962) zeigte, dass es von der intertemporalen Substitionselastizität des repräsentativen Haushalts abhängt, welcher der beiden Effekte dominiert. JMS (2000) bestätigten das Ergebnis von Phelps in einem moderneren Ansatz.

14.2.1 Das Modell von Jones, Manuelli und Stacchetti

Es wird an dieser Stelle eine einfache Version des JMS-Modells mit überlappenden Generationen vorgestellt. Man betrachte eine Volkswirtschaft, die mit einem Kontinuum von Individuen bevölkert wird, die alle zwei Perioden leben. Jedes Mitglied der Generation t (genannt Frau t) wird in der Periode t geboren und hat eine intertemporale Nutzenfunktion:

$$U_t = \frac{\left(c_t^y\right)^{1-\sigma}}{1-\sigma} + \beta \frac{\left(c_{t+1}^o\right)^{1-\sigma}}{1-\sigma}, \quad 0 < \beta < 1, 0 < \sigma$$

Wobei $c_t^y = c_t$ der Konsum von Frau t ist, wenn sie jung ist, und c_{t+1}^o der, wenn sie alt ist; β ist der Diskontfaktor; und σ ist die Grenznutzenelastizität, auch bekannt als Koeffizient der relativen Risikoaversion. Alternativ dazu ist $e = 1/\sigma$ die intertemporale Substitutionselastizität. Die Größe jeder Generation ist konstant und normiert auf eins. Die Volkswirtschaft erzeugt nur ein Gut, das entweder konsumiert oder als Kapitalgut verwendet werden kann.

Zu jedem Zeitpunkt t hängt der aggregierte Output der Ökonomie von k_t, der Menge des gesparten Kapitals im Zeitraum $t-1$, ab, entsprechend der stochastischen AK-Technologie

$$y_t = u_t k_t,$$

mit u_t als gesamtwirtschaftlichem Produktivitätsschock, der unabhängig und gleichverteilt ist mit

$$Eu_t = A > 1$$

Der Output in jeder Periode wird zwischen den Jungen und Alten entsprechend fixer Anteile aufgeteilt, wobei der Anteil γ an die Alten geht.[2] Somit werden die Alten γy_t konsumieren. Die Jungen werden c_t konsumieren, und ihre Ersparnisse werden k_{t+1} sein, was dem Kapital entspricht, das in der nächsten Periode eingesetzt wird; d. h.

$$c_t + k_{t+1} = (1-\gamma) u_t k_t \tag{14.1}$$

Wenn das repräsentative Mitglied der Generation t alt ist, wird ihr Konsum

$$c_{t+1}^o = \gamma u_{t+1} k_{t+1}$$

sein. So dass, obwohl sie k_{t+1} zum Zeitpunkt t bestimmen kann, ihr Konsum im Alter unsicher ist, in Abhängigkeit vom zufälligen Produktivitätsschock u_{t+1}, der nicht vor der nächs-

---

2 Ein Weg, diesen Anspruch zu rechtfertigen, ist es, anzunehmen, dass der Output vom Kapital- und Arbeitseinsatz entsprechend $y_t = u_t k_t L^\alpha$ abhängt und dass nur die Jungen Arbeit anbieten können, jede junge Person über ein fixes Arbeitsangebot verfügt und es Wettbewerb im Arbeitsmarkt gibt. In diesem Fall wird der Lohnsatz dem Grenzprodukt entsprechen:
$w_t = \alpha u_t k_t L^{\alpha-1}$,
so dass das Einkommen der Jungen $w_t L$ ein konstanter Anteil α am gesamtwirtschaftlichen Output ist.

ten Periode realisiert wird. Entsprechend wird sie c_t und k_{t+1} wählen, um den erwarteten Nutzen unter der Nebenbedingung (14.1) zu maximieren:

$$E\left\{\frac{c_t^{1-\sigma}}{1-\sigma}+\beta\frac{(\gamma u_{t+1}k_{t+1})^{1-\sigma}}{1-\sigma}\right\}$$

Da die Budgetbeschränkung bedeutet, dass zwischen c_t und k_{t+1} ein Eins-zu-eins-Trade-off besteht, verlangt das optimale Ergebnis, dass der erwartete Grenznutzen aus c_t gleich dem erwarteten Grenznutzen von k_{t+1} ist. Das bedeutet, dass die Bedingung erster Ordnung für die Maximierung des erwarteten Nutzens gleich

$$c_t^{-\sigma}=\beta\gamma^{1-\sigma}E(u_{t+1}^{1-\sigma})k_{t+1}^{-\sigma}$$

ist.

Damit variiert das gleichgewichtige Verhältnis zwischen Sparen und Konsum $\varphi = k_{t+1}/c_t$ nicht über die Zeit hinweg:

$$\varphi=[\beta\gamma^{1-\sigma}E(u_{t+1}^{1-\sigma})]^{1/\sigma} \tag{14.2}$$

Und die erwartete Wachstumsrate g wiederum hängt positiv von diesem Verhältnis ab, nämlich über[3]

$$1+g=E\left(\frac{y_{t+1}}{y_t}\right)=E\left(\frac{u_{t+1}k_{t+1}}{y_t}\right)=\frac{\varphi}{\varphi+1}A(1-\gamma) \tag{14.3}$$

Dies macht es nun möglich, die Frage zu stellen: Wie variiert die durchschnittliche Wachstumsrate g mit der makroökonomischen Volatilität? Ein Anstieg der Volatilität soll durch eine Verbreiterung der Streuung der gesamtwirtschaftlichen Produktivitätsschocks u_t für alle t bei konstantem Mittelwert abgebildet werden. Entsprechend der Gleichungen (14.2) und (14.3) wird dies das Wachstum dann und nur dann erhöhen, wenn es das Verhältnis zwischen Sparen und Konsum φ erhöht. Dies wiederum wird dann und nur dann passieren, wenn der Ausdruck

$$E(u_{t+1}^{1-\sigma})$$

erhöht wird.

Nun ist aus der Literatur über Unsicherheit bekannt, dass, falls $h(u)$ konkav bezüglich u ist, jede Erhöhung der Streuung bei konstantem Mittelwert den Erwartungswert $E[h(u)]$ senkt; in gleicher Weise gilt, dass, wenn $h(u)$ bzgl. u konvex ist, jede Erhöhung der Streuung bei konstantem Mittelwert den Erwartungswert $E[h(u)]$ steigert.

---

3 Um die letzte Gleichung zu bekommen, sei zuerst daran erinnert, dass

$$c_t+k_{t+1}=y_t(1-\gamma)$$
$$k_{t+1}=\varphi c_t$$
$$E(u_{t+1})=A$$

Somit

$$\begin{aligned}E\left(\frac{y_{t+1}}{y_t}\right)&=E\left(\frac{u_{t+1}k_{t+1}}{y_t}\right)\\&=E(u_{t+1})\frac{k_{t+1}}{y_t}\\&=A\frac{\varphi c_t}{(1+\varphi)\,c_t/(1-\gamma)}\\&=A\frac{\varphi}{1+\varphi}(1-\gamma)\end{aligned}$$

An dieser Stelle ist die Funktion $h(u) = u^{1-\sigma}$ von Interesse, die konkav ist, wenn die Elastizität des Grenznutzens σ kleiner als eins ist, und die konvex ist, wenn $\sigma > 1$ gilt. Somit wird die Antwort auf die vorige Frage davon abhängen, ob die intertemporale Substitutionselastizität $e = 1/\sigma$ größer oder kleiner als eins ist. Falls e größer als eins ist, dann ist $u^{1-\sigma}$ konkav und damit reduziert eine Zunahme der Volatilität das erwartete Wachstum. In diesem Fall ist der vorherrschende Effekt der Volatilität die Senkung der risikobereinigten Ertragsrate der Investitionen und damit wird das Sparen entmutigt. Wenn dagegen, so wie es in den meisten Ländern entsprechend gesamtwirtschaftlicher Verbrauchsstudien der Fall zu sein scheint, die Substitutionselastizität kleiner als eins ist, dann ist $u^{1-\sigma}$ konvex und damit steigert Volatilität das erwartete Wachstum. In diesem Fall ist der vorherrschende Effekt der Volatilität der Anstieg des Vorsichtssparens.

Somit sollte nach dem AK-Ansatz bei den beobachtbaren Werten für die intertemporale Substitutionselastizität e das Wachstum mit der Volatilität zunehmen.

14.2.2 Widersprechende Tatsachen

Eine erste Voraussage des AK-Ansatzes, die im vorigen Abschnitt hergeleitet wurde, ist, dass Volatilität und Wachstum für realistische Werte des Parameters für die intertemporale Substitutionselastizität positiv miteinander korreliert sein sollten. Jedoch legt die empirische Arbeit von Ramey und Ramey (1995), im Weiteren RR, das Gegenteil nahe. Genauer gesagt, betrachten RR Querschnittsdaten von 92 Ländern und regressieren das durchschnittliche Wachstum auf die durchschnittliche Volatilität. Das jährliche Wachstum wird durch die logarithmierten Differenzen des Pro-Kopf-Einkommens berechnet. Die Daten wurden aus der Penn-World-Tabelle Mark 6.1 gewonnenen. Die gesamtwirtschaftliche Volatilität wird durch die länderspezifische Standardabweichung des jährlichen Wachstums für den Zeitraum von 1960–1992 gemessen. Ramey und Ramey konstruieren auch eine Schätzung für die durch exogene Wachstumsschocks bedingte Volatilität, indem sie die Zeitreihe zuerst filtern. Sie finden, erstens, eine negative Korrelation zwischen der Standardabweichung der jährlichen Pro-Kopf-Einkommen und der durchschnittlichen Wachstumsrate. Zweitens, scheint die Korrelation zwischen Wachstum und Volatilität von negativ in vernachlässigbar überzugehen, wenn man die Untersuchung auf OECD-Länder beschränkt. Drittens, finden sie heraus, dass die negative Korrelation zwischen Volatilität und Wachstum erhalten bleibt, wenn man für die durchschnittlichen Investitionen in Relation zum BIP kontrolliert. Diese in Tabelle 14.1 zusammengefassten Ergebnisse stehen ganz klar im Widerspruch zu den existierenden Theorien. Dennoch wurde noch kein Versuch unternommen, sie zu erklären.

Eine zweite Voraussage des AK-Ansatzes ist, dass Volatilität Wachstum nur über ihre Effekte auf das gesamtwirtschaftliche Sparen, oder, äquivalent dazu, auf das gesamtwirtschaftliche Investieren beeinflussen sollte. Aghion, Angeletos, Banerjee und Manova (2005), im Weiteren AABM, zeigen jedoch, dass die (negative) Korrelation zwischen Volatilität und Wachstum (oder die positive Korrelation zwischen guten Schocks und Wachstum) nur um 20 % reduziert wird, ohne die Signifikanz der Korrelationswerte zu senken, wenn man für den Anteil der Investitionen am BIP kontrolliert.

Diese Ergebnisse wiederum implizieren, dass die gesamtwirtschaftlichen Investitionen nicht der wichtigste Kanal sein können, über den eine makroökonomische Stabilisierungspolitik das Wachstum beeinflusst, indem sie die Wirkung der Volatilität beeinflusst.

Tab. 14.1: Der Zusammenhang zwischen durchschnittlichem Wachstum und Volatilität (Ramey and Ramey 1995)

Unabhängige Variable	92-Länderstichprobe (2.208 Beobachtungen)	OECD-Länderstichprobe (888 Beobachtungen)
Konstante	0,0727	0,158
	(3,72)	(5,73)
Volatilität (σ)	-0,211	-0,385
	(-2,61)	(-1,92)
Durchschnittlicher Anteil der Investitionen am BIP	0,127	0,069
	(7,63)	(2,76)
Durchschnittliche Bevölkerungswachstumsrate	-0,058	0,212
	(-0,38)	(0,70)
Anfängliches Humankapital	0,00078	0,00014
	(1,18)	(2,00)
Anfängliches BIP pro Kopf	-0,0088	-0,0172
	(-3,61)	(-5,70)
Zusammenfassung der Varianzen-Schätzer (alle Varianzwerte sind mit 1.000 multipliziert)		
Mittlere Varianz	3,58	0,99
Länder mit niedrigster Varianz	0,317	0,299
	(Schweden)	(Norwegen)
Länder mit höchster Varianz	28,7	2,9
	(Irak)	(Türkei)
U.S. Varianz	0,663	0,596
Prozentsatz der Länder mit anderen Varianzen als die Vereinigten Staaten bei einem Signifikanzniveau von 10 Prozent	65,9	52,2
Log der Likelihood-Function	3.589,40	1.883,80

Anmerkung: Zahlen in den Klammern sind Werte für die t-Statistik.

Die Diskussion in diesem Abschnitt legt nahe, dass man das AK-Modell verlassen und das alternative Modell endogenen Wachstums betrachten muss.[4]

14.3 Kurzfristige versus langfristige Investitionen

In diesem Abschnitt wird ein alternativer Weg untersucht, um die Beziehung zwischen Volatilität und Wachstum zu analysieren. Dieser Weg betont den Unterschied zwischen kurzfristigen Kapitalanlagen und langfristigen produktivitätssteigernden Investitionen. Beispiele für

---

4 Krebs (2003) hat ein zweisektorales AK-Modell, das sogar bei einer einheitlichen intertemporalen Substitutionselastizität einen negativen Effekt der Volatilität auf das Wachstum erzeugt. In seinem Modell ist die Hauptwirkung der Volatilität für einen Haushalt der Anstieg in der Varianz nicht versicherbarer Schocks beim Humankapital (z. B. der Fluch der Arbeitslosigkeit), was den Haushalt dazu bringt, zu wenig in Humankapital gegenüber Sachkapital zu investieren. Dies führt die Volkswirtschaft weg vom wachstumsmaximierenden Von-Neumann-Strahl. Dies ist auch ein Effekt, der von der Entwicklung des Finanzwesens in dem Ausmaß abhängt, in dem eine höhere Stufe bei der Entwicklung des Finanzwesens mehr Vereinbarungen über die vollständige Risikoverteilung bedingt und damit das Ausmaß der Unterinvestition in Humankapital absenkt. Um die Interpretation der Korrelation zwischen Volatilität und Wachstum von Krebs zu verdrängen, müsste sowohl für die Investitionsraten beim Humankapital als auch beim Sachkapital kontrolliert werden und zugelassen werden, dass die Zusammensetzung der Investitionen eine Rolle spielt.

langfristige wachstumsfördernde Investitionen umfassen FuE, IT-Ausrüstungen und organisationales Kapital. Makroökonomische Volatilität wird die Wahl eines Unternehmens zwischen diesen beiden Investitionsarten beeinflussen und, anders ausgedrückt, von dem Maße abhängen, in dem eine Firma Kreditbeschränkungen erfährt. Insbesondere kann dieser Ansatz erklären, weshalb die Beziehung zwischen Volatilität und Wachstum bei Nicht-OECD-Ländern mehr ins Negative geht als bei OECD-Ländern. Ein wichtiger Unterschied zwischen beiden ist, dass OECD-Länder weniger Kreditbeschränkungen aufweisen als Nicht-OECD-Länder.

14.3.1 Die Argumentationsweise

Das theoretische Argument von AABM, das in diesem Abschnitt formalisiert wird, kann wie folgt zusammengefasst werden: Wenn es keine Kreditbeschränkungen gibt, tendieren langfristige, wachstumsfördernde Investitionen dazu, antizyklisch zu sein, da sie oft zu Lasten von direkten produktiven Aktivitäten stattfinden. Die Erträge der letzteren sind in Rezessionen als Folge von einer geringeren Nachfrage nach Fertigwaren geringer, so dass die Opportunitätskosten von längerfristigen, produktivitätsfördernden Investitionen auch geringer sind. Somit gibt es die Möglichkeit eines wachstumsverstärkenden Effekts von Rezessionen.[5]

Jedoch sehen die Dinge ziemlich anders aus, wenn unvollständige Kreditmärkte Firmen in Rezessionen von Innovationen und Reorganisationen abhalten. In einer Rezession werden die laufenden Einnahmen reduziert und damit wird die Fähigkeit einer Firma gesenkt, Kapital für Innovationsanstrengungen zu leihen. Diese eingeschränkte Fähigkeit wiederum impliziert: Je niedriger das Finanzwesen entwickelt ist, umso mehr wird die Erwartung von Rezessionen FuE-Investitionen entmutigen, wenn über diese entschieden wird, bevor Firmen wissen, ob der gesamtwirtschaftliche Schock eingetreten ist. (Firmen erwarten, dass sich ihre FuE-Investitionen langfristig mit einer höheren Wahrscheinlichkeit nicht auszahlen werden, wenn sie den Liquiditätsschock nicht überleben.) In diesem Fall haben Rezessionen eine schädliche Wirkung auf FuE und Wachstum.

Eine natürliche Implikation dieses Arguments ist, dass makroökonomische Politik, die den Konjunkturzyklus stabilisiert, in Ländern und Sektoren das Wachstum mehr fördert, in denen es mehr Finanzmarktbeschränkungen gibt. Deshalb verwenden Aghion und Marinescu (2007) Länderpaneldaten, um zu argumentieren, dass antizyklische Fiskalpolitik (d. h. eine Fiskalpolitik mit höheren Budgetdefiziten in Rezessionen) umso mehr das Wachstum fördert, je niedriger der Entwicklungsstand des Finanzwesens eines Landes ist. Aghion und Kharroubi (2007) verwenden die Methodologie von Rajan-Zingales (1998) (siehe Kapitel 6), um Länder-/Industriepaneldaten zu untersuchen, und zeigen, dass antizyklische Fiskalpolitik das Wachstum in den Sektoren mehr fördert, die mehr von externen Finanzierungsquellen abhängen, und auch eher in den Ländern angesiedelt ist, die einen niedrigeren Entwicklungsstand des Finanzwesens aufweisen.

---

[5] Dieses „Opportunitätskosten"-Argument wurde zum ersten Mal von R. Hall (1991) formuliert, der ein Modell konstruierte, in dem ein gegebenes Arbeitspotenzial auf Produktion und die Schaffung organisationalen Kapitals aufgeteilt wird. (Dies ist ein Gegensatz zu den Real-Business-Cycle-Modellen, in denen zwischen Produktionstätigkeit und Freizeit gewählt werden kann.) Sich anschließende Arbeiten von Bean (1990), Gali und Hammour (1991), Saint-Paul (1993) und Nickell (1996) forschten nach empirischen Belegen für die Existenz eines Opportunitätskosten-Effekts. Indem er eine VAR-Schätzung für OECD-Paneldaten anwandte, zeigte Saint-Paul (1993), dass die Wirkung von Nachfrageschwankungen auf das Produktivitätswachstum größer war, je mehr die Nachfrageschwankungen vorübergehender Natur waren. Nickell (1996) fand Belege dafür, dass in Rezessionen mehr Reorganisationen stattfinden.

14.3.2 Anregende Belege

Dass Kreditbeschränkungen die Beziehung zwischen gesamtwirtschaftlicher Volatilität und Wachstum beeinflussen, wird bei folgender Regression von AABM besonders klar: Das jährliche Wachstum wird durch die logarithmierten Differenzen des Pro-Kopf-Einkommens aus der Penn-World-Tabelle Mark 6.1 berechnet. Wie in Ramey und Ramey (1995) wird die gesamtwirtschaftliche Volatilität durch die länderspezifische Standardabweichung des jährlichen Wachstums für den Zeitraum 1960–1995 gemessen. Die Entwicklung des Finanzwesens wird durch das Verhältnis zwischen privaten Krediten – d. h. dem Wert der Darlehen von Finanzintermediären an den privaten Sektor – und dem BIP gemessen. Daten für 71 Länder wurden zum ersten Mal von Levine, Loyaza und Beck (2000) berechnet, indem Durchschnittswerte für Fünf-Jahresintervalle zwischen 1960 und 1995 (1960–1964, 1965–1969 etc.) ermittelt wurden. Ein Set mit Jahresdaten wurde von Levine vorbereitet und auf seiner Webseite verfügbar gemacht.[6]

Dann schätzen AABM, aufbauend auf Ramey und Ramey, die die Reaktion des langfristigen Wachstums auf Volatilität untersuchten, und auf Levine, Loyaza und Beck, die sich auf die direkten Wirkungen der Kreditbeschränkungen konzentrierten, die grundlegende Gleichung

$$g_i = \alpha_0 + \alpha_1 \cdot y_i + \alpha_2 \cdot \mathrm{Vol}_i + \alpha_3 \cdot \mathrm{Priv}_i + \alpha_4 \cdot \mathrm{Vol}_i * \mathrm{Priv}_i + \beta \cdot X_i + \varepsilon_i$$

Wobei y_i das anfängliche Einkommen in Land i ist, und g_i die durchschnittliche Wachstumsrate der Produktivität in Land i über den Zeitraum 1960–1995 erfasst. Vol_i ist das Maß für die gesamtwirtschaftliche Volatilität, Priv_i ist das durchschnittliche Maß für Entwicklung des Finanzwesens im Zeitraum 1960–1995, X_i ist ein Vektor mit länderspezifischen Kontrollvariablen, und ε_i ist der Störterm.

Von besonderem Interesse ist der Term $\alpha_4 \cdot \mathrm{Vol}_i * \mathrm{Priv}_i$ zur Erfassung von Wechselwirkungen. Die Vorhersage ist, dass α_4 positiv sein sollte und signifikant, wobei α_2 negativ und signifikant sein sollte, so dass die Volatilität negativ mit dem Wachstum in den Ländern mit niedrigem Entwicklungsstand beim Finanzwesen korreliert, aber dies umso weniger, wenn sich das Finanzwesen entwickelt.

Tabelle 14.2 zeigt die Ergebnisse von AABM. Sie finden eine starke direkte negative Korrelation zwischen der Volatilität und langfristigem Wachstum und einen signifikanten positiven Koeffizienten beim Interaktionsterm (Spalte 1).

Für hinreichend hohe Bestände bei privaten Krediten (die in vielen OECD-Ländern zu beobachten sind) sagen diese Ergebnisse voraus, dass die gesamte Wirkung der Volatilität auf wirtschaftliches Wachstum positiv wird. Außerdem nähert sich der Bruttobeitrag, bei mittleren Beständen an privaten Krediten, null an. Die Regression des langfristigen Wachstums auf die Volatilität, ohne die direkten und indirekten Effekte der Entwicklung des Finanzwesens einzuberechnen, kann damit einen insignifikanten Koeffizienten zur Folge haben. Diese Möglichkeit kann eventuell erklären, warum Ramey und Ramey einen sehr starken negativen Effekt der Volatilität auf das Wachstum über alle Bereiche hinweg finden, aber einen nichtsignifikanten Effekt in der OECD-Stichprobe. In den Spalten 3 und 4 schätzen AABM die vori-

6 Private Kredite sind das von Levine, Loyaza und Beck bevorzugte Maß für den Entwicklungsstand des Finanzwesens, weil sie Kredite, die an den öffentlichen Sektor gehen, und Fonds, die von Zentralbanken oder Entwicklungsbanken aufgelegt werden, ausschließen. AABM führen auch Sensitivitätsanalysen mit zwei alternativen Maßen für Kreditbeschränkungen durch: liquide Verbindlichkeiten und Bankvermögen.

ge Gleichung nur für OECD-Länder und finden Koeffizienten ähnlich denen, die in der gesamten Stichprobe gefunden wurden.

Tab. 14.2: Wachstum, Volatilität und Kreditbeschränkungen (Abhängige Variable: durchschnittliches Wachstum des BIP pro Kopf, 1960–2000)

	Ohne Investitionen		Mit Investitionen	
	(1)	(2)	(3)	(4)
Anfängliches Einkommen	-0,0030	-0,0102	-0,0063	-0,0094
	(-1,51)	(-3,79)***	(-3,78)***	(-3,97)***
Volatilität des Wachstums	-0,1606	-0,2571	-0,1725	-0,2182
	(-2,35)**	(-2,46)**	(-3,15)***	(-2,37)**
Privatkredite	0,0144	-0,0045	-0,0042	-0,0154
	(1,20)	(-0,35)	(-0,43)	(-1,33)
Volatilität* Privatkredite	0,5204	0,7566	0,4414	0,5755
	(2,23)**	(2,50)**	(2,36)**	(2,14)**
Investitionen/BIP			0,0015	0,0012
			(7,59)***	(4,45)***
Kontrollvariablen				
Bevölkerungswachstum, Teilnahme an sekundärer Bildung	Nein	Ja	Nein	Ja
Levine, Loayza, und Beck Set für Politikvariablen	Nein	Ja	Nein	Ja
F-Test (Volatilitätsmaße)	0,0456	0,0268	0,0082	0,0473
F-test (Kreditmaße)	0,0000	0,0019	0,0026	0,1022
R^2	0,3558	0,5289	0,5912	0,6444
N	106	73	106	73

*Anmerkung: Alle Regressoren sind Durchschnitte für den Zeitraum 1960–2000, außer für das anfängliche Einkommen und die Teilnahme an sekundärer Bildung, die sich auf 1960 beziehen. Die Volatilität des Wachstums ergibt sich aus der Standardabweichung für das jährliche Wachstum für den Zeitraum 1960-2000. Das Set von Levine, Loayza und Beck (2000) Politikkontrollvariablen beinhaltet die Größe der Regierung, gemessen durch den Staatsanteil am BIP, eine Schwarzmarktprämie und die Offenheit für Handel. Werte für die Konstanten werden nicht ausgewiesen. Die Werte für die t-Statistik stehen in Klammern.. ***, **, * stehen für Signifikanzniveaus von 1%, 5%, und 10%.*

Schließlich zeigen AABM, dass die Wirkungen der Volatilität selbst und ihres Zusammenwirkens mit privaten Krediten auf das Wachstum nur wenig durch die Einbeziehung von Investitionen als Kontrollvariable beeinflusst werden. Risiko beeinflusst wohl Sparquoten und Investitionen, und Investitionen befeuern das Wachstum. Jedoch reduziert die Verwendung der Kontrollvariable Investitionsquote am BIP den Koeffizienten der Volatilität nur um 20 Prozent, was nahelegt, dass 80 Prozent des gesamten Effekts der Volatilität auf Wachstum im Übrigen über einen anderen Kanal als die Investitionsrate läuft.

Diese Ergebnisse stellen den AK-Ansatz in Frage. Als Nächstes wird ein Ansatz vorgestellt, der direkt durch die zweite Welle der endogenen Wachstumsmodelle angeregt wurde, die die Wirkungen der Volatilität auf die Arbitrageentscheidung der Unternehmer zwischen kurzfristigen Kapitalanlagen und langfristigen innovativen Investitionen untersuchen.

14.3.3 Das AABM-Modell

Zeit sei diskret und mit t indiziert. Es gibt ein Kontinuum von Unternehmern, die zwei Perioden leben, die ex ante alle identisch sind. Die Unternehmer sind risikoneutral und konsumieren nur in der letzten Periode ihres Lebens. Jeder im Zeitraum t geborene Unternehmer hat ein anfängliches Vermögen (oder eine Ausstattung mit Humankapital, das über eine Eins-zu-Eins-Technologie Einkommen erzeugen kann) W_t und sein Vermögen ist proportional zum Wissensniveau T_t mit $w_t = W_t/T_t$ für das wissensbereinigte Vermögen des Individuums bei Geburt.

14.3.3.1 Gesamtwirtschaftliche Volatilität

Es sei angenommen, dass zu jedem Zeitpunkt t die gesamtwirtschaftliche Produktivität A_t um einen Benchmarkwert T_t schwankt, der als der Bestand an Wissen zum Zeitpunkt t bezeichnet wird. Mit a_t wird das Verhältnis A_t/T_t bezeichnet. Damit korrespondiert ein niedriger Wert von a_t mit einem schlechten Produktivitätsschock, wohingegen ein hoher Wert von a_t mit einem guten Produktivitätsschock einhergeht. Ohne gesamtwirtschaftliche Volatilität würde die Produktivität mit dem Bestand an Wissen zusammenfallen, d. h. $A_t = T_t$. Es geht die gesamtwirtschaftliche Volatilität in das Modell ein durch

$$\ln A_t = \ln T_t + \ln a_t \tag{14.4}$$

Wobei a_t einen exogenen gesamtwirtschaftlichen Produktivitätsschock (oder Nachfrageschock) im Zeitraum t abbildet.[7]

Wie in Real-Business-Cycle-Modellen (RBC) wird angenommen, dass der Schock einem Zufallsprozess der Form

$$\ln a_t = \rho \ln a_{t-1} + \varepsilon_t \tag{14.5}$$

folgt, wobei ε_t normalverteilt ist, so dass der Erwartungswert des Produktivitätsniveaus A_t gleich dem Niveau des Wissens T_t ist und wobei $\rho \in [0,1)$ die Persistenz der exogenen gesamtwirtschaftlichen Schocks misst. Es ist zu beachten, dass T_t als der „Trend" der Produktivität interpretiert werden kann.

14.3.3.2 Timing und Auszahlungsfunktionen

In der ersten Periode ihres Lebens muss ein Unternehmer entscheiden, wie er sein anfängliches Vermögen zwischen kurzfristigen Kapitalanlagen K_t und langfristigen FuE-Investitionen Z_t aufteilt. Um einen gleichgewichtigen Wachstumspfad zu sichern, wird angenommen, dass, so wie das anfängliche Vermögen, die Kapitalkosten und die Kosten für FuE-Investitionen auch proportional zum gegenwärtigen Wissen T_t sind und damit mit $k_t = K_t/T_t$ die wissensbereinigten Bestände an Kapital bzw. mit $z_t = Z_t/T_t$die wissensbereinigten FuE-Investitionen erfasst werden. Damit sieht sich der Unternehmer folgender Budgetbeschränkung gegenüber:

$$k_t + z_t \leq w$$

7 Es wird angenommen, dass ε_t normalverteilt mit dem Mittelwert $(-\sigma^2/2)$ und der Varianz σ^2 ist, so dass der Erwartungswert des Produktivitätsniveaus A_t gleich dem Niveau des Wissens T_t ist. Die Parameter $\rho \in [0,1)$ bzw. $\sigma > 1$ messen die Persistenz und Volatilität der exogenen gesamtwirtschaftlichen Schocks. Es ist zu beachten, dass T_t als der „Trend" der Produktivität interpretiert werden kann.

Die kurzfristigen Kapitalanlagen generieren im Zeitpunkt t das Einkommen

$$\Pi_t = A_t \pi(k_t)$$

am Ende der jeweiligen Periode, wobei die Gewinnfunktion ansteigend und konkav verläuft. Deshalb produziert ein Unternehmer kurzfristig entsprechend einer Standard-Cobb-Douglas-Produktionstechnologie mit dem Produktivitätsparameter A_t.

Als Nächstes erzeugen die langfristigen FuE-Investitionen zum Zeitpunkt t ein Einkommen zum Zeitpunkt $t + 1$, d. h. nur im nächsten Zeitraum und nur dann, wenn das Unternehmen die Anpassungskosten bedienen kann, die am Ende der Periode t entstehen und unternehmensspezifisch sind. Wir nennen dies einen eigenwilligen Schock. Warum werden solche Schocks zusätzlich zur gesamtwirtschaftlichen Volatilität aufgesetzt? Um einfach eine Rolle für Kredite zu haben, wenn es Unternehmen gibt, die einen niedrigen Schock erfahren haben und Geld an die Unternehmen leihen, die einen großen Schock erleiden mussten. Diese Anpassungskosten machen einen Liquiditätsschock aus, dessen Ausmaß bis zum Ende der Periode t unbekannt bleibt. Wie bei allen anderen Variablen wird auch für die Anpassungskosten angenommen, dass sie proportional zu dem gegenwärtigen Wissensniveau T_t sind, und c_t erfasst die wissensbereinigten Anpassungskosten der FuE. Die Realisierung dieser Kosten ist ex ante unsicher, wenn der Unternehmer entscheidet, wie er sein Vermögen auf kurzfristige und langfristige Investitionen aufteilen soll. Es sei $F(c)$ die zur Wahrscheinlichkeitsverteilung über c gehörende kumulierte Verteilungsfunktion.

Die anfänglichen FuE-Investitionen zahlen sich in Periode $t + 1$ nur dann aus, wenn die Anpassungskosten geleistet werden können. In diesem Fall gleicht der Unternehmer seine Anpassungskosten wieder aus und realisiert zusätzlich den langfristigen Gewinn im Zeitraum $t + 1$:

$$\Pi_{t+1} = V_{t+1} q(z_t)$$

Wobei $q(z_t)$ die Wahrscheinlichkeit ist, dass FuE-Investitionen erfolgreich sein werden; V_{t+1} ist der Wert der neuen Innovation (die erklärt wird). Wie in den vorigen Kapiteln, wird angenommen, dass q ansteigend und konkav verläuft. Somit kann der Unternehmer entweder die Anpassungskosten tragen, d. h. er ist innovativ und holt die Kosten wieder rein, oder er kann sie nicht tragen, und in diesem Fall passiert gar nichts in Periode $t + 1$.

Der Einfachheit halber wird im Weiteren eine Fokussierung auf den speziellen Fall erfolgen, in dem die Innovationen nur von der Produktivität in der nächsten Periode abhängen:

$$V_{t+1} = A_{t+1} \tag{14.6}$$

14.3.3.3 Die Wachstumsgleichung

Nun stehen Wachstum und die Dynamik des Wissens über die Zeit hinweg im Fokus des Interesses. Es sei angenommen, dass die FuE-Investitionen z_t zum langfristigen Wachstum beitragen, indem Wissen über die Zeit hinweg mit einer Rate, die proportional zur Innovationsrate der Volkswirtschaft ist, akkumuliert wird, nämlich

$$\ln T_{t+1} - \ln T_t = q(z_t) f_t \tag{14.7}$$

Wobei f_t den Anteil der Unternehmer erfasst, die es schaffen, ihre Anpassungskosten der FuE zu tragen. Schließlich ist die langfristige Wachstumsrate einfach gleich dem langfristigen Durchschnitt oder dem Erwartungswert über alle möglichen Realisationen von a_t auf der rechten Seite der Gleichung.

14.3.3.4 Vollkommene Kreditmärkte und der Opportunitätskosten-Effekt

In diesem Teilabschnitt werden vollkommene Kapitalmärkteangenommen, so dass $f_t = 1$ ist, da dann alle Unternehmer frei Kapital leihen können, um ihre Anpassungskosten der FuE zu tragen.

Es stehe $v_{t+1} = V_{t+1}/T_t$ für das wissensbereinigte endgültige Vermögen und den wissensbereinigten Wert der neuen Innovationen im Zeitraum $t+1$. Dann implizieren die Gleichungen (14.5) und (14.6), dass

$$\mathbb{E}_t v_{t+1} = (a_t)^\rho \tag{14.8}$$

Dies wiederum impliziert, dass die Erträge der FuE-Investitionen weniger prozyklisch sind als die Erträge der Kapitalanlagen. Das Verhältnis

$$\frac{a_t}{\mathbb{E}_t v_{t+1}} = \frac{a_t}{(a_t)^\rho} = a_t^{1-\rho} \tag{14.9}$$

ist nämlich in einem Boom höher (wenn a_t hoch ist) und niedriger in einem Abschwung (wenn a_t niedrig ist). Diese Eigenschaft ist noch allgemeiner gültig, solange der Produktivitätsschock nicht vollkommen persistent ist und der Wert der Innovationen den Gegenwartswert der Erträge über einen Zeithorizont jenseits der Periode t hinaus darstellt.

Wenn es keine Kreditbeschränkungen gibt (d. h. vollkommene Kapitalmärkte), wird ein Unternehmer immer in der Lage sein, das zu leihen, was für die Anpassungskosten der FuE notwendig ist. Diese Tatsache impliziert einfach, dass sich die FuE-Investitionen eines Unternehmers in der ersten Periode seines Lebens immer in der nächsten Periode in Form von zukünftigen Einnahmen v_{t+1} aus der Innovation auszahlen werden. Formaler gesprochen, werde ein Unternehmer betrachtet, der zum Zeitpunkt t geboren wird. Sein endgültiges erwartetes wissensbasiertes Vermögen im Zeitraum $t+1$ ist gleich

$$a_t \pi(k_t) + \mathbb{E}_t v_{t+1} q(z_t)$$

Wobei der Unternehmer sein endgültiges Vermögen unter Einhaltung ihrer Budgetbeschränkung

$$k_t + z_t \leq w_t$$

maximiert.

Wenn man sich auf die inneren Lösungen konzentriert, erhält man die Bedingungen erster Ordnung

$$\begin{aligned} a_t \pi'(k_t) &= \lambda \\ q'(z_t)\mathbb{E}_t v_{t+1} &= \lambda \end{aligned} \tag{14.10}$$

Wobei λ der Langrange-Multiplikator ist.

Teilt man die erste dieser Bedingungen durch die zweite und wendet Gleichung (14.9) an, dann erhält man sofort

$$a_t^{1-\rho} \cdot \frac{\pi'(k_t)}{q'(w - k_t)} = 1$$

Zusammen mit der Konkavität von π und q impliziert dies, dass k_t mit a_t ansteigt. Mit anderen Worten, k_t ist prozyklisch (d. h. es ist höher in Booms), während z_t antizyklisch ist (d. h. es ist höher in Abschwüngen).

Die Intuition für das antizyklische Verhalten der FuE-Investitionen ist naheliegend: Es sei angenommen, dass es einen Produktivitätsschock gibt, d. h. es gibt einen hohen realisierten Wert von a_t zum Zeitpunkt t. Dann ist es profitabler, in die kurzfristige Produktion mit einem so hohen Produktivitätsniveau zu investieren als in langfristige FuE-Aktivitäten, die den Zugang zu einer zukünftigen Produktion mit einer wahrscheinlich niedrigeren Produktivität eröffnen. Als Folge hiervon werden FuE-Investitionen zum Zeitpunkt t relativ niedrig sein, da die Opportunitätskosten in Form entgangener gegenwärtiger Produktion hoch sind. Umgekehrt sei angenommen, dass es einen schlechten Produktivitätsschock im Zeitraum t gäbe. Dann wird es für den Unternehmer profitabler, in langfristige FuE-Aktivitäten zu investieren. Damit ergibt sich das antizyklische Verhalten der FuE: niedrige FuE-Investitionen in einem Boom, hohe FuE-Investitionen in einem Abschwung. Das antizyklische Verhalten von FuE wird wiederum die gesamtwirtschaftliche Volatilität abschwächen, d. h. es wird der Volatilität in a_t entgegenwirken.

14.3.3.5 Zyklisches Verhalten von FuE bei unvollkommenen Kreditmärkten

Es werde das vorige Modell um Unvollkommenheiten auf den Kreditmärkten erweitert. Nach der Realisierung der Liquiditätskosten c_t für die langfristigen Investitionen am Ende der Periode t kann der Unternehmer bis zu μ-mal sein am Ende der gegenwärtigen Periode verfügbares Vermögen investieren, um die Liquiditätserfordernisse abzudecken. Damit wird seine langfristige Investition z_t zu Beginn der Periode t sich in Periode $t+1$ dann und nur dann auszahlen, wenn

$$c_t \leq \mu a_t \pi(k_t)$$

Damit wird sich die langfristige Investition des Unternehmers in der nächsten Periode mit der Wahrscheinlichkeit

$$\Pr[c_t^i \leq \mu a_t \pi(k_t)] \equiv F[\mu a_t \pi(k_t)]$$

auszahlen.

Es sei der Einfachheit halber angenommen, dass der wissensbereinigte Wert v_{t+1} der Innovationen zum Zeitpunkt $t+1$ der wissensbereinigten Produktivität a_{t+1} zu diesem Zeitpunkt entsprechen soll. Ein in t geborener Unternehmer wird nun sein Investitionsprofil (k_t, z_t) so wählen, dass

$$\max_{k,z}\{a_t \pi(k_t) + \mathbb{E}_t a_{t+1} \pi(z_t) F[\mu a_t \pi(k_t)]\},$$

unter der Bedingung

$$k_t + z_t \leq w$$

Man sieht nun, dass a_t auch im zweiten Term des Maximanden erscheint und zwar auf eine Art und Weise, die dem vorher beschriebenen Opportunitätskosten-Effekt entgegenwirkt. Ein geringerer realisierter Wert von a_t reduziert die Wahrscheinlichkeit $F[\mu a_t \pi(k_t)]$, dass eine produktivitätssteigernde Investition in der nächsten Periode abgeschlossen werden kann. Dieses Ergebnis wiederum tendiert dazu, solche Investitionen mehr prozyklisch zu machen, wenn die Kreditbeschränkungen enger sind.

Die Einsicht, warum langfristige Investitionen sich mehr prozyklisch verhalten, wenn die Beschränkungen auf dem Kreditmarkt enger sind, kann wie folgt erklärt werden: Bei engen Kreditbeschränkungen bedeutet ein geringer realisierter Wert für a_t ein niedriges Niveau der Gewinne $a_t \pi(k_t)$ am Ende der gegenwärtigen Periode. Bei engen Kreditbeschränkungen impliziert dies aber wiederum eine geringe Kapazität, Kapital zu leihen, und damit eine geringe Fähigkeit, auf einen Liquiditätsschock c bei langfristigen Investitionen zu reagieren. Das macht es unwahrscheinlich, dass sich die langfristigen Investitionen zum Zeitpunkt t in der Zukunft auszahlen werden. Antizipiert ein Unternehmer, der sich heute einem niedrigem Produktivitätsschock gegenüber sieht, dieses Ergebnis, dann wird er vor langfristigen Investitionen zurückscheuen; damit ergibt sich das prozyklische Verhalten der langfristigen Investitionen bei engen Kreditbeschränkungen.

Abbildungen 14.1 und 14.2 zeigen, wie Kreditbeschränkungen das Niveau und das prozyklische Verhalten der langfristigen Investitionen beeinflussen, wenn $\pi(x) = q(x) = x^a$ ist. Hier wird angenommen, dass c lognormal-verteilt ist. Es wird auch angenommen, dass $\alpha = \frac{1}{3}$ und μ soll zwischen 1 (keine Kredite) und 5 variieren.

Abbildung 14.1 bildet die gleichgewichtigen Niveaus von z_t bewertet bei mittlerem Produktivitätsniveau ($a_t = 1$) ab. Abbildung 14.2 bildet die gleichgewichtige zyklische Elastizität von z_t (ebenfalls bei $a_t = 1$ bewertet) ab. Insbesondere sieht man, dass (für ein hinreichend kleines μ) z_t mit a_t $\left(\frac{dz_t}{da_t} > 0\right)$ ansteigt. Mit anderen Worten gesagt, werden langfristige Investitionen prozyklisch, wenn μ klein ist, und antizyklisch für hinreichend große Werte von μ.

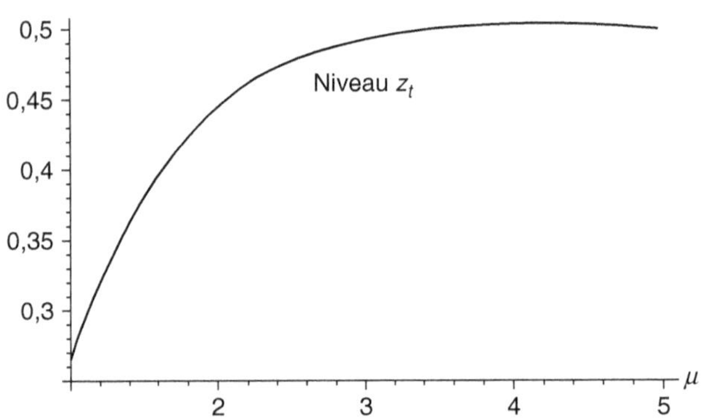

Abb. 14.1

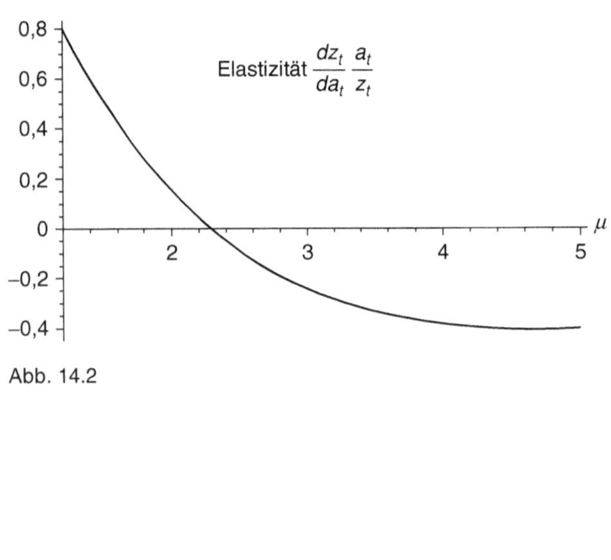

Abb. 14.2

14.3.3.6 Kreditbeschränkungen, Volatilität und Wachstum

Die vorangegangene Analyse liefert eine erste Erklärung dafür, warum die Korrelation zwischen Volatilität und Wachstum bei engeren Kreditbeschränkungen mehr im negativen Bereich liegen sollte. Diese Erklärungen sind unter sehr allgemeinen Bedingungen gültig. Und zwar: Je enger die Kreditbeschränkungen sind, desto riskanter ist es im Allgemeinen, eine langfristige Investition zu unternehmen, und deshalb wird die mittlere langfristige Investition geringer sein und konsequenterweise die durchschnittliche Wachstumsrate. Gleichzeitig werden, je enger die Kreditbeschränkung ist, die FuE-Investitionen prozyklischer sein, und damit wird das (endogene) zyklische Verhalten der FuE-Investitionen die (exogene) Volatilität bei a_t umso größer verstärken. Bevor man die potenziellen ursächlichen Effekte der Volatilität auf Wachstum betrachtet, sagt das Modell somit schon eine Korrelation zwischen Volatilität und Wachstum voraus, die umso stärker negativ ist, je enger die Kreditbeschränkungen sind. Diese Vorhersage ist robuster gegenüber der Einbeziehung anderer Produktions- und Innovationstechnologien als die vorige Cobb-Douglas-Spezifikation.

Eine zweite potenzielle Erklärung für eine stärkere negative Korrelation zwischen Volatilität und Wachstum in mehr kreditbeschränkenden Volkswirtschaften ist einfach; und zwar bedeutet eine höhere Volatilität eine tiefere Rezession und damit weniger Investitionskapazitäten für Unternehmen in Rezessionen. Eine höhere Volatilität bedeutet zwar auch einen höheren Output in Booms, aber vermutlich gibt es eine Asymmetrie zwischen Auf- und Abschwüngen, indem Unternehmen während der letzteren mehr kreditbeschränkt sind, als während der ersteren. Damit kann erwartet werden, dass tiefere Rezessionen hohe negative Effekte auf die FuE-Investitionen haben sollten, ein stärkerer Aufschwung sollte aber nur kleine positive Effekte auf solche Investitionen haben.[8] Im Ergebnis sollten in Ökonomien mit Kreditbeschränkungen die durchschnittlichen FuE-Aktivitäten und Wachstum negativ von einer höheren Volatilität betroffen sein. Diese Erklärung wird durch das folgende Beispiel illustriert.

Beispiel 1 (AABM)

Man nehme eine lineare Produktionstechnologie und eine langfristige Investitionstechnologie an

$$\pi(k) = k\ ; q(z) = \lambda z$$

Man nehme auch an, dass die langfristige, wachstumsfördernde Investition nicht teilbar und gleich einem Wert $z_0 \in (0, w)$ sei, dass die Verteilung des Liquiditätsschock $\tilde{c}$ gleichverteilt über das Intervall $[0, 1]$ ist, und dass ohne Vorliegen von Volatilität, Unternehmen immer $\tilde{c}$ mit ihren einbehaltenen Gewinnen aus der kurzfristigen Produktion bezahlen können, genauer gesagt

$$\overline{a}\pi(k_0) = \overline{a}(w - z_0) \geq 1,$$

wobei $\overline{a}$ dem durchschnittlichen Produktivitätsschock entspricht.

Das Interesse gilt den Wirkungen einer Zunahme der makroökonomischen Volatilität (d. h. einer gestiegene Varianz von a, bezeichnet mit σ) auf die erwartete Wachstumsrate

$$g = E_a[\lambda z_0 \delta(a)]$$

mit

$$\delta(a) = \Pr[\mu a(w - z_0) \geq \tilde{c}]$$

[8] Beispiel 2 liefert ein Gegenbeispiel zu dieser Erläuterung.

Da der Liquiditätsschock gleichverteilt ist, kommt man zu

$$\delta(a) = \delta(a, \mu) = \min[\mu a(w - z_0), 1]$$

Was offensichtlich konkav bzgl. a ist. Abbildung 14.3 zeigt $\delta(a)$ als Funktion von a. Insbesondere sieht man, dass eine zufällige Bewegung zwischen den beiden Werten von a unterhalb und oberhalb des Knicks nur das durchschnittliche δ reduzieren kann, so dass die Volatilität unzweifelhaft schädlich für das durchschnittliche Wachstum ist.

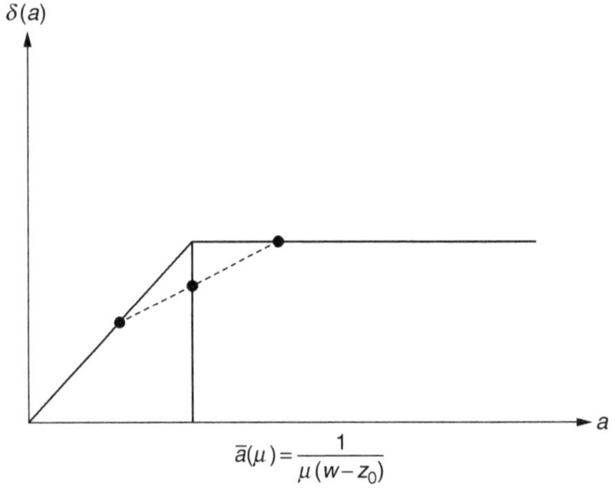

Abb. 14.3

Es folgt dann unmittelbar, dass die erwartete durchschnittliche Wachstumsrate g sinken muss, wenn die Varianz von a steigt und dies umso mehr, je niedriger μ ist. Das Ergebnis ist ziemlich naheliegend: Mehr Volatilität verbessert nicht die Fähigkeit der Unternehmen, den Liquiditätsschock im Boom zu überwinden, da es die Unternehmen schon ohne Volatilität tun. Jedoch reduziert es die Wahrscheinlichkeit, dass sie den Liquiditätsschock in einem Abschwung überwinden, und das umso mehr, wenn Unternehmen sich engeren Kreditbeschränkungen gegenüber sehen. Wir haben damit

$$\frac{\partial g}{\partial \sigma} < 0$$

und

$$\frac{\partial^2 g}{\partial \sigma \partial \mu} > 0$$

Wobei σ die Varianz der gesamtwirtschaftlichen Schocks misst.

Darüber hinaus steigt die Ex-post-Wachstumsrate

$$\lambda z_0 \delta(a)$$

und ist konkav bzgl. a, aber sie wird konstant und wird den Wert λz_0 annehmen, wenn μ ausreichend groß ist. Damit reagiert Wachstum positiv auf förderliche Produktivitätsschocks, und gleichzeitig ist mehr Volatilität schädlich für das Wachstum. Abbildung 14.4

stellt nun $\delta(a) = \delta(a, \mu)$ für zwei Werte von μ, nämlich μ und $\mu' > \mu$ dar. Man sieht, dass ein negativer Schock auf a eine weniger schädliche Wirkung bei μ' als bei μ hat.

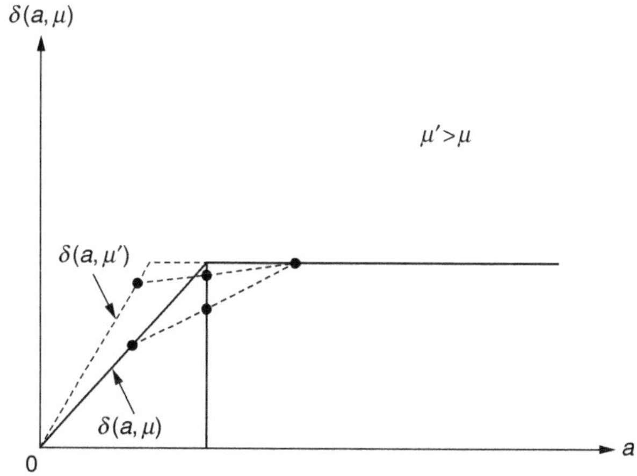

Abb. 14.4

Damit senkt ein besserer Zugang zu Krediten (ein höheres μ) die Sensibilität des Wachstums auf Produktivitätsschocks und auch das Ausmaß, in dem Volatilität schädlich für Wachstum ist (da das Wachstum weniger konkav bzgl. a ist).

Unglücklicherweise können die letzten Ergebnisse nicht für alle Formen der Produktion, Innovation und Kostenverteilung verallgemeinert werden. Insbesondere ist ein, im Beispiel 1 nicht gezeigter, Effekt, dass eine höhere Volatilität auch höhere Profite im Boom und damit auch eine möglicherweise höhere Fähigkeit der Unternehmen zur Innovation in Aufschwüngen bedeutet. Das folgende Beispiel illustriert diesen „Wiederbelebungs"-Effekt einer höheren Volatilität.

Beispiel 2 (AABM)
Es werde angenommen, dass

$$c = \begin{cases} \bar{c} & \text{mit der Wahrscheinlichkeit } p \\ 0 & \text{mit der Wahrscheinlichkeit } (1-p) \end{cases}$$

Es sei wie bei Beispiel 1 angenommen, dass die FuE-Investitionen unteilbar und gleich z_0 sind, und dass

$$\pi(w - z_0) = q(z_0) = 1$$

und dass

$$a_t \in [\underline{a}, \bar{a}], \quad \text{mit } E(a_t) = 1.$$

Dann, wenn $\mu < \bar{c}$, wird nur ein Bruchteil der Firmen es schaffen, ihren Liquiditätsschock bei Nichtvorliegen von Volatilität zu überwinden, d. h., falls

$$a \equiv 1$$

Wenn jedoch die Volatilität ausreichend groß wird, so dass $\overline{a} > \frac{\overline{c}}{\mu}$, dann wird es das Auftreten eines Booms den Firmen erlauben, ihre Liquiditätsschocks zu überwinden und innovativ zu sein.

Dieser „Wiederbelebungs"-Effekt kann nicht erster Ordnung sein, ansonsten hätte man eine positive Korrelation zwischen der Volatilität und dem Wachstum in Länderquerschnittsregressionen beobachten müssen, was nicht der Fall war. Und wenn man die Aufmerksamkeit auf Funktionen beschränkt, so dass die gesamte Korrelation zwischen Volatilität und Wachstum negativ ist, dann wird der nebensächliche Effekt aus Beispiel 1 dominieren.

14.3.4 Die Gegenüberstellung der Kreditbeschränkungserklärung mit Belegen

Barlevy (2007) stellt die These auf, dass Kreditbeschränkungen die wichtigste Erklärung für das prozyklische Verhalten von FuE-Investitionen seien. Er schaut sich die Computstat-Datenbasis an, die größere Unternehmen enthält, die für den größten Teil der FuE-Ausgaben in den Vereinigten Staaten verantwortlich sind. Was Barlevy herausfindet, ist, dass FuE sogar in dieser Untergruppe von Unternehmen prozyklisch ist, obwohl argumentiert werden könnte, dass große Unternehmen weniger Kreditbeschränkungen unterliegen als es kleine Unternehmen tun (siehe Bernanke und Gertler 1989). Barlevy geht noch weiter und zeigt, dass die Verringerung der FuE-Ausgaben während Rezessionen sogar noch ausgeprägter für Firmen ist, die mindestens 50 Mio. $ in bar pro Jahr halten.

Nun erkennt Barlevy selbst an, dass dieses Ergebnis nicht ausreicht, um die vorige Erklärung mithilfe von Kreditbeschränkungen zu entkräften. Tatsächlich können große Unternehmen und/oder Unternehmen mit großen Barbeständen durchaus jene sein, die bindende Kreditbeschränkungen erfahren, z. B. aufgrund einer Kombination aus großem Investitionsbedarf und der Nichtteilbarkeit ihrer Vermögenswerte. Und die Barbestände können exakt der Weg zur Überwindung der Liquiditätsschocks für diese Unternehmen sein.

Tatsächlich verwendet eine Studie von Bernan, Eymard, Aghion, Askhenazy und Cette (2007), im Weiteren BEAAC, französische Paneldaten auf Firmenebene, die 13000 Firmen für den Zeitraum 1980–2000 erfassen, um die Vorhersagen von AABM zu testen. Kreditbeschränkungen werden auf Firmenebene durch die Fähigkeit des Unternehmens, neue Bankdarlehen zu erhalten, gemessen, wobei sich herausstellt, dass diese Fähigkeit von der Kreditgeschichte des Unternehmens gegenüber seiner Lieferanten abhängt. Genauer gesagt, werden Unternehmen, die nicht in der Lage sind, ihre Lieferantenkredite zu bezahlen, auf eine Schwarze Liste mit dem Namen „Zahlungszwischenfall" gesetzt und diese Listung beeinflusst die Fähigkeit des Unternehmens, in der Zukunft an Kredite zu kommen. Indem sie das Zusammenspiel zwischen dieser Instrumentenvariable auf Firmenebene und einer Variablen, die die Abhängigkeit der Industrie des Unternehmens von externer Finanzierung widerspiegelt und für die Unternehmensgröße kontrolliert, zeigen BEAAC, (1) dass FuE-Ausgaben stärker positiv mit Umsätzen in kreditbeschränkten Unternehmen korreliert sind, (2) dass eine höhere Volatilität der Umsätze einen asymmetrischen Effekt auf FuE-Investitionen hat und (3) dass eine höhere Volatilität in stärker kreditbeschränkten Unternehmen schädlicher für das Produktivitätswachstum ist.

14.3.5 Eine alternative Erklärung prozyklischer FuE-Aktivitäten

Um zu erfassen, warum sogar Unternehmen mit großen Geldbeuteln dazu tendieren, prozyklische FuE aufzuweisen, schlägt Barlevy (2009)[9] die folgende Erklärung vor, die auch durch Verwendung des Schumpeterianischen Paradigmas entwickelt wurde: Da Unternehmen sich vor einer schnelle Imitation ihrer Innovationen fürchten, nehmen sie eine kurzsichtige Haltung im Hinblick auf Innovationen ein. Dies wiederum erklärt, warum Unternehmen ihre FuE-Anstrengungen auf Booms konzentrieren, in denen die Gewinne aus Innovationen höher sind.

Formaler betrachtet, soll ein einfaches Modell mit überlappenden Generationen betrachtet werden, bei dem Unternehmen zwei Perioden leben. Innovationen in der ersten Periode ermöglichen den Zugriff auf positive Gewinne in der gegenwärtigen Periode und auch in der zweiten Periode, wenn angenommen werden kann, dass die Innovation nicht imitiert wird. Darüber hinaus sind die gegenwärtigen produktivitätsbereinigten Gewinne gleich a_t, wobei $a_t \in \{\underline{a}, \overline{a}\}$ mit $\underline{a} < \overline{a}$ gilt.

Wenn dann $c(z)$ die produktivitätsbereinigten Innovationskosten mit der Wahrscheinlichkeit z erfasst, wird ein Unternehmen $z = z(a_t)$ wählen, um

$$\max_z \{z[\varepsilon a_t + (1-q)\delta E(a_{t+1}/a_t)] - c(z)\}$$

zu lösen, wobei q die Wahrscheinlichkeit für eine Imitation ist, $\delta \in (0,1)$ der Diskontfaktor ist, ε das Ausmaß reflektiert, in dem Unternehmen kurzfristig von der Innovation profitieren können und

$$E(a_{t+1}/a_t) = pa_t + (1-p)a_{-t}$$

Wobei a_{-t} gleich $\overline{a}$ (bzw. $\underline{a}$) ist, wenn $a_t = \underline{a}$ (bzw. $\overline{a}$) ist.

Sogar wenn $\varepsilon < 1$ ist, so dass es Zeit braucht, bis Unternehmen vollständig lernen, eine Innovation zu implementieren, ergibt sich für hinreichend großes q (hohe Imitation) oder für ein hinreichend kleines δ (hohe Ungeduld)

$$z(\underline{a}) < z(\overline{a}),$$

d. h. prozyklische FuE-Investitionen.

Ein Problem mit dieser Erklärung ist, dass sie sich auf die Annahme verlässt, dass FuE-Investitionen sofort Resultate zeigen. Es ist sicher etwas Wahres daran, dass Unternehmen die Implementierung von Innovation strategisch über den Konjunkturzyklus hinweg planen (siehe Schleifer 1986), aber dennoch gibt es eine große zeitliche Lücke zwischen FuE-Investitionen und daraus resultierenden Innovationen.

14.4 Risikodiversifikation, Entwicklung des Finanzwesens und Wachstum

Acemoglu und Zilibotti (1997), im Weiteren AZ, schlagen als alternative Erklärung für die Ergebnisse bei Ramey und Ramey (1995) vor, dass die Korrelation zwischen Volatilität und

---

[9] Siehe auch Francois und Lloyd-Ellis (2003).

Wachstum stärker negativ ausgeprägt ist in Volkswirtschaften mit geringerer Entwicklung des Finanzwesens. Die grundlegende Idee bei AZ ist, dass Volkswirtschaften in einem frühen Stadium der Entwicklung nur eine begrenzte Zahl an Zwischenproduktsektoren finanzieren können, weil jede neue Aktivität Fixkosten involviert. Dieses Manko begrenzt den Umfang der Risikodiversifikation in diesen Volkswirtschaften, und die Handelnden werden wiederum unterlegene, aber sichere Technologien wählen. Gleichzeitig macht die Tatsache, dass weniger entwickelte Volkswirtschaften nicht die eigenen Risiken diversifizieren können, diese Ökonomien volatiler als es weiter entwickelte sind.

Der Entwicklungsprozess durchläuft mehrere Stufen: Erstens, eine Periode einfacher Akkumulation, in der der Output sehr volatil ist; zweitens, eine Take-off-Phase, in der die Ökonomie eine höhere Entwicklungsstufe im Finanzbereich mit einem größeren Umfang der Risikodiversifikation erreicht; drittens, eine Phase, in der die Ökonomie entwickelt ist und hohes und stetiges Wachstum erzielt, das auf einem hohen Grad der Risikodiversifikation basiert. Somit ist der Wachstumsprozess langsam und volatil in frühen Stufen der Entwicklung und beschleunigt und stabilisiert sich in späteren Phasen der Entwicklung.

14.4.1 Der grundlegende Rahmen

Es sei, mehr formal, angenommen, dass Zeit diskret ist und dass die Ökonomie mit einem Kontinuum von Individuen bevölkert ist, die alle zwei Perioden leben. Die gesamte Bevölkerungsgröße ist konstant und jede Generation hat die Größe eins ($L = 1$). Im Zeitraum t geborene Individuen sollen nur in Periode $t + 1$[10] konsumieren und sie unterliegen der Unsicherheit über den realisierten Zustand der Umwelt in der nächsten Periode. Es gibt ein Kontinuum von gleichwahrscheinlichen Umweltzuständen $s \in [0,1]$. Agenten haben die folgende (erwartete) Nutzenfunktion, die eine einheitliche relative Risikoaversion anzeigt:

$$E_t U(c_{t+1}) = \int_0^1 \log(c_{t+1}^s) ds \tag{14.11}$$

Wobei c_{t+1}^s dem Konsum des Endprodukts im Zeitraum $t + 1$ durch den Agenten entspricht, wenn Zustand s realisiert wird.

Die Produktionsseite der Volkswirtschaft wird wie folgt beschrieben: Das einzige Endprodukt wird durch das auf eins normierte Kontinuum von Individuen unter Einsatz von Kapital und Arbeit entsprechend der folgenden AK-Technologie erzeugt:

$$Y_{s,t} = K_{s,t}^{\alpha} L_t^{1-\alpha} \overline{K}_{s,t}^{1-\alpha}$$

Wobei $K_{s,t}$ die gesamtwirtschaftliche Menge an Sachkapital der Ökonomie im Zeitraum t und für den Zustand s bezeichnet. Weil eine konstante Bevölkerung L_t normiert auf eins angenommen wird und alle individuellen Firmen identisch sind, so dass im Gleichgewicht

$$\overline{K}_{s,t} = \int K_{s,t} \cdot di = K_{s,t}$$

ist, ergibt sich $Y_{s,t} = K_{s,t}$.

10 Diese Annahme wird aus Vereinfachungsgründen gewählt. Acemoglu und Zilibotti (1997) nehmen an, dass Agenten in beiden Perioden konsumieren. Es ist auch möglich, den Fall einer Nutzenfunktion mit konstanter relativer Risikoaversion (CRRA) zu untersuchen.

Kapital kann wiederum auf zwei Arten produziert werden: (1) durch eine riskante, aber weiter fortgeschrittene Technologie, die die vorhandenen Zwischenproduktsektoren nutzt und dabei einen zustandsabhängigen Output (x_t) produziert: Industrie i produziert einen positiven Output nur falls der Zustand $s = i$ eintritt; wenn diese Industrie in dem Land nicht existiert, dann wird die riskante Technologie nur einen Output von null im Zustand $s = i$ erzeugen, (2) durch eine „sichere Technologie" x_ϕ, die einen Output unabhängig vom realisierten Umweltzustand erzeugt. Damit ergibt sich:

$$K_{s,t} = x_{s,t-1} = x_{\Phi,s,t-1} \tag{14.12}$$

Es soll $A_t \in [0,1]$ die Anzahl (Masse) der Zwischenproduktsektoren bezeichnen, die eine zustandsabhängige Produktion im Zeitraum t erzeugt. Was diese Zahl davon abhält, in weniger entwickelten Volkswirtschaften unter null zu liegen, ist die Tatsache, dass jede Aktivität im Zwischenproduktbereich Fixkosten zur Folge hat. Genauer gesagt, erfordert sie Fixkosten in Höhe von

$$M_i = \max\left\{0, \frac{D}{(1-x)}(i-x)\right\},$$

mit $x \in (0,1)$, um die Industrie i zu unterhalten. Somit haben Industrien mit $i \leq x$ keinen Bedarf bei den Fixkosten, während in Industrien mit $i > x$ die Fixkosten linear mit dem Index i steigen.

Die Zwischenproduktindustrie i produziert Kapital unter Einsatz des Endprodukts entsprechend der Produktionsfunktion

$$x_{i,s} = \begin{cases} RF_i & \text{wenn } i = s \text{ und } F_i \geq M_i \\ 0 & \text{sonst} \end{cases}$$

Dabei ist F_i die Menge des Inputs des Endprodukts und $R > 0$ ist die Ertragsrate dieser Technologie.

Die sichere Technologie ist auch linear mit

$$x_{\Phi,s} = r\phi, \forall s \in [0,1]$$

Wobei $r < R$ gilt. Damit erzielt die sichere Technologie eine geringere Ertragsrate als die riskante Technologie.

Von allen Märkten wird angenommen, dass es Wettbewerbsmärkte sind, und der Output eines Unternehmens wird vollständig auf die Besitzer von Wertpapieren dieser Firma verteilt.

Wenn sie jung sind, arbeiten die Agenten im Endproduktsektor und verdienen den Wettbewerbslohn

$$\frac{\partial Y_{s,t}}{\partial L} = w_{s,t} = (1-\alpha)Y_{s,t} = (1-\alpha)K_{s,t}$$

Am Ende dieser Periode entscheiden die Agenten, in welche Anlagenformen sie die Lohneinkünfte sparen. Mit anderen Worten, sie machen Portfolioentscheidungen. Sie können sich entscheiden, ihre Ersparnisse in ein Set von riskanten Wertpapieren ($\{F_i\}_{i\in[0,A_t]}$) anzulegen, die aus zustandsabhängigen Ansprüchen auf den Output der Zwischenproduktindustrien bestehen, die gerade in dem Land betriebswirtschaftlich sind. Oder sie können ihre Ersparnisse in die sichere Technologie investieren.

14.4.2 Analyse

Bei den spezifizierten gegebenen riskanten und sicheren Technologien berechtigt das Wertpapier i seinen Eigentümer, R Einheiten des Kapitals im Zustand i zu beanspruchen, solange die Beschränkung bzgl. der Mindestgröße erfüllt ist (was im Gleichgewicht immer der Fall ist), und im anderen Fall zu gar nichts. Ersparnisse, die in die sichere Technologie investiert wurden, ergeben bei allen Umweltzuständen die Ertragsrate r.

Da die riskanten Wertpapiere symmetrische Erträge erzielen, ist es für einen risikoaversen Agenten optimal, ein symmetrisches Portfolio mit $F_i \equiv F$ für alle $i \in [0,\ A_t]$ zu halten. Dies wird als *ausgeglichenes Portfolio* bezeichnet.

Wenn die Volkswirtschaft hinreichend weit entwickelt ist, kann sie alle Zwischenproduktaktivitäten in dem jeweiligen Zustand finanzieren, dann gilt $A_t = 1$, so dass ein ausgeglichenes Portfolio mit riskanten Wertpapieren kein Risiko in sich birgt. In diesem Falle, da $R > r$, wird niemand in die sichere Technologie investieren.

Wenn die Volkswirtschaft weniger entwickelt ist, so dass $A_t < 1$ ist, dann sehen sich Individuen einem Trade-off zwischen Risiko und Ertragsrate gegenüber. Formaler gesprochen, wird der repräsentative junge Agent zum Zeitpunkt t das Optimierungsproblem für das Portfolio

$$\max_{\phi_t, F_t} A_t \log[RF_t + r\phi_t] + (1 - A_t)\log[r\phi_t] \tag{14.13}$$

unter der Bedingung

$$\phi_t + A_t F_t \leq w_t \tag{14.14}$$

lösen. (Man beachte, dass jedes Individuum den Umfang der Wertpapiere A_t als gegeben annimmt.)

Aus der Bedingung erster Ordnung erhält man direkt

$$\phi_t^* = \frac{(1-A_t)R}{R-rA_t} w_t \tag{14.15}$$

$$F_{i,t}^* = \begin{cases} F(A_t) \equiv \frac{R-r}{R-rA_t} w_t & \forall\, i \leq A_t \\ 0 & \forall\, i > A_t \end{cases} \tag{14.16}$$

Die FF-Linie in Abbildung 14.5 trägt die sich ergebende Nachfrage für jede verfügbare riskante Anlage $F(A_t)$ als eine Funktion von der Zahl der aktiven Zwischenproduktindustrien A_t ab. Die FF-Linie hat eine positive Steigung, welche wiederum eine *Komplementarität* in der Nachfrage nach riskanten Anlagen erfasst: die Nachfrage nach *jeder Anlageform* wächst mit der Vielfalt der Zwischenproduktindustrien. Es zeigt sich: Je zahlreicher die Aktivitäten im Zwischenproduktsektor sind, desto besser ist die Risikodiversifikation. Diese Verbesserung wiederum ermutigt Sparer, ihre Investition weg von sicheren Anlageformen und hin zu hochproduktiven, riskanten Projekten zu verlagern. Solche Komplementaritäten hängen von einer hinreichend großen Risikoaversion ab.[11]

---

[11] Man nehme an, dass Agenten risikoavers sind, aber nur moderat. Man nehme insbesondere an, dass sie so wenig risikoavers sind, dass sie sich nicht entscheiden würden, irgendeine sichere Anlage in ihrem Portfolio zu halten. Dann würde eine Ausdehnung beim Set der riskanten Wertpapiere die Agenten dazu anregen, ihre Ersparnisse (deren gesamte Summe vorbestimmt ist) über eine große Zahl von Anlagen zu streuen. In diesem Fall wären die Anlageformen eher Substitute als Komplementaritäten.

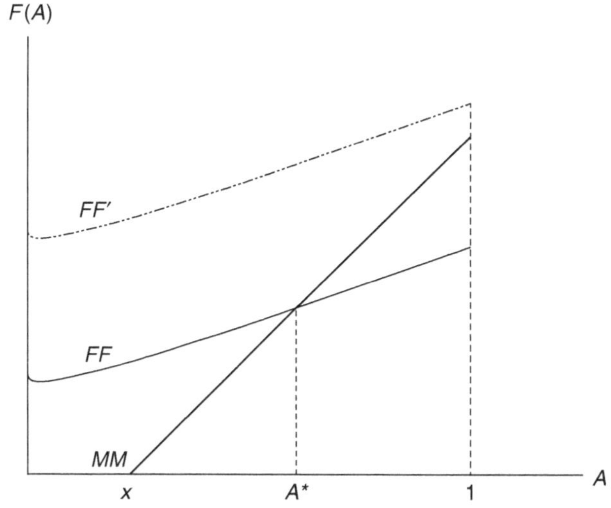

Abb. 14.5

Nun weiß man bei jedem gegebenen A_t, wie viel Individuen bereit sind, in die Aktivität zu investieren. Das gleichgewichtige Maß an aktiven Zwischenproduktindustrien A_t^* ist dann einfach als der maximale Industrieindex i definiert, bei dem die fixen Kosten M_i durch die Summen der Ersparnisse $F(A_t)$ finanziert werden können. Mit anderen Worten, die Fixpunkt-Bedingung

$$F(A_t^*) = M_{A_t^*}$$

wird erfüllt.

In Abbildung 14.5 ist das Gleichgewicht durch den Schnittpunkt zwischen den beiden Linien FF und MM gegeben, wobei MM die Beziehung $A \to M_A$ aufzeigt. Intuitiv ist A_t^* die größte Zahl von Industrien, für die die Erfordernisse bei den Fixkosten unter der Bedingung für die Wertpapiernachfrage, gegeben durch $F(A_t)$, erfüllt werden können.

Wenn die Volkswirtschaft wächst, wachsen auch die Lohneinkommen und damit der Bestand an Ersparnissen über die Zeit. Im Gleichgewicht induziert dieses Wachstum einen Anstieg der Zahl aktiver Zwischenproduktindustrien A_t^*. Ein Blick auf Abbildung 14.5 zeigt, dass Wachstum eine Verschiebung der FF-Linie nach oben auslöst, wobei das Gleichgewicht nach rechts wandert. Mit anderen Worten: Wachstum erzeugt die Entwicklung des Finanzsektors.

Wenn der Bestand an Ersparnissen hinreichend groß wird, so dass alle Zwischenproduktindustrien aktiv werden, dann ist die Volkswirtschaft hinreichend reich, sich $A_t^* = 1$ zu leisten. Das ist der Zeitpunkt, an dem die sichere Technologie aufgegeben wird.

14.4.3 Dynamik im Gleichgewicht

Die stochastische gleichgewichtige Dynamik des Kapitals kann einfach aus der vorigen Analyse abgeleitet werden. Nimmt man die Tatsache, dass

$$w_{s,t} = (1 - \alpha)K_t$$

und dass

$$K_{t+1} = Y_{t+1}$$

ergibt sich

$$K_{t+1} = \begin{cases} F_B(K_t) = (1-\alpha)\frac{R(1-A_t^*)}{R-rA_t^*}R_t & \text{mit der Wahrscheinlichkeit } 1 - A_t^* \\ F_G(K_t) = (1-\alpha)RK_t & \text{mit der Wahrscheinlichkeit } A_t^* \end{cases} \quad (14.17)$$

Wobei $A_t^* = A(K_t) \leq 1$ gilt, und definiert ist durch

$$F(A_t) \equiv \frac{R-r}{R-rA_t}(1-\alpha)K_t = M_{A_t}$$

Dies entspricht der gleichgewichtigen Masse an Zwischenproduktindustrien beim gegebenen Kapitalstock K_t. Die erste Zeile in Gleichung (14.17) korrespondiert mit dem Fall einer „schlechten Realisierung" zum Zeitpunkt t, so dass $s \in (A_t^*, 1]$. In diesem Fall wird keine der aktiven Zwischenproduktindustrien sich zum Zeitpunkt t auszahlen und Kapital ist nur zum Zeitpunkt $t+1$ durch die Erträge der sicheren Technologie vorhanden. Die zweite Linie korrespondiert mit dem Fall einer „guten Realisierung" in t, so dass $s \in [0, A_t^*]$. In diesem Fall zahlt sich die riskante Technologie zum Zeitpunkt t aus und Kapital und Output sind relativ groß zum Zeitpunkt $t+1$.[12] Man beachte, dass die Wahrscheinlichkeit einer guten Realisierung mit dem Entwicklungsstand ansteigt, da A_t^* mit K_t steigt.

Abbildung 14.6 beschreibt die Dynamik der Kapitalakkumulation. Die zwei Verläufe stellen das Kapital zur Zeit $t+1$ als Funktion des Kapitals zur Zeit t abhängig von guten Neuigkeiten $[F_G(K_t)]$ und schlechten Neuigkeiten $[F_B(K_t)]$ dar. Es wird durchgehend angenommen, dass $(1-\alpha)R > 1$ ist, so dass es bei einer positiven Realisierung Wachstum gibt. Im in der Abbildung betrachteten Fall ist das Wachstum bei niedrigen Kapitalbeständen ($K \leq K_L$) positiv, sogar unter der Bedingung schlechter Nachrichten. Im Zwischenraum, wo $K \in [K_L, K_M]$ ist, entsteht Wachstum nur bei guten Nachrichten, da $F_B(K_t) < K_t < F_G(K_t)$ ist. Der Schwellenwert K_L steht nicht für einen Steady-state; jedoch ist es ein Punkt, um den die Volkswirtschaft für eine Weile oszilliert. Wenn der anfängliche Kapitalstock unterhalb von K_L liegt, wird die Volkswirtschaft sich notwendigerweise zu ihm hin entwickeln. Wann immer er über K_L liegt, fällt der Kapitalstock zurück, wenn es schlechte Neuigkeiten gibt. In dieser Region ist die Volkswirtschaft immer nichtdiversifizierten Risiken ausgesetzt und muss Schwankungen und Rückschläge erfahren. Bei ($K \geq K_M$) schließlich wird es genügend Ersparnisse in der Volkswirtschaft geben, um die Fixkosten in allen Zwischenproduktaktivitäten abzudecken. In dieser Region sind alle spezifischen Risiken entfernt und die Volkswirtschaft betritt ein Regime nachhaltigen Wachstums.

---

12 Im Fall der guten Realisierung des Umweltzustands mit $s < A_t^*$ erhalten Individuen sowohl auf die sicheren als auch auf die riskanten Technologien eine Auszahlung, wobei die gesamte Auszahlung gleich
$P = F(A_t)Rw_t + \phi_t^* r w_t$
Man kann P auch durch
$P = \left\{\frac{R-r}{R-rA_t} + \frac{r(1-A_t)}{R-rA_t}\right\} Rw_t = Rw_t = R(1-\alpha)K_t$
ausdrücken.

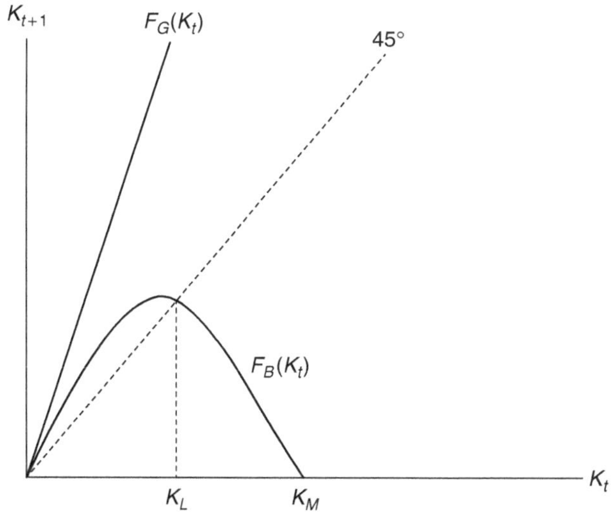

Abb. 14.6

14.5 Schlussfolgerung

In diesem Kapitel wurde die Beziehung zwischen makroökonomischer Volatilität und Wachstum untersucht. Es wurde zuerst der AK-Ansatz untersucht, in dem die Volatilität Wachstum über die Effekte auf die gesamtwirtschaftliche Spar- und Investitionsquote beeinflusst. Insbesondere sagt dieser Ansatz voraus, dass die Antwort auf die Frage, ob Volatilität positiv oder negativ mit Wachstum korreliert, primär von der intertemporalen Substitutionsrate zwischen gegenwärtigem und zukünftigem Konsum abhängt.

Zweitens wurde die Beziehung zwischen Volatilität und Wachstum bei Länderpaneldaten betrachtet. Die Hinweise zeigen eine negative Korrelation zwischen Volatilität und Wachstum vorrangig in Ländern mit einem weniger entwickelten Finanzsektor.

Es wurden zwei Erklärungen untersucht, warum Volatilität in Ländern mit einem geringer entwickelten Finanzwesen stärker negativ mit Wachstum korreliert sein sollte. Die erste Erklärung bezieht sich auf die Vorstellung, dass FuE-Investitionen sich prozyklischer in stärker kreditbeschränkten „Firmen" verhalten. Dies wiederum erklärt, warum in Ländern mit einem gering entwickelten Finanzbereich nicht nur das durchschnittliche Wachstum langsamer ist (weil FuE-Investitionen mit einer geringeren Wahrscheinlichkeit langfristig vervollständigt werden), sondern auch die makroökonomische Volatilität höher ist (weil das zyklische Verhalten von FuE-Investitionen die Volatilität der gesamtwirtschaftlichen Produktivität verstärkt). Die zweite Erklärung baut auf der Idee auf, dass weniger entwickelte Volkswirtschaften weniger zur Risikodiversifikation fähig sind: Dies impliziert sowohl, dass der gesamtwirtschaftliche Output volatiler wird, als auch, dass Agenten dazu tendieren, mehr in sichere, aber unterlegene Technologien zu investieren, um dem Risiko zu entkommen.

Literatur

In der traditionellen „Post-Keynesian-Literatur" werden Wachstum und Konjunkturzyklen getrennt analysiert. So enthält das Harrod-Domar-Modell langfristigen Wachstums keine Zyklen und der Oszillator von Samuelson ist trendbereinigt.

Diese Dichotomie zwischen Trend und Zyklen wurde als Erstes von der „Real-Business-Cycle-Literatur" der 1980er Jahre in Frage gestellt (siehe Kydland und Prescott 1982, Long and Plosser 1983). Entsprechend dem RBC-Ansatz sind Fluktuationen ein integraler Bestandteil des Wachstumsprozesses, da beide durch Produktivitätsschocks entstehen.

King und Rebelo (1986) und Stadler (1990) waren die ersten, die die Wirkung von Volatilität auf das langfristige Wachstum analysierten, indem sie das AK-Modell anwandten. In jüngerer Zeit haben Jones, Manuelli und Stachetti (2000) diese Forschungsrichtung perfektioniert und eine Idee von Phelps (1962), wie makroökonomische Volatilität durch ihre Wirkung auf gesamtwirtschaftliches Sparen und Investieren langfristiges Wachstum beeinflusst, aufgefrischt: Die Schlussfolgerung ist, dass Volatilität das Wachstum durch das Absinken der Investitionen schwächen kann. Nichtsdestotrotz sollte die Korrelation zwischen Volatilität und Wachstum für vernünftige Parameterwerte des Modells positiv sein, da mehr Volatilität mehr Vorsichtssparen induziert.

Länderübergreifende Belege von Ramey und Ramey (1995) legen jedoch nahe, dass die Korrelation zwischen Wachstum und makroökonomischer Volatilität ganz klar negativ ist. Zusätzliche Beweise für den schädlichen Effekt von Volatilität für Wachstum können in der Arbeit von Bruno (1993) über Inflation und Wachstum und bei der Arbeit von Hausmann und Gavin (1996) über lateinamerikanische Länder gefunden werden.

Erste Versuche, die Beziehung zwischen Volatilität und Wachstum unter Anwendung des Schumpeterianischen Paradigmas zu untersuchen, umfassen die Arbeiten von Gali und Hammour (1991), Caballero und Hammour (1994), Bean (1990) und Aghion und Saint-Paul (1998). In jüngerer Zeit haben Barlevy (2007) und François und Lloyd-Ellis (2003) die Beziehung zwischen Wachstum und Zyklen wieder aufgegriffen, indem sie auf die kombinierten Effekte der schöpferischen Zerstörung und die externen Effekten beim Implementierungszyklus, wie in Shleifer (1986), geschaut haben. Schließlich haben AABM (2005) Kreditbeschränkungen in das Schumpeterianische Gerüst eingeführt und analysierten, wie in Abhängigkeit davon, wie bindend Kreditbeschränkungen sind, makroökonomische Volatilität die Wahl von Unternehmen zwischen kurzfristigen Kapitalanlagen und langfristigen produktivitätsfördernden Investitionen beeinflusst.

Dieses Gerüst wurde benutzt, um die Beziehung zwischen langfristigem Wachstum und der Wahl des Wechselkurssystems (siehe Aghion, Bacchetta et al. 2006) und die Beziehung zwischen Wachstum und antizyklischer Budgetpolitik (Aghion und Marinescu 2007; Aghion und Kharroubi 2007) zu analysieren.

Comin und Gertler (2006) stellten Belege für das prozyklische Verhalten von FuE bei mittelfristigen Schwankungen und das antizyklische Verhalten relativer Preise des Kapitals bereit. Comin, Gertler und Santacreu (2008) schauten auf die Verbindung zwischen langfristigem Wachstum und kurzfristigen Fluktuationen aus der entgegengesetzten Perspektive. Indem sie eine vereinfachte Version von Comin und Gertler (2006) einsetzten, untersuchten sie die kurz- und mittelfristigen Wirkungen eines Schocks bei der Eintrittsrate von Zukunftstechnologien auf Output, Produktivität, Beschäftigung, den relativen Preis von Kapital und den Aktienmarkt.

Schließlich gab das in Abschnitt 14.4 entwickelte Acemoglu-Zilibotti-Modell Anlass zu nachfolgenden Beiträgen sowohl theoretischer als auch empirischer Natur, insbesondere erwähnt sei Koren und Tenryro (2007).

Eine detaillierte Darstellung der wichtigsten Themen dieses Kapitels ist in Aghion und Banerjee (2005) zu finden.

▶ Aufgaben

1. Erklären Sie intuitiv, wie ein niedrigeres Niveau der Entwicklung des Finanzwesens eine stärkere negative Korrelation zwischen makroökonomischer Volatilität und Wachstum zur Folge haben kann.
2. **Kurz- und langfristige Investitionen (basierend auf Aghion, Angeletos et al. 2005)**
   Bei dieser Aufgabe wird eine Version des AABM-Modells gelöst. Es wird eine Ökonomie betrachtet, die von Unternehmern bevölkert wird, die zwei Perioden leben und ihr anfängliches Vermögen w zwischen kurzfristigen Anlageinvestitionen k_t und langfristigen FuE-Investitionen z_t aufteilen und ihr erwartetes Vermögen am Lebensende maximieren. Die Gewinn der ersten Periode ist gegeben durch $\pi_t = a_t k_t^\alpha$, mit $a \leq 1$. Die Entwicklung des Produktivitätsparameters a_t ist gegeben durch $a_t = \varepsilon_t a_{t-1}^\rho$, mit $0 < \rho < 1$ und $E_{t-1}(\varepsilon_t) = 1$. Am Ende der ersten Periode sieht sich der Unternehmer Anpassungskosten in Höhe von c_t gegenüber, die über $[0, 1]$ normalverteilt sind. Wenn die Kosten getragen werden, sind die Gewinne in der zweiten Periode $\pi_{t+1} = a_{t+1} z_t^\alpha$, andernfalls sind die Gewinne in der zweiten Periode gleich null. Nehmen Sie zuerst an, dass die Märkte vollkommen sind.
   a) Schreiben Sie die Bedingungen erster Ordnung für k_t und z_t auf. Ermitteln Sie das optimale Verhältnis zwischen den Kapital- und den FuE-Ausgaben $\frac{k_t}{z_t}$. Wie sieht das zyklische Verhalten aus? Interpretieren Sie das Ergebnis.
   Nehmen Sie als Nächstes an, dass die Kreditmärkte unvollkommen sind. Unternehmer können nur maximal μ-mal ihre Gewinne der ersten Periode für die Anpassungskosten aufwenden.
   b) Wie hoch ist die Wahrscheinlichkeit, dass sich die langfristigen Investitionen auszahlen? Zeigen Sie, dass sich für ein ausreichend großes a_t, d. h. wenn ein hinreichend guter Schock auftritt, die Kreditbeschränkungen nicht auf die optimale Zusammensetzung der Investitionen auswirken.
   c) Nehmen Sie an, dass $a_t < \frac{1}{\mu k^*(a_t)}$ ist, wobei $k^*(a_t)$ für die Anlageinvestitionen bei vollkommenen Märkten steht. Verwenden Sie das Maximierungsproblem des Unternehmers bzgl. seines erwarteten Vermögens, um das Verhältnis $\frac{k_t}{z_t}$ zu ermitteln. Wie sieht das zyklische Verhalten aus? Interpretieren Sie das Ergebnis.
3. ***Imitation und prozyklische FuE-Aktivitäten (basierend auf Barlevy 2007)**
   Betrachten Sie ein Modell mit überlappenden Generationen, in dem ein repräsentatives Unternehmen für zwei Perioden existiert und Arbeit für die Produktion (l_t) und FuE (z_t) anstellt. Sein gesamter Arbeitseinsatz ist durch $l_t + z_t = 1$ beschränkt. Wenn z_t Einheiten Arbeit in der FuE beschäftigt werden, dann innovieren Unternehmen mit der Wahrscheinlichkeit z_t. Zusätzlich zu den Lohnkosten, die unabhängig von z_t sind, sieht sich das Unternehmen Kosten von c pro Arbeitseinheit bei FuE gegenüber. Wenn es nicht innovativ ist, wird es Gewinn in Höhe von $a_t l_t$ in Periode t und von null in Periode $t + 1$ re-

alisieren. Falls es innoviert, macht es einen Gewinn in Höhe von $\varepsilon\gamma a_t l_t$ in Periode t, wobei $\gamma > \frac{1}{\varepsilon}$ gilt. Es gibt eine Wahrscheinlichkeit q, dass eine erfolgreiche Innovation imitiert wird. In diesem Fall wird der Gewinn in Periode $t + 1$ durch den Wettbewerb mit dem neuen Marktteilnehmer auf null gesenkt. Andernfalls ist der Gewinn in Periode $t + 1$ gleich $a_{t+1}l_{t+1} = a_{t+1}$, da es keine FuE in Periode zwei gibt. Der Diskontfaktor ist δ. Die Produktivität kann zwei Werte annehmen, $\{1, \overline{a}\}$, mit $\overline{a} > 1$ und folgt einem Prozess der Form $E_t a_{t+1} = pa_t + (1-p)_{a-t}$.
Es wird angenommen, dass c klein ist und $c < \delta(1-p)(1+\overline{a})$.

a) Wie lautet der erwartete Gesamtgewinn über beide Perioden hinweg als Funktion von z_t, a_t und a_{-t} und den Paramatern des Modells?
b) Leiten Sie die optimale Entscheidung des Unternehmens über z für die beiden Zustände der Ökonomie $z(1)$ und $z(\overline{a})$ ab.
c) Falls $q = 1$ gilt (es gibt keinen Patentschutz), wie lautet dann das Vorzeichen von $z(\overline{a}) - z(1)$? Verhalten sich FuE dann pro- oder antizyklisch?
d) Falls $q = 0$ gilt (perfekter Patentschutz), wie lautet dann das Vorzeichen von $z(\overline{a}) - z(1)$? Verhalten sich FuE dann pro- oder antizyklisch? Wie hängt dieser Ausdruck von δ und ρ ab?

4. *Das Wechselkurssystem, Volatilität und Produktivitätswachstum und die Struktur der Ausbildung (basierend auf Aghion, Basschetta et al. 2006)

Diese Aufgabe untersucht die Wirkungen volatiler Wechselkurse auf das Produktivitätswachstum bei verschiedenen Wechselkurssystemen. Es wird angenommen, dass es ein einziges Gut gibt, das von einen Kontinuum (vom Ausmaß 1) an Unternehmen, die zwei Perioden bestehen, mit der Technologie $y_t = \sqrt{l_t}$ hergestellt wird, wobei l_t der Arbeitseinsatz ist. Das Preisniveau wird durch Kaufkraftparitäten bestimmt. Es entspricht dem Wechselkurs nach Normierung des ausländischen Preisniveaus auf eins: $P_t = S_t$. Bei fixen Wechselkursen schwankt S_t um seinen Mittelwert $E(S_t) = \overline{S}$. Die Löhne werden in Geldeinheiten eine Periode im Voraus auf $W_t = \omega A_t E(P_t)$ festgelegt.
Am Ende der Periode t, sehen sich die Unternehmen Kosten für die Liquidität in Höhe von $C_t^i = c^i P_t A_t$ gegenüber. Die Zufallskomponente c^i hat eine konkave kumulierte Verteilungsfunktion F über das Intervall $[0, \overline{c}]$. Um diese Kosten tragen zu können, können Unternehmen bis $\mu - 1$-mal ihren Gewinn aus Periode t leihen (es wird $\mu < 4\omega\overline{c}$ angenommen). Es sei q_t der Anteil der Unternehmen, die den Schock überlebt haben. In der Periode $t + 1$ werden diese Unternehmen innovieren und den Wert $P_{t+1}A_{t+1} = P_{t+1}\gamma A_t$ realisieren. Es wird angenommen, dass γ hoch genug ist, so dass für Unternehmen der Versuch, den Liquiditätsschock zu überwinden, immer lohnend ist.

a) Leiten Sie unter der Annahme, dass die Produzenten ihr Gesamtvermögen über die zwei Perioden hinweg maximieren, die Arbeitsnachfrage und den Gewinn in Periode t ab.
b) Berechnen Sie die Innovationswahrscheinlichkeit q_t als Funktion von S, μ und ω.
c) Wie lautet die erwartete Wachstumsrate der Produktivität für diese Ökonomie? Ist sie bei fixen oder bei flexiblen Wechselkursen höher? Wie groß ist die Wachstumslücke zwischen den beiden Systemen, wenn $\mu \to \infty$?
d) Nehmen Sie für den Rest der Aufgabe an, dass es stochastische Produktivitätsschocks gibt: $A_t = \overline{A}_t e^{u_t}$, wobei $\overline{A}_t = \rho_{t-1}\gamma A_{t-1} + (1-\rho_{t-1})A_t$ ist, und u_t ist ein Schock mit Mittelwert null und Varianz σ_u^2. Wie sehen die modifizierte Nachfrage nach Arbeit und der Gewinn in Periode t aus?
e) Nehmen Sie an, dass die Zinsparität (logarithmiert) bei flexiblen Wechselkursen gültig ist: $s_t = E_{t-1}s_t + \ln(1+i^*) - \ln(1+i_t) + \eta_t$. Hierbei sind $s_t = \ln(S_t)$, i und i^* der

inländische und der ausländische Zinssatz, und η_t hat einen Mittelwert von null und die Varianz σ_η^2 (bei fixen Wechselkursen wird auf $s_t = 0$ normiert.) Die Zentralbank folgt der Taylor-Regel und setzt $\ln(1 + i_t) = \ln(1 + i^*) + \phi_1 s_t + \phi_2 u_t$. Nehmen Sie an, dass es keine Blasen gibt, d. h. $\lim_{i \to \infty} E_t s_{t+i} = 0$. Ermitteln Sie s_t als eine Funktion der monetären (η_t) und realen (u_t) Schocks.

f) Wie hoch ist die Innovationswahrscheinlichkeit bei fixen und flexiblen Wechselkursen, falls $\sigma_u^2 = 0$ bzw. falls $\sigma_\eta^2 = 0$? Welches System bedingt in jedem Fall das höchste Wachstum

5. ****Das Timing von Innovationen und deren Übernahme (basierend auf Comin und Gertler 2006)**

Nehmen Sie an, dass ein Endprodukt mit einem Kontinuum von Zwischenprodukten hergestellt wird, wobei der Produzent von jedem Zwischenprodukt Profite in Höhe von $\pi_t = \delta A_t$ pro Periode erzielt. A_t folgt einem Prozess der Form $A_{t+1} = \rho A_t + (1 - \rho)\overline{A} + \varepsilon_{t+1}$, mit $0 < \rho < 1, \overline{A} > 0$ und $E_t(\varepsilon_{t+1}) = 0$. Die Entwicklung neuer Inputs findet in zwei Stufen statt. Erstens gibt jeder Innovator i die Menge R_t^i des Endprodukts in der Forschung aus, was zu $\frac{\varphi}{(R_t)^\eta} R_t^i$ Innovationen führt. R_t entspricht dem durchschnittlichen Umfang an Forschungsausgaben in der Ökonomie und erfasst Engpasseffekte. Der Innovator kann dann jedes Design in der nächsten Periode zum erwartete Preis $E_t P_{t+1}$ an den „Übernehmer" verkaufen, der daraus ein marktfähiges Produkt entwickelt. Zweitens wählt der Übernehmer für jedes Design, das er gekauft hat, zum oder vor dem Zeitpunkt t, ein Ausgabenniveau Z_t, so dass das Produkt nutzbar wird mit der Wahrscheinlichkeit $\lambda\sqrt{Z_t}$, mit $\lambda > 0$. Er verdient einen Monopolgewinn aufgrund der erfolgreichen Innovation. Somit ist der Wert eines Produkts, das das übernehmende Unternehmen entwickelt hat, $V_t = \pi_t + \beta E_t V_{t+1}$. Es wird angenommen, dass es sowohl bei den Innovationen als auch bei der Übernahme von Technologien freien Zutritt gibt. Der Diskontfaktor ist β.

a) Ermitteln Sie unter Verwendung der Bedingung des freien Zutritts zum Innovationsbereich das Niveau von R_t für gegebene erwartete Preise.
b) Finden Sie den Wert W_t einer Innovation, die noch nicht übernommen wurde, als eine Funktion von Z_t, $E_t V_{t+1}$ und $E_t W_{t+1}$. Leiten Sie das optimale Z_t her. Wie lautet die Beziehung von P_t und W_t im Gleichgewicht?
c) Ermitteln Sie den Wert des entwickelten Produkts V_t. Wie beeinflusst ein Anstieg des aggregierten Produktivitätsparameters A_t, V_t und W_t?
d) Verhalten sich die Forschungsausgaben R_t und die Ausgaben für die Übernahme Z_t pro- oder antizyklisch? Erklären Sie die Ergebnisse mit intuitiven Argumenten.

15 Handelsliberalisierung

15.1 Einführung

In diesem Kapitel werden die Konsequenzen von internationalen Beziehungen zwischen Ländern auf das Wachstum der Produktivität und Innovationen untersucht. Der internationale Handel mit Gütern steht dabei im Mittelpunkt des Interesses, aber es wird sich zeigen, dass bei Einführung des Güterhandels ins Modell auch die internationalen Ströme von Wissen für die Resultate relevant sind.

Man kann sich mehrere Gründe vorstellen, warum Handel das Einkommen in der Welt steigern und das Produktivitätswachstum fördern sollte. Erstens erhöht die Offenheit des Handels die Größe des Marktes, auf den erfolgreiche Innovatoren Zugriff haben, oder er vergrößert die Produktionszahlen und damit den Umfang von Learning-By-Doing-Externalitäten. Dieser *Marktgrößen-Effekt* sollte in kleineren Ländern, die die Marktgröße durch die Öffnung für internationalen Handel erhöhen können, wichtiger sein. Damit sollte man bei einer Regression von Wachstum auf die Offenheit einer Volkswirtschaft und das Zusammenwirken mit der Größe der Binnenwirtschaft (z. B. gemessen durch den Logarithmus der Bevölkerungszahl) einen negativen Koeffizienten zwischen Landesgröße und Offenheit finden. Und in der Tat ist es dies, was Alesina, Spolaore und Wacziarg (2005) gefunden haben, als sie das Wachstum auf die Offenheit des Landes und seine Größe unter Verwendung von Länderpaneldaten regressierten.[1]

Zweitens regt Handel Wissensspillover-Effekte von weiter entwickelten zu weniger fortgeschrittenen Ländern und Sektoren an. Deshalb sollte man erwarten können, dass das Zusammenspiel zwischen Offenheit und anfänglichem Einkommen in der Wachstumsregression negativ sein sollte, d. h. Wachstum wird in weiter fortgeschrittenen Ländern weniger stark durch Offenheit gefördert. In dem Ausmaß, in dem Wissen dazu tendiert, von reicheren zu ärmeren Ländern zu fließen, ist es nicht überraschend, dass ein Land, je fortgeschrittener es ist, umso weniger von Wissensspillover-Effekten, die Handel induzieren, profitiert. Dieser

1 Ein selbstverständliches Maß für die Offenheit würde das Verhältnis der Summe aus Exporten und Importen zum BIP sein. Jedoch führt es zu einem offensichtlichen Endogenitätsproblem: Eine positive Korrelation zwischen Importen/Exporten und Wachstum kann auch widerspiegeln, dass ein Land im Aufschwung mehr importiert und exportiert. Um mit diesem Problem umgehen zu können, wird Frankel und Romer (1999) gefolgt, die den Wert der Importe plus Exporte im Verhältnis zum BIP instrumentieren, indem sie ein einfaches Modell mit „Anziehungskraft" verwenden, in dem Handelsströme von den geografischen Eigenschaften eines Landes abhängen, wie z. B. der Länge der Grenzen eines Landes mit seinen Nachbarländern, dem Zugang zum Meer und der Größe des Landes im Hinblick auf Bevölkerung und Oberfläche. Diese Strategie der Instrumentalisierung hilft dabei, sicher zu gehen, dass die ursächliche Wirkung der Handelsoffenheit auf Wachstum erfasst wird und nicht die umgekehrte Kausalität oder der Effekt von dritten, vernachlässigten Variablen, die sowohl den Handel als auch das Wachstum beeinflussen können.

Wissensspillover-Effekt wurde umfänglich von Keller (2004) analysiert. Er liegt dem Modell von Sachs und Warner (1995) zugrunde.[2]

Es gibt einen weiteren Effekt des Handels auf Wachstum, der in der vorigen Diskussion nicht erfasst wird, nämlich dass Handelsliberalisierung dazu neigt, den Wettbewerb in Gütermärkten zu verstärken, indem sie Konkurrenz zwischen ausländischen und inländischen Produzenten ermöglicht. Dies wiederum sollte die inländische Produktion aus mindestens zwei Gründen fördern. Erstens werden die unproduktivsten Unternehmen aus dem Binnenmarkt gedrängt. So zeigt Trefler (2004), dass Handelsliberalisierung in Kanada in einem Anstieg der Produktivität um 6 Prozent mündete. Zweitens (wie in Kapitel 12) zwingt es inländische Unternehmen zur Innovation, um dem Wettbewerb mit ihren ausländischen Gegenübern zu entkommen.

In den folgenden Abschnitten wird ein synthetischer Rahmen entwickelt, der alle diese potenziellen Effekte einschließt, die Handel für Produktivität und Innovationen haben kann.[3] In Abschnitt 15.2. wird ein einfaches multisektorales Schumpeterianisches Modell einer geschlossenen Volkswirtschaft aufgezeigt, das dem in Kapitel 4 in größerem Ausmaß entwickelten sehr ähnlich ist, und Bezugspunkt für die Analyse einer offenen Volkswirtschaft ist. In Abschnitt 15.3. wird der unmittelbare Effekt des Handels auf sektorale Produktivitäten und die Höhe des Nationaleinkommens untersucht, indem zwei Volkswirtschaften des in 15.2 beschriebenen Typs und kostenloser Handel zwischen ihnen betrachtet werden. In diesem Abschnitt werden die Produktivitäten in inländischen und ausländischen Sektoren als gegeben angenommen. In Abschnitt 15.4 wird gezeigt, wie Handel den Innovationsprozess beeinflusst, und es wird diese Analyse verwendet, um die langfristigen Wirkungen des Handels zwischen zwei im vorigen Abschnitt analysierten Ökonomien zu untersuchen. Dabei steht aber die Endogenisierung der Produktivität und ihrer Dynamik in beiden Ländern im Mittelpunkt.

Zusammengefasst zeigt die Theorie, dass es gute Gründe gibt anzunehmen, dass Handel eine positive Auswirkung sowohl auf die Höhe als auch auf die Wachstumsrate des Nationaleinkommens eines Landes hat. Jedoch deutet die Analyse in diesem Kapitel darauf hin, dass es Ausnahmen dieser allgemeinen Annahme gibt. Insbesondere scheinen kleine Volkswirtschaften, die das Potenzial haben, in einigen Sektoren Weltmarktführer zu werden, dieses aber noch nicht realisiert haben, am wahrscheinlichsten durch internationalen Handel zu verlieren.

---

2 Zusätzliche Erkenntnisse über Handel und Forschungsspillover werden in einem wichtigen Papier von Coe und Helpman (1995) bereitgestellt. Sie konstruieren für jedes Land Maße für den inländischen und ausländischen FuE-Kapitalstock, wobei die letzteren die gewichteten Durchschnitte der inländischen Bestände der Handelspartner sind. Sie finden heraus, dass das ausländische FuE-Kapital einen förderlichen Effekt auf die inländische Produktivität hat und die Stärke des Effekts mit dem Grad der Offenheit zunimmt. Somit gibt es nicht nur wichtige Spillovers, sondern es gibt auch ein paar Belege, dass diese durch Handel verstärkt werden. Jedoch kann man auch argumentieren, dass die Korrelation zwischen inländischer Produktivität und ausländischer Forschung, die man beobachten kann, nur das Ergebnis gemeinsamer Nachfrage- oder Preisschocks ist. Die Gewichtung des Beitrags ausländischer Forschung durch Verwendung von Daten für bilaterale Handelsströme, wie in Coe und Helpman, wird wahrscheinlich dieses Problem abschwächen, es aber nicht vollständig überwinden.

3 In Kapitel 2 sah man noch einen anderen potenziellen Effekt des Handels auf Wachstum: einen *Terms-of-Trade-Effekt*. Dabei erlaubt es der Handel kleineren Ländern, die Folgen der abnehmenden Erträge des Kapitalakkumulation zu vermeiden.

15.2 Vorbereitung: Zurück zum multisektoralen Modell einer geschlossenen Volkswirtschaft

Im nächsten Abschnitt wird Handel in das Schumpeterianische Modell aus Kapitel 4 eingeführt. Zuerst wird die Version des Modells einer geschlossenen Volkswirtschaft noch einmal mit der Einführung des Konzepts des Nationaleinkommens untersucht.

15.2.1 Produktion und Nationaleinkommen

Es gebe ein einzelnes Land, in dem ein einziges Endprodukt unter Wettbewerbsbedingungen unter Einsatz eines Kontinuums von Zwischenprodukten hergestellt wird, das auch als Numéraire dient:

$$Y_t = L^{1-\alpha} \int_0^1 A_{it}^{1-\alpha} x_{it}^{\alpha} di, \quad 0 < \alpha < 1 \tag{15.1}$$

Wobei L die inländische, als konstant angenommene Arbeitsmenge angibt, A_{it} die Qualität des Zwischenprodukts i im Zeitraum t und x_{it} die im Zeitraum t hergestellte Menge des Zwischenprodukts.

In jedem Zwischenproduktsektor gibt es einen monopolistischen Produzenten, der das Endprodukt als einzigen Input verwendet, wobei eine Einheit des Endprodukts für die Herstellung jeder Einheit des Zwischenprodukts benötigt wird. Die Produktionskosten des Monopolisten entsprechen deshalb der produzierten Menge x_{it}. Der Preis p_{it}, zu dem er diese Menge des Zwischenprodukts an ein Unternehmen im kompetitiven Endproduktsektor verkaufen kann, entspricht dem Grenzprodukt des Zwischenprodukts i in der Produktionsfunktion für das Endprodukt (15.1).

Wie in Kapitel 4 gezeigt wurde, wird der Monopolist die Outputmenge so wählen, dass seine Profite maximiert werden, nämlich

$$x_{it} = A_{it} L \alpha^{2/(1-\alpha)}, \tag{15.2}$$

was zum Gewinn von

$$\pi_{it} = \pi A_{it} L \tag{15.3}$$

führt, wobei $\pi \equiv (1-\alpha)\alpha^{\frac{1+\alpha}{1-\alpha}}$.

Das gleichgewichtige Outputniveau des Endprodukts kann durch das Ersetzen der x_{it}s in Gleichung (15.1) ermittelt werden und führt zu

$$Y_t = \varphi A_t L \tag{15.4}$$

Wobei A_t der durchschnittliche Produktivitätsparameter über alle Sektoren hinweg ist:

$$A_t = \int_0^1 A_{it} di$$

und $\varphi = \alpha^{\frac{2\alpha}{1-\alpha}}$.[4]

Von Interesse ist das gleichgewichtige Niveau des Nationaleinkommens N_t, das nicht dasselbe ist wie der Output des Endproduktsektors, weil einige der Endprodukte für die Herstellung der Zwischenprodukte verwendet werden, die wiederum für die Herstellung der Endprodukte eingesetzt werden. Es gibt nur zwei Arten von Einkommen – Lohneinkommen und Profiteinkommen. Jeder der L Arbeiter ist im Endproduktsektor angestellt, wo er entsprechend seines Grenzprodukts entlohnt wird. Somit entspricht das gesamte Lohneinkommen gemäß der Produktionsfunktion (15.1) dem Anteil $1 - \alpha$ am endgültigen Output:

$$W_t = L \times \partial Y_t / \partial L = (1 - \alpha) Y_t$$

Profite werden von den lokalen Monopolisten verdient, die Zwischenprodukte an den Endproduktsektor verkaufen. (Es gibt im Endproduktsektor keine Profite, da der Sektor dem vollkommenen Wettbewerb unterliegt und mit konstanten Skalenerträgen arbeitet.) Da jeder Monopolist einen Preis gleich $1/\alpha$ verlangt[5] und Stückkosten in Höhe von 1 hat, kann die Gewinnspanne $p_{it} - 1$ pro verkaufter Einheit als $(1 - \alpha) p_{it}$ geschrieben werden, was bedeutet, dass der gesamte Profit gleich

$$\Pi_t = \int_0^1 (p_{it} - 1) x_{it} dt = (1 - \alpha) \int_0^1 p_{it} x_{it} dt$$

ist. Und da der Preis p_{it} das Grenzprodukt des i-ten Zwischenprodukts ist, impliziert Gleichung (15.1)

$$\int_0^1 p_{it} x_{it} dt = \int_0^1 (\partial Y_t / \partial x_{it}) x_{it} dt = \alpha Y_t$$

So ergibt sich aus den beiden letzten Zeilen

$$\Pi_t = (1 - \alpha) \alpha Y_t$$

Durch das Zusammenfassen der Ergebnisse sieht man, dass das Nationaleinkommen gleich

$$N_t = W_t + \Pi_t = (1 + \alpha^2) Y_t \tag{15.5}$$

ist.

Aus Gleichung (15.4) und (15.5) sieht man, dass das Nationaleinkommen streng proportional zur durchschnittlichen Produktivität und zur Bevölkerung ist:

$$N_t = (1 - \alpha^2) \varphi A_t L \tag{15.6}$$

---

4 Um diesen Ausdruck für Y_t abzuleiten, ersetze man die x_{it} in Gleichung (15.1), um

$$Y_t = L^{1-\alpha} \int_0^1 A_{it}^{1-\alpha} \left(A_{it} L \alpha^{2/(1-\alpha)} \right)^{\alpha} di$$
$$= \left(\alpha^{2/(1-\alpha)} \right)^{\alpha} L \int_0^1 A_{it}^{1-\alpha} A_{it}^{\alpha} di$$
$$= \zeta A_t L$$

zu bekommen.

5 Das kommt daher, dass der Markt für Endprodukte, in dem die Zwischenprodukte verkauft werden, der vollständigen Konkurrenz unterliegt, weshalb der Preis gleich dem Grenzprodukt ist:
$p_{it} = \partial Y_t / \partial x_{it} = \alpha L^{1-\alpha} A_t^{1-\alpha} x_{it}^{\alpha-1}$
Nimmt man Gleichung (15.2), um x_{it} zu ersetzen, ergibt sich $p_{it} = 1/\alpha$.

Es folgt aus dem letzten Ergebnis, dass die Wachstumsrate des Nationaleinkommens auch die Wachstumsrate der Produktivität ist:

$$\dot{N}_t/N_t = \dot{A}_t/A_t = g_t$$

15.2.2 Innovation

Produktivitätswachstum entsteht durch Innovationen. In jedem Sektor gibt es zu jeder Zeit einen einzigen Unternehmer mit der Möglichkeit zur Innovation in diesem Sektor. Er ist der amtierende Monopolist und eine Innovation würde ihn dazu befähigen, mit dem Produktivitäts(qualitäts)parameter $A_{it} = \gamma A_{i,t-1}$, der demjenigen des vorigen Monopolisten um den Faktor $\gamma > 1$ überlegen ist, zu produzieren. Ansonsten würde sein Produktivitätsparameter derselbe bleiben: $A_{it} = A_{i,t-1}$. Um mit einer gegebenen Wahrscheinlichkeit μ zu innovieren, muss er

$$c_{it}(\mu) = (1-\tau) \cdot \phi(\mu) \cdot A_{i,t-1}$$

des Endprodukts in die Forschung investieren, wobei $\tau > 0$ ein Subventionsparameter ist, der anzeigt, in welchem Ausmaß die nationale Politik Innovationen ermutigt, und ϕ ist eine Kostenfunktion, die die Bedingungen

$$\phi(0) = 0$$

und

$$\phi'^{(\mu)} > 0\,; \phi''(\mu) > 0$$

für alle $\mu > 0$ erfüllt. Somit ist der erwartete Gewinn des lokalen Unternehmers abzgl. der Forschungskosten gleich

$$\begin{aligned} V_{it} &= E\pi_{it} - c_{it}(\mu) \\ &= \mu\pi L\gamma A_{i,t-1} + (1-\mu)\pi L A_{i,t-1} - (1-\tau)\phi(\mu)A_{i,t-1} \end{aligned}$$

Er wird den Wert von μ so wählen, dass dieser erwartete Profit maximiert wird.

Jeder lokale Unternehmer wird eine Frequenz von Innovationen $\hat{\mu}$ wählen, die V_{it} maximiert. Die Bedingung erster Ordnung für ein internes Maximum ist $\partial V_{it}/\partial\mu = 0$, was durch

$$\phi'(\mu) = \pi L\,(\gamma - 1)/(1-\tau) \tag{15.7}$$

ausgedrückt werden kann. Falls die Forschungsumgebung günstig genug ist (d. h., falls τ groß genug ist), oder die Bevölkerung groß genug ist, so dass

$$\phi'(0) > \pi L(\gamma - 1)(1-\tau),$$

dann ist die einzige Lösung μ der Forschungsarbitrage-Gleichung (15.7) positiv, und es entspricht in jedem Sektor die Wahrscheinlichkeit einer Innovation dieser Lösung ($\hat{\mu} = \mu$), die eine ansteigende Funktion bzgl. der Bevölkerungsgröße L und der Forschungsförderpolitik τ ist. Andernfalls gibt es keine positive Lösung der Forschungsarbitrage-Gleichung, so dass der Innovator sich dazu entscheidet, nicht zu innovieren ($\hat{\mu} = 0$).

Da jedes A_{it} unter der Wahrscheinlichkeit $\hat{\mu}$ mit der Rate $\gamma - 1$ wächst und mit der Wahrscheinlichkeit $1 - \hat{\mu}$ eine Wachstumsrate von 0 aufweist, ist die erwartete Wachstumsrate der Ökonomie

$$g = \hat{\mu}(\gamma - 1)$$

Man sieht, dass Länder mit größeren Bevölkerungen und günstigeren Forschungsbedingungen mit einer größeren Wahrscheinlichkeit wachsen, und wenn sie wachsen, werden sie schneller als kleine Länder mit kleineren Bevölkerungen und weniger günstigen Innovationsbedingungen wachsen.

15.3 Öffnung für Handel – Abstraktion von Innovationen

Es sollen nun die Volkswirtschaften für Güterhandel (sowohl für Zwischen- als auch für Endprodukte) zwischen der inländischen Volkswirtschaft und dem Rest der Welt geöffnet werden, und es werden anfänglich in allen inländischen und ausländischen Sektoren die Produktivitäten als gegeben angenommen. Produktivitätssteigernde Innovationen werden erst im nächsten Abschnitt eingeführt.

Um die Sache einfach zu halten, wird angenommen, dass es nur zwei Länder gibt, „Inland" und „Ausland", die sich bei der Größe der Bevölkerung und der Politik zur Förderung von Innovationen unterscheiden. Es werde angenommen, dass der Umfang der Zwischenprodukte in jedem Land identisch ist, dass sie exakt dasselbe Endprodukt herstellen und dass es keine Transportkosten gibt. In jedem Zwischenproduktsektor des Weltmarkts kann der Produzent mit den niedrigsten Kosten der Monopolist werden. Es werden Sternchen verwendet, um ausländische Variablen zu kennzeichnen.

15.3.1 Das Experiment

Man betrachte das folgende konzeptionelle Experiment. Zu Beginn handelt keines der Länder, und sie verhalten sich damit wie eine im vorigen Abschnitt beschriebene, geschlossene Volkswirtschaft. Dann zum Zeitpunkt t können die Länder ohne Kosten miteinander handeln. Der unmittelbare Effekt dieser Öffnung erlaubt jedem Land von einer größeren Effizienz in der Produktion zu profitieren. Im Inland wird die Endproduktion gleich

$$Y_t = \int_0^1 Y_{it} di = L^{1-\alpha} \int_0^1 \hat{A}_{it}^{1-\alpha} x_{it}^{\alpha} di, \quad 0 < \alpha < 1 \tag{15.8}$$

sein, wobei $\hat{A}_{it}$ der höhere der beiden anfänglichen Produktivitätsparameter ist:

$$\hat{A}_{it} = \max\{A_{it}, A_{it}^*\}$$

Ebenso wird im Ausland die Produktion des Endprodukts gleich

$$Y_t^* = \int_0^1 Y_{it}^* di = (L^*)^{1-\alpha} \int_0^1 \hat{A}_{it}^{1-\alpha} (x_{it}^*)^{\alpha} di, \quad 0 < \alpha < 1 \tag{15.9}$$

sein.

Der Profit eines Monopolisten wird nun höher als bei Autarkie sein, weil er nun in beiden Ländern verkaufen kann. Im Speziellen werden die Hersteller des Endprodukts in jedem Land das Gut i bis zu dem Punkt kaufen, bei dem dessen Grenzprodukt gleich p_{it} ist, wenn der Monopolist diesen Preis p_{it} verlangt:

$$x_{it} = \hat{A}_{it} L (p_{it}/\alpha)^{\frac{1}{\alpha-1}} \quad \text{und} \quad x_{it}^* = \hat{A}_{it} L^* (p_{it}/\alpha)^{\frac{1}{\alpha-1}} \tag{15.10}$$

Addiert man diese beiden Gleichungen und stellt sie um, sieht man den Preis von den gesamten Verkäufen $X_{it} = x_{it} + x_{it}^*$ entsprechend

$$p_{it} = \alpha(L + L^*)^{1-\alpha}(\hat{A}_{it})^{1-\alpha} X_{it}^{\alpha-1} \tag{15.11}$$

abhängen. Dies ist dieselbe Nachfragebeziehung wie in einer geschlossenen Volkswirtschaft[6], außer dass jetzt die globalen Verkäufe im Verhältnis zur globalen Produktion, anstelle von den lokalen Verkäufen im Verhältnis zu der lokalen Bevölkerung, auf der rechten Seite stehen. Entsprechend wird der Profit des Monopolisten, π_{it}, gleich Umsatz $p_{it}X_{it}$ minus Kosten X_{it} sein:

$$\pi_{it} = p_{it}X_{it} - X_{it} = \alpha(\hat{A}_{it})^{1-\alpha}(L + L^*)^{1-\alpha} X_{it}^{\alpha} - X_{it}$$

Wie im Falle der geschlossenen Volkswirtschaft, wird der Monopolist das Niveau des Outputs wählen, das den Gewinn π_{it} steigert, nämlich

$$X_{it} = \hat{A}_{it}(L + L^*)\alpha^{2/(1-\alpha)},$$

was zum selben Preis

$$p_{it} = 1/\alpha$$

wie zuvor führt und die Gewinnhöhe

$$\pi_{it} = \pi\hat{A}_{it}(L + L^*) \tag{15.12}$$

ergibt, wo wiederum $\pi \equiv (1-\alpha)\alpha^{\frac{1+\alpha}{1-\alpha}}$ ist.

Ersetzt man die Preise $p_{it} = 1/\alpha$ in der Nachfragefunktion (15.10), ergibt sich:

$$x_{it} = \hat{A}_{it}L\alpha^{2/(1-\alpha)} \quad \text{und} x_{it}^* = \hat{A}_{it}L^*\alpha^{2/(1-\alpha)}$$

Und wenn man dies in die Produktionsfunktionen (15.8) und (15.9) einsetzt, sieht man, dass die Produktion des Endprodukts in den beiden Ländern proportional zu ihren Bevölkerungen ist:

$$Y_t = \varphi\hat{A}_t L \quad \text{und} \quad Y_t^* = \varphi\hat{A}_t L^* \tag{15.13}$$

Wobei wieder $\varphi = \alpha^{\frac{2\alpha}{1-\alpha}}$ ist, und $\hat{A}_t$ der sektorale Durchschnitt der $\hat{A}_{it}$s ist:

$$\hat{A}_t = \int_0^1 \hat{A}_{it}di$$

15.3.2 Die Wirkungen der Offenheit auf das Nationaleinkommen

In jedem Land entspricht das Nationaleinkommen immer noch der Summe aus Lohn- und Profiteinkommen. Wie zuvor wird das Lohneinkommen in jedem Land im Endproduktsektor verdient:

$$W_t = (1-\alpha)Y_t = (1-\alpha)\zeta\hat{A}_t L$$

$$W_t^* = (1-\alpha)Y_t^* = (1-\alpha)\zeta\hat{A}_t L^*$$

---

6 Siehe Fußnote 5.

Das Profiteinkommen hängt in jedem Land vom Anteil der Zwischenproduktmonopole, die sich im Land befinden, ab. Man definiere

$$\lambda_{it} = \begin{cases} 1 & \text{wenn } A_{it} > A_{it}^* \\ 0 & \text{sonst} \end{cases}$$

Damit ist λ_{it} ein Indikator, ob ein Monopol im Inland residiert und $1 - \lambda_{it}$ ein Indikator, ob das Monopol im Ausland residiert. (Der Einfachheit halber wird angenommen, dass es keine Sektoren gibt, in denen $A_{it} = A_{it}^*$ ist.) Entsprechend Gleichung (15.12) werden die gesamten Gewinne über alle monopolisierten Sektoren hinweg in jedem Land durch

$$\Pi_t = \pi(L + L^*) \int_0^1 \lambda_{it} \hat{A}_{it} di$$

$$\Pi_t^* = \pi(L + L^*) \int_0^1 (1 - \lambda_{it}) \hat{A}_{it} di$$

gegeben sein. Damit ist das Nationaleinkommen in beiden Ländern:

$$N_t = (1 - \alpha)Y_t + \alpha(1 - \alpha) \int_0^1 \lambda_{it}(Y_{it} + Y_{it}^*)di \tag{15.14}$$

$$N_t^* = (1 - \alpha)Y_t^* + \alpha(1 - \alpha) \int_0^1 (1 - \lambda_{it})(Y_{it} + Y_{it}^*)di \tag{15.15}$$

Dies kann umgeformt werden zu:

$$N_t = \left[(1 - \alpha)\hat{A}_t L + \alpha(1 - \alpha) \int_0^1 \lambda_{it} \hat{A}_{it}(L + L^*)di\right] \varphi$$

$$N_t^* = \left[(1 - \alpha)\hat{A}_t L^* + \alpha(1 - \alpha) \int_0^1 (1 - \lambda_{it}) \hat{A}_{it}(L + L^*)di\right] \varphi$$

15.3.2.1 Der Selektionseffekt

Ein Weg, wie internationaler Handel das Nationaleinkommen in einem Land erhöhen kann, ist der Selektionseffekt durch gestiegenen Wettbewerb (siehe Melitz 2003). Die bedeutet, dass Unternehmen das Zwischenprodukt vom effizientesten Hersteller kaufen können. Das sind schlechte Nachrichten für die weniger effizienten Produzenten, die zum Ausstieg aus dem Markt gezwungen werden, aber es steigert die gesamtwirtschaftlichen Einkommen, da das gesamte Effizienzniveau bei der Umwandlung von Arbeitsinputs in Endprodukte in einem Land angehoben wird. (Dies erfolgt über die Zwischenprodukte).

Um zu sehen, wie dieser Effekt im vorliegenden Modell wirkt, muss beachtet werden, dass das gesamte Welteinkommen – wenn die Weltwirtschaft für Handel offen ist – die Summe aus den Gleichungen (15.14) und (15.15) ist, nämlich:

$$\begin{aligned} N_t + N_t^* &= (1 - \alpha)(Y_t + Y_t^*) + \alpha(1 - \alpha)(Y_t + Y_t^*) \\ &= (1 - \alpha^2)\varphi\big(L\hat{A}_t + L^*\hat{A}_t\big) \end{aligned}$$

Wobei es bei einer „geschlossenen" Weltwirtschaft gleich

$$N_t + N_t^* = (1 - \alpha^2)\varphi(LA_t + L^*A_t^*)$$

gewesen wäre.[7]

---

[7] Dies ist die Summe der Gleichungen (15.6) für jedes Land.

Vergleicht man diese beiden Formeln, sieht man, dass das gesamte Welteinkommen durch internationalen Handel gesteigert wurde, da der durchschnittliche Produktivitätsparameter $\hat{A}_t$ im Allgemeinen größer als entweder A_t oder A_t^* ist. Das heißt: In Sektoren, in denen das Land das Monopol hält, wird sich $\hat{A}_{it} = A_{it}$ ergeben, während in allen anderen Sektoren $\hat{A}_{it} > A_{it}$ gilt, so dass der Durchschnitt für alle $\hat{A}_{it}$s größer ist als der Durchschnitt für alle A_{it}s, und genauso ist er immer größer als der Durchschnitt aller A_{it}^*s.

15.3.2.2 Der Skaleneffekt

Man hat vorher gesehen, dass kleine Länder mehr von der Offenheit profitieren als große es tun. Das vorliegende Modell hilft zu verstehen, warum diese Behauptung richtig sein kann. Wie man gesehen hat, war das Nationaleinkommen im Inland

$$N_t = (1 - \alpha^2) A_t L \varphi$$

für den Fall, dass das Land geschlossen war, und hat sich dann geändert in

$$N_t' = \left[(1 - \alpha) \hat{A}_t L + \alpha (1 - \alpha) \int_0^1 \lambda_{it} \hat{A}_{it} (L + L^*) di \right] \varphi$$

Man möchte gerne erfahren, welches die Implikationen des Modells für den Zusammenhang zwischen den Gewinnen aus der Handelsöffnung und der Bevölkerung sind, wenn man das anfängliche Niveau der technologischen Entwicklung konstant hält. Um dies zu tun, wird angenommen, dass das Inland und das Ausland bei gleichen technologischen Entwicklungsständen starten. Die bedeutet, dass in der Hälfte der Sektoren das Inland mit der höheren Produktivität startet und das Monopol erhält, während in der anderen Hälfte das Ausland das Monopol ergattert, und im Durchschnitt ist die Produktivität in den Monopolen in jedem Land dieselbe wie der globale Durchschnitt, nämlich $\hat{A}_t$. In diesem Fall wäre das Nationaleinkommen im Inland nach der Handelsöffnung:

$$\begin{aligned} N_t' &= \left[(1 - \alpha) \hat{A}_t L + \alpha (1 - \alpha)(1/2) \hat{A}_t (L + L^*) \right] \varphi \\ &= (1 - \alpha^2) \hat{A}_t L \varphi + \alpha (1 - \alpha)(1/2)(L^* - L) \hat{A}_t \varphi \end{aligned}$$

Und so wäre der Gewinn aus der Handelsöffnung das Verhältnis

$$\frac{N_t'}{N_t} = \frac{\hat{A}_t}{A_t} \left(1 + \frac{\alpha}{2(1 + \alpha)} \frac{L^* - L}{L} \right)$$

Es folgt daraus direkt: Je kleiner ein Land ist, gemessen durch L, umso größer wird das Gewinnverhältnis sein. Dieser Skaleneffekt wirkt vollständig durch die Profitkomponente des Nationaleinkommens. Indem die Volkswirtschaften sich für internationalen Handel öffnen, können die Zwischenproduktproduzenten ihre Produkte in größeren Märkten verkaufen. Je kleiner der Markt vor der Öffnung war, umso größer wird dieser Zugewinn sein.

15.3.2.3 Rückständigkeit

Es wurde auch deutlich, dass technologisch weniger fortgeschrittene Länder von der Offenheit mehr gewinnen können. Um zu sehen, warum diese Schlussfolgerung war sein kann, soll für die Größe der Ökonomie kontrolliert werden, indem man annimmt, dass das Inland und das Ausland gleich groß sind ($L = L^*$). Wenn dann die gleiche Übung wie zuvor durchgeführt wird, sieht man, dass der relative Gewinn aus der Offenheit

$$\frac{N_t'}{N_t} = \frac{1}{1 + \alpha} \frac{\hat{A}_t}{A_t} + \frac{2\alpha \int_0^1 \lambda_{it} \hat{A}_{it} di}{(1 + \alpha) A_t}$$

ist, wobei der erste Term das Lohneinkommen und der zweite das Profiteinkommen jeweils relativ zum Einkommen vor dem Handel darstellen.

In diesem Fall ist der Effekt nicht so eindeutig wie im Falle des Skaleneffekts. Der Grund liegt darin, dass die Handelsöffnung definitiv das Lohneinkommen erhöhen wird, da die Arbeiter mit weiter fortgeschrittenen Zwischenprodukten arbeiten und damit produktiver sein werden, aber es könnte sein, dass das Gewinneinkommen im Inland nicht erhöht wird. Falls das Inland in jedem Sektor hinter dem Ausland liegt, würde sich $\lambda_{it} = 0$ in allen Sektoren i ergeben, so dass die Profitkomponente des Nationaleinkommens als Folge der Offenheit verschwinden würde (d. h., dies wäre der Fall, wenn ein Land zur reinen Werkbank beim Zusammenbau importierter Komponenten werden würde). In diesem Fall könnte es sein, dass der Zugewinn beim Lohneinkommen nicht ausreicht, um die Verluste beim Profiteinkommen zu kompensieren.

Nichtsdestotrotz kann sogar in diesem extremen Fall, ohne Zweifel festgehalten werden, dass ein Land, das technologisch weit genug hinter dem Rest der Welt startet, definitiv vom internationalen Handel profitieren wird, und dabei relativ gesehen mehr gewinnen wird, je größer der anfängliche Abstand ist. Das heißt, wenn das anfängliche Produktivitätsniveau A_t des Inlands weniger als $\hat{A}/(1+\alpha)$ ist, dann wird sogar der erste Teil des vorigen Ausdrucks für N_t'/N_t den Wert eins übersteigen, und je kleiner A_t ist, desto höher wird er sein.

Diese Analyse der Rückständigkeit sollte jedoch eine Warnung sein, dass internationaler Handel zwar das gesamte Welteinkommen durch den Selektionseffekt steigert, es aber keine Garantie gibt, dass dadurch in jedem Land das Nationaleinkommen steigen wird.

15.4 Die Effekte der Offenheit auf Innovation und langfristiges Wachstum

15.4.1 Schrittweise Innovationen

Man nehme den folgenden Prozess schrittweiser Innovationen in einem gegebenen Sektor i an. Das Land, in dem gegenwärtig das Monopol angesiedelt ist, befindet sich an der Technologiegrenze für den Sektor i und der lokale Unternehmer wird bestrebt sein, eine Grenzinnovation zu realisieren, die den Produktivitätsparameter von $\hat{A}_{it}$ auf $\gamma\hat{A}_{it}$ steigert. Wenn er erfolgreich ist, wird das Land ein globales Monopol im Zwischenproduktsektor i erhalten. Im anderen Land wird der lokale Unternehmer versuchen, gegenüber der Technologiegrenze aufzuholen, indem er die gegenwärtige Grenztechnologie implementiert. Falls er erfolgreich ist und der Grenzunternehmer in dieser Periode beim Verschieben der Grenze versagt, dann wird das rückständige Land aufgeholt haben, beide Länder werden sich an der Technologiegrenze befinden und man kann annehmen, dass jeder Unternehmer den Markt für das Gut i in seinem Land monopolisiert. Aber wenn der Grenzunternehmer erfolgreich die Grenze verschiebt, dann wird der Unternehmer im Ausland immer noch zurückbleiben und kein Gewinneinkommen erhalten.

Über die Zeit hinweg wird die Führung in jedem Sektor dazu tendieren, von Land zu Land zu wechseln, solange der nacheilende Sektor innoviert. (Andererseits wird der Anführer in dem Land bleiben, das mit der Führung startet, wenn es zur Handelsöffnung kommt.) Jedoch wird es kein unmittelbares Springen eines Landes über ein anderes hinweg geben, denn ein Land muss erst aufholen, um die Führung übernehmen zu können. Somit wird es zwischen

Führungswechseln einen Zeitraum geben, in dem der Sektor ausgeglichen ist oder eine Kopf-an-Kopf-Situation gegeben ist, wie in Kapitel 12 gezeigt wurde, als die Effekte des Wettbewerbs in Gütermärkten auf die Innovationen untersucht wurden. Wie in Kapitel 12 wird die Wachstumsrate der Produktivität durch die Anreize zu FuE in verschiedenen Fällen (wenn das Land der einzige Anführer ist, wenn es ein Nachzügler ist und wenn der Sektor ausgeglichen ist) bestimmt werden. Somit muss ein Fall nach dem anderen untersucht werden.

15.4.2 Drei Fälle

Drei Möglichkeiten müssen betrachtet werden: Entweder führt ein inländischer Sektor gegenüber dem entsprechenden ausländischen Sektor (Fall A), oder der inländische Sektor steht auf gleichem Niveau (Kopf an Kopf) wie sein ausländisches Pendant (Fall B) oder der inländische Sektor liegt im Vergleich mit dem ausländischen Gegenüber zurück (Fall C).

A. Im Fall A liegt die Führung im Sektor i im Inland, während das Ausland zurückliegt. In diesem Fall ist der erwartete Gewinn (abzgl. der FuE-Kosten) des Unternehmers im Inland gleich

$$EU_A = \mu_A\gamma(L + L^*)\pi + (1 - \mu_A)[L + (1 - \mu_A^*)L^*]\pi - (1 - \tau)\phi(\mu_A)$$

Während der erwartete Gewinn des ausländischen Unternehmers gleich

$$EU_A^* = \mu_A^*(1 - \mu_A)\pi L^* - (1 - \tau^*)\phi(\mu_A^*)$$

ist und alles auf das vorher existierende Produktivitätsniveau normiert ist. Das heißt, mit der Wahrscheinlichkeit μ_A wird der inländische Unternehmer innovativ sein und damit alle globalen Profite im Markt mit dem Produktivitätsparameter, der γ-mal der vorherige Wert ist, verdienen. Falls er bei der Innovation versagt, wird er alle inländischen Profite im Markt bei dem vorigen Gewinnniveau verdienen, und falls der ausländische Unternehmer bei der Innovation versagt, (was mit der Wahrscheinlichkeit $1 - \mu_A^*$ passiert), wird er auch alle ausländischen Profite im Markt verdienen. Unabhängig vom Ereignis, muss er die FuE-Kosten $(1 - \tau)\phi(\mu_A)$ auf sich nehmen. Genauso wird der ausländische Unternehmer alle Profite im ausländischen Markt erzielen, wenn er innovativ ist und sein Rivale nicht, was mit der Wahrscheinlichkeit $\mu_A^*(1 - \mu_A)$ eintritt.

B. Im Fall B ist der Sektor ausgeglichen. In diesem Fall sind die erwarteten Gewinne der entsprechenden Unternehmer abzgl. der FUE-Kosten gleich

$$EU_B = \{\mu_B[L + (1 - \mu_B^*)L^*]\gamma + (1 - \mu_B)(1 - \mu_B^*)L\}\pi - (1 - \tau)\phi(\mu_B)$$

$$EU_B^* = \{\mu_B^*[L^* + (1 - \mu_B)L]\gamma + (1 - \mu_B^*)(1 - \mu_B)L^*\}\pi - (1 - \tau^*)\phi(\mu_B^*)$$

Somit wird z. B. der inländische Unternehmer mit der Wahrscheinlichkeit μ_B innovativ sein, was ihm die inländischen Gewinne sichert und zusätzlich die ausländischen Gewinne, falls sein Rivale versagt bei der Innovation, wobei er – falls beide bei der Innovation versagen – immerhin die inländischen Gewinne erhält.

C. Fall C ist der Fall, in dem beide Länder mit der Führung starten. Durch die Symmetrie zu Fall A wird der erwartete Profit minus FuE-Kosten gleich

$$EU_C = \mu_C(1 - \mu_C^*)\pi L - (1 - \tau)\phi(\mu_C)$$

$$EU_C^* = \mu_C^*\gamma(L + L^*)\pi + (1 - \mu_C^*)[L^* + (1 - \mu_C)L]\pi - (1 - \tau^*)\phi(\mu_C^*)$$

sein.

15.4.3 Gleichgewichtige Innovationen und Wachstum

Die Forschungsarbitrage-Gleichungen, die die Innovationsrate im Gleichgewicht bestimmen, können einfach durch die Bedingungen erster Ordnung für jeden der vorigen Ausdrücke für die erwarteten Profite minus die FuE-Kosten ermittelt werden. Die Innovationsraten im Inland erfüllen

$$(1-\tau)\,\phi'(\mu_A)/\pi = (\gamma-1)(L+L^*) + \mu_A^* L^*$$

$$(1-\tau)\,\phi'(\mu_B)/\pi = (\gamma-1)L + \mu_B^* L + (1-\mu_B^*)\gamma L^*$$

$$1-\tau\,\phi'(\mu_C)/\pi = (1-\mu_C^*)L$$

Und sie sind symmetrisch für die Innovationen im Ausland.[8]

Die Schlussfolgerungen im verbleibenden Teil dieses Abschnitts werden aus dem Vergleich der inländischen Forschungsarbitrage-Gleichung bei Offenheit mit derjenigen für eine geschlossene Volkswirtschaft (15.7) abgeleitet, die der Bequemlichkeit halber hier noch einmal aufgeführt ist:

$$(1-\tau)\phi'(\mu)/\pi = (\gamma-1)L \tag{15.16}$$

15.4.4 Größe und Markteintritt

Wenn man die Forschungsarbitrage-Gleichung für die geschlossene Volkswirtschaft mit derjenigen zur Bestimmung von μ_A vergleicht

$$(1-\tau)\,\phi'(\mu_A)/\pi = (\gamma-1)(L+L^*) + \mu_A^* L^* \tag{15.17}$$

zeigt sich, dass das Inland schneller innovieren wird (wenn es die technologische Führerschaft besitzt (Fall A)), als dies bei einer geschlossenen Volkswirtschaft der Fall wäre, da die rechte Seite der Forschungsarbitrage-Gleichung im Führungsfall (15.17) größer als die rechte Seite des Gegenstücks im geschlossenen Fall (15.16) ist. Dieses Ergebnis entsteht aufgrund zweier Effekte, eines Größeneffekts und eines Flucht-Eintritts-Effekts.

Der Größeneffekt entsteht, weil ein erfolgreicher Innovator gesteigert Profite aus beiden Märkten und nicht nur aus dem heimischen Markt erhält, was ihm einen stärkeren Anreiz zur Innovation gibt. Aus diesem Grund steht in der Gleichung (15.17) die Summe der Größenvariablen $L + L^*$, wobei in Gleichung (15.16) nur die heimische Größenvariable L enthalten ist.

Der Flucht-Eintritts-Effekt entsteht, weil ein erfolgloser Innovator in einer offenen Volkswirtschaft das Risiko hat, den ausländischen Markt an seinen ausländischen Rivalen zu verlieren. Das ist ein Risiko, das er vermeiden kann, indem er innovativ ist. Im Gegensatz dazu verliert ein erfolgloser Innovator in der geschlossenen Volkswirtschaft nichts an seinen ausländischen Konkurrenten und hat damit diesen Extraanreiz zur Innovation nicht. Natür-

---

[8] Das heißt

$$(1-\tau^*)\,\phi'(\mu_A^*)/\delta = (1-\mu_A)L^*$$

$$(1-\tau^*)\,\phi'(\mu_B^*)/\delta = (\gamma-1)L^* + \mu_B L^* + (1-\mu_B)\gamma L$$

$$(1-\tau^*)\,\phi'(\mu_C^*)/\delta = (\gamma-1)(L+L^*) + \mu_C L$$

lich ist das der gleiche Flucht-Eintritts-Effekt, der in Kapitel 12 auftauchte. Formal gesprochen, ist dieser Effekt für den Extraterm $\mu_A^* L^*$ verantwortlich, der auf der rechten Seite der Gleichung (15.17) auftaucht, aber nicht in Gleichung (15.16).

Vergleicht man die Forschungsarbitrage-Gleichung für eine geschlossene Volkswirtschaft (15.16) mit derjenigen, die die inländische Innovationsrate auf sektoraler Ebene bestimmt

$$(1-\tau)\,\phi'(\mu_B)/\pi = (\gamma-1)L + \mu_B^* L + (1-\mu_B^*)\gamma L^*,$$

so sieht man die Wirkung der beiden Effekte. Der Term $\mu_B^* L$ ist der Flucht-Eintritts-Effekt. Durch die Innovation kann der inländische Unternehmer das Risiko, den lokalen Markt zu verlieren, vermeiden. Der Term $(1-\mu_B^*)\gamma L^*$ ist der Skaleneffekt. Durch eine Innovation kann der inländische Unternehmer (mit derselben Wahrscheinlichkeit) den ausländischen genauso wie den inländischen Markt erobern.

Es folgt, dass sowohl μ_A als auch μ_B größer als die Innovationsrate μ in einer geschlossenen Volkswirtschaft sein werden. Dasselbe wird für die ausländischen Innovationsraten μ_C^* und μ_B^* gelten, die beide größer als die Innovationsrate des Auslands μ^* bei geschlossener Volkswirtschaft sind.

15.4.5 Der „Entmutigungseffekt" als Folge des Markteintritts des Auslands

Man sah in Kapitel 12, dass ein sich unterhalb der globalen Technologiegrenze befindendes Land, durch die Bedrohung eines Markteintritts entmutigt wird, innovativ tätig zu sein, weil es, sogar wenn es erfolgreich innoviert, gegenüber einem überlegenen neuen Unternehmen verliert. Die Möglichkeit eines ähnlichen Effekts der Handelsöffnung wird in der Forschungsarbitrage-Gleichung, die die inländische Innovationsrate bestimmt, wenn das Land ein technologischer Nachzügler ist, reflektiert:

$$(1-\tau)\,\phi'(\mu_C)/\pi = (1-\mu_C^*)L$$

Wenn die Innovationsrate des Auslands groß genug ist, wenn es die Führerschaft hat, dann wird die rechte Seite dieser Forschungsarbitrage-Gleichung streng kleiner sein als diejenige der Gleichung für die geschlossene Volkswirtschaft (15.16). Es ergibt sich somit $\mu_C < \mu$. Diese Tatsache wird keine direkte Wirkung auf die Wachstumsrate haben (siehe im Folgenden), die nur von der Innovationsrate des technologischen Anführers μ_C^* abhängt. Das heißt, in diesem Umweltzustand holt das Inland nur auf und verschiebt nicht die Technologiegrenze nach außen. Wie man aber sehen wird, hat ein Fallen von μ_C nichtdestotrotz einen indirekten Effekt auf das Wachstum, da es die Anteile der Sektoren an der Produktivitätsentwicklung im Steady-state bei den Umweltzuständen A, B und C beeinflusst.

15.4.6 Gesamtwirtschaftliches Wachstum im Steady-state

Im Steady-state wird es einen konstanten Anteil eines jeden Sektors bei jedem Umweltzustand geben, nämlich q_A, q_B und q_C mit $q_A + q_B + q_C = 1$, während die gesamtwirtschaftliche Produktivität gleich

$$\hat{A}_t = q_A \hat{A}_{At} + q_B \hat{A}_{Bt} + q_C \hat{A}_{Ct}$$

sein wird. Zum Beispiel ist $\hat{A}_{At}$ das durchschnittliche Produktivitätsniveau in den Sektoren, wenn die Führerschaft im Inland liegt. Es folgt, dass die Wachstumsrate der gesamtwirtschaftlichen Produktivität (und damit derjenigen des Nationaleinkommens in jedem Land) im Steady-state gleich

$$g = \eta_A g_A + \eta_B g_B + \eta_C g_C \tag{15.18}$$

sein wird, wobei für jeden Umweltzustand $S = A, B, C, \eta_S = q_S \hat{A}_{St}/\hat{A}_t$ der Anteil des Sektors an der gesamtwirtschaftlichen Produktivität im Umweltzustand S im Steady-state ist, und g die erwartete Wachstumsrate der führenden Technologie $\hat{A}_{it}$ in jedem Sektor beim gegenwärtigen Zustand S ist.

Da die ηs sich zu eins addieren, folgt, dass die Steady-state-Wachstumsrate der offenen Ökonomie eine gewichtete Summe der Wachstumsraten der Produktivität g_s ist. Diese sind:

$$g_A = (\gamma - 1)\mu_A$$

$$g_B = (\gamma - 1)(\mu_B + \mu_B^* - \mu_B\mu_B^*)$$

$$g_C = (\gamma - 1)\mu_C^*$$

Es werde nun die Wirkung der Handelsöffnung auf das gesamtwirtschaftliche Wachstum in zwei gegensätzlichen Situationen betrachtet: (1) die Handelsliberalisierung vergrößert das Wachstum in allen Ländern, und (2) die Handelsliberalisierung reduziert das Wachstum in einem Land.

15.4.7 Wie Handel das Wachstum in allen Ländern erhöhen kann

Es werde zuerst angenommen, dass ein Land, es sei das Inland, weniger innovativ als das andere ist, in dem Sinne, dass die Innovationsrate μ für die geschlossene Volkswirtschaft geringer als diejenige des Auslands im geschlossenen Fall μ^* ist. Man nehme auch an, dass der Entmutigungseffekt eines Eintritts des Auslands so groß ist, dass das Inland, sobald es einmal dem internationalen Handel ausgesetzt ist, keine Forschung in den Sektoren betreibt, in denen es ein Nachzügler ist. Das heißt, die vorige Forschungsarbitrage-Gleichung zur Bestimmung von μ_C kann durch kein positives μ_C befriedigt werden. Somit ist die gleichgewichtige Innovationsrate des Inlands im Umweltzustand C $\mu_C = 0$. Man nehme auch an, dass alle anderen Innovationsraten in allen drei Umweltzuständen positiv sind.

In diesem Fall kann es passieren, dass das Inland irgendwann seine technologische Führerschaft in allen Sektoren verliert. Im Steady-state wird für den Anteil der Sektoren im Umweltzustand C gelten: $q_c = 1$; während $q_A = q_B = 0$. Somit wird entsprechend des Steady-states das gesamte Gewinneinkommen im Ausland verdient werden, und die Wachstumsrate des Nationaleinkommens wird in allen Ländern zu

$$g = g_C = (\gamma - 1)\mu_C^*$$

Da μ_C^* größer ist als die ausländische Innovationsrate μ^*, bevor die Öffnung für Handel erfolgt, wird der Handel die ausländische Wachstumsrate erhöhen. Da beide Länder mit derselben Rate im Falle der offenen Volkswirtschaften wachsen, und annahmegemäß das Ausland schneller wächst, als das Inland vor dem Handel wuchs, wird durch den Handel die Wachstumsrate auch im Inland wachsen.

Dieses Ergebnis zeigt wie Handel Produktivitätswachstum sogar in Ländern, die nicht innovieren, erlauben kann. Das war ohne Außenhandel nicht möglich. Zum Beispiel könnte, wie in Kapitel 7, ein Land mit einem niedrigen Entwicklungsstand des Finanzwesens relativ zum Rest der Welt stagnieren. Falls im vorliegenden Modell die Politik zur Förderung von Innovationen τ im Inland verdreht genug ist, dann wird das Land, wenn es geschlossen ist, überhaupt nicht innovieren und damit eine Wachstumsrate von null aufweisen. Dennoch wird es, wenn es sich für Handel öffnet, so schnell wie das innovativste Land wachsen.

Der Grund für diesen Effekt ist das, was Keller (2004) als den direkten Kanal des Technologietransfers bezeichnet. Die Produktivität der Arbeiter im Endproduktsektor im nichtinnovativen Land kann trotz des Fehlens inländischer Innovationen wachsen, weil die Arbeiter in der Lage sind, mit den importierten Zwischenprodukten zu arbeiten, deren Qualität kontinuierlich als Resultat von ausländischen Innovationen zunimmt. In diesem Sinne kann Handel in manchen Ländern ein Substitut für Innovationen sein, während er in anderen Ländern ein Ansporn für Innovationen sein kann.

Für ein anderes Beispiel sei angenommen, dass kein Land innoviert, wenn es ein Nachzügler ist. Dann werden die Anteile der Sektoren q_A und q_B, in welchen ein Land die Führerschaft hat, konstant bleiben. Falls das Inland eine kleinere Innovationsrate als das Ausland hat (d. h. $\mu_A < \mu_C^*$), dann wird die durchschnittliche Produktivität der Sektoren im Umweltzustand C relativ zur durchschnittlichen Produktivität der Sektoren im Umweltzustand A ohne Grenzen wachsen, so dass sich Steady-state wieder $q_C = 1$ und $g = (\gamma - 1)\mu_C^*$ ergibt. Wieder werden die Wachstumsraten in beiden Ländern aufgrund des Handels wachsen.

Schließlich wird für den Fall, dass beide Länder identisch sind ($L = L^*$ und $\tau = \tau^*$), aufgrund von Symmetrie die Wachstumsrate zu

$$\begin{aligned} g &= (1 - \eta_B)g_A + \eta_B g_B \\ &= (\gamma - 1)[(1 - \eta_B)\mu_A + \eta_B(2\mu_B - \mu_B^2)] \\ &= (\gamma - 1)[(1 - \eta_B)\mu_A + \eta_B\mu_B] + (\gamma - 1)\mu_B(1 - \mu_B) \end{aligned}$$

Diese ist größer als die Wachstumsrate für eine geschlossene Volkswirtschaft $(\gamma - 1)\mu$, nicht nur wegen des Größen- und des Flucht-Eintritts-Effekts, die μ_A und μ_B größer als μ machen, weshalb der erste Term der rechten Seite des letzten Ausdrucks größer als $(\gamma - 1)\mu$ ist, sondern auch wegen des Duplikationseffekts. Das heißt, wenn Sektoren ausgeglichen sind, dann wird es zwei mögliche Grenzinnovatoren geben, so dass sogar, falls einer die Technologiegrenze nicht verschieben kann, es der andere tun könnte. Diese Möglichkeit ist für den zweiten Term auf der rechten Seite der letzten Zeile verantwortlich.

15.4.8 Wie Handel das Wachstum in einem Land reduzieren kann

Die Tatsache, dass Handel das Wachstum in beiden Ländern erhöhen wird, wenn entweder die Länder symmetrisch sind oder ein zurückliegendes Land bei der Innovation versagt, legt nahe, dass Handel gewöhnlich das Wachstum in beiden Ländern erhöht. Aber es kann Ausnahmen geben. Diese Ausnahmen müssen natürlich Länder beinhalten, die asymmetrisch sind. Man betrachte z. B. den Fall eines kleinen Landes (Inland), dessen Politik gewöhnlich nicht förderlich für Innovationen war, aber das kürzlich eine Reform unternommen hat, um innovativer zu sein. Man nehme an, dass die Politik so erfolgreich war, dass kurz vor der Handelsöffnung das Inland eine höhere Wachstumsrate als das Ausland hat:

$$\mu > \mu^*$$

Aber die Reform ist noch so jung, dass das Inland weiterhin bei allen Sektoren hinter dem Ausland liegt. Dann werden sofort nach der Handelsöffnung alle Monopole im Ausland angesiedelt sein, d. h., alle Sektoren werden sich im Umweltzustand C befinden. Nun nehme man zusätzlich an, dass der Entmutigungseffekt groß genug ist, so dass das Inland nicht innovativ ist, wenn es zurückliegt ($\mu_C = 0$). Dann werden, wie gezeigt, alle Monopole für immer im Ausland bleiben.

Dies ist der Fall, weil, wie zuvor gesehen, das Niveau des Nationaleinkommens im Inland fallen könnte, wenn es zur Handelsöffnung kommt, da die gesteigerte Effizienz aufgrund des Selektions-Effekts durch den Verlust bei den Gewinnen der inländischen Monopolisten, die von ausländischen Wettbewerbern aus dem Markt gedrängt werden, überkompensiert werden kann. Also kann – egal ob das Nationaleinkommen zuerst fällt oder nicht – die inländische Wachstumsrate von da an niedriger sein, als wenn sich das Land nie für den Handel geöffnet hätte.

Genauer gesagt, wenn es sich nicht für den Handel geöffnet hätte, dann wäre die Wachstumsrate des Inlands gleich

$$g = (\gamma - 1)\mu$$

geblieben, während bei freiem Handel die Wachstumsrate gleich derjenigen in allen Sektoren im Umweltzustand C ist, nämlich

$$g' = (\gamma - 1)\mu_C^*$$

Somit wird die Wachstumsrate des Inlands durch Handel reduziert, dann und nur dann, wenn $\mu_C^* < \mu$ ist. Nun weiß man aus der vorigen Analyse, dass μ_C^* die Innovationsrate, die das Ausland bei Autarkie erfahren hätte, übertreffen muss:

$$\mu_C^* > \mu^*$$

Aber diese Tatsache garantiert nicht, dass sie die Innovationsrate übertrifft, die das Inland bei Autarkie erfahren hätte. Tatsächlich wird sie, falls μ_C^* nahe genug an μ^* liegt, streng kleiner als μ sein, und die inländische Wachstumsrate wird tatsächlich durch Handel gesenkt.

An dieser Stelle kommt die Annahme zum Tragen, dass das Inland ein kleines Land ist. Denn falls es im Verhältnis zum Ausland relativ klein ist, wird der Größeneffekt des Handels auf die ausländische Innovationsrate μ_C^* klein sein. Da angenommen wurde, dass das Inland nie innovieren wird, wenn es zurückliegt, wird es keinen Flucht-Eintritts-Effekt auf μ_C^* geben. Falls das Inland somit klein genug ist, dann wird μ_C^* nahe genug bei μ^* liegen, so dass sie unter μ fallen wird und tatsächlich die Wachstumsrate des Inlands durch den Handel reduziert wird.

Somit ergibt sich eine Vermutung: Falls es Umstände gibt, in denen Handel schlecht für Wachstum ist, gibt es sie wahrscheinlich in kleinen Ländern, die sehr weit weg von der Technologiegrenze starten. Dies ist auch ein Beispiel dafür, dass ökonomische Reformen in einer sauberen Reihenfolge ablaufen müssen, damit sie die gewünschte Wirkung haben. Das heißt: Im Allgemeinen werden die Wachstumsaussichten eines Landes durch die Liberalisierung des Handels und die Beseitigung von Innovationshemmnissen verbessert. Aber wenn diese Reformen gleichzeitig unternommen werden, kann es sein, dass ihre vollständigen Nutzen nicht realisiert werden können. Stattdessen könnte es besser sein, die Hemmnisse für Innovationen zuerst abzubauen und dann zu warten, bis einige inländische Industrien Weltmarktführer geworden sind, bevor man die Barrieren für internationalen Handel beseitigt.

15.5 Fazit

In diesem Kapitel wurden die Wirkungen einer Handelsöffnung auf die inländische Produktivität und auf Innovationsanreize untersucht. Man hat gesehen, dass internationaler Handel das gesamte Welteinkommen aus verschiedenen Gründen steigert. Erstens selektiert er den produktivsten Produzenten in jedem Sektor. Zweitens erlaubt er dem am weitesten fortgeschrittenen Produzenten in jedem Sektor, in einem größeren Markt zu verkaufen. Drittens erlaubt er zurückliegenden Sektoren gegenüber der Technologiegrenze aufzuholen. Dann wurde die Aufmerksamkeit auf Handel und Innovation gerichtet. Durch die Vergrößerung des Marktes erhöht Handel die Ex-post-Renten, die einem erfolgreichen Innovator zuwachsen und erhöht damit FuE-Investitionen. Darüber hinaus ermutigt Handel über die Vergrößerung des Wettbewerbs im Gütermarkt, Innovationen, die darauf abzielen, dem Wettbewerb durch weiter fortgeschrittene Unternehmen in der inländischen Volkswirtschaft zu entkommen. Jedoch kann er Innovationen durch zurückliegende Firmen entmutigen. Dieser Entmutigungseffekt wiederum führt die Möglichkeit ein, dass Handel manchmal Wachstum reduziert, und zwar insbesondere in kleinen Ländern, die weit von der Technologiegrenze entfernt sind. Die Analyse legt in der Tat nahe, dass es in solchen Ländern besser sein kann, Innovationshemmnisse vor einer Handelsliberalisierung zu entfernen.

Ein selbstverständlicher nächster Schritt ist es, die in diesem Kapitel abgeleiteten Vorhersagen mit den Daten zu konfrontieren. In Kürze ergab sich das Folgende:

- Selektionseffekte sagen eine positive Wirkung von Maßnahmen zur Öffnung auf das Einkommen voraus. Zusätzlich wird Handel überall die Produktivität im Endproduktsektor erhöhen.
- Größeneffekte sagen voraus:
  - Eine negative Wirkung des Zusammenspiels von Offenheit und Größe auf das Einkommen, d. h. kleine Länder sollten proportional mehr durch Offenheit gewinnen als große Länder.
  - Eine negative Wirkung des Zusammenspiels von Offenheit und Größe auf das Wachstum, d. h. kleine Länder sollten proportional mehr durch Offenheit gewinnen als große Länder.
- Effekte des Zurückliegens sagen voraus:
  - Eine widersprüchliche Wirkung des Zusammenspiels zwischen Offenheit und Abstand von der Technologiegrenze auf das Einkommen. Solange der Abstand nicht allzu groß ist, sollte die Wirkung positiv sein. Je größer der Abstand ist, desto größer sollte der anteilige Gewinn aus der Offenheit sein. Wo jedoch der Abstand von der Grenze zu groß wird, wird sich die Wirkung umkehren.
  - Eine widersprüchliche Wirkung des Zusammenspiels zwischen Offenheit und Abstand von der Technologiegrenze auf Wachstum. Während Unternehmen, die der technologische Führer sind oder die auf einem Niveau sind, das an das des führenden Unternehmen anschließt, Innovationen bei Handelsliberalisierung vergrößern sollten, werden Unternehmen, die hinter dem technologischen Führer zurückliegen, möglicherweise geringeres Produktivitätswachstum aufweisen, wenn der Rückstand zu groß ist. Der Nettoeffekt ist widersprüchlich.

Aghion, Fedderke, Howitt, Kulatane und Viegi (2008), oder AFHKV, testen diese Effekte für ein Land mit mittlerem Einkommensniveau, nämlich für Daten des Verarbeitenden Sektors in Südafrika. Südafrika ist als naheliegendes Experiment einer schrittweisen Liberalisierung in einem Land interessant, das heterogene Sektoren hat und unter bedeutenden Monopolen auf den internen Märkten leidet. Ihre Ergebnisse bestätigen einen positiven Effekt der Handelsliberalisierung auf das Produktivitätswachstum. Darüber hinaus legen ihre Ergebnisse nahe, dass der direkte Effekt der Liberalisierung durch die Wirkung der Liberalisierung auf dem Gütermarkt und die Preissetzungsmacht der inländischen Produzenten stattfindet. Die Ergebnisse bestätigen auch, dass die größte positive Wirkung der Handelsliberalisierung eher bei kleinen als bei großen Sektoren erfolgt. Jedoch konnten keine unterschiedlichen Effekte der Liberalisierung auf Sektoren, die weiter oder weniger weit entfernt von der internationalen Technologiegrenze liegen, festgestellt werden.

Literatur

Die theoretische Literatur über Handel und Wachstum ist im Gegensatz zu der begrenzten Zahl an empirischen Papieren zu diesem Thema breitgefächert. Nachdem die wichtigen empirischen Studien schon in Abschnitt 15.1 erwähnt wurden, konzentriert sich dieser Abschnitt auf die theoretische Literatur.

Die Vorstellung, dass Handel sowohl statische Gewinne (höhere Qualität oder mehr Varianten bei Produkten) als auch dynamische Gewinne (höhere Innovationsrate) erzeugen sollte, wurde am meisten von Grosman und Helpman (1989, 1991a, 1991b) und von Rivera-Batiz und Romer (1991) betont. Insbesondere wird in Folge der Handelsliberalisierung schnelleres Produktivitätswachstum sowohl dadurch induziert (1) dass erfolgreiche Innovatoren einen Zugriff auf größere Renten bei ansteigender Marktgröße haben als auch (2) dass Wissensspillover über die Grenzen hinweg ablaufen. Es sei beachtet, dass der Marktgrößen-Effekt des Handels auf einen Größeneffekt der Art wie sie von C. Jones (1995a und b) hinterfragt wurde und in Kapitel 4 diskutiert wurde, hinausläuft.

Indem sie das Rivera-Batiz und Romer-Modell auf den Fall mit zwei Ländern mit verschiedenen anfänglichen Produktivitätsniveaus erweitern, zeigen Devereux und Lapham (1994), dass Handelsoffenheit Innovationen in dem anfänglich ärmeren Land hemmt.

Helpman (1993) benutzte das Modell mit Ausdehnung der Produktvielfalt, um das Zusammenspiel zwischen Handel und Imitationen zu analysieren. In seinem Modell finden FuE und Innovationen (was hier auf die Einführung neuer Produkte hinausläuft) in der am weitesten entwickelten Region, dem sog. „Norden", statt. Dann finden im „Süden" kostenlose Imitationen mit einer konstanten Rate statt. Das interessante Ergebnis ist, dass ein umfangreicherer Schutz der geistigen Eigentumsrechte nicht notwendigerweise, wie es in einer geschlossenen Volkswirtschaft der Fall wäre, das Wachstum fördert. Auf der einen Seite erhöht die Reduktion des Ausmaßes der Imitationen die erwartete Lebenszeit eines Produkts, was gut für die Renten der Innovatoren aus dem Norden ist. Auf der anderen Seite verbringen Unternehmen im Norden mehr Zeit mit der Produktion, was wiederum die Nachfrage nach (qualifizierter) Arbeit steigert und damit die Löhne und deshalb die Kosten der Innovation im Norden erhöht. Dieser letzte Effekt kann manchmal dominieren. Siehe Garcia (2003) für eine interessante Erweiterung des Helpman-Modells.

Terms-of-Trade-Effekte wurden am meisten von Ventura (1997) und von Acemoglu und Ventura (2002) untersucht. Insbesondere kann, wie in Kapitel 2 gezeigt, die Einführung von Terms-of-Trade-Effekten die Konvergenz in einem multisektoralen AK-Modell zurückbringen.

Young (1991) und Grossman und Helpman (1995) haben Modelle mit Handel und Wachstum auf Basis von Learning-by-doing-Externalitäten entwickelt. Die Hauptidee in Young (1991) ist, dass die Öffnung für Handel learning by doing in weniger entwickelten Volkswirtschaften hemmen kann, da sich diese möglicherweise auf mehr traditionelle Produktionsaktivitäten spezialisieren, bei denen die Möglichkeiten für learning by doing schon ausgeschöpft sind. Allgemeiner zeigen Grossman und Helpman (1995), dass die Frage, ob Handel in einem Land das langfristige Wachstum relativ zur Autarkiesituation beschleunigt oder verlangsamt, von den Effekten des Handels auf die Spezialisierung eines Landes abhängt und auch davon, ob Learning-by-Doing-Spillovers international wirken oder nicht. Darüber hinaus führt Handel, wie schon Krugman (1987) betont hat, nicht zur Konvergenz bei den Wachstumsraten des Pro-Kopf-Einkommens über Länder hinweg, wenn Learning-by-Doing-Spillovers auf nationaler Ebene wirken. Wenn Leaning-by-Doing-Spillovers stattdessen international vorliegen, führt Handel zur Konvergenz.

Schließlich rückte das Zusammenspiel zwischen Handel, Heterogenität der Unternehmen und durchschnittlicher Produktivität seit der Pionierarbeit von Melitz (2003) in den zentralen Fokus der Handelstheorie. Jedoch analysiert diese Literatur nicht die Wirkung des Handels auf Innovationen durch das etablierte Unternehmen, wie es in diesem Kapitel gemacht wurde.

Eaton und Kortum (2001) entwickeln ein steuerbares, verallgemeinertes Ricardianisches Handelsmodell mit stochastischen Unterschieden bei der Technologie. Handelsströme werden durch das Zusammenwirken von produktivitätsbasierten komparativen Vorteilen und der geografischen Lage geformt und der bilaterale Handel folgt einer Gravitationsgleichung. Da das Modell statisch ist, ist der Zustand der Technologie exogen gegeben und es gibt keinen Platz für Forschung und Entwicklung.

Für weitere Referenzen zu diesem Thema sei der Leser auf die Kapitel von Ventura (2005) und Alesina, Spolare und Wacziarg (2005) im Handbook of Economic Growth und auf Helpman (2004) verwiesen.

▶ Aufgaben

1. Erklären Sie intuitiv die folgenden drei Gründe, warum Handelsfreiheit das Welteinkommen erhöhen und das Produktivitätswachstum erhöhen kann: (a) den Marktgrößeneffekt, (b) den Wissensspillover-Effekt, (c) den Gütermarktwettbewerbseffekt.
2. **Statische Effekte der Handelsliberalisierung**
   Diese Frage betrifft die statischen Effekte der Öffnung für Handel, wie sie in Abschnitt 15.3 diskutiert wurden.
   Es sei N_t das Nationaleinkommen bei Autarkie und N_t' das Nationaleinkommen bei Handel.
   a) Nehmen Sie an, dass $A_{it} = a \in [0,1] \forall_i \in [0,1]$, und es sei A_{it}^* unabhängig gleichverteilt über $[0,1] \forall_i \in [0,1]$. Zeigen Sie, dass
   $$\hat{A}_t = \frac{a^2}{2} + \frac{1}{2}$$
   b) Bewerten Sie $J = \frac{N_t'}{N_t}$.
   c) Berechnen Sie $\frac{\partial J}{\partial L}$ und $\frac{\partial J}{\partial a}$. Verbinden Sie diese Ableitungen mit dem Skaleneffekt und dem Rückständigkeits-Effekt, die in den Abschnitten 15.3.2.2 und 15.3.2.3 diskutiert wurden.

d) Nehmen Sie an, dass kleine Länder eine höhere Produktivität in weniger Sektoren haben. Nehmen Sie insbesondere an, dass das Inland eine höhere Produktivität in einem Teil der Sektoren $\frac{L}{L+L^*}$ besitzt und dass beide Länder dieselbe durchschnittliche Produktivität in Sektoren haben, in denen sie eine höhere Produktivität besitzen. Gewinnt ein kleines Land unter diesen Bedingungen mehr durch Handel?

3. ***Dynamische Effekte der Handelsliberalisierung**
Diese Frage betrifft die dynamischen Effekte der Öffnung für Handel, wie sie in Abschnitt 15.4 diskutiert wurden.
Betrachten Sie zwei symmetrische Länder mit $L = L^* = 1$ und $\tau = \tau^* = 0$. Nehmen Sie des Weiteren an, dass $\phi(\mu) = \frac{\mu^2}{2}$ gilt.
a) Welches ist die gleichgewichtige Innovationswahrscheinlichkeit in den beiden Ländern bei Autarkie?
b) Nehmen Sie an, dass die beiden Länder beginnen zu handeln. Ermitteln Sie μ_A, μ_B und μ_C. Unter welchen Bedingungen ist $\mu_B > \mu_A$? Unter welchen Bedingungen ist $\mu_A > \mu_C$? Diskutieren Sie dies.
c) Erklären Sie, warum im Steady-state folgendes Ergebnis vorliegt:
$$q_A = \mu_A q_A + (1-\mu_A)(1-\mu_C)q_A + \mu_B(1-\mu_B)q_B$$
Geben Sie einen ähnlichen Ausdruck für q_B und q_C an.
d) Ermitteln Sie die Steady-state-Werte für q_A und q_B unter der Annahme, dass Symmetrie $q_A = q_C$ bedingt.

4. ****Handel und Learning-by-Doing**
Betrachten Sie ein Zwei-Länder-Zwei-Sektoren-Modell (Länder Süden und Norden; Sektoren traditionell und modern), in dem Arbeit der einzige Produktionsfaktor ist.
- Im traditionellen Sektor ist die Produktionstechnologie gegeben durch $Z_t = L_t^T$.
- Im modernen Sektor ist die Produktionstechnologie gegeben durch $Y_t = A_t L_t^M$.
- Die Produktivität im modernen Sektor entwickelt sich entsprechend $\dot{A}_t = Y_t$, d. h. dass es Learning-by-Doing im modernen Sektor gibt.
- Jedes Land hat einen repräsentativen Konsumenten mit den Präferenzen $U_t = Z_t^{\alpha} Y_t^{1-\alpha}$.
- Es gibt keine Ersparnisse und keine Investition.
- Der Süden hat ein konstantes Arbeitsangebot L_S und $A_0^S = 1$.
- Der Norden hat ein konstantes Arbeitsangebot L_N und $A_0^N = 1 + \varepsilon$, wobei $\varepsilon > 0$ ist.

a) Nehmen Sie an, der Süden ist autark. Ermitteln Sie das Gleichgewicht in dieser Ökonomie und zeigen Sie, dass
$$\frac{\dot{A}_t^S}{A_t^S} = (1-\alpha)L_S$$
b) Nehmen Sie nun an, dass es freien Handel zwischen dem Norden und dem Süden gibt, aber dass es keine Wissensspillover-Effekte zwischen den Ländern gibt.
i. Ermitteln Sie das Gleichgewicht für $t = 0$ unter der Annahme, dass beide Länder im modernen Sektor nicht produzieren
ii. Warum ist $\frac{L_S}{L_N} > \frac{\alpha}{1-\alpha}(1+\varepsilon)$ eine notwendige Bedingung für die Existenz des unter Teil i ermittelten Gleichgewichts?
iii. Leiten Sie die Bedingung her, die sicherstellt, dass bei $t = 0$ die Arbeitsproduktivität des modernen Sektors im Norden schneller als im Süden wächst.

iv. Nehmen Sie an, dass beide Bedingungen aus den Teilen ii und iii erfüllt sind. Was passiert mit der Produktion im modernen Sektor, wenn

$$\frac{A_t^N}{A_t^S} > \frac{L_S}{L_N}\frac{1-\alpha}{\alpha}$$

v. Zeigen Sie, dass ein $T > 0$ existiert, so dass für alle $t > T$ dann $\frac{\dot{A}_t^N}{A_t^N} = L^N$ ist.

vi. Ziehen Sie die Schlussfolgerung, dass langfristig die gleichgewichtige Wachstumsrate des Konsums in beiden Ländern dieselbe ist. Diskutieren Sie die Bedeutung der Terms of Trade für dieses Ergebnis.

vii. Wiederholen Sie die Aufgabe unter der Annahme, dass die Substitutionselastizität zwischen traditionellen und modernen Gütern größer als eins ist:

$$U_t = \left[\frac{1}{2}Z_t^{\frac{\sigma-1}{\sigma}} + \frac{1}{2}Y_t^{\frac{\sigma-1}{\sigma}}\right]^{\frac{\sigma}{\sigma-1}}, \sigma > 1$$

Diskutieren Sie den Unterschied zu den Resultaten, die sich bei einer Cobb-Douglas-Präferenzfunktion ergeben.

16 Erhaltung der Umwelt[1]

16.1 Einführung

Eine wachsende Zahl von Beobachtern und Politikern hat die öffentliche Meinung über die Existenz ernster Umweltgefahren, die mit Wachstum verbunden sind, alarmiert. Erstens beschleunigt Wachstum die Ausbeutung erschöpfbarer Energiequellen (Kohle, Öl, ...). Dies wiederum brachte ein paar Individuen oder Gruppen, die besonders wegen ökologischer Probleme in den 1970er Jahren besorgt waren (speziell nachdem der Ölpreisschock die industrialisierten Länder getroffen hatte), zu der Argumentation, dass Nullwachstum das einzige langfristige Ziel sein könne. Zweitens induziert Wachstum eine Zerstörung der Umwelt, wie z. B. durch CO_2-Emissionen, die eventuell schwerwiegend die Produktion und das Leben auf der Erde zerstören können. Der Film von Al Gore, An Inconvenient Truth, und der Stern-Report (2006) über die ökonomischen Kosten einer Nichtreduzierung der CO_2-Emissionen haben dazu beigetragen, das Thema in eine Schlagzeile zu verwandeln, und die Regierungsspitzen der G8-Ländern dazu bewogen, schnell zu handeln.

In diesem Kapitel wird untersucht, wie die neuen Wachstumstheorien die Umweltdimensionen integrieren können, und vor allem, wie endogene Innovationen und gelenkter technischer Fortschritt es ermöglichen, das Ziel nachhaltigen Wachstums mit den Beschränkungen aufgrund von erschöpfbaren Ressourcen oder der Notwendigkeit zur Erhaltung der Umwelt vereinbart werden können.

Das Kapitel ist wie folgt aufgebaut: Abschnitt 16.2. führt eine Beschränkung aufgrund erschöpfbarer Ressourcen in das AK-Modell ein. Abschnitt 16.3 führt diese Beschränkung in ein Schumpeterianisches Modell ein. Es zeigt sich, dass ein einsektorales AK-Modell nicht mehr positives langfristiges Wachstum erklären kann, wenn die Produktion von einer erschöpfbaren Ressource abhängt, während nachhaltiges Wachstum nichtsdestotrotz in einer Welt mit endogenen Innovationen wieder erreicht werden kann. Schließlich wird in Abschnitt 16.4 das Modell direkten technischen Wandels aus Kapitel 8 verwendet, um die Wachstumseffekte einer Besteuerung schmutziger Produktionsaktivitäten zu analysieren und die Frage zu beantworten, wie eine solche Steuer bestimmt werden sollte, damit die Umwelt langfristig erhalten bleibt.

---

[1] Dieses Kapitel wurde in Zusammenarbeit mit Leornado Bursztyn geschrieben.

16.2 Das einsektorale AK-Modell mit einer erschöpfbaren Ressource

Man betrachte die folgende Variante des einsektoralen AK-Wachstumsmodells. Die Zeit ist kontinuierlich und der aggregierte Output wird entsprechend der Produktionsfunktion

$$Y = AKR^{\phi}, \quad \phi > 0 \tag{16.1}$$

erzeugt, wobei K der gegenwärtige aggregierte Kapitalstock und R der laufende Strom der ausgebeuteten Ressource sind. Wenn man den gegenwärtigen Bestand der natürlichen Ressource mit S bezeichnet, dann ergibt sich einfach

$$\dot{S} = -R \tag{16.2}$$

Kapital wird über die Zeit hinweg wie im Solow- oder AK-Modell mit einer konstanten Sparquote entsprechend

$$\dot{K} = sY - \delta K \tag{16.3}$$

gebildet, wobei s die konstante Sparquote und δ die konstante Abschreibungsrate auf den Kapitalbestand angeben.

Ohne erschöpfbare Ressourcen (d. h. nur mit $Y = AK$), würde eine solche Ökonomie für immer mit der Rate

$$g = \frac{\dot{K}}{K} = sA - \delta$$

wachsen.

Jedoch verändern sich die Dinge dramatisch, wenn eine erschöpfbare Ressource eingeführt wird. Genauer gesagt wird hier gezeigt, dass positives Wachstum langfristig nicht mehr aufrechterhalten werden kann.

Um diesen Punkt zu sehen, sei angemerkt, dass die langfristige Explorationsrate bei R auf null fallen muss, sonst würde der Bestand S in endlicher Zeit negativ werden. Aber aus den Gleichungen (16.1) und (16.2) ergibt sich

$$\frac{\dot{K}}{K} = sAR^{\phi} - \delta$$

So muss die Wachstumsrate $\frac{\dot{K}}{K}$ gegen $-\delta < 0$ konvergieren, was bedeutet, dass der Kapitalstock langfristig auf null fallen muss. Da R und K beide auf null fallen, muss auch $Y = AKR^{\phi}$ langfristig null werden. Mit anderen Worten gesagt, nicht nur die Wachstumsrate, sondern auch das Niveau des Outputs wird im AK-Modell mit einer erschöpfbaren Ressource langfristig verschwinden.

Die Ursache für dieses Nullwachstum kann wie folgt einfach erklärt werden: Um im AK-Modell Wachstum aufrechtzuerhalten, ist es notwendig, dass der Verbrauch der ausgebeuteten Ressource R kleiner wird, wenn die Zeit gegen unendlich geht. Andernfalls würden der Ressourcenbestand S und damit der Output Y in endlicher Zeit verschwinden. Um nun diesem Effekt eines gegen null gehenden R entgegenzuwirken, d. h. die Produktion trotz ansteigender Einsparung bei der Ressource zu ermöglichen, benötigt es technischen Fortschritts. Technischer Fortschritt benötigt aber Kapitalbildung und damit eine Beschleunigung des Ressourcenverbrauchs durch die Produktion ... und damit einen intensivere Nutzung der erschöpfbaren Ressource. Mit anderen Worten: Diese AK-Ökonomie mit erschöpfbaren Ressourcen sieht aus wie eine Schlange, die ihren Schwanz frisst, um zu überleben.

16.3 Schumpeterianisches Wachstum mit einer erschöpfbaren Ressource

Im Gegensatz zum einsektoralen AK-Modell kann in einer Schumpeterianischen Welt mit Innovationen Wachstum aufrechterhalten werden. Die grundlegende Idee ist, dass man sich in einer solchen Welt technischen Fortschritt und Innovationen ausdenken kann, die sich von der Kapitalakkumulation unterscheiden und zwar insbesondere, dass Innovationen grüner (weniger ressourcenintensiv) als die Kapitalakkumulation sind.

Formal gesprochen werde eine Ökonomie angenommen, die mit einer kontinuierlichen Menge $M = 1$ von Individuen bevölkert ist, die eine Periode leben und mit je einer Einheit Arbeit ausgestattet sind, die für forschende und produzierende Tätigkeiten eingesetzt werden kann. Das Endprodukt wird entsprechend

$$Y = L^{1-\alpha}A^{1-\alpha}x^{\alpha}R^{\phi} \tag{16.4}$$

produziert, wobei L der Strom an Arbeit ist, der in der Produktion (herstellende Arbeit) tätig ist, A die Produktivität bzw. x die Menge der Inputs aus dem Zwischenproduktsektor und R wieder den gegenwärtigen Strom der ausgenutzten Ressource bezeichnen, so dass der Bestand der natürlichen Ressource sich im Zeitverlauf entsprechend

$$\dot{S} = -R$$

entwickelt.

Arbeit kann entweder für die Herstellung des Endprodukts (L) oder in der Forschung zur Erzeugung von Innovationen (n) eingesetzt werden. Damit verlangt die Markträumung auf dem Arbeitsmarkt

$$L + n = 1$$

Der Produzent der Zwischenprodukte verwendet das Endprodukt eins zu eins zur Herstellung ihres Zwischenprodukts. Wenn das Endprodukt als Numéraire verwendet und angenommen wird, dass der Endproduktsektor dem Wettbewerb unterliegt, kann der Produzent der Zwischenprodukte sein Produkt an den Endproduktsektor zum Preis

$$p(x) = \frac{\partial Y}{\partial x} = \alpha L^{1-\alpha}A^{1-\alpha}x^{\alpha-1}R^{\phi}$$

verkaufen.

Er wählt x so, dass die Profite maximiert werden, indem er

$$\pi = \max_{x}\{p(x)x - x\}$$

löst, was

$$x = \alpha^{\frac{2}{1-\alpha}}ALR^{\frac{\phi}{1-\alpha}}$$

ergibt, welches wiederum (nach Ersetzen der x im Ausdruck für Y)

$$Y = \alpha^{\frac{2\alpha}{1-\alpha}} LAR^{\frac{\phi}{1-\alpha}} \tag{16.5}$$

ergibt.

Es werde nun angenommen, dass die Regierung festlegen kann, dass R im Zeitablauf mit einer exponentiellen Rate abnimmt und zwar entsprechend

$$\dot{R} = -qR$$

mit $q > 0$,[2] so dass S immer positiv bleibt. Kann positives Wachstum in diesem Fall immer noch aufrechterhalten bleiben? Nutzt man Gleichung (16.5) und nimmt die logarithmierten Ableitungen, bekommt man

$$\frac{\dot{Y}}{Y} = \frac{\dot{A}}{A} + \phi\frac{\dot{R}}{R} = g_A - \phi q$$

Wobei g_A die Rate des Produktivitätswachstums ist.

Nun sei angenommen, dass das Produktivitätswachstum aus Innovationen und die Innovationen aus FuE-Arbeit resultieren, so dass die Wachstumsrate der Produktivität durch

$$g_A = (\gamma - 1)\lambda n$$

ausgedrückt werden kann und n die gleichgewichtige FuE-Arbeitsmenge, γ die Größe der Innovationen und λ ein FuE-Produktivitätsparameter sind.

Insgesamt wird die Ökonomie langfristig mit einer positiven Rate wachsen, wann immer

$$(\gamma - 1)\lambda n > \phi q$$

oder

$$n > \frac{\phi q}{(\gamma-1)\lambda} \tag{16.6}$$

gilt.

Nimmt man die vorigen Bedingungen für die Räumung des Arbeitsmarkts als gegeben an, ist dieses Ergebnis dann und nur dann möglich, wenn die rechte Seite der Gleichung (16.6) weniger als das gesamte verfügbare Arbeitsangebot ist, das auf eins normiert wird:

$$\frac{\phi q}{(\gamma - 1)\lambda} < 1$$

Denn dies ist die notwendige und hinreichende Bedingung, dass es ausreichend viel FuE-Arbeit gibt, um durch Innovationen die zerstörerischen Effekte der Ressourcenausbeutung auszugleichen. Die Bedingung wird erfüllt, wenn die Produktivität in der FuE λ oder der Umfang der Innovation γ hinreichend groß sind oder die Ausbeutungsrate q hinreichend klein ist.

Damit kann im Gegensatz zum AK-Modell, wo Wachstum nie erhalten werden kann, wenn die Produktion des Endprodukts den Einsatz einer erschöpfbaren Ressource benötigt, in der Schumpeterianischen Welt, wo Innovationen helfen, bei der Verwendung der Ressource zu

---

2 Im Anhang zu diesem Kapitel wird das Problem des sozialen Planers für den Fall gelöst, dass Präferenzen isoelastisch sind, und gezeigt, dass die optimale Lösung ein konstantes q beinhaltet.

sparen (während technischer Fortschritt im AK-Modell eine intensivere Nutzung der Ressource zur Folge hat), Wachstum erhalten bleiben.

Es sein angemerkt, dass die Analyse in diesem Abschnitt implizit angenommen hat, dass Innovationen „grün" sind, d. h. dass sie die Ressourcen nicht aufbrauchen oder die Umwelt schädigen. Im nächsten Abschnitt wird diese restriktive Annahme aufgehoben und geschaut, ob die Regierung Wachstum durch die Besteuerung der „falschen" Innovationen, d. h. über den Versuch, den technischen Fortschritt zu lenken, aufrechterhalten kann.

16.4 Umwelt und gelenkter technischer Fortschritt

Im Folgenden soll eine Welt mit sowohl sauberen als auch schmutzigen Innovationen im Mittelpunkt stehen. Auf der einen Seite verbrauchen schmutzige Aktivitäten den Bestand des Umweltkapitals, auf der anderen Seite erholt sich die Umwelt mit der Rate ω. Wenn die sauberen und schmutzigen Inputs perfekte Substitute bei der Herstellung des Endprodukts sind, dann wird die Wirkung einer Steuer auf dreckige Produktionsaktivitäten die Innovationen bei sauberen Produktionstechnologien ermutigen.

16.4.1 Grundlegender Aufbau

Die Zeit t sei diskret. Die Menge des Endprodukts sei in jeder Periode

$$Y_t = \begin{cases} Y_{ct} + Y_{dt} & \text{für } S_t > 0 \\ 0 & \text{sonst} \end{cases} \tag{16.7}$$

Wobei Y_{ct} der Output des sauberen Prozesses, Y_{dt} der Output des dreckigen Prozesses und S_t der Bestand der Umwelt sind. Entsprechend Gleichung (16.7) ist keine Produktion mehr möglich, sobald S_t verschwunden ist.

Die schmutzige Produktionsweise verschlechtert die Umwelt. Im Speziellen ist die Veränderung des Umweltzustands

$$S_{t+1} - S_t = -\phi Y_{dt} + \omega S_t \tag{16.8}$$

Wobei der Parameter $\phi > 0$ die Wirkung der schmutzigen Produktion und der Parameter $\omega \geq 0$ die Rate, mit der sich die Umwelt durch natürliche Prozesse erholt, angeben.

Gleichung (16.8) legt der schmutzigen Produktion eine Art von Geschwindigkeitsbegrenzung auf. Im Speziellen impliziert sie, dass Y_{dt} langfristig nicht schneller als mit der Rate ω wachsen kann. Um zu sehen, wie dieser Prozess funktioniert, werden beide Seiten durch S_t geteilt, und man sieht, die Wachstumsrate $(S_{t+1} - S_t)/S_t$ kann ω nicht übertreffen. Wenn deshalb Y_{dt} stetig mit der Rate $g > \omega$ wachsen würde, dann würde der negative Term auf der rechten Seite der Gleichung (16.8) schneller als der positive Term wachsen, so dass die rechte Seite möglicherweise negativ werden würde, und ab diesem Zeitpunkt würde S_t zu sinken beginnen, um möglicherweise in einer Umweltkatastrophe zu münden: $S_t \leq 0$.

Es werde angenommen, dass die Volkswirtschaft zum Zeitpunkt 0 mit dem Bestand $S_0 > 0$ startet. Es wird nun untersucht, unter welchen Bedingungen eine Umweltkatastrophe eintreten wird, wie eine Steuer auf die schmutzige Produktion das Desaster verhindern könnte und wie der Wachstumspfad der Ökonomie durch eine solche Steuer beeinflusst würde.

16.4.2 Gleichgewichtsoutput und Gewinne

16.4.2.1 Die Produktion mit gegebener Allokation von Arbeit

In jeder Periode entsprechen die Produktionsfunktionen für das Endprodukt

$$Y_c = L_c^{1-\alpha} \int_0^1 A_{ci}^{1-\alpha} x_{ci}^{\alpha} di \qquad Y_d = L_d^{1-\alpha} \int_0^1 A_{di}^{1-\alpha} x_{di}^{\alpha} di \tag{16.9}$$

Wobei $0 < \alpha < 1$; L_c und L_d sind die Arbeitsmengen in der Produktion des sauberen bzw. des schmutzigen Outputs, die x sind die Mengen der spezialisierten Zwischenprodukte und die A sind die damit verbundenen Produktivitätsparameter. Jedes spezialisierte Zwischenprodukt wird eins zu eins unter Verwendung des Endprodukts hergestellt.

Das Endprodukt sei das Numéraire. Dann ist der Preis jeder Komponente des finalen Outputs gleich eins. Das Endprodukt wird unter Wettbewerbsbedingungen hergestellt, so dass der Preis jedes spezialisierten Inputs dessen Grenzprodukt entspricht:

$$p_{ci} = \alpha L_c^{1-\alpha} A_{ci}^{1-\alpha} x_{ci}^{\alpha-1} \qquad p_{di} = \alpha L_d^{1-\alpha} A_{di}^{1-\alpha} x_{di}^{\alpha-1}$$

Jeder spezialisierte Input wird von einem Monopolisten produziert, der sein Outputniveau so wählt, dass sein Gewinn maximiert wird:

$$\pi_{ci} = \max_{x_{ci}}\{p_{ci}x_{ci} - x_{ci}\}$$
$$\pi_{di} = \max_{x_{di}}\{p_{di}x_{di} - x_{di}\}$$

was zu den gleichgewichtigen Mengen

$$x_{ci} = \alpha^{\frac{2}{1-\alpha}} A_{ci} L_c \qquad x_{di} = \alpha^{\frac{2}{1-\alpha}} A_{di} L_d$$

und den gleichgewichtigen Profiten

$$\pi_{ci} = \frac{1-\alpha}{\alpha} x_{ci} \qquad \pi_{di} = \frac{1-\alpha}{\alpha} x_{di}$$

führt. Setzt man die Gleichgewichtsmengen in Gleichung (16.9) ein, erhält man die Ausdrücke

$$Y_c = \alpha^{\frac{2\alpha}{1-\alpha}} A_c L_c \qquad Y_d = \alpha^{\frac{2\alpha}{1-\alpha}} A_d L_d \tag{16.10}$$

Wobei $A_c = \int A_{ci} di$ die durchschnittliche Produktivität der sauberen Zwischenprodukte und $A_d = \int A_{di} di$ die durchschnittliche Produktivität der schmutzigen Zwischenprodukte sind.

16.4.2.2 Die Allokation von Arbeit zwischen sauberer und schmutziger Produktion

Die Produzenten im kompetitiven Endproduktsektor nehmen den Lohnsatz w als gegeben an. Sie werden deshalb so viel Arbeit für jede Verwendung (sauber und schmutzig) anstellen, bis deren Grenzprodukt gleich dem Lohnsatz w ist. Aus Gleichung (16.9) folgend sind die Grenzprodukte gleich

$$\partial Y/\partial L_c = (1-\alpha) Y_c / L_c \qquad \partial Y/\partial L_d = (1-\alpha) Y_d / L_d$$

Was unter Verwendung von Gleichung (16.20) anders ausgedrückt werden kann als

$$\partial Y/\partial L_c = (1-\alpha)\alpha^{\frac{2\alpha}{1-\alpha}} A_c \qquad \partial Y/\partial L_d = (1-\alpha)\alpha^{\frac{2\alpha}{1-\alpha}} A_d$$

Es folgt, dass das Grenzprodukt der Arbeit nicht in beiden Verwendungen gleich dem Lohnsatz w sein kann, außer wenn $A_c = A_d$ gilt. Nimmt man an, dass dieser unwahrscheinliche Fall nicht eintritt, dann wird w gleich dem Grenzprodukt der Arbeit in dem Sektor mit der höheren durchschnittlichen Produktivität sein und es wird keine Arbeit im anderen Sektor eingesetzt werden.[3]

Falls der saubere Sektor produktiver als der schmutzige ist ($A_c > A_d$), dann wird keine Arbeit im schmutzigen Sektor eingesetzt ($L_d = 0$), somit wird kein schmutziger Output produziert ($Y_d = 0$). In diesem Fall impliziert Gleichung (16.8), dass S_t für immer positiv wäre, und somit wäre die Zerstörung der Umwelt kein Problem.

Im alternativen Fall, in dem der schmutzige Sektor produktiver als der saubere Sektor ist ($A_d > A_c$), wird nur die schmutzige Technologie verwendet, entsprechend Gleichung (16.8) würde sich eine Umweltkatastrophe ergeben, wenn der schmutzige Output schneller als mit der Regenerationsrate der Umwelt ω wächst. Im Folgenden wird nun der Effekt einer Steuer auf den schmutzigen Output untersucht, die darauf abzielt, das Desaster zu verhindern.

16.4.3 Besteuerung der schmutzigen Produktion

Man nehme an, dass $A_d > A_c$ gelte und dass die Regierung eine Steuer auf die schmutzige Produktion auferlegt. Genauer gesagt müssen Produzenten eine Steuer τ auf jede Einheit des schmutzigen Outputs bezahlen. Dann wird der Preis einer schmutzigen Outputeinheit zu $1 - \tau$.

Im sauberen Sektor werden alle Preise, Outputs und Gewinne für jede gegebene Allokation der Arbeit A_c gleich bleiben, da die Steuer diesen Sektor nicht direkt betrifft.

Im schmutzigen Sektor wird nun der Preis jeder spezialisierten Inputeinheit dem Wert dessen Grenzprodukts nach Steuer entsprechen:

$$p_{di} = (1-\tau)\alpha L_d^{1-\alpha} A_{di}^{1-\alpha} x_{di}^{\alpha-1}$$

Somit wird jeder spezialisierte Monopolist sein Outputniveau so wählen, dass der Gewinn maximiert wird:

$$\pi_{di} = \max_{x_{di}}\{p_{di}x_{di} - x_{di}\}$$

Was zu den gleichgewichtigen Mengen

$$x_{di} = (1-\tau)^{\frac{1}{1-\alpha}} \alpha^{\frac{2}{1-\alpha}} A_{di} L_d$$

und den gleichgewichtigen Gewinnen

$$\pi_{di} = \frac{1-\alpha}{\alpha} x_{di}$$

führt.

Setzt man nun die Mengen in Gleichung (16.9) ein, erhält man

$$Y_d = (1-\tau)^{\frac{\alpha}{1-\alpha}} \alpha^{\frac{2\alpha}{1-\alpha}} A_d L_d \tag{16.11}$$

---

3 Auf diese Art und Weise werden die Produzenten in beiden Sektoren die gewinnmaximierenden Mengen an Arbeit einstellen, die in dem Sektor, in dem der Lohn das Grenzprodukt übersteigt, null sein wird.

Der Lohnsatz wird in diesem Fall dem Wert des Grenzprodukts der Arbeit entsprechen. Im sauberen Sektor wird dieses immer noch durch

$$\partial Y/\partial L_c = (1-\alpha)\,Y_c/L_c = (1-\alpha)\alpha^{\frac{2\alpha}{1-\alpha}}A_c$$

gegeben sein, aber im schmutzigen Sektor wird nun gelten, dass

$$(1-\tau)\,\partial Y/\partial L_d = (1-\tau)(1-\alpha)\,Y_d/L_d = (1-\tau)^{\frac{1}{1-\alpha}}(1-\alpha)\alpha^{\frac{2\alpha}{1-\alpha}}A_d$$

Wieder wird nur in dem Sektor produziert werden, in dem das Grenzprodukt der Arbeit den höchsten Wert hat. Somit wird die Produktion ausschließlich schmutzig erfolgen, wenn

$$(1-\tau)^{\frac{1}{1-\alpha}}A_d > A_c$$

Andernfalls aber wird sie sich in eine saubere verändern. Entsprechend wird die minimale Steuer, die es braucht, um die Ökonomie zu einer sauberen Produktion zu bringen, gleich

$$\tau^{\min} = 1-(A_c/A_d)^{1-\alpha} \tag{16.12}$$

16.4.4 Gleichgewichtige Innovationen

Man nehme an, die Volkswirtschaft befinde sich in einem stationären Gleichgewicht mit einer konstanten Allokation der Arbeit (L_c, L_d) und mit einem konstanten Steuersatz τ. Wenn die Ökonomie nur den schmutzigen Output herstellt, dann impliziert Gleichung (16.11), dass die Wachstumsrate des Endprodukts g der Wachstumsrate der durchschnittlichen Produktivität in allen schmutzigen Zwischenproduktsektoren $(A_{dt}-A_{d,t-1})/A_{d,t-1}$ entpricht. Alternativ dazu impliziert der erste Teil der Gleichung (16.10) $g = (A_{ct}-A_{c,t-1})/A_{c,t-1}$, wenn nur der saubere Output produziert wird. Produktivitätswachstum wiederum entsteht durch Innovationen.

In jedem Zwischenproduktsektor wird es zu jedem Zeitpunkt nur einen potenziellen Innovator geben – den „Unternehmer" –, der Arbeiter in der Hoffnung einstellen kann, eine bessere Version des Produkts im Sektor zu erfinden, die in der nächsten Periode eingesetzt werden kann. Man betrachte ein Zwischenprodukt vom Typ j, wobei $j \in \{c, d\}$ sauber oder schmutzig anzeigt. Wenn der Unternehmer in der letzten Periode erfolgreich war, dann wird er in dieser Periode der monopolistische Produzent sein. Der Produktivitätsparameter wird gleich $\gamma A_{j,t-1}$ sein, wobei $\gamma > 1$ das Ausmaß der Innovation angibt und $A_{j,t-1}$ der durchschnittliche Produktivitätsparameter über alle Zwischenprodukte des Typs j der letzten Periode ist. Wenn der Unternehmer nicht erfolgreich ist, dann wird das Monopol an jemanden mit dem Produktivitätsparameter $A_{j,t-1}$ gehen.

Um mit der Wahrscheinlichkeit z zu innovieren, muss ein Unternehmer εz Einheiten Arbeit in FuE einsetzen. Er wird z so wählen, dass sein erwarteter diskontierter Gewinn abzgl. der FuE-Kosten maximiert wird:

$$\max_z\{z\beta\pi_{jt} - w_{t-1}\varepsilon z\}$$

Wobei β der Diskontfaktor, w_{t-1} der Lohnsatz und π_{jt} der verdiente Monopolprofit im Erfolgsfall sind. Wenn er FuE betreibt, muss die Bedingung erster Ordnung

$$\beta\pi_{jt} = \varepsilon w_{t-1} \tag{16.13}$$

erfüllt werden.

16.4.4.1 Innovationen, wenn nur sauberer Output hergestellt wird

Man nehme an, dass die Volkswirtschaft nur sauberen Output herstellt. Dann ist der Lohnsatz so groß wie das Grenzprodukt der Arbeit in der sauberen Produktion:

$$w_{t-1} = (1-\alpha)\alpha^{\frac{2\alpha}{1-\alpha}} A_{c,t-1}$$

Und es folgt aus den Resultaten in Abschnitt 16.4.2.1, dass der Monopolgewinn eines erfolgreichen Innovators eines sauberen Inputs

$$\pi_{ct} = \frac{1-\alpha}{\alpha} x_{ct} = \frac{1-\alpha}{\alpha} \alpha^{\frac{2}{1-\alpha}} \gamma A_{c,t-1} L_c$$

sein wird. Ersetzen von w_{t-1} und π_{ct} in Gleichung (16.13) ergibt

$$L_c = \frac{\varepsilon}{\alpha\beta\gamma}$$

Es gibt ein fixes Angebot an Arbeit, das auf eins normiert ist. Arbeit kann in der Produktion oder der Forschung verwendet werden. Somit ist die Markträumungsbedingung auf dem Arbeitsmarkt

$$L_c + \varepsilon z = 1$$

Wobei εz der FuE-Arbeitsmenge entspricht, die von Unternehmern im sauberen Sektor angestellt wird (FuE im schmutzigen Sektor findet nicht statt, da der Monopolgewinn im inaktiven schmutzigen Sektor null ist). Deshalb entspricht die gleichgewichtige Wahrscheinlichkeit einer Innovation in jedem sauberen Zwischenproduktsektor

$$z = \frac{1}{\varepsilon} - \frac{1}{\alpha\beta\gamma}$$

Es wird angenommen, dass diese positiv ist.

16.4.4.2 Innovationen, wenn nur schmutziger Output erzeugt wird

Man nehme an, dass nur schmutziger Output hergestellt wird. Dann ist der Lohnsatz so groß wie der Wert des Grenzprodukts der Arbeit in der schmutzigen Produktion:

$$w_{t-1} = (1-\tau)^{\frac{1}{1-\alpha}} (1-\alpha)\alpha^{\frac{2\alpha}{1-\alpha}} A_{d,t-1}$$

Und aus den Resultaten aus Abschnitt 16.4.3 folgt, dass der Gewinn eines erfolgreichen Innovators gleich

$$\pi_{dt} = \frac{1-\alpha}{\alpha} x_{dt} = \frac{1-\alpha}{\alpha} (1-\tau)^{\frac{1}{1-\alpha}} \alpha^{\frac{2}{1-\alpha}} \gamma A_{d,t-1} L_d$$

ist. Ersetzen von w_{t-1} und π_{dt} in Gleichung (16.13) ergibt

$$L_d = \frac{\varepsilon}{\alpha\beta\gamma}$$

In diesem Fall entspricht die Markträumungsbedingung des Arbeitsmarkts

$$L_d + \varepsilon z = 1$$

Wobei εz der FuE-Arbeitsmenge entspricht, die von Unternehmern im schmutzigen Sektor angestellt wird. Deshalb wird die gleichgewichtige Wahrscheinlichkeit von Innovationen exakt dieselbe sein wie die einer Volkswirtschaft, die nur sauberen Output produziert:

$$z = \frac{1}{\varepsilon} - \frac{1}{\alpha\beta\gamma}$$

Es ist zu beachten, dass die gleichgewichtige Innovationswahrscheinlichkeit nicht mit dem Steuersatz τ variiert. Obwohl ein Anstieg von τ den Gewinn eines erfolgreichen Innovators reduziert, wird er aber auch den Lohnsatz im gleichen Verhältnis senken, der an die FuE-Arbeitskräfte bezahlt werden muss.

16.4.5 Wachstum und die Kosten einer Besteuerung des schmutzigen Outputs

Wie man gesehen hat, wird die Wachstumsrate des Endprodukts gleich der Wachstumsrate der durchschnittlichen Produktivität des aktiven Sektors sein:

$$g = g_{A_j} = \frac{A_{jt} - A_{j,t-1}}{A_{j,t-1}}$$

Wobei der aktive Sektor j (entweder c oder d) abhängig davon ist, ob der Steuersatz τ über oder unter dem minimalen Satz (16.12) liegt, der für die Ermutigung der sauberen Produktion notwendig ist.

In jedem Fall und in jeder Periode t wird jeder Unternehmer im aktiven Sektor mit der Wahrscheinlichkeit z innovieren, so dass aufgrund des Gesetzes der großen Zahlen der Anteil z an den Zwischenprodukten im aktiven Sektor eine Produktivität gleich $\gamma A_{j,t-1}$ haben wird und der verbleibende Anteil von $1 - z$ eine Produktivität gleich $A_{j,t-1}$ aufweisen wird. Deshalb wird die durchschnittliche Produktivität im aktiven Sektor gleich

$$A_{jt} = z\gamma A_{j,t-1} + (1 - z)A_{j,t-1}$$

sein. Und die Wachstumsrate wird

$$g = z(\gamma - 1) = \left(\frac{1}{\varepsilon} - \frac{1}{\alpha\beta\gamma}\right)(\gamma - 1)$$

sein, die unabhängig davon ist, ob die Ökonomie sauberen oder schmutzigen Output erzeugt, und auch unabhängig vom Steuersatz τ ist.

Es folgt, dass ohne eine Steuer auf die schmutzige Produktion die Volkswirtschaft mit einer Umweltkatastrophe konfrontiert wird, wenn

$$\left(\frac{1}{\varepsilon} - \frac{1}{\alpha\beta\gamma}\right)(\gamma - 1) > \omega \tag{16.14}$$

Dies bedeutet, dass ohne eine Steuer nur schmutziger Output produziert werden wird, und dessen Wachstumsrate wird die Geschwindigkeitsbegrenzung ω zur Vermeidung einer Umweltkatastrophe übertreffen.

Es folgt auch, dass die Besteuerung der schmutzigen Produktion kein Opfer beim langfristigen Wachstum, das mit der derselben Rate erfolgen kann wie im Fall ohne Steuer (16.14), erfordert. Tatsächlich steigert die Steuer das Wachstum langfristig, indem das Desaster abgewendet wird, das das Wachstum ansonsten zu einem abrupten Ende gebracht hätte. Der wirkende Mechanismus ist ein gelenkter technischer Wandel. Die Steuer, die schmutzige Innovationen entmutigt, ermutigt auch saubere Innovationen ohne eine Auswirkung auf die gesamte Innovationsrate zu haben.

Das bedeutet nicht, dass die Steuer vollständig umsonst wäre. Im Gegenteil, entsprechend Gleichung (16.10) würde der Schritt zur Herstellung sauberer Produkte sofort die Wachstumsrate der Endproduktion um den Faktor A_d/A_c senken. Damit senkt die Steuer das Niveau des Wachstumspfads der Ökonomie, nicht aber deren Wachstumsrate.

Schließlich impliziert die Analyse, dass die Besteuerung des schmutzigen Outputs nicht dauerhaft sein muss. Dies folgt daraus, dass sie Innovationen im sauberen Zwischenproduktsektor aktiviert, während sie Innovationen bei schmutzigen Zwischenprodukten stoppt, was zu einem Wachstum von A_c führt, das durch die Rate aus Gleichung (16.14) bestimmt ist, während A_d stagniert. Deshalb wird A_c möglicherweise größer als A_d. Zu diesem Zeitpunkt kann die Steuer aufgegeben werden, weil die Volkswirtschaft sogar ohne steuerliche Vorteile nur saubere Produkte herstellen wird.

Anmerkung
Bisher wurde angenommen, dass

$$Y = Y_c + Y_d,$$

so dass die sauberen und schmutzigen Inputkörbe Y_c und Y_d vollständige Substitute beim Endverbrauch sind. Nun soll stattdessen angenommen werden, dass

$$Y = \left(Y_c^{1/\varepsilon} + Y_d^{1/\varepsilon}\right)^{\varepsilon},$$

mit $\varepsilon < 1$. Würden alle vorigen Schlussfolgerungen immer noch gelten? Die Antwort ist: Nein.

Genauer gesagt, wenn die beiden Körbe hinreichend komplementär im Endverbrauch werden, dann wird die Anregung von Innovationen bei sauberen Inputs aufhören, den relativen Preis von schmutzigen Körben (welche konsequenterweise seltener werden) zu erhöhen. Dieses Ergebnis wiederum wird potenzielle Innovatoren dazu ermutigen, auf schmutzige Innovationen abzuzielen, wenn nicht die Steuer auf die schmutzige Produktion über die Zeit hinweg erhalten bleibt. Auch gilt, dass die Besteuerung des schmutzigen Korbs die Wachstumsrate des Endprodukts beschränkt, wenn die beiden Körbe hinreichend komplementär sind.

16.4.6 Belege für die Wirkungen des gelenkten technischen Fortschritts im Energiesektor

In einem wichtigen, im Jahr 2002 im American Economic Review veröffentlichten Studie, verwendet Popp US-Patentdaten von 1970 bis 1994, um die Effekte der Energiepreise auf Innovationen zur Steigerung der Energieeffizienz zu studieren.

Auf der linken Seite der Regressionsgleichung verwendet Popp Patentierungen zur Messung der Innovationen. Für diesen Zweck identifiziert er 11 Subkategorien von Patenten als energiesparend (6 Gruppen betreffen das Energieangebot, wie z. B. Solarenergie, und 5 Gruppen die Energienachfrage, wie. z. B. Methoden zur Wiederverwendung von Abwärme in der Industrie). Alle in den Vereinigten Staaten zwischen 1970 und 1993 vergebenen Patente dieser Technologiegruppen werden betrachtet. Die abhängigen Variablen der Innovationsregression sind die Verhältnisse von erfolgreichen US-Patentanmeldungen im Nichtregierungsbereich für das Technologiegebiet i im Jahr t zur gesamten Zahl von erfolgreichen Patentanmeldungen im Nichtregierungsbereich im selben Jahr, d. h. alle Kombinationen (i, t). Indem er eine solche abhängige Variable wählt, kann Popp die Reaktion der Innovationsanstrengungen in Richtung Energiesparen als Antwort auf Veränderungen der Energiepreise messen.

Auf der rechten Seite der Regressionsgleichung wurden die folgenden erklärenden Variablen verwendet: (1) Energiepreise vom State Energy Price and Expenditure Report (siehe Popp, 2000), in konstanten Dollarpreisen von 1987 (sowohl aus der laufenden Periode als auch verzögerte Preise); (2) technologiespezifische Variablen (dies hilft, individuelle Trends für die 11 Gruppen zu erklären) und staatliche FuE-Ausgaben, instrumentalisiert durch verzögerte FuE im Bereich Energie durch die Regierung und eine verzögerte Dummyvariable für die Partei des Präsidenten; und (3) der existierende Wissensbestand, auf den Investoren aufbauen können.[4] Popp konstruiert zwei verschiedene Maße für den Wissensbestand in der Regressionsgleichung: (1) ein einfacher Bestand von früher vergebenen US-Patenten (keine Berücksichtigung der „Qualität" der Innovation) und (2) ein Bestand an Patenten gewichtet mit den Schätzungen für die Produktivität (berücksichtigt die Qualität und Zahl der Patente). Die Regressionsergebnisse werden in Tabelle 16.1 dargestellt.

Tab. 16.1: Regressionergebnisse für induzierte Innovationen (Abhängige Variable; Anteil der gesamten inländischen Patentanmeldungen in jeder Technologiegruppe)

Abhängige Variable	Ungewichteter Bestand an Patenten	Gewichteter Bestand an Patenten
Konstante	-9,015	-7,311
	(-12,362)	(-46,625)
Energiepreise	0,028	0,060
	(2,146)	(2,852)
Lag für Wissensbestand	0,719	0,838
	(25,612)	(72,323)
Staatliche FuE-Ausgaben	0,006	-0,009
	(0,968)	(-1,741)
Abbruchfehler	1,924	-1,203
	(2,445)	(-5,054)
Lambda	0,933	0,829
	(18,905)	(13,662)
Langfristige Energieelastizität	0,421	0,354
Langfristige Elastizität staatlicher FuE	0,085	-0,052
Median Lag	13,81	4,86
Mittlerer Lag	9,92	3,71
GMM-Kriterium	86,560	93,421
Zahl der Technologiegruppen	11	11

Anmerkungen: Die Tabelle zeigt die Regressionsergebnisse für induzierte Innovationen. Verzögerte Werte für die Partei des Präsidenten und verzögerte Werte für die die staatlichen FuE-Ausgaben werden als Instrumente für die staatlichen FuE verwendet. Ein Zeittrend und verzögerte Werte anderer exogener Variablen werden als Instrumente für den Wissensbestand verwendet. Die Werte der t-Statistik stehen in Klammern unterhalb der Schätzwerte. Die Daten beziehen sich auf 1971–91.

[4] Die Betrachtung dieses Bestands als exogene Größe anstatt ihn zu schätzen, (wie es Popp tut), würde bedeuten, die Auswirkungen der gegenwärtigen Forschung auf die zukünftige Forschung (z. B. die Existenz von abnehmenden Erträgen der Forschung, die zukünftige Forschung schwieriger machen würden) nicht zu beachten.
Um Maße für den für Investoren verfügbaren Wissensbestand für 1970 bis 1991 zu konstruieren, verwendet Popp Daten für den Patentzitierungen (frühere Patente werden durch ein neues Patent zitiert und dienen als Indikator für das frühere Wissen, das von Inventoren verwendet wird).

Insbesondere sieht man die signifikante Wirkung sowohl der Energiepreise als auch der Qualität des für den Inventor verfügbaren Wissensbestands auf gelenkte Innovationen. Dies liefert starke Belege zugunsten eines gelenkten technischen Wandels als Antwort auf die Veränderung der Energiepreise.[5]

16.5 Schlussbemerkungen

In diesem Abschnitt wurden die Implikationen von Ressourcen- oder Umweltbeschränkungen auf das Wachstum in einem Modell mit gelenktem technischen Wandel diskutiert und es wurden Belege für die Existenz gelenkten technischen Wandels (Directed Technical Change; DTC) im Zusammenhang mit Energiekosten berichtet. Eine natürliche Frage ist: Was sind die Konsequenzen von Umweltregulierungen für die geschätzten Kosten, wenn DTC nicht betrachtet wird? Einige Papiere haben versucht, diese Konsequenzen zu schätzen und haben geschlussfolgert, dass die Vernachlässigung des DTC die Kosten von Umweltregulierungen überschätzt (siehe Grübler und Messner 1998, Manne und Richels 2004, Messner 1997, Buonanno, Carraro und Galeotti 2003, Nordhaus 2002, Sue Wing 2003). Das Maß für die Überschätzung der Kosten hängt von den spezifischen Eigenschaften der Modelle in diesen Papieren ab, nämlich von der Möglichkeit FuE in Richtung von energiesparenden Innovationen zu drängen.

Als ein Beispiel modifiziert Popp (2004) das Standard-Nordhaus-Modell des Klimawandels (DICE-Modell), um induzierte Innovationen im Energiesektor zu ermöglichen. Nach einigen Kalibrierungen und Simulationen sowie der Berücksichtigung der Möglichkeit des Crowding-out über verschiedene FuE-Investitionen hinweg schlussfolgert er, dass die Vernachlässigung des DTC die Wohlfahrtskosten einer optimalen Steuerpolitik um 9,4 Prozent im grundlegenden Fall überschätzt (wobei teilweise – zu 50 Prozent – Crowding-out erlaubt ist).

Literatur

Die Bedeutung der Umwelt wurde sowohl bei Politikern als auch in akademischen Kreisen verstärkt anerkannt. Das ist insbesondere für die Beziehung zwischen Wirtschaftswachstum und natürlichen Ressource.

Eine Fokussierung auf die Beziehung zwischen ökonomischen Wachstum und Umwelt stellte die Untersuchung der sogenannten Umwelt-Kuznetkurve, einer umgekehrt U-förmigen Beziehung zwischen den Einkommensniveaus der Länder und Indikatoren für die Umweltqualität (z. B. Luft- und Wasserverschmutzung), dar. Die Pionierstudien über solche Beziehungen wurden von Grossman und Krueger (1991, 1995) durchgeführt unter Verwendung einer Länderquerschnittsanalyse mit verschiedenen Umweltindikatoren. Jene Studien starteten

---

[5] Mehr Belege für gelenkten technischen Wandel im Bereich des Energiesparens können in Newell, Jaffe und Stavins (1990) gefunden werden. Dieses Papier konzentriert sich auf die Klimaanlagenbranche und liefert die folgenden Ergebnisse: Zwischen 1960 und 1980 waren die Innovationen hauptsächlich auf die Reduzierung des Preises für Klimaanlagen gerichtet und nicht auf die Steigerung der Energieeffizienz, während als Antwort auf die höheren Energiepreise zwischen 1980 und 1990 die Anlagen energieeffizienter wurden (vor allem nachdem es Kennzeichnungen für energieeffiziente Produkte gab), es aber nur kleine Änderungen bei den Kosten gab.

einen ganzen Zweig an Literatur, die die Validität solcher Beziehungen in reduzierter Form diskutiert (für eine ausführliche Diskussion dieses Themas siehe Dasgupta et al. 2002, Harbaugh, Levinson und Wilson 2002).

Was die Beziehung zwischen Wachstum und Umwelt angeht, wurden Pionierarbeiten von Nordhaus (1974, 1977) geleistet, der die Konsequenzen des Wirtschaftswachstums auf die Erhaltung der Umwelt und die Art und Weise, wie natürliche Ressourcen dem Wachstum Schranken auflegen können, anspricht.

Genauer gesagt hat der gleiche Autor über das Thema des Klimawandels später ein dynamisches integriertes Modell des Klimawandels und der Ökonomie (DICE-Modell), welches das neoklassische Ramsey-Modell um Gleichungen für geophysikalische Beziehungen (Gleichungen für Emissionen, Konzentrationen, Klimawandel und Klimaschäden) und ihre Beziehungen zu den wirtschaftlichen Ergebnissen erweitert. Die Analyse der ökonomischen Aktivität und ihrer Konsequenzen für den Klimawandel war Gegenstand eines jüngeren und ausführlichen Berichts, der von Stern (2006) erstellt wurde.

Noch in Form eines exogenen Wachstumsrahmens analysierte Stokey (1998) die Verschmutzung in Form eines AK-Modells, das eine umgekehrte U-förmige Beziehung zwischen Pro-Kopf-Einkommen und Umweltqualität sowie die Nichtnachhaltigkeit langfristigen Wachstums (nichtpositives Wachstum) liefert.

Einige jüngere Studien haben gezeigt, dass die Vorhersage exogener Wachstumsmodelle fragwürdig ist, insbesondere wenn man die Möglichkeit (endogenen) gelenkten technischen Wandels (DTC) zulässt. Neuere empirische Papiere haben empirische Belege für induzierten technischen Wandel vorgestellt, nämlich dass Energiepreise die Wahl der Innovationen beeinflussen (siehe Popp 2002 für die Effekte der Energiepreise auf energiesparende Innovationen und Newell, Jaffe und Stavins 1999 für den speziellen Fall der Klimaanlagenbranche.)

Die beobachtete Existenz gelenkten technischen Wandels bei energiesparenden Innovationen als gegeben annehmend, haben viele Papiere wie z. B. Grübler und Messner (1998), Manne und Richels (2004), Messner (1997), Buonanno, Carraro und Galeotti (2003), Nordhaus (2002) und Sue Wing (2003) versucht, zu diskutieren, wie stark die Kosten von Umweltregulierungen bei Vernachlässigung von DTC überschätzt werden.

Die Debatte über die passende Messmethode zur Ermittlung der Kosten des Klimawandels ist ein wichtiges Thema der Forschung auf diesem Gebiet geworden, wobei gleichzeitig die Bedeutung von Faktoren wie Risiko, Unsicherheit und Diskontierung bei der Analyse berücksichtigt werden soll, wie es von Weitzman (2007) und Dasgupta (2008) herausstellen.

▷ Anhang: Optimales Schumpeterianisches Wachstum mit erschöpfbaren Ressourcen

In diesem Anhang wird das Problem eines sozialen Planers gelöst, der die optimale Forschungsintensität und die Abschreibungsrate auf natürliche Ressourcen wählt, aber dann Unternehmen die Wahl der gewinnmaximalen Zwischenprodukte überlässt. Diese Lösung wird uns eine optimale Wachstumsrate geben und eine optimale Rate q^*, mit der der Strom der erschöpfbaren Ressource R über die Zeit hinweg reduziert wird, um den intertemporalen Nutzen eines repräsentativen Agenten zu maximieren.

Man nehme an, dass das repräsentative Individuum isoelastische Präferenzen mit einem gegenwärtigen Nutzen aus dem Konsum des Endprodukts besitzt, gegeben durch

$$u(c) = \frac{c^{1-\sigma}}{1-\sigma}$$

Der soziale Planer wird den intertemporalen Nutzen maximieren

$$\max \int_0^\infty u(c_t)e^{-\rho t}dt$$

unter den folgenden Beschränkungen (der Index t wird immer dann weggelassen, wenn er zu Verwirrung führt):

1. Dass der Konsum des Endprodukts gleich der Produktion ist:

   $$c = L^{1-\alpha}A^{1-\alpha}x^{\alpha} = (1-n)^{1-\alpha}A^{1-\alpha}x^{\alpha},$$

   wobei die letzte Gleichheit von der Arbeitsbeschränkung folgt:

   $$1 = L + n,$$

   wobei n immer noch die Zahl der Arbeiter in den Forschungslaboren bezeichnet.
2. Dass die gewinnmaximierenden Unternehmen sich entscheiden,

   $$x = \delta ALR^{\frac{\phi}{1-\alpha}} = \delta A(1-n)R^{\frac{\phi}{1-\alpha}}$$

   zu produzieren. Somit

   $$c = \delta(1-n)AR^{\varphi} \tag{16.15}$$

   mit $\varphi = \frac{\phi\alpha}{1-\alpha}$.
3. Dass sich die Produktivität über die Zeit folgendermaßen entwickelt

   $$\dot{A} = gA = \lambda n(\gamma - 1)A \tag{16.16}$$

4. Dass die erschöpfbare Ressource entsprechend

   $$\dot{S} = -R \tag{16.17}$$

   mit $S \geq 0$ abgebaut wird.

Durch die Analogie mit Anhang 1B kann die Hamilton-Funktion für dieses Problem ausgedrückt werden durch

$$H = u(c) + \mu_A \lambda n(\gamma - 1)A - \mu_S R$$

Wobei μ_A und μ_S die mit der Wachstumsgleichung (16.16) bzw. der Abbaugleichung (16.17) verbundenen Multiplikatoren sind.

Wieder in Analogie mit Anhang 1B ist die Bedingung erster Ordnung für diese dynamische Optimierung

$$\frac{\partial H}{\partial n} = 0 \tag{16.18}$$

$$\frac{\partial H}{\partial R} = 0 \tag{16.19}$$

plus der zwei Euler-Bedingungen

$$\dot{\mu}_A = \rho\mu_A - \frac{\partial H}{\partial A} \tag{16.20}$$

$$\dot{\mu}_S = \rho\mu_S \tag{16.21}$$

Unter Verwendung von (16.15) kann die erste Gleichung nun ausgedrückt werden durch

$$-u'(c)\delta AR^{\varphi} + \mu_A\lambda(\gamma - 1)A = 0 \tag{16.22}$$

Als Nächstes hat man

$$\frac{\partial H}{\partial A} = u'(c)\delta(1-n)R^{\varphi} + \mu_A\lambda n(\gamma - 1)$$

Verwendet man Gleichung (16.22), erhält man

$$\frac{\partial H}{\partial A} = \mu_A\lambda(\gamma - 1)$$

So dass man Gleichung (16.20) auch ausdrücken kann durch

$$\frac{\dot{\mu}_A}{\mu_A} = \rho - \lambda(\gamma - 1)$$

Wovon angenommen wird, dass es negativ ist.
Jedoch ergeben Gleichung (16.22) bzw. deren Ableitungen nach der Zeit

$$u'(c)\delta R^{\varphi} = \mu_A\lambda(\gamma - 1)$$

und

$$u''(c)\dot{c}\delta R^{\varphi} = \dot{\mu}_A\lambda(\gamma - 1)$$

So dass

$$\frac{\dot{\mu}_A}{\mu_A} = \frac{u''(c)}{u'(c)}\dot{c} = -\sigma\frac{\dot{c}}{c}$$

Dies wiederum ergibt die optimale Wachstumsrate

$$g = \frac{\dot{c}}{c} = \frac{\lambda(\gamma - 1) - \rho}{\sigma}$$

Wie lautet die dazugehörige Rate q^*, mit der der Strom der erschöpfbaren Ressource R im Zeitverlauf reduziert werden sollte? Nimmt man die Ableitungen nach der Zeit der Gleichung (16.19) zusammen mit Gleichung (16.21) und dividiert durch $\delta A(1-n)\varphi$, ergibt sich die Bedingung

$$-\sigma g\dot{R} + \lambda n(\gamma - 1)R + (\varphi - 1)\dot{R} = \rho R,$$

welche wiederum äquivalent zu

$$\dot{R} = q^*R$$

mit

$$q^* = \frac{\lambda(\gamma - 1)(1 - n)}{\varphi - 1}$$

Damit führt optimales Wachstum zu einer wohldefinierten Rate mit der der Strom der erschöpfbaren Ressource R im Zeitverlauf reduziert werden sollte.

▶ Aufgaben

1. Erklären Sie, warum das AK-Modell kein langfristiges Wachstum generieren kann, wenn die Produktion den Einsatz einer erschöpfbaren Ressource verlangt. Nehmen Sie an, dass Innovationen entweder in einem sauberen oder einem schmutzigen Sektor entsprechend der relativen Profitabilität in jedem Sektor auftreten können. Erklären Sie dann, warum die Möglichkeit endogener Innovationen beim sauberen Input im Vergleich zu einem Aufbau, bei dem es nur eine Art von Innovationen gibt, einen geringeren negativen Effekt einer Umweltpolitik, die schmutzige Inputs besteuert, impliziert.
2. ***Optimalität in einem AK-Modell mit einer erschöpfbaren Ressource**
Betrachten Sie das Modell aus Abschnitt 16.2. Nehmen Sie wie im Anhang zu diesem Kapitel an, dass ein sozialer Planer den intertemporalen Konsum maximieren möchte:
$$\max \int_0^{\infty} \left(\frac{c^{1-\sigma}}{1-\sigma}\right) e^{-\rho t} dt$$
unter den Bedingungen:
$$K = AKR^{\phi} - c - \delta K$$
$$\dot{S} = -R$$
Berechnen sie die optimale Wachstumsrate des Konsums in dieser Ökonomie, indem Sie die Hamilton-Funktion für dieses Problem aufstellen. Stellen sie die kurzfristigen und die langfristigen Effekte eines Anstiegs bei R gegenüber.
3. ***Eine Variante des Modells mit geführtem technischem Wandel und FuE-Externalitäten zwischen den sauberen und schmutzigen Sektoren**
Betrachten Sie eine Variante des Modells aus Abschnitt 16.4. Die Produktionsfunktion für das Endprodukt und die Gleichung für die Veränderungen des Umweltzustands sind dieselben wie im Kapitel und gegeben durch
$$Y_t = \begin{cases} Y_{ct} + Y_{dt} & \text{für } S_t > 0 \\ 0 & \text{sonst} \end{cases}$$
und
$$S_{t+1} - S_t = -\phi Y_{dt} + \omega S_t$$
Jedoch werden in jeder Periode die Gruppen der Inputs Y_c und Y_d entsprechend
$$Y_c = A_c^{1-\alpha} x_c^{\alpha} \; Y_d = A_d^{1-\alpha} x_d^{\alpha}$$
hergestellt. Im Hinblick auf den Innovationsbereich der Ökonomie können die Innovatoren immer noch in FuE-Aktivitäten investieren, die auf eine besondere Art des Inputs ausgerichtet sind. Es bezeichne $j \in \{c, d\}$ die Art des Inputs – sauber (c) oder schmutzig (d) –, der in Sektor i hergestellt wird. Unabhängig davon, wo Innovationen stattfinden, wird angenommen, dass sie die Produktivität um denselben multiplikativen Faktor $\gamma > 1$ erhöhen. Darüber hinaus wird bei FuE ein gemeinsamer, konstanter Produktionsfaktor verwendet, was zu Kosten der FuE für jede Innovationshandlung führt und dabei eine steigende Funktion der totalen FuE-Intensität ist.
Genauer gesagt kostet es $A_j\left[\varepsilon(z_j)^2 + \theta(z_j + z_h)^2\right]/2$ Einheiten des Endprodukts, die für die auf die Inputgruppe i ausgerichtete FuE ausgegeben werden müssen, um eine Inno-

vation bei diesem Input mit der Wahrscheinlichkeit z_j zu generieren, wobei z_j und z_h die FuE-Intensitäten bei den Inputs j angeben und $j \neq h$ ist.

a) Berechnen Sie die Gewinne der spezialisierten Monopolisten und die Gleichgewichtswerte für Y_c, Y_d und Y.

b) Finden Sie für das Maximierungsproblem des Innovators die gleichgewichtigen FuE-Intensitäten z_c undz_d

Nehmen Sie nun an, dass die Gewinne der Monopolisten bei den schmutzigen Inputs mit der Rate $\tau > 0$ besteuert werden, so dass sie auf $\pi_d(1-\tau)$ anstelle von π_d reduziert werden.

c) Wie lauten dann die neuen FuE-Intensitäten $\hat{z}_c$ und $\hat{z}_d$ bei Einführung der Steuer?

d) Wie beeinflusst ein Anstieg bei τ die Wachstumsraten von A_c und A_d?

4. **Nachhaltiges Wachstum und Optimalität in einem Modell mit geführtem technischem Wandel und FuE-Externalitäten

Betrachten Sie das Modell aus der vorigen Aufgabe.

a) Zeigen Sie, dass die Bewegungsgleichung für die Veränderung des Umweltzustands umgeschrieben werden kann in

$S_t = (1-\omega)^t [S_0 - \phi \sum_{t=0}^{t-1} Y_{d\tau}/(1+\omega)^{\tau+1}]$ mit$t \geq 1$

b) Schauen Sie auf den Steady-state mit $Y_{dt} = Y_{d0}(1+g_{Ad})^t$ und zeigen Sie, dass der Ausdruck beim vorigen Punkt umgeschrieben werden kann in:

$$S_t = (1+\omega)^t \left\{ S_0 - \frac{\phi Y_{d0}}{\omega - g_{A_d}} \left[1 - \left(\frac{1+g_{A_d}}{1+\omega} \right) \right] \right\}$$

c) Was ist die Obergrenze für g_{A_d}, damit das Wachstum nachhaltig (d. h. nicht negativ im Steady-state) ist?

d) Argumentieren Sie, dass eine andere notwendige Bedingung für nachhaltiges Wachstum $\phi Y_{d0} \leq (\omega - g_{A_d}) S_0$ ist. Interpretieren Sie diese Bedingung.

Nehmen Sie an, dass die Ökonomie eine Regierung besitzt, die in der Maximierung des Nettogegenwartswerts des Konsums minus der FuE-Kosten interessiert ist und die FuE-Externalitäten zwischen den sauberen und den schmutzigen Sektoren ignoriert (d. h., sie ignoriert den Effekt des gelenkten technischen Wandels und handelt so, als ob θ gleich null wäre). Sie wird die Wachstumsrate der schmutzigen Inputgruppe im Steady-state $g_{Ad} = g$ so wählen, dass

$$U = \sum_0^\infty \left[\left(\frac{1+g}{1+\rho} \right)^t \left(Y_{d0} - \frac{1}{2} \mu g^2 \right) \right] = \frac{1+\rho}{\rho - g} \left[(\omega - g)(S_0/\phi) - \frac{1}{2} \mu g^2 \right]$$

maximiert wird, wobei $\rho < \omega$ die soziale Diskontrate ist und

$$\frac{1}{2} \mu g^2$$

die FuE-Kosten sind, die die Regierung den Produzenten der schmutzigen Inputs zurechnet.

e) Unter Verwendung der Tatsache, dass die Regierung so handelt, als ob θ gleich null wäre, was ergibt sich für μ?

f) Schreiben Sie die Bedingung erster Ordnung für das Maximierungsproblem der Regierung auf und berechnen Sie die einzige mögliche Lösung von g^* dafür.

g) Was würden Sie intuitiv für die Wachstumsrate von A_d (im Vergleich zum im vorigen Punkt gefundenen Wert) erwarten, bei einer Regierung, die die FuE-Externalitäten berücksichtigt?

17 Demokratie und Wachstum

17.1 Einführung

Fördert oder behindert Demokratie das Wirtschaftswachstum? Jüngere Studien zu diesem Thema (siehe Abschnitt 17.2) legen keine klare Beziehung zwischen Demokratie und Wachstum in Länderquerschnittsregressionen nahe, wenn man länderspezifische Fix-Effekte kontrolliert. Man kann sich jedoch verschiedene Wege vorstellen, wie die Demokratie das Wachstum des Pro-Kopf-BIP beeinflussen kann. Ein erster Weg wäre die Möglichkeit, dass Demokratie Korruption senkt und damit den Aus- und Eintritt in Märkten erleichtert, was wiederum Innovationen und technischen Fortschritt erleichtert. Ein zweiter Weg könnte sein, dass Demokratie zu einer größeren Umverteilung von arm zu reich führt und dass diese Umverteilung wiederum das Wachstum betrifft. In Abschnitt 17.3. wird der erste Weg untersucht: Es werden politökonomische Betrachtungen in das Modell mit Markteintritt aus Kapitel 12 eingeführt. Und es wird gezeigt, dass Demokratie Markteintritte fördert, was wiederum Wachstum eher in weiter fortgeschrittenen Sektoren und Ländern fördert. Diese Vorhersage einer positiven Interaktion zwischen Demokratie, Markteintritten und technologischer Entwicklung wird in Abschnitt 17.4 getestet. Der zweite Weg wird in Abschnitt 17.5 untersucht. Dort wird ein Modell von Persson und Tabellini[1] vorgestellt, in dem die Umverteilungspolitik vom Medianwähler ausgewählt wird. Je ungleicher die Vermögensverteilung ist, desto höher wird die Forderung des Medianwählers nach Umverteilung sein. Umverteilung wiederum beeinflusst das Wachstum, weil sie die Kapitalbildung entmutigt.

17.2 Demokratie, Einkommen und Wachstum in existierenden Regressionen

Regressionen auf Länderquerschnitte von Barro (1999a) deuten auf eine positive Beziehung zwischen Einkommen und Demokratie hin, d. h., reichere Länder tendieren dazu demokratischer zu sein. In ähnlicher Form zeigen Aghion, Alesina und Trebbi (2004), dass reichere Länder zu weniger abgekapselten politischen Institutionen tendieren, wobei Abkapselung dadurch gemessen wird, in welchem Ausmaß das politische System präsidial (anstatt parlamentarisch) ist und/oder ob Abgeordnete mittels Mehrheitswahlrecht oder Verhältniswahlrecht gewählt werden.

---

1 Eine Variante des Modells mit kontinuierlicher Zeit, das von Alesina und Rodrik entwickelt wurde (1994), wird im Aufgabenbereich zu diesem Kapitel vorgestellt.

Jedoch bestehen diese Beziehungen zwischen Demokratie und Einkommen und nicht zwischen Demokratie und Wachstum. Darüber hinaus liegt die Betonung auf der Wirkungsbeziehung, wie beeinflusst Einkommen die Demokratie, und nicht, wie beeinflusst Demokratie das Einkommen oder dessen Wachstum.

Zwei jüngere Studien haben dazu beigetragen, die Hoffnung zu senken, dass man irgendwelche interessanten Effekte der Demokratie auf Wachstum aufdecken kann. Die erste Studie, von Acemoglu, Johnson, Robinson und Yared (2005), im folgenden AJRY, zeigt, dass die positive Korrelation zwischen Demokratie und Einkommen in Länderquerschnittsregressionen verschwindet, wenn man Paneldaten verwendet und für länderspezifische Fix-Effekte kontrolliert. Die zweite Studie, von Mulligan, Gil und Sala-i-Martin (2004), im Weiteren MGS, hat eine Länderquerschnittsregression für den Zeitraum 1960–1990 erzeugt, die zeigt, dass Demokratie nicht mit Politikmaßnahmen wie z. B. Bildungsausgaben, Pensionen und Wohlfahrt, Unternehmenssteuern, Handelsoffenheit und anderen Politiken, die Markteintrittsbarrieren betreffen, korreliert ist. Im restlichen Teil dieses Abschnitts werden diese zwei Studien genauer beschrieben.

17.2.1 Irrelevanz bei Kontrolle für länderspezifische Fix-Effekte

Da sie primär an der Wirkungsrichtung Einkommen auf Demokratie interessiert sind und Paneldaten für Länder für den Zeitraum von 1960–2000 verwenden, schätzen Acemoglu, Johnson et al. (2005) das folgende Regressionsmodell:

$$d_{it} = \alpha d_{it-1} + \gamma y_{it-1} + X_{it-1}\beta + \mu_t + \delta_i + u_{it}$$

Wobei d_{it} die Demokratie in Land i zum Zeitpunkt t misst[2]; y_{it-1} ist das Pro-Kopf-Einkommen von Land i im Zeitraum $t-1$; X_{it-1} sind Kovariablen, μ kontrolliert für Zeiteffekte, δ_i kontrolliert für die länderspezifischen Fix-Effekte und u_{it} ist der Fehlerterm. Jede Periode hat fünf Jahre.

AJRY finden heraus, dass die Schätzung von γ nicht mehr signifikant ist, wenn man für die länderspezifischen Fix-Effekte kontrolliert. Und in der Tat zeigt Abbildung 17.1, die die Veränderungen bei diesen zwei Demokratiemaßen als Funktion des Wandels des BIP pro Kopf für den Zeitraum 1970–2003 abbildet, dass es keine signifikante Beziehung zwischen Demokratie und dem Einkommen pro Kopf gibt.

17.2.2 Keine sichtbare Korrelation zwischen Demokratie und Regierungspolitik

Unter Verwendung von Querschnittsdaten für 142 Länder für den gesamten Zeitraum 1960–1990 schätzen Mulligan, Gil und Sala-i-Martin (2004), MGS, die Effekte der Demokratie, die mit dem selben Politikindikator wie bei AJRY gemessen wird, auf eine Reihe von Poli-

2 AJRY benutzen sowohl den *Freedom-House*-Indikator als auch den *Polity*-Indikator zur Messung von Demokratie. Der erste Index wird für jedes Land als aggregierter Wert basierend auf Antworten zu Fragen wie „Sind die Wahlen frei?“, „Gibt es konkurrierende Parteien?“, „Hat die Opposition Macht?“. Der Polity-Code spiegelt die Offenheit des politischen Prozesses und die Beschränkungen für die Handelnden in der Regierung wider. Freedom- und Polity-Werte werden für jedes Land für jedes Jahr zwischen 1970 und 2003 berechnet.

tikmaßnahmen: Umverteilungspolitik wie z. B. staatlicher Konsum, Bildungsausgaben und Sozialausgaben; Politikmaßnahmen, die Markteintritte und Wandel in Märkten beeinflussen, wie die Todesstrafe, Militärausgaben, bürgerliche Freiheiten, staatliche Religionen, Wehrpflicht und offenen internationalen Handel.

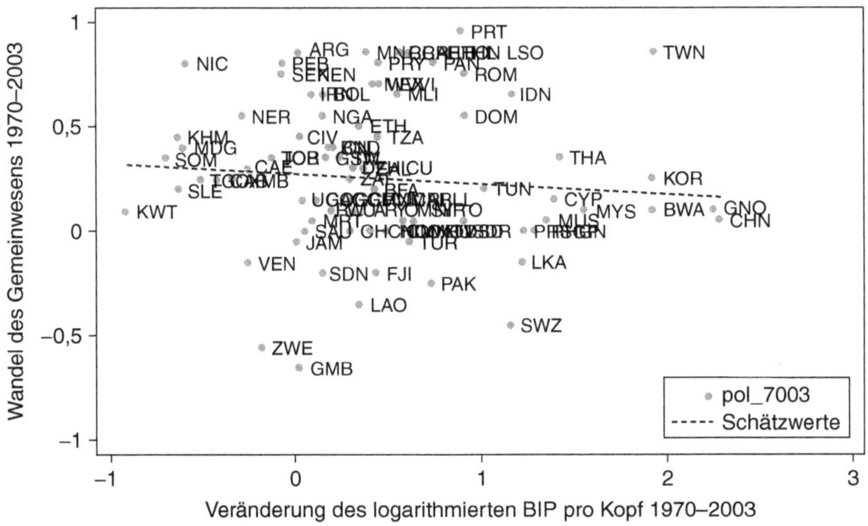

Abb. 17.1: Wandel der Demokratie (Gemeinwesen) und Veränderung des BIP pro Kopf, 1970–2003 (Penn World Tables and Polity IV Database)

Keine dieser Politiken erweist sich als signifikant mit der Demokratie korreliert, außer die negative und signifikante Beziehung zwischen Demokratie und der Höhe der Militärausgaben. Somit sollte Demokratie, wenn man der Analyse von MGS glaubt, nicht in größerem Maße Wachstum beeinflussen, da sie die Politiken nicht beeinflusst, die Wachstum direkt beeinflussen können.

17.3 Demokratie, Markteintritt und Wachstum: ein einfaches Modell

Das Modell dieses Abschnitts wurde durch das Papier von Acemoglu (2008b) über Oligarchien, das Papier von Casell und Gennaioli (2006) über dynastische Strukturen und am direktesten durch das Papier von Aghion, Alesina und Trebbi (2008), die die politökonomischen Betrachtungen aus Acemoglu (2008b) und Acemoglu, Aghion und Zilibotti (2006) mit dem Markteintritts-Modell aus Kapitel 12 vermischen, inspiriert.[3] In diesem Modell beeinflusst Demokratie das Wachstum durch die Einschränkung von Politikern, mit existierenden Firmen gegen die Eintritte neuer potenzieller Innovatoren zu konspirieren.

[3] Das folgende Markteintritts-Modell ist tatsächlich direkt von Aghion, Burgess, Redding und Zilibotti (2006) entliehen.

17.3.1 Produktion und Gewinne

Zeit ist diskret und alle Agenten leben eine Periode lang. Es gibt ein Endprodukt, das unter Wettbewerbsbedingungen unter Einsatz eines Kontinuums von Zwischenprodukten mit dem Index 0 bis 1 entsprechend folgender Technologie produziert wird:

$$y_t = \int_0^1 A_{it}^{1-\alpha} x_{it}^{\alpha} di$$

Wobei x_{it} die Menge des im Sektor i im Zeitraum t hergestellten Zwischenprodukts ist; A_{it} ist ein Produktivitätsparameter, der die Qualität des Zwischenprodukts i bei der Produktion des Endprodukts misst, und für den Parameter α gilt: $\alpha \in (0,1)$. Das Endprodukt kann entweder verbraucht oder als Input im Produktionsprozess für Zwischenprodukte oder für Investitionen bei Innovationen verwendet werden.

In jedem Zwischenproduktsektor i ist in jeder Periode nur ein Unternehmen (ein Monopolist) aktiv, und es produziert das Zwischenprodukt i unter Verwendung des Endprodukts eins zu eins. Da im Endproduktsektor Wettbewerb herrscht, verkauft der Monopolist i sein Zwischenprodukt an den Endproduktsektor zu einem Preis, der den Grenzkosten entspricht:

$$p_{it} = \alpha (A_{it}/x_{it})^{1-\alpha} \tag{17.1}$$

Dann führt Gewinnmaximierung zur Wahl von

$$x_{it} = A_{it} \alpha^{\frac{2}{1-\alpha}}$$

und dem gleichgewichtigen Profit

$$\pi_{it} = \pi A_{it} \tag{17.2}$$

Dabei ist $\pi \equiv \left(\frac{1}{\alpha} - 1\right) \alpha^{\frac{2}{1-\alpha}}$.

Ersetzt man x_{it} in der Produktionsfunktion für das Endprodukt, erhält man auch

$$y_t = \varphi A_t \tag{17.3}$$

Wobei

$$A_t = \int_0^1 A_{it} di$$

die durchschnittliche Produktivität zum Zeitpunkt t ist, und φ ist eine Konstante.

17.3.2 Markteintritt und etablierte Innovationen

Es sei p die Wahrscheinlichkeit, dass ein potenzieller Eintritt in einem Zwischenproduktsektor entsteht. Die Regierung wählt direkt diesen Parameter, aber sie unterliegt dem Einfluss etablierter Unternehmen, die diesen Eintritt verhindern wollen. Dieser Einfluss wird genauer im nächsten Teilabschnitt untersucht.

Es gibt nur zwei Arten von Unternehmen im Zwischenproduktsektor: fortgeschrittene Firmen mit der führenden Produktivität $A_{it} = \overline{A}_t$ und zurückgebliebene Unternehmen mit einer Produktivität unterhalb der führenden Produktivität $A_{it} = \frac{1}{\gamma}\overline{A}_t$, wobei die Produktivität an der Grenze $\overline{A}_t$ mit einer konstanten Rate über die Zeit hinweg wächst, nämlich mit

$$\overline{A}_t = \gamma \overline{A}_{t-1}, \quad \text{mit } \gamma > 1$$

An dieser Stelle soll auf den Markteintritt eines technologisch fortgeschrittenen Unternehmens abgehoben werden: Entsprechend kommt es zum Zeitpunkt t zu einem Markteintritt mit der gegenwärtig führenden Technologie $\overline{A}_t$. Ein fortgeschrittenes, etabliertes Unternehmen kann seinen First-Mover-Vorteil verwenden, um den Eintritt zu blockieren und damit seine Monopolmacht zu erhalten. Jedoch wenn das etablierte Unternehmen versagt und die neue Technologiegrenze nicht erreicht und wenn der Eintritt im korrespondierenden Sektor geschieht, dann entsteht Bertrand-Wettbewerb, der etablierte technologisch übertroffene Anbieter wird eliminiert und durch das eintretende Unternehmen ersetzt.

Es wird angenommen, dass ein Unternehmen, um zum Zeitpunkt t innovieren zu können, die FuE-Kosten $c_{it}A_{it-1}$ (mit A_{it-1} für die gegenwärtige Produktivität) tragen muss und die Innovation wiederum erlaubt dem etablierten Unternehmen seine Produktivität um den Faktor γ zu vervielfachen. Es wird angenommen, dass c_{it} über die Zwischenproduktsektoren hinweg unabhängig und gleich zufallsverteilt ist mit $c_{it} \in \{0, \overline{c}\}$ und

$$\Pr(c_{it} = 0) = \Pr(c_{it} = \overline{c}) = \frac{1}{2}$$

Die Wirkung der Bedrohung durch einen Markteintritt (Parameter p) auf die Innovation etablierter Unternehmen hängt von den Grenzerträgen ab, die das etablierte Unternehmen aus einer Innovation bei gegebenem p erwartet.

Man betrachte zuerst ein etabliertes Unternehmen, das in der letzten Periode fortgeschritten war. Wenn es innoviert, dann wird es ein Grenzunternehmen in dieser Periode bleiben, und somit wird es gegen Markteintritt immun sein.[4] Sein Gewinn wird dann gleich $\pi\overline{A}_t$ sein. Wenn es versagt zu innovieren, dann wird es mit der Wahrcheinlichkeit p durch den Eintritt eliminiert und null Gewinne verdienen, während mit der Wahrscheinlichkeit $1 - p$ es den drohenden Eintritt (der Eintritt passiert nicht) überleben wird und damit den Profit $\pi\overline{A}_{t-1}$ verdienen wird. Damit wird eine fortgeschrittene Firma mit den Innovationskosten von c_{it} innovativ sein, wenn

$$\pi[\gamma - (1 - p)] = \pi(\gamma - 1 + p) > c_{it} \tag{17.4}$$

und seine Gewinne werden

$$\pi_{it} = (\pi\gamma - c_{it})A_{it-1} \tag{17.5}$$

sein.

Insbesondere sieht man aus Gleichung (17.4), dass eine steigende Bedrohung durch einen Eintritt das etablierte Unternehmen ermutigt zu innovieren. Intuitiv wird ein Unternehmen nahe der Technologiegrenze auf eine gestiegene Bedrohung eines Eintritts durch mehr Innovationen antworten, um der Eintrittsbedrohung zu entkommen.

Als Nächstes wird ein etabliertes Unternehmen betrachtet, das in der letzten Periode ein zurückgebliebenes Unternehmen war und das deshalb unter der Grenze verbleiben wird, sogar wenn es ihm gelingt zu innovieren, da die Grenze auch mit dem Faktor γ verschoben

---

4 Wie in Kapitel 12 wird implizit angenommen, dass der Markteintritt positive *sunk costs* mit sich bringt und dass ein potenziell eintretendes Unternehmen beobachten wird, ob das etablierte Unternehmen in seinem Zielsektor innoviert hat oder nicht, bevor es entscheidet einzutreten oder nicht. Wenn das etablierte Unternehmen innoviert hat und damit an die gegenwärtige Produktivitätsgrenze rückt, dann würde der Eintritt ex post null Gewinne für das eintretende Unternehmen ergeben. Wenn es dieses Ergebnis antizipiert, wird das potenziell eintretende Unternehmen sich entscheiden diese *sunk costs* des Eintritts nicht zu bezahlen.

wird. Für dieses Unternehmen werden die Gewinne bei einem Markteintritt null sein, ob es innoviert oder nicht, weil es nicht gegenüber der Grenze aufholen kann. Somit wird es innovieren, wenn

$$\pi(1-p)(\gamma-1) > c_{it} \tag{17.6}$$

In diesem Fall werden seine Gewinne zu

$$\pi_{it} = [\pi\gamma(1-p) - c_{it}]A_{it-1}$$

Wobei der erste Term der Anstieg des Gewinns aufgrund der Innovation ist, die mit der Wahrscheinlichkeit $(1-p)$ realisiert wird, der Wahrscheinlichkeit, dass kein potenzieller Eintritt im korrespondierenden Sektor auftritt. Damit hängen in diesem Fall die Anreize zur Innovation negativ von der Eintrittsbedrohung p ab. Intuitiv wird ein Unternehmen, das weit weg von der Grenze startet, durch eine Innovation genauso entmutigt wie durch eine steigende Bedrohung durch einen Eintritt, da es unfähig ist, das eintretende Unternehmen davon abzuhalten, den Wert seiner Innovation zu zerstören.

Man nimmt an, dass die anfängliche Eintrittsrate p gleich null sei und es wird auch angenommen (Annahme 1):

$$\pi(\gamma-1) < \overline{c}$$

So dass ohne Bedrohung durch einen Eintritt, kein Unternehmen mit den Innovationskosten $\overline{c}$ jemals innovieren wird.

Unter Verwendung dieser Annahmen kann der Anteil der fortgeschrittenen Unternehmen im Steady-state bei gegebenen $p=0$ bestimmt werden. Somit nehme man an, dass ein fortgeschrittenes Unternehmen, das erfolgreich zum Zeitpunkt t innoviert, im Zeitraum $t+1$ als fortgeschrittenes Unternehmen startet. Alle anderen Unternehmen starten als zurückgebliebene Unternehmen. Darüber hinaus wird ein zurückgebliebenes Unternehmen am Ende der Periode t mit der exogenen Wahrscheinlichkeit h durch ein neues, fortgeschrittenes Unternehmen im Zeitpunkt $t+1$ ersetzt. Wenn a_t den Anteil der fortgeschrittenen Unternehmen in t angibt, dann erfüllt es die dynamische Gleichung

$$a_{t+1} = z_A a_t + h(1 - z_A a_t)$$

mit

$$z_A = \Pr(c=0) = \frac{1}{2}$$

als der Wahrscheinlichkeit, dass eine fortgeschrittene Firma innoviert, wenn $p=0$ ist.

Insbesondere der Anteil der fortgeschrittenen Firmen im Steady-state wird einfach

$$a^* = \frac{h}{1-\frac{1}{2}(1-h)} = \frac{2h}{1+h}$$

sein.

17.3.3 Politik und die gleichgewichtige Wahrscheinlichkeit eines Markteintritts

Man nehme an, dass die Markteintrittspolitik p in jeder Periode durch einen Politiker bestimmt wird, der über den gegenwärtigen Konsum besorgt ist, aber auch auf Bestechung reagiert. In Anlehnung an Acemoglu, Aghion und Zilibotti (2006), oder AAZ, wird angenommen, dass die Auszahlung für den Politiker gleich $H\overline{A}_t$ ist, wobei $H > 0$ gilt, wenn er die Politik wählt, die den gegenwärtigen Output y_t maximiert und andernfalls B_t, wobei B_t das Bestechungsgeld ist, das ein Politiker von einer privaten Firma erhalten kann, wenn er den Markteintritt beschränkt. Der Parameter H spiegelt die aggregierte Sorge der Politiker um die Wohlfahrt wieder oder den Effekt von Kontrollen, die das politische System Politikern auferlegt und das als Proxy für Demokratie verwendet wird.

Um das Bestechungsgeld im Gleichgewicht zu berechnen, das eine etablierte Firma bereit ist zu bezahlen, um die anfängliche Eintrittswahrscheinlichkeit $p_0 = 0$ auf $p > 0$ zu bewegen, muss man die Auszahlungen für jede Art von Firma (fortgeschritten oder zurückgeblieben) im Gleichgewicht und für alle möglichen Realisationskosten $c_{it} = 0$ oder $\overline{c}$ als eine Funktion von p berechnen.

Man betrachte eine fortgeschrittene Firma. Wenn diese Firma Innovationskosten von null hat, dann wird sie immer innovieren, und ihr Gewinn nach der Innovation $\pi\gamma$ ist unabhängig von der Eintrittswahrscheinlichkeit. Wenn jedoch die Innovationskosten $\overline{c}$ sind, wird diese Firma durch eine höhere Bedrohung durch einen Eintritt nur verlieren, wenn die Bedrohung p hinreichend hoch wird, damit Bedingung (17.4) erfüllt ist. Dann wird die Firma in der Tat, unter Verwendung von Ausdruck (17.5) für die Gewinne, $A_{it-1} = \overline{A}_t$ mal den Betrag

$$\pi - (\pi\gamma - \overline{c}) = \overline{c} - \pi(\gamma - 1),$$

der gemäß Annahme 1 positiv ist, verlieren. Somit ist das maximale Bestechungsgeld, das eine Gruppe von fortgeschrittenen Unternehmen bezahlen würde, um einen Anstieg der Eintrittswahrscheinlichkeit von null auf p zu verhindern, gegeben durch

$$B_a(p) = \overline{A}_t a^* [\overline{c} - \pi(\gamma - 1)] \cdot 1_{[\pi(\gamma-1+p) > \overline{c}]}$$

Wobei $1_{[\pi(\gamma-1+p) > \overline{c}]}$ gleich eins ist, wenn Gleichung (17.4) erfüllt ist und sonst null.

Nun betrachte man eine zurückgebliebene Firma. Eine solche Firma wird innovieren dann und nur dann, wenn $c_{it} = 0$ wegen Annahme 1 gilt, egal welche Eintrittswahrscheinlichkeit vorliegt. Und sie wird bei einer höheren Bedrohung durch einen Eintritt verlieren, egal ob sie innoviert oder nicht, nur weil dies die Überlebenswahrscheinlichkeit reduziert. Wenn sich herausstellt, dass die Firma niedrige Innovationskosten hat ($c_{it} = 0$) und damit $A_{it} = \frac{1}{\gamma}\overline{A}_t$ mal den Betrag

$$\pi\gamma[1 - (1 - p)] = \pi\gamma p$$

verliert, wenn die Eintrittswahrscheinlichkeit von 0 auf p steigt. Wenn die Firma hohe Innovationskosten hat ($c_{it} = \overline{c}$), wird sie nicht innovieren und damit $A_{it} = \frac{1}{\gamma}\overline{A}_t$ mal den Betrag

$$\pi[1 - (1 - p)] = \pi p$$

verlieren, wenn die Eintrittswahrscheinlichkeit von 0 auf p steigt. Da ex ante die Wahrscheinlichkeit, hohe oder niedrige Innovationskosten zu haben, für die Firma jeweils 0,5 ist, wird das maximale Bestechungsgeld, das zurückgebliebene Firmen als Gruppe bereit sind zu bezahlen, um einen Anstieg einer der Eintrittswahrscheinlichkeit von null auf p zu verhindern, gegeben durch

$$B_b(p) = \frac{1}{\gamma}\overline{A}_t(1 - a^*)\left(\frac{1}{2}\pi\gamma p + \frac{1}{2}\pi p\right)$$

Wobei der erste Term (bzw. der zweite) in der Klammer der erwartete Verlust ist, der von zurückgebliebenen Firmen mit niedrigen (bzw. hohen) Innovationskosten getragen werden muss.

Zusammengenommen werden etablierte Unternehmen erfolgreich den Anstieg der Bedrohung durch Eintritte von null auf p verhindern, immer dann wenn p größer als p^* ist, so dass der Politiker gerade indifferent zwischen der Annahme und der Ablehnung der aggregierten Bestechungsgelder ist, um keinen Anstieg der Eintrittswahrscheinlichkeit von null auf diese Wahrscheinlichkeit zu haben, nämlich

$$B(p^*) = B_a(p^*) + B_b(p^*) = H\overline{A}_t \tag{17.7}$$

Für den Fall, dass $B(p)$ streng in p steigend ist, definiert Gleichung (17.7) die gleichgewichtige Wahrscheinlichkeit p^* als steigende Funktion von H. Mit anderen Worten: Je höher der Grad der Demokratie ist, desto weniger wahrscheinlich ist es, dass etablierte Firmen Politiker bestechen, um die Bedrohung durch einen Eintritt nicht auf einen gegebenen Wert anzuheben.

17.3.4 Hauptvorhersage

Kombiniert man Gleichung (17.7) mit den Ausdrücken (17.4) und (17.6), erhält man die Vorhersage, dass ein Anstieg der Demokratie, gemessen durch H, Innovationen durch fortgeschrittene Unternehmen, aber nicht durch zurückgebliebene Unternehmen, stimulieren wird. Man sollte deshalb eine höhere Wirkung der Demokratie auf das Produktivitätswachstum in den Sektoren erwarten, die näher an der globalen Technologiegrenze sind.

Anmerkung: In diesem Abschnitt wurden die Wege untersucht, durch die Demokratie höheres Wachstum in fortgeschrittenen Sektoren stimulieren sollte, d. h., Demokratie stimuliert den Aus- und Eintritt in fortgeschrittene Sektoren, die mehr das Wachstum fördern. Ein anderer Grund, vorgeschlagen in den jüngeren Arbeiten von Acemoglu, Aghion et al. (2007), ist, dass Demokratie (oder die Dezentralisierung – was die Äquivalenz dazu in Firmen ist) die Innovationen an der Grenze verstärkt. Im Gegensatz dazu ist Demokratie weniger wirksam in weniger fortgeschrittenen Sektoren, in denen das Wachstum mehr von Imitation oder Faktorakkumulation verursacht wird. Mit anderen Worten: In weniger fortgeschrittenen Sektoren kann eine Firma wie die Armee arbeiten, wenn die Ziele klar definiert sind. Dies ist sicher der Fall, wenn die Firma in Geschäftsbereichen tätig ist, wo die existierende Technologie imitiert wird. Wenn jedoch die Natur des technologischen Wandels nicht klar definiert ist, was der Fall ist, wenn Firmen an der Technologiegrenze innovieren, dann kann es besser sein, den untergeordneten Angestellten Freiheiten zu gewähren oder mit unabhängigen Individuen Verträge über Forschung zu schließen. Im nächsten Abschnitt wird die Vorhersage Querschnittsdaten für Länder und Industrien gegenübergestellt.

17.4 Belege für die Beziehung zwischen Demokratie, Wachstum und technologischer Entwicklung

17.4.1 Daten und Regressionsgleichungen

Ausgehend von den vorigen Arbeiten über politische Institutionen und Wachstum, verwenden Aghion, Alesina und Trebbi (2007), im Weiteren AAT, Daten für die Beschäftigung und die Produktivität auf Industrieniveau für verschiedene Länder und Perioden. Ihre Stichprobe umfasst 28 verarbeitende Sektoren in 180 Ländern für die Periode 1964 bis 2003.

Demokratie wird durch die Indikatoren für Bürgerrechte und politische Rechte aus dem Polity-4-Index gemessen. Der Abstand zur Technologiegrenze wird durch den Logarithmus der Bruttowertschöpfung eines Sektors geteilt durch das Maximum derselben Variable im selben Sektor über alle Länder hinweg gemessen oder durch das Verhältnis des Logarithmus des BIP pro Arbeiter in dem Sektor zu dem Maximum des Logarithmus des BIP in ähnlichen Sektoren über alle Länder hinweg. AAT nehmen eins minus diese Verhältnisse als Näherung für die Distanz eines Sektors gegenüber der Technologiegrenze.

Auf der linken Seite der Regressionsgleichung steht die Wachstumsrate entweder der Bruttowertschöpfung oder der Beschäftigung im industriellen Sektor. Auf der rechten Seite stehen die Maße für die Demokratie (und andere Maße für die Bürgerrechte), ein Maß für den Abstand des Landes oder der Industrie zur Technologiegrenze und ein Interaktionsterm zwischen den beiden letzteren. AAT fügen auch die Fix-Effekte für die Zeit, das Land und die Industrie hinzu. Formaler ausgedrückt: Wenn y_{ict} entweder die Bruttowertschöpfung oder die Beschäftigung darstellt, dann betrachten AAT die Regressionsgleichung

$$\Delta_s \log y_{ict} = \beta_0 + \beta_1 \text{Distance}_{ict} + \beta_2 \text{Pol}_{cl} + \beta_3 \text{Distance}_{ict} * \text{Pol}_{ct} + u_{ict}$$

Wobei

$$\Delta_s \log y_{ict} = \log y_{i,c,t+s} - \log y_{ict}$$

die Wachstumsrate der Bruttowertschöpfung oder der Beschäftigung in der Industrie ist, Pol_{ct} das Maß für die Demokratie im Land, Distance_{ict} der Abstand der Industrie zur Technologiegrenze und

$$u_{ict} = \delta_t + \gamma_c + \lambda_i + \varepsilon_{i,c,t+s}.$$

Es sind δ_t, γ_c und λ_i jeweils die Fix-Effekte für Zeit, Land und Industrie, und $\varepsilon_{i,c,t+s}$ ist der Störterm.

AAT konzentrieren sich auf die Wachstumsraten für fünf und zehn Jahre ($s = \{5, 10\}$). Sie berechnen Raten für sich nicht überlappende Perioden und insbesondere die Wachstumsraten für fünf Jahre werden für die Perioden 1975, 1980, 1985, 1990, 1995 und 2000 berechnet. Für die Zehn-Jahres-Wachstumsraten verwenden sie die Jahre 1975, 1985, 1995 oder die Jahre 1980, 1990 und 2000.[5]

17.4.2 Grundlegende Ergebnisse

Zuerst bestätigen AAT das Fehlen von signifikanten Effekten der Demokratie auf Wachstumsraten im Verarbeitenden Gewerbe in einer Regression auf Länderebene, wobei für länderspezifische Fix-Effekte kontrolliert wurde. Dasselbe Fehlen der Korrelation zwischen Demokratie und Wachstum wird erreicht, wenn man sich von Länderquerschnittsdaten zu Länder-Industriequerschnittsdaten bewegt. Das erste Ergebnis ist konsistent mit den Ergebnissen bei den zuvor erwähnten AJRY und MGS.

Jedoch verändern sich die Schlussfolgerungen dramatisch, wenn man die Interaktion zwischen Demokratie und dem Abstand der Industrie zur Technologiegrenze einführt. Der Interaktionskoeffizient ist nämlich negativ und signifikant, was bedeutet, dass das Wachstum in der Industrie umso mehr durch Demokratie gesteigert wird, je näher die Industrie an der

---

5 Alle Standardfehler sind robust und wenn möglich auf Landesebene oder Industrieebene gruppiert, um allgemeine Varianz-Kovarianz-Strukturen auf der Länder-Industrie-Ebene im Panel zu berücksichtigen.

Technologiegrenze ist. Abbildung 17.2 gibt eine Illustration dieser Ergebnisse. Sie trägt die Wachstumsrate der Bruttowertschöpfung gegenüber einem Maß für die Nähe des Landes gegenüber der Technologiegrenze (nämlich das Verhältnis zwischen der Arbeitsproduktivität des Landes und derjenigen an der Technologiegrenze) ab. Die gestrichelte Linie steht für Länder, die weniger demokratisch als das Medianland sind, die durchgezogene dagegen für Länder demokratischer als das Medianland. Man sieht, dass Wachstum in weiter fortgeschrittenen Sektoren durch den Umstand gestärkt wird, dass ein Sektor in einem demokratischeren Land operiert.

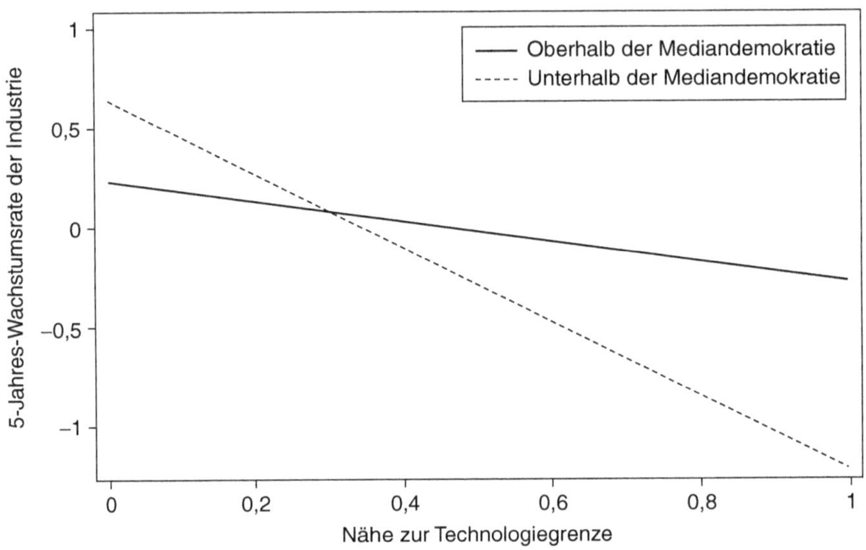

Abb. 17.2: Wachstum der Industrie und Nähe zur Technologiegrenze (Länder unterhalb und oberhalb des Medians für Demokratie)

Das theoretische Modell des vorigen Abschnitts legte als eine Erklärung für das Zusammenspiel zwischen dem Abstand zur Grenze und Demokratie die Markteintritte nahe. Tatsächlich berichten AAT bei Verwendung der Daten von Djankov et al. (2002) über Belege, dass Demokratien dazu tendieren, niedrigere Eintrittsschranken und -kosten zu haben. Perotti und Volpin (2006) haben auch Belege dafür, dass Demokratien Markteintritte mehr favorisieren. Das Maß für die Zutrittsschranken bei AAT, entliehen bei Jankov et al., ist die Zahl der bürokratischen Prozesse, die eine Firma durchlaufen muss, um in einen Markt einzutreten. Dies ist wichtig, weil argumentiert wird, dass Demokratie in weiter fortgeschrittenen Sektoren einer Ökonomie wegen der Notwendigkeit von mehr Eintritten und mehr Wettbewerb in Sektoren nahe der Technologiegrenze, wo Innovationen für Wachstum besonders wichtig sind, eine Rolle spielt.

Aber dies ist nicht genug, um den Schluss zu ziehen, dass Markteintritte wirklich der Grund hinter der positiven Korrelation zwischen Demokratie und Wachstum in weiter fortgeschrittenen Sektoren ist. Zusätzlich muss man sicher gehen, dass der Effekt der Demokratie und seines Zusammenwirkens mit der technologischen Entwicklung signifikant bleibt, wenn man für Markteintrittsschranken kontrolliert. Unglücklicherweise beeinflusst der Index von Djankov et al. (die Zahl der Prozesse, die man für die Gründung eines Unternehmens durchlaufen muss) als Näherung für die Markteintritte nicht signifikant die vorigen Regressionsergebnisse. Wenn man jedoch die Zahl der Prozesse durch das tatsächliche Niveau an Eintritten im Sektor ersetzt, gemessen durch das Wachstum der Unternehmensgründungen, dann finden AAT, dass der Effekt der Demokratie erheblich gesenkt wird. Dieses Ergebnis legt nahe, dass der Weg über die Markteintritte zumindest teilweise erklärt, warum Demokratie in Sektoren näher an der Technologiegrenze förderlicher auf Wachstum wirkt als in anderen weniger entwickelten Sektoren. Insgesamt gibt es Belege für eine differenzierende Wirkung der Demokratie über Sektoren und Länder auf verschiedenen Entwicklungsniveaus hinweg.

17.5 Demokratie, Ungleichheit und Wachstum

In parallelen Veröffentlichungen untersuchen Persson und Tebellini (1994) und Alesina und Rodrik (1994) die Beziehung zwischen Ungleichheit, demokratischen Wahlen und Wachstum. Sie entwickeln Modelle, in denen die Umverteilung von reich zu arm schädlich für das Wachstum ist, da sie die Kapitalakkumulation senkt. Mehr Ungleichheit ist damit auch schädlich für Wachstum, weil sie dazu führt, dass der Medianwähler ärmer wird und deshalb mehr Umverteilung fordert.

17.5.1 Das Modell

Es werde eine Ökonomie betrachtet, die mit einem Kontinuum an überlappenden Generationen bevölkert wird. Jedes Individuum lebt für zwei Perioden. Ein zum Zeitpunkt $t-1$ geborenes Individuum i hat eine intertemporale Nutzenfunktion

$$U\left(c_{t-1}^i, d_t^i\right) = \ln c_{t-1}^i + \ln d_t^i$$

Wobei c_{t-1}^i für den Konsum des Individuums i in der Jugend steht (im Zeitraum $t-1$) und d_t^i für den Konsum des Individuums im Alter (in Periode t) steht.

Individuum i startet mit der anfänglichen Einkommensausstattung

$$y_{t-1}^i = (w + e^i)k_{t-1} \tag{17.8}$$

Wobei w die durchschnittliche Ausstattung mit grundlegenden Fähigkeiten ist, die allen Individuen zur Verfügung stehen, und e^i eine gesonderte Fähigkeit ist, die spezifisch für Individuum i ist. Reichere Individuen haben mehr positive e^is, ärmere Individuen haben mehr negative e^is. Es wird angenommen, dass der mittlere Wert von e^i über alle Individuen gleich null ist.

Es sei auf den Term k_{t-1} auf der rechten Seite der Gleichung (17.8) hingewiesen. Dieser Term umfasst eine AK-Externalität: Alle Individuen, die im Zeitpunkt $t-1$ geboren sind, profitieren von dem allgemeinen Wissen, das im akkumulierten Kapitalstock k_{t-1} verkörpert ist.

Dieses anfängliche Einkommen wird auf Konsum c_{t-1}^i und Investition k_t^i aufgeteilt

$$y_{t-1}^i = c_{t-1}^i + k_t^i \tag{17.9}$$

Schließlich wird vom Konsum im Alter angenommen, dass

$$d_t^i = (1-\theta_t)k_t^i + \theta_t k_t \tag{17.10}$$

Wobei die Variable θ_t das Maß der Umverteilung misst. Wenn $\theta_t = 1$ ist, konsumieren alle Individuen dasselbe, wenn sie alt sind.

Der Zeitablauf der Ereignisse ist der folgende: (1) Zu Beginn der Periode $t-1$ wählen die jungen Wähler das Maß der Umverteilung θ_t, das auf sie angewandt wird, wenn sie alt sind; (2) jedes Individuum wählt sein Investitionsniveau k_t^i.

17.5.2 Lösung des Modells

17.5.2.1 Die gleichgewichtige Wachstumsrate bei einer gegebenen Umverteilungspolitik

Man nehme zuerst die Umverteilungspolitik θ_t als gegeben an. Individuum i wird seine Investition k_t^i so wählen, dass

$$\max_{k_t^i}\{\ln c_{t-1}^i + \ln d_t^i\}$$

unter der Bedingung der Erfüllung von Gleichungen (17.9) und (17.10).

Mit anderen Worten, Individuum i wird k_t^i so wählen, dass

$$\max_{k_t^i}\{\ln[(w+e^i)k_{t-1} - k_t^i] + \ln[(1-\theta_t)k_t^i + \theta_t k_t]\}$$

Die Bedingung erster Ordnung für dieses Maximierungsproblem ist:

$$\frac{1}{(w+e^i)k_{t-1} - k_t^i} = \frac{(1-\theta_t)}{(1-\theta_t)k_t^i + \theta_t k_t}$$

Oder äquivalent:

$$2(1-\theta_t)k_t^i = (1-\theta_t)(w+e^i)k_{t-1} - \theta_t k_t \tag{17.11}$$

Nicht überraschend ist, dass die Investition k_t^i umso geringer wird, je negativer e^i ist.

Unter Verwendung der Tatsache, dass

$$k_t = \int k_t^i di$$

und durch Integrieren von Gleichung (17.11) über alle Individuen i, erhält man

$$2(1-\theta_t)k_t = (1-\theta_t)(w+e^i)k_{t-1} - \theta_t k_t$$

oder äquivalent

$$(2-\theta_t)k_t = (1-\theta_t)wk_{t-1} \tag{17.12}$$

Die gleichgewichtige Wachstumsrate zwischen Periode $t-1$ und t ist dann einfach gegeben durch

$$g_t = \frac{k_t}{k_{t-1}} - 1 = \frac{(1-\theta_t)(w+e^i)}{2-\theta_t} - 1$$

Sie nimmt ganz klar mit dem Niveau der Umverteilung θ_t ab. Die Intuition ist einfach, dass mehr Umverteilung die individuelle Kapitalbildung entmutigt.

17.5.2.2 Das politische Gleichgewicht und die Wirkung von Ungleichheit auf Wachstum

Bisher wurde das Niveau der Umverteilung θ_t als gegeben angenommen. Nun soll es als Folge des gleichgewichtigen Resultats eines Medianwählerspiels zwischen allen Individuen endogenisiert werden. Ein erster Schritt ist die Analyse der bevorzugten Umverteilungspolitik eines Individuums i mit den anfänglichen Fähigkeiten $w + e^i$.

Dieses Individuum würde das Niveau der Umverteilung θ_t wählen, das

$$V_t^i(\theta_t) = \max_{k_t^i}\{\ln[(w + e^i)k_{t-1} - k_t^i] + \ln[(1 - \theta_t)k_t^i + \theta_t k_t]\}$$

maximiert. Der optimale Wert von θ_t (aus Sicht des Individuums i) befriedigt

$$\frac{dV_t^i}{d\theta_t} = 0$$

Wobei unter Verwendung des Umhüllungssatzes und dann Gleichung (17.12)

$$\frac{dV_t^i}{d\theta_t} = k_t - k_t^i + \theta_t\frac{\partial k_t}{\partial\theta_t} = k_t - k_t^i + \theta_t\frac{wk_{t-1}}{(2-\theta_t)^2} \tag{17.13}$$

ist.

Weil die Funktion

$$\frac{\theta_t}{(2 - \theta_t)^2}$$

mit θ_t steigt, erhält man die Umverteilung θ_t, die vom Individuum i bevorzugt wird und eine fallende Funktion von k_t^i und damit eine fallende Funktion seiner anfänglichen Ausstattung mit Fähigkeiten $w + e^i$ ist. Mit anderen Worten, ärmere Individuen haben eine größere Nachfrage nach Umverteilung. Die vorige Gleichung zeigt auch, dass die individuellen Präferenzen im Hinblick auf Umverteilung eingipfelig sind. Dies wiederum impliziert, dass die gleichgewichtige Umverteilungspolitik in einem Spiel mit Mehrheitswahlrecht die vom Medianwähler gewählte Umverteilungspolitik ist.[6]

Je ungleicher nun die Verteilung der Fähigkeiten ist, desto mehr werden die dem Medianwähler eigenen Fähigkeiten e^m negativ sein und deshalb umso höher wird seine Nachfrage $\theta(e^m)$ nach Umverteilung sein. Dies wiederum wird zu einer geringeren gleichgewichtigen Wachstumsrate führen:

$$g = \frac{\big(1 - \theta(e^m)\big)(w + e^m)}{2 - \theta(e^m)}$$

17.5.3 Diskussion

Persson und Tabellini (1994) testen die Vorhersagen des Models, indem sie Nachkriegsdaten für 56 Länder verwenden. Durch die Regression von Wachstum auf Einkommensgleichheit in einer Querschnittsanalyse für Sektoren in diesen Ländern finden sie heraus: Je besser die relative Position des mittleren Quintals beim Einkommen ist (das sie als Indikator für ein

---

6 Hier wird der Leser auf das klassische Lehrbuch zur Politischen Ökonomie von Persson und Tabellini verwiesen.

höheres Maß an Umverteilung interpretieren), desto höher ist die durchschnittliche jährliche Wachstumsrate für den Zeitraum 1960–1985. Darüber hinaus ist diese positive Korrelation zwischen Einkommensgleichheit und Wachstum wohl nur in Demokratien und nicht in undemokratischen Ländern signifikant.

Unter Verwendung des Gini-Koeffizienten als Maß für die Einkommensungleichheit und einer etwas andere Länderstichprobe für die Periode 1960–1985 zeigen Alesina und Rodrik (1994) auch eine negative Korrelation zwischen Ungleichheit und Wachstum. Jedoch finden sie keine negative Interaktion zwischen dem Demokratie-Dummy und dem Gini-Koeffizienten. Jüngere Studien haben die Robustheit des Zusammenhangs zwischen Ungleichheit und Wachstum und damit die Robustheit der Ergebnisse und Vorhersagen in diesem Abschnitt hinterfragt.[7]

17.6 Fazit

In diesem Kapitel wurde die ursächliche Beziehung zwischen Demokratie und Wachstum betrachtet. Ausgehend von dem negativen Ergebnis, dass Demokratie und Wachstum bei Länderquerschnittsdaten nicht korreliert sind, wurde die Analyse ausgerichtet auf (1) Industriequerschnittsdaten, (2) die Interaktion zwischen Demokratie und technologischer Entwicklung auf sektoraler Ebene und (3) die Betrachtung der spezifischen Rolle von Markteintritten. Insbesondere sah man, dass demokratische Institutionen Wachstum in Sektoren einer Volkswirtschaft fördern, die technologisch weiter entwickelt sind. Dann im zweiten Teil des Kapitels wurde die Beziehung zwischen Demokratie, Ungleichheit und Wachstum diskutiert.

Die Tatsache, dass Wachstum durch Demokratie mehr gefördert wird, wenn ein Land sich technologisch weiterentwickelt, impliziert nicht, dass Länder sich automatisch mehr zu Demokratien entwickeln sollen, wenn sie sich entwickeln. Tatsächlich sah man in Kapitel 11, dass Länder wegen politischen Institutionen, die zunehmend unangemessen für Wachstum sind, stehen bleiben können, wenn die Länder sich näher an die Technologiegrenze annähern. Jedoch gibt es eine Idee, die weder präzise in der Literatur formuliert noch umfangreicher mit Daten hinterlegt wurde, dass wirtschaftliches Wachstum die Entwicklung einer ausgebildeten Mittelklasse erfordert, die letztendlich auf die Transformation zur Demokratie drängt. Diesen Prozess sah man in Südkorea, Südafrika, Lateinamerika und dem sowjetischen Block. Die große Ausnahme ist bisher natürlich China, aber für wie lange noch?

Literatur

Vorhandene Untersuchungen der Beziehung zwischen Demokratie und Wachstum adressieren sowohl die Kausalität vom Einkommen oder Wachstum auf die Demokratie als auch den umgekehrten Fall.

Przeworski und Limongi (1993) präsentieren eine Zusammenfassung der theoretischen Argumente in Richtung sowohl positiver als auch negativer Auswirkungen von Demokratie auf Wachstum. Dann, wie in Abschnitt 17.5 diskutiert, legen Persson und Tabellini (1994) nahe,

7 Siehe insbesondre Banerjee und Duflo (2003).

dass Demokratie dazu tendiert, die negative Korrelation zwischen Ungleichheit und Wachstum zu vergrößern. In einem ersten Versuch eines Blicks auf Demokratie und Wachstum in der Empirie und unter Verwendung von Länderquerschnittspanelregressionen (aber nicht kontrollierend für länderspezifische Fix-Effekte) deutet Barro (1996) auf eine nichtlineare Beziehung hin, wobei mehr Demokratie Wachstum bei niedrigen Niveaus der politischen Freiheit verstärkt, aber es senkt, wenn ein gemäßigtes Niveau an Freiheit schon erreicht wurde.

Indem er auf die umgekehrte Kausalität von Wachstum auf Demokratie schaut, weist Barro (1990a) darauf hin, dass höhere Einkommensniveaus mehr Demokratie vorhersagen (gemessen durch einen Indikator für Wahlrechte). Aghion, Alesina und Trebbi (2004) endogenisieren die Wahl der politischen Institutionen und zeigen, dass reichere Länder dazu neigen, weniger isolierte politische Systeme zu haben(d. h., es gibt ein höheres Maß an Ex-post-Kontrollen der im Amt befindlichen Politiker).

Jüngere Arbeiten von Acemoglu, Johnson, Robinson und Yared (2005) zeigen, dass die positive Korrelation zwischen Demokratie und Einkommen sich bei Länderquerschnittsregressionen auflöst, wenn man für länderspezifische Fix-Effekte in Länderquerschnittspanelregressionen kontrolliert. Ähnlich zeigen Mulligan, Gil und Sala-i-Martin (2004), dass Demokratie mit einigen politischen Variablen nicht korreliert ist, die Wachstum beeinflussen (wie z. B. Bildungsausgaben, Pensionen und Wohlfahrt und Handelsoffenheit). Jedoch zeigen Aghion, Alesina und Trebbi (2007), dass signifikante Korrelationen zwischen Demokratie und Wachstum wieder auftauchen, wen man Terme für die Interaktionen zwischen Demokratie und der technologischen Entwicklung eines Landes oder Sektors berücksichtigt.

Was die Wirkung von Wahlregeln (wie Präsidialsystem vs. Parlamentarismus) auf ökonomische Ergebnisse angeht, findet sich eine umfangreiche Abhandlung in Persson und Tabellini (2003). Schließlich sei der Leser auf ein Buch von Helpman mit dem Titel *Institutions and Economic Performance* als Beispiel für Arbeiten auf dem aktuellen Stand der Forschung hingewiesen.

▶ Aufgaben

1. Erklären Sie intuitiv, wie Demokratie Innovation und technischen Fortschritt fördern kann. Warum beeinflusst Demokratie das Wachstum in mehr entwickelten Ländern stärker im positiven Sinne?
2. ***Die funktionale Einkommensverteilung und Wirtschaftswachstum (basierend auf Alesina und Rodrik 1994)**
   Diese Aufgabe stellt ein Modell vor, das in Verbindung mit demjenigen von Persson und Tabellini (1994) steht, das im Kapitel dargestellt wurde. Die zentrale Idee ist, dass sich das Sparverhalten bei Kapitalisten und Arbeitern unterscheidet und somit die Eigentumsverhältnisse bei den Produktionsfaktoren ökonomisches Wachstum beeinflussen können. Betrachten Sie eine Ökonomie mit zwei Arten von Individuen: Kapitalisten und Arbeiter. Die Arbeiter bieten unelastisch eine Einheit Arbeit an, sie sparen nicht und konsumieren ihr gesamtes Einkommen. Die Kapitalisten besitzen den gesamten Kapitalstock, arbeiten nicht, konsumieren und sparen. Der Output hängt von den öffentlichen Ausgaben für ein öffentliches Gut γ sowie von Arbeit und Kapital ab (siehe Barro 1990). Das heißt

   $y = Ak^{\alpha}\gamma^{1-\alpha}l^{1-\alpha}$, wobei $0 < \alpha < 1$.

   Die Ausstattung mit Arbeit ist konstant und auf eins normiert.

Die öffentlichen Ausgaben werden durch eine Steuer auf die Kapitalerträge τ finanziert. Die Regierung kann kein Geld leihen und muss somit immer ein ausgeglichenes Budget aufweisen. Die Steuereinnahmen können für Transfers an die Arbeiter sowie als die Bereitstellung von γ ausgegeben werden. Es sei $\lambda \in [0,1]$ der Anteil der Regierungseinnahmen, die an die Arbeiter als Transfers bezahlt werden. Die Transfers sind dann $\lambda\tau\kappa$.

a) Erklären Sie, weshalb die Budgetbeschränkung der Regierung impliziert, dass

$$\gamma = (1-\lambda)\tau\kappa$$

Der repräsentative Kapitalist sieht sich folgendem Maximierungsproblem gegenüber:

$$\max U^k = \int_0^\infty \log c^k e^{-\rho t}\, dt$$

Unter der Bedingung

$$\dot{k} = (r-\tau)k - c^k,$$

wobei c^k das Konsumniveau des Kapitalisten ist. Ähnlich wird der Konsum des Arbeiters mit c^l bezeichnet. Sein Entscheidungsproblem beim Konsum ist gegeben durch:

$$\max U^l = \int_0^\infty \log c^l e^{-\rho t}\, dt$$

Unter der Bedingung

$$c^l = w + \lambda\tau k,$$

wobei w der Lohnsatz ist, der gleich dem Grenzprodukt der Arbeit ist.
Die Regierung wählt λ und τ zu jedem Zeitpunkt so, dass der gewichtete Durchschnitt der Wohlfahrt beider Gruppen maximiert wird. Es sei $\beta \in [0,1]$ das Gewicht, das der Wohlfahrt der Arbeiter zugewiesen wird und $(1-\beta)$ das für die Wohlfahrt der Kapitalisten.

b) Ermitteln Sie die Bewegungsgleichung für den Konsum der Kapitalisten. Welches sind die Wachstumsraten des Kapitals und des Konsums der Arbeiter im Steady-state? Drücken Sie die Wachstumsrate der Ökonomie im Steady-state in Termen nur mit den Modellparametern und den Politikinstrumenten aus.
c) Wie hängt die Steady-state-Wachstumsrate von λ und τ ab? Ermitteln Sie die Werte für diese beiden Politikinstrumente, die die Steady-state-Wachstumsrate maximieren.
d) Nehmen Sie an, die Regierung maximiert die Wohlfahrt der Kapitalisten (d. h. $\beta = 0$). Welche Werte für λ und τ wird sie wählen?
e) Nehmen Sie an, dass die Regierung sich auch um die Wohlfahrt der Arbeiter kümmert (d. h. $\beta > 0$). Ermitteln Sie die Bedingungen erster Ordnung für das Wohlfahrtsmaximierungsproblem. Untersuchen Sie sie, um zu sehen, dass die Wachstumsrate nie maximiert wird, wenn die Wohlfahrt der Arbeiter in die Wohlfahrtsfunktion eingeht. Zeigen Sie, dass (für den Fall $\beta \geq [(1-\alpha)A]^{1/\alpha}/\rho$) der optimale Wert der Transfers $\lambda^{**} = 1 - [(1-\alpha)A]^{1/\alpha}/\beta\rho$ ist und der optimale Steuersatz $\tau^{**} = \beta\rho$ ist. Welches sind die optimalen Werte für λ und τ, wenn die vorige Beschränkung nicht erfüllt wird?

3. ***Mehrheitswahlrecht, die Verteilung der Faktorausstattungen und ökonomisches Wachstum (basierend auf Alesina und Rodrik 1994)**
Betrachten Sie dieselbe Ökonomie wie in der vorigen Aufgabe, außer dass nun alle Individuen etwas Arbeit und etwas Kapital, jedoch in unterschiedlichen Verhältnissen, besitzen. Es seien l^i die Arbeitsmenge und k^i die Kapitalmenge, die eine Agentin i besitzt. Es

stehe k für den gesamtwirtschaftlichen Kapitalstock. Dann ist ihre relative Faktorausstattung gegeben durch

$$\sigma^i = \frac{l^i}{k^i/k}\sigma^i \in [0, \infty)$$

Das Steuersystem ist dasselbe wie zuvor, außer dass es keine Transfers gibt ($\lambda = 0$). Die direkte Nutzenfunktion ist logarithmisch für alle Agenten. Alle Agenten sparen und leihen zu einem risikofreien Zinssatz.

a) Zeigen Sie, dass die Wachstumsrate des individuellen Konsums für alle Agenten dieselbe ist.
b) Welcher Steuersatz maximiert die Wachstumsrate?
c) Welcher Steuersatz wird vom Individuum i bevorzugt?
d) Wenn der Steuersatz durch eine Mehrheitsentscheidung bestimmt wird, gibt es dann eine Beziehung zwischen Ungleichheit und Wachstum?

Fazit

18 Ein Blick nach vorne: Kultur und Entwicklung

Die Reise in die Welt der Ökonomie des Wachstums soll abgeschlossen werden, indem nicht erschlossene Gebiete herausgehoben werden, d. h., es wird auf Themen eingegangen, die Ökonomen beschäftigen sollten, aber bisher weitgehend unerforscht blieben. Der Schwerpunkt in diesem Kapitel wird auf der Kultur liegen und auf der Beziehung zwischen Wachstum, Entwicklung und Industriepolitik. Aber bevor wir hiermit weiter voranschreiten, soll ein Schritt zurück gemacht werden und kurz reflektiert werden, was bisher aus den Diskussionen in den vorigen Kapiteln gelernt wurde.

18.1 Was bisher gelernt wurde – in Kürze

Teil I hat die wichtigsten Wachstumsparadigmen dargestellt. Es wurde zuerst das Benchmarkmodell der neoklassischen Wachstumstheorie untersucht und gezeigt, warum dieses Modell Konvergenz zwischen Ländern, aber nicht langfristiges Wachstum erklären kann. Dann wurde das AK-Modell des Wachstums untersucht und man sah, dass dieses Modell langfristiges Wachstum, aber nicht die Konvergenz in einer geschlossenen Volkswirtschaft erklären kann. Dennoch kann dieses Modell Konvergenz in einer offenen Volkswirtschaft aufgrund des Terms-of-Trade-Effekts erklären. Dann wurden die zwei führenden Wachstumsmodelle mit endogenen Innovationen analysiert. Im Modell mit Produktvielfalt führen Innovationen zu neuen Produkten und einer verbesserten Arbeitsteilung zwischen einer größeren Zahl an Zwischenprodukten. Im Schumpeterianischen Modell führen Innovationen zu besseren Produkten und somit ersetzen neue Innovationen ältere Inputs. Man sah, wie Innovationen und Wachstum im Gleichgewicht von den grundlegenden Eigenschaften der Ökonomie abhängen, insbesondere vom Ausmaß des Schutzes der Eigentumsrechte, der Effizienz der Innovationstechnologie und der Größe der Ökonomie. Es wurde auch die Kritik am Skaleneffekt diskutiert und argumentiert, dass dieser adressiert werden kann, ohne dass die Haupteigenschaften und Implikationen des innovationsbasierten Modells verloren gehen. Schließlich wurde die Wachstumszerlegung in endogenen Wachstumsmodellen noch einmal untersucht.

In Teil II wurde das Wachstumsparadigma verwendet, um einige Fakten über den Wachstumsprozess zu verstehen. Insbesondere wurde versucht folgendes zu erklären: (1) warum einige Länder konvergieren, andere aber nicht; (2) die Rolle der Entwicklung des Finanzwesens bei der Konvergenz; (3) warum Lohnungleichheit in den letzten Dekaden in entwickelten Ländern zugenommen hat, während das Produktivitätswachstum einer anfänglichen Periode der Verlangsamung unterlag; (4) warum Länder im Entwicklungsprozess verschiedene Stadien des Wachstums durchlaufen (z. B. von einer Malthusianischen Agrarwirtschaft zu einer industrialisierten Ökonomie, die Kapital akkumuliert und sich dann von einer Industriewirtschaft zu einer Ökonomie mit Dienstleistungen und Innovationen verwandelt; und (5) warum verschiedene Institutionen dazu neigen, Wachstum in verschiedenen Stadien der Entwicklung zu verstärken, und warum es zu Fallen der Nichtkonvergenz kommen kann, wenn es nicht gelingt, die notwendigen Veränderungen der Institutionen durchzuführen.

In Teil III wurde die Politik zur Stärkung des Wachstums genauer angeschaut. Erstens sah man, dass Wettbewerb und Markteintritte, trotz der Senkung von Innovationsrenten, wachstumsfördernd sein können. Es wurde gezeigt, dass Wettbewerb und Markteintritte Wachstum vor allem in Sektoren und Ländern, die technologisch weiter fortgeschritten sind, fördern, während sie Wachstum in weniger fortgeschrittenen Sektoren entmutigen. Dann wurde deutlich, dass Bildungsinvestitionen große Wirkungen auf das Wachstum haben können, sowohl weil sie helfen, dem Effekt abnehmender Grenzerträge des Sachkapitals entgegenzuwirken, als auch weil sie technologischen Fortschritt stärken. Man sah, dass die komplementäre Beziehung zwischen Bildung und FuE-Investitionen multiple Gleichgewichte und Fallen niedriger Entwicklungsniveaus erzeugen kann. Es wurde auch argumentiert, dass tertiäre Bildung stärker Wachstum in Ländern und Regionen fördert, die technologisch weiter fortgeschritten sind, während primäre und sekundäre Bildung tendenziell das Wachstum in Ländern und Regionen stärken, die weit von der Technologiegrenze entfernt sind. Dann wendete sich die Analyse dem Zusammenhang zwischen Volatilität und Wachstum zu. Es zeigte sich, dass makroökonomische Volatilität zwei dem Sparen und damit dem Wachstum entgegen gerichtete Effekte hat. Es wurde dann argumentiert, dass Volatilität dazu tendiert, in Ländern oder Sektoren mit einem schwächer ausgebildeten Finanzsystem oder engeren Kreditbeschränkungen schädlicher für Wachstum ist, was nahelegt, dass antizyklische Makropolitik in solchen Ländern oder Sektoren wachstumsförderlicher sein könnte. Man sah auch, dass Länder mit unvollständigeren Anlagemärkten anfälliger für Risiko sind, was sie wiederum davon abhalten kann, eine höhere Entwicklungsstufe zu erreichen. Dann wurden die Wirkungen der Öffnung für internationalen Handel analysiert. Insbesondere ergab sich, dass die Offenheit für Handel aus mindestens drei Gründen Wachstum stärken kann: Handel vergrößert die Größe der Ökonomie; es entstehen Wissensspillover-Effekte; außerdem fördert Handel den Wettbewerb und vernichtet die weniger produktiven Firmen. Dies wiederum kann erklären, warum Handelsliberalisierung tendenziell in kleineren Ländern und/ oder weiter fortgeschrittenen Sektoren Wachstum mehr fördert. Dann richtete sich die Aufmerksamkeit auf die Umweltpolitik und es wurde gezeigt, wie sie ausgestaltet sein sollte, um saubere Innovationen anzuregen und damit nachhaltiges Wachstum zu generieren. Schließlich wurden einige Kanäle identifiziert, über die Demokratie Wachstum beeinflussen kann. Ein erster Kanal ist der Medianwähler-Mechanismus. Ein zweiter funktioniert über die Markteintritte, die durch Demokratie gefördert werden.

18.2 Kultur und Wachstum

Man kann den Wachstumsprozess und die Gestaltung der Wachstumspolitik als Gebilde mit mehreren Schichten verstehen. Eine erste Schicht ist diejenige direkter Anreize für Innovationen und Kapitalakkumulation: Subventionen für Investitionen, FuE-Subventionen, Steuernachlässe als Innovationsanreiz oder eine Einkommensteuerpolitik, die die individuellen Interessen mit der Notwendigkeit breitgefächerter Möglichkeiten ausbalanciert. Eine zweite Schicht ist die der Institutionen und Strukturreformen: Zu nennen sind z. B. Produkt- und Handelsliberalisierung, die Struktur der Bildungsausgaben, die Organisation des Finanzwesens, die Gestaltung der Verfassung und die Allokation von Kontrollrechten in der Regierung und in Unternehmen. Diese institutionellen Eigenschaften beeinflussen das Wachstum direkt und zwar insbesondere durch ihre Wirkungen auf die Innovationsanreize.

Aber es gibt auch eine dritte und vielleicht noch wichtigere Schicht des Wachstums: Es ist die der Kultur und Einstellungen. Ein neuer Zweig der Literatur hat sich in den letzten fünf bis zehn Jahren entwickelt, der Wirkungen der „Kultur" auf ökonomische Ergebnisse zum Gegenstand hat. Das Wort „Kultur" bezieht sich in der ökonomischen Literatur auf individuelle und kollektive Glaubensvorstellungen, soziale Normen und verschiedene Eigenschaften der Präferenzen der Individuen, die irgendwie durch ihre Umwelt beeinflusst werden und sich typischerweise langsam verändern.

Easterly und Levine (1997) erzeugen Länderquerschnittsregressionen eine negative Korrelation zwischen ethnischer Heterogenität und Wachstum zeigen. Tabellini (2007) analysiert die Wirkung der Kultur gemessen durch das akkumulierte Humankapital. Knack und Keefer (1997) verwenden Länderquerschnittsdaten für eine Stichprobe von 29 marktwirtschaftlichen Ökonomien, um zu zeigen, dass gegenseitiges Vertrauen zwischen Individuen positiv mit Wachstum und dem Anteil der Investitionen am BIP korreliert ist. Zak und Knack (2001) dehnen diese Untersuchung auf eine größere Stichprobe von 41 Ländern aus und Abbildung 18.1 fasst ihre Hauptergebnisse zusammen.[1] Hierbei wird der Vertrauensindikator anhand des Durchschnitts von zwei Durchläufen der World Values Survey auf Länderebene berechnet, wobei die Individuen auf die Frage antworten: „... würden Sie sagen, dass man den meisten Menschen vertrauen kann oder dass man im Umgang mit ihnen sehr vorsichtig sein sollte?" Der individuelle Indikator ist gleich null, wenn der Befragte antwortet „Den meisten kann vertraut werden" und gleich eins, wenn er antwortet: „Man muss sehr vorsichtig sein". Die zu erklärende Variable ist das durchschnittliche Wachstum des Pro-Kopf-Einkommens. Man sieht anhand von Abbildung 18.1, dass dieses Maß für Vertrauen positiv mit dem Wachstum korreliert ist, und die empirische Untersuchung zeigt, dass diese Korrelation signifikant ist. Jedoch sagt dies nichts über die Kausalität zwischen Vertrauen und Wachstum aus (insbesondere wurde keine gute Instrumentenvariable für Vertrauen gefunden), und es sagt auch sehr wenig über die besonderen Kanäle, über die Vertrauen und Wachstum verbunden sind.

Ein überzeugender Versuch, eine Instrumentenvariable für Vertrauen zu finden, kommt von Guiso; Sapienza und Zingales (2005), die zeigen, wie gegenseitiges Vertrauen zwischen Individuen oder über Individuen in verschiedenen Ländern hinweg eine Auswirkung auf Handel und andere wirtschaftliche Ergebnisse hat, und sie verwenden dabei als Instrumente für gegenseitiges Vertrauen genetische Ähnlichkeiten.

---

[1] Der zugrundeliegende Zusammenhang ist, dass Menschen weniger Zeit damit verbringen, sich gegenseitig zu kontrollieren, wenn das gegenseitige Vertrauen höher ist.

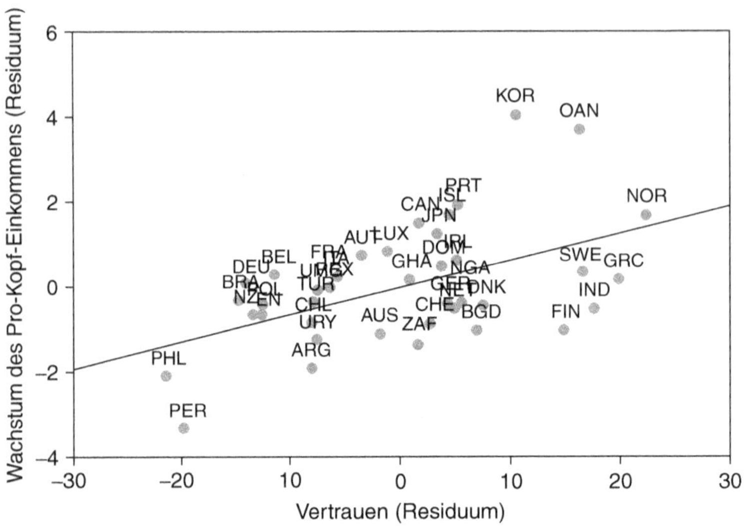

Abb. 18.1: Vertrauen und Wachstum (Zak and Knack 2001)

In diesem Abschnitt werden kurz zwei Versuche vorgestellt, um die potenziellen Wirkungskanäle zwischen Kultur und Wachstum zu verstehen. Der erste Versuch von Aghion, Algan, Cahuc und Schleifer (2008), im Weiteren AACS, verbindet die Fähigkeit eines Landes zur Deregulierung mit dem Grad des Vertrauens und der bürgerlichen Ausbildung, die in diesem Land bestehen. Der zweite Versuch von Doepke und Zilibotti (2008), im Weiteren DZ, endogenisiert die Zeitpräferenzrate, indem sie sie zu einer Wahlvariable der Eltern des Individuums machen.

18.2.1 Regulierung und Vertrauen

18.2.1.1 Ein anschauliches Bild

Abbildung 18.2 aus Aghion, Algan und Cahuc (2008), im Weiteren AAC, zeigt Informationen aus der World Values Survey aus dem Jahre 1999 über die Korrelation basierend auf Länderquerschnittsdaten zwischen der Stringenz von Mindestlohnregeln und dem Ausmaß, in dem sich Individuen gegenseitig vertrauen. Der Indikator für Stringenz umfasst das Niveau und die Rigidität von Mindestlohnbestimmungen.[2] Insbesondere erlauben strengere Regeln für den Mindestlohn keine Variationen bzgl. Alter, Beschäftigungsarten und Sektoren. Wie in Zak und Knack (2001) wird das Maß für das Vertrauen auf Länderebene durch den Durchschnitt der individuellen Antworten auf die Frage „Kann den meisten Menschen vertraut werden?" berechnet. (Der einzige Unterschied ist, dass AAC drei und nicht zwei Durchläufe der World Values Survey benutzen.) Man sieht eine signifikante, negative Korrelation zwischen Vertrauen und der Stringenz der Mindestlohnregulierungen, wobei Länder wie Frankreich am einen Ende des Spektrums, mit Wenig-Vertrauen-Hohe-Regulierung, und Schweden und Finnland am entgegen gesetzten Ende, d. h. Viel-Vertrauen-Niedrige-Regulierung, liegen. AAC argumentieren, dass diese Korrelation eine zweiseitige Kausalität zwischen Regulie-

[2] Er wird als Produkt errechnet aus dem Niveau der Mindestlöhne und dem Ausmaß, in dem der Mindestlohn verpflichtend ist oder variabel sein darf bzgl. Alter, Sektoren und Beschäftigungen.

rungen und Vertrauen in Arbeitsmärkten widerspiegelt. Strengere und/oder umfassendere Regulierungen beim Mindestlohn würden nämlich dezentrale Vereinbarungen zwischen Arbeitnehmer und Arbeitgeber entmutigen, was wiederum den Mangel an Vertrauen zwischen ihnen verstetigen würde. Darüber hinaus würde das Mistrauen zwischen Arbeitnehmern und Arbeitgebern den Medianwähler dazu veranlassen, für eine stringentere Regulierung beim Mindestlohn zu votieren, um das Ex-post-Risiko zu begrenzen.

AAC dehnen diese Logik auf andere Sektoren der Volkswirtschaft aus. Was noch wichtiger ist, sie versuchen, die beeindruckende Tatsache, dass es eine höhere Nachfrage nach Regulierungen in den Ländern gibt, in denen das Mistrauen nicht nur zwischen Individuen, sondern auch zwischen Individuen und der Regierung des Landes und anderen politischen Institutionen höher ist, zu erklären.

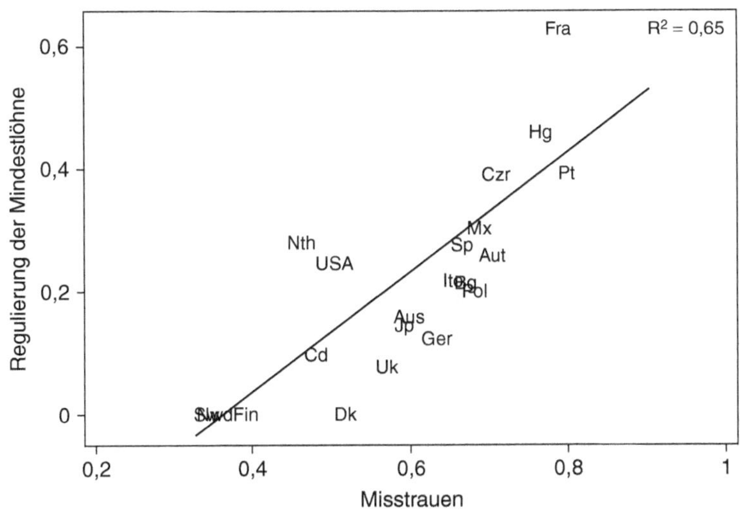

Abb. 18.2: Misstrauen und staatliche Regulierung von Mindestlöhnen (WVS Datenbank und AAC)

18.2.1.2 Ein Spielzeug-Modell

Das folgende Modell trägt dem Zusammenspiel zwischen dem Glauben in Zusammenarbeit und Regulierung mit einer wechselseitigen Kausalität Rechnung. Wenn auf der einen Seite Individuen wenig Vertrauen in den zivilen Gehorsam der anderen Individuen haben, dann befürchten sie negative Externalitäten als Folge der Produktionsaktivitäten der anderen Individuen. Die Individuen werden dann für strengere Regulierungen votieren, die das Ausmaß der Produktionsaktivitäten begrenzen und damit vor negativen Externalitäten Schutz bieten. Auf der anderen Seite entmutigen strengere Regulierungen den Anreiz für Individuen, mehr in die bürgerliche Ausbildung zu investieren, die auf die Steigerung der Produktivität abzielt, während sie die negativen Externalitäten senken, da die Möglichkeit, direkt mit anderen Individuen bei Produktionsaktivitäten zu interagieren, durch die Regulierung reduziert wird.

Um dieses Argument noch genauer abzubilden, soll die folgende Abfolge von Handlungen betrachtet werden. Zuerst wählen die Individuen den Umfang ihrer Investition in bürgerliche Bildung. Somit ist jedes Individuum am Ende gebildet oder nicht. Gebildete Individuen teilen zwei Tugenden: Sie sind produktiver und sie erzeugen geringere Externalitäten bei anderen Individuen. Ungebildete Individuen sind weniger produktiv, erzeugen mehr negative Externalitäten bei anderen Individuen und sind unzivilisiert. Danach werden die Individuen, bei gegebenen Vorstellungen wie viele Individuen gebildet sind, darüber abstimmen, ob die Ökonomie reguliert werden soll oder nicht, d. h. ob produktive Aktivitäten verboten werden oder nicht. In diesem Rahmen gibt es zwei stabile Gleichgewichte: Im ersten gibt es keine Bildungsinvestitionen und die öffentlichen Autoritäten verbieten produktive Aktivitäten, da die Menschen unzivilisiert sind. Das zweite Gleichgewicht ist durch positive Investitionen, erstens in Bildung und zweitens in zivilisierte Individuen, gekennzeichnet, was den öffentlichen Autoritäten erlaubt, produktive Aktivitäten zu autorisieren. Das zweite Gleichgewicht dominiert das erste unter dem Kriterium der Pareto-Optimalität.

Formaler gesprochen, wird eine Volkswirtschaft mit einem Kontinuum an identischen, risikoneutralen Individuen mit der Menge eins betrachtet. Es gibt zwei Güter in der Ökonomie: Arbeit und ein Numéraire, das mit Arbeit hergestellt wird. Der zeitliche Ablauf der Ereignisse ist im Detail wie folgt:

1. Individuen können entweder eine fixe Menge $i > 0$ in die Bildung investieren oder überhaupt nicht investieren. Gebildete Individuen sind in der Lage, eine Einheit des Numéraire zu produzieren, und sie erzeugen keine Externalitäten bei der Produktion. Ungebildete Individuen produzieren $y < 1$ und erzeugen eine negative Externalität mit Kosten von l für jedermann. Bildung ist eine private Investition. Es wird angenommen, dass man Bildung beobachten kann, aber nicht verifizieren.
2. Die Menschen stimmen darüber ab, ob Produktion erlaubt oder verboten wird. Es wird angenommen, dass die öffentlichen Autoritäten die Produktion zu Kosten von null verbieten können. Es ist unmöglich, die Produktion durch ungebildete Individuen zu verbieten und gleichzeitig die Produktion durch gebildete Individuen zu erlauben, da man die Bildung nicht verifizieren kann.
3. Die Menschen produzieren, wenn es erlaubt ist.

Der Einfachheit halber werde angenommen, dass die Investitionen positive private Erträge haben, wenn die produktive Aktivität erlaubt wird:

$$1 - i > y$$

und dass die sozialen Erträge der Produktion negativ sind, wenn die Menschen nicht gebildet sind:

$$y < l$$

Nun sei α der Anteil der gebildeten Menschen, wie er von jedem Individuum antizipiert wurde. Im Stadium der Wahl wird die Produktion dann und nur dann autorisiert, wenn sie den erwarteten Nutzen der Individuen maximiert, nämlich wann immer

$$\alpha + (1 - \alpha)(y - l) > i$$

oder äquivalent dazu

$$\alpha > \frac{i+l-y}{1+l-y} = \overline{\alpha} \tag{18.1}$$

Wenn man auf das Investitionsstadium zurückgeht, dann sind die privaten Erträge der (bürgerlichen) Bildung dann und nur dann positiv, wenn die produktive Aktivität im nächsten Schritt autorisiert wird. Somit ist es die beste Antwort eines jeden Individuums, dann in Bildung zu investieren, wenn $\alpha > \overline{\alpha}$ ist, und nicht zu investieren, wenn $\alpha < \overline{\alpha}$ ist. Dies impliziert, dass es zwei (stabile) Gleichgewichte gibt. Im ersten Gleichgewicht investieren alle

Individuen in Bildung ($\alpha = 1$) und es ist optimal, die produktive Aktivität zu erlauben. Im zweiten Gleichgewicht investiert niemand in Bildung ($\alpha = 0$) und die produktive Aktivität wird nicht erlaubt. Das zweite Gleichgewicht wird ganz klar vom ersten im Hinblick auf die Pareto-Optimalität dominiert, da sich die soziale Wohlfahrt im Gleichgewicht ohne Bildung auf null und im Gleichgewicht mit Bildung auf $1 - i > 0$ beläuft.

Diese Vorgehensweise bei der Analyse ist potenziell wichtig, weil sie zur Sicherung eines geringeren Ausmaßes an Regulierungen nahelegt, in Vertrauen zu investieren, was wiederum wie gezeigt das Wachstum vor allem in weiter entwickelten Sektoren und Ländern fördert. Natürlich liegt die Schwierigkeit in der Ausgestaltung politischer Maßnahmen, die ein Land von einem Gleichgewicht des Typs Niedriges-Vertrauen-Hohe-Regulierung, wie es gegenwärtig in Frankreich oder Italien der Fall ist, zu einem Gleichgewicht mit Hohem-Vertrauen-Niedriger-Regulierung bringen, wie es gegenwärtig in den skandinavischen Ländern beispielhaft der Fall ist.

18.2.2 Investitionen in die Geduld der Kinder

18.2.2.1 Die Argumentationsweise

Doepke und Zilibotti (2008) schlagen eine Neo-Weberianische Theorie der Kultur und des Wachstums vor. Die grundlegende Idee ist, dass die Eltern in das Ausmaß der Geduld ihrer Kinder investieren können, was wiederum die Wahl der Kinder zwischen gegenwärtigem Konsum und der Kapitalbildung beeinflussen kann. Die Investition in die Arbeitsethik und Geduld der Kinder reagiert auf die ökonomischen Anreize, die von der Art der Beschäftigung, in der sich eine Familie (oder eine Dynastie) engagiert, abhängen. Einige Berufe verlangen von den jungen Arbeitskräften, dass sie Konsum opfern, und fordern einen hohen Arbeitseinsatz, bieten aber im späteren Leben dafür hohe Entlohnungen. Dies ist typischerweise bei Berufen der Fall, die den Erwerb von Fähigkeiten über das gesamte Leben hinweg erfordern, wie z. B. bei Handwerk und Handel (den am weitesten verbreiteten Aktivitäten der vorindustriellen Mittelklasse). Andere Beschäftigungen, wie z. B. die unqualifizierten Arbeiten in der Landwirtschaft, bieten geringere Erträge über das Leben hinweg. Schließlich gibt es Beschäftigungsgruppen (z. B. Landbesitzer), die weder durch harte Arbeit noch durch verspäteten Konsum charakterisiert sind.

Nimmt man diese Unterschiede zwischen den Berufen als gegeben an, werden Eltern, die erwarten, dass ihre Kinder Handwerker oder Händler werden, einen größeren Anreiz haben, ihren Kindern Geduld beizubringen, da dies ihnen helfen wird, die frühen Opfer besser zu ertragen und ihre zukünftigen Erfolge zu genießen. Über Jahrhunderte hinweg wurde die vorindustrielle Mittelklasse die geduldige Klasse. Diese Eigenschaft wurde der Hauptvorteil als es neue Möglichkeiten der Kapitalakkumulation in den Zeiten der Industriellen Revolution gab. Damals hatte die sparsame Mittelklasse einen kulturellen Vorsprung, der es ihr erlaubte, die neue investitionsbasierte Technologie auszunutzen: Dies ist der „Geist", den die Entwicklung des Kapitalismus benötigt. Die Theorie von Doepke und Zilibotti kann damit den Aufstieg der Bourgeoisie, die eine neue Ethik und eine sich von derjenigen der Landbesitzerelite unterscheidende Kultur besaß, und den Niedergang der Aristokratie nach der industriellen Revolution erklären.

18.2.2.2 Das Doepke-Zilibotti-Modell

In diesem Abschnitt wird eine vereinfachte Version des Modells von Doepke und Zilibotti (2008) vorgestellt, bei dem die einzige endogene Präferenz Geduld ist; das Arbeitsangebot ist exogen, und es gibt keine Berufswahl. Es wird auf die Beziehung zwischen Geduld und Kapitalakkumulation abgehoben, d. h. auf den Prozess, der den Höhepunkt der Industriellen Revolution beschreibt, nachdem sich die Unterschiede beim Grad der Geduld zwischen den sozialen Klassen in der vorindustriellen Phase herausgebildet hatten. Die Ökonomie wird von sich überlappenden Generationen altruistischer Menschen bevölkert, die vier Perioden leben, zwei davon als Kinder und zwei als Erwachsene. Die Menschen arbeiten während der beiden Perioden als Erwachsener (jung und alt) und ihre Einkommen können über die Zeit hinweg entsprechend der Berufswahl (was hier aber ignoriert wird) und der Investitionsentscheidung beim Sachkapital variieren. Die Agenten konsumieren und treffen ökonomische Entscheidungen nur als Erwachsene. Zu Beginn des Erwachsenseins, bringt jeder Agent ein Kind zur Welt.

Alle Erwachsenen haben die gleichen grundlegenden Präferenzen. Die Geduld, d. h. das relative Gewicht von Konsum in der Jugend gegenüber Konsum im Alter in der Nutzenfunktion, ist endogen. Insbesondere wird die Geduld während der Kindheit eines Agenten durch die Erziehungsanstrengungen der Eltern (d. h. die Investition in Geduld) bestimmt. Wenn ein Agent erwachsen wird, verändern sich die Präferenzen nicht mehr. Ein Erwachsener wird deshalb seine eigenen Präferenzen als gegeben nehmen, wird aber die Neigungen seiner Kinder formen. Die Agenten verhalten sich gegenüber ihren Kindern altruistisch. Zusätzlich hängt ihr Nutzen vom Konsum und der Investition in die Geduld während beider Perioden des Erwachsenseins ab.

Die rekursive Darstellung des Entscheidungsproblems eines jungen Erwachsenen mit der Geduldsausprägung B und dem geerbten Kapitalstopck K ist durch die folgende Bellmann-Gleichung gegeben:

$$V(B,K) = \max_{c_1,c_2,l}\{(1-B)\log(c_1) + B\log(c_2) - l + zV[B',(1-\delta)K']\} \tag{18.2}$$

Wobei V den Wert darstellt, ein junger Erwachsener mit dem geerbten Kapitalstock K und der geerbten Geduld B zu sein; I sind die Kosten der Investition in Geduld; z ist der Altruismusfaktor und B' ist die Geduld der Kinder, die durch das Bewegungsgesetz

$$B' = (1-\nu)B + f(l)$$

gegeben ist (mit $\nu \in [0,1]$, und für die Funktion f gilt, sie ist stetig, streng steigend und schwach konkav). Es ist zu berücksichtigen, dass die Geduld wie eine gewöhnliche menschliche Eigenschaft modelliert wird, deren Übertragung zwischen den Generationen etwas Persistenz aufweist, d. h. Teile des „Geduldskapital" werden ohne Anstrengung von den Eltern auf die Kinder durch Imitation übertragen.

Die zweite stationäre Variable ist das Sachkapital, das als Unternehmen im Familienbesitz interpretiert wird. Junge Erwachsene entscheiden, wie viel sie von ihrem Einkommen in der ersten Periode für Konsum ausgeben und wie viel sie davon in das Familienunternehmen investieren. Investitionen in das Unternehmen sind annahmegemäß irreversibel. Die Agenten können den Output der Investitionstechnologie konsumieren, aber der Kapitalstock selbst kann nicht liquidiert und in Konsum umgewandelt werden. Das sich im Besitz eines alten Agenten befindliche Kapital wird nach Abschreibung an dessen Kind vererbt. Es wird angenommen, dass die Agenten nichts leihen können.

Der Kapitalstock des Familienunternehmens wird mit der Rate δ abgeschrieben. Die Ertragsrate des Kapitals wird mit A bezeichnet. Es sei $K \geq 0$ der von einem jungen Erwachsenen ererbte Kapitalstock. Die Budgetbeschränkungen und die Irreversibilitätsbedingung sind gegeben durch:

$$c_1 + K' = (1 - \delta + A)K \tag{18.3}$$

$$c_2 = AK' \tag{18.4}$$

$$K' \geq (1 - \delta)K \tag{18.5}$$

Wobei c_1 der Konsum in Periode 1, c_2 der Konsum in Periode 2 und K' der Kapitalstock in Periode 2 sind. Die Budgetbeschränkung (18.3) korrespondiert mit der ersten Periode des Erwachsenseins, in der das gesamte Einkommen aus $(1 - \delta + A)K$ besteht. Wegen der Irreversibilitätsbedingung (18.5) kann der Konsum den gegenwärtigen Output nicht übersteigen: $c_1 \leq AK$. In der zweiten Budgetbeschränkung (18.4) verdient der Agent das Kapitaleinkommen AK'. Da der Kapitalstock nicht liquidiert werden kann, vererbt der Agent das verbleibende Kapital $(1 - \delta)K'$ an sein Kind.

18.2.2.3 Lösung des Modells

Es sei $k = \frac{K'}{K}$. Im Anhang wird gezeigt, dass

$$k = \max\{1 - \delta, [(1 - z)B + z](1 - \delta + A)\} \tag{18.6}$$

Unter jeder Anfangsbedingung werden die Geduld B und die Wachstumsrate des Kapitals k gegen einen Steady-state konvergieren. Wie es in allen Standard-AK-Modellen der Fall ist, hängt die Wachstumsrate des Kapitals von der Zeitpräferenz, aber nicht von K ab. Hier ist aber die Zeitpräferenzrate endogen. Ob die Agenten es für sinnvoll halten, Kapital zu akkumulieren und Geduld im Zeitablauf aufzubauen oder nicht, hängt vom Anfangswert für B ab. Insbesondere impliziert Gleichung (18.6), dass die Agenten nur sparen und in die Kapitalbildung investieren werden, wenn B anfänglich hinreichend groß ist, nämlich wenn

$$B > \hat{B} \equiv \frac{1-\delta}{(1-z)(1-\delta+A)} - \frac{z}{1-z} \tag{18.7}$$

In Doepke und Zilibotti (2008) wird das anfängliche Niveau von B durch die Struktur der vorindustriellen Beschäftigungen bestimmt, die den Agenten, die in verschiedenen Aktivitäten engagiert waren, unterschiedliche Anreize zum Aufbau von Geduld gaben. Insbesondere Handwerks- und Händlerdynastien hatten sich an ein Niveau von B, das größer als $\hat{B}$ ist, angenähert, während sowohl die unqualifizierten Arbeitskräfte als auch die reichen Landbesitzer sich an ein B angenähert hatten, das kleiner als $\hat{B}$ ist.

In der vorindustriellen Welt akkumulierte niemand Kapital, da A zu niedrig war, sogar für die geduldigen Handwerker und Händler. Dann steigerte der technologische Wandel den Produktivitätsparameter A und machte damit Sparen und Investieren für die geduldigen Gruppen attraktiv. Mit anderen Worten gesagt, wurde Geduld eine entscheidende Tugend – ein „Geist des Kapitalismus" – als sich beim Ausbruch der Industriellen Revolution durch Unternehmertum und Investitionen Möglichkeiten des ökonomischen Fortschritts ergaben. In einer schon mit sozialen Schichten ausgestatteten Gesellschaft waren es die Mitglieder der geduldigen (und hart arbeitenden) Mittelklasse, die das Meiste aus den neuen Möglichkeiten machten und ultimativ gegenüber der Landbesitzerelite erfolgreich ökonomisch aufstiegen.

Allgemeiner gesagt, zeigt die Theorie von Doepke und Zilibotti die Wichtigkeit der Kultur und Präferenzen für den Take-Off bei Wachstum und Entwicklung. Länder, deren Bürger aus kulturellen Gründen geduldiger sind, werden besser positioniert sein, um von neuen technologischen Möglichkeiten oder sogar institutionellen Reformen, die die Ertragsrate des Kapitals erhöhen, profitieren zu können. Man kann z. B. argumentieren, dass die chinesische Kultur traditionell mehr auf Geduld und Zukunftsorientierung ausgerichtet war, aber dass vor 1979 die Institutionen die private Kapitalbildung und Wachstum verhindert haben. Dann entfernten die ökonomischen Reformen die Beschränkungen und das Land konnte von der hohen Grundeinstellung des chinesischen Volks für Wachstum profitieren. Darüber hinaus könnte Wachstum die Bereitschaft der Menschen, Kapital zu akkumulieren, wegen seiner Wirkungen auf die Investitionen der Eltern in die Geduld der Kinder erhöhen. Dennoch würden Länder mit denselben institutionellen Bedingungen wie China und anderen anfänglichen kulturellen Ausprägungen nicht so schnell wachsen.

18.3 Wachstum und Entwicklung

Während der letzten zwei Dekaden haben Entwicklungsökonomen zu Recht die existierenden aggregierten Wachstumsmodelle hinterfragt, und sie haben sich einer mehr mikroökonomischen Analyse zugewandt. Ein erster Versuch, die Wachstumstheorie aus entwicklungsökonomischer Sicht zu überprüfen, ist das Kapitel von Banerjee und Duflo (2005), im Weiteren BD, im *Handbook of Economic Growth*.[3] Indem sie die Bedeutung sektoraler Reallokation als eine Hauptursache für Wachstum hervorheben, legen sie in ihrem Kapitel einen Weg dar, um die Lücke zwischen Wachstum und Entwicklungsökonomie zu überbrücken und auch um das Denken rund um die delikate Frage danach, warum und wie eine angemessene Industriepolitik gestaltet werden sollte, zu erneuern.

18.3.1 Wachstum durch die Brille der Entwicklungsökonomie

Banerjee und Duflo beginnen mit demselben Rätsel beim Wachstum, das auch Wachstumsökonomen umtreibt: Warum bleibt die Arbeitsproduktivität in manchen Ländern niedrig und in anderen hoch? Aber da sie sich dieser Frage aus der Welt der mikroökonomischen Evidenz annähern, haben sie eine andere Perspektive. Während ein Wachstumstheoretiker dies als Ausdruck steigender Skalenerträge (im weitesten Sinne des Wortes) in der aggregierten Produktionsfunktion oder der Tatsache, dass die TFP in der aggregierten Produktionsfunktion auf Länderebene variiert, sehen könnte, sind sie gegenüber der Nützlichkeit der aggregierten Produktionsfunktion als intellektuellem Konstrukt skeptisch. Indem sie sich auf mikroökonomische Belege aus Entwicklungsländern beziehen, argumentieren sie, dass die der Konstruktion einer aggregierten Produktionsfunktion zugrundeliegende Annahme (nämlich, dass die aggregierten Angebote aller Produktionsfaktoren effizient über das Spektrum ihrer alternativen Verwendungen in der Ökonomie alloziert werden) soweit von der Wahrheit entfernt ist, dass sie die Vorstellung einer aggregierten Produktionsfunktion mehr oder minder irrelevant werden lässt. Insbesondere verweisen sie auf mikroökonomische Belege für die gleichzeitige Existenz einerseits sehr hoher Ertragsraten bei gewissen Investitionsmöglichkeiten sowohl beim Sach- als auch Humankapital und andererseits sehr viel niedrigeren Erträgen, während in der Welt der aggregierten Produktionsfunktion all diese Grenzerträge mehr oder weniger gleich sein sollten.

---

[3] Siehe Hsieh und Klenow (2007) für die bislang beste empirische Arbeit in diesem Bereich der Forschung.

Als eine Erklärung für diese großen Unterschiede zwischen Erträgen, verweisen sie auf mikroökonomische Befunde, die nahelegen, dass es sehr substanzielles Marktversagen in den Kredit-, Versicherungs- und Arbeitsmärkten gibt, sowie auf Belege für sehr langsames Erlernen neuer Möglichkeiten und eine Reihe von Verhaltensproblemen, inklusive Probleme mit der Selbstkontrolle. Dieses Versagen resultiert wiederum teilweise aus der (geringen) Qualität der formellen und informellen Institutionen in vielen dieser Länder, aber auch aus den spezifischen politischen Entscheidungen, die sie hervorgebracht haben, und der Vermögensverteilung (sowohl des Humankapitals als auch des Finanzkapitals), mit der gestartet wird.

18.3.1.1 Das Argument von Lucas

Da sie bereit sind, die Aggregation aufzugeben, hinterfragen BD natürlich die Begründungen, die einigen der von Wachstumstheoretikern geäußerten Standardargumenten zugrunde liegen. Man nehme z. B. das berühmte Argument von Lucas (1990), warum die Vereinigten Staaten und Indien unterschiedliche Niveaus bei der TFP haben müssen. Er sagt: Wenn die Lücke bei der Produktivität einer Arbeitskraft zwischen den Vereinigten Staaten und Indien vollständig durch die Tatsache, dass Indien weniger Kapital pro Arbeitskraft (inkl. einige Korrekturen für Unterschiede beim Humankapital) besitzt, erklärbar wäre, dann wäre Kapital in Indien extrem knapp. Diese Erklärung würde implizieren, dass (vorausgesetzt beide Länder teilen die Standard-Cobb-Douglas-Produktionsfunktion mit einem Koeffizienten von 0,4 für Kapital, wie sie in der Wachstumsanalyse verwendet wird) das Grenzprodukt in Indien fünfmal höher sein müsste als in den Vereinigten Staaten. Diese Zahl kann, so folgert Lucas, möglicherweise nicht richtig sein, denn sie würde massive Kapitalströme aus den Vereinigten Staaten nach Indien induzieren. Deshalb müssen die Vereinigten Staaten eine andere Produktionsfunktion mit vor allem einer höheren TFP besitzen.

Für eine genauere Betrachtung sei angenommen, dass in den Vereinigten Staaten und in Indien die aggregierte Produktionsfunktion folgendermaßen aussieht:

$$Y_j = A_j L_j^{1-\alpha} K_j^{\alpha}$$

Dabei ist $\alpha = 0{,}4$ und $j \in \{I, US\}$ gibt das jeweilige Land an (Indien oder die Vereinigten Staaten). Es sollen die Ertragsraten des Kapitals in Indien und den Vereinigten Staaten verglichen werden.

Es sei

$$y_j = Y_j / L_j$$

das BIP im Land j und

$$k_j = K_j / L_j$$

die Pro-Kopf-Investition in Land j, dann hat man

$$y_j = A_j k_j^{\alpha}$$

Nimmt man vollständige Kreditmärkte in beiden Ländern an, dann kommt man zu

$$r_j = \frac{\partial y_j}{\partial k} = \alpha A_j k^{\alpha-1} \tag{18.8}$$

Wobei r_j die Ertragsrate des Kapitals, die gleich der Grenzproduktivität des Kapitals ist, im Land j angibt.

Im Jahr 1990 war das Verhältnis zwischen den Pro-Kopf-Niveaus des BIP der Vereinigten Staaten und Indien

$$y_{US}/y_I = 11$$

Darüber hinaus schätzen BD ein Produktivitätsverhältnis zwischen den beiden Ländern von

$$A_{US}/A_I = 2$$

Aber wenn man die Fakten von Gleichung (18.8) nimmt, ergibt sich

$$y_{US}/y_I = (r_I/r_{US})^{\frac{\alpha}{1-\alpha}}(A_{US}/A_I)^{\frac{1}{1-\alpha}}$$

Dabei sollte das Verhältnis r_I/r_{US} ungefähr gleich 5 sein. Dies würde zusammen mit der Tatsache, dass die durchschnittliche reale Ertragsrate im Markt in den Vereinigten Staaten etwa 9 Prozent betrug, eine Ertragsrate von 45 Prozent in Indien nahelegen. Wenn es jedoch einzelne Projekte in Indien mit einer Rate von mehr als 45 Prozent gibt, dann ist die durchschnittliche Ertragsrate des Kapitals viel geringer.

BD vertreten die Ansicht, dass diese gesamte Argumentationsweise schwächelt. Sie heben hervor, dass ein Unterschied beim Grenzprodukt des Kapitals in diesem Umfang tatsächlich in derselben Teilökonomie sehr verbreitet ist und dass es keine Belege gibt, dass Kapital automatisch so fließt, dass Unterschiede ausgeglichen werden.

In ähnlicher Weise hinterfragen sie den Wert des Versuchs, Belege für oder gegen Konvergenz als Grundlage für Aussagen über die Natur der Skalenerträge bei der Produktion zu verwenden. Nimmt man es als gegeben an, dass die Erträge sich über Unternehmen hinweg nicht ausgleichen, kann ein und dieselbe Produktionsfunktion sehr unterschiedliche Ergebnisse erzeugen: Zwei Volkswirtschaften mit identischen Technologien können abhängig davon, ob die Grenzeinheit des Kapitals eher zu den produktiveren oder zu den weniger produktiven Unternehmen fließt, unterschiedlich wachsen.

18.3.1.2 Jenseits von endogenen Wachstumsmodellen?

Schließlich argumentieren sie, dass die vorhandenen Belege auf mikroökonomischer Ebene nicht vollständig von den existierenden Modellen endogenen Wachstums berücksichtigt werden. Sie betrachten als Erstes das AK-Modell, in dem Wissensexternalitäten durch die gesamtwirtschaftliche (Human)Kapitalbildung erzeugt werden:

$$Y_i = \left(K_H^i\right)^\alpha K_H^\eta$$

Wobei K_H^i die Investition der Firma i in das Humankapital und K_H das gesamtwirtschaftliche Humankapital der Ökonomie sind. Dies würde erklären, weshalb die durchschnittlichen Zinssätze auf Kapital in ärmeren Ländern niedriger sind: Da sie mit weniger Kapital auf gesamtwirtschaftlicher Ebene ausgestattet sind, sollten in diesen Ländern die Externalitäten geringer sein. Jedoch sollten die Externalitäten viel größer sein, als sie in jüngeren Studien geschätzt wurden (z. B. von Acemoglu und Angrist 2000; Duflo 2004), um die vorigen Unterschiede bei der Produktivität zwischen den Vereinigten Staaten und Indien zu verursachen.

Dann wenden BD ihre Aufmerksamkeit endogenen Unterschieden bei der Technologie zu, wie sie z. B. von Schumpeterianischen Modellen abgebildet werden. Sie berechnen: Wenn die Lücke zwischen der Ertragsraten des Kapitals in den Vereinigten Staaten und Indien vollständig durch die Produktivitätsunterschiede in einem aggregierten Modell erklärt werden sollte, dann müsste das Verhältnis zwischen den Totalen Faktorproduktivitäten der Vereinigten

Staaten und Indiens mindestens gleich zwei sein. Jedoch wächst die TFP in den Vereinigten Staaten mit einer Rate von 1 bis 1,5 % pro Jahr. Sogar wenn sie mit einer Rate von 1,5 % pro Jahr wachsen würde, würde es 45 Jahre dauern, bis die TFP der USA um 200 % wachsen würde. Oder mit anderen Worten gesagt: Wenn diese Geschichte wahr wäre, dann müsste Indien im Jahr 2000 mit den Maschinen der Vereinigten Staaten von 1950 produzieren. BD zitieren jedoch einen Bericht von McKinsey Global Institute, der aussagt, dass in vielen indischen Industrien die besten Unternehmen Technologien nahe der Technologiegrenze einsetzen.

BD sind so vorsichtig, nicht zu behaupten, dass diese Belege eine vollständige Ablehnung der endogenen Wachstumsmodelle nahelegen würden. Dennoch fühlen sie, dass diese Modelle etwas Wichtiges vermissen lassen: z. B. dass die Erklärung dafür, dass einige Unternehmen oder Industrien Zugang zu den jüngsten Technologien haben, aber andere nicht, die Abwendung von einem aggregierten Wachstumsansatz und die explizite Einführung heterogener Unternehmen in die Analyse verlangt.

In einem zugegebenerweise spekulativen Abschnitt ihres Papiers gehen BD einen Schritt weiter und fragen, ob es möglich ist, die gesamte Indo-US-amerikanische Lücke bei der Produktivität einfach durch Heterogenität auf Firmenebene zu erklären (sie behaupten nicht, dass dies die ganze Erklärung ist, sondern fragen nur, ob sie es sein könnte). Sie beginnen mit einem Modell, in dem jedes Unternehmen i entsprechend

$$Y = AL^{\gamma}K^{\alpha}$$

produziert und $\gamma < 1 - \alpha$ gilt. Mit anderen Worten verringern sie die Erträge auf Unternehmensebene. Jedoch hat Unternehmen i Zugriff auf höchstens $K(i)$ Einheiten des Kapitals. Die Gewinnmaximierung durch das Unternehmen i impliziert, dass die Arbeitsnachfrage eines Unternehmens, das $K(i)$ investiert, gleich

$$L(i) = \left[\frac{A\gamma K(i)^{\alpha}}{w}\right]^{\frac{1}{1-\gamma}}$$

ist. Die Markträumungsbedingung auf dem Arbeitsmarkt erfordert, dass

$$\overline{L} = \int L(i)di$$

oder äquivalent dazu

$$w = A\gamma\left[\frac{\int [K(i)^{\alpha}]^{\frac{1}{1-\gamma}}di}{\overline{L}}\right]^{1-\gamma} = \gamma y$$

Wobei y der durchschnittliche Output pro Arbeitskraft ist. Da nun $\alpha < 1 - \gamma$, ist $[K(i)^{\alpha}]^{\frac{1}{1-\gamma}}$ konkav bzgl. $K(i)$ und damit reduziert mehr Heterogenität bei $K(i)$ das Integral $\int [K(i)^{\alpha}]^{\frac{1}{1-\gamma}} di$. Deshalb würde eine größere Heterogenität in Indien helfen, die Lücke zwischen Indien und den Vereinigten Staaten zu erklären.

Jedoch finden BD basierend auf einer groben Kalibrierung mit Mikrodaten heraus, dass die durch die Heterogenität zwischen kleinen und großen Unternehmen in Indien bedingte Verringerung des gesamtwirtschaftlichen Outputs nicht hinreichend ist, um die Diskrepanz bei den durchschnittlichen Ertragsraten zwischen den Vereinigten Staaten und Indien zu erklären. Der Hauptgrund, warum es dazu nicht ausreicht, ist, dass bei gegebenem Ausmaß fallender Erträge, was mit den beobachteten Profitquoten vereinbar ist (die im Modell gleich $\frac{\alpha}{1-\gamma}$ wären), sich die zur Erklärung der Lücke zwischen Indien und den Vereinigten Staaten notwendige Heterogenität nicht in den Daten finden lässt. Vor allem müssten die großen (und damit wegen der fallenden Erträge ineffizienten) indischen Unternehmen sehr viel größer als die größten Unternehmen in den Vereinigten Staaten sein, was sich aber nicht in den Daten zeigt.

Schließlich erreichen BD eine bessere Übereinstimmung zwischen dem Modell und den Daten durch die Einführung heterogener Fixkosten, die zu unterschiedlichen Produktivitäten führen. Genauer gesagt betrachten sie eine heterogene Unternehmenspopulation, bei der jedes Unternehmen i entsprechend

$$Y = AL^{\gamma}\left(K - \overline{K}\right)^{\alpha}$$

produziert und $\overline{K}$ die notwendigen Fixkosten für den Zugriff auf Technologie A sind und wiederum $\alpha + \gamma < 1$ gilt. Die Einführung von Fixkosten ermöglicht es, dass größere Unternehmen auch größere Grenzprodukte haben (was zum indischen Fall passt) und dass die durchschnittliche Lücke bei der Produktion zwischen großen und kleinen Unternehmen groß sein kann, sogar wenn die Grenzprodukte ähnlich sind (was wieder zu den Daten passt). BD konzentrieren sich dann auf den Fall, in dem $\overline{K}$ drei mögliche Werte ($\overline{K}_1 < \overline{K}_2 < \overline{K}_3$) korrespondierend zu $A_1 < A_2 < A_3$ annehmen kann, und zeigen, dass dies im Prinzip den größten Teil der Lücke zwischen Indien und den Vereinigten Staaten erklären kann, ohne die Verlässlichkeit zu stark zu überanstrengen.

Es ist zu beachten, dass diese Erklärung bedeutet, dass die Produktivitätsunterschiede auf alle Fälle relevant sind, obwohl es sogar die Annahme der Existenz von Heterogenität zwischen den Unternehmen ist, die es erlaubt, die Diskrepanz zwischen durchschnittlichen und marginalen Erträgen zu erklären. Es ist des Weiteren zu beachten, dass dieses Modell nicht die Unterschiede bei den Produktivitätsniveaus zwischen Unternehmen erklärt, und eine solche Erklärung würde die Analyse annahmegemäß wieder mehr an das Modell mit Konvergenz und Kreditbeschränkungen aus Kapitel 7 annähern, nun aber mit Heterogenität auf Firmenebene und nicht auf Länderebene.

Ein weiterer Faktor, der zusätzlich die niedrigeren durchschnittlichen Ertragsraten in Indien im Vergleich zu den Vereinigten Staaten und die Diskrepanz zwischen durchschnittlichen und marginalen Erträgen erklären könnte, ist die Komplementarität zwischen kleinen und großen Unternehmen im Rahmen des Produktionsprozesses in Indien. Die produktivsten indischen Unternehmen könnten gut und gerne so produktiv wie ihre Gegenstücke in den USA sein. Dennoch wird die durchschnittliche Produktivität wahrscheinlich mehr durch das unproduktivere Ende bestimmt, wenn der Produktionsprozess starke Komplementaritäten beinhaltet, wie z. B. für den Fall, dass das gesamte Spektrum der Zwischenprodukte von kleinen ineffizienten Unternehmen im Auftrag hergestellt wird (siehe Kremer (1993a) und Jones (2008).

Abschließend kann festgehalten werden, dass Banerjee und Duflo durch ihren entwicklungsökonomischen Ansatz die Überprüfung der verschiedenen Wachstumsparadigmen anregen, indem sie, ausgehend vom aggregierten neoklassischen Modell, ein Modell analysieren, das enger mit dem Schumpeterianischen Wachstumsparadigma verwandt ist, aber entsprechend erweitert wurde, vor allem durch die Integration der Heterogenität zwischen Unternehmen und/oder Sektoren.

18.3.2 Der Fall zielorientierter Wachstumspolitik

Während der letzten Dekaden wurden Regierungen und Politikberater skeptisch gegenüber auf bestimmte Sektoren ausgerichteten wirtschaftspolitischen Maßnahmen, da solche Politiken es den Regierungen erlauben, von Fall zu Fall „Gewinner auszuwählen". Aber was wäre, wenn man die Marktinformationen zusammen mit Informationen über die Größe der Externalitäten verwenden könnte, um eine passend ausgerichtete Politik zu machen? Obwohl dies ein Forschungsfeld ist, auf dem noch fast alles zu erforschen ist, sollen dem Leser zwei Einsichten nähergebracht werden, die eventuell weiteres Nachdenken über diese Fragen anregen können.

Die erste Einsicht, die von Young (1991), Lucas (1993) und Hausmann und Klinger (2007) vorgeschlagen wurde, sagt, dass erfolgreiche Wachstumsprozesses graduelle Prozesse beinhalten, in denen verwandte Sektoren, einer nach dem anderen, mit neuen Technologien experimentieren, und dass dieses Ausprobieren Lerneffekte über Sektoren hinweg zur Folge hat. Die zweite Einsicht, von Kremer (1998), ist, dass Regierungen Marktmechanismen einsetzen oder simulieren können, um die Höhe der FuE-Subventionen in den Zielindustrien festzulegen.

18.3.2.1 Externalitäten als Folge von Learning-by-Doing-Effekten und Industriepolitik

Die Idee, dass das existierende Spezialisierungsmuster die Entwicklung komparativer Vorteile über die Zeit hinweg begrenzen kann, hat bisher in der Wachstumsliteratur noch nicht viel Aufmerksamkeit erfahren. Im Modell mit Produktvielfalt in Kapitel 3 zeigt das aktuelle Set an Inputs denselben Grad der unvollständigen Substituierbarkeit für alle neuen Inputs, die eingeführt werden könnten, und es wird damit kein neuer Input wahrscheinlicher erfolgen als irgendein anderer. Diese Eigenschaft ergibt sich direkt aus der vollständig symmetrischen Struktur des Dixit-Stiglitz-Modells der Produktdifferenzierung, auf dem das Romer-Modell aufbaut.

Um die Idee industrieller Nischen auf die einfachste Art und Weise zu illustrieren, sei folgendes Beispiel betrachtet: Individuen leben für eine Periode. Es gibt vier *potenzielle* Sektoren in der Ökonomie, die von 1 bis 4 durchnummeriert werden, aber nur ein Sektor, nämlich Sektor 1, ist zum Zeitpunkt null aktiv. Aus diesem Grund kann die Ökonomie zum Zeitpunkt 0 durch den Quadrupel

$$\Omega_0 = (1, 0, 0, 0)$$

abgebildet werden, bei dem die Zahl 1 (bzw. 0) in Spalte i sich auf den dazugehörigen Sektor i bezieht, der aktuell aktiv (bzw. inaktiv) ist. Zum Zeitpunkt t produziert ein aktiver Sektor mit der Produktivität der Technologiegrenze $\overline{A}_t = (1+g)^t$. Wenn ein Sektor einmal aktiviert wurde, dann bleibt er für immer aktiv. Der aggregierte Output zum Zeitpunkt t ist dann

$$Y_t = A_t = N_t \overline{A}_t$$

Wobei N_t der Zahl der aktiven Sektoren zum Zeitpunkt t entspricht.

FuE-Investitionen aktivieren neue Sektoren, aber es gibt Kosten, die beim Lernen über weitentfernte Sektoren anfallen. Im Speziellen gibt es fixe FuE-Kosten $\gamma(1+g)^t$ bei der Aktivierung eines Sektors im Zeitraum t. Dies ist aber nur möglich, falls (1) der Sektor mit einem schon aktiven Sektor benachbart ist oder (2) die FuE-Kosten $\gamma(1+g)^{t-1}$ in diesem Sektor auch in der letzten Periode angefallen sind.

Man betrachte zuerst die Laissez-Faire-Ökonomie. Die Ökonomie, die mit Individuen, die eine Periode leben, bevölkert wird, wird nie in einen Sektor investieren, der nicht an einen schon aktiven Sektor angrenzt. Im besten Fall wird ein lokaler Unternehmer es für optimal halten, einen Sektor zu aktivieren, der an einen schon aktiven Sektor angrenzt. Dies wird der Fall sein, wann immer

$$\gamma < \theta$$

Wobei θ der Anteil am Output ist, den sich ein privater Innovator aneignen kann. Man beachte nun jedoch, falls

$$\theta < \gamma$$

werden private Unternehmen keine neuen Sektoren erforschen, sogar keine benachbarten, obwohl es sogar sozial optimal wäre.

Wenn man sich wieder dem vorigen Fall zuwendet, wird die Laissez-Faire-Abfolge der aktiven Sektoren

$$\Omega_1 = (1, 1, 0, 0)$$

$$\Omega_2 = (1, 1, 1, 0)$$

$$\Omega_t = (1, 1, 1, 1), t \geq 3$$

sein.

Man betrachte nun den Fall eines sozialen Planers. Der soziale Planer wird in Periode 1 in Sektor 2 investieren, wann immer die Kosten $\gamma(1 + g)$ dafür geringer sind als der Gegenwartswert der Einkünfte aus der Aktvierung von Sektor 2, nämlich

$$\sum_{t=1}^{\infty} \frac{\overline{A}_t}{(1 + r)^t} = \frac{1 + g}{r - g}$$

Das heißt, wann immer

$$\gamma < \frac{1}{r - g}$$

Für den Fall, dass g hinreichend nahe bei r ist oder dass γ hinreichend klein ist, wird diese Ungleichheit automatisch erfüllt, und in beiden Fällen wird es auch optimal sein, in Sektor 3 in Periode 2 zu investieren, weil zu diesem Zeitpunkt Sektor 3 benachbart mit einem schon aktiven Sektor (nämlich Sektor 2) ist.

Aber zusätzlich, wenn γ hinreichend klein ist, wird es in Periode 1 optimal sein, in Sektor 4 zu investieren, weil dies erlaubt, Sektor 4 in Periode 2 zu aktivieren, während er sonst nur in Periode 3 aktiviert werden kann. Die Investition in Sektor 4 in Periode 1 anstelle von Periode 2 wird zusätzlich

$$\overline{A}_2/(1 + r)$$

erbringen und zusätzlich $\gamma(1 + g)$ kosten. Falls γ klein genug ist, nämlich wenn

$$\gamma < \frac{1 + g}{1 + r}$$

wird die optimale Abfolge der aktiven Sektoren

$$\Omega_1 = (1, 1, 0, 0)$$

$$\Omega_2 = (1, 1, 1, 1)$$

$$\Omega_t = (1, 1, 1, 1), t \geq 3$$

sein.

Das Laissez-Faire-Gleichgewicht ist hierbei suboptimal, da die Menschen nicht in Sektoren investieren, die weit von schon aktiven Sektoren entfernt sind. In diesem Beispiel wird der Output geringer als der optimale in Periode 2 sein ($3\overline{A}_2$ gegenüber $4\overline{A}_2$), da die Individuen nicht weitsichtig genug sind, um in Sektor 4 zu investieren, der zu weit weg von den aktiven Sektoren in Periode 1 war.

Somit legt dieses Modell eine Rolle für eine zielgerichtete Industriepolitik nahe, nämlich die Überwindung der potenziellen Unterinvestition in neue Sektoren.[4] Im gerade entwickelten Modell resultiert die träge Investition aus einer unzureichenden Übereinstimmung. In der Praxis kann dies auch die Folge von Kreditbeschränkungen oder der Nichtverfügbarkeit komplementärer Inputs sein.

Die Vorstellung, dass die Produktwelt heterogen bei einer gleichzeitigen ungleichen Dichte von aktiven Produktlinien ist, und dass die aktuelle Dichteverteilung der aktiven Sektoren einen Einfluss auf die Entwicklung komparativer Vorteile hat, wird von Hausmann und Klinger (2006), im Weiteren HK, mit den Daten abgeglichen. Ein Hauptergebnis von HK ist, dass die Wahrscheinlichkeit, dass ein Land das Produkt i im Jahr $t + 1$ exportiert, positiv signifikant mit der Dichte der Verteilung der Produkte des Landes um Produkt i im Jahr t korreliert.

18.3.2.2 Der Kremer-Mechanismus

Kremer (1998) entwickelte einen marktbasierten Mechanismus für Buy-outs bei pharmazeutischen Patenten. Kremers Mechanismus basiert auf einer Belohnung ex post, um den sozial optimalen Umfang an FuE anzuregen. Die grundlegende Idee ist es, die Information zu benutzen, die sich aus dem Laissez-Faire-Patentpreis V ergibt, um den optimalen Preis zu ermitteln, zu dem der soziale Planer (die Regierung) die Innovationen *zurückkaufen* würde, um sie der Öffentlichkeit zur Verfügung zu stellen. Die öffentliche Bereitstellung von Innovationen wiederum beseitigt die (statischen) Monopolverzerrungen, die durch Patente entstehen.

---

[4] Insbesondere kann schlussgefolgert werden, dass zielgerichtete Subventionen einer Regierung mehr das Wachstum fördern, wenn (1) sie Sektoren betreffen, die aktuell inaktiv sind, aber „inputseitig" nahe bei schon aktiven Sektoren, und (2) das Land eine niedrige Entwicklungsstufe des Finanzwesens und/oder eine geringe Arbeitsmobilität und/oder niedrige Bildungsniveaus aufweist. Teil 1 impliziert, dass die Zielsektoren wahrscheinlich von Learning-by-Doing-Externalitäten durch existierende Sektoren profitieren. Teil 2 senkt die Wahrscheinlichkeit, dass Marktkräfte spontan Vorteile aus diese Externalitäten ziehen könnten.

Das Schema von Kremer, das direkt von der Literatur zum Mechanismus-Design angeregt wurde, kann wie folgt beschrieben werden:[5]

1. Der Innovator erhält ein Patent für seine Innovation.
2. Der „Laissez-Faire"-Preis des Patents wird durch eine *Auktion* aufgedeckt, bei der es um das exklusive Recht der Implementierung der Innovation geht. Es sei angenommen, dass sich der Laissez-Faire-Wert V als Gleichgewichtspreis in dieser (Anfangs-Preis-)Auktion ergibt, d. h. $p_0 = V$.
3. Mit der Wahrscheinlichkeit $(1 - \varepsilon)$ kauft die Regierung die Innovation vom Erfinder zum Preis $p_1 = mV$ zurück, mit dem der gesellschaftliche Wert der Innovation V^* näherungsweise ermittelt werden soll. Mit der Wahrscheinlichkeit ε verbleibt das Patent in der Hand des Gewinners der Auktion. Es ist zu beachten, dass ε streng positiv sein muss, damit die privaten Bieter es lohnend finden, an der Auktion teilzunehmen. Jedoch sollte ε nicht zu hoch sein, damit der Anreiz zur Innovation gesellschaftlich optimal bleibt und die (statischen) Monopolverzerrungen weitgehend beseitigt werden. Der Multiplikator $m = \frac{P_1}{V}$ sollte typischerweise größer als 1 sein. Für den Fall pharmazeutischer Innovationen schätzt Kremer z. B. den durchschnittlichen Wert von m auf etwa 2.

Was diesen Vorschlag nach Meinung der Autoren attraktiv macht, ist, dass er einen guten Beitrag zur Eruierung von Informationen über den Wert von Innovationen leistet und dass das Schema, soweit ε klein bleibt, alle Anreize beseitigt, sich mit (duplizierenden) Imitationsanstrengungen zu beschäftigen, während gleichzeitig die (statischen) Monopolverzerrungen eliminiert werden, die durch Innovationen bei Nichtauftreten von Imitationen entstehen.

Jedoch wirft das Schema eine Reihe von Fragen auf. Erstens: Wie kann man den *Multiplikator m berechnen*? Der Wert von m wird typischerweise von Parametern, wie z. B. der Forschungsproduktivität oder der Substitutionselastizität zwischen Zwischenprodukten, abhängen, die die Regierung wahrscheinlich nicht kennt. Zweitens: Was garantiert, dass der Gleichgewichtspreis, der sich in der Auktion ergibt, tatsächlich gleich dem *wahren* Wert der Innovation unter Laissez-Faire-Bedingungen (d. h. gleich V) ist. Vor allem werden private Bieter, wenn ε klein ist, immer noch einen Anreiz haben, *Informationen* über V zu ermitteln?[6]

Drittens: Was würde den Innovator von der *Kollusion* mit potenziellen Bietern abhalten, um nicht den Auktionspreis p_0 (künstlich) weit über den wahren (privaten) Wert der Innovation V zu treiben?

Viertens: Ist das Schema an den Fall *multipler nachfolgender* Innovationen angepasst? Es gibt tatsächlich verschiedene Aspekte dieser Frage. Wie kann die Regierung insbesondere sicher gehen, dass sie nicht durch eine *zu frühe* öffentliche Bereitstellung einer ersten (grundlegenden) Innovation andere Forscher entmutigt, sich bei den Entwicklungsaktivitäten zu engagieren, die für die Erzielung des (vollständigen) Werts der Innovation notwendig sind?[7]

---

[5] Vor allem erfolgte dies durch die Literatur über Nash und die perfekte Implementierung untergeordneter Spiele bei *symmetrischer* Information. (Erste Referenz bei dieser Literatur sind Maskin 1977 sowie Moore und Repullo 1986).

[6] Da sich der Autor dieses Problems vollkommen bewusst ist, schlägt er vor, nicht das Sieg-Gebot, sondern das dritte oder vierte Gebot als Grundlage der Berechnung für den Multiplikator zu verwenden. Dann kann aber die Sorge über die Informationsbeschaffung der privaten Bieter am Ende noch dramatisch verstärkt werden.

[7] Auf der anderen Seite würde der vorgeschlagene Mechanismus sicherstellen, dass die potenziellen Erfinder nachfolgender komplementärer Innovationen annehmen werden, dass das frühere Gut zu Grenzkosten verkauft wird.

Ein anderer Aspekt derselben Frage über nachfolgende Innovationen hat mit dem Fall zu tun, in dem nachfolgende Innovationen die erste Innovation eher *ersetzen* als sie zu vervollständigen.[8] Was sollte insbesondere passieren, wenn die nachfolgenden Innovationen, vor allem wenn sie öffentlich bereitgestellt werden, den (Laissez-Faire-)Wert der aktuellen Innovation senken?[9]

Insgesamt ist die Idee von Kremer interessant und wichtig, nicht zuletzt weil sie vorschlägt, dass man durch die Anwendung des Marktmechanismus im Grenzfall zu einer Politik kommen kann, die die sektorale Diversität berücksichtigt und gleichzeitig das Ausmaß diskretionären Handelns minimiert.

18.4 Fazit

In diesem Kapitel wurden zwei Themen aufgeworfen, Kultur und sektorale Entwicklung, die für Wachstum sehr relevant sind, aber über die noch viel geforscht werden muss. Aber es gibt andere wichtige Punkte, auf die Wachstumsökonomen schauen sollten, die bisher entweder kaum angefasst wurden oder überhaupt nicht angesprochen wurden. Dies sind z. B. (1) die Folgen von Blasen in Finanzmärkten und Regulierungen für Innovation und Wachstum; (2) das Zusammenspiel zwischen Wachstum, der Ausgestaltung des Steuersystems und der Zusammensetzung der Staatsausgaben; (3) der Beitrag der freien und der Grundlagenforschung zum Wachstum.

Eine andere wichtige Frage bezieht sich auf die Dynamik von Institutionen und Politik. In den vorigen Kapiteln sah man, dass verschiedene Institutionen und Politiken in verschiedenen Stadien des Wachstums tendenziell förderlich für das Wachstum sind. Und in Kapitel 11 sah man, dass das Versagen bei der Umsetzung notwendiger institutioneller Reformen ein Land in eine Nichtkonvergenz-Falle führen kann. Was garantiert dann, dass sich Institutionen und Politiken in einer angepassten Weise verändern? Acemoglu et al. (2007) zeigen z. B., dass Unternehmen zur Dezentralisierung neigen, wenn sie sich technologisch weiterentwickeln und dass diese Evolution zu mehr Dezentralisierung förderlich für das Wachstum ist. Aghion, Alesina und Trebbi (2008) zeigen, dass weiter fortgeschrittene Länder zu mehr Demokratie neigen, was wiederum auch eine dynamische, das Wachstum verstärkende Entwicklung ist. Der Wandel der Institutionen erfolgt aber nicht automatisch. So empfinden es z. B. manche Länder in Kontinentaleuropa als sehr schwierig, Märkte, insbesondere Arbeits- und Dienstleistungsmärkte, zu liberalisieren oder ihre Systeme der höheren Bildung zu reformieren. Während es Lateinamerika und Südafrika gelungen ist, sich zu demokratisieren, hat es China nicht geschafft. Wird China eventuell sein politisches Regime verändern? Wird Japan sich mehr für Handel öffnen? Wird Korea die Macht seiner Unternehmenskonglomerate einschränken?

---

8 Insbesondere kann dieses System bei der Bereitstellung adäquater Anreize zur Entwicklung dauerhafter Güter versagen. Dieses Versagen entsteht dadurch, dass die Erwartung, dass zukünftige Substitute öffentlich bereitgestellt werden und somit zu Grenzkosten verkauft werden, die Nachfrage nach langlebigen patentierten Gütern senken kann.

9 Hier schlägt Kremer vor, dass die Regierung die erste Innovation zu ihrem privaten Wert $p_0 = V$ zurückkauft und dann später den Auktionsprozess für das gesamte Innovationspaket wieder aufgreift. Dies wiederum setzt voraus, dass die Regierung im Voraus weiß, ob die erste Innovation durch nachfolgende Innovationen ersetzt werden wird, und dass sie auch weiß, *wie viele* nachfolgende Innovationen dieser Art in der Zukunft erfolgen werden. Zwei sehr heroische Annahmen, oder?

Allgemeiner gesagt, was sind die wichtigsten Hindernisse institutionellen Wandels? Bestehende Interessen und die existierende Verteilung ökonomischer und/oder politischer Macht? Die Vorstellungen über die Gewinn und Verluste bei strukturellen Reformen? Spielen internationale Anreize für die Förderung von Veränderungen eine Rolle? In welchem Umfang können Kriege oder Wirtschafts- und Finanzkrisen helfen, die Macht bestehender Interessen zu senken? Es wird z. B. argumentiert, dass die Finanzkrise der späten 1990er Jahre Reformen in Skandinavien und Südafrika stimuliert hat, indem die bestehenden Interessen, die solchen Reformen entgegentraten, geschwächt wurden. In ähnlicher Weise stützten die Krise von 1929 und die beiden Weltkriege das Unternehmertum und Wachstum während der Nachkriegszeit in Europa durch die dramatische Reduzierung der Macht der Rentiers. Es wird auch argumentiert, dass die Aussicht auf die Mitgliedschaft in der Europäischen Union die strukturellen Reformen in Zentraleuropa angeregt hat und dass die Aussicht, ein Mitglied in der Welthandelsorganisation zu werden, die Demokratie in China oder Russland gestärkt haben wird. Das gesamte Thema des institutionellen Wandels wartet auf weitere Forschungsarbeiten.

▷ Anhang: Die Lösung des Doepke-Zilibotti-Modells

Die Lösung erfolgt in zwei Schritten.

Schritt 1

Die Funktionsgleichung (18.2) hat einen einzigen Fixpunkt, v, und v ist separierbar bzgl. der beiden Vermögensanlagen: $v(B,K) = \frac{1}{1-z}\log K + V(B)$.[10] Darüber hinaus ist die Funktion $V(B)$ konvex bzgl. B und die optimalen Politikfunktionen $l(B)$ und $k(B)$ sind stetig und nichtfallend bzgl. B, wobei $k \equiv K'/K$ definiert wird. Die Intuition für die Konvexität von V hebt die wichtigen Eigenschaften des Modells hervor. Zwei Eigenschaften des Entscheidungsproblems erzeugen die Konvexität: Erstens fließt die Geduld B ($B[\log(c_2) - \log(c_1)]$) linear in die Nutzenfunktion ein (siehe Gleichung (18.2)). Zweitens gibt es eine Komplementarität zwischen der Geduld und der Wahl der steilen Konsumprofile (höhere Ersparnisse implizieren ein steileres Konsumprofil). Um Einsicht zu gewinnen, sei das Entscheidungsproblem betrachtet, wenn das Konsumprofil $[c_1, c_2]$ exogen und konstant (d. h. die Ersparnisse sind konstant) wäre. Wenn in diesem Fall B variiert wird, während die Wahl l über alle Generationen hinweg konstant gehalten wird, dann ist der Nutzen eine lineare Funktion

---

[10] Eine Skizze des Beweises geht folgendermaßen. Man beginnt damit, zu raten, dass $v(B,K) = \frac{1}{1-z}\log(K) + V(B)$ ist und dass V streng mit B steigt und konvex bzgl. B ist. Dann kann die Bellmann-Gleichung durch

$$\begin{aligned} v(B,K) &= \frac{1}{1-z}\log(K) + V(B) \\ &= \max_{1,k}\Big\{\log(K) + (1-B)\log[(1-\delta+A)-k] \\ &\quad + B\log(Ak) - l + \frac{z}{1-z}\big([\log(K) + \log((1-\delta)k)] + zV[(1-v)B + f(l)]\big)\Big\} \end{aligned}$$

geschrieben werden und unterliegt einer Reihe von relevanten Beschränkungen. Zieht man von beiden Seiten den Ausdruck $\log(K)$ ab und ersetzt dies in den Beschränkungen, erhält man $v(B,K) = \frac{1}{1-z}\log(K) + V(B)$, wobei

$$\begin{aligned} V(B) = &\max_{l\in[0,1],\ k\in[1-\delta,1-\delta+A]}\Big\{(1-B)\log[(1-\delta+A)-k] + B\log(Ak) \\ &+ \frac{z}{1-z}\big[\log((1-\delta)k)\big] - l + zV[(1-v)B + f(l)]\Big\} \end{aligned}$$

von B. Der Grund ist, dass die anfängliche Nutzenfunktion eine lineare Funktion der gegenwärtigen und zukünftigen Geduld ist und die anfängliche Geduld über die Abschreibungsquote $1 - \nu$ einen linearen Effekt auf die zukünftige Geduld hat. Darüber hinaus ist die Wahl eines konstanten l bei gegebenem fixiertem Einkommensprofil optimal. Die Grenzerträge der Investition in Geduld sind in einer gegebenen Periode durch $z \log(c_2/c_1)$ gegeben und damit unabhängig von B. Verallgemeinert man diese Beobachtung, ist die Wertfunktion über jedes Spektrum von B linear, so dass es für gegenwärtige und zukünftige Mitglieder einer Dynastie optimal ist, das Niveau ihrer Ersparnisse zu fixieren. Im Allgemeinen jedoch variieren die Ersparnisse mit B, so dass das Konsumprofil $[c_1, c_2]$ von der Geduld abhängt. Wenn als gegeben angenommen wird, dass B das relative Gewicht des Nutzens im späteren Leben ist, dann ist es optimal, hohe Ersparnisse (und damit ein steiles Konsumprofil über die Lebenszeit hinweg) zu wählen, wenn B hoch ist. Wenn man B erhöht, nimmt die Steigung der Wertfunktion deshalb zu. Das optimale l steigt ebenfalls, denn die Grenzerträge des Geduldigseins steigen mit der Steilheit des Lohnprofils. Damit ist die Wertfunktion konvex.

Schritt 2

Die Wachstumsrate des Kapitals erfüllt folgende Gleichung

$$k = \max\{1 - \delta, [(1 - z)B + z](1 - \delta + A)\} \tag{18.9}$$

Um dieses zu erkennen, nimmt man die Bedingung erster Ordnung bzgl. K' bei der Maximierungsbedingung (18.2), und nach Einsetzen für $V(B, K) = \frac{1}{1-z} \log K + V(B)$ erhält man

$$\frac{1 - B}{1 - \delta + A - k} = \frac{B}{k} + \frac{z}{1 - z}\frac{1}{k}$$

Durch Umformung (d. h. nach k auflösen) und Berücksichtigung der Irreversibilitätsbedingung ergibt sich Gleichung (18.9).

Anhang: Grundlegende Elemente der Ökonometrie[1]

In diesem Kapitel werden dem Leser einige grundlegende Elemente vermittelt, um die ökonometrischen Tabellen in diesem Buch zu verstehen. Für mehr Details sei der Leser auf Wooldridge (2006) und Stock und Watson (2007) verwiesen.

A.1 Das einfache Regressionsmodell[2]

Es seien x und y zwei Variablen, und von Interesse ist, *y als Ausdruck von x zu erklären*, oder, in anderen Worten, *zu schätzen wie y bei Veränderungen von x variiert*. Zum Bespiel kann sich y auf die Wachstumsrate des BIP in einem Land während einer bestimmten Periode beziehen, und x bezieht sich auf einen irgendwie erklärenden Faktor, wie z. B. das durchschnittliche Bildungsniveau in einem Land während dieser Periode. Eine einfache Art und Weise, eine solche Beziehung zu beschreiben, ist mittels der Gleichung

$$y = \beta_0 + \beta_1 x + u \tag{A.1}$$

Diese soll als *einfache lineare Regressionsgleichung* bezeichnet werden.

Die Variable auf der rechten Seite x wird als *erklärende (oder unabhängige)* Variable bezeichnet, während die Variable auf der linken Seite y die *erklärte (oder abhängige)* Variable genannt wird. Die Variable u wird *Fehlerterm* oder *Störfaktoren* genannt, sie erfasst alle anderen Effekte (außer x), die y beeinflussen.

Bei gegebenem Wert für u ist β_1 ein Steigungsparameter, der das Ausmaß der Wirkung einer Veränderung von x auf y misst. Aber um sich auf diesen Ceteris-Paribus-Effekt von x auf y zu fokussieren, ohne die Effekte von u behandeln zu müssen, bedarf es einer Beschränkung für die Beziehung zwischen x und u. Diese Restriktion ist einfach die Annahme, dass x und u nicht korreliert sind, d. h. wenn sich die erste Variable ändert, wird es die zweite nicht tun, so dass man tatsächlich auf den Ceteris-Paribus-Effekt von Veränderungen von x auf y schaut.

Formaler ausgedrückt, wird angenommen, dass der durchschnittliche Wert von u nicht vom Wert von x abhängt, nämlich

$$E(u|x) = E(u) = 0$$

---

1 Dieses Kapitel wurde mit uneingeschränktem Gebrauch der Notizen von Leonardo Bursztyn geschrieben.

2 Die ersten vier Abschnitte dieses Anhangs beziehen sich auf die Kapitel 2, 3 und 4 aus Wooldridge (2006).

Mit anderen Worten gesagt, wird für jedes x der Durchschnitt der nichtbeobachtbaren Größen immer derselbe sein: Dies wird als *Annahme des bedingten Erwartungswerts von null* bezeichnet. Der Wert null kommt von einer Normalisierung. Tatsächlich kann man das Modell immer durch Veränderung des Achsenabschnitts so umschreiben, dass der Durchschnitt gleich null wird.

Unter Verwendung dieser Annahme erhält man in Verbindung mit der Linearität der erwarteten Operatoren

$$E(y|x) = \overline{y} = \beta_0 + \beta_1 x,$$

was bedeutet, dass ein Anstieg von x um eine Einheit den erwarteten Wert von y um den Wert von β_1 erhöht.

Das Problem ist, dass man nur eine Zufallsstichprobe von Ländern beobachten kann und damit nicht die exakten Werte der Koeffizienten β_0 und β_1 für die Grundgesamtheit von Ländern. Wie kann man diese Koeffizienten *schätzen*?

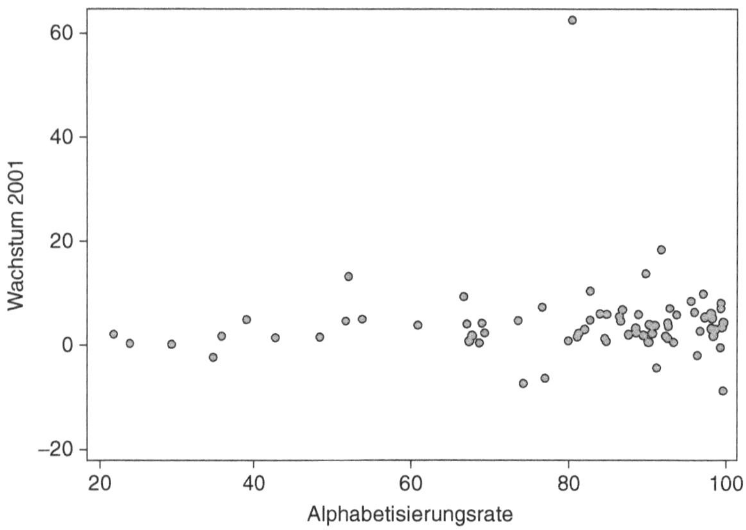

Abb. A.1: Bildung (Alphabetisierungsrate) und Wachstum, 2001 (World Development Indicators)

A.2 Der Kleinste-Quadrate-Schätzer

Es wird eine Stichprobe von Ländern, die mit i indiziert werden, beobachtet. Jedes von Ihnen hat zwei beobachtbare Eigenschaften (z. B. ihre Wachstumsrate im Jahr 2001, y_i, und ihre Bildungsniveaus, x_i, gemessen durch ihre Alphabetisierungsrate). Betrachten Sie nun das Streudiagramm in Abbildung A.1.

Es erinnert daran, dass versucht wird, die Koeffizienten β_0 und β_1 zu schätzen, um zu verstehen, wie y durch x erklärt wird. Die Schätzungen für diese beiden Koeffizienten werden mit $\hat{\beta}_0$ und $\hat{\beta}_1$ bezeichnet. Für jedes Individuum i kann die Beziehung zwischen den beiden Variablen wie folgt ausgedrückt werden:

$$y_i = \hat{\beta}_0 + \hat{\beta}_1 x_i + \hat{u}_i$$

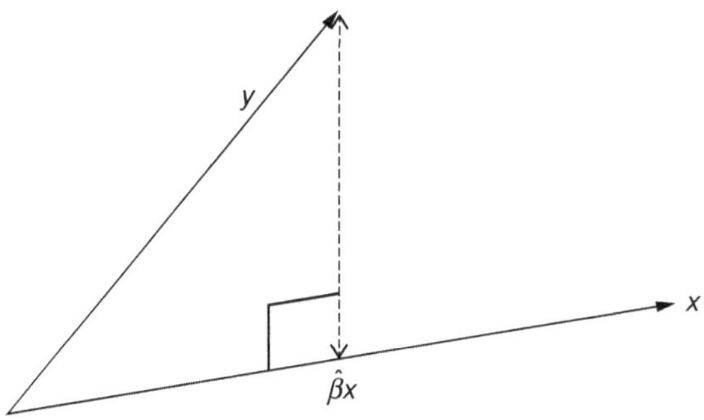

Abb. A.2: Geometrie des OLS

Der letzte Term wird *Residuum* für Individuum i genannt. Die Höhe von $\hat{y}_i = \hat{\beta}_0 + \hat{\beta}_1 x_i$ ist der vorhergesagte Wert (oder der Fit) von y, wenn $x = x_i$ in der Stichprobe ist.

Um die bestmöglichen Schätzungen zu bekommen, sollte der vorhergesagte Wert so nahe wie möglich beim wahren Wert der erklärten Variable liegen. Mit anderen Worten sollen die Residuen so klein wie möglich sein. Warum sollte man dann nicht einfach die Summe der Residuen für alle Paare von Beobachtungen (x_i, y_i) minimieren? Das Problem ist, dass bei einer solchen Vorgehensweise die positiven und die negativen Residuen sich ausgleichen können. Und am Ende man eine niedrige Summe, obwohl der Wert der Residuen allgemein sehr hoch ist.

Deshalb minimiert man anstatt dessen die *Summe der quadrierten Residuen.* Das Ergebnis dieser Minimierung wird als Kleinste-Quadrate-Schätzer (ordinary least square, OLS) für die Koeffizienten von Interesse bezeichnet.

Es ist zu beachten, dass man, wenn man einmal die Schätzung $\hat{\beta}_1$ hat, die vorhergesagte Veränderung bei y für jede beliebige Veränderung von x berechnen kann, nämlich durch

$$\Delta\hat{y} = \hat{\beta}_1 \Delta x$$

Man kann den OLS-Schätzer auch geometrisch interpretieren. Der minimale Abstand zwischen einem Vektor y, der die abhängige Variable repräsentiert, und einem Vektor x, der die erklärende Variable darstellt, wird durch den Einsatz der orthogonalen Projektion von y auf x, wie in Abbildung A.2 gezeigt, ermittelt.

Wie können wir die „Güte der Anpassung" bei der Regression bewerten, d. h., wie gut wird y durch x erklärt? Es ist schon bekannt, dass

$$y_i = \hat{y}_i = \hat{u}_i$$

Es soll nun die *gesamte Summe der Quadrate* durch SST $\equiv \sum_{i=1}^{n}(y_i - \overline{y})^2$definiert werden. Die Tatsache, dass der OLS-Schätzer die Summe der quadrierten Residuen minimiert, impliziert, dass der Vektor $(\hat{y}_i - \overline{y})_i$ orthogonal zum Vektor $(\hat{u}_i)_i$ ist, so dass aufgrund des Satzes von Pythagoras

$$\text{SST} = \sum_{i=1}^{n}(\hat{y}_i - \overline{y})^2 + \sum_{i=1}^{n}\hat{u}_i^2$$

Der erste Term auf der rechten Seite der Gleichung ist die *erklärte Summe der Quadrate* (SSE) und der zweite Term ist die *Summe der Quadrate der Residuen* (SSR). Hierbei misst SST die Streuung der gesamte Stichprobe für die abhängige Variable (wie streut sie in der Stichprobe).

Die Güte der Erklärung, genannt R^2 (oder *Bestimmtheitsmaß*) ist dann einfach definiert durch

$$R^2 = \text{SSE}/\text{SST}$$

Dies ist einfach das Verhältnis der erklärten Streuung im Vergleich zur gesamten Streuung: es ist der *Anteil der Streuung von y in der Stichprobe, die durch x erklärt wird*. Dieses Verhältnis liegt immer zwischen 0 und 1, da SSE $\leq$ SST.

A.3 Multiple Regressionsanalyse

Man kann das einfache Regressionsmodell durch Hinzunahme von erklärenden Variablen auf der rechten Seite der Regressionsgleichung erweitern und damit explizit für viele andere Faktoren, die simultan die abhängige Variable beeinflussen, kontrollieren.

Warum sollte man z. B. annehmen, dass Bildung der einzige beobachtbare Faktor ist, der Wachstum beeinflusst? Wettbewerb, der Schutz von Eigentumsrechten, die Entwicklung des Finanzwesens und weitere Faktoren sind auch für den Wachstumsprozess relevant.

Man kann somit schreiben

$$y = \beta_0 + \beta_1 x_1 + \beta_2 x_2 + \cdots + \beta_k x_k + u$$

Jedes β_j sagt etwas über die Wirkung einer Veränderung von x_j auf y (bei Konstanz aller anderen erklärenden Variablen und des Fehlerterms u) aus. Um die Logik des einfachen Regressionsmodells auszudehnen, wird die Annahme gemacht, dass der bedingte Erwartungswert gleich null ist:

$$E(u|x_1, x_2, \dots, x_k) = 0$$

Die OLS-Methode schätzt $\hat{\beta}_j$ wieder durch die Minimierung der Summe der quadrierten Residuen $\hat{u}_i$, wobei

$$\hat{u}_i = y_i - \left[\hat{\beta}_0 + \hat{\beta}_1 x_{1,i} + \hat{\beta}_2 x_{2,i} + \cdots + \hat{\beta}_k x_{k,i}\right]$$

Eine einfache Interpretation von $\hat{\beta}_j$ ist, dass der Koeffizient die Wirkung einer Veränderung von x_j um eine Einheit auf y misst, nämlich

$$\Delta\hat{y} = \hat{\beta}_j \Delta x_j$$

Dummy-Variablen und Interaktionseffekte:

Wenn die erklärende Variable binär ist, kann man eine *Dummy-Variable* kreieren, um ihre Effekte auf die abhängige Variable zu berechnen. Man kann z. B. daran interessiert sein, die Wirkung der Eigenschaft „männlich“ auf das persönliche Einkommen zu schätzen. Für diesen Zweck wird eine Dummy-Variable kreiert, die den Wert eins hat, wenn das Individuum männlich ist, und den Wert null für alle anderen Fälle. Wenn nun eine Regression der Löhne auf die Dummy-Variable durchgeführt wird, dann wird die Interpretation genau die sein, nach der gesucht wird.

Manchmal kann man sich vorstellen, dass die Wirkung einer erklärenden Variable auf die abhängige Variable sich ändert, wenn sich der Wert einer anderen Variable verändert. Man kann sich z. B. vorstellen, dass Bildung für Wachstum umso wichtiger ist, je demokratischer ein Land ist. In diesem Fall gibt es einen *Interaktionseffekt* zwischen Bildung und Demokratie. Die Wirkung der Bildung auf Wachstum variiert mit dem Grad der Demokratisierung. Um diesen Effekt zu schätzen, wird eine Variable kreiert, die durch das Produkt aus der Bildung und dem Grad der Demokratisierung gegeben ist, und es wird die Bezeichnung $*$ verwendet, um das Produkt auf der rechten Seite der Regressionsgleichung zu schreiben. Die Interaktionsvariable wird z. B. durch $e * d$ bezeichnet, wenn e die Bildung und d die Demokratie bezeichnen. Die Interpretation eines Koeffizienten von z. B. 0,01 bedeutet: Wenn das Niveau der Demokratisierung um eine Einheit steigt, dann wird die Wirkung einer weiteren Einheit an Bildung auf das Wachstum um 0,01 erhöht.

A.4 Inferenz und Hypothesentests

Um die Hypothesen über die Parameter im Regressionsmodell zu testen, muss man die Verteilung der geschätzten $\hat{\beta}_j$ kennen. Diese Verteilungen werden wiederum unter der Annahme abgeleitet, dass u normal-verteilt ist in der Grundgesamtheit (*Normalverteilungs-Annahme*). Wegen der passenden Eigenschaften der Normalverteilung, zeigt sich, dass dies auch die Normalverteilung der durch die OLS-Methode geschätzten Koeffizienten impliziert (für einen Beweis sei auf den Anhang zu Kapitel 4 in Wooldridge 2006 hingewiesen).

Dann kann man, ohne Kenntnisse über die wahren $\hat{\beta}_j$s, Hypothesen über die Werte dieser Parameter machen und solche Hypothesen basierend auf den mit OLS geschätzten $\hat{\beta}_j$s testen. Wenn die Stichprobenschätzer Stichprobenfehler aufweisen, ist die Frage ziemlich einfach: Ist die beobachtete Schätzung eines Koeffizienten mit der über den wahren Parameterwert formulierten Hypothese konsistent?

Kann man z. B. basierend auf einer Stichprobe und Schätzung die Hypothese verwerfen, dass der Koeffizient einer Variablen auf der rechten Seite, z. B. „Wettbewerb", von null verschieden ist in der Grundgesamtheit? Mit anderen Worten: Kann die Regression angeben, dass Wettbewerb wirklich das vorhergesagte Wachstum in der Grundgesamtheit aller Länder beeinflusst? Wenn eine solche Hypothese abgelehnt werden kann, sagt man, dass der geschätzte *Koeffizient statistisch signifikant von null verschieden* ist oder *statistisch signifikant* ist.

In der Statistik ist es nun ein wichtiges Ergebnis, dass das Verhältnis eines geschätzten Koeffizienten zu seinem Standardfehler (ein Maß der Genauigkeit seiner Schätzung) eine bekannte Verteilung aufweist: die t-Verteilung. Somit erhält man, wenn man dieses Verhältnis für ein spezifisches $\hat{\beta}_j$ berechnet, auch die *t-Statistik*, die mit $t_{\hat{\beta}_j}$ bezeichnet wird.

Bevor man die Null-Hypothese, dass $\beta_j = 0$ ist, testen kann, muss man das *Signifikanzniveau* festlegen, mit dem man arbeiten möchte. Salopp gesagt, wenn die Hypothese $\beta_j = 0$ bei einem Signifikanzniveau von 5 Prozent abgelehnt wird (das am meisten verwendete Niveau), dann gibt es eine Chance von 95 Prozent, dass der wahre Parameterwert tatsächlich von null verschieden ist. Je niedriger das Signifikanzniveau ist, bei dem eine Hypothese abgelehnt wird, desto sicherer kann man sein, dass der wahre Parameterwert tatsächlich von null verschieden ist.

Bei der Hypothese $\beta_j = 0$ hat nun $t_{\hat{\beta}_j}$ eine t-Verteilung mit dem Mittelwert null. Bei der alternativen Hypothese, $\beta_j \neq 0$, ist der Erwartungswert von $t_{\hat{\beta}_j}$ von null verschieden. Wenn deshalb der beobachtete Wert für $t_{\hat{\beta}_j}$ hinreichend entweder im negativen Bereich oder im positiven Bereich liegt, dann kann dies als Beleg gegen die Hypothese $\beta_j = 0$ interpretiert werden.

Die Faustregel, die verwendet wird, um den Grad der Signifikanz eines Regressionskoeffizienten zu bestimmen, ist, dass ein Koeffizient statistisch signifikant ist, wenn seine t-Statistik (das Verhältnis zwischen seinem geschätzten und seinem Standardfehler) größer als 2 oder kleiner als −2 ist.

Damit ist in der folgenden Regression, bei der der Standardfehler für jeden Koeffizienten in Klammern genau unter den Koeffizienten gesetzt wurde, die Bildung signifikant, aber nicht die Gesundheit:

$$\widehat{\text{Wachstum}} = \underset{}{0{,}66} + \underset{(0{,}021)}{0{,}0626} \times \text{Schuljahre} + \underset{(0{,}024)}{0{,}0025} \times \text{Gesundheit}$$

$$n = 408,\ R^2 = 0{,}32$$

In vielen Fällen wird anstelle der Wahl des Signifikanzniveaus a priori die Beantwortung der folgenden Frage angestrebt: Was ist basierend auf dem beobachteten Wert für die t-Statistik das niedrigste Signifikanzniveau, bei dem die Null-Hypothese abgelehnt werden würde? Dieses Niveau ist als *p-Wert* des Tests bekannt. Wenn z. B. der p-Wert kleiner als 0,05 ist, dann wird die Nullhypothese bei einem Niveau von 5 Prozent abgelehnt. Wenn er größer als 0,05 ist, wird sie bei diesem Niveau nicht abgelehnt. Der p-Wert fasst die Stärke oder Schwäche der empirischen Belege gegen die Nullhypothese zusammen. Je kleiner der Wert ist, desto größer ist die Stärke der Belege gegen die Nullhypothese. Mit anderen Worten, ein kleiner p-Wert legt nahe, dass der Koeffizient in der Tat statistisch von null verschieden ist.

Schließlich kann man die Hypothese testen, ob *mehrere* Koeffizienten gleichzeitig gleich null sind. Die relevante Verteilung ist die *F-Verteilung*, aber die zugrundeliegende Logik ist dieselbe wie zuvor, bei einem hohen Niveau der berechneten *F-Statistik* spricht die Evidenz gegen die Nullhypothese, dass alle Koeffizienten gleich null sind.

A.5 Wie man mit dem Endogenitätsproblem umgeht[3]

In mehreren Kapiteln des Buchs wird das Endogenitätsproblem aufgeworfen – vor allem im Kapitel über das Finanzwesen, dem Kapitel über Demokratie und dem Kapitel über Bildung.

Es sei an die *Annahme des bedingten Erwartungswerts von null* erinnert, wonach der durchschnittliche Wert von u nicht von dem Wert der erklärenden Variable abhängt. Es zeigt sich in vielen Fällen, dass diese Annahme nicht erfüllt ist. Zum Beispiel sei angenommen, dass das wahre Modell

$$\text{Wachstum} = \beta_0 + \beta_1 \times \text{Bildung} + \beta_2 \times \text{Talent} + u$$

sei, wobei erwartet wird, dass in der Realität Talent das Wachstum positiv beeinflusst ($\beta_2 > 0$). Wann immer die Annahme über den bedingten Erwartungswert in Höhe von null für eine erklärende Variable erfüllt ist, nennt man sie *exogen*. Wenn diese Annahme nicht erfüllt ist,

[3] Dieser Abschnitt bezieht sich auf Kapitel 15 aus Wooldridge (2006) und Kapitel 12 aus Stock und Watson (2007).

wird die Variable als *endogen* bezeichnet. Letzterer Fall tritt auf, wenn Talent eine nicht vollständig beobachtbare Variable ist und vielleicht Teil des Störterms u oder mit der Bildung korreliert sein könnte.

Der erste Grund für Endogenität wird als *Verzerrung durch unberücksichtigte Variablen* bezeichnet. Wie kann man diese Verzerrung abschätzen? Es wird angenommen, dass Bildung und Talent positiv miteinander korreliert sind. Wenn die Bildung steigt, wird es auch das Talent tun – z. B. als eine Folge der Selektion durch die Schulen. Wenn man dann die Wirkung des Talents auf Wachstum nicht beachtet, weist man einen zusätzlichen Effekt der Bildung auf Wachstum zu, der eigentlich dem Talent zugeordnet werden sollte.

Eine andere potenzielle Quelle für Endogenität ist das *Problem der umgekehrten Kausalität*: Es kann nämlich sein, dass die Variable auf der linken Seite das Niveau der Variablen auf der rechten Seite beeinflusst. Länder, die z. B. schneller wachsen, können sich höhere Bildungsausgaben leisten. In diesem Fall würde man mit einer Überschätzung des ursächlichen Effekts der Bildung auf Wachstum enden (falls der in beide Richtungen positiv ist).

Dieses Problem der umgekehrten Kausalität ist ziemlich allgegenwärtig. Es sei angenommen, dass man versucht, die Folgen des Sklavenhandels auf die ökonomische Entwicklung von afrikanischen Staaten abzuschätzen. Man schätzt

$$\text{Pro-Kopf-BIP}_i = \beta_0 + \beta_1 \text{Zahl\_der\_gehandelten\_Sklaven}_i + u_i$$

für das Land i. Was kann bei dieser Regression möglicherweise schiefgehen?

Es könnte sein, dass einige Länder schlechte, nicht beobachtbare Eigenschaften aufweisen (sagen wir, eine lange Folge von Kriegen), die sie ärmer machen, und Armut wiederum machte diese Länder anfälliger dafür, sich im Sklavenhandel zu engagieren. Schaut man nun auf β_1, würde man nicht einfach die Wirkung des Sklavenhandels auf die wirtschaftliche Entwicklung messen.

Ein Weg, um mit dem Endogenitätsproblem umzugehen, ist der Einsatz von *Instrumentvariablen (IV)*. Eine gute Instrumentvariable ist eine Variable, die mit der endogenen Variablen korreliert (*Instrument-Relevanz-Bedingung*), aber nicht mit dem Störterm (*Instrumentexogenität*), und eine solche Variable soll die ursprüngliche endogene Variable „ersetzen".

Es ist so, als ob die endogene Variable x zwei Komponenten hätte: eine Komponente, die mit u korreliert ist (was zum Endogenitätsproblem führt) und eine Komponente, die nicht mit u korreliert ist. Der Einsatz einer IV läuft darauf hinaus, nur die exogene Komponente von x zu betrachten. Im vorigen Beispiel, wenn man Talent auslassen würde, könnte Bildung als Instrumentvariable die Zahl der Geschwister eines Individuums (die das durchschnittliche Niveau der Bildung negativ beeinflussen, aber nicht mit Talent korreliert sind) haben. Und die Zahl der gehandelten Sklaven könnte als Instrumentvariable den Abstand eines Landes zu den wichtigen Häfen in Afrika, wohin die Sklaven gebracht wurden (siehe Nunn 2008) haben.

In der Sprache der Ökonometrie heißt dies: Wenn die Instrumentvariable beide Bedingungen erfüllt, wird die sogenannte zweistufige Kleinste-Quadrate-Schätzmethode (Two-Stage Least Square (2SLS)) eingesetzt. Die Idee ist ziemlich einfach: Man nehme an, dass z eine Instrumentvariable für x ist. In der *ersten Stufe* wird folgendes mit Hilfe von OLS regressiert:

$$x = \gamma_0 + \gamma_1 z + \varepsilon$$

Man erhält dann den Teil von x, der von z vorhergesagt wird und der exogen ist (da z exogen ist), nämlich

$$\hat{x} = \gamma_0 + \gamma_1 z$$

Dann wird x durch $\hat{x}$ in der ursprünglichen Regression ersetzt und die Regression

$$y = \delta_0 + \delta_1 \hat{x} + e$$

wieder mit OLS durchgeführt. Dies ist die *zweite Stufe.*

Wie kann man prüfen, ob diese beiden Bedingungen für die Validität des Instruments (Relevanz und Exogenität) tatsächlich erfüllt werden?

1. Relevanz der Instrumentvariable: Wenn es eine einzelne endogene erklärende Variable gibt, ist eine Möglichkeit, die Relevanz eines Instruments zu prüfen, die Hypothese zu testen, dass die Koeffizienten der Instrumentvariablen der Variablen alle gleich null sind auf der ersten Stufe der Regressionsrechnung, indem man die F-Statistik berechnet. Als Faustregel gilt: wenn die F-Statistik auf der ersten Stufe größer als 10 ist, dann sollte man sich über die Relevanz der Instrumentvariablen keine Gedanken machen.

2. Exogenität der Instrumentvariable: Wenn die Anzahl der Instrumente kleiner als die Anzahl der endogenen erklärenden Variablen ist, für die sie als Instrumentvariable dienen sollen, dann ist es nicht möglich, die Hypothese zu testen, dass die Instrumentvariablen exogen sind. Wenn es jedoch mehr Instrumente als endogene erklärende Variablen gibt, ist es möglich zu testen, ob die „Extra"-Instrumentvariablen unter der Annahme, dass es genug valide Instrumentvariablen gibt, um die interessierenden Koeffizienten zu identifizieren, exogen sind. Dies wird *Überidentifizierungs-Restriktionen-Test* bezeichnet.[4]

Es gibt verschiedene Wege, mit dem Endogenitätsproblem umzugehen. In Kapitel 6 wird ein Papier von Rajan und Zingales (1998) vorgestellt, das Querschnittsdaten für Industrien und Länder verwendet, um das Ausmaß zu schätzen, in dem das Wachstum von Industrien, die sich stärker auf externe Finanzierungsquellen verlassen, von einem höheren Entwicklungsniveau des Finanzwesens mehr profitiert als das von Industrien, die sich nicht so sehr auf externe Finanzierungsquellen verlassen. Das Problem ist die Identifikation der Industrien, die anfälliger als andere dafür sind, sich auf externe Finanzierungsquellen zu verlassen. Hier taucht das Endogenitätsproblem auf. Um damit umzugehen, verwenden die Autoren als Kontrollvariable die Interaktion zwischen der Entwicklung des Finanzwesens im Land i (gemessen durch die Aktienmarktkapitalisierung plus der inländischen Kredite im Verhältnis zum BIP) und der Abhängigkeit der Industrie k von einer externen Finanzierung (gemes-

---

[4] Es sei z. B. angenommen, dass es zwei Instrumentvariablen (z_1 und z_2) für eine endogene erklärende Variable x gibt. Die Idee des Tests ist ziemlich einfach: Es wird angenommen, dass eine Instrumentvariable exogen ist und es wird getestet, ob bei dieser Annahme, die andere Instrumentvariable auch exogen ist. Die zugrundeliegende Intuition für diesen Test ist die folgende: Man könnte zwei verschiedene 2SLS-Schätzer berechnen, einer davon würde das Instrument als exogen annehmen, der andere Schätzer nimmt die zweite Instrumentvariable als exogen an. Wenn die zweite Instrumentvariable wirklich exogen ist, sollte der Schätzer aus der zweiten Regression ziemlich nahe beim Schätzer aus der ersten Gleichung sein. Falls die zwei Instrumentvariablen verschiedene Schätzer erzeugen, ist es vernünftig zu folgern, dass eine oder beide dieser Instrumentvariablen nicht exogen sind. Allgemeiner gesagt, fährt man fort, indem man die 2SLS-Residuen der Regression auf der zweiten Stufe unter Einsatz aller Instrumentvariablen und exogenen Variablen erhält und dann jene Residuen auf alle Instrumentvariablen und die exogenen Variablen regressiert. Wenn alle Instrumentvariablen tatsächlich exogen sind, dann sollten ihre Koeffizienten in der letzten Regression alle null sein. Diese Hypothese muss getestet werden. Die Teststatistik wird im Allgemeinen die J-Statistik genannt.

sen durch den Anteil der nicht intern finanzierten Kapitalkosten in derselben Industrie in den USA). Die zugrundeliegende Idee ist, dass Unternehmen in den USA keinen finanziellen Restriktionen unterliegen, so dass dieses Maß der externen Abhängigkeit als unabhängig von der Entwicklung des Finanzwesens und dagegen nur als von technologischen Faktoren abhängig verstanden werden kann.

Indem sie eine Stichprobe von 36 Industrien in 42 Ländern nehmen, finden Rajan und Zingales einen Interaktionskoeffizienten zwischen der externen Abhängigkeit und ihrem Maß der Entwicklung des Finanzwesens, der positiv und hoch signifikant auf dem 1-Prozent-Niveau ist, und damit starke Belege für den Effekt, dass eine höhere Entwicklung des Finanzwesens Wachstum in Industrien verstärkt, die sich stärker auf eine externe Finanzierung verlassen.

A.6 Fix-Effekte-Regression[5]

Es werde z. B. der Effekt der Einkommensteuer auf die Arbeitsproduktivität im Vergleich verschiedener Staaten in den USA betrachtet. Es soll die Regression

$$\text{Produktivität}_i = \beta_0 + \beta_1 \times \text{Steuer}_i + u_i$$

geschätzt werden. Dabei könnte es durchaus der Fall sein, dass zusätzlich zu den Steuern andere Faktoren, die über die Staaten hinweg streuen, das Niveau der Arbeitsproduktivität beeinflussen. Wenn man diese Faktoren beobachten würde, könnte man für sie als weitere erklärende Variablen kontrollieren. Falls nicht, kann man immer noch etwas tun, wenn man denkt, dass die unberücksichtigten Faktoren über die Zeit hinweg konstant sind.

Genauer gesagt, kann man die Beobachtungen in verschiedenen Perioden, z. B. von Jahr 1 bis zum Jahr T, heranziehen, so dass jede Beobachtung sich auf einen spezifischen Staat in einem spezifischen Jahr bezieht. Wenn man Beobachtungen für dieselbe Einheit für zwei oder mehrere Zeitperioden hat, dann hat man *Paneldaten*. Wenn man zu den Beispielen zurückgeht, kann man das Problem mit unberücksichtigten Variablen umgehen, indem man ein sog. *Regressionsmodell mit Fix-Effekten* einsetzt. Die Regression sieht aus wie

$$\text{Produktivität}_{it} = \beta_0 + \beta_1 \times \text{Steuer}_{it} + \alpha_1 \times \text{Staat}_1 + \alpha_2 \times \text{Staat}_2 + \cdots + \alpha_n \times \text{Staat}_n + u_{it}$$

Hier ist jedes Staat_j eine *Dummy-Variable* (oder binäre Variable), die über die Zeit konstant ist und den Wert eins hat, falls die Beobachtung im Staat j stattfindet, und den Wert null, falls nicht. Diese Zustände werden Fix-Effekte genannt, weil sie über die Staaten hinweg variieren, aber identisch (fix) für jeden Staat über die Zeit hinweg sind.

Äquivalent dazu wird die Regressionsgerade für jeden Staat j gleich

$$\text{Produktivität}_{jt} = \beta_0 + \beta_{1x} \times \text{Steuer}_{jt} + \alpha_j$$

sein.

Mit anderen Worten gesagt, erzeugen die Fix-Effekte für jeden Staat einen entsprechenden Achsenabschnitt der Regressionsgeraden, der die nicht berücksichtigten Variablen erfasst, die in jedem Staat vorhanden und konstant über die Zeit sind. Für den Staat j wird der Achsenabschnitt $\beta_0 + \alpha_j$ sein. Der Steigungskoeffizient wird derselbe für jeden Staat sein.

---

[5] Dieser Abschnitt bezieht sich auf Kapitel 10 von Stock und Watson (2007).

Man kann auch für Fix-Effekte kontrollieren, die konstant über die Einheiten hinweg sind, sich aber über die Zeit hinweg verändern: Sie werden Zeitfixe Effekte genannt. Die Idee ist die Schaffung von Dummies, die den Wert eins annehmen, falls die Beobachtung während einer bestimmten Zeitperiode erfolgt, und ansonsten null sind, unabhängig vom Ort der Beobachtung.

Manchmal zerstört die Kontrolle für zu viele Fix-Effekte die Signifikanz der Regressionskoeffizienten. Dies ist z. B. der Fall, wenn man für Fix-Effekte für Länder in einer Länderquerschnittspanel-Regression des Wachstums auf Bildung kontrolliert.

A.7 Eine Regressionstabelle lesen

Auf dieser Stufe sollte der Leser in der Lage sein, eine Regressionstabelle zu interpretieren.

Es wird zuerst eine Tabelle basierend auf dem Paper von Acemoglu, Robinson und Johnson (2001), das in Kapitel 17 beschrieben wurde, vorgestellt. Tabelle A.1 präsentiert die Ergebnisse von verschiedenen Regressionen über die Wirkungen von Institutionen auf das Pro-Kopf-Einkommen. Institutionen werden durch das Enteignungsrisiko gemessen und als Instrument wird die logarithmierte Sterblichkeit von Siedlern genommen. Die Idee ist, dass in früheren Kolonien, in denen die anfänglichen Bedingungen besonders abträglich für Ansiedlungen waren, Siedler ihre Aktivitäten auf Abbau von Ressourcen und Landenteignung fokussierten und damit schlechtere Institutionen schufen.

Tab. A.1: Institutionen und Einkommen pro Kopf, 1960–2000

	(1) OLS	(2) OLS (Stichprobe ehemaliger Kolonien)	(3) 2SLS	(4) 2SLS (Kontrolle für Schulbildung)
			Panel A. Regressionen der zweiten Stufe	
Enteignungsrisiko	0,293***	0,375***	0,663**	1,908
	(0,053)	(0,063)	(0,288)	(3,848)
Anzahl der Schuljahre				-0,551
				(1,539)
Beobachtungen	118	63	63	60
Bereinigtes R^2	0,64	0,73		
Variable mit Instrument			Enteignungsrisiko,	Enteignungsrisiko,
Instrument			Log der Siedlersterblichkeit	Log der Siedlersterblichkeit
			Panel B. Regressionen der ersten Stufe	
Log der Siedlersterblichkeit			-0,402**	-0,099
			(0,199)	(0,228)
R^2			0,371	0,542
Beobachtungen			63	60

Die abhängige Variable ist das logarithmierte BIP pro Kopf.
Die Spalten 1–2 geben Werte OLS-Regressionen an, bei denen das logarithmierte BIP pro Kopf auf das Enteignungsrisiko, Breitengrad und Dummies für die Kontinente regressiert wurde, wobei Spalte 2 nur die Stichprobe ehemaliger Kolonien enthält. Die Spalten 3-4 geben Werte für 2SLS-Regressionen an, wobei das logarithmierte BIP pro Kopf auf dieselben Variablen wie in Spalte 1–2 regressiert wurde, außer dass die Siedlersterblichkeit als Instrument für das Enteignungsrisiko verwendet wurde. Spalte 4 beinhaltet auch die gesamten Jahre der Schulbildung als Kontrollvariable. Die robusten Standardfehler sind in Klammern angegeben. *** $p < 0,01$, ** $p < 0,05$, * $p < 0,1$.

Die Spalten 1 und 3 sollen besonders betrachtet werden. Die erste Spalte zeigt die OLS-Schätzung (ohne den Einsatz des vorgeschlagenen Instruments). Es wurde herausgefunden, dass die Qualität der Institutionen (invers gemessen durch das Enteignungsrisiko) positiv und signifikant das Einkommen pro Kopf (auf dem 1-Prozent-Niveau) beeinflusst. Schaut man auf die dritte Spalte, sieht man, dass der Koeffizient der Institutionen für die 2SLS-Vorgehensweise immer noch signifikant (auf dem 5-Prozent-Niveau) ist und ein höheres Ausmaß hat. Dieses Resultat legt nahe, dass die möglichen vernachlässigten Variablen in der OLS-Spezifikation den Koeffizienten wahrscheinlich nach unten verzerren. Wenn man auf die Ergebnisse der Regression der ersten Stufe in Panel B für Spalte 3 schaut, sieht man, dass das vorgeschlagene Instrument (logarithmierte Siedlersterblichkeit) die endogene Variable negativ und signifikant (auf dem 5-Prozent-Niveau) beeinflusst mit einem korrigierten R^2 von 0,371.[6]

Tabelle A.2 ist aus einem Papier über das Finanzwesen und Konvergenz von Aghion, Howitt und Mayer-Foulkes (2005), oder AHM, das in Kapitel 7 diskutiert wurde.

AHM testen diesen Effekt der Entwicklung des Finanzwesens auf die Konvergenz, indem sie eine Länderquerschnittsregression für das Wachstum durchführen:

$$g_i - g_1 = \beta_0 + \beta_f F_i + \beta_y \cdot (y_i - y_1) + \beta_{fy} \cdot F_i \cdot (y_i - y_1) + \beta_x X_i + \varepsilon_i \qquad \text{(A.2)}$$

Wobei g_i die durchschnittliche Wachstumsrate des Pro-Kopf-BIP in Land i für die Periode 1960–1995, F_i das durchschnittliche Entwicklungsniveau des Finanzwesens des Landes, y_i der Logarithmus des anfänglichen (1960) BIP pro Kopf, X_i ein Set von anderen Regressoren und ε_i ein Störterm mit dem Mittelwert null sind. Land 1 ist der technologische Anführer, den sie in den Vereinigten Staaten sehen. Es ist zu beachten, dass es einen Interaktionsterm $F_i(y_i - y_1)$ gibt, der es erlaubt, abzuschätzen, wie der Effekt der Entwicklung des Finanzwesens auf die Konvergenz mit der anfänglichen BIP-Lücke im Vergleich zu den USA variiert.

Die Schätzung verwendet die Ursprünge des Rechtssystems des Landes (zusammengefasst durch drei Dummy-Variablen) bzw. die Interaktion seiner rechtlichen Ursprünge mit der anfänglichen BIP-Lücke $(y_i - y_1)$ als Instrument für F_i und $F_i(y_i - y_1)$.

Die Tabelle wird nun interpretiert. Man versucht den Effekt der Entwicklung des Finanzwesens auf die Konvergenz zu messen und wie er entsprechend der anfänglichen Differenz zwischen dem BIP des Landes und dem amerikanischen BIP variiert. In der Tabelle werden Privatkredite als Maß für die Entwicklung des Finanzwesens verwendet. Die zweite Spalte kontrolliert für die „Politik"-Indikatoren, die die durchschnittliche Zahl an Schuljahren 1960 (school), Größe der Regierung (gov), Inflation (pi), Schwarzmarktprämie (bmp) und Handelsoffenheit (trade) umfassen. Der Koeffizient β_f ist nicht statistisch signifikant, β_y ist auf dem 10-Prozent-Niveau signifikant. Der letztere Koeffizienten wird so interpretiert, dass ein höheres Niveau des anfänglichen BIP im Vergleich zu den Vereinigten Staaten in einer höheren Wachstumsrate im Betrachtungszeitraum (ebenfalls im Vergleich zu den Vereinigten Staaten) mündet: Ein Anstieg um eine Einheit bei der Differenz zwischen dem logarithmierten anfänglichen BIP des Landes i und dem amerikanischen Wert steigert im Durchschnitt um 1,193 Prozent die Differenz der durchschnittlichen Wachstumsrate des Landes i im Vergleich zur amerikanischen im Betrachtungszeitraum. Der Koeffizient β_{fy} ist signifikant auf dem 1-Prozent-Niveau und ist negativ, was bedeutet, dass die Wahrscheinlichkeit der Konvergenz mit dem Entwicklungsstand des Finanzwesens zunimmt.

---

[6] Das korrigierte R^2 wird berechnet, indem das ursprüngliche Bestimmtheitsmaß durch den Einsatz eines unverzerrten Schätzers der Varianz der abhängigen Variablen in der Grundgesamtheit und einen Fehlerterm korrigiert wird (siehe Kapitel 6 in Wooldridge 2006).

Tab. A.2: Wachstum, finanzielle Entwicklung und anfängliche BIP-Lücke

Finanzielle Entwicklung (*F*)	Privatkredite		
Kontrollvariablenset (*X*)	Leer	Politik[a]	Vollständig[b]
Geschätzte Koeffizienten			
β_f	−0,015	−0,013	−0,016
	(−0,93)	(−0,68)	(−0,78)
β_y	1,507***	1,193*	1,131
	(3,14)	(1,86)	(1,49)
β_{fy}	0,061***	0,063***	0,063***
	(−5,35)	(−5,10)	(−4,62)
Instrumenten-Test p-Werte			
Erste Stufe *F*–Test: *F*	0,0000	0,0014	0,0024
Erste Stufe *F*–Test: $F(y - y_l)$	0,0000	0,0000	0,0000
Erste Stufe *F*–Test: $L(y - y_l)$	0,0000	0,0000	0,0001
Sargan-Test	0,5372	0,7255	0,5573
C–Test for $L(y - y_l)$	0,3773	0,7013	0,4654
C–Test for $(y - y_l)$	0,6475	0,7790	0,7781
Stichprobenumfang	71	63	63

Die abhängige Variable $g - g_l$ ist die durchschnittliche Wachstumsrate des realen BIP pro Kopf im Verhältnis zu dem Wert für die Vereinigten Staaten, 1960–1995. F ist die durchschnittliche finanzielle Entwicklung für 1960–1995 unter Verwendung der Privatkredite als Maß dafür und $y - y_l$ ist the logarithmierte Wert des BIP pro Kopf im Jahr 1960 im Verhältnis zum Wert für die Vereinigten Staaten.

[a] *Das Kontrollvariablenset für Politik beinhaltet die durchschnittliche Zahl der Schuljahre im Jahr 1960 (school), Größe der Regierung (gov), Inflation (pi), Schwarzmarktprämie (bmp) und Offenheit für Handel (trade).*

[b] *Das vollständige Kontrollvariablenset beinhaltet das Set für Politik plus Indikatoren für Revolutionen und Staatsstreiche (revc), politische Attentate (assass) und ethnische Diversität (avelf). Die Schätzung von IV erfolgt durch Verwendung von L (gesetzliche Ursprünge) und $L(y - y_l)$ als Instrumente für F und $F(y - y_l)$ Die Zahlen in den Klammern sind Werte für die t-Statistik. Die Signifikanzniveaus von 1%, 5%, und 10% werden durch ***, ** bzw. * gekennzeichnet.*

Die Tabelle zeigt auch die p-Werte für die Instrumententests. Die F-Tests für die Signifikanz aller Koeffizienten liefern hochsignifikante Ergebnisse (p-Werte kleiner als 0,01). Dies sind Belege, die die Stärke der vorgeschlagenen Instrumente stützen.

Der Sargan- und der C-Test sind *Überindentifizierungs-Restriktionen-Tests.* Wie im Abschnitt über die IV-Schätzung angeführt, möchte man, dass alle Koeffizienten der Regression der 2SLS-Residuen auf alle Instrumente und exogenen Variablen statistisch nicht signifikant sind. Die hohen Niveaus der p-Werte für diese Tests zeigen an, dass man eine solche Nullhypothese nicht ablehnen kann, was Belege dafür liefert, dass die Instrumente das Wachstum nicht durch eine vernachlässigte Variable außerhalb des Finanzbereichs beeinflussen.

Literatur

Abramovitz, M. (1986). "Catching Up, Forging Ahead, and Falling Behind." *Journal of Economic History*, 46, 385–406.

Acemoglu, D. (1997). "Training and Innovation in an Imperfect Labour Market." *Review of Economic Studies*, 64, 445–464.

Acemoglu, D. (1998). "Why Do New Technologies Complement Skills? Directed Technical Change and Wage Inequality." *Quarterly Journal of Economics*, 113, 1055–1090.

Acemoglu, D. (2002). "Technical Change, Inequality, and the Labor Market." *Journal of Economic Literature*, 40, 7–72.

Acemoglu, D. (2003a). "Patterns of Skill Premia." *Review of Economic Studies*, 70, 199–230.

Acemoglu, D. (2003b). "Labor and Capital-Augmenting Technical Change." *Journal of the European Economic Association*, 1, 1–37.

Acemoglu, D. (2008a). *Introduction to Modern Economic Growth*. Forthcoming.

Acemoglu, D. (2008b). "Oligarchic versus Democratic Societies." *Journal of the European Economic Association*, 6, 1–44.

Acemoglu, D., P. Aghion, C. Lelarge, J. Van Reenen, and F. Zilibotti. (2007). "Technology, Information, and the Decentralization of the Firm." *Quarterly Journal of Economics*, 4, 1759–1799.

Acemoglu, D., P. Aghion, and G. L. Violante. (2001). "Deunionization, Technical Change, and Inequality." Carnegie-Rochester Conference Series on Public Policy.

Acemoglu, D., P. Aghion, and F. Zilibotti. (2006). "Distance to Frontier, Selection, and Economic Growth." *Journal of the European Economic Association*, 37–74.

Acemoglu, D., and J. Angrist. (2000). "How Large Are Human Capital Externalities? Evidence from Compulsory Schooling Laws." *NBER Macroannual*, 9–59.

Acemoglu, D., and V. Guerrieri. (2006). "Capital Deepening and Non-Balanced Economic Growth." NBER Working Paper No. 12475.

Acemoglu, D., and S. Johnson. (2005). "Unbundling Institutions." *Journal of Political Economy*, 113, 949–995.

Acemoglu, D., S. Johnson, and T. Mitton. (2003). "Institutions and Market Structure." Mimeo, MIT.

Acemoglu, D., S. Johnson, and J. Robinson. (2005). "Institutions as a Fundamental Cause of Long-Run Growth." In P. Aghion and S. N. Durlauf. (Eds.), *Handbook of Economic Growth*. Amsterdam: Elsevier North-Holland.

Acemoglu, D., S. Johnson, J. Robinson, and P. Yared. (2005). "Income and Democracy." CEPR Discussion Paper No. 5273.

Acemoglu, D., and J. Linn. (2004). "Market Size in Innovation: Theory and Evidence from the Pharmaceutical Industry." *Quarterly Journal of Economics*, 119, 1049–1090.

Acemoglu, D., J. A. Robinson, and S. Johnson. (2001). "The Colonial Origins of Comparative Development: An Empirical Investigation." *American Economic Review*, 91, 1369–1401.

Acemoglu, D., J. A. Robinson, and S. Johnson. (2002). "Reversal of Fortune: Geography and Institutions in the Making of the Modern World Income Distribution." *Quarterly Journal of Economics*, 117, 1231–1294.

Acemoglu, D., J. A. Robinson, and S. Johnson. (2005a). "Institutions as a Fundamental Cause of Long-Run Growth." In P. Aghion and S. N. Durlauf (Eds.). *Handbook of Economic Growth*. Elsevier North-Holland, Amsterdam.

Acemoglu, D., J. A. Robinson, and S. Johnson. (2005b). "The Rise of Europe: Atlantic Trade, Institutional Change and Economic Growth." *American Economic Review*, 95, 546–579.

Acemoglu, D., and J. Ventura. (2002). "The World Income Distribution." *Quarterly Journal of Economics*, 117, 659–694.

Acemoglu, D., and F. Zilibotti. (1997). "Was Prometheus Unbound by Chance? Risk, Diversification, and Growth." *Journal of Political Economy*, 105, 709–775.

Acemoglu, D., and F. Zilibotti. (2001). "Productivity Differences." *Quarterly Journal of Economics*, 116, 563–606.

Aghion, P., A. Alesina, and F. Trebbi. (2004). "Endogenous Political Institutions." *Quarterly Journal of Economics*, 119, 565–611.

Aghion, P., A. Alesina, and F. Trebbi. (2008). "Democracy, Technology, and Growth." In E. Helpman (Ed.). *Institutions and Economic Performance*. Cambridge, MA: Harvard University Press.

Aghion, P., Y. Algan, and P. Cahuc. (2008). "Can Policy Interact with Culture? Minimum Wage and the Quality of Labor Relations." NBER Working Paper No. 14327.

Aghion, P., Y. Algan, P. Cahuc, and A. Shleifer. (2008). "Regulation and Distrust." Mimeo, Harvard University.

Aghion, P., G. M. Angeletos, A. Banerjee, and K. Manova. (2005). "Volatility and Growth: Financial Development and the Cyclical Behavior of the Composition of Investment." Mimeo, Harvard University.

Aghion, P., P. Bacchetta, R. Ranciere, and K. Rogoff. (2006). "Exchange Rate Volatility and Productivity Growth: The Role of Financial Development." CEPR Discussion Paper No. 5629.

Aghion, P., and A. Banerjee. (2005). "Volatility and Growth." Clarendon Lectures in Economics. Oxford, UK: Oxford University Press.

Aghion, P., A. Banerjee, and T. Piketty. (1999). "Dualism and Macroeconomic Volatility." Quarterly Journal of Economics, 114, 1359–1397.

Aghion, P., N. Bloom, R. Blundell, R. Griffith, and P. Howitt. (2005). "Competition and Innovation: An Inverted-U Relationship." *Quarterly Journal of Economics*, 120, 701–728.

Aghion, P., R. Blundell, R. Griffith, P. Howitt, and S. Prantl. (2004). "Entry and Productivity Growth: Evidence from Microlevel Panel Data." *Journal of the European Economic Association*, 2, 265–276.

Aghion, P., R. Blundell, R. Griffith, P. Howitt, and S. Prantl. (2006). "The Effects of Entry on Incumbent Innovation and Productivity." CEPR Discussion Paper No. 5323.

Aghion, P., and P. Bolton. (1997). "A Trickle Down Theory of Growth and Development." *Review of Economic Studies*, 64, 151–172.

Aghion, P., L. Boustan, C. Hoxby, and J. Vandenbussche. (2005). "Exploiting States' Mistakes to Identify the Causal Effect of Higher Education on Growth." Mimeo, Harvard University.

Aghion P., R. Burgess, S. Redding, and F. Zilibotti. (2006). "The Unequal Effects of Liberalization: Evidence from Dismantling the License Raj in India." CEPR Discussion Paper No. 5492.

Aghion, P., M. Dewatripont, C. Hoxby, A. Mas-Colell, and A. Sapir. (2007). "Why Reform Europe's Universities?" Bruegel Policy Brief.

Aghion, P., M. Dewatripont, and P. Rey. (1999). "Competition, Financial Discipline, and Growth." *Review of Economic Studies*, 66, 825–852.

Aghion, P., and S. N. Durlauf (Eds.). (2005). *Handbook of Economic Growth*. Amsterdam: Elsevier North-Holland.

Aghion, P., J. Fedderke, P. Howitt, C. Kulatane, and N. Viegi. (2008). "Testing Creative Destruction in an Opening Economy: The Case of the South African Manufacturing Industries." Mimeo, Harvard University.

Aghion, P., and R. Griffith. (2005). *Competition and Growth: Reconciling Theory and Evidence*. Cambridge, MA: MIT Press.

Aghion, P., C. Harris, P. Howitt, and J. Vickers. (2001). "Competition, Imitation and Growth with Step-by-Step Innovation." Review of Economic Studies, 68, 467–492.

Aghion, P., C. Harris, and J. Vickers. (1997). "Competition and Growth with Step-by-Step Innovation: An Example." *European Economic Review*, Papers and Proceedings, 771–782.

Aghion, P., and P. Howitt. (1988). "Growth and Cycles through Creative Destruction." Mimeo, MIT.

Aghion, P., and P. Howitt. (1992). "A Model of Growth through Creative Destruction." *Econometrica*, 60, 323–35 l.

Aghion, P., and P. Howitt. (1998a). *Endogenous Growth Theory*. Cambridge, MA: MIT Press.

Aghion, P., and P. Howitt. (l998b). "On the Macroeconomic Effects of Major Technological Change." In E. Helpman (Ed.). *General Purpose Technologies and Economic Growth*. Cambridge, MA: MIT Press.

Aghion, P., and P. Howitt. (2006). "Joseph Schumpeter Lecture: Appropriate Growth Policy: A Unifying Framework." *Journal of the European Economic Association*, 4, 269–314.

Aghion, P., P. Howitt, and D. Mayer-Foulkes. (2005). "The Effect of Financial Development on Convergence: Theory and Evidence." *Quarterly Journal of Economics*, 120, 173–222.

Aghion, P., P. Howitt, and G. L. Violante. (2000). "General Purpose Technology and Within-Group Inequality." CEPR Discussion Paper No. 2474.

Aghion, P., P. Howitt, and G. L. Violante. (2002). "General Purpose Technology and Wage Inequality." *Journal of Economic Growth*, 7, 315–345.

Aghion, P., and E. Kharroubi. (2007). "Cyclical Budgetary Policy and Growth: A Sectoral Analysis". Mimeo, Harvard University.

Aghion, P., and I. Marinescu. (2007). "Cyclical Budgetary Policy and Economic Growth: What Do We Learn from OECD Panel Data?" Mimeo, Harvard University.

Aghion, P., and G. Saint-Paul. (1998). "Uncovering Some Causal Relationships between Productivity Growth and the Structure of Economic Fluctuations: A Tentative Survey." *Labour*, 12, 279–303.

Alesina, A., and D. Rodrik. (1994). "Distributive Politics and Economic Growth." *Quarterly Journal of Economics*, 109, 465–490.

Alesina, A., E. Spolaore, and R. Wacziarg. (2005). "Trade, Growth and the Size of Countries." In P. Aghion and S. N. Durlauf (Eds.). *Handbook of Economic Growth*. Amsterdam: Elsevier North-Holland.

Arestis, P., P. O. Demetriades, and K. B. Luintel. (2001). "Financial Development and Economic Growth: The Role of Stock Markets." *Journal of Money, Credit, and Banking*, 33, 16–41.

Arrow, K. J. (1962). "The Economic Implications of Learning by Doing." *Review of Economic Studies*, 29, 155–173.

Arrow, K. J. (1969). "Classificatory Notes on the Production and Transmission of Technological Knowledge." *American Economic Review, Papers and Proceedings*, 59, 29–35.

Arrow, K. J., and M. Kurz. (1970). *Public Investment, the Rate of Return and Optimal Fiscal Policy*. Baltimore: Johns Hopkins University Press.

Ashraf, Q., and O. Galor. (2008). "Malthusian Population Dynamics: Theory and Evidence." Working Papers 2008-6, Brown University, Department of Economics.

Atkinson, A. B., and J. E. Stiglitz. (1969). "A New View of Technological Change." *Economic Journal*, 79, 573–578.

Autor, D., A. Krueger, and L. Katz. (1998). "Computing Inequality: Have Computers Changed the Labor Market?" *Quarterly Journal of Economics*, 113, 1169–1214.

Azariadis, C., and A. Drazen. (1990). "Threshold Externalities in Economic Development." *Quarterly Journal of Economics*, 105, 501–526.

Banerjee, A., and E. Duflo. (2003). "Inequality and Growth: What Can the Data Say?" *Journal of Economic Growth*, 8, 267–299.

Banerjee, A., and E. Duflo. (2005). "Growth Theory through the Lens of Development Economics." In P. Aghion and S. N. Durlauf (Eds). *Handbook of Economic Growth*. Amsterdam: Elsevier North-Holland.

Banerjee, A., and L. Iyer. (2005). "History, Institutions, and Economic Performance: The Legacy of Colonial Land Tenure Systems in India." *American Economic Review*, 95, 1190–1213.

Banerjee, A., and A. Newman. (1993). "Occupational Choice and the Process of Development." *Journal of Political Economy*, 101, 274–298.

Barlevy, G. (2007). "On the Cyclicality of Research and Development." *American Economic Review*, 97, 1131–1164.

Barro, R. J. (1990). "Government Spending in a Simple Model of Endogenous Growth." *Journal of Political Economy*, 98, 103–125.

Barro, R. J. (1996). "Democracy and Growth." *Journal of Economic Growth*, 1, 1–27.

Barro, R. J. (1997). Determinants of Economic Growth: A Cross-Country Empirical Study. Cambridge, MA: MIT Press.

Barro, R. J. (1999a). "The Determinants of Democracy." *Journal of Political Economy*, 107, S158–S183.

Barro, R. J. (1999b). "Laibson Meets Ramsey in the Neoclassical Growth Model." *Quarterly Joumal of Economics*, 114, 1125–1152.

Barro, R. J., and J. W. Lee. (2000). "International Data on Educational Attainment Updates and Implications." NBER Working Paper No. 791.

Barro, R. J., N. G. Mankiw, and X. Sala-i-Martin. (1995). "Capital Mobility in Neoclassical Models of Growth." *American Economic Review*, 85, 103–115.

Barro, R, and X. Sala-i-Martin. (1991). "Convergence across States and Regions." *Brookings Papers on Economic Activity*, 1, 107–182.

Barro, R. J., and X. Sala-i-Martin. (1992a). "Convergence." *Journal of Political Economy* 100, 223–251.

Barro, R. J., and X. Sala-i-Martin. (1992b). "Public Finance in Models of Economic Growth." *Review of Economic Studies*, 59, 645–661.

Barro, R. J., and X. Sala-i-Martin. (1995a). *Economic Growth*. New York: McGraw-Hill.

Barro, R. J., and X. Sala-i-Martin. (1995b). "Technological Diffusion, Convergence and Growth." CEPR Discussion Paper No. 1255.

Barro, R. J., and X. Sala-i-Martin. (1997). "Technological Diffusion, Convergence, and Growth." *Journal of Economic Growth*, 2, 1–27.

Basu, S., and D. N. Weil. (1998). "Appropriate Technology and Growth." *Quarterly Journal of Economics*, 113, 1025–1054.

Baumol, W. (1967). "Macroeconomics of Unbalanced Growth: The Anatomy of Urban Crisis," *American Economic Review*, 57, 415–426.

Baumol, W. (1986). "Productivity Growth, Convergence and Welfare: What the Long Run Shows." *American Economic Review*, 76, 1072–1085.

Baumol, W., J. Blackman, S. A. Batey, and E. N. Wolff. (1989). *Productivity and American Leadership*. Cambridge MA: MIT Press.

Baumol, W., and E. N. Wolff. (1988). "Productivity Growth, Convergenc and Welfare: Reply:" *American Economic Review*, 78, 1155–1159.

Bean, C. R. (1990). "Endogenous Growth and the Procyclical Behaviour of Productivity." *European Economic Review*, 34, 355–363.

Beck, T., A. Demirgüç-Kunt, L. Laeven, and R. Levine. (2004). "Finance, Firm Size, and Growth." NBER Working Paper No. W10983.

Becker, G. (1964). *Human Capital*. New York: Columbia University Press.

Becker, G., K. Murphy, and R. Tamura. (1990). "Human Capital, Fertility and Economic Growth." *Journal of Political Economy*, 98, part 2, 513–537.

Benabou, R. (1996). "Inequality and Growth." In B. S. Bernanke and J. Rotemberg (Eds.). NBER *Macroeconomics Annual* 11. Cambridge, MA: MIT Press.

Benassy, J.-P. (1998). "Is There Always Too Little Research in Endogenous Growth with Expanding Product Variety?" *European Economic Review*, 42, 61–69.

Bencivenga, V. R, and B. D. Smith. (1993). "Some Consequences of Credit Rationing in an Endogenous Growth Model." *Journal of Economic Dynamics and Control*, 17, 97–122.

Benhabib, J., and M. M. Spiegel. (1994). "The Role of Human Capital in Economic Development: Evidence from Aggregate Cross-Country Data." *Journal of Monetary Economics*, 34, 143–173.

Benhabib, J., and M. M. Spiegel. (2005). "Human Capital and Technology Diffusion." In P. Aghion and S. N. Durlauf (Eds.). *Handbook of Economic Growth*. Amsterdam: Elsevier North-Holland.

Berman, E., J. Bound, and Z. Griliches. (1994). "Changes in the Demand for Skilled Labor within U.S. Manufacturing: Evidence from the Annual Survey of Manufacturers," *Quarterly Journal of Economics*, 109, 367–397.

Berman, N., L. Eymard, P. Aghion, P. Askhenazy, and G. Cette. (2007). "Credit Constraints and the Cyclicality of R&D: Lessons from French Firm-Level Panel Data." Mimeo, Banque de France.

Bernanke, B., and M. Gertler. (1989). "Agency Costs, Net Worth and Business Fluctuations." *American Economic Review*, 79, 14–31.

Bernanke, B., M. Gertler, and S. Gilchrist. (1999). "The Financial Accelerator in a Quantitative Business Cycle Framework." In J. Taylor and M. Woodford (Eds.). *Handbook of Macroeconomics*. Amsterdam: North-Holland.

Bils, M., and P. Klenow. (2000). "Does Schooling Cause Growth?" *American Economic Review*, 90, 1160–1183.

Blanchard, O. (1985). "Debt, Deficits, and Finite Horizons." *Journal of Political Economy*, 93, 223–247.

Blundell, R., R. Griffith, and J. Van Reenen. (1995). "Dynamic Count Data Models of Technological Innovation." *Economic Journal*, 105, 333–344.

Blundell, R., R. Griffith, and J. Van Reenen. (1999). "Market Share, Market Value and Innovation in a Panel of British Manufacturing Firms." *Review of Economic Studies*, 66, 529–554.

Blundell, R., and I. Preston. (1999). "Inequality and Uncertainty: Short-Run Uncertainty and Permanent Inequality in the US and Britain." Mimeo, University College, London.

Boyd, J. H., and E. C. Prescott. (1986). "Financial Intermediary-Coalitions." *Journal of Economic Theory*, 38, 211–232.

Bresnahan, T., and A. Gambardella. (1998). "The Division of Inventive Labor and the Extent of the Market." In E. Helpman (Ed.). *General Purpose Technologies and Economic Growth*. Cambridge, MA: MIT Press.

Bresnahan, T., and M. Trajtenberg. (1995). "General Purpose Technologies: Engines of Growth?" *Journal of Econometrics*, 65, 83–108.

Brock, W., and L. Mirman. (1972). "Optimal Economic Growth under Uncertainty: The Discounted Case." *Journal of Economic Theory*, 4, 497–513.

Broda, C., J. Greenfield, and D. Weinstein. (2006). "From Groundnuts to Globalization: A Structural Estimate of Trade and Growth." NBER Working Paper No. 12512.

Bruno, M. (1993). *Crisis, Stabilization and Economic Reform: Therapy by Consensus*. Oxford, UK: Clarendon Press.

Buonanno, P., C. Carraro, and M. Galeotti. (2003). "Endogenous Induced Technical Change and the Costs of Kyoto." *Resource and Energy Economics*, 25, 11–34.

Caballero, R. J., and M. Hammour. (1994). "The Cleansing Effects of Recessions." *American Economic Review*, 84, 1350–1368.

Caballero, R., and A. Jaffe. (1993). "How High Are the Giants' Shoulders? An Empirical Assessment of Knowledge Spillovers and Creative Destruction in a Model of Economic Growth." *NBER Macroeconomic Annual*, 15–74.

Canova, F., and A. Marcet. (1995). "The Poor Stay Poor: Nonconvergence across Countries and Regions." CEPR Discussion Paper No. 1265.

Card, D. (1996). "The Effects of Unions on the Structure of Wages: A Longitudinal Analysis." *Econometrica*, 64, 957–979.

Caselli, F. (2005). "Accounting for Cross-Country Income Differences." In P. Aghion and S. N. Durlauf (Eds.). *Handbook of Economic Growth*. Amsterdam: Elsevier North-Holland.

Casselli F., and W. J. Coleman. (2001). "Cross-Country Technology Diffusion: The Case of Computers." *American Economic Review, Papers and Proceedings*, 91, 328–335.

Caselli, F., G. Esquivel, and F. Lefort. (1996). "Reopening the Convergence Debate: A New Look at Cross-Country Growth Empirics." *Journal of Economic Growth*, 1, 363–389.

Caselli, F., and N. Gennaioli. (2006). "Dynastic Management." CEP Discussion Paper No. 741.

Caselli, F., and J. Ventura. (2000). "A Representative Consumer Theory of Distribution." *American Economic Review*, 90, 909–926.

Caselli, F., and D. J. Wilson. (2004). "Importing Technology." *Journal of Monetary Economics*, 51, 1–32.

Cass, D. (1965). "Optimum Growth in an Aggregative Model of Capital Accumulation." *Review of Economic Studies*, 32, 233–240.

Cheng, L. K., and E. Dinopoulos. (1992). "Schumpeterian Growth and International Business Cycles." *American Economic Review, Papers and Proceedings*, 82, 409–414.

Coe, D. T., and E. Helpman. (1995). "International R&D Spillovers." *European Economic Review*, 39, 859–887.

Cohen, W. M., and D. A. Levinthal. (1989). "Innovation and Learning: The Two Faces of R&D." *Economic Journal*, 99, 569–596.

Comin, D. (2000). "An Uncertainty-Driven Theory of the Productivity Slowdown: Manufacturing." Mimeo, Harvard University.

Comin, D., and M. Gertler. (2006). "Medium-Term Business Cycles." *American Economic Review*, 96, 523–551.

Comin, D., M. Gertler, and A. M. Santacreu. (2008). "International Medium Term Business Cycles." Mimeo.

Comin, D., and S. Mulani. (2007). "A Theory of Growth and Volatility at the Aggregate and Firm Level." *Proceedings, Federal Reserve Bank of San Francisco*.

Corriveau, L. (1991). "Entrepreneurs, Growth and Cycles." PhD dissertation. University of Western Ontario.

Crepon, B., E. Duguet, and J. Mairesse. (1998). "Research, Innovation, and Productivity: An Econometric Analysis at the Firm Level." NBER Working Paper No. 6696.

Cummins, J. G., and G. L. Violante. (2002) "Investment-Specific Technical Change in the United States (1947–2000): Measurement and Macroeconomic Consequences." *Review of Econoic Dynamics*, 5, 243–284.

Dasgupta, S. (2008). "Discounting Climate Change." *Review of Environmental Economics Policy*, forthcoming.

Dasgupta, S., B. Laplante, H. Wang, and D. Wheeler. (2002). "Confronting the Environmental Kuznets Curve." *Journal of Economic Perspectives*, 16, 147–168.

Dasgupta, P., and J. Stiglitz. (1980). "Industrial Structure and the Nature of Innovative Activity." *Economic Journal*, 90, 266–293.

d'Autume, A., and P. Michel. (1994). "Education et Croissance." *Revue d.Economie Politique*, 104, 457–499.

David, P. A. (1990). "The Dynamo and the Computer: An Historical Perspective on the Modern Productivity Paradox." *American Economic Review*, 80, 355–361.

Deaton, A., and J. Dreze. (2002). "Poverty and Inequality in India: A Reexamination." Working Paper 107, Princeton University.

De Gregorio, J. (1996). "Borrowing Constraints, Human Capital Accumulation, and Growth." *Journal of Monetary Economics*, 37, 49–71.

DeLong, B. (1988). "Productivity Growth, Convergence and Welfare: Comment." *American Economic Review*, 78, 1138–1154.

Demirgüç-Kunt, A., and V. Maksimovic. (1998). "Law, Finance, and Firm Growth." *Journal of Finance*, 53, 2107–2137.

Denison, E. F. (1962). "Sources of Growth in the United States and the Alternatives before Us." Supplement Paper 13. Committee for Economic Development, New York.

Devereux, M., and B. J. Lapham. (1994). "The Stability of Economic Integration and Endogenous Growth." *Quarterly Journal of Economics*, 59, 299–305.

Dinopoulos, E., and C. Syropoulos. (2006). "Rent Protection as a Barrier to Innovation and Growth." *Economic Theory*, 32, 309–332.

Dinopoulos, E., and P. Thompson. (1998). "Schumpeterian Growth without Scale Effects." *Journal of Economic Growth*, 3, 313–335.

Dixit, A. K., and J. E. Stiglitz. (1977). "Monopolistic Competition and Optimum Product Diversity." *American Economic Review*, 67, 297–308.

Djankov, S., R. La Porta, F. Lopez-de-Silanes, and A. Shleifer. (2002). "The Regulation of Entry." *Quarterly Journal of Economics*, 117, 1–37.

Djankov, S., R. La Porta, F. Lopez-de-Silanes, and A. Shleifer. (2003). "Courts." *Quarterly Journal of Economics*, 118, 453–517.

Doepke, M., and F. Zilibotti. (2008). "Occupational Choice and the Spirit of Capitalism." *Quarterly Journal of Economics*, 123, 747–795.

Domar, E. D. (1946). "Capital Expasion, Rate of Growth, and Employment." *Econometrica*, 14, 137–147.

Dowrick, S., and D. Nguyen. (1989). "OECD Comparative Economic Growth, 1950–1985: Catch-up and Convergence." *American Economic Review*, 79, 1010–1030.

Drandakis, E., and E. Phelps. (1965). "A Model of Induced Invention, Growth and Distribution." *Economic Journal*, 76, 823–840.

Duflo, E. (2004). "The Medium Run Consequences of Educational Expansion: Evidence from a Large School Construction Program in Indonesia." *Journal of Development Economics*, 74, 163–197.

Durlauf, S., and P. Johnson. (1995). "Multiple Regimes and Cross-Country Growth Behavior." *Journal of Applied Econometrics*, 10, 365–384.

Easterly, W. (2005). "National Policies and Economic Growth." In P. Aghion and S. N. Durlauf (Eds.). *Handbook of Economic Growth*. Amsterdam: Elsevier North-Holland.

Easterly, W., and R. Levine. (1997). "Africa's Growth Tragedy: Policies and Ethnic Divisions." *Quarterly Journal of Economics*, 112, 1203–1250.

Eaton, J., and S. Kortum. (2001). "Technology, Trade, and Growth: A Unified Framework." *European Economic Review, Papers and Proceedings*, 45, 742–755.

Eaton, J., and S. Kortum. (2002). "Technology, Geography, and Trade." *Econometrica*, 70, 1741–1779.

Engerman, S. L., and K. L. Sokoloff. (1997). "Factor Endowments, Institutions, and Differential Growth Paths among New World Economies." In S. Haber (Ed.). *How Latin America Fell Behind*. Stanford, CA: Stanford University Press.

Engerman, S. L., and K. L. Sokoloff. (2000). "History Lessons: Institutions, Factor Endowments, and the Paths of Development in the New World." *Journal of Economic Perspective*, 14, 217–232.

Ethier, W. J. (1982). "National and International Returns to Scale in the Modern Theory of International Trade." *American Economic Review*, 72, 389–405.

Etro, F. (2004). "Innovation by Leaders." *Economic Journal*, 114, 281–303.

Evans, P. (1996). "Using Cross-Country Variances to Evaluate Growth Theories." *Journal of Economic Dynamics and Control*, 20, 1027–1049.

Evenson, R. E., and L. E. Westphal. (1995). "Technological Change and Technology Strategy." In T. N. Srinivasan and J. Behrman (Eds.). *Handbook of Development Economics*, vol. 3 A. Amsterdam: Elsevier.

Fellner, W. (1961). "Two Propositions in the Theory of Induced Innovations." *Economic Journal*, 71, 305–308.

Fogel, K., R. Morck, and B. Yeung. (2008). "Big Business Stability and Economic Growth: Is What's Good for General Motors Good for America?" *Journal of Financial Economics*, forthcoming.

Fortin, N. M., and T. Lemieux. (1997). "Institutional Changes and Rising Wage Inequality: Is There a Linkage?" *Journal of Economic Perspectives*, 11, 75–96.

Francois, P., and H. Lloyd-Ellis. (2003). "Animal Spirits through Creative Destruction." *American Economic Review*, 93, 530–550.

Frankel, J., and D. Romer. (1999). "Does Trade Cause Growth?" *American Economic Review*, 89, 379–399.

Frankel, M. (1962). "The Production Function in Allocation of Growth: A Synthesis." *American Economic Review*, 52, 995–1022.

Freedom House. (2004). *Freedom in the World*. Website and book, Washington DC.

Freeman, C., J. Clark, and L. Soete. (1982). *Unemployment and Technical Innovation: A Study of Long Waves and Economic Development*. London: Francis Pinter.

Freeman, C., and C. Perez. (1988). "Structural Crises of Adjustment, Business Cycles and Investment Behaviour." In G. Dosi et al. (Eds.). *Technical Change and Economic Theory*. London: Francis Pinter.

Freeman, R. B. (1993). "How Much Has Deunionization Contributed to the Rise in Male Earnings Inequality?" In S. Danziger and P. Gottschalk (Eds.). *Uneven Tides: Rising Inequality in America*. New York: Russell Sage Foundation.

Gali, J., and M. Hammour. (1991). "Long-Run Effects of Business Cycles." Papers 540. Columbia University.

Galor, O. (2005). "From Stagnation to Growth: Unified Growth Theory." In P. Aghion and S. N. Durlauf (Eds.). *Handbook of Economic Growth*. Amsterdam: Elsevier North-Holland.

Galor, O., and O. Moav. (2000). "Ability Biased Technological Transition, Wage Inequality within and across Groups, and Economic Growth." *Quarterly Journal of Economics*, 115, 469–497.

Galor, O., and D. N. Weil. (2000). "Population, Technology and Growth: From the Malthusian Regime to the Demographic Transition." *American Economic Review*, 110, 806–828.

Galor, O., and J. Zeira. (1993). "Income Distribution and Macroeconomics." *Review of Economic Studies*, 60, 35–52.

Gancia, G. (2003). "Globalization, Divergence and Stagnation." IIES Seminar Paper 720.

Gancia, G., and F. Zilibotti. (2005). "Horizontal Innovation in the Theory of Growth and Development." In P. Aghion and S. N. Durlauf (Eds.). *Handbook of Economic Growth*. Amsterdam: Elsevier North-Holland.

Garcia-Penalosa, C., and B. Koebel. (1998). "International Trade, Material Prices and Wages." Mimeo, Nuffield College, Oxford.

Geroski, P. (1995). *Market Structure, Corporate Performance and Innovative Activity*. Oxford, UK: Oxford University Press.

Gerschenkron, A. (1962). *Economic Backwardness in Historical Perspetive: A Book of Essays*. Cambridge, MA: Belknap Press of Harvard University Press.

Glaeser, E., R. La Porta, F. Lopez-de-Silanes, and A. Shleifer. (2004). "Do Institutions Cause Growth?" *Journal of Economic Growth*, 9, 271–303.

Glomm, G., and B. Ravikumar. (1992). "Public versus Private Investment in Human Capital Endogenous Growth and Income Inequality." *Journal of Political Economy*, 100, 813–834.

Goldin, C., and L. M. Katz. (1998). "The Origins of Technology-Skill Complementarity." *Quarterly Journal of Economics*, 113, 693–732.

Goldin, C., and L. F. Katz. (1999). "The Returns to Skill across the Twentieth Century in the United States." NBER Working Paper No. 7126.

Goldsmith, R. W. (1969). *Financial Structure and Development*. New Haven, CT: Yale University Press.

Gordon, R. J. (1990). *The Measurement of Durable Goods Prices*. Chigaco: University of Chicago Press.

Gordon, R. J. (1999). "U.S. Economic Growth since 1870: One Big Wave?" *American Economic Review, Papers and Proceedings*, 89, 123–128.

Gottschalk, P., and R. Moffitt. (1994). "The Growth dfEarnings Instability in the US Labour Market." *Brookings Papers on Economic Activity*, 2, 217–272.

Greenwood, J., and B. Jovanovic. (1990). "Financial Development, Growth, and the Distribution of Income." *Journal of Political Economy*, 98, 1076–1107.

Greenwood, J., and B. Smith. (1996). "Financial Markets in Development, and the Development of Financial Markets." *Journal of Economic Dynamics mid Control*, 21, 145–181.

Greenwood, J., and M. Yorukoglu. (1997). "1974." *Carnegie-Rochester Series on Public Policy*, 46, 49–95.

Greif, A. (1994). "Cultural Beliefs and the Organization of Society: A Historical and Theoretical Reflection on Collectivist an Individualist Societies." *Journal of Political Economy*, 102, 912–950.

Greif, A. (2006). *Institutions and the Path to the Modern Economy*. New York: Cambridge University Press.

Griffith, R., S. Redding, and J. Van Reenan. (2004). "Mapping the Two Faces of R&D: Productivity Growth in a Panel of OECD Industries." *Review of Economics and Statistics*, 86, 883–895.

Griliches, Z. (1973). "Research Experiditures and Growth Accounting." In B. R. Williams (Ed.). *Science and Technology in Economic Growth*, New York: Macmillan.

Griliches, Z. (1979). "Issues on Assessing the Contribution of Research and Development to Productivity Growth." *Bell Journal of Economics*, 10, 92–116.

Griliches, Z. (1988). "Productivity Puzzles and R&D: Another Explanation." *Journal of Economic Perspectives*, 2, 9–21.

Griliches, Z. (1994). "Productivity, R&D, and the Data Constraint." *American Economic Review*, 84, 1–23.

Griliches, Z., and F. Lichtenberg. (1984). "R&D and Productivity Growth at the Industry Level: Is There Still a Relationship?" In Z. Griliches (Ed.). R&D, Patents, and Productivity. Chicago: University of Chicago Press.

Grossman, G., and E. Helpman. (1989). "Product Development and International Trade." *Journal of Political Economy*, 97, 1261–1283.

Grossman, G., and E. Helpman. (1991a). Innovation *and Growth in the World Economy*. Cambridge, MA: MIT Press.

Grossman, G. M., and E. Helpman. (1991b). "Quality Laddets in the Theory of Growth." *Review of Economic Studies*, 58, 43–61.

Grossman, G. M., and E. Helpman. (1991c). "Quality Ladders and Product Cycles." *Quarterly Journal of Economics*, 106, 557–586.

Grossman, G. M., and E. Helpman. (1991d). "Trade Knowledge Spillovers and Growth." *European Economic Review*, 35, 517–526.

Grossman, G., and E. Helpman. (1995). "Technology and Trade." In G. Grossman and K. Rogoff (Eds.). *Handbook of International Economics*, vol. 3. Amsterdam: Elsevier.

Grossman, G. M., and A. B. Krueger. (1991). "Environmental Impact of a North American Free Trade Agreement." NBER Working Paper No. 3914.

Grossman, G. M., and A. B. Krueger. (1995). "Economic Growth and the Environment." *Quarterly Journal of Economics*, 110, 353–377.

Grübler, A., and S. Messner. (1998). "Technological Change and the Timing of Mitigation Measures." *Energy Economics*, 20, 495–512.

Guiso, L., P. Sapienza, and L. Zingales. (2002). "Does Local Financial Development Matter?" NBER Working Paper No. 8922.

Guiso, L., P. Sapienza, and L. Zingales. (2005). "Does Culture Affect Economic Outcomes?" *Journal of Economic Perspectives*, 20, 23–48.

Gurley, J. G., and E. S. Shaw. (1955). "Financial Aspects of Economic Development." *American Economic Review*, 45, 515–538.

Ha, J. (2002). "From Factor Accumulation to Innovation: Sustained Economic Growth with Changing Components." Mimeo, Brown University.

Ha, J., and P. Howitt. (2006). "Accounting for Trends in Productivity and R&D: A Schumpeterian Critique of Semi-Endogenous Growth Theory." *Journal of Money, Credit, and Banking*, 39, 733–774.

Habakkuk, H. J. (1962). *American and British Technology in the Nineteenth Century: Search for Labor Saving Inventions.* Cambridge, UK: Cambridge University Press.

Hall, B. H., A. Jaffe, and M. Trajtenberg. (2000). "Market Value and Patent Citations: A First Look." NBER Working Paper No. W7741.

Hall, R. E. (1991). "Recessions as Reorganizations." *NBER Macroeconomics Annual.*

Hall, R. E., and C. J. Jones. (1999). "Why Do Some Countries Produce So Much More Output Per Worker Than Others?" *Quarterly Journal of Economics*, 114, 83–116.

Hansen, G., and E. Prescott. (2002), "Malthus to Solow." *American Economic Review*, 92, 1205–1217.

Hanushek, E. A., and L. Woessmann. (2007). "The Role of Education Quality for Economic Growth." Policy Research Working Paper Series 4122, World Bank.

Harbaugh, B., A. Levinson, and D. Wilson. (2002). "Reexamining the Empirical Evidence for an Environmental Kuznets Curve." *Review of Economics and Statistics*, 84, 541–551.

Harris, R. (1998). "The Internet as a GPT: Factor Market Implications." In E. Helpman (Ed.). *General Purpose Technologies alld Economic Growth.* Cambridge, MA: MIT Press.

Harrod, R. F. (1939). "An Essay in Dynamic Theory." *Economic Journal*, 49, 14–33.

Hart, O. (1983). "The Market Mechanism as an Incentive Scheme." *Bell Journal of Economics*, 14, 366–382.

Hauk, E., and M. Saez-Mafti. (2002). "On the Cultural Transmission of Corruption." *Journal of Economic Theory*, 107, 311–335.

Hausmann, R., and M. Gavin. (1996). "Securing Stability and Growth in a Shock Prone Region: The Policy Challenge for Latin America." InterAmerican Development Bank Working Paper 315.

Hausmann, R., and D. Rodrik. (2003). "Economic Development as Self-Discovery." *Journal of Development Economics*, 72, 603–633.

Hausmann, R., D. Rodrik, and A. Velasco. (2005). "Growth Diagnostics." Mimeo, Harvard University.

Heckman, J. J., L. Lochner, and C. Taber. (1998). "Explaining Rising Wage Inequality: Explorations with a Dynamic General Equilibrium Model of Labor Earnings with Heterogeneous Agents." *Review of Economic Dynamics*, I, 1–58.

Helpman, E. (1993). "Innovation, Immitation, and Intellectual Property Rights." *Econometrica*, 61, 1247–1280.

Helpman, E. (Ed.). (1998). *General Purpose Technologies and Economic Growth.* Cambridge, MA: MIT Press.

Helpman, E. (2004). *The Mystery of Economic Growth.* Cambridge, MA: Belknap Press of Harvard University Press.

Helpman, E. (Ed.). *Institutions and Economic Performance.* Cambridge, MA: Harvard University Press, forthcoming.

Helpman, E., and M. Trajtenberg. (1998a). "A Time to Sow and a Time to Reap: Growth Based on General Purpose Technologies." In Helpman, E. (Ed.). *General Purpose Technologies and Economic Growth*. Cambridge, MA: MIT Press.

Helpman, E., and M. Trajtenberg. (1998b). "Diffusion of General Purpose Technologies." In E. Helpman (Ed.). *General Purpose Technologies and Economic Growth*. Cambridge, MA: MIT Press.

Heston, A., R. Summers, and B. Aten. (2002). "Penn World Table Version 6-1." Center for National Comparisons at the University of Pennsylvania (CICUP).

Hicks, J. (1932). *The Theory of Wages*. London: Macmillan.

Hicks, J. R. (1950). A *Contribution to the Theory of the Trade Cycle*. New York: Oxford University Press.

Hornstein, A., and P. Krusell. (1996). "Can Technology Improvements Cause Productivity Slowdowns?" *NBER Macroeconomics Annual*, 11, 209–259.

Hornstein, A., P. Krusell, and G. L. Violante. (2005). "The Effects of Technical Change on Labor Market Inequalities." In P. Aghion and S. N. Durlauf (Eds.). *Handbook of Economic Growth*. Amsterdam: Elsevier North-Holland.

Howitt, P. (1998). "Measurement, Obsolescence, and General Purpose Technologies." In E. Helpman (Ed.). *General Purpose Technologies and Economic Growth*. Cambridge, MA: MIT Press.

Howitt, P. (1999). "Steady Endogenous Growth with Population and R&D Inputs Growing." *Journal of Political Economy*, 107, 715–730.

Howitt, P. (2000). "Endogenous Growth and Cross-Country Income *Differences." American Economic Review*, 90, 829–846.

Howitt, P., and D. Mayer-Foulkes. (2005). "R&D, Implementation and Stagnation: A Schumpeterian Theory of Convergence Clubs." *Journal of Money, Credit and Banking*, 37, 147–177.

Hsieh, C.-T. (2002). "What Explains the Industrial Revolution in East Asia? Evidence from the Factor Markets." *American Economic Review*, 92, 502–526.

Hsieh, C.-T., and P. J. Klenow. (2007). "Misallocation and Manufacturing TFP in China and India." NBER Working Paper No. 13290.

Islam, N. (1995). "Growth Empirics: A Panel Data Approach." *Quarterly Journal of Economics*, 110, 1127–1170.

Jacoby, H. G. (1994). "Borrowing Constraints and ProgressJhrough School: Evidence from Peru." *Review of Economics and Statistics*, 76, 151–160.

Jayaratne, J., and P. E. Strahan. (1996). "The Finance-Growth Nexus: Evidence from Bank Branch Deregulation." *Quarterly Journal of Economics*, 111, 639–670.

Jones, C. (1997). "On the Evolution of the World Income Distribution." *Journal of Economic Perspectives*, 11, 19–36.

Jones, C. (1998). *Introduction to Economic Growth*. New York: W. W. Norton.

Jones, C. (2008). "Intermediate Goods, Weak Links, and Superstars: A Theory of Economic Development." Mimeo, UC Berkeley.

Jones, C. I. (1995a). "Time Series Tests of Endogenous Growth Models." *Quarterly Journal of Economics*, 110, 495–525.

Jones, C. I. (1995b). "R&D-Based Models of Economic Growth." *Journal of Political Economy*, 103, 759–784.

Jones, C. I. (2005). "Growth and Ideas." In P. Aghion and S. N. Durlauf (Eds.). *Handbook of Economic Growth*. Amsterdam: Elsevier North-Holland.

Jones, C. I. (1999). "Growth: With or without Scale Effects." *American Economic Review*, 89, 139–144.

Jones, L. E., and R. E. Manuelli. (2005). "Neoclassical Models of Endogenous Growth: The Effects of Fiscal Policy, Innovation, and Fluctuations." In P. Aghion and S. N. Durlauf (Eds.). *Handbook of Economic Growth*. Amsterdam: Elsevier North-Holland.

Jones, L., R. Manuelli, and E. Stacchetti. (2000). "Technology and Policy Shocks in Models of Endogenous Growth." Federal Reserve Bank of Minneapolis Working Paper 28 l.

Jorgenson, D. W. (1995). *Productivity.* Cambridge, MA: MIT Press.

Jorgenson, D. W. (2005). "Accounting for Growth in the Information Age." In P. Aghion and S. N. Durlauf (Eds.). *Handbook of Economic Growth*. Amsterdam: Elsevier North-Holland.

Jorgenson, D. W., and B. M. Fraumeni. (1992). "Investment in Education and US Economic Growth." *Scandinavian Journal of Economics*, 94, 51–70.

Jorgenson, D. W., and Z. Griliches. (1967). "The Explanation of Productivity Change." *Review of Economic Studies* 34, 249–280.

Jovanovic, B., and R. Rob. (1990). "Long Waves and Short Waves: Growth through Intensive and Extensive Search." *Econometrica*, 58, 1391–1409.

Jovanovic, B., and P. L. Rousseau. (2002). "Moore's Law and Learning-by-Doing." *Review Economic Dynamics*, 5, 356–375.

Jovanovic, B., and P. L. Rousseau. (2005). "General Purpose Technologies." In P. Aghion and S. Durlauf (Eds.). *Handbook of Economic Growth*. Amsterdam: Elsevier North-Holland.

Judd, K. L. (1985). "On the Performance of Patents." *Econometrica*, 53, 567–585.

Katz, L., and D. Autor (1999). "Changes in the Wage Structure and Earnings Inequality." In Ashenfelter, O. and E. Card (Eds.). *Handbook of Labor Economics*. Amsterdam: Elsevier North-Holland.

Katz, L., and K. Murphy. (1992). "Changes in Relative Wages: Supply and Demand Factors." *Quarterly Journal of Economics*, 105, 35–78.

Keller, W. (2002). "Technology Diffusion and the World Distribution of Income: The Role of Geography, Language, and Trade." University of Texas, unpublished.

Keller, W. (2004). "International Technology Diffusion." *Journal of Economic Literature*, 42, 752–782.

Kendrick, J. W. (1961). *Productivity Trends in the United States*. Princeton, NJ: Princeton University Press.

Kennedy, C. (1964). "Induced Bias in Innovation and the Theory of Distribution." *Economic Journal*, 74, 541–547.

Kiley, M. (1999). "The Supply of Skilled Labor and Skill-Biased Technological Progress." *Economic Journal*, 109, 708–724.

King, R. G., and R. Levine. (l993a). "Finance and Growth: Schumpeter Might Be Right." *Quarterly Journal of Economics*, 108, 717–738.

King, R. G., and R. Levine. (1993b). "Finance, Entrepreneurship, and Growth: Theory and Evidence." *Journal of Monetary Economics*, 32, 513–542.

King, R. G., and R. Levine. (1994). "Capital Fundamentalism, Economic Development, and Economic Growth." *Carnegie-Rochester Conference Series on Public Policy*, 40, 259–292.

King, R. G., and S. Rebelo. (1986). "Business Cycles with Endogenous Growth." Mimeo.

King, R. G., and S. Rebelo. (1990). "Public Policy and Economic Growth: Developing Neoclassical Implications." *Journal of Political Economy*, 98, 126–150.

Klenow, P. J., and A. Rodriguez-Clare. (1997). "The Neoclassical Revival in Growth Economics: Has It Gone Too Far?" In B. S. Bernanke and J. J. Rotemberg (Eds.). *NBER Macroeconomics Annual*, 1997. Cambridge, MA: MIT Press.

Knack, S., and P. Keefer. (1997). "Does Social Capital Have an Economic Payoff? A Cross-Country Comparison." *Quarterly Journal of Economics*, 112, 1251–1288.

Knight, M., N. Loayza, and D. Villanueva. (1993). "Testing the Neoclassical Theory of Economic Growth." *IMF Staff Papers*, 40, 512–54 l.

Kondratieff, N. (1925). *The Long Wave Cycle*. New York: Richardson and Snyder.

Kongsamut, P., S. Rebelo, and D. Xie. (2001). "Beyond Balanced Growth." *Review of Economic Studies*, 68, 869–882.

Koopmans, T. C. (1965). "On the Concept of Optimal Economic Growth." In *The Econometric Approach to Development Planning*. Amsterdam: North-Holland.

Koren, M., and S. Tenreyro. (2007). "Volatility and Development." *Quarterly Journal of Economics*, 122, 233–287.

Kortum, S. (1997). "Research, Patenting, and Technological Change." *Econometrica*, 65, 1389–1419.

Krebs, T. (2003). "Growth and Welfare Effects of Business Cycles in Economies with Idiosyncratic Human Capital Risk." *Review of Economic Dynamics*, 6, 846–868.

Kremer, M. (1993a). "The O-Ring Theory of Economic Development." *Quarterly Journal of Economics*, 108, 551–575.

Kremer, M. (1993b). "Population Growth and Technological Change: One Million B.C. to 1990." *Quarterly Journal of Economics*, 108, 681–716.

Kremer, M. (1998). "Patent Buyouts: A Mechanism for Encouraging Innovation." *Quarterly Journal of Economics*, 113, 1137–1167.

Krueger, A., and M. Lindahl. (2001). "Education for Growth: Why and for Whom?" *Journal of Economic Literature*, 39, 1101–1136.

Krugman, P. (1987). "The Narrow Moving Band, the Dutch Disease, and the Competitive Consequences of Mrs. Thatcher: Notes on Trade in the Presence of Dynamic Scale Economies." *Journal of Development Economics*, 27, 41–55.

Krusell, P., L. E. Ohanian, J.-V. Rios-Rull, and G. L. Violante. (2000). "Capital-Skill Complementarity and Inequality: A Macroeconomic Analysis." *Econometrica*, 68, 1029–1053.

Kunieda, T. (2008). Macroeconomics for Credit Market Imperfections and Heterogeneous Agents. PhD dissertation, Brown University.

Kydland, F. E., and E. C. Prescott. (1982). "Time to Build and Aggregate Fluctuations." *Econometrica*, 50, 1345–1370.

Laibson, D. (1997). "Golden Eggs and Hyperbolic Discounting." *Quarterly Journal of Economics*, 112, 443–477.

Laincz, C. A., and P. F. Peretto. (2004). "Scale Effects in Endogenous Growth Theory: An Error of Aggregation, Not Specification." Mimeo.

La Porta, R., F. Lopez-de-Silanes, A. Shleifer, and R. W. Vishny. (1998). "Law and Finance." *Journal of Political Economy*, 106, 1113–1155.

La Porta, R., F. Lopez-de-Silanes, A. Shleifer, and R. W. Vishny. (1999). "The Quality of Government." *Journal of Law, Economics, and Organization*, 15, 222–279.

Levine, R. (1998). "The Legal Environment, Banks, and Long-Run Economic Growth." *Journal of Money, Credit and Banking*, 30, 596–613.

Levine, R. (1999). "Law, Finance, and Economic Growth." *Journal of Financial Intermediation*, 8, 8–35.

Levine, R. (2005). "Finance and Growth: Theory and Evidence." In P. Aghion and S. N. Durlauf (Eds.). *Handbook of Economic Growth*. Amsterdam: Elsevier North-Holland.

Levine, R., N. Loayza, and T. Beck. (2000). "Financial Intermediation and Growth: Causality and Causes." *Journal of Monetary Economics*, 46, 31–77.

Levine, R., and S. Zervos. (1998). "Stock Markets, Banks, and Economic Growth." *American Economic Review*, 88, 537–558.

Lipsey, R., and C. Bekar. (1995). "A Structuralist View of Technical Change and Economic Growth." Bell *Canada Papers on Economic and Public Policy*, 3, 9–75.

Lipsey, R., C. Bekar, and K. Carlaw. (1998). "What Requires Explanation." In E. Helpman (Ed.). General Purpose Technologies and Economic Growth. Cambridge, MA: MIT Press.

Lipsey, R., K. Carlaw, and C. Bekar. (2005). Economic Transformations: *General Purpose Technologies and Long-term Economic Growth*. Oxford, UK: Oxford University Press.

Long, J. B., and C. I. Plosser. (1983). "Real Business Cycles." *Journal of Political Economy*, 91, 39–69.

Lucas, R. E., Jr. (1988). "On the Mechanics of Economic Development." *Journal of Monetary Economics*, 22, 3–42.

Lucas, R. E., Jr. (1990). "Why Doesn't Capital Flow from Rich to Poor Countries?" *American Economic Review*, 80, 92–96.

Machin, S. (1996). "Wage Inequality in the VK." *Oxford Review of Economic Policy*, 12, 47–64.

Machin, S. (1997). "The Decline of Labor Market Institutions and the Rise in Wage Inequality in Britain." *European Economic Review*, 41, 647–657.

Maddison, A. (2001). "The World Economy: A Millennial Perspective." Development Centre Studies. Paris: OECD.

Malthus, T. R. (1798). *An Essay on the Principle of Population*. Printed for J. Johnson, in St. Paul's Church-Yard, London.

Mankiw, N. G., P. Romer, and D. N. Weil. (1992). "A Contribution to the Empirics of Economic Growth." *Quarterly Journal of Economics*, 107, 407–437.

Manne, A. S., and R. G. Richels. (2004). "The Impact of Learning-by-Doing on the Timing and Costs of CO_2 Abatement." *Energy Economics*, 26, 603–619.

Manzocchi, S., and P. Martin. (1996). "Are Capital Flows Consistent with the Neoclassical Growth Model? Evidence from a Cross-Section of Developing Courtries." CEPR Discussion Paper No. 1400.

Marshall, M.G., and K. Jaggers. (2004). "Political Regime Characteristics and Transitions, 1800–2002." Polity IV Project, University of Maryland.

Maskin, E. (1977). "Nash Equilibrium and Welfare Optimality." Mimeo.

Matsuyama, K. (1992). "Agricultural Productivity, Comparative Advantage, and Economic Growth." *Journal of Economic Theory*, 58, 317–334.

Mayer-Foulkes, D. (2002). "Global Divergence." Documento de Trabajo del CIDE, SDTE.

McHugh, R., and J. Lane. (1987). "The Age of Capital, the Age of Utilized Capital, and Tests of the Embodiment Hypothesis." *Review of Economics and Statistics*, 69, 362–367.

McKinnon, R. I. (1973). *Money and Capital in Economic Development*. Washington, DC: Brookings Institution.

Melitz, M. (2003). "The Impact of Trade on Intra-industry Reallocations and Aggregate Industry Productivity." *Econometrica*, 71, 1695–1725.

Messner, S. (1997). "Endogenized Technological Learning in an Energy Systems Model." *Journal of Evolutionary Economics*, 7, 291–313.

Miklos, K., and S. Tenreyro. (2007). "Volatility and Development." *Quarterly Journal of Economics*, 122, 243–287.

Mincer, J. (1974). *Schooling, Experience and Earnings*. New York: Columbia University Press (for NBER).

Mokyr, J. (1990). *The Lever of Riches: Technological Creativity and Economic Progess*. Oxford, UK: Oxford University Press.

Mokyr, J. (2005). "Long-Term Economic Growth and the History of Technology." In P. Aghion and S. N. Durlauf (Eds.). *Handbook of Economic Growth*. Amsterdam: Elsevier North-Holland.

Mokyr, J., and H. J. Voth. (2006). "Understanding Growth in Europe, 1700–1870: Theory and Evidence." Dynamics, Economic Growth, and International Trade Conference Papers c011_002.

Moore, J., and R. Repullo. (1986). "Subgame Perfect Implementation." *Econometrica*, 56, 1191–1220.

Mulligan, c., R. Gil, and X. Sala-i-Martin. (2004). "Do Democracies Have Different Public Policies Than Nondemocracies?" *Journal of Economic Perspectives*, 18, 51–74.

Murphy, K., and F. Welch. (1992). "The Structure of Wages." *Quarterly Journal of Economics*, 107, 255–285.

Nelson, R., and E. Phelps. (1966). "Investment in Humans, Technological Diffusion, and Economic Growth." *American Economic Review*, 61, 69–75.

Nelson, R. R. (1959). "The Simple Economics of Basic Scientific Research." Journal *of Political Economy*, 77, 297–306.

Newell, R. G., A. B. laffe, and R. N. Stavins. (1999). "The Induced Innovation Hypothesis and Energy-Saving Technological Change." *Quarterly Journal of Economics*, 114, 941–975.

Nickell, S. 1. (1996). "Competition and Corporate Performance." *Journal of Political Economy*, 104, 724–746.

Nicoletti, G., and S. Scarpetta. (2003). "Regulation, Productivity, and Growth: OECD Evidence." Policy Research Working Paper Series 2944, World Bank.

Nordhaus, W. D. (1974). "Resources as a Constraint on Growth." *American Economic Review*, 64, 22–26.

Nordhaus, W. D. (1977). "Economic Growth and Climate: The Case of Carbon Dioxide." *American Economic Review*, May.

Nordhaus, W. D. (1993). "Optimal Greenhouse-Gas Reductions and Tax Policy in the DICE Model." *American Economic Review*, 83, 313–317.

Nordhaus, W. D. (2002). "Modeling Induced Innovation in Climate-Change Policy." In A. Grübler, N. Nakicenovic, and W. D. Nordhaus (Eds.). *Technological Change and the Environment*. Washington, DC: Resources for the Future.

North, D. C. (1981). *Structure and Change in Economic History*. New York: W. W. Norton.

North, D. C. (1990). *Institutions, Institutional Change, and Economic Performance*. New York: Cambridge University Press.

North, D. C., and R. P. Thomas. (1973). *The Rise of the Western World: A New Economic History*. Cambridge, UK: Cambridge University Press.

Nunn, N. (2008). "The Long Term Effects of Africa's Slave Trades." *Quarterly Journal of Economics*, 123, 139–176.

Peretto, P. (1998). "Technological Change and Population Growth." *Journal of Economic Growth*, 3, 283–311.

Perotti, E., and E. Volpin. (2006). "Investor Protection and Entry." Mimeo.

Persson, T., and G. Tabellini. (1994). "Is Inequality Harmful for Growth?" *American Economic Review*, 84, 600–621.

Persson, T., and G. Tabellini. (2000). *Political Economics-Explaining Economic Policy*. Cambridge, MA: MIT Press.

Persson, T., and G. Tabellini. (2003). *The Economic Effects of Constitutions*. Cambridge, MA: MIT Press.

Phelps, E. S. (1962). "The Accumulation of Risky Capital: A Sequential Utility Analysis." *Econometrica*, 30, 729–743.

Piketty, T. (1997). "The Dynamics of Wealth Distribution and the Interest Rate with Credit Rationing." *Review of Economic Studies*, 64, 173–189.

Popp, D. (2002). "Induced Innovation and Energy Prices." *American Economic Review*, 92, 160–180.

Popp, D. (2004). "ENTICE: Endognenous Technological Change in the DICE Model of Global Warming." *Journal of Environmental Economics and Management*, 48, 742–768.

Porter, M. (1990). *The Competitive Advantage of Nations*. New York: Free Press.

Prescott, E. (1998). "Needed: A Theory of Total Factor Productivity." *International Economic Review*, 39, 525–551.

Prescott, E. C. (2004). "Why Do Americans Work So Much More Than Europeans?" *Federal Reserve Bank of Minneapolis Quarterly Review*, 28, 2–13.

Pritchett, L. (1997). "Divergence, Big Time." *Journal of Economics Perspectives*, 11, 3–17.

Pritchett, L. (2000). "The Tyranny of Concepts: CUDIE (Cumulated, Depreciated, Investment Effort) Is Not Capital." *Journal of Economic Growth*, 5, 361–384.

Przeworski, A., and F. Limongi. (1993). "Political Regimes and Economic Growth." *Journal of Economic Perspectives*, 7, 51–69.

Quah, D. (1993). "Galton's Fallacy and Tests of the Convergence Hypothesis." *Scandinavian Journal of Economics*, 95, 427–444.

Quah, D. (1997). "Empirics for Growth and Distribution: Polarization, Stratification, and Convergence Clubs." *Journal of Economic Growth*, 2, 27–59.

Quah, D. T. (1996). "Twin Peaks: Growth and Convergence in Models of Distribution Dynamics." *Economic Journal*, 106, 1045–1055.

Rajan, R. G., and L. Zingales. (1998). "Financial Dependence and Growth." *American Economic Review*, 88, 559–586.

Ramey, G., and V. Ramey. (1995). "Cross-Country Evidence on the Link between Volatility and Growth." *American Economic Review*, 85, 1138–1151.

Ramsey, F. (1928). "A Mathematical Theory of Saving." *Economic Journal*, 38, 543–559.

Rebelo, S. (1991). "Long-Run Policy Analysis and Long-Run Growth." *Journal of Political Economy*, 99, 500–521.

Redding, S. (1996). "The Low-Skill, Low-Quality Trap: Strategic Complementarities between Human Capital and R&D." *Economic Journal*, 106, 458–470.

Reinganum, J. F. (1989). "The Timing of Innovation: Research, Development and Diffusion." In R. Schmalensee and R. D. Willig (Eds.). *Handbook of Industrial Organization*, vol. 1. New York: North-Holland.

Rivera-Batiz, L., and P. Romer. (1991). "Economic Integration and Endogenous Growth." *Quarterly Journal of Economics*, 106, 531–555.

Rodrik, D., and A. Subramanian. (2004). "From Hindu Growth to Productivity Surge: The Mystery of the Indian Growth Transition." CEPR Discussion Paper No. 4371.

Romer, P. (1986). "Increasing Returns and Long-Run Growth." *Journal of Political Economy*, 94, 1002–1037.

Romer, P. (1987). "Growth Based on Increasing Returns Due to Specialization." *American Economic Review*, 77, 56–62.

Romer, P. (1990). "Endogenous Technological Change." *Journal of Political Economy*, 98, 71–102.

Rothschild, M., and J. E. Stiglitz. (1976). "Equilibrium in Competitive Insurance Markets: An Essay on the Economics of Imperfect Information." *Quarterly Journal of Economics*, 90, 629–649.

Rousseau, P. L., and P. Wachtel. (1998). "Financial Intermediation and Economic Performance: Historical Evidence from Five Industrial Countries." *Journal of Money, Credit and Banking*, 30, 657–678.

Rousseau, P. L., and P. Wachtel. (2000). "Equity Markets and Growth: Cross-Country Evidence on Timing and Outcomes, 1980–1995." *Journal of Business and Finance*, 24, 1933–1957.

Rubinstein, Y., and D. Tsiddon. (1999). "Coping with Technological Progress: The Role of Ability in Making inequality So Persistent." Mimeo, Tel Aviv University.

Sachs, J., and A. Warner. (1995). "Economic Reform and the Progress of Global Integration." *Brookings Papers on Economic Activity*, 1, 1–118.

Sachs, J. D. (2001). "Tropical Underdevelopment." NBER Working Paper No. 8933.

Saint-Paul, G. (1993). "Productivity Growth and the Structure of the Business Cycle." *European Economic Review*, 37, 861–883.

Sala-i-Martin, X. (2006). "The World Distribution of Income: Falling Poverty and Convergence, Period." *Quarterly Journal of Economics*, 121, 351–397.

Salop, S. (1977). "The Noisy Monopolist: Imperfect Information, Price Dispersion, and Price Discrimination." *Review of Economic Studies*, 44, 393–406.

Samuelson, P. (1965). "A Theory of Induced Innovations along Kennedy-Weizsacker Lines." *Review of Economics and Statistics*, 47, 444–464.

Scherer, F. (1967). "Market Structure and the Employment of Scientists and Engineers." *American Economic Review*, 57, 524–531.

Schmidt, K. M. (1997). "Managerial Incentives and Product Market Competition." *Review of Economic Studies*, 64, 191–213.

Schmookler, J. (1966). *Invention and Economic Growth*. Cambridge, MA: Harvard Univeristy.

Schumpeter, J. A. (1912). *Theorie der Wirtschaftlichen Entwicklung*. Leipzig: Dunker & Humblot.

Schumpeter, J. A. (1942). *The Theory of Economic Development*, Cambridge, MA: Harvard University Press.

Segerstrom, P. S. (1998). "Endogenous Growth without Scale Effects." *American Economic Review*, 88, 1290–1310.

Segerstrom, P. S. (2000). "The Long-Run Growth Effects of R&D Subsidies." *Journal of Economic Growth*, 5, 277–305.

Segerstrom, P. S., T. Anant, and E. Dinopoulos. (1990). "A Schumpeterian Model of the Product Life Cycle." *American Economic Review*, 80, 1077–1092.

Shleifer, A. (1986). "Implementation Cycles." *Journal of Political Economy*, 94, 1163–1190.

Shleifer, A., and R. Vishny. (1999). *The Grabbing Hand: Government Pathologies and Their Cures*. Cambridge, MA: Harvard University Press.

Sidrauski, M. (1967). "Rational Choice of Patterns of Growth in a Monetary Economy." *American Economic Review*, 57, 534–544.

Solow, R. M. (1956). "A Contribution to the Theory of Economic Growth." *Quarterly Journal of Economics*, 70, 65–94.

Solow, R. (1957). "Technical Change and the Aggregate Production Function." *Review of Economics and Statistics*, 39, 312–320.

Spence, M. (1976). "Product Selection, Fixed Costs, and Monopolistic Competition." *Review of Economic Studies*, 43, 217–235.

Stadler, G. (1990). "Business Cycle Models with Endogenous Technology." *American Economic Review*, 80, 763–778.

Stern, N. (2006). *The Economics of Climate Change: The Stern Review*. Cambridge, UK: Cambridge University Press.

Stiglitz, J. E. (1969). "Distribution of Income and Wealth among Individuals." *Econometrica*, 37, 382–397.

Stiglitz, J. E. (1995). *Whither Socialism* ? Cambridge, MA: MIT Press.

Stock, J. H., and M. W. Watson. (2007). *Introduction to Econometrics*. Boston: Addison Wesley Companion, Pearson.

Stockey, N. L. (1998). "Are There Limits to Growth?" *International Economic Review*, 39, 1–31.

Stokey, N. (1996). "Free Trade, Factor Returns, and Factor Accumulation." *Journal of Economic Growth*, 1, 421–447.

Sue Wing, I. (2003). "Induced Technical Change and the Cost of Climate Policy." Technical Report 102, MIT Joint Program on the Science and Policy of Global Change.

Swan, T. W. (1956). "Economic Growth and Capital Accumulation." *Economic Record*, 32, 334–361.

Tabellini, G. (2007). "Culture and Institutions: Economic Development in the Regions of Europe." Mimeo, Bocconi University.

Tirole, J. (1988). *The Theory of Industrial Organization*. Cambridge, MA: MIT Press.

Trefler, D. (2004). "The Long and Short of the Canada-U.S. Free Trade Agreement." *American Economic Review*, 94, 870–895.

Ulku, H. (2005). "An Empirical Analysis of R&D-Based Growth Models." Mimeo, Manchester University.

Uzawa, H. (1965). "Optimal Technical Change in an Aggregative Model of Economic Growth." *International Economic Review*, 6, 18–3 l.

Vandenbussche, J., P. Aghion, and C. Meghir. (2006). "Growth, Distance to Frontier and Composition of Human Capital." *Journal of Economic Growth*, 11, 97–127.

Ventura, J. (1997). "Growth and Interdependence." *Quarterly Journal of Economics*, 112, 57–84.

Ventura, J. (2005). "A Global View of Economic Growth." In P. Aghion and S. N. Durlauf (Eds.). *Handbook of Economic Growth*. Amsterdam: Elsevier North-Holland.

Violante, G. L. (2002). "Technological Acceleration, Skill Transferability and the Rise in Residual Inequality." *Quarterly Journal of Economics*, 117, 297–338.

Von Tunzelmann, G. N. (1978). *Steam Power and British Industrialization to 1860*. Oxford, UK: Clarendon Press.

Weil, D. (2008). *Economic Growth*, 2 nd ed. Boston: Addison Wesley.

Weitzman, M. (2007). "A Review of the Stern Review on the Economics of Climate Change." *Journal of Economic Literature*, 45, 703–724.

Wooldridge, J. (2006). *Introductory Econometrics: A Modern Approach*. South Western College Publishing, Thompson Learning.

Young, A. (1991). *"Learning by Doing and the Dynamic Effects of International Trade."* Quarterly Journal of Economics, 106, 369–405.

Young, A. (1995). "The Tyranny of Numbers: Confronting the Statistical Realities of the East Asian Growth Experience." *Quarterly Journal of Economics*, 110, 641–680.

Young, A. (1998). "Growth without Scale Effects." *Journal of Political Economy*, 106, 41–63.

Young, A. A. (1928). "Increasing Returns and Economic Progress." *Economic Journal*, 38, 527–542.

Zak, P. J., and S. Knack. (2001). "Trust and Growth." *Economic Journal*, 111, 295–321.

Stichwortverzeichnis

www.ingramcontent.com/pod-product-compliance
Lightning Source LLC
LaVergne TN
LVHW082200051026
849532LV00012B/3638